W0068941

Patrick Tierney

VERRAT AM PARADIES

Patrick Tierney

VERRAT AM PARADIES

Journalisten und Wissenschaftler zerstören das Leben am Amazonas

Aus dem Amerikanischen
von Andrea Kann und Thomas Pfeiffer

Piper
München Zürich

Die Originalausgabe erschien 2000
unter dem Titel »Darkness in El Dorado«
bei W. W. Norton & Company, Inc., New York.

Die deutsche Ausgabe wurde leicht gekürzt
von Dr. Ulrich Mihr, Tübingen

Für meine Eltern, Patricia und John

ISBN 3-492-03857-3

Satz: Dr. Ulrich Mihr GmbH, Tübingen
Druck und Bindung: Friedrich Pustet, Regensburg
Printed in Germany

www.piper.de

Es ist wichtig zu erkennen, daß der Darwinismus schon immer eine unglückselige Anziehungskraft auf die unwillkommensten Enthusiasten hatte – Demagogen und Psychopathen, Misantrophen und andere, die Darwin's gefährliche Idee mißbrauchten.

Daniel C. Dennett, *Darwin's gefährliche Idee*

Inhalt

TEIL DREI
Die Verwüstung von El Dorado,
1996–1999

Einführung

> Chagnons Beobachtungen und wissenschaftliche Methoden sind im Prinzip korrekt. Er steht in der vordersten Linie der modernen Soziobiologie. Vielleicht ist das der Grund dafür, daß er, wohin er auch kommt, zum Gegenstand der Kontroverse wird.
>
> *Edward O. Wilson*[1]

Als der bekannte Anthropologe Napoleon Chagnon im September 1995 in Roraima, dem nördlichsten Bundesstaat Brasiliens, der häufig auch als der gesetzloseste bezeichnet wird, auftauchte, kam das für viele völlig überraschend. Es war sein erster Besuch dort seit vielen Jahren. Obwohl er mit dazu beigetragen hatte, die Yanomami zum bekanntesten Eingeborenenvolk der Welt zu machen, standen seinen Versuchen, erneut Kontakt zu ihnen aufzunehmen, fast unüberwindbare Hürden entgegen. 1988 hatte ein ehemaliger Präsident der Brasilianischen Anthropologischen Gesellschaft ihn dafür verdammt, die Yanomami als ein Volk darzustellen, dem das Morden in die Wiege gelegt worden sei.[2] Als Chagnon 1989 mit einem Filmteam der BBC ein Yanomami-Dorf besuchen wollte, sah er sich angesichts der heftigen Widerstände von Anthropologen und der Ankündigung eines Protestmarsches von Menschenrechtsgruppen gezwungen, den Trip abzubrechen.[3] Und das war noch vor den Ereignissen, die schließlich zu Chagnons Ausweisung aus dem venezolanischen Yanomami-Reservat am 30. September 1993 führten.[4]

Dieses Mal aber gelang es ihm mit Hilfe des konservativen Nachrichtenmagazins *Veja*, den wachsamen Augen der wissenschaftlichen Gemeinde zu entgehen. *Veja* übte auf die venezolanische Indianeragentur Druck aus, eine Sondergenehmigung für »eine Reise mit journalistischem beziehungsweise dokumentarischem Charakter« zu gewähren. Die Genehmigung wurde schließlich auf den Namen eines Fotografen ausgestellt, zu dessen »Arbeitsteam« auch Chagnon gehörte.[5] Chagnon setzte auf die Medien, um Zugang zu den Yanomami zu erhalten und eine schockierende Erkenntnis zu verbreiten – daß ebendie Leute, die sich als Verteidiger der Indianer ausgaben, zu ihrer Vernichtung beitrugen. Die Angriffe, die er in der *New York Times*, dem *Times Literary Supplement* und anderen Publikationen gegen »linksgerichtete Anthropologen«, »Überlebensgruppen«[6] und »geheimnistuerische Missionare«[7] führte, stießen bei vielen rechtsgerichteten Gruppen in Brasilien, vor allem aber bei den Goldgräbern und dem Militär, auf Zuspruch. In einem an hohe Stellen gerichteten Geheimdienstbericht wurden denn auch ebendiese »Umweltschützer, Anthropologen und Missionare« als eine »Bedrohung der nationalen Sicherheit« bezeichnet.[8]

Wie sich herausstellte, hatte Chagnon nicht die Absicht, lediglich einen Journalisten zu begleiten, der auf der Suche nach einer Titelstory war. Der Leiter der Indianeragentur in Roraima, Suami Percíllo Dos Santos, reagierte überrascht, als Chagnons Buschpilot eine Ladung Vacutainer* abfing, mit denen der Anthropologe Yanomami-Blutproben hatte sammeln wollen.[9] Dos Santos war es nicht gewohnt, daß jemand ohne Genehmigung eines wissenschaftlichen Prüfungsausschusses – oder die Zustimmung der Yanomami-Führer, von denen inzwischen viele lesen und schreiben konnten – Yanomami-Blut sammelte. Was die Angelegenheit besonders pikant machte, war der Umstand, daß die Blutproben für einen brasilianischen Genetiker bestimmt waren, der wie Chagnon in den schlimmsten Zeiten der brasilianischen Militärdiktatur Ende der sechziger Jahre an den umfangreichen Blutprobensammlungen teilgenommen hatte, die damals unter Amazonasstämmen durchgeführt worden waren.[10] Doch die Zeiten hatten sich seitdem verändert, und selbst der *Veja*-Fotojournalist Antonio Mari wußte, daß

* Handelsname für Entnahmeröhrchen für Blut und andere Körperflüssigkeiten.

diese Art der Forschung – der Eintausch potentiell unbezahlbaren genetischen Materials gegen billige Macheten – die Grenzen des Erlaubten sprengte. »Als Professor Chagnon die Teströhren erhielt und erklärte, Blutproben von den Indianern nehmen zu wollen, fühlte ich mich betrogen«, erinnerte sich Mari. »Ich war wütend und machte Professor Chagnon Vorhaltungen. Er sagte mir, er würde das nur tun, um den Indianern zu helfen. Die Blutproben, erklärte er, sollten ihm helfen, unterschiedliche Malariaerreger zu erforschen, die in der Gegend vorkamen.«[11] Der Forschungsdirektor der Indianeragentur akzeptierte diese Begründung nicht, und Chagnon und der Fotograf erhielten schriftliche Abmahnungen. Chagnon wurde darüber hinaus die Ausweisung angedroht.[12] »Der Vorfall mit den Blutentnahmeröhrchen löste in der FUNAI (der Indianeragentur) und der Fundaçao Nacional de Saúde (der Nationalen Gesundheitsstiftung) einen Sturm der Entrüstung aus«, so Mari weiter. »Angesichts der unmittelbaren Gefahr, daß unsere Genehmigung widerrufen würde, verzichtete Chagnon darauf, Blutproben zu sammeln.«[13]

Auch unter den Eingeborenen herrschte großer Unmut, und einige Indianerführer kontaktierten Leda Martins, eine brasilianische Regierungsbeamtin, die drei Jahre im Yanomami-Reservat gearbeitet hatte. Sie baten Martins, die zu der Zeit mit einem Fulbright-Stipendium in Anthropologie an der University of Pittsburgh forschte, Chagnons Hintergrund möglichst vollständig auszuleuchten. Martins verfaßte eine kurze, kommentierte Bibliographie der zahlreichen Kontroversen, in die Chagnon verstrickt war, angefangen von den Blutproben, die er für die Atomic Energy Commission gesammelt hatte, bis hin zu seinen Verbindungen zum größten Goldminenbetreiber Venezuelas.[14] Der Eingeborenenrat von Roraima legte den Bericht mit dem Titel »Napoleon Chagnon: O Dossier« der Regierung vor und forderte sie auf, Chagnons Genehmigungen zu widerrufen.[15] Am Ende durfte Chagnon – ohne Ausrüstung zum Sammeln von Blutproben – nur ein einziges Dorf besuchen, und auch das nur in ständiger Begleitung eines Riesen von einem Mann, der sich seinen Lebensunterhalt normalerweise damit verdiente,

Goldgräber aus dem Yanomami-Reservat zu verjagen. Doch diese kurze Visite erlaubte es *Veja*, ein Interview mit Chagnon zu veröffentlichen, in dem er, ganz auf der Linie der *Veja*-Herausgeber, seine Kritik an den »vielen Nichtregierungsorganisationen, Anthropologen und Missionaren« erneuerte, die »sich seit einiger Zeit darum streiten, wer den Titel des einzigen Vertreters der Indianer gegenüber der Außenwelt für sich in Anspruch nehmen darf«.[16]

Für diejenigen von uns, welche die furchtbaren Folgen des Amazonas-Goldrausches gesehen hatten, war es sowohl enttäuschend als auch unerhört, daß Chagnon ebendie Leute attakkierte, die sich gegen die Ausrottung der Amazonasindianer stemmten, genau die Überlebensgruppen, Missionare und »marxistischen Anthropologen«[17], die sich entschlossen hatten, die Indianer nicht nur zu untersuchen, sondern ihnen auch zu helfen. Zu dieser neuen Generation von Anthropologen gehörte auch Leda Martins, mit der ich zwischen 1989 und 1992 mehrmals in Boa Vista zusammengekommen war. Zu der Zeit befaßte ich mich mit dem Goldrausch und seinen verheerenden Auswirkungen auf die Eingeborenenstämme. Daß ich mich, obwohl der Goldrausch die gesamte Region von Französisch-Guyana bis nach Bolivien erfaßt hatte, für das Yanomami-Land entschieden hatte, lag an Chagnon. Als ich das erste Mal seine Ethnographie *Yanomamo: The Fierce People** las, kam er mir übernatürlich begnadet vor. Wie viele andere Studenten der unteren Semester in den späten sechziger, frühen siebziger Jahren sah auch ich in ihm einen echten Helden. Mit seinen unerbittlichen Nachforschungen über Morde und Stammeskriege enthüllte er die Falschheit der verehrten Mythen über den edlen Wilden. Ich bewunderte seine Philosophie und eiferte, als ich mich von 1983 bis 1988 mit Ritualmorden in den Anden beschäftigte, seinem

* Nur ein Werk Chagnons liegt in einer deutschen Übersetzung vor, und zwar *Yanomamo – Last Days of Eden*, auf deutsch erschienen unter dem Titel *Die Yanomamö: Leben und Sterben der Indianer am Orinoko* (Berlin 1994). Dieses Buch enthält zugleich viele Passagen aus früheren Werken [Anm. d. Übers.].

draufgängerischen Beispiel nach. Meine Erkenntnisse faßte ich in einem Buch zusammen, *Zu Ehren der Götter. Menschenopfer in den Anden,* in dem ich Chagnon positiv erwähnte.[18] Es war ein Buch, das entschieden in der Tradition Chagnons stand und so gesehen in nichts aus der Masse herausragte. *The Fierce People* war ein Werk, das Tausende von Büchern inspirierte.

Als ich 1989 beschloß, über das Amazonasgebiet zu schreiben, zog es mich naturgemäß zu den Yanomami und in das Chagnon-Territorium. Vor meiner ersten Reise war ich überzeugt, daß das Projekt ungefähr ein Jahr in Anspruch nehmen würde. Um vorab Kontakte zu knüpfen und mich wenigstens grob zu orientieren, setzte ich mich mit Chagnon in Verbindung – und nicht mit einem seiner vielen Feinde. Zu dieser Zeit waren – was heute schwer zu glauben ist – Chagnons engste Verbündete in Anthropologie ausgebildete Priester der römisch-katholischen Kirche. Einer von ihnen, Giovanni Saffirio, der bei Chagnon seinen Doktor gemacht hatte, wurde einer meiner engsten Freunde.

Nach meiner Ankunft in Roraima wurde ich zweimal ausgeraubt – einmal von den Yanomami und einmal, in Boa Vista, von Banditen. Ein andermal wurde ich von der Bundespolizei eine Nacht eingesperrt, nachdem ich Zeuge geworden war, wie sie ohne Erfolg versucht hatten, einen illegalen Landeplatz im Yanomami-Reservat zu sprengen. Ich begleitete Schürfer durch kaum erforschte Sumpf- und Berggebiete und lernte auf diese Weise die Grenzgesellschaft viel besser kennen, als ich das beabsichtigt hatte. Ich wußte, welche Goldschürfer die Polizei bestachen und wo die Polizei den Goldschürfern erlaubte, illegale Landeplätze anzulegen. Irgendwann aber – daß ich im Malariakoma liegende Yanomami-Kinder durch den Urwald getragen hatte, mochte dazu beigetragen haben – fing ich an, den Goldrausch zu hassen. Ich wollte, daß er aufhörte. Und ich war es müde, daß mir Tag und Nacht aufdringliche junge Männer in Zivilkleidung und dem Bürstenhaarschnitt des Militärs folgten, deren Auftrag lautete, allen Fremden das Leben schwerzumachen, die versuchten, Zeuge der tagtäglich an den Indianern verübten Verbrechen zu werden.

In diesem Klima verwandelte ich mich nach und nach von

dem reinen Beobachter in einen Verteidiger der Indianer. Ich befand mich in einer auf den Kopf gestellten Welt, in der der traditionelle, objektive Journalismus keine Option mehr darstellte. Meine Expeditionen ins Feld gerieten zusehends zu Expeditionen gegen das Goldschürfen. Ich tat, was die Polizei tun sollte, aber nicht tat. Ich zählte die Goldgräber und ihre Maschinen in den Grenzgebieten und übergab meine Erkenntnisse an die mächtige Procuradoria Geral da República, eine Ombudsinstitution im brasilianischen Staat, die alle anderen Regierungsbehörden kontrollierte. Ich half mit, eine Redetournee von Davi Kopenawa, dem bekanntesten Yanomami-Führer, durch die Vereinigten Staaten zu organisieren. Chagnon nannte den eloquenten, ungezwungenen Kopenawa den »Papagei« von Survival International.[19]

1992 verlagerte ich mein Arbeitsgebiet in das Territorium der Makuxi-Indianer, ein über 400 000 Quadratkilometer großes Tafelbergland, das wie ein Keil zwischen Guyana und Venezuela hineinragt – sozusagen im Gleichschritt mit den Goldgräbern, die aus dem Yanomami-Reservat vertrieben worden waren. Auch Leda Martins fing an, sich mit den Makuxi zu beschäftigen. Nach ihrer Ankunft in Pittsburgh richteten wir ein Makuxi-Informationsbüro ein und arbeiteten mit Survival International und dem Rain Forest Action Network daran, weltweit Aufmerksamkeit für den Kampf der Makuxi zu wecken.[20] Im Herbst 1995 drohte die Makuxi-Kampagne für uns zur Vollzeitbeschäftigung zu werden. Unter diesen Umständen taten wir alles mögliche, um nicht mit Chagnon aneinanderzugeraten. Keiner, der sich jemals auf einen Streit mit Chagnon eingelassen hatte, war damit glücklich geworden.[21] Er war geradezu berühmt für seine Qualitäten in solchen Auseinandersetzungen und hatte, wie Ledas Dossier dokumentierte, viele davon gefochten.[22]

Persönlich hatte ich nichts gegen Chagnon. Ich hatte ihn noch nicht einmal persönlich kennengelernt. Das sollte sich ändern. Als Chagnon im Herbst 1995 aus Boa Vista abreiste, war ich gerade unterwegs nach New York und San Francisco, um Demonstrationen für die Makuxi und ihre Landrechte zu organisieren. Am 2. Oktober 1995, ich war inzwischen in San Francisco, kam ich zu dem Schluß, daß es an der Zeit wäre, Chagnon an der University of California in Santa Barbara zu besuchen. Es war nicht länger möglich, ihn zu ignorieren. Chagnon war zu einer der wichtigsten Figuren im politischen Machtgefüge des nördlichen Amazonas aufgestiegen. Ich wußte genau, wer seine wichtigsten Förderer in Brasilien und Venezuela waren – die ganze Gaunerbande, die Leute, die am vehementesten gegen die Eingeborenenrechte kämpften und am meisten vom Goldrausch im Amazonas profitierten. Im April 1995 hatten Leda und ich in einem auf der Kommentarseite der *New York Times* abgedruckten Artikel Chagnons wichtigsten Verbündeten in Venezuela – zugleich einer der größten Goldschürfer des Landes – scharf kritisiert.[23] Zu der Zeit hatte ich mir schon die Auffassung der meisten im Amazonasgebiet aktiven Eingeborenen- und Menschenrechtsorganisationen zu eigen gemacht, die forderten, daß Chagnon keinen Zugang zum Yanomami-Territorium mehr erhalten dürfe, solange die gewählten Führer der Yanomami seine Rückkehr nicht wünschten. Als Chagnon das State Department und die US-Botschaft in Caracas um Unterstützung bat, hielt ich es für angemessen, beide Stellen davon in Kenntnis zu setzen, daß gegen mehrere seiner Verbündeten Gerichtsverfahren anhängig waren.[24] Aber ich wußte auch, daß zwischen der Realität am Amazonas und der Welt draußen ein gewaltiger Abgrund klaffte. Dieser Abgrund war groß genug um Chagnon zu ermöglichen, aus einem illegalen Goldgräber einen »Naturkundler« (Charles Brewer Carías), aus einem der korruptesten Politiker Venezuelas einen Philanthrophen (Cecilia Matos)[25] und aus einem Mann, der verdächtigt wurde, US-Finanzhilfen für die Yanomami unterschlagen zu haben, einen Indianerführer zu machen (Jaime Turón).[26]

Trotzdem hielt ich es für meine Pflicht, mit ihm zu sprechen und herauszufinden, ob es für das, was er tat, eine Erklärung gab.

Also stattete ich am ersten Tag des Herbstquartals 1995 dem Campus der University of California in Santa Barbara einen Besuch ab und suchte meinen Weg zum größten Vorlesungssaal. Als Chagnon auf das Podium trat, drängten sich 900 Studenten in dem Saal. Chagnon war der einzige, den ich auf dem Campus in Anzug und Krawatte sah. Er eröffnete die Vorlesung ganz im Stil eines Militärs und befahl einem Dutzend studentischer Tutoren, sich zu erheben und vorzustellen. »Erzählen Sie uns, was Sie tun möchten, wenn Sie erwachsen sind«, forderte er sie auf. Als er *The Fierce People* vorstellte, erklärte er: »Dieses Buch stammt von meinem Lieblingsautor. Von mir.« Chagnon war witzig und durch und durch selbstbewußt.

Als ich ihn nach der Vorlesung ansprach, sagte er: »Ich möchte mit Ihnen nicht sprechen.« Er war schon halb den Gang hinunter, ehe er sich umdrehte und hinzufügte: »Wenn ich es mir recht überlege, Mr. Tierney, möchte ich doch mit Ihnen sprechen. Kommen Sie um zehn Uhr in mein Büro.«[27]

»Sie sagen, Sie sind Journalist«, fing er an. »Darf ich Ihren Presseausweis sehen?« Ich sagte ihm, daß ich keinen bei mir trug. »Wenn Sie sagen, Sie seien ein Journalist und haben keinen Presseausweis, dann sind Sie ein Lügner«, erwiderte er. »Jeder Journalist muß einen Presseausweis bei sich tragen.«

Zuerst wollte er mir nicht erlauben, Aufzeichnungen zu machen. »Ich traue Ihnen nicht, ich halte Sie für einen Hexenjäger.«

Auch wenn er seinen scharfen Ton mit der Zeit etwas zurücknahm, sagte er wenig, was sich hätte verwerten lassen. Er verteidigte seine Kontakte mit der führenden Goldbergbaugesellschaft Venezuelas und er hielt es auch für gerechtfertigt, in riesigen Hubschraubern und ohne jegliche Quarantänemaßnahmen entlegene Yanomami-Dörfer zu besuchen. Offensichtlich war er der Meinung, daß ihm die Lorbeeren für die Kontaktaufnahme mit den exotischen Eingeborenen zustanden und die Krankheiten in den Zuständigkeitsbereich der Venezolaner fielen. Er fuhr fort, allen und jedem Vorwürfe zu machen, die sich für die Yanomami eingesetzt hatten – darunter Survival International, christliche Missionare und selbst die bekanntesten Yanomami-Stammesführer –, und klagte Verständnis für seine Position ein. »Ich bin es müde, immer als der Sündenbock herhalten zu müssen«, sagte er zum Abschied.[28]

TEIL EINS

Gewehre, Keime und Anthropologen

1964–1972

Napoleon Chagnon und Assistenten in Abruwa-teri, Brasilien, 1995

KAPITEL I

Begegnung mit den Wilden

Jedesmal, wenn wir mit ihnen in Kontakt treten,
verderben wir sie. *Charles Brewer Carías*[1]

Der Höllenlärm, mit dem der Super Puma-Helikopter zum Anflug auf das Dorf Dorita-teri ansetzte, ließ die Yanomami-Frauen und -Kinder schreiend in den umliegenden Plantagengärten Zuflucht suchen. Nachdem der Staub sich wieder gelegt hatte, standen zwanzig Yanomami-Krieger im Halbkreis und brüllten auf die sieben weißen Männer und die weiße Frau ein, die mit Fernsehkameras und Tonausrüstung aus dem Helikopter gestiegen waren. Die meisten der Krieger hielten gewaltige Bogen und Pfeile in der Hand, der Häuptling schwang eine Axt.[2]

Der Aufruhr, den die Landung des Helikopters am 17. Mai 1991 in Dorita-teri verursachte, lieferte dem Fernsehteam des venezolanischen Senders Venevisíon, das an einem Beitrag über »die ursprünglichsten Völker der Erde« arbeitete[3], eindrucksvolles Bildmaterial. Das Dorf lag im kaum erforschten Hochland von Siapa an der Grenze zwischen Brasilien und Venezuela, der letzten Grenze des Amazonas. In diesen abgelegenen Bergen versteckt, lebte auch die letzte noch intakte, zusammenhängende Eingeborenen-Dorfgemeinschaft der Welt, deren Bewohner als lebende Relikte einer prähistorischen Kultur galten. So, wie es die Menschheit zahllose Generationen getan hatte, verbrachten diese halbnomadischen Yanomami ihre Zeit mit der Jagd und dem Umherziehen. Der Anthropologe, der die Expedition führte, nannte sie »unsere zeitgenössischen Vorfahren«.[4]

Auch wenn es für die TV-Journalisten eine neue Erfahrung war, in einem Indianerdorf mit Äxten und Bogen empfangen zu werden, die Expeditionsleiter Napoleon Chagnon und Charles Brewer Carías hatten seit Jahrzehnten solche Risiken auf sich genommen. Chagnon, der an der University of California in Santa Barbara Anthropologie lehrte, und Brewer, ein zu der Zeit mit dem New York Botanical Garden assoziierter Naturkundler, nahmen für sich in Anspruch, allein in der Region Siapa Erstkontakt mit 3500 Yanomami hergestellt zu haben.[5] Im August 1990 löste ihre »Entdeckung von zehn Yanomami-Dörfern, die abgesehen von Besuchen anderer Stammesmitglieder noch keinen Kontakt zur Außenwelt gehabt hatten«, einen regelrechten Wettlauf der Medien und eine Flut von Gratulationen aus der Wissenschaftsgemeinde aus.[6] »Steinzeitdörfer entdeckt« war typisch für die Schlagzeilen, die damals auf den Titelseiten der Zeitungen prangten.[7]

In der Ökonomie des Exotischen gilt eine einfache Gleichung: Je abgelegener und isolierter eine Stammesgruppe, um so höher ihr Marktwert. Als letzte intakte Eingeborenengruppe bildeten die Yanomami eine Klasse für sich, ein Postervolk, deren nackte, braune Körper so fotogen wie ihre Erbanlagen einzigartig waren. Ihr Blut wurde von den Wissenschaftlern ebenso hoch geschätzt wie ihre Bilder von den Fotoredaktionen.[8] Die Yanomami wurden als eine sogenannte »virgin soil«-Bevölkerung definiert, und die Art und Weise, wie Besuchsgenehmigungen erteilt wurden, hatte etwas von einem feudalen System an sich: *Prime Time* von ABC bekam ein Dorf[9], *Newsweek* ein anderes[10], die *New York Times* bekam zwei Dörfer[11], mußte sich aber eines davon mit Associated Press teilen.

Manchmal geriet schon die Ankunft der Medienleute zu einer echten Story. Unmittelbar vor seinem Besuch in Dorita-teri hatte das Venevisíon-Team in dem benachbarten Yanomami-Dorf Shanishani-teri einige spektakuläre Aufnahmen in den Kasten bekommen, als der Helikopter mitten auf dem Dorfplatz des *shabono* landete. Das Dach des Rundhauses wurde hochgerissen und fortgeschleudert, während die Habseligkeiten der Indianer – Hängematten, Kürbisflaschen, Flechtkörbe und Bambuspfeile – wie Spielzeug durch die Luft gewirbelt wurden und zerbrachen oder zerfetzt wurden. Marta Miranda, die

Venevisíon-Journalistin, die vor der Kamera stand, sagte: »Die Indianer hießen uns willkommen, obwohl wir mitten in ihrem *shabono* landeten und das Dach des Rundhauses unter der Wucht des Abwindes, den die Rotorblätter verursachten, in sich zusammenbrach.«[12]

Ähnliche Szenen spielten sich – mit anderer Besetzung – in anderen Orten ab. In einem Dorf wurde ein zur Landung ansetzender Helikopter mit einem Hagel aus Steinen und Pfeilen begrüßt und zum Abdrehen gezwungen[13], in einem anderen wurden fünf Yanomami von umstürzenden Dachpfosten verletzt.[14] »Schaden wir den Indianern nicht und verderben wir nicht allein dadurch ihre Kultur, daß wir heute hierherkommen?«, wollte John Quiñones, Journalist bei ABC, von Charles Brewer wissen.

»Natürlich«, antwortete Brewer. »Jedesmal, wenn wir mit ihnen in Kontakt treten, verderben wir sie.«[15]

Doch Chagnon und Brewer hatten die Yanomami von Dorita-teri bereits 1968 an einem anderen Ort besucht und damals auch zwei preisgekrönte Dokumentarfilme gedreht, die rund um die Welt einen festen Platz in den Anthropologie-Lehrplänen eroberten.[16] Der eine Film, *Yanomama: A Multidisciplinary Study,* kehrte den bewunderungswürdigen Altruismus der Wissenschaftler hervor, die das Hauptdorf der Dorita-teri vor einer tödlichen Masernepidemie retteten.[17] Der zweite Film – *The Feast* – präsentierte die Yanomami als wilde Krieger und räumte auf einem Filmfestival nach dem anderen den ersten Preis ab.[18]

Trotz der vorherigen Bekanntschaft zeigten sich die Doritateri von der Rückkehr Chagnons und Brewers nicht sonderlich begeistert. Harokoiwa, der Häuptling des Dorfes, begrüßte sie mit erhobener Axt und warf ihnen vor, mit dem Helikopterlärm das Jagdwild zu vertreiben. Er beschuldigte sie auch, *xawara* mitgebracht zu haben – »schlechte Dämpfe«, die nach der Auffassung der Yanomami Epidemien auslösten –, und behauptete aufgebracht, daß Chagnon mit seinen Kameras viele Yanomami getötet habe.[19] In der Tat waren viele Yanomami, die in *The Feast* zu sehen waren, unmittelbar nach den Dreharbeiten einer mysteriösen Krankheit erlegen – einem neuen Leiden, für welches die Indianer die unheilvollen Kameras des Wissenschaftlers verantwortlich machten.[20] Die Yanomami hatten das Dorf, in dem *The Feast* gefilmt worden war, verlassen und waren nie mehr dorthin zurückgekehrt. Später schossen sie Pfeile in eine aus Palmblättern gefertigte Puppe des Anthropologen, der den Film gedreht hatte – Napoleon Chagnon.[21]

Nun, nach Chagnons Rückkehr, schwang der Häuptling seine Axt gefährlich nahe vor dem Kopf des Anthropologen hin und her und schrie, daß die Fremden aufhören sollten, noch mehr Flüsse zu vergiften.[22] Damit spielte er auf Brewers riesige Minen auf Indianerland an, wo im Tagebau Gold abgebaut wurde.[23]

Plötzlich ging, ebenfalls eine Axt in der Hand, einer der Söhne Harokoiwas auf Chagnon los. Kurz bevor die Axt Chagnons Kopf entzweispalten konnte, fing Brewer mit der einen Hand den Schlag ab und schlug mit der anderen den Angreifer zu Boden. Das Durcheinander wurde noch verstärkt von den Schreien einiger Dorita-teri-Frauen, die ihre Männer anflehten, Chagnon und Brewer nicht zu töten, weil »sie immer so viele Geschenke gebracht hatten«.[24]

Unter diesen Umständen hielten es die Wissenschaftler und das Fernsehteam für ratsam, das Dorf wieder zu verlassen. Nach der Rückkehr nach Caracas beschlossen die Produzenten von Venevisíon, die Aufnahmen von diesem Zusammenstoß ungesendet ins Archiv zu verbannen – wenn auch nicht gerade leichten Herzens.[25] Immerhin war es eine eindrucksvolle kleine Szene. Aber sie provozierte einige unangenehme Fragen, die besser ungefragt blieben, zumal in einer Sendung über unsere Steinzeitvorfahren.

KAPITEL 2

Feldspiele

> Seit Jahren erzählen die Anthropologen, wie exotisch wir Yanomami sind. Aber wenn wir erst der Welt unsere Geschichte erzählt haben, werden wir sehen, wer wirklich exotisch ist.
> *Davi Kopenawa*[1]

Chagnon stolperte just zu dem Zeitpunkt zum ersten Mal in ein Yanomami-Dorf, als die Schamanen gerade ein halluzinogenes Pulver schnupften. Bei seinem Anblick zogen die völlig berauschten Indianer ihre zwei Meter langen Bogen. »Ich sah auf und erblickte zu meinem Entsetzen ein Dutzend strammer, nackter, schweißglänzender, greulicher Männer, die mit dem Pfeil schußbereit auf der gespannten Sehne zu uns her starrten. Gewaltige Polster grünen Tabaks steckten ihnen zwischen unteren Zähnen und Lippen, was ihnen ein noch greulicheres Aussehen gab. Aus ihren Nasenlöchern tropfte in langen Strähnen dunkelgrüner Schleim ...«[2]

Yanomamo: The Fierce People, erstmals erschienen 1962, wurde schnell zum absoluten Bestseller aller Zeiten in der Anthropologie.[3] Vier Millionen Menschen kauften das Buch[4], das nicht nur ein mitreißender Bericht der Kriegführung unter Steinzeitvölkern ist, sondern auch ein ernüchterndes Licht darauf wirft, wie das Leben in prähistorischen Zeiten ausgesehen haben mag. *The Fierce People* machte die Yanomami zum berühmtesten Stamm der Welt, zum Modell des primitiven Menschen, zum Synonym für Aggression[5] – und aus Napoleon Chagnon den bekanntesten amerikanischen Anthropologen nach Margaret Mead.

1989, als ich anfing, mich mit den Yanomami zu befassen, war über sie schon der Amazonas-Goldrausch hereingebrochen, die größte von der Suche nach Gold ausgelöste Wanderungsbewegung der Menschheitsgeschichte.[6] 45 000 Goldsucher, die über versteckte Landepisten ein- und ausgeflogen wurden, brachten außer Krankheitserregern auch Alkohol, Waffen und Prostitution mit in das Land der Indianer.[7] Malaria, Grippe und Hepatitis breiteten sich unkontrolliert aus; 1500 Yanomami waren den Infektionskrankheiten schon zum Opfer gefallen.[8] Ich selbst erkrankte zwar auch einmal an Malaria, doch am schlimmsten ging es mir, nachdem ich mit vorgehaltener Waffe ausgeraubt worden war. Ohne etwas zu essen mußte ich im Urwald auf dem Boden schlafen und später in einem lecken Boot mit Goldsuchern, die ebenso verzweifelt und ausgehungert waren wie ich, durch gefährliche Stromschnellen manövrieren.

Bevor ich in den Dschungel aufgebrochen war, hatte ich *The Fierce People* gelesen und bewundert. Entsprechend überrascht war ich, als ich feststellte, daß die – in Chagnons Buch als so furchtbar und »grimmig« dargestellten – Yanomami in Wahrheit zu den kleinsten und magersten Menschen gehörten, die ich je zu Gesicht bekommen hatte.[9] Die Erwachsenen waren im Schnitt 1,40 Meter groß[10], und die Kinder brachten weltweit mit das geringste Alter/Gewicht-Verhältnis auf die Waage.[11] Im Vergleich zu anderen amerikanischen Indianervölkern, mit denen ich gelebt hatte, erschienen sie mir überaus furchtsam. Die Yanomami hießen mich ebenso überschwenglich willkommen, wie sie Missionare, Anthropologen, Goldgräber und alle anderen begrüßten, die ihnen Stahl, Medizin oder Nahrungsmittel brachten. Aber einen wirklichen Schock erlebte ich, als ich ein Dorf am Mucajaí besuchte, einem Fluß in Brasilien, wo Chagnon auf eine, wie er behauptete, besonders »heimtückische« Gruppe von Yanomami gestoßen sein wollte.[12] Tatsächlich lebten diese Indianer seit rund einem halben Jahrhundert in relativer Harmonie mit ihren Nachbarn.[13] Erstaunt stellte ich fest, daß Chagnon sogar seine eigene Topographie erschaffen hatte – ein Berg war kurzerhand dort erfunden worden, wo es keinen gab, und Frachtflugzeuge in Gegenden gelandet, wo sie niemals hätten aufsetzen können[14] – und Leute zitierte, mit denen er in diesem Teil des Dschungels unmöglich gesprochen haben konnte.[15] Der Mucajaí, den Chagnon beschrieb, war ein Fluß, der allein seiner Phantasie entsprungen war.[16]

Zu der Zeit, als ich zu den Yanomami aufbrach, griffen viele Anthropologen, die sich mit den Yanomami beschäftigt hatten, Chagnon an. Sie warfen ihm vor, Zitate und Dörfer erfunden und Schreckensgeschichten über die Gewalttätigkeit der Yanomami in die Welt gesetzt zu haben; Gerüchte und Geschichten, die von an der Erschließung des Urwalds interessierten Kreisen enthusiastisch aufgegriffen und verbreitet wurden, um die *conquista* im Land der Yanomami zu rechtfertigen.[17] Schon die Überschriften der Beiträge spiegelten die Härte wider, mit der die Debatte geführt wurde: »Ethnographie und Ethnozid«, »Die akademische Ausrottung der Yanomami«, »Um Frauen kämpfen und Dein Land verlieren: Gewalt in der anthropologischen Literatur und die Yanomami des Amazonas«, »Voreingenommenheit in der ethnographischen Berichterstattung«.[18] Schließlich mußte das Wissenschaftsmagazin *Science*, das gegen den Widerstand von Yanomami-Feldforschern zwei Beiträge Chagnons abgedruckt hatte[19], einen weiteren Artikel zu der Auseinandersetzung ins Heft aufnehmen: »Der Krieg um die Yanomami-Indianer.«[20]

Ab 1990 setzte Chagnon sich dafür ein, das Stammesland der Yanomami in das größte Privatreservat der Welt umzuwandeln, verwaltet von ihm selbst und von zwei umstrittenen Alliierten, die sich beide im Laufe der Zeit eine erkleckliche Anzahl von Feinden geschaffen hatten. Der eine war der vom Naturkundler zum Goldgräber konvertierte Charles Brewer, der von der Polizei mehr als einmal beim illegalen Goldschürfen in Indianerland ertappt worden war.[21] Charlie war ein Tausendsassa: Olympiaschwimmer, Wissenschaftler, Entdecker und Regierungsminister waren nur einige seiner zahlreichen Inkarnationen.[22] Wie Chagnon hatte er sich seine ersten Sporen als Schüler des berühmten Genetikers James Neel an der Fakultät für Humangenetik der University of Michigan verdient.[23] Wie Chagnon liebte er Waffen und Schlägereien.[24] Brewer karrte eine überraschend bunte Schar von Prominenten in den Urwald, von Margot Hemingway bis hin zu David Rockefeller[25], und organisierte einmal sogar ein grandioses Smoking-Diner auf der Spitze eines über 2000 Meter hohen Tafelbergs, zu dem Gäste und Verpflegung mit Helikoptern eingeflogen wurden.[26] Einer von Brewers Dschungelkompagnons war der Londoner *Times*-Redakteur Redmond O'Hanlon, der »Charlie« zum Helden seines klassischen Dschungelbuchs *In Trouble Again* machte.[27] Noch tiefer beeindruckt zeigte sich der Herausgeber von *Geo*, der Brewer »den Alexander von Humboldt unserer Zeit« nannte[28] – denselben Brewer, der den Goldrausch am Amazonas anführte.

Brewer stellte Chagnon der Geliebten von Präsident Carlos Andrés Pérez vor, Cecilia Matos.[29] Gemeinsam heckten Brewer, Chagnon und Matos einen Plan aus, wie sie das Yanomami-Land unter ihre Kontrolle bekommen könnten – und zwar unter dem Deckmäntelchen der von Matos geführten Stiftung FUNDAFACI.[30] Im Rückblick war die Entscheidung, sich das Yanomami-Land unter den Nagel zu reißen, die schicksalsträchtigste in Chagnons Laufbahn. Doch von seiner Warte aus erschien sie nur folgerichtig. Chagnon konnte inzwischen, es war das Jahr 1990, keine Forschungsgenehmigungen mehr erhalten. Südamerikanische Anthropologen, Beamte der Indianeragentur, Eingeborenenführer und Missionare wollten gleichermaßen, daß er und das Vermächtnis von *The Fierce People* verschwänden.[31] Doch Chagnon kämpfte für seine Gewalttheorie. Seiner Ansicht nach pflanzten sich Mörder erfolgreicher fort und wuchsen aggressive Dörfer schneller als friedliche. Die Evolution bestrafte Passivität und belohnte den Räuber.

Chagnon zog gleich richtig in den Krieg. Er plante den Bau der größten Forschungsstation aller Zeiten in der Yanomami-Wildnis.[32] Eine solche Station hätte ihm eine einmalige Machtfülle beschert, setzte aber voraus, die bereits im Yanomami-Territorium etablierte juristische Struktur aus den Angeln zu heben, was wiederum eine massive PR-Kampagne erforderlich machte. Die betrieb Chagnon auf brillante Weise mit der Vergabe von »Erstkontakt«-Reportagetouren in das bislang unberührte Hochland von Siapa – natürlich nur im Austausch gegen die Zusage, seinen Plan zu fördern und die sich ihm widersetzenden Missionare und Yanomami-Führer öffentlich anzuprangern. Chagnons Rechnung ging auf: Die Medien machten Werbung für seinen Plan und behaupteten zugleich, daß die Yanomami in der Umgebung von Missionsstationen unter einer mehrfach höheren Sterblichkeitsrate litten als diejenigen, die in abgelegenen Dörfern lebten – eine krasse Verdrehung der tatsächlichen Verhältnisse.[33] Dank Chagnons PR-Talenten wäre sein Kalkül fast aufgegangen.

Die unmittelbare Ursache dafür, daß Chagnons Plan nicht aufging, war Charles Brewer, der darauf beharrte, das Gebiet, in dem er seit längerem den Bau einer der größten Zinnminen der Welt plante, selbst zu »verwalten«.[34] Dann rebellierten die Yanomami gegen die Einrichtung der vorgeschlagenen FUNDAFACI-Biosphäre, und nachdem Pérez wegen des Verdachts der Korruption des Amtes enthoben und verhaftet worden war, mußte sich auch Matos dem Zugriff der Justiz entziehen. Unter anderem warfen Polizei und Kongreß ihr vor, Regierungshelikopter mißbräuchlich dazu benutzt zu haben, Freunde und Bekannte – einschließlich Chagnons – in das Yanomami-Territorium einzufliegen[35], Ausflüge, die Millionen von Dollar gekostet[36] und allem Anschein nach gegen geltendes Gesetz verstoßen hatten.[37]

Nach öffentlichen Demonstrationen und Petitionen von 17 Indianerstämmen verfügte Richterin Nilda Aguilera am 30. September 1993 die Ausweisung von Brewer und Chagnon aus dem Yanomami-Territorium.[38,39] Venezuelas führende Anthropologin, Nelly Arvelo Jiménez, die an der Columbia University promoviert hat, sprach laut aus, was viele sich nur im stillen über Chagnon fragten: »Wie kann er es wagen, sich mit solchen Umweltzerstörern und Wirtschaftskriminellen einzulassen?«[40]

Chagnon wurde mit weiteren Vorwürfen konfrontiert. Er habe durch große, unzureichend vorbereitete Expeditionen Krankheiten in anfällige Yanomami-Dörfer im Hochland von Siapa eingeschleppt, die bislang noch keinen Kontakt zur Außenwelt gehabt hatten[41], und sie außerdem so lange gegeneinander aufgestachelt, bis es zu Kämpfen gekommen sei, bei denen seine eigenen Führer ums Leben gekommen waren.[42]

Der Skandal löste eine Welle der eskalierenden Gewalt aus, die in den am wenigsten kontaktierten Yanomami-Dörfern ihren Anfang nahm und sich bis in die venezolanische Politik ausbreitete, wo sie in einem fehlgeschlagenen Putsch kulminierte, bei dem Panzer und Kampfflugzeuge den Präsidentenpalast angriffen.[43]

Die Krise hatte seit Ende der achtziger Jahre auch auf die amerikanische Anthropologie übergegriffen. Chagnons Publikationen waren ein Segen für die Goldgräber und ein Fluch für die politischen Organisationen der Yanomami. Chagnon tat nichts, um sich von den vielen Angriffen gegen die Yanomami zu distanzieren, deren Wortführer ausgiebig aus seinen Büchern und Artikeln zitierten.[44] Chagnon, der immer schon ein militanter Antikommunist und Advokat der freien Marktwirtschaft gewesen war[45], warf in seinen Ausfällen »linksgerichtete Anthropologen«, »linksradikale Politiker« und »Überlebensgruppen« in einen Topf[46] und verunglimpfte den prominentesten Yanomami-Sprecher, Davi Kopenawa, als »Papagei der Menschenrechtsgruppen«.[47] In den Augen der meisten Menschenrechtsaktivisten war Chagnon, wie es ein französischer Anthropologe ausdrückte, zu einem »intellektuellen Komplizen der Goldgräber« geworden[48], und das *Chronicle of Higher Education* sprach gar schon von einem »erbitterten Krieg in der Anthropologie«.[49]

Terence Turner, Amazonasexperte an der University of Chicago und Vorsitzender einer Kommission, die sich mit dem Schicksal der Yanomami befaßte, schrieb im Dezember 1994 seinen Kollegen ins Stammbuch: »Wir haben kein Recht, die Goldgräber, das Militär, die Missionare oder die Regierungen in Südamerika zu verurteilen, solange wir davor zurückschrekken, die Rolle zu hinterfragen, die unsere Anthropologen in der Yanomami-Tragödie spielen. Leider hat Napoleon Chagnon den Yanomami und ihren Überlebenschancen großen Schaden zugefügt.«[50]

Was als Debatte über die Natur des Menschen begonnen hatte, wuchs sich zu einem Disput über eine dem Ethnozid Vorschub leistende Wissenschaft aus.[51]

Chagnons Einfluß wurde oft mit dem Margaret Meads verglichen, deren Klassiker *Kindheit und Jugend in Samoa* von Verkaufszahlen und Wirkung her nur von Chagnons *The Fierce People* übertroffen wurde.[52] In gewisser Hinsicht fing die aktuelle Kontroverse ebenso an, wie jene, die Meads Werke in Mißkredit gebracht hatte. Mead hatte im Südpazifik eine idyllische Gesellschaft entworfen, deren Mangel an sexuellen Tabus ihren eigenen lesbischen Neigungen und den pädagogischen Theorien ihres Mentors Fritz Boas von der Columbia University entsprachen. Mead verschloß die Augen davor, daß die Zahl der Vergewaltigungen in der samoanischen Gesellschaft mit zu den höchsten weltweit gehörte.[53]

Während Mead jedoch Rousseaus Tradition fortsetzte und die idealisierten Wilden im Dienste der Linken vereinnahmte, machte Chagnon dort weiter, wo die Sozialdarwinisten aufgehört hatten. Er betonte die Notwendigkeit tödlicher Konkurrenz und die unausweichliche Dominanz gewalttätiger Völker in der prähistorischen Zivilisation.[54] Er folgte den Ansichten seines Lehrmeisters, des Genetikers James Neel von der University of Michigan. Neel war der Meinung, daß die modernen Gesellschaften verweichlichten. Im unverdorbenen Erbe der Amazonasvölker hoffte er die genetische Basis der männlichen Dominanz zu finden, »das Verzeichnis der angeborenen Fähigkeiten« – eine Art Stein der Weisen des Genpools.[55] Neel hatte die Yanomami als Studienobjekt ausgewählt und Chagnon ausgesandt, Belege für seine ausgefallene Theorie zu finden.[56]

Als Chagnon 1964 an der Wasserscheide zwischen Amazonas und Orinoko eintraf, gehörte das Gebiet zu den wenigen noch weißen Flecken auf der Landkarte der beiden Amerikas und waren die Ursprünge der Flüsse und der Grenzverlauf zwischen Venezuela und Brasilien noch ungeklärt. Der höchste Berg der Region, der Cerro Neblina (3014 Meter), war erst 1953 entdeckt worden. Stromschnellen, 1000 Meter in die Höhe aufsteigende Felswände und Sümpfe von der Größe europäischer Staaten hatten seit dem 16. Jahrhundert Eroberer aus aller Herren Ländern frustriert und dieses Bollwerk der Natur zu einem Ort gemacht, der Anlaß zu wilderen Hoffnungen als nur der auf das »Führer-Gen« bot. Hier hatte Sir Walter Raleigh vergebens nach dem zweiten Cuzco gesucht und dann 1601 ein vielgelesenes Buch über eine Inkastadt aus massivem Gold geschrieben, die Gran Manoa hieß und von »einem Berg aus Kristall« überragt wurde.[57]

Der deutsche Naturkundler Alexander von Humboldt war der Ansicht, daß das Land selbst diese Phantasien nähre. »Jenseits der großen Katarakte des Orinoko«, schrieb er, »beginnt ein mythisches Land, ein Ort der fabel- und märchenhaften Visionen.«[58]

Doch die Realität, die Chagnon beschrieb, war in gewisser Hinsicht noch exotischer als die Phantasien und Projektionen der früheren Forscher. Chagnon konzentrierte sich ganz auf die scheinbar zwanghafte Gewalttätigkeit der Yanomami, die mit 25 000 Mitgliedern die größte noch intakte Eingeborenenkultur der Welt bildeten. Im Vorwort zu *The Fierce People* charakterisiert er die Yanomami als ein »brutales, grausames und hinterhältiges« Volk, deren Moralität die Antithese zu dem »von der jüdäisch-christlichen Tradition postulierten Ideal« verkörpere.[59]

Den Yanomami war die Metallbearbeitung fremd, und sie kannten so gut wie keine soziale Hierarchie. Um gemeinschaftliche Rundhäuser mit einem offenen Zentrum herum – den sogenannten *shabonos* – hängten sie Hängematten auf. Persönlichen Besitz gab es praktisch nicht. Obwohl die Yanomami auch Brandrodungsfeldbau betrieben, verbrachten sie doch den Großteil ihrer Zeit mit dem Jagen und Sammeln und pflegten damit eine Lebensweise, die über die lange Zeit der Frühgeschichte der Menschheit dominiert hatte. Sie benutzten keine Kanus und hatten kaum Verwendung für Kleidung, abgesehen von dem Hüftband, das die Frauen trugen, und der Schnur, mit der die Männer ihren Penis hochbanden. Sie praktizierten bei anderen Stämmen des Amazonas unbekannte rituelle Kämpfe – eine Abfolge von Kämpfen, die mit Schlägen auf die Brust begannen und auf die mit langen Stecken ausgetragene Duelle folgten.[60] Selbst ihr Blut ist anders. Die Yanomami weisen eine Genmutation auf, die sich sonst bei keinem anderen Volk auf der Welt findet. Außerdem fehlt ihnen der Diegofaktor, ein

Antigen, über das alle anderen mongoloiden Völker verfügen – einschließlich der übrigen amerikanischen Indianerstämme.[61]

Man nimmt an, daß auch die Yanomami asiatischen Ursprungs sind, aber ihre Haut ist oft heller und ihre Augen sind haselnußbraun, Eigenschaften, denen sie den Namen »weiße Indianer« verdanken. Manche Wissenschaftler glauben, daß sie von den Jägern des Paläozoikums abstammten, die vor mindestens 13 000 Jahren die Beringstraße überquerten (und die, nach den wenigen Knochen zu urteilen, die man von ihnen fand, indogermanischen Ursprungs waren).[62] In Chagnons plastischen Schilderungen erscheinen die Yanomami als zugleich einzigartig und normativ. Für ihn sind sie ein einzigartiges Volk und Modell der ursprünglichen menschlichen Lebensweise, ihrer Kriegführung, ihres sexuellen Wettbewerbs und ihrer Wirtschaft. Gäbe es ein El Dorado der Anthropologen, dann wären das Chagnons Yanomami.

Mag sein, daß die Yanomami für alle Zeiten ein Rätsel bleiben. Aber James Neel hatte zweifellos den falschen Ort und die falschen Menschen ausgewählt, um an ihnen seine eigenartigen Vorstellungen über die Hierarchie von Gewalt und genetischer Auslese zu beweisen. Im Vergleich zu anderen Eingeborenenvölkern haben die Yanomami eine niedrige Mordrate, im Vergleich zu anderen Völkern des Amazonasgebiets sogar eine sehr niedrige. Außerdem sind sie vergleichsweise furchtsam, vor allem, was den Umgang mit Fremden angeht, die gewaltsam in ihr Gebiet eindringen. Chagnon selbst schrieb in seiner Doktorarbeit, daß »die Yanomami keine mutigen Krieger«[63] seien.

Neels und Chagnons Bestrebungen, die Yanomami als Archetyp des wilden Urmenschen darzustellen, schufen einen Mythos in der Biologie, Anthropologie und der Populärkultur. Die Folgen von Chagnons Yanomami-Phantasien lassen sich von dem Film *The Emerald Rain Forest* (in dem eine Gruppe affenartiger Menschen, »das grimmige Volk« genannt, allgemeinen Schrecken verbreitet) bis hin zu dem jüngsten Buch des in Harvard lehrenden Primatologen Richard Wrangham (*Bruder Affe: Menschenaffen und die Ursprünge menschlicher Gewalt*) nachverfolgen, in dem ein ganzer Abschnitt dem Thema »Yanomami-Indianer und Gombe-Schimpansen« gewidmet ist.[64] So, wie Meads Vorstellungen von sexueller Freiheit und von Kindererziehung die Diskussion über sexuelle Moralvorstellungen und pädagogische Konzepte beeinflußt haben, so dienen Chagnons wilde Yanomami einigen Sozialwissenschaftlern als Beweis dafür, daß sich gnadenloser Konkurrenzkampf und geschlechtliche Selektion nicht per Gesetz von idealistischen Weltverbesserern ausmerzen lassen.

Die Korrektur dieses verzerrten Bildes mag für die Anthropologie ebenso wichtig gewesen sein wie Derek Freemans Buch *Liebe ohne Aggression: Margaret Meads Legende von der Friedfertigkeit der Naturvölker.* Doch als ich meine Forschungsarbeiten am Oberlauf des Orinoko aufnahm, stellte ich fest, daß die Dinge sowohl seltsamer als auch viel komplizierter waren.

Eines der seltsamsten Phänomene, dem ich begegnete, war das Muster sorgfältig choreographierter Gewalt, auf das ich in den entlegensten Yanomami-Dörfern stieß. Ein Missionar, der mich auf meiner Expedition begleitete, sagte dazu: »Es ist erstaunlich, wie viele Allianzen geschmiedet und Dörfer gebaut wurden, *nur um die Filmcrews zufriedenzustellen.*«[65]

Bezeichnend für diese Unsitte ist der jüngste *Nova*/BBC-Dokumentarfilm, *Warriors of the Amazon.* Der einstündige Film erzählt die Geschichte eines namenlosen *shabono,* das angeblich in einen endlosen Krieg mit einem anderen namenlosen *shabono* verstrickt war.[66]

In Wahrheit war die Geschichte weitgehend inszeniert. Die in dem Film gezeigten Yanomami hatten seit Jahren keine Kriege mehr geführt, das heißt, bis die Filmcrew eintraf, ein neues *shabono* baute, ein neues Bündnis aushandelte und einen Streit vom Zaun brechen half, der das Dorf in zwei verfeindete Lager teilte.[67]

Die Anthropologen haben unauslöschliche Spuren in der Kultur der Yanomami hinterlassen. Sie haben den Begriff *anthro* in ihren Wortschatz aufgenommen. Für die Yanomami bedeutet *anthro* ungefähr das Gegenteil dessen, was es im Griechischen ursprünglich bedeutete – »Mensch«. Für sie ist ein *anthro* ein mächtiges, nichtmenschliches Wesen, eine Art wild gewordener Gott.[68]

Die Yanomami sind Experten in bezug auf Verrücktheiten von Anthropologen. In dem Yanomami-Dorf Patanowa-teri beging ein deutscher Anthropologe von einem angesehenen Max-Planck-Institut in der Nähe von München Selbstmord, nachdem seine Yanomami-Geliebte ihn verlassen hatte.[69] In den Parima-Bergen mußte ein französischer *anthro,* der versucht hatte, einen Kollegen mit einem Messer zu erstechen, von Fallschirmjägern entwaffnet, gefesselt und fortgeschafft werden.[70] Chagnon selbst schlüpfte laut der auf Video aufgezeichneten Aussage seines wichtigsten Informanten in die Rolle eines Schamanen, der Halluzinogene nahm und die furchtbarsten Gestalten aus dem Geisterpantheon der Yanomami verkörperte.[71]

Und das waren noch die normalen Anthropologen – zumindest im Vergleich zu Jacques Lizot, einem Anthropologen von der Universität Paris und Schüler Claude Lévi-Strauss'. Lizot lebte dreißig Jahre bei den Yanomami, und er war der wichtigste Berater der Autoren des weiter oben bereits erwähnten *Nova*-Dokumentarfilms. Die Yanomami Lizots haben so gut wie nichts gemein mit Chagnons »grimmigem Volk«. Lizot beschrieb die Yanomami als ein mit einer erstaunlich innovativen sexuellen Phantasie ausgestattetes »erotisches Volk«.[72]

Anhand transkribierter Protokolle von Gesprächen mit einer Vielzahl von Yanomami zeichnet Mark Ritchie in seinem Buch *Spirit of the Rainforest* Lizots exotische und erotische Laufbahn nach. Ritchie zufolge nannten die Yanomami Lizot *bosinawarewa,* einen Ausdruck, den er als »Arschgrapscher«[73] (wörtlich: Anusesser) übersetzt. Zur selben Zeit, als Lizot zum anerkannten Experten der Yanomami-Sprache aufstieg, erweiterte er, wenn auch unbewußt, ihren Wortschatz. In einigen Yanomami-Dörfern wird Analverkehr mit dem Wort *Lizot-mou* bezeichnet: »es wie Lizot machen«.[74]

»Wir nannten den Oberlauf des Orinoko ›Macondo‹, nach der surrealen Welt von Gabriel García Márquez«, erzählt Jesús Cardozo, Präsident von FUNVENA, der Venezolanischen Stiftung für Anthropologische Forschung. »Als ich das erste Mal zu

Forschungszwecken zu den Yanomami reiste, wurde ich gewarnt, daß Lizot versuchen würde, mich zu töten. Ich hielt das für einen Witz. Aber dann entdeckte ich, daß die seltsamsten Dinge vor sich gingen, zum Beispiel, daß Anthropologen einander mit Schrotflinten durch den Urwald jagten. Jeder hatte sich sein eigenes kleines Reich abgesteckt. Es gab Dörfer, die nach Lizot oder Chagnon benannt waren, so, als ob die beiden bedeutende Yanomami-Häuptlinge seien. Und nicht nur das, die Dorfbewohner glichen sich in ihrem Verhalten ihren Namensgebern an. Chagnons Yanomami waren kriegerischer als andere Gruppen, und Lizots Dorf wurde zum Zentrum der Homosexualität. Natürlich stellt sich in diesem Zusammenhang die Frage nach Menschenrechtsverletzungen, aber es geht mir nicht darum, Chagnon oder Lizot vor ein internationales Tribunal zu bringen. Wichtiger für die Anthropologie und die Wissenschaftsgeschichte ist es zu verstehen, wie dies passierte und welche Rolle die Medien bei der Erschaffung dieser seltsamen neuen Welt spielten. Denn je heftiger Chagnon und Lizot über die Stränge schlugen, um so überschwenglicher wurden sie als Berühmtheiten gefeiert.«[75]

Im Diskurs über den oberen Orinoko gehören Begriffe wie »paranoid«[76], »Soziopath«[77], »abscheulich«[78] und »kriminell«[79] zum Grundwortschatz – vor allem, wenn unter Anthropologen die Rede auf Chagnon kommt. Chagnon seinerseits hat einen seiner Kritiker mit dem wenig feinen Begriff »fucked« tituliert[80] und den Rest als »Stinktiere« bezeichnet.[81]

»Daß so viele Anthropologen, die sich mit den Yanomami beschäftigten, durchdrehten, liegt meiner Meinung nach daran, daß sie sich unter den Yanomami an keine Grenzen und keine Regeln halten mußten«, vermutet der Missionar Michael Dawson, der vierzig Jahre unter den Yanomami verbracht hat. »Mit ihren Werkzeugen und Waffen waren sie so etwas wie die Connecticut-Yankees am Hofe König Arturs. Sie konnten werden, was immer sie sein wollten. Und sie wurden zu Göttern.«[82]

Wie die Griechen, so sahen auch die Yanomami in der Macht eines Wesens, ein Volk mit Krankheiten zu schlagen, einen Beweis seiner Göttlichkeit. Und daß die Epidemien mit zum

Verheerendsten gehörten, was die Wissenschaftler und Journalisten den Yanomami antaten, daran besteht kein Zweifel. Allein den Aufzeichnungen der beteiligten Wissenschaftler zufolge starben im direkten Gefolge von Feldforschungen und Dreharbeiten Hunderte von Yanomami.[83]

Daß die US-Atombehörde Atomic Energy Commission (AEC) die ersten – und todbringendsten – Expeditionen großzügig unterstützt hatte, überraschte mich sehr. Als ich Einsicht in die entsprechenden AEC-Unterlagen erhielt, stellte ich fest, daß die AEC die Yanomami als Kontrollgruppe benutzt und ihre genetische Mutationsrate mit jener der Überlebenden der Atombombenabwürfe von Hiroshima und Nagasaki verglichen hatte. Im Zuge dieser Nachforschungen erklärte das zuständige US-Energieministerium: »Die Ergebnisse dieser Forschungen haben zu unserem Verständnis der natürlichen Entwicklung von Genmutationen beim Menschen und dazu beigetragen, die Lücke zwischen Mutagenese-Studien bei Versuchstieren und bei Menschen zu schließen.«[84]

Um diese Untersuchungen abzuschließen, auf deren Grundlage Strahlenschutzstandards für die USA erstellt wurden, benötigte die US-Atombehörde großen Mengen an Yanomami-Blut – Blut, das mit Stahlwaren bezahlt wurde. Besonders interessierte die Forscher, wie die Yanomami auf Krankheiten reagierten, und speziell, wie stark »Krankheiten und Kriege die Bevölkerung dezimieren«.[85]

Dem größten Krankheitsdruck in ihrer Geschichte waren die venezolanischen Yanomami während einer Masernepidemie im Jahr 1968 ausgesetzt. Die Epidemie brach just in dem Dorf aus, dessen Bewohnern der Genetiker James Neel einen Lebendimpfstoff gegen Masern verabreicht hatte, der sich zwar bei gesunden amerikanischen Kindern bewährt hatte, von dem aber bekannt war, daß er für immungeschwächte Menschen gefährlich war.[86] Betrachtet man die Route der Expedition und die Ausbreitung der Epidemie, gewinnt man den Eindruck, daß die Masern den Wissenschaftlern folgten. Schätzungen zufolge starben zwischen 15 und 20 Prozent aller venezolanischen Yanomami in den auf die Impfungen folgenden Monaten.[87]

Dem Unrecht, das den Yanomami zugefügt worden war, entsprach die Verzerrung und Verfälschung der Wissenschaft und der Geschichte der menschlichen Evolution. Dennoch, der unerschütterliche Glaube, mit dem die Soziobiologen an ihren Theorien festhielten, nötigte mir Bewunderung ab. Wie die früheren Missionare des Marxismus waren diese Zeloten des biologischen Determinismus bereit, alles – auch das Leben ihrer Studienobjekte – auf dem Altar ihrer Lehre zu opfern. Die Faszination, die dieser Fanatismus auf mich ausübte, führte mich auch in das Nationale Filmarchiv in Washington. Nach einer Woche des Stöberns stieß ich auf einen staubigen Karton mit der Aufschrift »Sehr wertvoll. Originaltonaufnahmen der Expedition von 1968«. Und dies führte mich tief ins Land der Yanomami, wo ich mir, von *shabono* zu *shabono,* meinen Weg durch die Berge des Hochlands von Siapa bis in das dunkle Herz des Amazonas bahnte, wo Anthropologen und Journalisten die Hauptrollen spielten.

Mir hätten die Gefahren einer solchen Reise klar sein müssen. »Man muß mit den Yanomami wirklich Mitleid haben«, warnte beispielsweise der Anthropologe Kenneth Good, der mehr Zeit als jeder andere amerikanische Anthropologe unter den Yanomami verbracht hatte. »Die Vereinigten Staaten haben Chagnon geschickt, die Franzosen Lizot. In Caracas stieß dann noch Charlie Brewer dazu. *Mein Gott.* Passen Sie da unten gut auf sich auf. Wer sich mit den Yanomami befaßt, neigt dazu, verrückt zu werden.«[88]

Lag das an der Veranlagung der Wissenschaftler oder an der Umwelt? Trieben die Yanomami-Gesellschaft oder irgend etwas im Wasser des Orinoko die Forscher in den Wahnsinn? Oder interessierten sich nur Wissenschaftler, die zum Wahnsinn neigten, für die Yanomami? Glücklicherweise ließen mir die Erhebungen, die ich auf meinem Weg durch den Dschungel durchführte, keine Zeit, mich mit solch trivialen Themen zu beschäftigen. Ich kam rasch voran, und als ich nach einem besonders erschöpfenden Tagesmarsch durch die Bergwildnis von Siapa in Mokarita-teri ankam und die Dorfbewohner in heillosem Schrecken das Weite suchten, überraschte mich das nur wenig. Der erste Indianer, der sich zurückwagte, näherte sich mir so vorsichtig, als stehe einer der gefährlichen, *bore* genannten Geister vor ihm, die sich den Yanomami im Dunkel der Nacht zeigen.

»Bist du Chagnon?« fragte er.[89]

KAPITEL 3

Die Napoleonischen Kriege

Die Bewohner des Dorfes, in dem ich lebe,
halten mich wirklich für das höchste Wesen.
Napoleon Chagnon, 1965[1]

Die Kriege, die Chagnon und die Yanomami berühmt machten – die Kriege, über die er in die *The Fierce People* so ausführlich berichtet hat –, brachen am 14. November 1964 aus, ebendem Tag, an dem der Anthropologe mit seinen Schrotflinten, einem Außenbordmotor und einem Kanu voller Stahlwaren als Geschenke bei den Indianern eintraf.[2]

»An dem Tag, an dem Chagnon eintraf, brach ein Krieg zwischen zwei seit langer Zeit in Frieden lebenden Gruppen aus, und er dauerte an, bis Chagnon sie wieder verließ«, schrieb Brian Ferguson, ein Anthropologe von der Rutgers University, der sich auf Gewalt in primitiven Gesellschaften spezialisiert hat. »Ich glaube nicht, daß das ein Zufall war.« Fergusons 1995 erschienenes Buch *Yanomami Warfare* ist die vielleicht umfassendste Dokumentation über Stammeskonflikte, die jemals geschrieben worden ist.[3] »Ursprünglich spielte ich mit dem Gedanken, das Buch *Die Napoleonischen Kriege* zu nennen«, sagte Ferguson.[4]

Fergusons Arbeit reflektiert den wachsenden Konsens darüber, daß der Kontakt mit Außenstehenden, auch mit Wissenschaftlern, das Stammesleben und die Gesundheit der Ureinwohner stark in Mitleidenschaft zieht. 1998 ging der Pulitzerpreis für Sachbücher an den UCLA-Medizinforscher Jared Diamond, der sich in seinem Buch *Arm und Reich: Die Schicksale menschlicher Gesellschaften* mit der weltweiten Ausbreitung eurasischer Massenkrankheiten, Handelswaren und Methoden der Kriegführung befaßt.[5] Historiker, die sich mit der Rolle europäischer Wissenschaftler bei der Erforschung Afrikas (so in *Dark Safari* von John Bierman) und Neuguineas (etwa in *First Contact* von Bob Connolly) auseinandersetzten, dokumentierten die Verheerungen, welche die von ihrer eigenen Objektivität überzeugten Forscher – zumeist ohne sich dessen bewußt zu sein – anrichteten.

Diamond, der im Südpazifik Feldforschung betrieb, beschreibt in seinem Buch, wie ein einziger britischer Seemann, Charlie Savage, 1808 mit wenigen Musketen die Gesellschaft der Fidschi-Indianer aus dem Gefüge brachte. »Savage machte seinem Namen alle Ehre, als er ganz allein die Machtbalance der Fidschis ins Kippen brachte ... Seine Opfer waren so zahlreich, daß die überlebenden Dorfbewohner die Toten aufhäuften, um hinter ihnen Zuflucht zu suchen. Unterhalb des Dorfes war der Fluß rot vom Blut.«[6]

Vor langer Zeit besiedelten Karib-Indianer, die Namensgeber der Karibik, vom Meer aus die Ufer des Orinoko. Sie lebten in großen, befestigten Dörfern und befuhren den mächtigen Strom in über dreißig Meter langen Kanus. Die Kriege und Krankheiten, welche die wiederkehrenden Vorstöße der europäischen Kolonialmächte auf der Suche nach dem sagenumwobenen El Dorado einschleppten, löschten die Zivilisation der Karib-Indianer am Orinoko aus. Einen nicht unwesentlichen Beitrag dazu leistete der umtriebige holländische Gouverneur Surinams, Gravesande, in der ersten Hälfte des 18. Jahrhunderts. Zum Zwecke der Sklavenjagd schloß Gravesande ein Militärbündnis mit den Manau, einem Indianerstamm, der am Rio Negro lebte und dessen Führer Ajuricaba sich unter der Flagge der Niederlande zum König von Gran Manoa (alias El Dorado) ausrief.[7] Die brasilianischen Kolonialherren nahmen Gravesandes Vorstoß zum Anlaß, eine Armee auszuschicken. Die Portugiesen schlugen die Manau, nahmen Ajuricaba gefangen (der Selbstmord beging, indem er mit Ketten gefesselt in einen Fluß sprang) und ersetzten die Holländer als führende Sklavenhändler in der Region. Allein zwischen 1725 und 1750 entführten oder erwarben die Portugiesen am Oberlauf des Orinoko über 5000 indianische Sklaven.[8]

Erstmals erwähnt wurden die Yanomami von den Mitgliedern einer von einer portugiesischen Grenzkommission ausgeschickten und aus Ingenieuren, Landvermessern, Naturkundlern und Künstlern bestehenden Expedition. Im Jahre 1786 beschrieb Lobo de Almada die Yanomami als die »Überbleibsel einer Nation«, deren letzte Überlebende sich in die unzugänglichen Quellgebiete zwischen Venezuela und Brasilien zurückgezogen hätten. Almada machte sich zwar sehr um die Katalogisierung neuer Pflanzenarten und indianischer Kulturen verdient, durch die von ihm befohlene Umsiedlung der östlichen Nachbarn der Yanomami, der Makuxi, trug er aber auch zum Völkermord bei. Die Makuxi wurden in einem, wie es der Historiker John Hemming ausdrückte, »grotesken Experiment« von ihrem Stammesgebiet in ein mehr als 1500 Kilometer entferntes Reservat umgesiedelt, wo die meisten von ihnen starben.[9]

Es war nicht das einzige »Experiment«, das zu der Zeit unternommen wurde. 1784, zwei Jahre vor Almadas Erwähnung der Yanomami, brach Alexandre Rodrigues Ferreira, laut Hemming der »erste große Naturkundler, der sich mit dem Amazonas beschäftigte«, zu einem ehrgeizigen wissenschaftlichen Unternehmen auf, für das er Hunderte von eingeborenen Führern, Trägern, Ruderern und Dienern verpflichtete. Tausende Indianer starben oder flohen vor Ferreiras botanischem Enthusiasmus aus den Dörfern an den großen Flüssen.[10]

Die Strategie der Yanomami, die sich in die unwegsamen Berge zurückzogen, war erfolgreicher – Berichten zufolge konnten rund 3000 Yanomami vor den Sklavenjägern, Naturkundlern und den Krankheiten fliehen.[11] Daß die Yanomami so lange in Abgeschiedenheit leben konnten, verdankten sie der besonderen Geographie ihres Rückzugsgebiets, die auch mit ausschlaggebend dafür war, daß es erst 1951 den ersten Weißen – einer französisch-deutschen Expedition – gelang, bis zur Quelle des Orinoko vorzustoßen.[12,13] Außerdem glitzerte am Oberlauf des Orinoko nur Katzengold. Angesichts der Tatsache, daß es nichts gab, was die frühen Forscher für ihre Torturen belohnt hätte, kehrten zwei Jahrhunderte lang alle Expeditionen um, bevor sie die Quelle des Orinoko erreichten.

Der erste Amerikaner, der versuchte zur Quelle des Orinoko vorzustoßen, war der bekannte Geograph Hamilton Rice. Am 21. Januar 1921 schlug der von der Royal Geographic Society ausgeschickte Forscher sein Lager oberhalb der Guaharibo-Stromschnellen auf, wo das Land der Yanomami anfängt. Angelockt von den vielen Vorräten, die Rice mit sich führte, näherte sich eine Gruppe von rund sechzig Yanomami dem Lager, um, wie es ihrem typischen Umgang mit Fremden entsprach, Handel zu treiben und Essen zu erbetteln.[14] Doch Rice, überrascht von dem plötzlichen Auftauchen der Indianer, wollte kein Risiko eingehen und eröffnete mit seiner Thompson-Maschinenpistole das Feuer. Danach brach die Expedition ihre Zelte ab und floh flußabwärts. Später schrieb er im *Journal* der Royal Geographic Society, daß die Yanomami Kannibalen seien, die rohes Fleisch äßen, und es angesichts der Gefahr, ihr nächstes Mahl zu werden, notwendig gewesen sei, das »Feuer auf sie zu eröffnen«.[15]

Der nächste Vorstoß von Amerikanern in das Gebiet erfolgte während des Zweiten Weltkriegs. Eine aus Ingenieuren und Vermessern der US-Armee bestehende Expedition sollte die Machbarkeit eines gewaltigen Kanals erkunden, der den Amazonas und den Orinoko miteinander verbinden sollte.[16] Der Kanal, der den Panamakanal weit in den Schatten gestellt hätte, wurde jedoch nicht gebaut. Im Gegensatz zu Rice kamen die Ingenieure mit den Indianern in dem Gebiet gut aus. Die Yanomami aßen, was die Armeeangehörigen ihnen übrigließen, und rauchten ihre Zigaretten, bevor sie, mit wertvollen Macheten als Geschenken im Gepäck – und infiziert mit tödlichen Krankheitserregern –, in ihre Dörfer zurückkehrten. Die sich rasch ausbreitenden neuen Atemwegserkrankungen forderten auch in weit vom Orinoko entfernt gelegenen *shabonos* zahlreiche Opfer. Doch damit nicht genug: Wie in der Geschichte der Amazonasindianer nicht unüblich, wurden in Anbetracht der unerklärlichen Todesfälle Vorwürfe der bösen Magie laut, die mehrere Kriege zwischen den einzelnen Gruppen auslösten und weitere Opfer forderten.[17]

Die Kriege und Epidemien, die diese Expeditionen überschatteten, hatten tiefgreifende Auswirkungen auf die Stammesgesellschaft der Yanomami. Nach Aussagen lokaler Siedler provozierte Rice' »Maschinenpistolen-Massaker an unbewaffneten Indianern«[18] zwischen 1921 und 1931 mehrere Yanomami-Überfälle auf die einzigen Ansiedlungen von Weißen am Oberlauf des Orinoko.[19] Auch wenn die Yanomami keinen einzigen Weißen töteten, stahlen sie doch alle Stahlwerkzeuge, die sie finden konnten, und richteten so große Verwüstungen an, daß die Kolonisten sich schließlich gezwungen sahen, ihre Siedlungen aufzugeben. Nach und nach holte sich der Dschungel die aufgegebenen Siedlungen, Missionsstationen und Forts zurück. »Wahrscheinlich ist die gegenwärtige Regression der Region die vollständigste seit der Ankunft der Spanier«, schrieb der amerikanische Geograph Earl Hanson. »Hier entfaltet sich ein einmaliges Spektakel ... das einigen Ethnologen die Gelegenheit bietet, die Entstehung einer nagelneuen, primitiven Kultur zu dokumentieren.«[20]

Niemand war wohl besser dazu geeignet, diese »Entstehung einer nagelneuen, primitiven Kultur« zu dokumentieren, als Chagnon. Nachdem Chagnon uns schildert, wie ein Mann seinen Bruder mit einer Axt erschlägt, teilt er uns mit, daß der Sieger einer »der wenigen Yanomami ist, von dem ich glaube, daß ich ihm vertrauen kann«.[21] Er gesteht, daß er es vorgezogen hätte, eine andere, freundlichere Gruppe zu studieren, womit er, wie er einschränkend hinzufügt, nicht sagen will, »daß der primitive Mensch generell unfreundlich ist«.[22] Die Haltung der Yanomami-Frauen über Dreißig gegenüber der Außenwelt beschreibt er als »rachsüchtig und abweisend«. In *The Fierce People* finden sich keine puritanischen Predigten und kein Wort vom »edlen Wilden«. Ein Grund für die Popularität des Buches war, daß Chagnon zwei bei Studenten sehr beliebte Themen – Gewalt und Sex – zu einer Erklärung für das kriegerische Wesen der Yanomami heranzog: Yanomami-Männer führen Kriege um Frauen.

Chagnon überlebte einen nächtlichen Anschlag auf sein Leben, indem er die Angreifer – seine Gastgeber – mit dem Licht seiner Taschenlampe erschreckte. Nachdem sein Yanomami-Führer ihn sitzengelassen hatte, höhlte er seinen eigenen

Einbaum aus, fuhr weiter den Mavaca hinauf und drang, trotz wiederholter Todeswarnungen, in noch unerforschtes Gebiet vor. Es fiel schwer, Sympathie für die Yanomami zu empfinden, die Chagnon da beschrieb, seinen Mut jedoch mußte man bewundern.

Chagnons vielleicht größter Erfolg bestand darin, seine faszinierenden Geschichten aus dem Land der »grimmigen Krieger« in ein einfaches, klares, darwinistisch begründetes Modell einzupassen, das neues Licht auf die Ursprünge des Menschen zu werfen schien. Das *Time*-Magazin faßte Chagnons Theorie folgendermaßen zusammen: »Die eher abschreckende Kultur der Yanomami erinnert in gewisser Weise an das Verhalten von Tieren. Wie Chagnon argumentiert, weisen die Yanomami hinsichtlich ihres Fortpflanzungsverhaltens, dem Wettbewerb um weibliche Artgenossen und der Anerkennung von Verwandten enge Parallelen zu vielen Primatenarten auf. Ähnlich wie Paviankolonien neigen Yanomami-Dörfer dazu, sich in zwei Gruppen aufzuspalten, sobald sie eine gewisse Größe erreichen.«[23] Nur wer grimmig ist, kann überleben und sich fortpflanzen.

Chagnon blieb nach eigener Aussage keine andere Wahl, als sich seinen Gastgebern anzupassen. »Ich erkannte schnell, daß ich so wie die Yanomami werden mußte, wollte ich mit ihnen nach ihren Bedingungen auskommen: hinterhältig, aggressiv und einschüchternd.« Andernfalls hätten sie ihn nach Belieben in der Gegend herumgeschubst und ihm alles gestohlen, was nicht niet- und nagelfest war. »Ich mußte in jedem einzelnen Dorf meine Position in einer Art Hackordnung der Wildheit etablieren.«[24]

Hackordnungen der Gewalt waren in den sechziger Jahren populär, nicht zuletzt aufgrund des 1966 erschienenen, einflußreichen Buches *Das sogenannte Böse: Zur Naturgeschichte der Aggression* von Konrad Lorenz. So viel und Entscheidendes der Verhaltensforscher und Nobelpreisträger Lorenz zu unserem Verständnis des Verhaltens von Ratten und Gänsen – zwei sehr aggressiven Tierarten – beitrug, so grobe Schnitzer leistete er sich bei der Übertragung seiner Laborbeobachtungen auf das Verhalten des Menschen. Er kam zu dem Schluß, daß der

Mensch eine aus der Art geschlagene Menschenaffenspezies sei, die durch Jagd und Technologie eine für Tiere ungewöhnliche Mordlust entwickelt habe.[25] Damit kehrte das Konzept der Erbsünde zurück, und der Mensch wurde zum Killeraffen. Und als genau das beschreibt Chagnon seine »grimmigen« Menschen: als den Pavianen ähnliche Amazonasprimaten, deren vollkommene Amoralität Mord und Verrat zu Stammesidealen erhoben habe.

Heute anerkennt selbst Chagnons unerschütterlichster Befürworter, der Harvard-Soziobiologe Edward O. Wilson, daß der Mensch wohl weniger gewalttätig ist als die meisten anderen Spezies, zumindest wenn man gewöhnlichen Mord und Kindesmord als Maßstab anlegt.[26]

Es gibt Amazonasstämme, beispielsweise die Huarani und Achuar, bei denen Gewalt viel verbreiteter ist als bei den Yanomami.[27] Bei den Huarani sterben über 60 Prozent aller Männer eines gewaltsamen Todes und damit mehr als doppelt so viele wie bei den von Chagnon untersuchten Yanomami.[28,29] Hinzu kommt, daß die Yanomami vier regionale Dialekte sprechen und verteilt auf ein Gebiet von über 180000 Quadratkilometern leben. Alle anderen Yanomami-Untergruppen weisen Mordraten auf, die deutlich unter den von Chagnon festgestellten liegen.[30] Umgerechnet auf das gesamte Yanomami-Volk liegt die Mordrate unter Erwachsenen bei 12 bis 14 Prozent. In manchen Dörfern wurde seit mehreren Generationen niemand mehr ermordet, in anderen dagegen liegt der Prozentsatz der ermordeten Erwachsenen deutlich über dem Gesamtdurchschnitt.[31] Entsprechend kann man, je nach Dorf und ausgewähltem Zeitrahmen, Mordraten für Erwachsene zwischen null und über 40 Prozent errechnen. Und wenn es auch zutrifft, daß die Mordrate unter den Yanomami im Vergleich zu der in modernen demokratischen Gesellschaften hoch erscheint, ist es unfair, wie Chagnon es tut, zu sagen, daß sie höher sei als in Detroit.[32] Solche Vergleiche sind nicht nur deshalb zweifelhaft, weil die Abweichungen innerhalb der Yanomami so stark sind, sondern auch, weil die Daten nicht zwischen den Opfern gewöhnlicher Verbrechen und kriegerischer Auseinandersetzungen unterscheiden. Insgesamt betrachtet ist das Gewaltniveau bei den Yanomami für eine Stammesgesellschaft ohne schriftlich niedergelegte Gesetze oder Polizei nicht sonderlich hoch.[33]

Die Frage lautet also nicht länger, warum die Yanomami so »grimmig« sind, sondern warum die Mordrate der von Chagnon studierten Yanomami so stark über der bei anderen Yanomami-Gruppen lag. Obwohl Chagnon »sein Dorf« Bisaasi-teri als »typisches Yanomami-Dorf«[34] bezeichnete, stellte es doch eine Ausnahme dar. Als Chagnon zu den Bisaasi-teri stieß, lebten sie am Zusammenfluß des dort 400 Meter breiten Orinoko mit dem 150 Meter breiten Mavaca. Aus der Luft sieht das Gebiet exotisch-einladend aus. Doch die Vogelschau ist irreführend; in Wahrheit ist es ein armseliger, sumpfiger, malariaverseuchter Streifen Land. Kein traditionelles Yanomami-Dorf lag auch nur annähernd so nahe an einem so großen Fluß.[35] Archäologische Ausgrabungen bei Bisaasi-teri haben Scherben von Töpferarbeiten und Maniokmörser zutage gefördert, die bei den Karib-Stämmen verbreitet, den im Bergland lebenden Yanomami aber unbekannt waren.[36] Daß die Yanomami so weit den Orinoko hinunter vorgestoßen sind, lag wohl nur daran, daß der traditionell dort lebende Karib-Stamm vertrieben oder versklavt worden war. Eine Bande von Abenteurern, angeführt von einem umtriebigen Franzosen, hatte um 1830 bei den Bisaasi-teri einen Handelsposten errichtet und mehrere tausend karibsprechende Indianer in die Sklaverei gezwungen.[37]

Alle Experten stimmen darin überein, daß der Ursprung der heutigen Yanomami-Gruppen im Hochland von Parima und Siapa liegt. Der erste Wissenschaftler, der die Hochland-Yanomami untersuchte, war der Geograph William Smole von der University of Pittsburgh. Smole lebte von 1969 bis 1970 in der Nähe eines großen Dorfes in der Sierra Parima, in dem seit zwei Generationen weitgehend Frieden herrschte. Es gab keine Häuptlinge im eigentlichen Sinne und kaum Streitigkeiten um Frauen im heiratsfähigen Alter. Während Chagnons Dörfer unter einem dramatischen Frauenmangel litten, wiesen die Hochlanddörfer sogar einen leichten Frauenüberschuß auf. Wenn es doch einmal zu einem Krieg kam, dann wegen des Vorwurfs der Zauberei; die Entführung von Frauen war zweitrangig.[38] Nachdem Smole die Yanomami in ihrem ursprünglichen Siedlungsgebiet studiert hatte, griff er öffentlich die von Chagnon für die Yanomami geprägte Bezeichnung vom »grimmigen Volk« an. Seiner Auffassung nach unterschieden sich Chagnons Yanomami so drastisch von den Stämmen im ursprünglichen Siedlungsgebiet der Indianer, daß man sie nicht als traditionelle Yanomami einstufen konnte.

Selbst innerhalb der Untergruppe, die Chagnon studierte, bestand ein scharfer Unterschied zwischen Hoch- und Tieflanddörfern. Als Chagnon 1990 und 1991 Erhebungen in fünf Berg-*shabonos* aus seiner eigenen linguistischen Gruppe durchführte, zeigte sich, daß der Anteil der erwachsenen Männer, die an Tötungen beteiligt waren, nur ein Viertel des entsprechenden Anteils in den Tiefland-*shabonos* betrug (11 gegenüber 44 Prozent).[39] Auch wenn Chagnon die genauen Mordstatistiken für diese am Mavaca liegenden Siedlungen noch nicht veröffentlicht hat – die Ergebnisse seiner jüngeren Studien bestätigen, was William Smole seit Jahrzehnten sagt: daß die Häufigkeit von Gewalttaten in der Yanomami-Gesellschaft räumlich stark variiert und es in den Dörfern am häufigsten zu Gewaltverbrechen kommt, die in relativ tief gelegenen Bereichen des Orinoko-Mavaca-Einzugsgebietes liegen. Dieses eine Dutzend *shabonos* mit zusammen 1394 Einwohnern macht weniger als 6 Prozent der aktuellen Yanomami-Gesamtbevölkerung von 25 000 aus.[40] »Zweifelsohne sind die Yanomami, die an und in der Nähe befahrbarer Gewässer siedeln, nicht repräsentativ für das Gesamtvolk«, schrieb Smole. »Sie leben außerhalb ihrer, im breitesten Sinne definierten Nische und stehen unter dem Druck verschiedener negativer Einflüsse der ›Zivilisation‹.«[41] Smole war überzeugt, daß die von Fremden eingeführten Stahlwerkzeuge, die Krankheiten, die sie einschleppten, und die Konflikte, die sie unter den Indianern schürten, diese Emigrantengruppen so stark verändert hatten, daß sie nicht mehr als Yanomami im traditionellen Sinne gelten konnten. Die Gewaltbereitschaft und verbreiteten Kämpfe um Frauen könnten, so der Geograph weiter, »Ausdruck der Akkulturation an die Tieflandzone und einer akuten kulturellen Instabilität« sein.[42]

So gut wie alle nachfolgenden Forscher und auch die meisten von Chagnons eigenen Studenten wiederholten Smoles Kritik. Chagnon machte für diese Angriffe naive Romantiker verantwortlich, die eine geschönte Version der Yanomami-Kultur zu zeichnen suchten. Da meine eigenen, gleichfalls recht bildhaften Beschreibungen der Gewalt in amerikanischen Indianergesellschaften zum Teil ebenfalls heftig angegriffen worden waren, sympathisierte ich zunächst mit Chagnon. Nachdem ich im Land der Yanomami eingetroffen war, fiel es mir aber zusehends schwerer, Chagnons Sichtweise ihrer Kultur zu akzeptieren.

Die umherziehenden Goldgräber Brasiliens, die auf ihren grenzüberschreitenden Wanderungen in Kontakt mit Dutzenden von Indianerstämmen gekommen sind, haben des öfteren zum Ausdruck gebracht, wie freundlich die Yanomami im Vergleich zu anderen Indianern des Amazonas seien. Auch mich begrüßten die Yanomami mit einer Herzlichkeit, die mir fast schon beunruhigend erschien. Mir ging schnell auf, daß sie verzweifelt Medikamente benötigten und jemanden suchten, der ihre todkranken Kinder flußaufwärts zu einer Klinik brachte.

Später wurde ich mit vorgehaltener Waffe von einigen jungen Yanomami ausgeraubt, die jedoch für die Goldschürfer arbeiteten.

In Wahrheit war ich in ein Begräbnisritual der Yanomami geraten, bei dem der ganze Stamm zusammenkommt und die Asche der Toten in einer rituellen Zeremonie gemeinsam getrunken wird. Dieses Ritual dient nicht nur der Ehrung der gefürchteten Geister der Toten, sondern gibt den Lebenden auch Gelegenheit, alte Rechnungen zu begleichen. Unser Kanu wurde in der Flußmitte von einem 20jährigen Yanomami geentert, der ebenso wie die anderen jungen Männer, die sich kurz darauf zu ihm gesellten, zuviel Whiskey getrunken hatte und bewaffnet war. Sie brachten uns ans Ufer, wo sie meinen Begleiter, den Goldschürfer Cícero Hipólito dos Santos, und mich mit vorgehaltener Waffe zum Aussteigen zwangen. Eine große Gruppe Krieger und Frauen versammelte sich um uns und debattierte darüber, ob sie uns töten sollten oder nicht. Zu unserer Überraschung töteten sie weder den Goldschürfer noch mich, sondern begnügten sich damit, all unsere Habseligkeiten zu stehlen.

Mir wurde klar, daß mein Verhalten, die Bedürfnisse der Yanomami und die Auswirkungen des Goldfiebers Situationen wie diese provozierten, die ich nach Belieben in ein romantisches oder ein darwinistisches Porträt der Yanomami hätte umschreiben können.

Die Yanomami, die ich am Mucajaí traf, waren zweifelsohne keine Heiligen. Doch in den sechzig Jahren vor meiner Ankunft hatten sie nur zwei Überfälle unternommen und hatten sich bei zwei anderen Gelegenheiten ein paar Mucajaí-Kriegern verbündeter Dörfer angeschlossen. Mehr nicht. Das hatte Chagnon nicht davon abgehalten, einen der beiden von den Mucajaí initiierten Kriegszüge zum Paradebeispiel der Hinterhältigkeit der Yanomami umzumünzen und ihn als Fallstudie eines Überfalls zu präsentieren, der ausschließlich dem Ziel diente, Frauen zu rauben. In *The Fierce People* behauptete er, daß in dem Dorf »ein kritischer Mangel an Frauen« herrschte, und beschrieb anschließend, »auf welch hinterhältige Weise die Gruppe ihr Problem entschärfte«:

> Ein Streiftrupp unter Leitung des Anführers der Gruppe zog zu einem entfernt gelegenen Dorf und erzählte den Leuten dort, man habe Macheten und Kochtöpfe von Fremden bekommen, die zu einem Geist beteten, damit er ihnen diese Dinge gebe. Die Ankömmlinge erboten sich, den Dorfbewohnern beizubringen, wie man zu dem Geist beten müsse. Als diese sich hinknieten und die Köpfe senkten, stürzte sich der Streiftrupp auf sie, brachte sie mit Macheten um, bemächtigte sich ihrer Frauen und machte sich davon.
>
> Ein Verrat dieser Art heißt *nomohori* – »übler Trick« – und stellt die extremste Form von Gewalt bei den Yanomami dar.[43]

Der Wissenschaftler John Earle und der Soziologe John Peters, die über acht Jahre am Mucajaí verbrachten, stellten diesen Überfall allerdings in einen gänzlich anderen Zusammenhang. Zunächst einmal ging es den Mucajaí Borabuk (Das Volk vom Wasserfall) nicht darum, Frauen zu rauben.[44] Es stimmte, in dem Dorf lebten weniger Frauen als Männer, aber das bekümmerte sie nicht weiter, da die Yanomami Frauen auch durch Handel und Brautgeschenke (beispielsweise, indem sie die Eltern der heiratsfähigen Frau mit Wildbret versorgen) erwerben können. Das Dorf nahm das temporäre und für Stammesgesellschaften nicht ungewöhnliche Ungleichgewicht der Geschlechter hin und behalf sich in der Zwischenzeit damit, daß sie ihre Frauen teilten. Tatsächlich hatten die Borabuk in über zwanzig Jahren nicht einen einzigen Überfall verübt.

Was sie vielmehr beunruhigte, waren die verheerenden Krankheiten, die nach ihrem ersten Kontakt mit Weißen – motiviert von ihrem Wunsch, Stahlwaren zu erwerben – in dem Dorf ausgebrochen waren. »Früher hatten die Borabuk solche Waren durch den Handel mit oder bei Überfällen auf andere Indianergruppen erhalten.« Seit den letzten Überfällen Mitte der dreißiger Jahre hatte die Mucajaí-Gruppe jedoch isoliert gelebt. »Abgenutzt, wie ihre Stahlwerkzeuge waren, hatten sie dringend Ersatz nötig. Sie waren an das Ufer des Mucajaí gezogen, wo sie hofften, Kontakt mit Brasilianern aufnehmen und von ihnen Stahlwerkzeuge erwerben zu können.«[45]

1955 geschah etwas, was ihr Leben grundlegend veränderte. Missionare flogen in einem kleinen Flugzeug über das Dorf der Borabuk und warfen Angelhaken ab. Die Indianer schickten einen Trupp zur Suche nach den Angelhaken aus und bauten zum ersten Mal in ihrer Geschichte Kanus, auf denen sie weit flußabwärts fuhren. Dort, Ende 1957 und erneut Ende 1958, trafen sie auf brasilianische Bauern, von denen sie Handelswaren erwarben. Unglücklicherweise infizierten sich die Indianer bei beiden Kontaktaufnahmen mit »Erregern, die Atemwegserkrankungen auslösten und an denen nach ihrer Rückkehr flußaufwärts viele Dorfbewohner starben. Aufgrund ihrer langen Isolation besaßen sie keine Immunabwehr gegen diese Erreger.«[46]

Zwei Monate nach der zweiten eingeschleppten Epidemie trafen Missionare in dem Dorf ein, die sich der Kranken annahmen und die Epidemie eindämmten. Die Ankunft der Missionare war das Vorspiel für den zweiten Akt der Tragödie: Unter dem Vorwand, zu einer längeren Jagd aufzubrechen, borgten sich die Mucajaí Borabuk von den Missionaren ein Gewehr. Ausgerüstet mit dem Gewehr, zogen sie auf der Suche nach den Urhebern des bösen Zaubers, dem sie ihre Toten anlasteten, flußaufwärts. Am Couto de Magalhães trafen sie auf die Marashi-teri, die eine weiter entfernt lebende Gruppe, die Shiri-teri, beschuldigten, den bösen Zauber gegen die Borabuk ausgesandt zu haben. Schlußendlich kam es zum gemeinsamen Angriff der Borabuk und Marashi-teri auf die Shiri-teri. Anders jedoch als von Chagnon berichtet, wurde dabei kein einziger Shiri-teri mit Macheten getötet. Der einzige Shiri-teri, der bei dem Überfall ums Leben kam, wurde mit dem von den Missionaren ausgeliehenen Gewehr erschossen. Auch die List, die Shiri-teri zum »Beten« um Metallwaren zu überreden, unterstrich, welchen neuen Einflüssen die Borabuk ausgesetzt waren.[47]

Kurze Zeit später schickten die Borabuk den Shiri-teri zur Wiedergutmachung des Überfalls Geschenke, und seitdem leben die beiden Gruppen in Frieden miteinander. Zwischen 1935 und 1985 starben gerade einmal drei Borabuk-Männer eines gewaltsamen Todes, und zwei weitere verschwanden spurlos.[48] Im Vergleich zu anderen Amazonasstämmen – und der Welt insgesamt – bilden die Borabuk eine recht friedliche Stammesgesellschaft.

Ich besuchte noch über dreißig andere Yanomami-*shabonos*, darunter mehrere in der unzugänglichen Sierra Parima, der Gegend des Yanomami-Landes, die mich am meisten faszinierte. Der *altiplano* glänzt mit einer majestätischen Szenerie, zahllosen Wasserfällen und einem angenehm gemäßigten Klima. Bis vor kurzem litten die Parima-Yanomami weder unter Erkältungskrankheiten noch an Malaria.[49]

Warum aber siedelten sich die Bisaasi-teri an einem malariaverseuchten Ort am Lauf des Orinoko an?

Die Bisaasi-teri hatten sich von einer größeren Gruppe, den

Namowei, abgetrennt, die nach einer Krankheitsepidemie, welche mit der Expedition der US-Armee von 1942/1943 zusammenfiel, in zwei Gruppen zerbrochen war. Die Epidemie kostete die meisten der Stammesältesten das Leben. An ihrer Stelle übernahmen junge, aggressive Männer die Macht und verstrickten die Bisaasi-teri in einen Bruderkrieg. Wie üblich stand am Anfang des Konflikts der Verdacht, daß rivalisierende Yanomami einen bösen Zauber geschickt hätten, der für die tödliche, neue Krankheit verantwortlich sei. Darüber hinaus aber ging es auch um die Kontrolle über die Handelswege zu einer 1948 eingerichteten protestantischen Missionsstation – der ersten dauerhaften Quelle für Stahlwerkzeuge im Yanomami-Land.[50]

Geschwächt durch die Epidemie und den Krieg, zogen die Bisaasi-teri fort und paßten sich an das Leben am Fluß an, lernten, mit Kanus zu fahren und Fische zu fangen. Als Hochland-Yanomami konnten sie weder schwimmen, noch besaßen sie Kleidung, die sie vor den Stechmücken und Moskitos geschützt hätte. Bisaasi-teri war ein Dorf, das seine Existenz der Katastrophe des Erstkontakts verdankte, und 1958, sechs Jahre vor Chagnons Ankunft, verschmolz es mit einem von der Regierung unterhaltenen Stützpunkt zur Malariabekämpfung, ohne dessen medizinische Hilfe die Bisaasi-teri im ungesunden Tiefland niemals hätten überleben können.[51]

Chagnon ging in seinem Buch über diese ihm nicht ins Konzept passenden Details hinweg. Vor der Ankunft der US-Expedition und der protestantischen Missionare in den vierziger Jahren hatten die Namowei eine Generation lang in Frieden gelebt. Auf ihren einzigen Kriegszügen hatten sie vergeblich nach Weißen gesucht, von denen sie Stahlwerkzeuge zu stehlen hofften. Andere Yanomami wagten sich auf der Suche nach *mahode* (Dingen) – Äxten, Macheten, Messern, Töpfen und Kleidung – fast 500 Kilometer bis zum Río Negro vor.[52]

Bei einem dieser Vorstöße in die Nähe des Río Negro fiel ihnen Helena Valero in die Hände, ein junges, weißes Mädchen, das sich mit seiner Familie auf einem Jagdausflug befand. »Sie kamen nicht, um Frauen zu rauben, sondern wegen der Dinge, die meine Familie bei sich hatte«, erinnerte sich Valero. »Sie nahmen mich nur mit, weil ich alleine war. Die Indianer wollten keine Frauen, nur *mahode.*«[53]

In den 24 Jahren, die Helena Valero von 1932 bis 1956 als Ehefrau und Mutter unter den Indianern verbrachte, erlebte sie die Epidemie mit, der die Anführer der Namowei zum Opfer fielen, und auch die nachfolgenden Morde. Sie berichtete, daß die jungen Namowei in der Kunst der Kriegführung unterrichtet werden mußten, da sie noch niemals zuvor gekämpft hatten. Anfangs schafften sie es nicht einmal, feindliche *shabonos* zu lokalisieren.[54] Im Laufe des erbitterten Konflikts, der nach der Ankunft der ersten Missionare ausbrach, stieg Valeros Ehemann zum Kriegschef der Namowei auf, bevor er 1949 ermordet wurde, ein Schicksal, das bis 1951 auch ihm nachfolgende Namowei-Führer ereilte. Danach spaltete sich die Gruppe in zwei Dörfer – Bisaasi-teri und Patanowa-teri – auf, und es herrschte wieder Frieden.

Nachdem sich die Bisaasi-teri am Orinoko niedergelassen hatten, pflegten sie sporadische Kontakte zu weißen Händlern. Die Bisaasi-teri tauschten die von den Weißen erworbenen Metallwaren bei den Hochland-Yanomami gegen junge, heiratsfähige Frauen ein. Von 1951 bis 1964 kam kein Namowei bei Überfällen ums Leben. Dann traf Chagnon bei den Bisaasi-teri ein.

Während Chagnons 13monatigem Aufenthalt starben zehn Yanomami in einem Krieg, in dem die Bisaasi-teri und ihre Verbündeten gegen ihre alten Namowei-Vettern kämpften, die Patanowa-teri. Laut Chagnons Doktorarbeit machen diese zehn Toten ein Drittel aller Namowei-Kriegsopfer in einem Zeitraum von fünfzig Jahren aus. Die anderen 21 Todesfälle in den Namowei-Dörfern fallen in den kurzen Zeitraum zwischen 1949 und 1951, in dem die protestantischen Missionare ihre ersten Stationen am Oberlauf des Orinoko gründeten.

Den Missionaren unterliefen zu Beginn schwere Fehler. Um die Yanomami zu konvertieren, verschenkten sie Macheten und provozierten damit, ohne es zu wissen, blutige Auseinandersetzungen um das Monopolrecht auf ihre Waren. Mit der Zeit jedoch gelang es den Missionaren, stabile Handelsbeziehungen aufzubauen. Darüber hinaus boten sie den Indianern eine gute medizinische Versorgung und griffen aktiv ein, um den Kämpfen Einhalt zu gebieten.

Chagnon konnte den Yanomami weder dauerhafte medizinische Versorgung noch stabile Handelsbeziehungen anbieten. Das lag an seinem Forschungsauftrag. Er sollte innerhalb einer sehr kurzen Zeit Tausende von Blutproben nehmen und Geschlechterfolgen recherchieren.

Dazu mußte er sich das Wohlwollen der Yanomami erkaufen, die verstreut über ein Gebiet lebten, das größer war als der Bundesstaat New York.

Chagnon traf mit einer Bootsladung voller Macheten und Äxte im Yanomami-Land ein, die er innerhalb von 24 Stunden nach seiner Ankunft samt und sonders verteilt hatte. Die Empfänger dieser Schätze machten sich auf, die Stahlwaren bei ihren hocherfreuten Verbündeten gegen andere Dinge einzutauschen. Für die Hochland-Yanomami, die kaum Zugang zu Stahlwerkzeugen hatten, war Chagnon so etwas wie eine Ein-Mann-Schatzflotte. Die abgelegenen Dörfer Patanowa-teri und Mishimishimabowei-teri schickten Boten aus, die Chagnon baten, ihre Dörfer zu besuchen, doch die Bisaasi-teri und ihre Verbündeten, erpicht darauf, ihr Monopol auf Chagnons Stahlschätze zu wahren, verjagten die Gesandten.[55]

Binnen drei Monaten nach Chagnons Ankunft waren drei Kriege ausgebrochen, samt und sonders zwischen Gruppen, die seit längerem in Frieden miteinander gelebt hatten und nun um einen Anteil an Chagnons Stahlwaren stritten. »Chagnon wurde zu einem wichtigen politischen Faktor im Yanomami-Land«, sagte Brian Ferguson. »Er war direkt an den Kämpfen und Kriegen beteiligt und wurde zur entscheidenden Figur in den Kämpfen um Handelswaren und Macheten. Die bloße Tatsache, daß er mit einer Schrotflinte und einem Kanu mit Außenbordmotor vor Ort war, zog ihn in Kriege und Rebellionen mit hinein. Auf welche Seite er sich stellte, machte einen großen Unterschied aus.«[56]

Chagnon wies diese Vorwürfe als »die ›Pesthauch-Theorie‹ der Kriegstätigkeit im Stammeszusammenhang« zurück.[57]

Doch er brachte nicht nur seine wissenschaftliche Neugier ins Land der Yanomami, sondern auch Gewehre und Stahlwerkzeuge (und Krankheitserreger) in einer bis dahin einmaligen Menge. Die Gier der Yanomami nach Stahlwaren ist so groß wie die unsere nach Gold. Die Macheten, Äxte und Fischhaken hatten zur Folge, daß die landwirtschaftliche Produktion auf einen Schlag um 1000 Prozent anstieg und die Yanomami sich sehr viel besser mit Protein versorgen konnten. Ganze Yanomami-Gruppen unternahmen tagelange Reisen, um in den Besitz einer zweiten Machete zu gelangen, entfernt lebende Gruppen tauschten junge Frauen gegen schartige Macheten und stumpfe Äxte ein. Je mehr Stahlwaren ein Dorf besaß, um so mehr Frauen konnte es eintauschen.

Chagnon wartete nicht, bis er gefragt wurde, berichtete sein engster Freund und Hauptinformant Kaobawa, jener Bisaasi-teri-Häuptling, den Mark Ritchie vor laufender Videokamera interviewte. Ein Bild von Kaobawa, auf dem er einen Stock in der rechten Hand hält und mit einem ausgestreckten rechten Zeigefinger wütend auf den Betrachter deutet, schmückte die Titelseite der ersten Ausgaben von *The Fierce People.* Chagnon beschrieb Kaobawa als einen »zurückhaltenden, ruhigen, bescheidenen und aufmerksamen« Mann und nannte ihn den »weisen Anführer« der Bisaasi-teri. Kaobawas Entschluß, Chagnon bei der Überprüfung seiner Interviews mit Dutzenden von Informanten zu helfen, war, wie Chagnon schrieb, »möglicherweise das wichtigste Einzelereignis während der ersten Periode meiner Felforschung«, nicht zuletzt, da »Kaobawas Vertrautheit mit der Geschichte seiner Gruppe und seine Aufrichtigkeit bemerkenswert« waren und »seine Detailkenntnis ans Enzyklopädische grenzte. Er besaß ein fast fotografisches Gedächtnis.«[58]

Kaobawa behauptete, daß Chagnon ihm einen besonderen Handel vorgeschlagen hatte. »Das ist mein Bild«, erklärte Kaobawa, als Mark Ritchie ihm eine Ausgabe von *The Fierce People* vorlegte. »Als er das Bild machte, sagte er: ›Wenn du mir wirklich helfen wirst, werde ich dir einen Außenbordmotor schenken. Wir helfen uns einfach gegenseitig, und zwar auf lange

Sicht.‹ Und er sagte: ›Schwiegervater, ich will ein echter Yanomami werden und du wirst mir eine Frau besorgen.‹«[59]

Laut Ritchie ist »die Geschichte, wie Chagnon Kaobawa dazu bewegen wollte, ihm eine Frau zu beschaffen, eine Komödie voller Irrungen und Wirrungen. Wie Kaobawa erklärte, wollte Shaki – Chagnon – eine Frau aus einem entfernten Dorf kaufen. Eben das aber trachtete Kaobawa zu verhindern, der nicht wollte, daß Chagnon mit seinen Handelswaren das Dorf wieder verließ. Allem Anschein nach kam es Chagnon darauf an, daß seine Yanomami-Frau so weit weg lebte, daß die Missionare nichts von ihr erfahren würden.«[60]

Chagnon, vormals ein armer Doktorand, fand sich plötzlich verehrt als ein Wesen, dem übernatürliche Mächte zugeschrieben wurden, wie man in seinem ersten Brief nachlesen kann: »Die Bewohner des Dorfes, in dem ich lebe, halten mich wirklich für das höchste Wesen. Das Eis brach, als ich eines Nachts an ihren Tänzen und Gesängen teilnahm. Das beeindruckte sie sehr. Sie wollen mich im ganzen Waicaland herumführen und den anderen präsentieren. Ihre ganze Einstellung mir gegenüber hat sich dramatisch gewandelt. Unglücklicherweise wollen sie jetzt die ganze Zeit, daß ich tanze. Sie sollten mich in meinen Federn und meinem Lendenschurz sehen! Sie waren so begierig, mich herumzuzeigen, daß sie einen Besuch beim nächstgelegenen Shamatari-Dorf arrangierten, wo ich mit ihnen tanzen mußte.«[61]

Chagnons Status wurde noch erhöht durch die beiden Schrotflinten, die er mit sich führte. Der Genetiker James Neel berichtete, wie Chagnon vorsorglich ein paar Schüsse abfeuerte, um junge Männer vom Diebstahl abzuschrecken. »Bei Einbruch der Dämmerung feuerte Nap eine Schrotladung in das Blätterwerk eines Baumes, der die *shabono* überschattete. Dann legte er die Flinte neben seine Hängematte, und wir zogen uns zu einer ruhigen Nacht zurück.«[62] Chagnon hatte sich hier einer alten Strategie der Konquistadoren bedient. Als Francisco Pizarro 1531 in der Bucht von Guayaquil vor den Toren der Inkastadt Tumbes stand, ließ er einen Soldaten namens Pedro de Candida »mit einer Arkebuse auf ein Ziel schießen«.[63] Die

Vorführung war so wirkungsvoll, daß die Spanier sich fortan stets dieser Methode bedienten, um sich Zugang zu einer Stadt zu erzwingen.

Die American Anthropological Association erfuhr erst 1991 von Chagnons Schrotflinten-Diplomatie, als der Anthropologe Terence Turner Davi Kopenawa interviewte, den prominentesten Sprecher der Yanomami. Kopenawa, dem die Vereinten Nationen für seinen Kampf um die Erhaltung des tropischen Regenwaldes den UN Global 500 Award verliehen, erzählte Turner von Berichten über Chagnons bedrohliches Verhalten. Der Anthropologe sei durch Dörfer spaziert, habe seine Waffen zur Schau gestellt und sich als *valentão* präsentiert. »Chagnon ist grimmig«, sagte Kopenawa. »Chagnon ist sehr gefährlich. *Ele tem a própria briga dele«* – was, wörtlich übersetzt, soviel heißt wie: »Er führt seinen eigenen privaten Krieg.«[64]

»Chagnons Rolle ist mir ein Rätsel«, gestand Brian Ferguson, der in seinem Buch *Yanomami Warfare* einen Feldforscher so betrachtete, als handele es sich bei ihm um einen Eingeborenen, und damit gegen ein Tabu der Profession verstieß. »Meiner Meinung nach«, forderte Ferguson, »muß man sich mit der Rolle der Anthropologen befassen. Anthropologen werden darauf getrimmt, ihren Einfluß auf ihre Studienobjekte auszublenden. Ihr Verhalten verdient, genauer untersucht zu werden, und das gilt auch für Chagnons Einfluß auf die Yanomami.«[65]

Chagnon hatte sich mit dem Ziel bei den Yanomami niedergelassen, mehrere Generationen zurückreichende Stammbäume der Indianer zu erstellen. Diese Aufgabe erwies sich als unerwartet schwierig, da die Yanomami die Namen angesehener lebender Personen nicht aussprechen und die Namen von Toten in ihrer Kultur mit einem strengen Tabu belegt sind.[66]

Chagnon fand heraus, daß die Yanomami »nicht verstanden, warum ein Fremder solches Wissen erwerben wollte, es sei denn, er beabsichtigte, damit bösen Zauber zu treiben«.[67] Auch sein Versuch, mit Hilfe von »Geschenken« die Namen in Erfahrung zu bringen, scheiterte kläglich. Als er gegenüber einem Yanomami den Namen einer Verwandten nannte, die kurz zuvor verstorben war, sprang der Mann auf und drohte, ihn umzubringen, sollte er ihren Namen noch einmal aussprechen. Andere nannten ihm frei erfundene Phantasienamen und machten damit die Früchte von fünf Monaten harter genealogischer Feldforschung zunichte. Doch Chagnon hielt unbeirrt an seinem Vorhaben fest.

Schließlich tüftelte er ein System zur Umgehung des Namentabus aus, das ebenso genial wie fragwürdig war. Innerhalb der Gruppen suchte er gezielt nach »Informanten, die man innerhalb ihrer eigenen Gesellschaft als ›abweichend‹ oder ›abnormal‹ bezeichnen könnte, Außenseiter also«, Leute mithin, die er leichter bestechen und isolieren konnte. Da diese Individuen sich meist mit anderen Stammesmitgliedern überworfen hatten, waren sie eher bereit, Stammesgeheimnisse auf Kosten anderer und zum eigenen Nutzen zu verraten. Chagnon bediente sich dabei »Taktiken wie der ›Bestechung‹ von Kindern, wenn keine Erwachsenen in der Nähe waren, und schlug bewußt Kapital aus Animositäten zwischen Individuen«.[68]

Den wirklichen Durchbruch aber erzielte er erst, als er anfing, einzelne Dörfer gegeneinander auszuspielen. »Ich fing auch an, regelmäßig andere Dörfer aufzusuchen, um meine Stammbäume dort zu überprüfen. Vorzugsweise suchte ich mir Dörfer aus, deren Bewohner mit den Leuten, über die ich Informationen haben wollte, auf gespanntem Fuße standen. Bei der Rückkehr in mein Basisdorf Bisaasi-teri überprüfte ich dann mit Hilfe lokaler Informanten die Richtigkeit neu recherchierter Informationen. Reagierten die Informanten wütend, wenn ich die neuen Namen nannte, die ich von der mit ihrem Dorf zerstrittenen Gruppe erhalten hatte, konnte ich fast sicher sein, daß die Informationen korrekt waren.«[69]

Als eine Gruppe erfuhr, daß Chagnon ihre Namen kannte, und daraufhin sehr aufgebracht reagierte, verschwieg er die Identität seiner wahren Informanten und nannte ein anderes in der Nähe gelegenes Dorf als Quelle des Verrats. Dieses Vorgehen verdeutlicht die Dilemmata, die Chagnons Arbeit mit sich brachte. Trotz der häßlichen Vorfälle, deren Zeuge er wurde und die er zum Teil auch selbst provoziert hatte, kam er zu dem Schluß, daß »es bei der genealogischen Forschung keine bessere Methode gibt, rasch an verläßliche, korrekte Daten zu gelangen, als sie bei den Feinden zu sammeln«.[70]

Diese »Teile-und-Erobere«-Strategie zur Datensammlung führte häufig dazu, daß wechselseitige Vorwürfe des Verrats laut wurden und bereits bestehende Animositäten weiter geschürt wurden. Trotzdem entwickelte Chagnon sich zu einem wertvollen politischen Kapital der Gruppe, bei der er Quartier bezogen hatte, den Bisaasi-teri. Einmal brachte er einen Kriegstrupp der Bisaasi-teri in seinem Motorboot in die Nähe eines feindlichen Dorfes, ein andermal half er Verbündeten der Bisaasi-teri, einen Hinterhalt zu umgehen. Kaobawa baute er mit seinen Gaben zum »Anführer« der Bisaasi-teri auf, ein Muster, das sich auch in anderen Dörfern wiederholte. Seit Chagnon mit seinen Schrotflinten bei den Bisaasi-teri lebte, konnten sie auch weiter entfernte Dörfer überfallen, ohne Vergeltungsangriffe fürchten zu müssen. Bei einer Expedition zu einem traditionell mit den Bisaasi-teri verfeindeten Stamm gab er seinem verängstigten Bisaasi-teri-Führer eine seiner beiden Schrotflinten. »Ich ... erklärte ihm die Flinte und gab ihm eine Schachtel mit 25 Patronen.«[71]

Später half er den Bisaasi-teri, eine Frau mit Gewalt ins Dorf zurückzuholen. Die Frau, Dimorama, war in das Dorf ihrer Eltern geflohen, nachdem ihr gewalttätiger Mann Shiborowa ihr einen mit Widerhaken versehenen Pfeil in den Bauch geschossen hatte. »Sie wollten zu den Momaribowei-teri gehen und die Frau, wenn nötig, auch mit Gewalt zurückholen. Da sie wußten, daß ich stets mit einer Schrotflinte reiste, und annahmen, daß meine Anwesenheit mit einem Gewehr ihrem Vorhaben förderlich sein würde, baten sie mich, sie zu begleiten.« Eine, wie sich zeigte, zutreffende Annahme. Der von Chagnon begleitete Trupp brachte die Frau zu ihrem Mann zurück.[72]

Die Bisaasi-teri waren nicht nur die bevorzugten Nutznießer von Chagnons scheinbar endlosem Vorrat an Stahlwerkzeugen, sie verfügten mit dem Anthropologen auch über eine Art weißen Häuptling. »Das Tanzen in einem anderen Dorf ist Teil der Politik, ein Mittel, Stärke zu demonstrieren«, erklärte Ferguson.

»Die Teilnahme eines weißen Mannes, angetan mit Federn und einem Lendenschurz, der sich gegenüber anderen Dörfern praktisch mit Bisaasi-teri identifiziert, stellte für die Bisaasiteri einen großen Erfolg dar. Und genau in den ersten Monaten der Feldforschung Chagnons kamen die Konflikte der Bisaasiteri mit den Shamatari und den Mahekoto-teri offen zum Ausbruch... Während er sich in seinen zwischenmenschlichen Beziehungen eher wie ein starker Mann aufführte, erzeugten seine anderen Aktionen – seine Fragen nach den tabuisierten Namen toter Verwandter, seine Reisen hin und her zwischen verfeindeten Dörfern und vor allem die Tatsache, daß er die Quelle für Zivilisationsgüter war, auf die jedes Dorf das Monopol anstrebte – einen gänzlich anderen und überhaupt nicht Yanomami-typischen Kontext für sein Verhalten. Chagnon wurde so etwas wie ein Joker der lokalen politischen Szene.«[73]

Eben dieser für die Yanomami untypische Kontext der »Napoleonischen Kriege« ist es, der sie so problematisch macht. Chagnon selbst anerkennt heute, daß die Yanomami im Vergleich zu anderen Stammeskulturen ein »relativ geringes« Gewaltniveau aufweisen.[74] Und das, was an Gewalt beobachtbar war, weist klare Verbindungen mit dem variierenden Einfluß westlicher Technologien und Krankheiten auf das Leben der Yanomami auf. Ansonsten bleibt noch zu sagen, daß die Yanomami keineswegs in einem Zustand der »chronischen« Kriegführung leben. Die Gewalttaten, die Chagnon in seiner Gruppe beobachtete, konzentrierten sich zeitlich auf zwei Spitzen, die jeweils mit Störungen von außen einhergingen. Das ist das Bild der »grimmigen« Yanomami, das sich aus Chagnons Doktorarbeit – und der einzigen vollständigen Dokumentation von Kriegsopfern unter den Yanomami, die er jemals veröffentlicht hat – ergibt.[75]

Doch selbst diese Zahlen sind mit Vorsicht zu genießen. Die Frage lautet nämlich, ob diese Kriege ohne die von außen eingeschleppten Krankheitserreger, die Waffen und den Stahl der Weißen jemals ausgebrochen wären.

KAPITEL 4

Atomindianer

> Ich kündigte an, an diesem Nachmittag und Abend
> Blutproben zu nehmen … Ich hatte meine Ausrüstung
> kaum an einem freien Ort in der Siedlung aufgebaut,
> als ich auch schon von 200 aufdringlichen, ungeduldigen,
> wütenden, schreienden Leuten umringt war,
> von denen jeder einen bestimmten Gegenstand
> haben wollte … *Napoleon Chagnon*[1]

Das Licht des hoch am klaren Nachthimmel stehenden Vollmonds leuchtete uns den Weg auf dem Fluß Padamo. Es war September 1996, und die Regenzeit ging zu Ende. Ich lag im Bug und hielt nach Baumstämmen im Wasser Ausschau, während Agustín, ein Yanomami Mitte Zwanzig, hinten im Heck am Steuer saß. Glücklicherweise war der Padamo selbst so weit oben an seinem Lauf ein ruhiger, breiter und tiefer Fluß und Agustín ein erfahrener Bootsführer, der jeden Fels im Fahrwasser kannte. Endlich konnten wir in der Ferne den Marahuaca ausmachen, einen über 3000 Meter hohen Tafelberg, und im Vordergrund die auffällige Nadelspitze des Toki, der wegen des ungewöhnlichen Felsens, der an einen Vogel im Flug erinnert, auch Adlerberg genannt wird.[2]

Ziel unserer Fahrt war das unterhalb des Felsens am Padamo gelegene Maquiritare-Dorf Toki, wo sich am darauffolgenden Abend im überdachten Dorfkino 600 Yanomami und Maquiritare versammelten. Gezeigt wurde der von James Neel, Timothy Asch und Napoleon Chagnon gedrehte Dokumentarfilm *Yanomama: A Multidisciplinary Study.*[3] Als im Vorspann der Name der amerikanischen Atomic Energy Commission (AEC) auftauchte, erhoben sich mehrere Zuschauer von ihren Sitzen.

»Warum hat die Atomic Energy Commission uns untersucht?« fragte ein Mann namens Antonio.

Chagnon handelt die AEC in einer einzigen Fußnote ab. Wer sich die Mühe macht, das Kleingedruckte zu entziffern, erfährt wenig Konkretes, und wenn überhaupt, dann bleibt der Eindruck zurück, als habe die AEC zur Abwechslung einmal ein humanitäres Projekt gefördert.

Chagnon erwähnt in der Fußnote die Zusammenarbeit mit einer »medizinisch-genetischen Gruppe, die dafür verantwortlich war, die Überlebenden der Atombombenabwürfe auf Hiroshima und Nagasaki zu behandeln«.[4] Das trifft, zumindest teilweise, auch zu. Der Genetiker James Neel gehörte der Atomic Bomb Casualty Commission (ABCC) an und leitete ein Team, das sich mit Mutationen unter den Nachkommen der japanischen Atombombenopfer befaßte. Wie Neel selbst schrieb, gehörte die Behandlung von Überlebenden nicht zu den Aufgaben des Teams: »Einer der häufigsten Vorwürfe der Japaner lautete, daß wir (die ABCC) sie nur (wie Versuchskaninchen) untersuchten, aber selbst dann, wenn wir medizinisch relevante Diagnosen stellten, keine Behandlung anboten. Tatsache ist, daß die Bedingungen, unter denen die ABCC arbeitete, eine Behandlung nicht gestatteten ...«[5]

Aus welchem Grund wurden die Yanomami in dieses Forschungsprogramm aufgenommen? »Dieses Vorgehen war insofern gerechtfertigt«, erklärte Chagnon, »da die Reproduktion sowohl bei den Japanern als auch bei den Yanomami bestimmten kulturellen Regeln unterliegt.«[6] Das trifft auch für alle anderen Menschen und Gesellschaften zu. In einem Brief an die für die Gesundheitsversorgung der Yanomami verantwortlichen Missionare verkündete Chagnon 1996, daß das Hauptanliegen der Genetiker im »Wohlergehen der Yanomami und einer Reihe anderer Stämme besteht, insbesondere unter medizinischen Gesichtspunkten«. Ziel sei es, so Chagnon weiter, »die Epidemiologie, Genetik und Gesundheitsprobleme der amerikanischen Indianer zu studieren«.[7]

Der Hinweis darauf, daß Neels Team drängende »Gesundheitsprobleme« zu lösen versuchte, bewog sowohl die venezolanischen Gesundheitsbehörden als auch die Yanomami zur Mitarbeit an Neels Projekt. »Jedesmal, wenn wir Shaki (Chagnon) fragten, warum er so viel Blut von uns wollte, sagte er, daß er es brauchte, um uns zu helfen, unsere Krankheiten zu heilen«, erklärte Pablo Mejía, ein Führer der am Padamo lebenden Yanomami.[8]

In Wahrheit war Chagnon der Propagandist einer neuen Art der wissenschaftlichen Feldforschung, der umfassendsten Untersuchung einer Stammesgesellschaft, die jemals in Angriff genommen worden war. Geistiger Vater des Projekts war James Neel, einer der Mitbegründer der modernen Humangenetik. Noch als Medizinstudent erklärte Neel 1938, wie Rothaarigkeit beim Menschen vererbt wird. Internationale Anerkennung erwarb er sich, als er das Gen für Thalassämie entdeckte, eine häufig tödlich verlaufende Form der Anämie, die unter griechisch- und italienischstämmigen Menschen auftritt. Später half er mit nachzuweisen, daß die Sichelzellenanämie, eine vor allem in Afrika südlich der Sahara verbreitete Krankheit, eine positive Adaptation gegen Malaria darstellt, eine Erkenntnis, die viel zum besseren Verständnis des Zusammenhangs zwischen Krankheiten und natürlicher Selektion beitrug. Nach Abschluß der Untersuchungen der Atombombenüberlebenden gründete er an der Universität von Michigan das erste Institut für Humangenetik in den USA, das heute als eine der weltweit führenden Einrichtungen auf diesem Gebiet gilt.[9] Neel wurde für sein Lebenswerk mit mehreren Wissenschaftspreisen ausgezeichnet, und es ist nicht auszuschließen, daß er, wie mehrere seiner Kollegen und Studenten, die seine Ansätze weiterverfolgten, den Nobelpreis bekommen hätte, was jedoch seine offen eugenischen Ansichten verhindert haben.[10]

In seiner 1994 erschienenen Autobiographie *Physician to the Gene Pool* macht Neel keinen Hehl aus seiner Sorge angesichts der, wie er es nennt, fortschreitenden genetischen Entropie der modernen Gesellschaft. Laut Neel unterläuft die Demokratie, die den Massen die ungezügelte Fortpflanzung ermöglicht und aus sentimentalen Gründen die Schwachen unterstützt, das Prinzip der natürlichen Auslese. Daß Neel sich weigerte, eine auf Lebensverlängerung abzielende Genforschung zu unterstützen, schreckte sogar seinen konservativen Kollegen im National

Council on Aging auf. Neel begründete seine Weigerung damit, daß dies »nur zu einer Zunahme der Anzahl älterer Mitbürger führen und die sich bereits in der im Entstehen begriffenen Gerontokratie manifestierenden Probleme weiter verschärfen« würde, und trat aus dem Council wieder aus. Neel ist wohl der einzige international anerkannte Genetiker seit Nürnberg, der die frühen Eugeniker wegen ihrer »Sorge um die Zukunft« des Genpools lobte.[11]

Neel selbst störte sich nicht daran, als Eugeniker bezeichnet zu werden; genau betrachtet bietet bereits der Titel seiner Autobiographie, *Physician to the Gene Pool,* eine gute Definition eines Eugenikers. Begründet wurde die Eugenik in den achtziger Jahren des 19. Jahrhunderts von Sir Francis Galton. Sie entwickelte sich zu einer politisch-wissenschaftlichen Bewegung zur Ausmerzung unerwünschter Anlagen aus dem Genpool und zur Förderung wünschenswerter Anlagen. Unter anderem führten Eugeniker Kampagnen zur Massensterilisation von Trägern »minderwertiger« Genanlagen an.

Im US-Bundesstaat Michigan setzte sich Neel für eine generelle Überprüfung aller Feten mit dem Ziel der Erfassung der Feten mit geschädigten Erbanlagen ein und führte eine Kosten-Nutzen-Analyse durch, wieviel Geld der Staat Michigan mit der Abtreibung eines geschädigten Fetus würde einsparen können (75 000 Dollar). Neel forderte sogar, auch Feten abzutreiben, die an leicht behandelbaren Defekten litten. Seiner Auffassung nach würden diese Feten nur ihre defekten Anlagen weitervererben und damit den Genpool schwächen.[12] Wie Galton empfand auch Neel nach eigenen Worten »Ehrfurcht« vor dem Evolutionsprozeß und wandte sich entschieden gegen die Neigung der modernen Gesellschaft, das natürliche Ausleseprinzip zu verwässern. Galton redete dem Sozialdarwinismus das Wort und ging dabei so weit, die Gründung einer »missionarischen Gesellschaft« zu fordern, die sich »voller Enthusiasmus für die Verbesserung der Rasse« einsetzen sollte.[13] Neels Institut für Humangenetik an der University of Michigan nahm in gewisser Hinsicht diese missionarische Aufgabe wahr.

Doch im Gegensatz zu europäischen Eugenikern hatte Neel

eine romantische Vorliebe für Stammesgesellschaften. 1957 äußerte er erstmals die Vermutung, daß gerade primitive Gesellschaften das Prinzip der selektiven Fortpflanzung optimierten. 1962, während eines Aufenthalts bei dem brasilianischen Indianerstamm der Xavante, erlebte er etwas, was man fast als Bekehrung bezeichnen könnte. Er hörte am nächtlichen Lagerfeuer den Gesängen der Schamanen zu, als ihm »plötzlich der Gedanke durch den Kopf schoß, daß ich hier Zeuge einer Szene wurde, die so oder so ähnlich über mehrere Millionen Jahre mitbestimmend für das Leben unserer Vorfahren war. Die plötzliche Erkenntnis, daß ich in Kontakt mit der Evolution stand, löste einen weiteren dieser zutiefst emotionalen Momente in meinem wissenschaftlichen Leben aus.«[14]

So ursprünglich, wie Neel das offenbar glaubte, lebten die Xavante allerdings schon lange nicht mehr. Seit ihrem Erstkontakt mit Weißen vor über zwei Jahrhunderten waren immer wieder Missionare, Händler, Soldaten und Abenteurer in ihr Gebiet vorgedrungen – Begegnungen, die nicht immer friedlich verlaufen waren. Claude Lévi-Strauss, der bedeutendste Kulturanthropologe des 20. Jahrhunderts, sagte über Stämme wie die Xavante, daß sie »keine Beispiele einer auf wundersame Weise über Jahrtausende erhaltenen archaischen Lebensweise sind, sondern die letzten Flüchtlinge vor den Kataklysmen, welche die Entdeckung und nachfolgende Invasion für ihre Vorfahren bedeuteten«. Lévi-Strauss verglich die sogenannten Steinzeitgesellschaften des Amazonas mit den »versprengten Grüppchen Überlebender nach einem nuklearen Holocaust«[15] – ebenden Gruppen, die Neel in Japan studiert hatte.

»1963, ich war damals in Harvard, bat mich James Neel, Chagnon und einigen anderen Studenten, die für ihn arbeiteten, etwas über die Feldforschung am Amazonas zu erzählen«, berichtete Terence Turner, ein heute an der Cornell University tätiger Amazonasexperte. »Ich war gerade von einem Aufenthalt bei den Kayapo [einem brasilianischen Indianerstamm] zurückgekehrt und nahm die Einladung gerne an. Auf dem kleinen Empfang nach dem Vortrag hörte ich, wie James Neel zu seinen Studenten sagte: ›Sehr gut. Jetzt haben wir eine Chance, das Führer-Gen zu finden.‹ Erstaunt wandte ich mich zu ihm und sagte: ›Sie scherzen, oder?‹ Mit einem Schlag verstummte das Gerede, und mir wurde klar, daß ich hier an einen ihrer Glaubenssätze gerührt hatte. ›Ich halte es für durchaus möglich‹, erwiderte Neel, ›daß es eine genetische Grundlage für Dominanz gibt.‹ Er setzte mir seine Theorie auseinander, der zufolge in den Stammesgesellschaften im Amazonasgebiet die Anführer um die Kontrolle über eine möglichst große Anzahl von Frauen kämpfen und in diesen Kämpfen die für das Überleben am besten geeigneten Gene die Oberhand behalten. Das bedeute, daß in diesen kleinen Brutpopulationen Führer-Gene eine gute Chance hätten, sich fortzupflanzen, ähnlich wie bei den Pavianen, wo die Alpha-Männchen andere Männchen von ihrem Harem fernhalten. Bei Chagnon übersetzt sich das in eine Theorie, nach der ›Killer‹ sich mit größerem Erfolg fortpflanzen.«[16]

Neels Autobiographie bestätigt, daß er ursprünglich geplant hatte, Chagnon zu den Kayapo zu schicken. Obwohl Neel in seinen Publikationen niemals den Begriff »Führer-Gen« benutzte, sprach er doch von einem genetischen »Index der angeborenen Fähigkeit« (Index of Innate Ability, kurz IIA), der seiner Meinung nach auf Allelen entlang der DNA-Kette lokalisiert sei und sich in den Nachkommen dominanter, polygamer Anführer konzentriere.[17]

Neel gelang es jedoch nicht, die von ihm postulierten IIA-Allele zu lokalisieren. »Das war«, gestand er mir gegenüber ein, »die größte Enttäuschung meines Lebens.«[18]

In Neels Kreuzzug wurde Chagnon »der unentbehrliche Anthropologe«.[19] Für den 26jährigen war das die große Chance. Als zweites von elf Kindern war Chagnon in dem winzigen Kaff Port Austin in Michigan zur Welt gekommen, in einem Haus, das noch nicht einmal an die Wasserversorgung angeschlossen war.[20]

Chagnon mußte lernen zu kämpfen. Damit er seine spätere Frau ausführen konnte, balsamierte er in seiner Schulzeit für fünf Dollar Leichen im Bestattungsunternehmen seines Vaters ein. Seine Universitätslaufbahn begann er mit einem Stipendium am Michigan College of Mining and Technology, in den Sommerferien mußte er als Landvermesser arbeiten.[21] Die distanzierte Effizienz, die er sich als Gehilfe bei der Drainage der Toten im väterlichen Bestattungsunternehmen aneignete, kam ihm später bei dem Blutsammelprojekt der AEC sehr zugute. Dasselbe galt für seine Erfahrungen als Landvermesser, als er über die in den offiziellen Landkarten Venezuelas verzeichneten Gebiete hinaus in unbekanntes Territorium vorstieß.

Chagnon glaubte inbrünstig an den Fortschritt und hatte eine Abneigung gegen alles, was auch nur entfernt nach Kommunismus roch.[22] Während seines Studiums und später bei seiner Arbeit legte Chagnon einen Arbeitseifer an den Tag, der einem Bewunderung abnötigt. Der Dokumentarfilmer Timothy Asch schrieb einmal: »Chagnon war der personifizierte amerikanische Held. Ein Junge aus einfachsten Verhältnissen, der sich dank harter Arbeit und zäher Ausdauer hocharbeitete, sich dem Wettbewerb stellte und Erfolg hatte.«[23]

Seit über dreißig Jahren wiederholt Chagnon unbeirrt, daß er als ein Kulturanthropologe im Yanomami-Land eintraf, der überzeugt war, daß Kriege mit den Umweltbedingungen zusammenhingen und nichts mit der Reproduktion zu tun hatten. »Ich ging da runter«, berichtete er der Zeitschrift *U.S. News & World Report,* »und suchte nach Ressourcenmängeln, doch wie sich zeigte, kämpfen sie wie die Verrückten um Frauen.«[24]

Hätte Neel seinen Zögling zu den Kayapo nach Brasilien geschickt, einem Stamm kräftig gebauter Menschen, bei dem die Mordrate rund dreimal so hoch wie bei den Yanomami liegt – die Geschichte der Anthropologie hätte möglicherweise einen ganz anderen Verlauf genommen. Doch Neels Pläne wurden 1964 durch ein unvorhergesehenes Zusammentreffen über den Haufen geworfen. In Caracas, wo er Zwischenstation machte, erreichte ihn die Nachricht vom Putsch des brasilianischen Militärs. Neel mußte eine dreitägige Zwangspause einlegen und begegnete Charles Brewer Carías. »Charlie nimmt einen speziellen Platz in meinem Herz ein«, schrieb Neel. »Er äußerte den Wunsch, zu unserer Truppe zu stoßen, und so holte ich ihn für ein Jahr zur Ausbildung nach Ann Arbor.« Danach erkor Neel die venezolanischen Yanomami zum Objekt seiner genetischen Studien. Chagnon hatte nichts dagegen einzuwenden.[25]

Neel hatte sich selbst eine zehnjährige Frist zur Dokumentation der geschlechtlichen Selektion in Stammeskulturen gesetzt. Er und Chagnon glaubten, daß ihre Informanten entweder zum Aussterben verdammt waren oder sich durch den Kontakt mit Missionaren und anderen Außenstehenden zumindest so stark verändern würden, daß sie binnen weniger Jahre keinen wissenschaftlichen Wert mehr besäßen.[26]

Hinter dem wissenschaftlichen Projekt verbarg sich ein politisches Programm. Auch wenn Neels politische Einstellung für das National Council on Aging zu extrem war, im Vergleich zu Brewer und Chagnon war er noch liberal. Brewer organisierte eine eigene Söldnertruppe zum Sturz der marxistischen Regierung Guyanas, und Chagnons anfänglicher Patriotismus verwandelte sich mit der Zeit in einen persönlichen Haß gegen Hippies. Der Anthropologe Jesús Cardozo erinnert sich daran, daß Chagnon 1984 auf die Frage eines Studenten mit einem Pferdeschwanz, ob es denn unter den Yanomami keine Pazifisten gebe, sagte: »Sie meinen Angsthasen? Ich gehe nicht an den Amazonas, um Angsthasen zu studieren.«[27]

The Fierce People entstand in einer Zeit, als auf dem Campus der University of Michigan in Ann Arbor Hippies in Tipis kampierten und Slogans wie »Macht Liebe, nicht Krieg« auf den Lippen trugen. Neels Philosophie dagegen lief darauf hinaus, daß die Gewalt ein Bestandteil der natürlichen Ordnung sei.

Doch trotz der philosophischen Faszination, die Gewalt und Kämpfe auf sie ausübten, hatten weder Neel noch Chagnon die Gelegenheit wahrgenommen, selbst in den Krieg zu ziehen. Neel war während des Zweiten Weltkriegs in die Universitätsklinik Rochester einzogen worden, wo andere Wissenschaftler, bereits drei Jahre bevor die Atombombe auf Hiroshima abgeworfen wurde, die Folgen radioaktiver Strahlung auf den Menschen untersucht hatten. Chagnon wurde vom Wehrdienst zurückgestellt. Neel sah in den Expeditionen zu den Yanomami einen Weg, sich selbst nach einem »Leben in Sicherheit« herauszufordern.[28] Auch Chagnon, der bei Ausbruch des Vietnamkriegs ein verheirateter Student im Graduiertenprogramm war, setzte ebenfalls seine Studien während des Krieges fort.

Im Kontext des Kalten Kriegs bewies der »pausenlose Krieg« der Yanomami um Frauen, daß sich selbst in Gesellschaften, die kein Privateigentum kannten, Hierarchien herausbildeten. Wenn aber selbst in klassenlosen Gesellschaften die Reproduktion durch Hackordnungen geregelt wurde, dann folgte daraus, daß der Kommunismus eine unnatürliche Gesellschaftsordnung sei. Auch daß bei den Yanomami die grimmigsten und trickreichsten Gruppen militärisch als die erfolgreichsten galten, ließ sich auf den Konflikt zwischen Ost und West übertragen: Sollten sich die langhaarigen Hippies dem darwinistischen Diktat verweigern, würden die rücksichtslosen Kommunisten den Sieg davontragen.

Die amerikanische Atombehörde stand zweifellos nicht auf seiten der Hippies. Der Beschluß der AEC, die Filmprojekte der Anthropologen zu finanzieren und die Filme auf eigene Kosten in den landesweiten Verleih zu bringen, war vor dem Hintergrund der politischen Orientierung der Behörde rational und durchaus erfolgreich. Die vom AEC finanzierten Expeditionen, die sich in über fünfzig wissenschaftlichen Artikeln niederschlugen, lösten eine Flut von Zeitungsartikeln und Zeitschriftenbeiträgen aus und bewirkten einen Paradigmenwechsel, der noch heute spürbar ist. Chagnon selbst gestand in einem kürzlich in der *Los Angeles Times* veröffentlichten Interview ein, daß er von Anfang gehofft hatte, eine »Revolution in der Anthropologie« auszulösen, eine Revolution, die mit dem »ganzen Mist vom edlen Wilden« aufräumen würde.[29]

Chagnon war ein Mitarbeiter Neels, und seine Aufgabe bestand darin, Tausende von Yanomami in Dutzenden von Dörfern auf die Ankunft von Forschungsteams vorzubereiten.

Viele der Yanomami, die der Aufführung von *A Multidisciplinary Study* in Toki beiwohnten, wollten wissen, was mit all den Blutproben passiert war, die Chagnon gesammelt hatte.

In der Mythologie der Yanomami ist Blut ein gefährlicher, mit einem Tabu belegter Stoff. Nach ihrer Vorstellung entstanden die ersten Menschen aus Blutstropfen des kannibalischen

Mondgeistes. Der Kosmos der Yanomami wird bevölkert von zahllosen wilden, nach Menschenblut gierenden Wesen, und es ist aufschlußreich, daß Chagnon sich nach dem Schnupfen eines halluzinogenen Stoffes mit Rahakanariwa, dem Geist des Geiers, identifizierte, dem gefürchtetsten Kannibalenwesen des Yanomami-Kosmos.[30] Doch was war der Geist des Geiers verglichen mit der AEC?

Die AEC finanzierte von 1965 bis 1972 James Neels genetische Studien, bei denen die »Überlebenden der Atombombenabwürfe in Japan« mit den Yanomami und anderen Indianerstämmen verglichen wurden. Die AEC gab 2 289 279 US-Dollar aus, um »die Mechanismen zu bestimmen, nach denen radioaktive Strahlung Veränderungen im genetischen Bausatz von Zellen auslöst«. Die Yanomami dienten dabei als die wichtigste menschliche Kontrollgruppe. Um die Mutationsrate in einer vollständig »unkontaminierten« Bevölkerung bestimmen zu können, benötigte die Atombehörde Tausende von Blutproben mit den dazugehörigen Stammbäumen. »Generell ging es darum, Mutationen von 35 verschiedenen im Blut enthaltenen Proteinen zu suchen und zu bestimmen.« Das Blut der Yanomami stellte die Basislinie »der Erkenntnisse und Bestimmung der Gesundheitsrisiken von Menschen dar, die energiebedingter Strahlung und bestimmten chemischen Stoffen ausgesetzt waren«.[31] Bei dem Forschungsprogramm handelte es sich also beileibe nicht um eine abstrakte, akademische Übung. Das Programm war mit entscheidend für die Festlegung von Strahlensicherheitsstandards in den USA, doch für die Yanomami war es von keinerlei Nutzen.

Heute werfen die Venezolaner der AEC vor, sich genommen zu haben, was sie brauchte, ohne zu erklären, wofür und warum. »Von einem ethischen Standpunkt aus betrachtet, ist es nicht zu rechtfertigen, die Yanomami als Kontrollgruppe für die Überlebenden der Atombombenabwürfe in Japan zu verwenden«, erklärte der Physiker Alejandro Arenas, der dem für die Yanomami zuständigen Gesundheitsbezirk vorsitzt. »Wird ein Experiment mit einer eng begrenzten Kontrollgruppe durchgeführt und zieht auch die Gemeinschaft, in der die Studie durchgeführt wird, daraus Nutzen, dann kann das meiner Auffassung nach gerechtfertigt sein. Bringt das Experiment den Versuchsteilnehmern aber keinerlei Nutzen, so ist es nichts anderes als ein Verbrechen. Es wäre, als würde man einen Menschen als Versuchskaninchen oder Laborratte in einem Experiment verwenden.«[32]

Das Eingeständnis des US-Energieministeriums, daß ihr Yanomami-Forschungsprogramm die »Kluft zwischen den Mutagenesestudien bei Versuchstieren und den Beobachtungen beim Menschen« zu überwinden half[33], provozierte sogar Fragen nach der medizinischen Zulässigkeit des Forschungsprogramms. »1957 urteilte der amerikanische Supreme Court, daß Wissenschaftler die ›informierte Zustimmung‹ ihrer Versuchsobjekte einholen müssen«, merkte der Medizinhistoriker John Earle von der University of Pittsburgh dazu an. »Mich würde interessieren, wie sie die informierte Zustimmung (*informed consent*) der Yanomami einholten.«[34]

»Meiner Meinung nach war die Studie der Atomic Energy Commission von Anfang an verfehlt«, urteilte etwa Ysbran Poortman, Biologe an der Universität von Utrecht und Präsident der europäischen »Allianz der Genetischen Unterstützungsgruppen« (EAGSG), einer Organisation mit zwei Millionen Mitgliedern, die ethische Richtlinien für die Lehrtätigkeit auf dem Gebiet der Genetik an europäischen Bildungseinrichtungen erstellt. Poortmans Ansicht zufolge verstieß das Yanomami-Projekt der AEC gegen den Nürnberger Kodex von 1947, dessen erstes Statut Versuche mit Menschen ohne deren volles Wissen und Zustimmung verbietet. »Menschen ohne ihr Einverständnis nach Aufklärung Blut abzunehmen, ist Diebstahl«, betonte Poortman.[35]

Das Yanomami-Forschungsprogramm der AEC fiel in die Hochzeit des Kalten Krieges und in die erste heiße Phase des Vietnamkriegs, eine Zeit also, in der die mit dem Aufbau des nuklearen Abschreckungspotentials der Vereinigten Staaten betraute Behörde auch vor fragwürdigen Projekten nicht zurückschreckte. Bei einer AEC-Studie an der Vanderbilt University wurden 850 schwangere Frauen täglich radioaktivem

Eisen ausgesetzt, in anderen Fällen wurde Krankenhauspatienten Plutonium und Uran injiziert, und behinderte Kinder wurden mit radioaktivem Haferschleim gefüttert.[36] 1996 bewilligte Washington zwölf Personen, denen Plutonium oder Uran injiziert worden war, eine Entschädigung von durchschnittlich 400 000 Dollar. Die damalige Energieministerin Hazel O'Leary erklärte in diesem Zusammenhang: »Dieses Geld kann die betroffenen Familien weder für das voll entschädigen, was sie erlitten haben, noch für das, was sie über ihr Leiden nicht gewußt haben.«[37]

Natürlich standen Chagnon und Neel vor außergewöhnlichen Problemen bei der »Aufklärung und Einwilligung« der Yanomami. Weder wußten die Indianer, was eine Atombombe, radioaktive Strahlung oder Japan ist, noch ahnten sie etwas von den tödlichen Risiken, denen sie selbst auch bei nur kurzen Kontakten mit Fremden ausgesetzt waren. Dennoch reagierten Chagnons engste Freunde und Leute, die mit ihm im Feld arbeiteten, ablehnend, als sie erfuhren, daß die AEC im Rahmen eines großangelegten Experiments Blutproben der Yanomami mit Blutproben verglichen hatte, die von Überlebenden der Atombombenabwürfe stammten.[38] »Chagnon erweckte immer den Eindruck, den Yanomami helfen zu wollen«, berichtete Gary Dawson, ein evangelischer Missionar, der fast vierzig Jahre in der Nähe von Toki am Padamo gelebt hat.[39]

Natürlich verfolgten Neel und Chagnon jeweils ihre eigene Forschungsagenda. Chagnon wollte einen Doktortitel, Neel suchte einen Beleg für seinen Index der angeborenen Fähigkeit. Auf der anderen Seite waren die Beamten der AEC-Profis. Sie bezahlten die Wissenschaftler für eine Blutuntersuchung zur Bestimmung der Strahlungspathologie, und genau das bekamen sie auch.

Abgesehen davon hatte Chagnon als Doktorand keine Möglichkeit, auf das AEC-Forschungsprogramm Einfluß zu nehmen, namentlich nicht auf die Absicht der Geldgeber, den isoliertesten Indianerstamm der Welt zum Objekt einer Untersuchung zu machen, die hauptsächlich den Interessen des US-Militärs und der amerikanischen Wirtschaft diente.

Wie Chagnon 1997 erklärte, fungierte er in dem immer größeren Umfang annehmenden Projekt, das sich, so er selbst, zu einem »Alptraum« auswuchs, lediglich als Gehilfe renommierter Genetiker. Weil »die Studie von ihrer Anlage her erforderte, in der kürzest möglichen Zeit soviel Daten und Proben wie nur irgend möglich von jedem Dorf zu sammeln«, waren Konflikte vorprogrammiert.[40] Diese Art der massenhaften Datensammlung folgte ihrer eigenen, unausweichlichen Logik. Ursprünglich hatte Chagnon ein achtköpfiges Team zusammengestellt, das aus einem Biologen, einem Linguisten, einem Zahnarzt, drei Genetikern, einem Dokumentarfilmer und ihm selbst bestand.[41] Doch jeder dieser acht Forscher benötigte zahlreiche eingeborene Helfer, die ihnen – von Käfern bis hin zu halluzinogenen Pflanzen – das besorgten, was sie für ihre Untersuchungen benötigten. Aber damit gab sich Neel schon bald nicht mehr zufrieden, und als das erste multidisziplinäre Team seine Arbeiten abgeschlossen hatte, brachte das Frachtflugzeug, das die Forscher abholte (ein Ingenieur hatte zwischenzeitlich die provisorische Landebahn verlängert), ein neues Team mit. Am Ende hatte Neel drei Feldteams, die sich während einer Saison abwechselten.[42]

Das Sammeln von Blutproben war ihre wichtigste und sehr kostspielige Aufgabe. »Um die Kooperation ganzer Dörfer bei einigen Untersuchungen sicherzustellen, mußte ich Geschenke an Männer, Frauen und Kinder verteilen«, erinnerte sich Chagnon. Als eine Art Vorhut der Genetiker bereitete er Dutzende von *shabonos* auf die Ankunft der Teams vor und sorgte dafür, daß diese bei ihrem Eintreffen »endlose Reihen ausgestreckter brauner Arme vorfanden, in die im Laufe der folgenden Wochen zahlreiche Nadeln gestochen werden sollten«.[43]

Laut Brian Fergusons Buch *Yanomami Warfare* hatte der Kontakt mit Fremden dauerhaft negative Auswirkungen auf die Eingeborenenkultur. Kontinuierliche äußere Einflüsse wie beispielsweise Missionen konnten je nach den Umständen stabilisierend und friedensfördernd wirken. Doch kurzfristige, in ihrem Umfang schwankende Zuströme von Handelswaren lösten unweigerlich Konflikte aus. Ein besonders gutes Beispiel dafür waren auch die Goldgräber.

Ein einziger Besuch eines Forschungs- oder Filmteams konnte praktisch über Nacht den Besitz eines Dorfes an Stahlwaren verhundertfachen. Dieser unvermutete, schnelle »Reichtum« löste meist eine kurze Euphorie aus, gefolgt von einem unvermeidlichen Rückfall in den alten Zustand. »Wurden in einem Dorf Geschenke verteilt, verärgerte das unweigerlich jene Leute, die etwas Bestimmtes haben wollten, es aber nicht bekamen. Danach konnte man die weitere Arbeit in dem Dorf vergessen.«[44]

Chagnon kam jedesmal mit dem Versprechen »großer« Geschenke auf den Lippen und ließ ebenso häufig verärgerte und enttäuschte Leute zurück. Dann ging er zu dem nächsten, mit dem eben besuchten Dorf verfeindeten *shabono,* wo er die Namen der Toten vorlas und sein Datenmaterial anhand ihrer aufgebrachten Reaktionen verifizierte. »Noch mehr als die deprimierende Notwendigkeit, je nachdem, wie sich eine Situation entwickelte, Geschenke zu geben oder vorzuenthalten, waren es die Drohungen, die mir wirklich an die Nieren gingen, und hierbei vor allem die Drohungen, die sich gegen mein Leben richteten.«[45]

Angesichts der Reaktionen der Yanomami, die *A Multidisciplinary Study* sahen, kann man davon ausgehen, daß die Sache auch den Yanomami wenig Spaß gemacht haben dürfte. Die Vorführung des 45 Minuten langen Dokumentarfilms zog sich fast zwei Stunden hin, weil immer wieder jemand aus dem Publikum aufstand und einen Kommentar zu dem abgab, was gerade auf der Leinwand zu sehen war.

Pablo Mejía begegnete Chagnon das erste Mal, als er ungefähr zwölf war. »Ich lebte damals in Momaribowei-teri, dem ersten Dorf, dem Chagnon einen Besuch abstattete, nachdem er sich in Bisaasi-teri niedergelassen hatte. Er wollte ein Zauberer [*brujo*] werden und bat die anderen Zauberer, ihn in dieser Kunst zu unterweisen. Bei seiner Ankunft im Dorf hatte er an seinen Armen Vogelfedern befestigt. Er hatte sich am ganzen Körper mit roter *onto*-Farbe bemalt und trug einen Lendenschurz nach Art der Yanomami. Er sang das Lied seines Schamanentums und nahm *yopo* [ein von den Yanomami-Schamanen benutztes, starkes Halluzinogen, das ähnlich wie Meskalin wirkt]. Er nahm viel *yopo*. Ich hatte furchtbare Angst vor ihm. Um zu zeigen, daß er grimmiger als die Yanomami war, feuerte er jedesmal seine Pistole ab, wenn er in das Dorf kam. Alle hatten Angst vor ihm, da noch keiner einen *nabah* [Weißen, Außenseiter] gesehen hatte, der sich als Schamane aufführte. Er stellte Fragen wie zum Beispiel: ›Wie hieß dein toter Vater?‹ Meinen Bruder Samuel, der der Anführer war, fragte er nach dem Namen seiner Mutter. Mein Bruder erwiderte: ›Ich will ihn nicht sagen. Wir Yanomami sprechen unsere Namen nicht aus.‹ Darauf sagte Shaki [Chagnon]: ›Das ist egal. Wenn du ihn mir nennst, bezahle ich dich.‹ So brachte er die Leute dazu, gegen ihren Willen ihre Namen zu verkaufen. Alle klagten und beschwerten sich, aber sie sprachen mit ihm. Es war sehr traurig. Ich erinnere mich noch gut, weil ich damals zehn oder zwölf Jahre alt war. So war das mit Shaki. Er sagte: ›Ich will ein Schamane sein, der nur für euer Dorf arbeitet. Zeigt mir, wie ich ein Schamane werde.‹ So sprach er mit den Alten, den Schamanen. Aber sie hatten Angst. Später ging er zu den Mishimishi, und sie zeigten es ihm. Shaki hatte seinen eigenen Schamanenkreis. Er sagte: ›Ich bin der *cacique* aller Yanomami.‹ Er wollte alles und riskierte alles. Ich bin nicht der einzige, der ihn hörte – alle hörten ihn. Er kann es nicht abstreiten. Wenn er in unser Dorf kam, rannten alle Kinder schreiend vor Angst in den Wald. Ich habe so etwas noch nie gesehen.«[46]

Die Yanomami betrachteten die *nabah* und ihre Technologie mit Ehrfurcht. »Wenn ich mich plötzlich erhoben und in die Höhe geflogen wäre, hätte sie das zwar überrascht, aber nicht heillos erschreckt«, schrieb Kenneth Good. »Sie kennen die *nabah* nicht und wissen nicht, wozu sie in der Lage sind. Sie wissen, daß die *nabah* über unglaubliche Kräfte verfügen ... Selbst nachdem ich eineinhalb Jahre bei den Hasupuwe-teri gelebt hatte und trotz der Freundschaften und des gegenseitigen Verstehens, die sich in dieser Zeit entwickelt hatten, war ich mir immer noch unsicher darüber, inwieweit sie mich als menschliches Wesen betrachteten. Sie stellten mir immer noch Fragen, die man einem Mitmenschen niemals stellen würde.

Sie fragten mich zum Beispiel, ob ich auch eines Tages sterben würde.«[47]

In *The Fierce People* beschreibt Chagnon, wie er gemeinsam mit den Bisaasi-teri Halluzinogene einnahm. Er entkleidete sich bis auf seine Badehose, schmückte sich mit Federn und nahm eine Prise *ebene,* eine Sammelbezeichnung, die heute von ihrer Bedeutung her mit *yopo* identisch ist, dem Begriff für alle aus zwei unterschiedlichen Baumarten gewonnenen Schnupfpulver, welche die Yanomami am oberen Orinoko verwenden.[48] Nachdem ihm das grüne Pulver in die Nasenlöcher geblasen worden war, fing Chagnon an zu singen und zu tanzen. »Wilde Bilder breiteten sich vor meinem inneren Auge aus«, schrieb er, und was er sang, beunruhigte einige der anwesenden Yanomami-Krieger. Sie »versteckten die Macheten und Bogen, als ich verkündete, daß *rahakanariwa* [der Geist des Geiers, ein kannibalisches Wesen, das üblicherweise angerufen wird, um die Kinder von Feinden zu töten] sich in mir niedergelassen hätte und alle meine Handlungen bestimmte. Alle wußten, daß *rahakanariwa* Menschen dazu brachte, gewalttätig zu werden.«[49]

Chagnons Schamanismus war eine Art Kriegführung mit anderen Mitteln. Er griff andere, am Horizont sichtbare Geister an und bedrohte sie mit dem Bogen, den er über seinem Kopf zerbrach. »Schließlich nahm mein Rausch ekstatische Ausmaße an. Ich erinnere mich, daß Kaobawa und die anderen erschreckt aufstöhnten, als ich die Pfeile über meinem Kopf zerbrach und, die zersplitterten Hälften in den geballten Fäusten haltend, wie wild umhersprang...«[50]

Warum hatte Kaobawa aufgestöhnt, als Chagnons Ekstase ihren Höhepunkt erreichte? In einem Interview mit Mark Ritchie erklärte Kaobawa, warum er damals so konsterniert gewesen war. »Shaki fing an, Yanomami-Seelen zu verzehren«, erklärte er. »Shaki sagte: ›Komm her, *shoriwe* [Schwager], und hilf mir, dieses Kind zu verzehren.‹ Bevor er das Kind tötete, fragte ich ihn, ob er wisse, was er da tat, daß er Rache auf mich herabbeschwören würde? Schließlich sagte ich: ›Dann tue es. Aber jemand von meinem Dorf wird den Preis dafür bezahlen müssen.‹ Daraufhin tötete Chagnon das Kind.«[51]

Gary Dawson, der dabei war, als Chagnon den oben beschriebenen *ebene*-Rausch durchlebte, diente Mark Ritchie während des Interviews mit Kaobawa als Dolmetscher. Ritchie wollte wissen, ob das von Kaobawa erwähnte Kind wirklich getötet worden war oder ob es sich dabei um ein spirituelles Ereignis gehandelt habe. Doch Kaobawa konnte mit dieser Unterscheidung zwischen dem Körperlichen und dem Geistigen wenig anfangen, wie Dawson erklärte. »Für Kaobawa – und für alle anderen im Dorf – tötete Chagnon dieses Kind mit Hilfe des Geistes«, erklärte Dawson. »Er selbst hatte wahrscheinlich nicht die leistete Ahnung davon, was er da tat. Er war im Drogenrausch. Er machte mit etwas aus einer ihm völlig fremden Kultur herum, ohne auch nur ansatzweise zu verstehen, worauf er sich damit einließ.«[52]

Hinter Chagnons anthropologischen Methoden verbarg sich eine Logik. Er stand vor zwei nahezu unüberwindbaren Problemen. Erstens mußte er die Yanomami dazu bewegen, ihm ihre Stammesgeheimnisse zu offenbaren und sich Blut abnehmen zu lassen. Zweitens mußte Chagnon die Indianer davon abhalten, sich an seinen Reichtümern zu vergreifen. Wie seine Schußwaffen stärkten auch Chagnons schamanische Ansprüche seine Stellung unter den Yanomami. Die Yanomami hielten die Weißen für übernatürliche Wesen mit der Kraft, verheerende Krankheitsepidemien über sie hereinbrechen zu lassen. Chagnons Schrotflinten und seine Behauptung, über magische Kräfte zu gebieten, waren sozusagen notwendige Begleiterscheinungen der überaus ehrgeizigen Forschungsagenda der AEC. Cortés war der Erfinder der gleichermaßen althergebrachten Strategie der Konquistadoren, sich den Eingeborenen als eine ihrer Gottheiten zu präsentieren. Cortés ließ sich als Quetzacoatl, die gefiederte Schlange, verehren, Chagnon als Rahakanariwa, als Geist des Geiers.

In Toki hörte ich das erste Mal das Wort *anthro.* Die Yanomami benutzten es – wie den Begriff »Kommunist« – sowohl als Bei- als auch als Eigenname.

»Die *anthros* kommen, sie machen Bilder, zapfen uns Blut ab, nehmen alles mit in ihre Länder, verkaufen es und verdienen

Geld damit«, beschwerte sich Mejía vor der Versammlung in Toki. »Und wir bekommen nichts. Wir müssen diesen Yanomami-Studien Einhalt gebieten. Sie sind Bergarbeiter, und wir sind ihr Gold. Warum sind sie so erpicht darauf, uns zu untersuchen? Die *nabah* haben ein Gehirn, die Yanomami haben ein Gehirn. Die *nabah* haben zwei Augen, die Yanomami haben zwei Augen. Die *nabah* haben fünf Finger, die Yanomami haben fünf Finger. Warum sind sie so wild darauf, uns zu untersuchen?«[53]

Wie James Neel in dem Film erklärte, wurden zwar auch andere Stämme untersucht, doch diese Studien hatten zu wenig zufriedenstellenden Ergebnissen geführt. Neel wollte die definitive »Populationsstruktur« der am wenigsten akkulturierten Stammesgesellschaft der Welt aufstellen. »Die Populationsstruktur umfaßt die Totalität der Faktoren, welche bestimmen, wie Gene von einer Generation zur nächsten weitergegeben werden ... Da die Vererbung von Genen natürlich davon abhängt, daß ein Individuum bis weit ins Erwachsenenalter hinein überlebt, halten wir es für unerläßlich, eine Vielzahl der Aspekte des Krankheitsdrucks zu verstehen, welchem diese Indianer ausgesetzt sind ... Da die Yanomami zudem überaus kriegerisch sind, müssen wir uns damit befassen, wie über Krankheiten hinaus Kriege ihre Population dezimieren.«[54]

Das war eine kodierte Botschaft. Neel hoffte, beweisen zu können, daß die »Populationsstruktur« der Yanomami eine war, die von der natürlichen Auslese diktiert wurde, eine Gesellschaft, die von aggressiven, polygamen Anführern dominiert wurde und in der wenige Individuen ein Alter von fünfzig Jahren erreichten. Sein Grundgedanke lautete, daß die Genpool-Probleme der modernen Gesellschaften »primär von der Abschwächung der Populationsstruktur und des selektiven Drucks herrührten, unter welchen die Menschheit sich entwickelte«.[55]

Anders als die meisten Menschen, welche die bessere Versorgung von Älteren und Behinderten als Errungenschaften priesen, sah Neel darin »Instrumente der negativen genetischen Selektion«.[56] Während allgemein die demokratischen Freiheiten gepriesen wurden, welche es Frauen erlaubten, ihre Partner selbst zu wählen, schloß Neel betrübt, daß der »Verlust der

Führerschaft als Eigenschaft unserer Kultur sowie die Schwächung anderer Instrumente der natürlichen Selektion eindeutig negativ zu bewerten sind«. Dieser Verlust könnte, so Neel weiter, »zu einem Absinken des allgemeinen Intelligenzquotienten und somit zu einer Schwächung der Überlebenschancen der Menschheit beitragen«. Zwangsläufig wurde für Neel die Suche nach »Testverfahren, mit denen sich bestimmen läßt, ob und in welchem Ausmaß ein Anführer einen hohen IIA [Index of Innate Ability] aufweist«, zum »wichtigsten Ziel«.[57]

In seiner Autobiographie bedauerte Neel, daß gerade seine Erkenntnisse aus den Untersuchungen der Amazonasindianer »Laien auf dem Feld der Genetik am schwersten zu vermitteln« gewesen seien. Aus diesem Grund verzichtete Neel in dem Film *A Multidisciplinary Study* auch darauf, die Studenten der amerikanischen Universitäten als das Produkt eines mittelmäßigen Genpools – »eines großen, zunehmend homogenen Haufens Wackelpudding« – zu bezeichnen, der unfähig sei, die überlegenen Qualitäten der Yanomami-Krieger hervorzubringen.[58]

Wie die frühen Jesuitenmissionare, die unter den unverdorbenen Indianern vollkommene christliche Gemeinschaften zu begründen hofften, suchte Neel die Erlösung in den von der modernen Zivilisation unkontaminierten Genen der Yanomami. Von seiner Warte aus war nicht die »extrem gewalttätige« Gesellschaft der Yanomami pathologisch, sondern die degenerierte amerikanische Gesellschaft.

Während Neel auf die Erlösung in Form der Yanomami-Chromosome hoffte, erhofften sich die Yanomami von ihm und Chagnon etwas ganz anderes und weitaus Profaneres: Gebrauchsgegenstände aus Metall. Was sie dabei nicht verstanden, war, daß ihre Abhängigkeit von den *nabah,* ihrer einzigen Quelle für Metallwaren, sie zugleich auch neuen Krankheiten aussetzte, Krankheiten, die nur von den *nabah* geheilt werden konnten.

Von den drei apokalyptischen Reitern Krankheit, Stahl und Schußwaffen brachten die eng mit dem Handel von Stahlwaren assoziierten Krankheiten die schlimmsten Verheerungen für die Indianer Nord- und Südamerikas mit sich. Schätzungsweise 95

Prozent aller Ureinwohner der Neuen Welt starben an aus der Alten Welt eingeschleppten Krankheiten.[59] Weil auch die Yanomami Handel mit den überaus begehrten Metallwaren trieben, breiteten sich die eingeschleppten Krankheiten meist schnell aus.

Das AEC-Forschungsprojekt setzte nicht nur hinsichtlich des Umfangs der Datensammlung neue Standards. Die Art und Weise, mit der die Blutproben gesammelt wurden, erwies sich dabei als eine höchst effiziente Methode der Krankheitsübertragung. Nirgendwo in den Filmen oder in den umfangreichen Schriften der Wissenschaftler, die an den Studien teilnahmen, wird auf die Frage eingegangen, wie sich ihre Anwesenheit in diesen Dörfern, die zuvor keinen oder kaum Kontakt zur Außenwelt gehabt hatten, auf den »die Bevölkerung dezimierenden Krankheitsdruck« auswirkte.[60]

Chagnon war sich dieses Problems bewußt. Er warnte häufig vor der Gefahr, daß Missionare oder Touristen den verwundbaren Yanomami todbringende Krankheiten brachten. In *The Fierce People* schrieb er: »Einmal stellte ich einem protestantischen Missionar folgende hypothetische Frage. ›Würden Sie das Risiko eingehen, 200 Yanomami einer ansteckenden Krankheit auszusetzen, wenn Sie glaubten, daß zwar 199 von ihnen sterben, Sie einen aber vor der Hölle bewahren könnten?‹ Seine Antwort war ein lautes und festes ›Ja‹.«[61]

Zu der Zeit, als die von der AEC finanzierten Expeditionen ins Land der Yanomami aufbrachen, hatten sich die Missionare bereits auf ihre Missionsstationen zurückgezogen, wo sie ebensoviel Zeit auf die medizinische Betreuung wie auf die Missionierung der Yanomami verwendeten. Entsprechend rasch war die Yanomami-Bevölkerung um diese Missionsstationen herum angewachsen. Selbst wenn man die Immigration berücksichtigt, ist das rapide demographische Wachstum in der Umgegend der protestantischen wie katholischen Yanomami-Missionen in Brasilien und Venezuela ein eindrucksvoller Beleg dessen, was Ferguson »die Sphäre des wohltuenden Einflusses der Mission« nannte.[62]

Es waren vor allem die kurzzeitigen Kontakte zu Außenstehenden, die aufgrund der naturgemäß fehlenden medizinischen Nachsorge den Ausbruch unkontrollierter Epidemien begünstigten. »In meinen Untersuchungen zeigt sich eine starke Korrelation zwischen großen Expeditionen und Epidemien«, merkte Ferguson an. »In den fünfziger Jahren führten mehrere große, militärisch organisierte Expeditionen in das Gebiet des oberen Orinoko, und eben das war die Zeit, in welcher der Krankheitsstand unter den Yanomami sehr hoch war. Je mehr Außenstehende ohne vorherige Untersuchung in das Gebiet eindringen, um so höher ist das Risiko einer Epidemie. Chagnon selbst sagt, daß die Weißen durch die Einfuhr von Handelswaren die Ausbreitung von Krankheiten unter den Yanomami begünstigen. Und trotzdem reist er mit Unmengen an Handelswaren an, auf die die Indianer ganz wild sind und die sie per Tauschhandel zusammen mit den Krankheitserregern in der gesamten Region verbreiten.«[63]

Tatsächlich hat Chagnon seinerseits den Missionaren vorgeworfen, den Yanomami Macheten zu geben, weil der Handel damit die Ausbreitung von Erkältungs- und anderen Krankheiten von den Missionsstationen aus in das Hinterland begünstigte.[64] Die AEC jedoch erwarb 12 000 Yanomami-Blutproben, die Phiole für Phiole mit Stahlwaren bezahlt wurden – ganz zu schweigen von den Tausenden zusätzlicher Geschenke, die den Indianern für sonstige Dienstleistungen und Gefälligkeiten gewährt wurden. Heute lagern diese Phiolen in einem alten Kühlschrank der Penn State University, an der Chagnon einst unterrichtete, und sind Eigentum des Human Genome Diversity Project der US-Regierung.[65]

Aber Macheten und Kochtöpfe waren nicht alles, was die AEC den Yanomami bescherte. Chagnons Daten belegen, daß in »seinem« Dorf Bisaasi-teri 70 Prozent aller Todesfälle auf Infektionskrankheiten, darunter auch Erkältungskrankheiten und Malaria, zurückzuführen waren, die im Yanomami-Hochland zuvor unbekannt gewesen waren.[66]

Kriegerische Auseinandersetzungen dagegen waren nur für 15 Prozent der dokumentierten Todesfälle verantwortlich, und weniger als 2 Prozent der Erwachsenen starben an natürlichen

Todesursachen, ein Sterbeprofil, das typisch ist für Eingeborenenstämme, die erstmals in Kontakt mit der Außenwelt treten. Die Wahrheit aber dürfte noch weitaus trostloser aussehen. Chagnon verzichtete nämlich darauf, die Kindersterblichkeit in seine Statistiken aufzunehmen, und in einem bestimmten Zeitraum sterben normalerweise mehr Kleinkinder als Erwachsene. Ein weniger ideologischer Forscher hätte die Yanomami möglicherweise nicht als das »grimmige«, sondern als das »sieche« (»kranke«) Volk bezeichnet.

Die Kriege, von denen Chagnon berichtete, und die Vorwürfe der Zauberei, die viele von ihnen auslösten, ereigneten sich vor dem Hintergrund einer Katastrophe, die für die Yanomami so verheerend war wie die Pest für die Europäer des 14. Jahrhunderts. Bis zum Jahre 1966 hatte sich Chagnons Basislager zu einem tödlichen Hort eingeschleppter Krankheiten entwikkelt und wurde zu dem Infektionsherd, von dem aus sich diese Krankheiten in abgelegenere Dörfer ausbreiteten. Die Macheten der AEC schlugen die Pfade durch den Dschungel, auf denen neue Krankheitserreger in das Land der Yanomami vorstießen.

KAPITEL 5

Der Ausbruch

> Die Reaktion auf die Masernimpfung
> ohne Gammaglobulin verlief in einigen Fällen
> ebenso schwer wie bei weißen Kindern
> die Krankheit selbst. *James Neel*[1]

Wo der Ocamo in den Orinocko mündet, unweit der provisorischen Landebahn der dortigen katholischen Missionsstation, befindet sich ein unmarkiertes Grab. Vor über dreißig Jahren war an dieser Stelle ein Kind begraben und über dem Grab ein kleines Holzkreuz in die Erde gepflanzt worden, das dem extremen tropischen Klima jedoch nicht lange hatte standhalten können. Außer Roberto Balthasars Eltern erinnert sich heute niemand mehr daran, wer dort begraben liegt und was ihn das Leben gekostet hatte.[2]

Den Aufzeichnungen der Missionsstation zufolge starb Roberto Balthasar am 15. Februar 1968 an den Masern, einer Krankheit, die in diesem Jahr am Oberlauf des Orinoko Hunderten, vielleicht sogar Tausenden von Yanomami den Tod brachte. Roberto Balthasars Tod ist aus zwei Gründen besonders bemerkenswert: Erstens war dies der erste Fall in einem Yanomami-Dorf in Venezuela, bei dem unzweifelhaft Masern diagnostiziert wurden. Zweitens war er, wie sein Vater sagte, von Napoleon Chagnon geimpft worden.[3]

Chagnons eigenen Angaben zufolge brachen die Kriege, welche die Yanomami berühmt und berüchtigt machen sollten, genau am Tag seiner Ankunft bei den Indianern aus, am 14. November 1964.[4] Ebenfalls seinen Aussagen zufolge brach die schlimmste Epidemie, welche die Yanomami jemals heimsuchte, am Tag seiner Rückkehr nach einer zweijährigen Abwesenheit aus, am 22. Januar 1968.[5]

In diesem Januar 1968 hatte er einen Masernimpfstoff im Gepäck, der lebende Masernviren enthielt. Binnen 48 Stunden waren die in der Ocamo-Missionsstation lebenden Yanomami mit Chagnons Hilfe geimpft worden – und von hier aus breitete sich die Epidemie aus wie »die Wellen von dem Punkt, an dem ein Stein ins Wasser gefallen ist«.[6] Dieses zweite Ereignis, das exakt mit dem Zeitpunkt und Ort der Schutzimpfung einer ungeschützten Population mit einem Lebendvirus-Impfstoff gegen Masern zusammenfällt, ist besonders augenfällig.

Anlaß zum Nachdenken bietet auch der Umstand, daß damals Wissenschaftler weltweit darum konkurrierten, einen Masernausbruch in einer sogenannten »jungfräulichen« Population zu beobachten. Ende der sechziger Jahre gab es außerhalb des Amazonasgebiets keine Population mehr, deren Erwachsene keine Antikörper gegen Masern in sich trugen. Selbst in den entlegensten Regionen der Welt, beispielsweise Mikronesien oder Island, kam es immer wieder zu Masernepidemien.[7] Da Masernepidemien überall relativ vorhersagbar abliefen, erwarteten die Genetiker, daß ein Masernausbruch in einem amerikanisch-indianischen Stamm es ihnen erlauben würde, den Unterschied in der vererbten Immunität – einem der Schlüsselfaktoren bei der natürlichen Selektion – zwischen Bewohnern der Neuen und der Alten Welt zu messen. Die Masernepidemie unter den Yanomami bescherte James Neel und seinen Genetikern die einmalige Gelegenheit, eine Masernepidemie in einer Population zu dokumentieren, die niemals zuvor Kontakt mit der Außenwelt gehabt hatte. Das war ein wissenschaftlicher Erfolg, auf den Neel zu Recht überaus stolz war und den, wie er sich brüstete, zu replizieren »unter identischen Randbedingungen wahrscheinlich niemals mehr möglich sein wird«.[8]

Ich stimme mit Neel zwar überein, daß die Masernepidemie unter den Yanomami in der Geschichte der Medizin einzigartig ist, allerdings aus gänzlich anderen Gründen. Die Ursachen für den Ausbruch der Epidemie verstehen zu können, setzt die Beantwortung von drei Fragen voraus: Was für eine Art Impfstoff wurde verwendet? Wann und wo traten die Masern das erste Mal am Oberlauf des Orinoko auf? Und wie konnte sich das Virus über Dutzende von Dörfern in einem mehrere tausend Quadratkilometer großen Gebiet ausbreiten?

In ihren Berichten über den Verlauf der Epidemie von 1968 variieren Chagnon und Neel zum Teil beträchtlich. Je nach Artikel oder Ausgabe von *The Fierce People* schwankt die Zahl der Impfampullen, die sie mitführten, zwischen 1000[9], 2000[10] und 3000[11]. Neels Team blieb, wiederum je nach Quelle, entweder zwei, vier oder sechs Wochen bei den Yanomami. Einmal bekämpften sie die Krankheit mit Hilfe der Missionare vor Ort[12], ein andermal, laut Chagnons jüngster Revision von *The Fierce People,* allein auf sich gestellt und im Angesicht der »herzlosen« Gleichgültigkeit der Missionare.[13] Wenn sich ein Trend feststellen läßt, dann der, daß sich Chagnon und Neel in ihrem Kampf gegen die Epidemie um so heldenhafter porträtieren, um so mehr Zeit seither verstrichen ist.

Wonach man allerdings in sämtlichen Berichten vergeblich sucht, sind Erklärungen dafür, warum sie sich für einen ganz bestimmten Impfstoff entschieden: das Edmonston B-Lebendvirus. Der in den späten fünfziger Jahren entwickelte Edmonston B ist der primitivste Masernimpfstoff, ein Lebendvakzin, das von Anfang an auch als eine »neue Krankheit« mit ernsthaften Symptomen beschrieben wurde.[14] 1959 mußten in Panama neun Kinder in ein Krankenhaus eingeliefert werden, nachdem sie mit Edmonston B geimpft worden waren; die Wissenschaftler, die damals die Impfaktion durchführten, rieten aufgrund dieser Erfahrung dringend, Edmonston B nur dort zu verwenden, wo ausreichend Einrichtungen für die Notfallbehandlung vorhanden waren.[15] Bei 60 Prozent der Kinder, die in Kanada mit Edmonston B geimpft worden waren, stellten sich nach der Impfung Fieberschübe von bis zu 39,5° Celsius ein[16], Symptome, die verdächtig denen herkömmlicher Maserninfektionen ähnelten. Da eine kontrollierte Studie zum Vergleich von Edmonston B und wilden Masern vorausgesetzt hätte, den erkrankten beziehungsweise geimpften Kindern die Behandlung mit Aspirin und Antibiotika zu verweigern, wurde eine solche Studie niemals durchgeführt. Im Durchschnitt führten die Edmonston-Viren zu einem Anstieg der Körpertemperatur um rund 2,1° Celsius, wilde Masernviren zu einem von rund 2,6° Celsius. Eine andere Methode, die Virulenz von Masernviren zu testen, besteht im Vergleich der Antikörpertiter, welche die Fieberintensität und die Immunreaktion des Körpers widerspiegeln. In einer Studie an der New York University zeigte sich zur allgemeinen Überraschung, daß die Antikörperzahl bei Menschen, die mit Edmonston B geimpft worden waren, *höher* lag als bei Menschen, die an wilden Masern erkrankt waren. Spätere Studien erbrachten identische Antikörperzahlen bei Edmonston B und wilden Masern.[17] Alle später entwickelten Masernimpfstoffe, auch die, die heute verwendet werden, lösen eine deutlich schwächere Immunreaktion aus. Im Durchschnitt beträgt die Antikörperzahl nur rund ein Viertel des Niveaus, das nach Verabreichung der ursprünglichen Edmonston-Viren gemessen wurde.[18]

Masern Antikörper

Masern	*Edmonston B*	*Schwarz*
140	210	50

American Journal of Diseases of Children

Im Jahre 1961 richteten die National Institutes of Health eine Konferenz zu Edmonston-Impfstoffen aus. Die Eröffnungsrede wurde gehalten von G. S. Wilson, dem Leiter des britischen Public Health Laboratory Service, der vor möglichen Todesfällen im Zusammenhang mit den Edmonston-Viren warnte. Ob ein Impfstoff hilfreich sei, sagte er, lasse sich daran ermessen, ob »die von der Impfung verursachten Folgen schlimmer sind als die von der Krankheit selbst verursachten Folgen«. Bei den meisten Impfstoffen sei der Unterschied deutlich erkennbar, doch im Falle des Edmonston-Stamms sei der Unterschied zwischen Krankheit und dem Impfvirus, so Wilson, »nicht so eindeutig«.[19] Die Teilnehmer der Konferenz kamen denn auch zu dem einmütigen Schluß, daß »das häufige Auftreten von derart hohem Fieber ... der öffentlichen Akzeptanz und dem breiten

Einsatz des Impfstoffes in seiner gegenwärtigen, unmodifizierten Form abträglich sein wird«.[20]

In einer Zusammenfassung dieser frühen Masernstudien steht in einem Standardtext zur Immunisierung folgendes zu lesen: »Die ursprünglichen Edmonston A- und B-Stämme lösten ernsthafte, den natürlichen Masern vergleichbare Symptome aus. Diese konnten nur durch die zeitgleiche Gabe von Immunglobulin unterdrückt werden, ein für eine Routineimpfung eindeutig nicht geeignetes Verfahren.«[21] Gammaglobulin reduziert die Reaktionsquote zwar um 50 Prozent, doch abgesehen davon, daß eine Doppelimpfung ein schwieriges und zeitraubendes Verfahren darstellt, zeigten mehrere Studien, daß der Edmonston B Stamm selbst bei der parallelen Verabreichung von Gammaglobulin gefährlich blieb.

Am meisten gefährdet waren dabei die amerikanischen Indianer und Menschen, die an einer Immunschwäche litten. Wissenschaftler, die Masernimpfstoffe an amerikanischen Eingeborenen, unter anderem in Alaska, Panama und im Amazonasgebiet[22], testeten, berichteten einhellig, daß diese Populationen heftiger auf die Vakzine reagierten als Weiße. Alle warnten davor, den Edmonston B-Impfstoff bei in abgelegenen Regionen lebenden amerikanischen Indianern zu verwenden, selbst wenn zeitgleich Gammaglobulin verabreicht werde. Bei Versuchen mit Eskimos stellte die Notwendigkeit, das nach der Impfung auftretende hohe Fieber zwei Wochen lang zu behandeln, ein »ernsthaftes Problem« dar.[23] Für Menschen, die an einer Immunschwäche litten, war Edmonston B kontraindiziert. Ein leukämiekrankes Kind starb trotz massiver Gammaglobulingaben nach einer Impfung mit Edmonston B.[24]

Hinsichtlich der akuten Impfreaktionen zeigte sich ein enger Zusammenhang zwischen amerikanischen Indianern und Patienten, die an Immunschwäche litten. Die meisten Wissenschaftler waren der Überzeugung, daß die amerikanischen Indianer eine geringere genetische Widerstandskraft gegen aus der Alten Welt stammende Infektionskrankheiten besaßen. Zur Debatte stand hier die Frage, ob die katastrophalen Folgen der sogenannten europäischen Massenkrankheiten, die zum Zusammenbruch des Inka- und des Aztekenreiches beigetragen hatten, auf genetische oder kulturelle Faktoren zurückzuführen waren. Diese neuen Krankheitserreger, die Masern, Mumps, Pocken, Diphtherie und Grippe auslösten, hatten ursprünglich nur Haustiere befallen. Im Zusammenleben mit dem Menschen mutierten sie zu Formen, die menschliche Wirte infizieren konnten und die zum dauerhaften Überleben auf große, urbane Populationen angewiesen waren. Alle diese Erreger hatten sich in der Alten Welt entwickelt, und zwar ungefähr innerhalb der letzten 5000 Jahre.[25] Reichte ein solch kurzer Zeitraum aus, im Genpool der Bevölkerung der Alten Welt eine vererbte Immunität gegen diese Erreger entstehen zu lassen? Es sah ganz so aus. Während die nach Amerika eingeschleppten Krankheiten unter den Eingeborenen wüteten, blieben die Konquistadoren, die sie mitgebracht hatten, davon weitgehend unberührt. Allein mit der technologischen Überlegenheit und militärischen Disziplin, doch ohne Pocken, Masern und Grippe, hätten die Eroberer niemals ihr Ziel erreicht.

Besonders Masernerreger erschienen für wissenschaftliche Experimente wie geschaffen. Die Masern waren nicht nur die weltweit verbreitetste Krankheit, sondern dank ihrer stets gleichen Symptome auch diejenige, die sich am leichtesten diagnostizieren ließ.[26] Von allen existierenden Massenkrankheiten wiesen die Masern die höchste sogenannte Attack-Rate auf – 100 Prozent in Gebieten, in denen die Krankheit nicht endemisch war[27] –, und bereits eine einmalige Erkrankung führte zu einer lebenslangen Immunisierung.[28]

Darüber hinaus rätselte man zu der Zeit noch über die Ausbreitung des Masernerregers. Vor der Einführung der flächendeckenden Schutzimpfung führten die jährlich schätzungsweise vier Million Fälle wilder Masern in 500 Fällen zum Tod. Von 8000 Kranken starb nur einer.[29] Bei den südamerikanischen Indianern dagegen starben beim erstmaligen Ausbruch der Krankheit 25 Prozent der Gesamtbevölkerung. Die Sterblichkeit lag also um den Faktor 2000 über der in den Vereinigten Staaten.[30] Selbst wenn man den Effekt der besseren medizinischen Versorgung in den USA berücksichtigte, legte dieser krasse Unterschied den Schluß nahe, daß man es hier mit einem Fall unterschiedlicher Adaptation, möglicherweise sogar mit einem der genetischen Selektion zu tun hatte.

In den vier Jahren, seit G. S. Wilson 1961 die Ärzte und Wissenschaftler des NIH dazu aufgerufen hatte, dieses Rätsel zu lösen[31], hatten die heftigen Impfstoffreaktionen, die man bei den amerikanischen Indianern beobachtet hatte, die Theorie untermauert, daß die amerikanischen Ureinwohner deutlich anfälliger gegenüber Infektionskrankheiten aus der Alten Welt waren. Der Medizinforscher Francis Black von der Yale University hatte intensiv an diesen Studien mitgearbeitet. Black, der von Island bis zum Amazonas Masernreaktionen studierte, kam zu dem Schluß, daß die im Hochland im Grenzgebiet von Brasilien und Surinam lebenden Tiriyo-Indianer die weltweit niedrigste Antikörperreaktion auf eine Vielzahl von Krankheiten, darunter auch auf Masern, aufwiesen. Daraus folgerte er, daß eine Impfung der Tiriyo mit einem Masernvakzin zur Klärung der Debatte über die genetische Selektion beitragen könnte, da sich, Zitat Black, »eine erhöhte Anfälligkeit für Masern in heftigeren Reaktionen auf den Impfstoff niederschlagen würde«. Eingedenk der Ergebnisse früherer Studien unter amerikanischen Indianern warnte er jedoch zugleich vor der »Gefahr ernsthafter fiebriger Reaktionen auf Edmonston B-Impfstoffe mit Gammaglobulin«[32] und empfahl statt dessen den weniger virilen Schwarz-Impfstoff, der seit 1965 auf dem Markt war. Im Vergleich zu Edmonston B führte das Schwarz-Virus nur in halb so vielen Fällen zu Fieberreaktionen und zu 90 Prozent weniger Fällen von Ausschlägen, bot den Geimpften aber die gleiche lebenslange Immunität. Selbst im Vergleich zu Edmonston B plus Gammaglobulin war das Schwarz-Virus weniger riskant; die Zahl der Fieberfälle mit Temperaturen über 40° Celsius war geringer, und es kam nur zu einem Bruchteil der schmerzhaften Ausschläge.[33]

»Dem Schwarz-Virus den Vorzug vor Edmonston B mit Gammaglobulin zu geben war keine rein persönliche Entscheidung«, erklärte Black, »sondern eine allgemeine. Der Schwarz-Impfstoff war billiger, problemloser zu verabreichen und löste weniger Fieberreaktionen aus.«[34]

Als Black die Tiriyo 1996 impfte, stellte sich heraus, daß sich bei den Tiriyo die weltweit bei weitem heftigste Fieberreaktion auf den Schwarz-Impfstoff einstellte – im Durchschnitt lag die Zahl der Fieberreaktionen fast dreimal so hoch wie bei anderen von der Weltgesundheitsorganisation, WHO, getesteten Gruppen.[35] Blacks Resultate waren bemerkenswert und legten nahe, bei der Impfung von Populationen im Amazonasgebiet, die noch nie Masern ausgesetzt gewesen waren, höchste Vorsicht walten zu lassen.

Als ich Francis Black berichtete, daß James Neel die Yanomami 1968 mit Edmonston B geimpft hatte, wollte er mir das nicht glauben. »Das muß irgendwann um das Jahr 1964 herum gewesen sein«, erklärte er. »Ab 1967 war Edmonston B durchgängig kontraindiziert.«[36] Nicht anders äußerte sich Samuel Katz, ein international anerkannter Masernexperte, der damals in Harvard an der Entwicklung des Edmonston B Impfstoffes beteiligt gewesen war: »Ende der sechziger Jahre war Edmonston B praktisch ausgestorben.«[37] Allerdings wurden in den Vereinigten Staaten noch 1968 eine Million Kinder mit Edmonston B plus Gammaglobulin geimpft – rund ein Fünftel aller Geimpften. Das heißt, der – kontraindizierte – Impfstoff war zu der Zeit in den USA immer noch zugelassen. Ein Jahr später wurde die Produktion ganz eingestellt.[38] Hauptgrund dafür war, daß 1968 zwei neue Masernimpfstoffe auf den Markt kamen – ein kombinierter Masern-Pocken-Impfstoff und ein Impfstoff mit Masernviren vom Moraten-Stamm –, die ähnlich wie der Schwarz-Impfstoff weitaus weniger negative Nebeneffekte als Edmonston B aufwiesen.[39]

Die WHO hatte bereits 1965 eine Empfehlung gegen Impfungen mit Edmonston B ausgesprochen, da »die Häufigkeit ernsthafter Reaktionen einen allgemeinen Einsatz verbietet«. Des weiteren erklärte die WHO, daß »die weiter abgeschwächten Impfstoffe dem Enders-Edmonston B-Impfstoff mit Gammaglobulin vorzuziehen sind«.[40] Neel war der einzige Wissenschaftler, der jemals einen Amazonasstamm mit Edmonston B impfte.

Es mutet zumindest befremdlich an, daß Neel, der von der

AEC mit mehreren Millionen Dollar finanziert wurde, die Yanomami mit einem bekanntermaßen hoch riskanten Impfstoff aus der Frühzeit der Masernforschung behandelte.[41]

Noch weniger nachvollziehbar ist die Entscheidung, bedenkt man, daß die Verabreichung des Edmonston-Impfstoffes aufgrund der zusätzlich erforderlichen Gabe von Gammaglobulin im Vergleich zu anderen, sichereren Impfstoffen den doppelten Arbeitsaufwand erforderte. Trotz der höheren Risiken für die Yanomami und dem zusätzlichen Arbeitsaufwand für sein Team bestellte Neel bei Park Dave Laboratories, Philips Roxane und Lederle ausgerechnet den Edmonston-Impfstoff.[42]

Warum?

Auch wenn ich, was Neels persönliche Motive betrifft, nur spekulieren kann, von einer rein wissenschaftlichen Perspektive aus betrachtet, war seine Entscheidung für Edmonston B kühn. Eben weil der Edmonston B so primitiv war, versprach er bei der Suche nach der Antwort auf die große genetische Frage der selektiven Anpassung Ergebnisse zu liefern, die denen einer echten Masernerkrankung weitaus ähnlicher waren als die Reaktionen auf andere, weniger gefährliche Impfstoffe.

Neel weigerte sich beharrlich, »das medizinische Dogma« zu akzeptieren, »daß isolierte Stammespopulationen ... eine besondere, angeborene Anfälligkeit« für Krankheiten wie Masern aufweisen.[43] Und das trotz aller Hinweise auf das Gegenteil, trotz des von dem UCLA-Physiologieprofessor Jared Diamond formulierten und von Tausenden von Experten wiederholten wissenschaftlichen Konsenses, daß mehrere Zehnmillionen amerikanischer Indianer, vom Mississippi bis hinunter nach Feuerland, Opfer wurden von »Krankheitserregern aus der Alten Welt, mit denen sie niemals zuvor in Kontakt gekommen waren und gegen die sie deshalb weder eine Immun- noch eine genetische Abwehr entwickeln konnten«.[44]

James Neel war – und blieb – anderer Meinung. Er hielt die Yanomami sozusagen für das Paradebeispiel gesunder, widerstandsfähiger Menschen und lobte den Gesundheitszustand der erwachsenen Männer in höchsten Tönen. »Die Männer«, schrieb er, »bieten allgemein ein Bild der grenzenlosen Vitalität, ein Eindruck, den die Tänze und Gesänge bestätigen, die sich bis in die frühen Morgenstunden hinziehen.«[45] Tänze sagen nur wenig über den allgemeinen Gesundheitszustand einer Stammesgemeinschaft aus. Zumindest die WHO hält die Anthropometrie, also die Untersuchung von Körpergewicht und -größe, für ein weitaus geeigneteres Instrument zur Bewertung des allgemeinen Gesundheitszustandes einer Population.[46] Die einzige systematische, anthropometrische Studie der Yanomami, durchgeführt im Jahre 1980, konstatierte eine verbreitete Unterernährung bei Kindern,[47] ebender Bevölkerungsgruppe, die im Verlaufe von Krankheitsepidemien den größten Risiken ausgesetzt ist. Bei einigen Epidemien unter den Yanomami waren bis zu 80 Prozent der Opfer Kinder.[48] Auch die geringe Körpergröße der erwachsenen Yanomami (üblicherweise werden sie nicht größer als 152 Zentimeter) ist ein starker, wiewohl nur indirekter Hinweis auf eine »dauerhafte Mangelernährung oder auf generell nachteilige Umweltbedingungen, und zwar insbesondere auf solche, die chronische oder wiederholte Infektionen begünstigen«.[49] Dazu paßt, daß die Yanomami am Oberlauf des Orinoko stark unter chronischer Malaria und einer damit einhergehenden Immunschwäche litten.[50]

Es fällt schwer, sich eine Population vorzustellen, die einem lebenden Masernvirus weniger Widerstandskräfte entgegenzusetzen hätte als die Yanomami. Vor diesem Hintergrund befremdet Neels Impfstrategie noch mehr als seine Entscheidung für Edmonston B. Die Yanomami von der Ocamo-Missionsstation erhielten den Impfstoff ohne die dringend empfohlene Gammaglobulingabe, ein Vorgehen, welches das Reaktionsrisiko verdoppelte.[51] Durchgeführt wurden die Impfungen von Napoleon Chagnon und einem angesehenen venezolanischen Arzt namens Marcel Roche.[52] »Marcel und Nap trafen aus irgendeinem Grund ohne das mit dem Impfstoff zu verabreichende Gammaglobulin in Ocamo ein«, berichtete Neel. Das war zwar ein Fehler, aber da die Masern bereits ausgebrochen waren, mußten sie, erklärte Neel, schnellstmöglich handeln.[53]

Dessen ungeachtet schickte Neel Edmonston B-Impfstoff ohne Gammaglobulin in zwei Indianerdörfer in Brasilien, wo die Impfungen von Missionaren durchgeführt wurden. Die erste Impfung ohne parallele Gammaglobulingabe mag die Folge eines Zusammentreffens unglücklicher Umstände gewesen sein, für die beiden weiteren Impfaktionen kann diese Entschuldigung nicht gelten. Doch alle drei Fälle bescherten den Forschern wertvolle Daten und Erkenntnisse.[54]

In der Ocamo-Mission impften Chagnon und Roche vierzig Yanomami, die restlichen 36 Dorfbewohner wurden nicht geimpft. Wenn sie, wie Neel behauptete, die Impfungen aufgrund eines Notfalls vornahmen, warum verabreichten sie den Impfstoff dann nur der Hälfte der Dorfbewohner?

Neel und Chagnon beschrieben ausführlich und mit dramatischen Worten, wie sie im Kampf gegen die Epidemie so schnell so viele Yanomami wie möglich in den Dörfern in der Umgebung der Missionsstation impften. Tatsächlich aber wurde nach den ersten Impfungen zwei volle Wochen lang kein weiterer Yanomami gegen Masern geimpft.[55] Noch befremdlicher erscheint der Umstand, daß Neel die restlichen Ocamo-Yanomami auch dann nicht impfte, als er am 4. Februar mit zusätzlichem Impfstoff und dem fehlenden Gammaglobulin in der Missionsstation eintraf.[56] Geimpft wurden statt dessen die Bewohner einiger umliegender Dörfer.[57]

Hier drängt sich die Frage auf, ob Chagnon, als er bei den Yanomami eintraf, nur vierzig Impfdosen bei sich führte oder ob er mehr dabeihatte. War letzteres der Fall, bedeutet dies, daß er während der 15 Tage, in denen die Masern sich ausbreiteten, bewußt darauf verzichtete, eine Hälfte des Dorfes zu impfen. Hatte er aber nur vierzig Dosen im Gepäck, dann mußte sein Auftrag gelautet haben, Daten auf der Grundlage einer kleinen Stichprobe von Indianern zu erheben, die ohne die parallele Gabe von Gammaglobulin mit Edmonston B geimpft wurden. Ocamo bot in dieser Hinsicht geradezu ideale Voraussetzungen als Versuchsobjekt: Da die Nonnen sich um die Kranken kümmern würden, konnte Chagnon davon ausgehen, daß er seinen eigentlichen Aufgaben ungestört nachgehen konnte. Dörfer in zwei Gruppen aufzuteilen, von denen die eine als Kontrollgruppe diente, gehörte zur Standardpraxis bei

Testreihen zur Untersuchung der Wirksamkeit von Masernschutzimpfungen.[58]

Obwohl Neel Daten aus drei Indianerdörfern sammelte, wo ohne zeitgleiche Gammaglobulingabe mit Edmonston B geimpft wurde, ging ihm das Gammaglobulin noch vor dem Impfstoff aus.[59] Nach der Ankunft der Expedition in der Missionsstation Platanal, so Marcel Roche mir gegenüber, wurden die Yanomami zwar untersucht, doch zu seiner nicht geringen Verwunderung wurde kein einziger Indianer geimpft.[60] Die erforderliche zusätzliche Gammaglobulingabe komplizierte den Impfablauf und war einer der Gründe, warum Impfungen mit Edmonston B als unpraktisch galten, zumal wenn Populationen in abgelegenen Regionen geimpft werden sollten. Die Verabreichung von Gammaglobulin allein konnte einen temporären Schutz gegen Masern gewähren und – in höheren Dosen – Schwangeren und Kindern unter einem Jahr anstelle einer Schutzimpfung verabreicht werden. Das wußte natürlich auch Neel, der am 17. Februar nach einem Hilferuf zu den nicht geimpften Dorfbewohner von Ocamo eilte, wo inzwischen die Masern ausgebrochen waren, und dort zum Schutz Gammaglobulin verabreichte.[61]

Ob sein Vorrat an Gammaglobulin wegen dieser Aktion vorzeitig erschöpft oder ob ihm ein Fehler unterlaufen war, den er nicht korrigieren konnte, Tatsache war, daß er zuwenig Gammaglobulin hatte. So sehr er darauf achtete, selbst niemals ohne Gammaglobulin zu impfen, bei seinen Gehilfen legte er weniger strenge Maßstäbe an. Die Venezolaner hatten nicht die geringste Ahnung, daß der ihnen von Neel überlassene Impfstoff nur zusammen mit Gammaglobulin verabreicht werden durfte, da dies bei keinem der in Venezuela oder irgendwo sonst auf der Welt gebräuchlichen moderneren Masernimpfstoffe notwendig war.

Laut Neels Bericht im *American Journal of Epidemology* hatte ein 14jähriger brasilianischer Junge, der für die Ocamo-Mission arbeitete, die Masern zu den Yanomami gebracht. »Es war purer Zufall, daß die Ankunft unserer Expedition in Venezuela mit der Einschleppung der Masern bei den Yanomami durch einen jungen Brasilianer zusammenfiel.« Allerdings gestand Neel in dieser ersten Version der Epidemie, daß der brasilianische Junge zu keinem Zeitpunkt Zeichen eines Masernausschlags zeigte. (»Der charakteristische Morbilliausschlag stellte sich nicht ein…«)[62] Das ist höchst sonderbar. Laut den meisten medizinischen Fachtexten tritt dieser Ausschlag bei fast allen Masernkranken auf.[63] Dazu merkte Samuel Katz vor kurzem an, daß die einzigen Ausnahmen, von denen er wisse, Menschen mit einem geschwächten Immunsystem seien, was allerdings auf einen gesunden 14jährigen, der bei der Verlängerung einer Landebahn mitarbeiten soll, kaum zutreffen dürfte.[64]

Neel gestand denn auch ein, daß seine Diagnose auf Masern »unsicher« war, da sich die Symptome des Jungen – hohes Fieber und Bronchopneumonie – nicht von denen »einer Vielzahl von Dschungelfiebern« unterscheiden ließen. Den Schwarzen Peter für die ausschlaggebende, gleichwohl »provisorische« Diagnose auf Masern schob er seinem venezolanischen Kollegen Marcel Roche zu, der an der Ausarbeitung des Artikels nicht beteiligt gewesen war.[65]

Das fand ich so erstaunlich, daß ich Roche, der zwischenzeitlich zum Herausgeber des führenden venezolanischen Wissenschaftsmagazins *Interciencia* aufgestiegen war, kontaktierte. Wir verabredeten uns in seinem Büro in Caracas. Als ich Roche, der Zigarre rauchend hinter seinem Schreibtisch saß, Neels und Chagnons Version des Masernausbruchs vorlas, fiel ihm fast die Zigarre aus dem Mund. »*Ich*? Ich habe die Schutzimpfungen nur durchgeführt, weil Neel mich dazu aufforderte. Der Plan lautete, sie zu impfen, ob sie nun die Masern hatten oder nicht.« Die Symptome des jungen Brasilianers – Fieber, Lungenentzündung, kein Ausschlag – kommentierte er mit einem Achselzucken und den Worten »ein unspezifischer Fall«. Auf die nochmalige Frage, ob er vor Beginn der Schutzimpfungen in Ocamo einen Masernfall diagnostiziert hätte, erwiderte er: »Nein. Ich kann mich nicht daran erinnern, das getan zu haben.« Den Artikel Neels, aus dem die Zitate stammten, hatte er niemals gesehen.[66]

Roche erklärte, Neel habe ihm dem Impfstoff gegeben, ohne ihn über seine Nebenwirkungen oder die Erfahrungen, die man in anderen Teilen der Welt damit gemacht hatte, aufzuklären. Wie die Missionare und Mediziner, die Neel halfen, die Yanomami mit Edmonston B zu impfen, war er davon ausgegangen, daß der Wissenschaftler den besten und sichersten Impfstoff, den es gab, mitgebracht hatte. Sein Kommentar: »Manchmal macht man Fehler.«

Darüber hinaus erhielt ich Zugang zu den Aufzeichnungen der Salesianermissionare. Dort fand ich drei separate Aufzeichnungen für die Zeit der Masernepidemie, die von den Krankenschwestern der Missionsstationen Ocamo und Mavaca sowie den Priestern der Missionsstation Mavaca geführt worden waren. Die Chronik der Ocamo-Mission vermerkt, daß Roche am 22. Januar, dem Tag, an dem er laut Neel und Chagnon den ersten Masernfall diagnostiziert haben soll, noch gar nicht in Ocamo eingetroffen war.[67] Neel hatte ihnen so viel Gepäck aufgeladen, daß sie an dem Tag Aschs Tagebuch zufolge immer noch auf einer vierzig Kilometer flußabwärts gelegenen Dschungellandebahn mit Entladearbeiten beschäftigt waren.[68]

Selbst wenn Roche rechtzeitig in der Mission eingetroffen wäre, hätte er über den gesunden Menschenverstand und seine Qualifikationen als Arzt hinausgehende Fähigkeiten benötigt, um bei einem Jungen, der keine der klassischen Krankheitssymptome zeigte, Masern diagnostizieren zu können. Alle verfügbaren Aufzeichnungen belegen, daß wilde Masern in Ocamo zuvor nie festgestellt worden waren – dies geschah erstmals mehr als drei Wochen nach Roches Ankunft.[69] Mit Lungenentzündung einhergehendes hohes Fieber dagegen zählte mit zu den Haupttodesursachen unter den Yanomami, und in den Jahren zuvor hatte es Hunderte von Fällen gegeben, die dem des jungen Brasilianers vergleichbar waren. Allein in den Monaten vor Ankunft der AEC-Expedition waren fünf Yanomami an Bronchopneumonie gestorben.[70]

Darüber hinaus wiesen Dutzende von Indianern ebendiese Symptome auf, als Roche und Chagnon vor Ort eintrafen. »Die Ärzte sprechen von einer schweren Bronchopneumie-Epidemie«, notierte eine der Nonnen.[71] »Die Ärzte«, das waren Marcel Roche, Inga Steinvorth-Goetz (die, wie Roche, dem

Venezolanischen Institut für wissenschaftliche Forschung, IVIC, angehörte) sowie der Franzose Jean Pierre Poirer, in dessen Aufzeichnungen sich unter anderem folgende Eintragung findet: »Die Ärzte vom IVIC [also Roche und Goetz] taten alles in ihrer Macht Stehende, aber nichts half gegen die Bakterien.«[72] Nach Aussage der Missionare und des französischen Arztes hatte Roche die unter den Yanomami grassierende Krankheit als Bronchopneumonie diagnostiziert. Poirer, der das erste Mal bei den Yanomami weilte, war überrascht, wie wenig die Antibiotika, die sie verabreichten, gegen die Atemwegsinfektionen auszurichten vermochten.

Die Situation war kritisch – die Malariasaison hatte ihren Höhepunkt erreicht, was durch mehrere schwere Erkältungskrankheiten noch verschärft wurde –, aber durchaus nicht ungewöhnlich für die Indianer, die entlang dem Orinoko siedelten. Das eigentlich ungewöhnliche an der Situation war, daß die Yanomami-Bevölkerung in der Umgebung der Missionen trotz der chronischen Malaria und der wiederkehrenden Erkältungskrankheiten in den Jahren zuvor stark angewachsen war, was wohl vor allem auf die medizinische Versorgung durch die Missionare zurückzuführen war. Da Chagnon und Roche die Yanomami nicht auf Malaria untersuchten, kann man davon ausgehen, daß einige der von ihnen geimpften Indianer an Malaria litten, einige wahrscheinlich sogar an Malaria und Bronchopneumonie.

Eine Masernepidemie war das Schlimmste, was einer Gemeinschaft von amerikanischen Indianern passieren konnte. Um sie mit Aussicht auf Erfolg bekämpfen zu können, hätten nicht nur die Missionare und die Gesundheitsbehörden sofort mobilisiert, es hätte auch eine Quarantäne über das Gebiet verhängt werden müssen. Doch weder in den Aufzeichnungen des venezolanischen Gesundheitsministeriums noch in denen der Abteilung für Malariabekämpfung oder des (von der Bundesregierung in Caracas als Rechtsverwalter für die Yanomami eingesetzten) salesianischen Bischofs von Puerto Ayacucho finden sich Hinweise auf einen Masernausbruch in der Woche vom 22. Januar. Auch Chagnon und Asch setzten ihre Arbeiten ganz normal fort und unternahmen Reisen zu tief im Landesinneren gelegenen *shabonos,* für die sie Eingeborenenträger von den Missionsposten anheuerten – scheinbar ohne jeden Gedanken an die Gefahr für die Dörfer im Hochland.[73]

In den Archiven der Mission taucht das Wort *morbillo* (Masern) das erste Mal am 4. Februar auf – und zwar im Zusammenhang mit der Reaktion der Yanomami auf eine Impfkampagne in der Ocamo-Missionsstation. »Dr. Roche verabreicht den Masernimpfstoff«, heißt es da, »doch die Reaktionen darauf fallen recht stark aus.«[74]

In mehreren Fällen verlief diese »Reaktion« tödlich. Acht Tage nach den ersten Impfungen, am 1. Februar, findet sich in den Chroniken der Ocamo-Mission folgender Eintrag: »Zwei Babys gestorben.« Von den vierzig Yanomami, die geimpft worden waren, lagen am 2. Februar 36 in der Krankenstation der Mission. Ein erkranktes Kind wurde zur Mavaca-Missionsstation geschickt, wo eine Nonne am 15. Februar folgende Eintragung in die Chronik vornahm: »Um 13 Uhr tat der kleine einjährige Junge, Sohn des Arbeiters Vitalino aus der Niederlassung am Ocamo, seinen letzten Atemzug. Er wurde in kritischem Zustand – Masern und Bronchopneumonie – von seinen Eltern zu uns gebracht und erhielt jede nur mögliche medizinische Versorgung.«[75]

In Puerto Ayacucho sprach ich mit dem aus Brasilien stammenden Vater des Kindes, Vitalino Balthasar, einem kleinen, kräftig gebauten Mann mit hellbrauner Haut, in dessen Adern das Blut von Indianern, Afrikanern und Weißen fließt. Balthasar hatte als Verwalter der Ocamo-Missionsstation gearbeitet und am Orinoko eine indianische Frau geheiratet. Er besaß ein bemerkenswertes Gedächtnis, das in fast allen Punkten mit den Eintragungen in den Missionsarchiven übereinstimmte. »Ich wurde zusammen mit meinen Kindern und meiner gesamten Familie geimpft«, berichtete er. »Ich bekam die Masern als erster und lag ungefähr eine Woche im Bett, bevor ich mich langsam wieder erholte. Roberto, mein Junge, war ruhig. Weil er immer bei mir in der Hängematte lag, steckte ich ihn an, und da die Krankheit schnell ausbricht, litt er bald schon an Fieber.

Er hatte Fieber, und irgendwann konnte man sehen, daß er die Masern hatte... Seine Haut wurde rötlich.« Auf meine Frage, wer seinen einjährigen Sohn geimpft hatte, antwortete er: »Napoleon.«

Natürlich stellt sich angesichts seines Berichts die Frage, ob die geimpften Personen nicht ihrerseits zu aktiven Krankheitsüberträgern geworden waren. Allerdings trat der Tod Robertos, der laut seinem Vater »rund eine Woche« nach der Impfung starb, in verdächtiger zeitlicher Nähe zur Hauptreaktionszeit des Edmonston B-Virus ein und mehrere Tage vor dem Zeitpunkt, zu dem sich wilde Masern typischerweise manifestiert hätten.[76]

Interessant ist auch, was der Priester der Mavaca-Missionsstation, José Berno, anläßlich des Todes von Roberto Balthasar schrieb: »Was für ein Zusammentreffen...! Kaum sind die Kommission der Atomenergiebehörde und die IVIC mit ihren besten Ärzten und Professoren von der University of Michigan eingetroffen, schon haben wir *drei Todesfälle.«* (Die Hervorhebung stammt von Berno selbst.) Für eine so kleine Missionsstation wie die von Ocamo, die weniger als einhundert Indianer betreute, entsprachen drei Todesfälle der für ein ganzes Jahr zu erwartenden Mortalität.[77] »In der gesamten Geschichte der Mission«, fuhr Berno fort, »hat es so etwas noch nie gegeben.« In den Unterlagen fand sich auch ein Hinweis auf die Einschätzung der Lage durch einen der französischen Ärzte: »Poirer sprach wegen der drei Toten von einer schlechten Arbeit.«[78]

Als ich mich mit Pater Berno unterhielt, sagte er: »Was ich wissen will, ist folgendes: Mit wessen Erlaubnis verabreichten sie diesen Impfstoff? Und um was für eine Art Impfstoff handelte es sich? Weder *Sanidad* [das venezolanische Gesundheitsministerium] noch *Malarialogica* [die Malariabehörde] wußten etwas davon, ganz zu schweigen von der Mission. Sie kamen hierher, machten, was sie wollten, und dachten sich hinterher diese Geschichte von den Brasilianern aus, die angeblich die Masern eingeschleppt hatten. Wer weiß, wer die Masern zu uns gebracht hat?«[79]

Genau das war die Frage. Masern töten auf zweifache Weise:

Entweder beim ersten Ausbruch des Fiebers oder später durch die von ihnen ausgelösten Komplikationen, in den meisten Fällen sind das Lungenentzündungen.[80] Die beiden Kleinkinder, die in Ocamo den Masern zum Opfer fielen, starben am achten Tag nach der Impfung, dem Zeitpunkt, zu dem, wie bereits erwähnt, die Reaktion auf das Edmonston B-Virus ihren Zenit erreicht. »Es ist schon sehr verdächtig«, erklärte Samuel Katz von der Duke University vor diesem Hintergrund, »wenn, wie Sie sagen, die Kinder acht Tage nach der Impfung krank waren.«[81]

Wenn Masern mit Lungenentzündung einhergehen, dann tritt diese erst nach dem typischen Masernausschlag auf. Doch nach Aussage von Neel und Chagnon litt der brasilianische Junge unter Bronchopneumonie, ohne irgendwelche der für Masern charakteristischen Symptome zu zeigen. »Wenn der brasilianische Junge eine Lungenentzündung hatte, ohne zuvor Zeichen eines Ausschlags gezeigt zu haben, dann hatte er so gut wie sicher keine Masern«, erklärte der Arzt Carlos Botto, Leiter des medizinischen Tropeninstituts von Venezuela CAICET.[82]

Außerdem identifizierte Neel niemals ein anderes Epidemiegebiet als möglichen Ausgangsort des Masernausbruchs. »Ohne eine Übertragungskette des Erregers festzulegen, ist es kaum möglich zu beweisen, daß ein Junge ohne Ausschlag Ausgangspunkt der Epidemie war«, merkte Francis Black an. »Ich hätte von ihnen erwartet, den Ausgangspunkt der Epidemie anzugeben.«[83]

Die brasilianischen Arbeiter waren von San Carlos del Río Negro, einem Außenposten an der Grenze mit nicht einmal einhundert Einwohnern, nach Ocamo geholt worden. Es gab keinen Ausbruch der Masern in San Carlos, während die Brasilianer dort waren. Eine Verbindung zum Orinoko bestand allein über den Casiquiare Canal. 1968 lebte nicht ein einziger Mensch entlang den Ufern dieses trügerischen Wildwasserflusses, dessen Passage riesige Schwärme von tagaktiven Kriebelmücken zur wahren Tortur machten.[84] Die Brasilianer hatten für ihre fast 400 Kilometer lange Reise auf dem durch unbewohnte Wildnis führenden Casiquiare mit ihrem von einem schwachen

Außenbordmotor angetriebenen Boot eine ganze Woche gebraucht. Als sie schließlich den Zusammenfluß mit dem Orinoko erreichten, könnten sie sich bei der Tamatama-Mission aufgehalten haben, wo die Masern grassierten; dies aber wäre ein viel zu später Ansteckungszeitpunkt für den Jungen gewesen, bei dem Roche die Masern ja bereits einige Tage später diagnostiziert haben wollte. Wie aber hätte der Junge sich auf dem Weg nach Ocamo mit Masern infizieren können?

Das hatte er auch nicht, wie Neel selbst mir sagte: »Er [der brasilianische Junge] kam nicht aus einem Masernepidemiegebiet.«[85] Mir gegenüber vertrat Neel die Theorie, der Junge habe sich an einem unbekannten Ort und zu einem nicht näher bestimmbaren Zeitpunkt vor Antritt der Reise angesteckt. Die Infektion habe auf subklinischem Niveau »vor sich hingeköchelt«, bis sie kurz nach seiner Ankunft in der Ocamo-Missionsstation ausgebrochen sei. Das ist eine, wenn auch sehr unwahrscheinliche Möglichkeit. Subklinische Masern treten laut einem neueren Überblick über die Krankheit extrem selten auf.[86] Mehr noch, daß ein subklinischer Virusträger die Krankheit überträgt, konnte einer weitverbreiteten medizinischen Anleitung zu Impfverfahren zufolge noch nie nachgewiesen werden.[87]

Ich selbst habe nur einen Fall einer Person gefunden, die an »subklinischen« Masern litt und bei der die Infektion mehrere Monate lang nicht voll zum Ausbruch kam. Dieser Fall betraf einen leukämiekranken Jungen, der sich nicht etwa mit wilden Masern angesteckt hatte, sondern mit Edmonston B geimpft worden war. Zwanzig Tage lange zeigte der Junge keine Zeichen eines Masernausschlags, bevor er einen schlimmen Ausschlag bekam, der mehrere Wochen anhielt. Auch nachdem der Ausschlag zurückgegangen war, hielt die Infektion an. Als er drei Monate nach der Impfung starb, fanden sich in seiner Kehle und seiner Bindehaut Edmonston B-Viren. Das bedeutete nicht nur, daß das geimpfte Virus ihn getötet hatte (die Leukämie befand sich in Remission und kehrte nicht zurück), sondern auch, daß das Virus zu einem Portal – dem respiratorischen Trakt – vorgedrungen und somit infektiös geworden war.[88] John Enders von der Harvard University, der den Edmonston-

Impfstoff entwickelt hatte, führte eine Autopsie an dem Jungen durch, bei der von dem Virus verursachte klaffende innere Wunden entdeckt wurden.[89]

An Masern zu sterben ist überaus qualvoll. Bei Menschen, die an Immunschwäche leiden, kommt es häufig zu schweren inneren Blutungen, was zu Blutungen aus Nase, Mund und Anus führen kann.

Folgt man Neels Chronologie weiter, steckte der Junge einen brasilianischen Arbeitskollegen an, der jedoch gleichfalls keinen Ausschlag bekam. (Dieser Punkt stieß bei Botto auf besondere Skepsis, da fast alle Erwachsenen, die am Río Negro leben, eine Maserninfektion hinter sich haben.) Erst dann, 15 Tage nachdem Roche seine »provisorische« Diagnose erstellt haben soll, sprangen die Masern auf die Yanomami über.

Angenommen, die beiden Brasilianer, der Junge und der Arbeiter, hätten an Immunschwäche gelitten – die einzige mögliche Erklärung dafür, daß sie keinen Masernausschlag bekamen –, dann hätten sie entweder sterben oder aber chronische, schwere Krankheitssymptome entwickeln müssen. Tatsächlich aber erholten sie sich schnell und nahmen ihre schwere körperliche Arbeit wieder auf, ohne jemals irgendwelche äußeren oder inneren Symptome einer Maserninfektion zu zeigen.

Angesichts des Fehlens sichtbarer Symptome und in Anbetracht des Umstandes, daß kein Epidemieherd bekannt war, erscheint es extrem unwahrscheinlich, daß Roche, wie Neel behauptet, eine Diagnose auf Masern stellte. Ein solcher Fall von »Masern« hätte sich nur durch einen Bluttest nachweisen lassen, aber Roche führte keine Bluttests durch.

Und noch ein Detail spricht gegen Neels Version. Er selbst berichtete, daß Roche und Chagnon in der Ocamo-Missionsstation auch »Brasilianer« gegen Masern geimpft hatten[90], eine Aussage, die der Verwaltungsleiter der Mission, Vitalino Balthasar, bestätigte, wobei er ausdrücklich den angeblich bereits an Masern erkrankten Jungen anführte.[91] Welcher Arzt würde jemanden, der sich im späten Stadium einer Maserninfektion befindet, gegen Masern impfen?

Es gibt eine viel einfachere Erklärung für die Masernepidemie, und zwar eine, die sich implizit auch in den ursprünglichen Berichten Chagnons und Neels wiederfindet. Nach diesen Berichten kam es bei den zuerst in Ocamo geimpften Yanomami sechs Tage nach der Impfung zu mit einem »deutlichen Ausschlag« einhergehenden starken Reaktionen, die mehr als zehn Tage (vom 29. Januar bis zum 8. Februar) anhielten, wobei sich bemerkenswerterweise »einige Reaktionen nicht von mäßig schweren Masern unterscheiden ließen«.[92] Somit kann kein Zweifel mehr bestehen, daß binnen einer Woche nach der ersten Impfaktion unter den Yanomami in Ocamo Masernausschläge und Fieber auftraten. Vor diesen Impfreaktionen hatte laut Neels eigener Chronologie niemand die typischen Anzeichen einer Maserninfektion bei den Indianern beobachtet.

Fiebrige Reaktion auf Edmonston B, Körperinnentemperatur

	US	*Yanomani*
Fieber	(39°C)	(40,5°C)

New England Journal of Medicine/American Journal of Epidemology

Bei den in Ocamo geimpften Kindern wurde nur einmal die Temperatur gemessen, doch das reichte aus, um zu zeigen, daß sie an dem höchsten Fieber litten, das jemals im Zusammenhang mit dem Edmonston B-Vakzin verzeichnet worden war. Neel ermittelte eine durchschnittliche Temperatur von 39° Celsius, wobei er die Temperatur in der Achselhöhle maß, eine Methode, welche einen deutlich – im Schnitt um 2° Celsius – unter der tatsächlichen Körperinnentemperatur liegenden Wert liefert. Neel unterließ es, die von den meisten Experten für notwendig erachtete Standardanpassung auf 41° Celsius vorzunehmen. Selbst wenn man die Ergebnisse so vorsichtig wie nur möglich auslegt, entsprach die Temperatur der Ocamo-Yanomami mindestens denen, die üblicherweise nach einer Infektion mit wilden Masern verzeichnet werden. »Wenn ich bei jemandem

39°Celsius axillar messe, dann hat er eine Körperinnentemperatur von mindestens 40° Celsius, und das ist hoch«, sagte Samuel Katz.

Katz zeigte sich über die Reaktion der Yanomami auf den Edmonston B-Impfstoff sehr überrascht. Seiner Meinung nach konnte das hohe Fieber durch eine zeitgleiche Infektion mit einer anderen Krankheit oder durch Unterernährung mit verursacht worden sein. Unter normalen Umständen, so Katz, hätte der Edmonston B-Impfstoff selbst ohne zeitgleiche Gammaglobulingabe keine derart heftigen Reaktionen hervorrufen dürfen. Allerdings fügte er hinzu, daß isolierte Populationen ungeachtet ihrer ursprünglichen Herkunft einem höheren Risiko ausgesetzt sind, auch wenn niemand weiß, warum dies so ist. »Es besteht kein Zweifel daran, daß Masern in einer Population, in der die Krankheit seit vielen Generationen oder vielen Jahren nicht mehr aufgetreten ist, häufig einen schlimmeren Verlauf nehmen. Das war beispielsweise in isolierten Gemeinschaften in Grönland und auf pazifischen Inseln der Fall. Obgleich es sich um dasselbe Virus handelt, ist die Population anfälliger für einen ernsthaften Krankheitsverlauf. Könnte es nicht sein«, spekulierte Katz weiter, »daß diese Gruppe, aus welchem Grund auch immer – vielleicht, weil ihr Immunsystem eine genetische Besonderheit aufweist –, besonders stark auf den Impfstoff reagierte?«[93]

Während Neel die Epidemie als schlüssige Widerlegung der konventionellen Ansichten über die Immunschwäche der amerikanischen Indianer betrachtete, konstatierte die IVIC-Ärztin Inga Steinvorth-Goetz im Verlauf der Epidemie einen eklatanten Mangel an Abwehrkräften der Indianer:

> Viele Indianer flohen tief in die Wälder, doch für die meisten der nahe am Orinoko lebenden Menschen war es bereits zu spät. Sie trugen das Virus in sich und steckten die anderen an. Sie hatten keinerlei Abwehrkräfte gegen die Krankheit und starben wie die Fliegen. Nur bei sehr wenigen stellte sich der charakteristische Ausschlag ein, der ein Zeichen dafür ist, daß der Körper versucht, die

> Krankheit zu bekämpfen. Die Schleimhäute waren furchtbar entzündet, begleitet von extremem Erbrechen und Durchfall. Bei vielen kam es zu Blutungen im Racheninnenraum. Viele zogen sich eine Lungenentzündung zu und starben daran. Allzu häufig zeigten selbst relativ milde Fälle keinerlei Reaktion auf Penicillin.[94]

Der Verlauf, den die Krankheit bei den Yanomami nahm, glich in mehrfacher Hinsicht dem oben erwähnten Fall des leukämiekranken Kindes: innere Blutungen und keine Anzeichen eines Hautausschlages. Das körpereigene Abwehrsystem der Yanomami brach zusammen. Die Innenwände des Kehlkopfes bluteten. Inga Steinvorth-Goetz zeigte sich ebenso wie die Missionare ratlos und zunehmend konsterniert angesichts der Wirkungslosigkeit von Antibiotika. Im Dorf Mahekoto-teri beispielsweise wüteten die Masern auch noch sechzig Tage nach Ausbruch der Krankheit, und das, obwohl die Dorfbewohner mit hohen Penicillin- und Vitamin C-Dosen behandelt und mehrfach von medizinischen Notfallteams betreut worden waren.[95] So sehr sich dieser untypisch langwierige und schwere Krankheitsverlauf von dem unterscheidet, den die Masern bei Menschen eurasischer Abstammung nehmen, so sehr erinnert er an den Fall des leukämiekranken Kindes, das drei Monate nach der Impfung starb.

»Daß der Edmonston B-Impfstoff für einen Leukämiepatienten tödliche Folgen hatte, ist in diesem Zusammenhang sehr aufschlußreich«, erklärte Carlos Botto. »Unseren Untersuchungen zufolge zeigen die Yanomami auf eine ganze Reihe von Krankheiten, darunter Tuberkulose und Hepatitis, eine deutlich schwächere Antikörperreaktion als Menschen europäischer Abstammung. Es kann kein Zweifel daran bestehen, daß sie diesen Krankheiten weniger Abwehrkräfte entgegenzusetzen haben. Mehr noch, wurden sie mitten in einer anderen Epidemie geimpft, müssen ihre Abwehrkräfte noch stärker geschwächt gewesen sein.«[96]

Seit einigen Jahren unterstützen französische Tropenkrankheitsexperten CAICET bei der Untersuchung der Immunreaktionen der Yanomami. Gemeinsam haben sie herausgefunden, daß die Yanomami über deutlich verminderte Widerstandskräfte gegen eingeschleppte Krankheiten wie Hepatitis verfügen.[97] Zugleich aber stellten sie bei den Yanomami auch eine geringe Widerstandskraft gegen Onchozerkose fest, eine der in Afrika verbreiteten Flußblindheit vergleichbare parasitäre Infektion[98], die seit vielen Generationen auch im Hochland von Parima vorkommt.[99]

Chagnon und Neel versuchten nach eigenen Aussagen, die Masernepidemie zu »überholen« und sie durch Schutzimpfungen in den umliegenden Dörfern sozusagen einzukreisen.[100] Meinen Recherchen zufolge nahm die Epidemie jedoch ihren Anfang in der Ocamo-Mission und breitete sich mit den Impfteams den Orinoko hinauf aus.

Allein am Ocamo fielen der Epidemie von 1968 Hunderte von Yanomami zum Opfer. Damals lebten über 3000 Yanomami am Oberlauf des Ocamo; heute sind es nicht einmal mehr 200. »Anfang der sechziger Jahre besuchten wir oft die Dörfer am Oberlauf des Ocamo«, erzählte der Missionar Gary Dawson, dessen Familie am Mittellauf des Flusses wohnte. »Es gab riesige *shabonos,* in denen zum Teil über 300 Menschen lebten. Heute sind alle diese *shabonos* verlassen. Als wir der Regierung sagten, daß am Oberlauf des Ocamo 3000 Yanomami gestorben seien, lachten sie uns bloß aus. ›Das ist unmöglich‹, erwiderten sie. ›Die Yanomami sind Nomaden. Die sind woandershin gegangen.‹ Stimmt, sie sind jetzt woanders – nämlich tot. Und ich glaube, das alles nahm seinen Anfang mit der Masernepidemie.«[101]

Dieses Muster der Dezimierung und Umsiedlung war weit verbreitet, und ich sprach mit vielen Augenzeugen von Massenbegräbnissen. »Sie gingen, nachdem sie geimpft worden waren«, berichtete der ehemalige Verwalter der Ocamo-Missionsstation Vitalino Balthasar, »aber sie trugen die Krankheit schon in sich. Viele, die gingen, hatten Fieber. Die meisten von ihnen starben, und so kehrten zwei Monate später nur wenige zurück. Im darauffolgenden Monat brachen sie auf und suchten nach den Leichen und Knochen. Sie brachten sie hierher, um sie hier im Dorf zu verbrennen. Der Impfstoff hat nichts getaugt.«[102]

Der Krankenpfleger Juan González, der damals den Malariaposten des vezolanischen Gesundheitsministeriums am Mavaca leitete, sprach schlicht von einem »schlechten Impfstoff«. »Bis heute«, erklärte er, »sagen die Yanomami, daß ihre Leute an dem Impfstoff gestorben sind. Deshalb weigern sich manche Yanomami immer noch, sich impfen zu lassen. Sie haben Angst, weil damals so viele gestorben sind. Daß die Impfung schuld war, vermuteten wir bereits damals.«[103]

Auch die Nonne und Krankenschwester Maria Wachtler sah die Impfungen am Mavaca mit eigenen Augen. »Die Impfungen wurden donnerstags durchgeführt. Bis zum Sonntag hatten alle die Masern.«[104]

Ich überprüfte ihre Aussage und stellte fest, daß sie recht hatte. Neel hatte die ersten Impfungen am Mavaca am Donnerstag, dem 15. Februar, vorgenommen. Bis zum Sonntag, dem 18. Februar, war in der Gegend der Missionsstation eine Masernepidemie ausgebrochen[105], Angaben, die sich so auch auf einer für die AEC angefertigten Synchrontonaufnahme wiederfinden.[106]

Ich verbrachte über ein Jahr mit der Suche nach den herausgeschnittenen Film- und Tonaufnahmen von Neels Expedition 1968. Ich wußte, daß Timothy Asch und Napoleon Chagnon 1968 mehrere Filme gedreht hatten. In einem dieser Filme, in *Yanomama: A Multidisciplinary Study,* hört man Funksprüche über die Ausbreitung der Masernepidemie. Je mehr ich 1996 über die Ereignisse aus Sicht der Yanomami erfuhr, um so mehr gelangte ich zu der Überzeugung, daß die Version der AEC den Sachverhalt falsch wiedergab. Laut den Yanomami waren es die Impfungen, die ihnen den Tod gebracht hatten; der AEC-Film präsentiert Neel und seine Wissenschaftlerkollegen als mutige Heroen, die ihr Forschungsprogramm zugunsten des Kampfes gegen die Epidemie opferten und mit ihren Impfungen zahllosen Yanomami das Leben retteten.

Eine Erklärung für diese Diskrepanz könnte im gleichzeitigen Vorliegen eines wilden Virus bestehen, das durch die Impfung nicht erfaßt wurde. Oder in einer Kombination aus Impfreaktion und einer anderen Infektion, zum Beispiel einer Atemwegsinfektion, wie Neel sie mitgebracht hatte.

Ich setzte meine Suche nach den Film- und Tonaufnahmen fort, die während des Verlaufs der Masernepidemie gemacht, in den veröffentlichten Filmen aber nicht gezeigt worden waren. Ich setzte mich mit dem Verleiher der Asch/Chagnon-Filme in Verbindung, doch ohne Ergebnis. Im Mai 1997 rief ich Patricia Asch an, die Witwe Timothy Aschs, die mir mitteilte, daß ihr Mann seine wissenschaftlichen Aufzeichnungen und sämtliches Filmmaterial dem Nationalarchiv in Washington vermacht hatte. Im darauffolgenden September reiste ich nach Washington, wo ich zwei Wochen damit verbrachte, ganze Kartonstapel und massenweise Unterlagen zu sichten: die Timothy-Asch-Sammlung. Asch hatte jedes Detail seines wissenschaftlichen Lebens dokumentiert, doch zur Expedition von 1968 fand ich nichts Neues.

Endlich, am 10. September, stieß ich auf die vollständigen Tonaufzeichnungen der Expedition von 1968. Der handschriftliche Vermerk »Sehr wertvoll« auf dem verstaubten Karton weist darauf hin, daß Asch zumindest eine Ahnung von der historischen Bedeutung des Materials gehabt haben mußte. Die dritte Tonrolle trug ein Etikett mit der Aufschrift »Mavaca Masernepidemie«.

Für mich sind die Bänder von unschätzbarem Wert.[107] Die erste Erwähnung von Masern in den AEC-Tonaufzeichnungen datiert vom 18. Februar 1968, also fast einen ganzen Monat nach dem Tag, an dem Marcel Roche laut Neel den ersten Masernfall in Ocamo diagnostiziert haben soll.

Das Band beginnt damit, daß ein offensichtlich aufgeregter Neel Asch Anweisungen gibt, wie er den Masernausbruch filmen soll. »Ich werde dir sagen, was wir haben wollen – extreme Beispiele des Masernausschlags. Kriegst du das? Kannst du das machen?«

»Kein Problem.«

»Beide Augen. Er hat den typischen Masernausschlag auf beiden Wangen. Leichter Ausschlag auch auf der Brust, aber praktisch kein Ausschlag am restlichen Körper. Das hier ist ein mäßig schwerer Fall von Masern, ungefähr dasselbe, was wir auch bei Erwachsenen in den Vereinigten Staaten oder Europa erwarten würden. Also, als nächstes will ich, daß du eine Nahaufnahme machst und dann zur nächsten größeren Gruppe gehst. Und was mir wichtig ist, was wir aufzeichnen müssen – du weißt, daß ich das nicht hoffe, aber ich fürchte, daß du einige schlimme Fälle von Masern sehen wirst. Und du wirst auch einige Fälle sehen, also du wirst auch einige Fälle sehen, die weniger, die nicht so starke Ausschläge haben wie dieser Mann hier. Das heißt, daß wir die ganze Bandbreite der Masern in dieser Gruppe dokumentieren können.«

»Seine Nase scheint nicht so stark zu laufen wie die der Leute in Ocamo«, meldete sich Chagnon zu Wort.

»Richtig«, stimmte Neel zu, »aber die *coryza* [laufende Nase] tritt früh auf – sie gehört mit zu den ersten Symptomen; die tränenden Augen und die laufende Nase. Der Ausschlag kommt später.«

»Ist er jetzt ein effektiver Krankheitsüberträger?« fragte Chagnon.

»Ich fürchte, er ist jetzt ein sehr effektiver Überträger. Die meisten sind, soweit wir das wissen, am ansteckendsten, glaube ich, wenn die Augen tränen und die Nase läuft. Aber er ist trotzdem sehr ansteckend. Nun, es könnte sein, daß ihr mich berichtigen müßt. Vergeßt nicht, ich bin kein Kinderarzt. Und ich bin auch kein Masernexperte.«

»Keine Sorge«, antwortete Asch. »Keine Sorge.«

»Gut möglich, daß wir vieles davon später einfügen müssen«, sagte Neel.

»Du brauchst dir keine Sorgen zu machen, in Ordnung?« wiederholte Asch. »Ich weiß, was ich hier mache.«

Neels Aufregung ist leicht nachvollziehbar. Den Ausbruch einer Masernepidemie in einer bislang mit der Krankheit nicht in Kontakt gekommenen Ureinwohnerpopulation mit eigenen Augen mit verfolgen zu können, war etwas, worauf ein Wissenschaftler höchstens einmal in seinem Leben hoffen durfte. Allem Anschein nach war es sogar das erste Mal überhaupt, daß ein Wissenschaftler beim Beginn einer Masernepidemie in einer solchen Population anwesend war. Und Neel hatte auch noch einen Dokumentarfilmer, der die Ausbreitung der Epidemie, den genauen Verlauf der Krankheit und die panischen Reaktionen, die sich im Laufe der Epidemie einstellten, filmen konnte. Die Expedition hatte ein Fenster in die Vergangenheit aufgestoßen und lieferte ihm die einmalige Chance, die Antwort auf ein genetisches Puzzle der Wissenschaft des 20. Jahrhundert zu finden.

Aber von welchen Yanomami genau war hier die Rede? Am 18. Februar hielten sich zwei Yanomami-Gruppen in Mavaca auf – die Bisaasi-teri, die am 15. Februar geimpft worden waren, und die Witokay-teri, die in einem *shabono* am Orinoko ein Stück flußaufwärts der Missionsstation von Ocamo lebten. Die Witokay-teri lebten entlang der Route, die die Expedition nahm, es gibt jedoch keine Aufzeichnung darüber, daß Neel sie geimpft hätte. Chagnons Führer Rerebawa, der aus dem am Fluß Manaviche gelegen Dorf Karohi-teri stammte, hielt sich zu der Zeit ebenfalls in Mavaca auf. Er hatte seine Hängematte in Chagnons Haus aufgehängt.

»Rerebawa begleitete Chagnon ständig und wurde auch von ihm geimpft«, erinnerte sich der staatliche Krankenpfleger Juan González. »Er war vor kurzem geimpft worden, aber nicht vollständig immunisiert. Er fing sich die Masern in Ocamo ein und kam bereits krank zurück nach Mavaca, wo die Krankheit auf alle Yanomami übergriff, die zu Besuch kamen. Alle von ihnen bekamen die Masern.«[108] Rerebawas Rolle verdeutlicht, wie die oft aus entlegenen Dörfern stammenden eingeborenen Führer der AEC-Expedition wegen der häufigen Reisen der Wissenschaftler zwischen infizierten Dörfern die Ausbreitung der Krankheit beschleunigten.

Die Bänder bestätigten González' Äußerung, daß Rerebawa bei seiner Rückkehr nach Mavaca an den Masern litt. Neel war sehr daran interessiert, die Entwicklung der Krankheitssymptome an Rerebawa auf Film festzuhalten, und zwar insbesondere die ersten äußeren Anzeichen einer Maserninfektion, die Koplik-Flecken im Rachenraum. Auf dem Band ist er zu hören, wie er Chagnon und Asch entsprechende Anweisungen gibt.

»Der Mann in der Eingangshalle [Rerebawa]. Jetzt, vor dem Ausschlag, könnte er die für Masern typischen Koplik-Flecken ausbilden. Geht zu ihm und überprüft das.«

Doch der ansonsten so pflichtbewußte Chagnon protestierte. Während Neel Asch Kameraanweisungen erteilt hatte, hatte Chagnon auf spanisch mit einem Mann namens Rousseau* gesprochen, einem Techniker des Venezolanischen Instituts für wissenschaftliche Forschung, der für den Funkverkehr mit Caracas und Puerto Ayacucho verantwortlich war.

»Rousseau, ich möchte Sie nochmals daran erinnern, daß wir zwei Ärzte benötigen.«

»Ja, das weiß ich bereits. Um 13 Uhr werde ich sie wegen der Wirkung der Impfung nochmals an das Bicillina [eine Penicillin-Variante] erinnern«, erwiderte Rousseau. »Aber wenn sich wegen der Wirkung des Impfstoffes Masernausbrüche einstellen …«

»Nun, der Impfstoff führt zu fast identischen Symptomen«, sagte Chagnon.

»Das ist doch ein und dasselbe, oder?« meinte Rousseau. »Wenn es zu Masernausbrüchen kommt, werden wir das sehen. Sobald der Arzt da ist, können wir entweder den Arzt zu ihnen schicken oder die Kranken zu ihm schaffen.«

Als Neel die Anweisung gab, Rerebawas Koplik-Flecken zu filmen, plagte Chagnon eine ganz andere, viel drängendere Sorge: Daß Rousseau den Ärzten in Caracas und dem katholischen Bischof in Puerto Ayacucho mitteilen würde, daß die Masernepidemie in Mavaca und Ocamo eine Reaktion auf den Impfstoff sei.

»Könnten Sie mir ganz kurz etwas erklären?« bat er Neel. »Wenn jemand tränende Augen hat und einen Ausschlag bekommt… Verursacht… verursacht der Impfstoff tränende Augen?«

»Hin und wieder folgt auf eine Impfung …«

»Ich habe Rousseau gerade erklärt, daß ein paar Mitglieder der Impfgruppe klinische Symptome entwickeln werden.«

»Richtig«, bestätigte Neel.

»Aber er scheint es so auszulegen, daß es sich bei allen um

* Auf den Bändern *Rusó* ausgesprochen. Die Schreibweise ist unklar.

eine Reaktion auf den Impfstoff handelt. Ich halte das für nicht sehr klug. Ich halte das sogar für ...«

»Genau«, fiel ihm ein anderer Expeditionsarzt ins Wort.

»Ich hoffe, daß das stimmt«, sagte Neel. »Aber, äh, wir ...«

An dieser Stelle fällt es einem schwer, nicht mit Neel mitzufühlen. Von einer Minute auf die andere war aus dem Filmregisseur auf einem Adrenalinhoch jemand geworden, der so klang, als sei er am Ende seiner Weisheit angelangt. »Ich hoffe, daß das stimmt.« Neels Betonung lag auf dem Wort »hoffe«, was nicht gerade die Art Rückversicherung gewesen sein dürfte, nach der Chagnon gesucht haben dürfte. Auch Neels Eingeständnis, daß der Impfstoff »hin und wieder« Symptome auslöse, wie sie für hoch infektiöse Virenträger charakteristisch sind, wirkte alles andere als beruhigend. Bei Masern reichen schon ein paar klinische Fälle aus, um eine ganze Population anzustecken. Doch Neel brauchte nur einen Moment, um seine Zweifel zu überwinden.

»Nach der Impfung mit Gammaglobulin kommt es manchmal zu einem schwachen Fieber und leicht tränenden Augen. Aber wenn er jemanden mit einem richtigen Ausschlag sieht ...«

»Dann schaffen wir ihn weg«, schlug Chagnon vor.

»Wohin weg?«

»Weg von hier.«

»Was meinen Sie mit hier?«

»Nun, weg von der Gruppe«, erklärte Chagnon mit offenkundiger Ungeduld. »Er wird jeden Tag Pataraiwes Gruppe besuchen [ein *shabono* der Bisaasi-teri unmittelbar auf der anderen Flußseite, wo Rerebawa Verwandte hatte].«

»Okay, okay. Wenn es soweit ist, wenn er jemanden mit einem Ausschlag sieht, dann hat diese Person bereits die gesamte Gruppe infiziert. Masern sind extrem ansteckend.«

»Nun, der Punkt hier ist ...«[109]

Aber Neel verstand nicht, worauf Chagnon hinauswollte. Chagnon versuchte, seinen Mentor von der Notwendigkeit von Quarantänemaßnahmen zu überzeugen. Die Quarantäne, die er vorschlug, hätte Chagnons Führer und die anderen Geimpften umfasst. Zu dem Zeitpunkt hielten sich alle an Masern Erkrankten noch in einem der beiden Impfzentren auf, also in Ocamo oder Mavaca. Neel schien es als gegebene Tatsache hinzunehmen, daß alle Geimpften infiziert und ansteckend waren. Rousseau schien »es so auszulegen, daß es sich bei allen um eine Reaktion auf den Impfstoff« handelte – eine Auslegung, die keinen Sinn machte, wenn nicht alle geimpft worden waren. Chagnon wollte einen Arzt zur Ocamo-Missionsstation schicken, und zwar als Vorsichtsmaßnahme für den Fall, daß »die drei Besucher aus Iyewei-teri [die Gruppe von der Missionsstation], die nach Shubariwa-teri gingen, die Shubariwa-teri mit Masern angesteckt haben«.[110]

Unglücklicherweise wurde der Arzt nicht rechtzeitig geschickt, und laut der Chronik der Mavaca-Missionsstation starben die Shubariwa-teri mit Ausnahme einiger weniger, die von einer evangelischen Krankenschwester gepflegt worden waren.[111]

Chagnons auf Band aufgezeichnete Äußerungen, in denen er die Überträger identifizierte, welche die Yanomami am Ocamo mit Masern ansteckten, bestätigen den Augenzeugenbericht von Vitalino Balthasar, dem zufolge einige kurz zuvor geimpfte Yanomami von den Iyewei-teri die Krankheit in die flußaufwärts gelegenen Dörfer gebracht hatten. Doch die Tonaufzeichnungen zeigen auch, wie die von der AEC-Expedition mitgebrachten Stahlwaren zur weiteren Ausbreitung der Krankheit beitrugen. Die Iyewei-teri, die Neels Forschern Blut spendeten, erhielten dafür Messer, Macheten und andere begehrte Gegenstände. Diese Erwerbungen – und das tödliche Virus – trugen sie zu den Shubariwa-teri, mit denen sie Tauschhandel trieben.

Andere Gruppen folgten der Expedition wie Pilotfische. So zogen etwa die Witokay-teri, die in der Nähe von Ocamo lebten, in der Hoffnung auf ein paar Stahlgegenstände oder Medikamente zum Mavaca-Basislager der AEC-Expedition. Chagnon warnte davor, daß die Witokay-teri nun ansteckend seien, und ließ allen in der Gegend lebenden Yanomami einschließlich der Bisaasi-teri mitteilen, daß sie der Expedition aufgrund der Gefahr, daß sie andere, abgelegenere Dörfer ansteckten, nicht weiter ins Landesinnere folgen dürften.

Dann ergriff Charles Brewer die Initiative: »Ich werde ihm [Rousseau] sagen, daß die Impfung keine Pickel verursacht. Wenn [ihr] jemanden mit Pickeln seht, bringt ihn her.«[112]

Brewers Lösung war ebenso drastisch wie einfach: Der Impfstoff löst keinen Ausschlag aus. (Daß Brewer hier von »Pikkeln« sprach, ist korrekt: das Masernexanthem ist strenggenommen ein Ausbruch »geschwollener Läsionen«[113], nicht nur eine Verfärbung der Haut.) Das war zwar eine Lüge, aber was sonst hätten sie Rousseau sagen können? Es war nur eine von vielen Unwahrheiten. So täuschte Neel Brewer auch, als er behauptete, daß der Impfstoff zusammen mit Gammaglobulin nur »ein leichtes Fieber und einen schwachen Schnupfen« verursachte, abgesehen natürlich davon, daß sie anfangs ohne Gammaglobulin geimpft hatten. Chagnon hatte zugegeben, daß der Impfstoff »fast dieselben« Symptome wie Masern hervorrief, eine Aussage, die er gegenüber Neel wiederholt und dabei entschärft hatte. »Ich habe ihm [Rousseau] gesagt«, erklärte er, »daß ein paar Mitglieder der Impfgruppe klinische Symptome entwickeln werden.«[114] Rousseau beharrte zwar darauf, daß die Impfreaktion identisch mit der auf eine Maserninfektion sei, war aber unsicher, ob sich diese starken Reaktionen über die Impfgruppe hinaus ausbreiten und zu einer echten Epidemie führen würden.[115]

Schließlich beschloß Neel, daß die Masernüberträger zur medizinischen Versorgung zurück zur Mavaca-Missionsstation gebracht werden sollten, wobei er auf größtmögliche Eile drängte.

Neel: Wir könnten um 13 Uhr nach Platanal aufbrechen.
Brewer: Der Fluß ist derzeit kaum passierbar.
Neel: Wir haben kaum eine andere Wahl. Vielleicht können wir unter diesen Umständen auf die Boote von Malarilogia zurückgreifen. Statt in zwei großen Einbäumen könnten wir doch in vier oder fünf kleineren Booten mit ausreichend Leuten, die uns über die Sandbänke bringen, hinauf nach Platanal fahren?[116]

Neels Reaktion auf den Masernausbruch unter den Yanomami bestand darin, Caracas per Funk zu kontaktieren und innerhalb einer halben Stunde mit den einzigen Ärzten und Danny Shaylor, einem staatlichen Krankenpfleger vor Ort, den er als Übersetzer benötigte, weiterzuziehen. Außerdem wollte er die Boote – die einzigen Transportmittel, die dem zurückbleibenden Krankenpfleger zur Verfügung standen –, ausleihen und einige Yanomami anheuern, die ihnen auf dem Weg flußaufwärts helfen sollten. Chagnon gelang es zwar, Neel davon zu überzeugen, auf die Boote und die zusätzlichen Führer zu verzichten. Dennoch verließ das amerikanische Ärzteteam die schwerkranken Yanomami, die über eine Woche warten mußten, bis mit dem nächsten Flugzeug aus Caracas medizinische Hilfe eintraf.[117]

Neel machte später Chagnon (und Roche) dafür verantwortlich, daß die Yanomami von Ocamo ohne Gammaglobulin geimpft worden waren.[118] Doch es war Neels Entscheidung weiterzufahren, die das Schicksal vieler erkrankter Indianer besiegelte. Ein Arzt oder ein Krankenpfleger hätten Dutzende retten können. Die Yanomami, die von einer Krankenschwester behandelt wurden, überlebten, alle anderen wurden von den Masern dahingerafft.[119]

Warum war Neel trotz der vielen erkrankten Indianer in der unmittelbaren Umgebung so erpicht darauf, möglichst schnell weiter flußaufwärts zu ziehen?

Wie Neel gegenüber Brewer erklärte, wollte er den Fluß hinauffahren, um die Yanomami in Platanal, die Mahekoto-teri, zu impfen, und von dort »weiter an den Oberlauf des Orinoko und zu den Patanowa-teri fahren, dem größten Dorf im Landesinneren, das zu erreichen wir eine Chance haben«. Tatsächlich verfügte die Expedition, wie Chagnon Brewer mitteilte, zu diesem Zeitpunkt nur noch über 250 Impfdosen[120], von denen aber wegen der noch begrenzteren Gammaglobulinvorräte nur ein Teil hätte verabreicht werden können. Selbst wenn Neel es gewollt hätte, hätte er auf keinen Fall die rund 125 Mahekoto-teri, die mehr als 300 Köpfe zählenden Hasupuwe-teri und dann noch die Patanowa-teri mit rund 220 Angehörigen impfen können. Hätte sich Neel an das Standardvorgehen in solchen Fällen gehalten, wäre er zumindest so lange bei den infizierten Gruppen in Ocamo und Mavaca geblieben, bis Hilfe aus Caracas eingetroffen wäre. Und er hätte das, was er noch an Gammaglobulin besaß, dazu verwendet, zumindest die dringendsten Fälle vor Ort zu behandeln. Auf gar keinen Fall hätte er die Impfaktion fortsetzen dürfen, schon gar nicht, nachdem er die verheerenden Folgen der Impfungen mit Edmonston B gesehen hatte.

Neels Begründung, daß er flußaufwärts fahren wolle, um die Mahekoto-teri zu impfen, war irreführend. Am 18. Februar verließen die Wissenschaftler Mavaca und erreichten noch am selben Tag Platanal, wo sie auch die Nacht verbrachten.[121] Am nächsten Morgen nahm Asch eine Unterhaltung zwischen Chagnon, Brewer und Pater Sánchez auf, in der die beiden jedoch kein Wort über den Masernausbruch verloren.[122] Natürlich konnte Neel Pater Sánchez kaum dieselbe Geschichte erzählen, die er dem venezolanischen Bischof per Funk von Mavaca aus aufgetischt hatte – daß er den Fluß hinauffuhr, um die in der Gegend von Platanal lebenden Yanomami zu impfen. Schließlich war Neel *in Platanal*, und geimpft wurde dort kein einziger Indianer: Nach den Angaben von Roche, González und Shaylor hatte Neels Expedition, bestehend aus vier Ärzten und einem Krankenpfleger, die Mahekoto-teri zu Filmaufnahmen eingeladen, sie jedoch nicht geimpft. Statt dessen sparten sie ihre begrenzten Gammaglobulinvorräte für die Patanowa-teri auf, obwohl dies angesichts der isolierten Lage des Dorfes und der geringen Gefahr kaum Sinn machte (außer, wie ich noch zeigen werde, für eine ganz bestimmte Filmidee). Angesichts der Tatsache, daß in der Folge 30 Mahekoto-teri, also rund 25 Prozent der Einwohner des Dorfes, der Masernepidemie zum Opfer fielen, fällt es heute schwer, Neels Entscheidung nachzuvollziehen.[123]

Chagnon und Neel behaupteten später, daß je nach Version ein oder zwei brasilianische Arbeiter für den Ausbruch der Masern unter den Mahekoto-teri verantwortlich gewesen seien.[124] Tatsächlich gingen Pater Sánchez zwei erwachsene Brasilianer zur Hand, doch die beiden Männer sind in einer in dem

Film *A Multidisciplinary Study* enthaltenen Standaufnahme neben den Booten der AEC-Expedition bei der Missionsstation von Platanal zu sehen. Die Aufnahme datiert vom 19. Februar, also zwei Wochen vor dem Datum, an dem laut Chagnon bei einem der beiden die Masern ausbrachen. Obwohl die Expedition Impfstoff und Gammaglobulin bei sich führte, verzichtete Neel darauf, die beiden Männer zu impfen. Hätten Chagnon oder Neel tatsächlich geglaubt, daß ein Mitglied des brasilianischen Arbeitstrupps für die Masernepidemie unter den Yanomami am Ocamo verantwortlich war, hätten sie alle Angehörigen dieser Gruppe und insbesondere diese beiden Männer impfen müssen, die ja mitten unter den Yanomami lebten. Doch zu dem Zeitpunkt war noch keiner auf die Idee gekommen, den Brasilianern die Schuld an dem Masernausbruch in die Schuhe zu schieben.

Natürlich fällt es uns heute im nachhinein und aus einer anderen Perspektive heraus leicht, Neel und Chagnon für ihr Verhalten zu verurteilen. Die AEC-Expedition war zu dem Zeitpunkt schon fast einen Monat vor Ort, und die Wissenschaftler waren erschöpft, krank und zusehends am Ende ihrer Geduld. Die meisten waren das erste Mal in einem tropischen Dschungel, und jeder hatte eine anspruchsvolle Forschungsagenda. Ihre wissenschaftlichen Hoffnungen richteten sich samt und sonders darauf, das entlegene Yanomami-Dorf Patanowa-teri zu erreichen. Dieses Ziel aufzugeben, um sich um kranke Indianer zu kümmern, und das, obwohl weder die Wissenschaftler selbst noch die Missionare genau wußten, woran sie eigentlich litten, hätte ein großes Opfer bedeutet.

Erst am 18. Februar erkannten Neel, Chagnon und Brewer, daß sie es mit einer Masernepidemie zu tun hatten. Bis zu dem Zeitpunkt hatten sie und die Missionare geglaubt, daß die extrem starken Fieberreaktionen, die sie am Ocamo gesehen hatten, allein auf den Impfstoff zurückzuführen wären. Brewer informierte den Salesianerbischof per Funk zwar, daß sich die Situation vor Ort zusehends verschlimmerte, war sich aber unsicher, wie er diese »Epidemie oder diesen Ausbruch von Masern« genau beschreiben sollte. Der angesichts der Nachrichten schockierte Bischof sprach von »Problemen, die bislang hier noch niemals aufgetreten sind ...«[125]

Daraufhin sagte Chagnon im Flüsterton zu Brewer: »Die Situation ist jetzt viel komplizierter, viel kritischer. Wir brauchen so schnell wie möglich ...«

»Mehr Impfstoff?«

»Nein, nicht mehr Impfstoff. Wir haben genügend Impfstoff. Aber jetzt steht fest, daß wir hier und in Mavaca und Ocamo die Masern haben. Und ich weiß nicht, wo sie sonst noch ausgebrochen sind – und wann.«[126]

Dieses Eingeständnis Chagnons – daß er nicht wußte, woher die Masern kamen – steht in krassem Widerspruch zu seinen späteren Aussagen.

In der Chronik der Mavaca-Missionsstation hielt Pater José Berno drei Gerüchte darüber fest, wie es zu der Epidemie gekommen sei. Das erste lautete, daß eine wissenschaftliche Expedition – die von Inga Steinvorth-Goetz – die Masern eingeschleppt habe. Das zweite Gerücht sprach von einem Karohiteri, der am Ocamo gewesen und von dort mit den Masern zurückgekehrt sei. (Berno bezog sich hier auf Rerebawa von den Karohi-teri, der die AEC-Expedition zum Padamo begleitet hatte, wo nach der Impfung ebenfalls die Masern ausgebrochen waren.)[127] Die dritte Version stammte von den Yanomami und machte die neuen Metallgegenstände für die Krankheit verantwortlich – eine Art Schwarzer Magie, die von den kürzlich eingetroffenen Zinkblechdächern ausgehe.[128]

Neels Version war mindestens ebenso phantastisch. Einerseits behauptete er zwar, die Brasilianer hätten die Yanomami mit Masern angesteckt, andererseits lieferte er zahlreiche Details – angefangen vom Fehlen klinischer Symptome bei den angeblich brasilianischen Masernkranken bis hin zu der verblüffend starken Reaktion der Yanomami auf den Impfstoff –, die seiner Version widersprechen. Neel präsentierte der Welt eine »jungfräuliche« Epidemie – eine ansteckende Krankheit, eingeschleppt von einem Träger ohne Symptome, der aus einer nicht befallenen Gegend kam, und verbreitet von Erwachsenen, die nach allem Dafürhalten immun gegen diese Krankheit waren. Einer der vielen Schwachpunkte in Neels Version ist seine Behauptung, daß er das Impfvirus anhand eines Vergleichs der Antikörpertiter von »wilden Masern« habe unterscheiden können.[129] Das ist schlicht unmöglich, wie Mark Papania, ein Masernspezialist, bestätigte. »Das wilde Masernvirus und der Edmonston B-Stamm sind sich so ähnlich«, erklärte Papania, »daß die Reaktionen exakt gleich ausfallen. Anhand der Antikörper läßt sich nicht feststellen, welchem Virus ein Erkrankter ausgesetzt war.«[130]

Was brachte Neel auf den Gedanken, einen brasilianischen Heranwachsenden als Ausgangspunkt der Epidemie anzugeben? In seiner Autobiographie *Physician to the Gene Pool* präsentierte er eine andere Version. Dort räumte er schließlich ein, daß die Masern bei dem brasilianischen Jungen nicht »sofort, im Stadium vor Ausbruch des Ausschlags,« erkannt worden waren.[131] Zuvor hatte Neel noch behauptet, daß sich »zu keinem Zeitpunkt ein charakteristischer Masernausschlag gebildet« hatte.[132] Man könnte diesen Ausschlag, den Neel 24 Jahre nach dem ersten Bericht hinzufügte, als ein weiteres widersprüchliches Element in seiner Legende abtun. Man könnte dies tun, hätte Neel in seiner neuen Version nicht die Tatsache verschwiegen, daß der Junge bereits geimpft worden war, als Marcel Roche ihn das erste Mal zu Gesicht bekam.[133] Der brasilianische Junge entwickelte einen Ausschlag, nachdem er geimpft worden war – die normale Reaktion auf eine Impfung mit dem Edmonston B-Virus. Das machte den Jungen für Neel zu einem geeigneten und willkommenen Sündenbock.

Damals war nur Neel berühmt. Doch der Erfolg der Expedition von 1968 sollte mehrere Expeditionsteilnehmer zu Größen in ihren jeweiligen Fachgebieten machen. Ein paar schreckliche Momente lang jedoch sahen sie ihre hochfliegenden Hoffnungen in akuter Gefahr. Hätte Rousseau seine Botschaft über die Wirkung des Impfstoffes[134] an den Bischof durchgegeben, hätten sie ein Leben lang an der Schmach getragen, für die verheerende Masernepidemie verantwortlich zu sein. Keiner von ihnen hätte jemals wieder eine Genehmigung zur wissenschaftlichen Feldforschung auf dem südamerikanischen Kontinent bekommen.

Eine unabhängige Untersuchung der Vorgänge am Ausgangsort der Epidemie wäre unweigerlich zu dem Ergebnis gekommen, daß Neel einen Impfstoff und ein Impfverfahren gewählt hatte, die gegen das medizinische Ethos verstießen. Abgesehen von den absehbaren Schwierigkeiten, den Tod Roberto Balthasars schlüssig zu erklären, hätte sich das Expeditionsteam auch sehr schwergetan, darzulegen, warum die bereits 1961 ausgesprochene Warnung des Masernexperten G. S. Wilson, daß der Edmonston B-Impfstoff potentiell heftigere Reaktionen als wilde Masern auslösen könne, in den Wind geschlagen worden war.[135]

War das Edmonston B-Virus in der Lage, eine Masernepidemie auszulösen? Das war die Frage, die Chagnon und Rousseau diskutierten und die ich Mark Papania vom Center for Disease Control stellte.

»Wissen Sie, eine gewisse Wahrscheinlichkeit läßt sich kaum leugnen«, erwiderte er. »Natürlich ist es möglich.« Auf meine Frage danach, wie er einen Masernausbruch bewerten würde, bei dem bis nach der Schutzimpfung keinerlei Anzeichen des charakteristischen Hautausschlags auftraten, antwortete er: »Schwer zu sagen. Es könnte sein, daß der Ausschlag etwas mit der Impfung zu tun hat. Es könnte auch sein, daß ein Mitglied des Impfteams infiziert war oder daß es zu einer zeitgleichen Exposition kam.«[136]

Papania spekulierte hier natürlich nur, und später, nachdem ein Auszug aus diesem Buch im *New Yorker* erschien und eine heftige Kontroverse auslöste, schrieb er mir in einem Brief, daß er nicht glaube, daß der Impfstoff für die Epidemie von 1968 verantwortlich war. Selbst in den Vereinigten Staaten, gab er zu bedenken, könne der Ursprung von Masernepidemien in vielen Fällen nicht sicher identifiziert werden, abgesehen davon, daß der Impfstoff zwar Symptome auslösen konnte, die denen echter Masern glichen, aber nicht ansteckend sein könnten.[137] Auch Samuel Katz wies die Möglichkeit einer Übertragung durch den Impfstoff entschieden zurück. »Vakzinviren sind noch nie auf anfällige Kontaktpersonen übertragen worden und können selbst bei engstem Kontakt keine Masern auslösen.«[138] Papania hatte vor meinem Besuch die Literatur über die Übertragbarkeit des Edmonston B-Virus gesichtet und festgestellt, daß in der Tat Infektionen nicht dokumentiert waren. Gleichzeitig äußerte er sich jedoch skeptisch hinsichtlich der Qualität dieser Studien zu dieser Frage und empfahl mir, sie sorgfältig zu überprüfen.[139]

Es leuchtete mir nicht ein, daß die an Populationen in den USA oder in anderen Ländern durchgeführten Tests auf die Yanomami übertragbar sein sollten, deren genetische Verschiedenheit durch Neel und seine Kollegen nachgewiesen worden war.

Viele Experten sind verständlicherweise beunruhigt über die Implikationen, die allein schon das Eingeständnis der bloßen Möglichkeit einer Epidemie – eben das Szenario, über das Rousseau, Chagnon und Neel am 18. Februar 1968 diskutiert hatten – für die globalen Impfprogramme haben könnte.[140] Auch ich bin darüber sehr besorgt, und was die Übertragbarkeit angeht, schließe ich mich der Konsensmeinung der Mediziner an. Nichtsdestotrotz war die Frage schon allein deshalb berechtigt, weil sie die Expedition selbst beschäftigte. Heute steht fest, daß bis zum Abend des 15. Februar, als über drei Wochen nach den dortigen Impfungen am Ocamo die Masern ausbrachen, nirgendwo im venezolanischen Yanomami-Territorium wilde Masern diagnostiziert worden waren. Die nächsten Masernfälle traten am Mavaca auf, und zwar nach den dortigen Impfungen. Die Krankheits- und Todesfälle, die auf die Impfungen in Ocamo, Mavaca und anderswo folgten, lassen sich auch mit einer extrem starken Impfreaktion in Verbindung mit einer zeitgleichen Malaria- und Bronchopneumonie-Exposition erklären, drei Faktoren, deren Zusammenwirken allem Anschein nach eine verheerende Reaktion auslöste. Edmonston B hatte sich als ein sicherer Impfstoff für Millionen von Kindern in den USA und anderswo bewährt. Was die Yanomami angeht, war es jedoch der denkbar am wenigsten geeignete Impfstoff, nicht nur wegen der starken Fieberreaktionen, sondern auch wegen des hohen Risikos, daß es bei den Geimpften zu einem Ausschlag kam. Die Yanomami glaubten nämlich, daß eine neue

Form der Schwarzen Magie für die Krankheit verantwortlich sei, und so gerieten sie beim ersten Anzeichen eines Ausschlags in Panik und flohen aus ihren Dörfern in den Dschungel, was eine weitere medizinische Versorgung natürlich immens erschwerte. Kurz gesagt, es mag vereinfachend sein, von einer »Masernepidemie« zu sprechen. Am Ocamo hatten wir es offensichtlich mit einer Kombination von Impfreaktionen und einer zeitgleichen Malaria- und Bronchopneumonie-Exposition zu tun, die auf dem Höhepunkt der extrem starken Impfreaktionen noch durch einen Ausbruch von wilden Masern verschärft wurde, deren Ursprung unbekannt ist. Dies alles zusammen führte zu der wohlbekannten Panikreaktion der Yanomami. Die an sich schon hochkomplexen epidemiologischen Komponenten des Falls wurden so noch um eine starke kulturelle Komponente erweitert.[141] Diese Panik der Yanomami ist auch dafür verantwortlich, daß über die Ursachen der Todesfälle, die sich außerhalb der Missionsstationen ereigneten, wenig bekannt ist.[142]

Da Neel bei Indianern weit außerhalb der Impfgebiete Antikörper gegen Masern nachweisen konnte, kann kein Zweifel daran bestehen, daß sich die Krankheit von der Missionsstation am Ocamo aus ausbreitete.[143] Seit dem Erscheinen der ersten Auflage dieses Buches in den Vereinigten Staaten hat sich unter den Wissenschaftlern und Journalisten, die sich mit dem Thema befaßt haben, die Meinung durchgesetzt, daß ein wilder Stamm von Masernviren für den Ausbruch am Ocamo verantwortlich war. Manche von ihnen gehen davon aus, daß die Masern aus brasilianischen Yanomami-Dörfern eingeschleppt wurden. Doch abgesehen davon, daß keinerlei diese These stützenden Hinweise vorliegen, widerspricht eine von dem Missionar James Barker erstellte sehr detaillierte Übersicht über die Epidemie speziell dieser Theorie. Andere Stimmen vermuten den Ursprung in der knapp einhundert Kilometer südlich von der Mission am Ocamo liegenden protestantischen Missionsstation Tamatama, was auch meiner Auffassung nach der wahrscheinlichste Ursprung für die Masernviren ist, die den Ausbruch am Ocamo verursachten. Nach jüngsten Forschungen waren in Tamatama bereits vor dem Ausbruch am Ocamo Masern diagnostiziert worden.[144] Die Missionsstation unterhielt enge Beziehungen zu Neels Expeditionsteam, und ein Missionar aus Tamatama stieß am 1. Februar zu der Expedition, also genau zu dem Zeitpunkt, als sich die nicht geimpften Yanomami vom Ocamo mit den Masern ansteckten. Das mag auch erklären, warum versucht wurde, den brasilianischen Jungen für die Epidemie verantwortlich zu machen. Neel konnte kein Interesse daran haben, die Bewegungen der Expedition mit der Ausbreitung der Masern in Verbindung zu bringen – genausowenig, wie an einer Auseinandersetzung mit der unangenehmen Frage, was der Masernausbruch in der Missionsstation von Tamatama für sie bedeutete: Wenn in der relativ nahe gelegenen Mission Masern diagnostiziert worden waren, warum hatte dann die Expedition nicht mehr zum Schutz der Bevölkerung am Ocamo – und der anderen Yanomami-Dörfer in der Region – unternommen? Vielleicht verzichteten sie darauf, weil die Masern schon mehrfach in den Randgebieten des Stammeslandes aufgetreten waren, ohne sich weiter in das Kerngebiet der Yanomami auszubreiten, und weil sie wußten, daß die Missionare alles unternehmen würden, um eine Ausbreitung der Krankheit den Fluß hinauf zu verhindern.

Die Expedition traf eine Woche vor dem Ausbruch am Ocamo ein. Sie führte nicht nur ausreichend Mengen an Impfstoff mit sich, sondern war auch rechtzeitig vor Ort. Die Expedition hätte die Epidemie also zumindest eindämmen können.

Statt dessen brachten sie einen antiquierten Impfstoff mit[145], verabreichten ihn den Yanomami am Ocamo ohne das notwendige Gammaglobulin, verzichteten darauf, alle Dorfbewohner zu impfen und warteten dann über drei Wochen, bis sie die Yanomami im Basislager der Expedition am Mavaca impften. Nach Ausbruch der Epidemie waren, so glaube ich, Neels Absichten so gespalten wie die Yanomami am Ocamo, von denen die eine Hälfte geimpft und die andere Hälfte nicht geimpft worden war.

Zum einen wollte Neel den Yanomami wirklich helfen und war auch aufrichtig überzeugt, genau das zu tun. Im September 1967 waren in der Umgebung von zwei brasilianischen Missionsstationen im äußersten Süden und Osten des Yanomami-Territoriums die Masern ausgebrochen. Obgleich die Epidemien rasch eingedämmt werden konnten, war die extreme Verwundbarkeit der Yanomami gegenüber der Krankheit, die in beiden Fällen offenkundig geworden war, wohl mit einer der Gründe dafür, daß Neel die venezolanischen Yanomami impfen wollte.[146] Es stimmt, er und die Expeditionsärzte verteilten Medizin und betreuten einige der kranken Indianer, denen sie begegneten. Die Entscheidung für das Edmonston B Vakzin deutet jedoch darauf hin, daß es ihm darum ging, neue Daten zu gewinnen, und die Ungeduld, die er gegenüber den venezolanischen Behörden an den Tag legte, führte dazu, daß er, als die Masern ausbrachen, nicht auf die Unterstützung der Regierung zurückgreifen konnte. Vor allem aber setzte er die Filmarbeiten und die Entnahme von Blutproben mit praktisch unverminderter Geschwindigkeit fort. Beides jedoch erforderte massive Gegenleistungen in Form von Tauschwaren, ein zumindest während einer gefährlichen Epidemie verantwortungsloses Vorgehen.

Im Laufe der Jahrzehnte war es wiederholt in weit vom Orinoko entfernt gelegenen Yanomami-Dörfern zu Masernausbrüchen gekommen, doch die kulturellen Barrieren zwischen den Dörfern hatten stets verhindert, daß die Ausbrüche sich zu Epidemien ausweiten konnten. Was die Epidemie von 1968 so einzigartig machte, war der Umstand, daß die Blutsammelstellen von Neels Expedition ganze Dörfer anlockten und die Präsenz der Fremden zur Bildung neuer Allianzen führte, beides Faktoren, die die Ausbreitung der Krankheit begünstigten. Jedesmal, wenn die Wissenschaftler weiterzogen, folgte die Epidemie ihnen.

KAPITEL 6

Das Fest filmen

Das Fest und das ganze Blut, ich komme aus dem Arbeiten gar nicht mehr heraus. *Charles Brewer Carías*[1]

Der erste Mensch, der im Yanomami-Land dem Versuch zum Opfer fiel, ein Bild der Indianer aufzunehmen, war ein protestantischer Missionar. In Begleitung seines zehnjährigen Sohnes unternahm der Missionar 1951 eine Fahrt den Ocamo hinauf. Die beiden machten an einem abgelegenen Yanomami-Dorf halt. Ohne sich darum zu kümmern, daß die Yanomami sofort versuchten, ihm Teile seiner Ausrüstung zu stehlen, zog er einen Fotoapparat heraus, befestigte einen Blitzlichtwürfel und drückte auf den Auslöser. Die Indianer mißverstanden den grellen Lichtblitz als Angriff, und einer von ihnen rammte dem weißen Mann einen zwei Meter langen Bambusspeer in den Leib. Der Sohn des Missionars flüchtete in panischer Angst in den Urwald. Als ein von Gummizapfern zusammengestellter Suchtrupp den blonden Jungen Tage später fand, hatte er vorübergehend den Verstand verloren.[2]

Die Yanomami glauben, daß Fotoapparate die Macht zum Töten besitzen. Für sie sind Fotoapparate so etwas wie Strahlenkanonen aus Science-fiction-Filmen, deren Energie das spirituelle Wesen, *noreshi,* der fotografierten Person umhüllen und rauben.[3] Was nach dieser fotografischen Entführung übrigbleibt, sind Menschen, die ihrer Lebenskraft beraubt wurden – leere Schalen, Körperhüllen. Fotoapparate und Filmkameras sind für die Yanomami Seelenkannibalen.

Dennoch haben sich die Yanomami widerstrebend mit Hollywood abgefunden. Sie sind die »am häufigsten gefilmte nichtwestliche, vorindustrielle Gesellschaft der Welt«.[4] Bereits 1978 wurde in Paris das erste ausschließlich den Yanomami gewidmete Filmfestival ausgerichtet[5], wobei die Yanomami, je nachdem, ob man die Werke französischer oder amerikanischer Dokumentarfilmer betrachtete, Meister des Spirituellen oder aber der Kriegführung waren. Mit der zunehmenden Konkurrenz zwischen Dokumentarfilmern, Nachrichtensendern und Ethnographen um authentisches Filmmaterial, entwickelten sich die Zahlungen der Filmteams an die »Darsteller« zur Haupteinnahmequelle der am Orinoko lebenden Yanomami.[6] Die akkulturierten Ureinwohner wurden zu Profis, wenn es darum ging, originalgetreue Sets und Kampfszenen für die Kamera nachzustellen.[7] Dabei trieb die steigende Nachfrage mit der Zeit die Kosten für den Bau eines neuen *shabono* oder die Inszenierung eines neuen Krieges immer mehr in die Höhe. Irgendwann hatten sich ein paar Yanomami ausreichend Fähigkeiten hinter der Kamera angeeignet, um nun ihrerseits die Filmemacher zu filmen und damit ein ganz neues Genre zu begründen – Yanomami noir.[8]

Napoleon Chagnon gehörte zu den Pionieren an dieser Front des Dokumentarfilms. Er begann, 35-mm-Aufnahmen von den Yanomami zu machen, und stellte schnell fest, daß die Indianer »sich nicht gerne fotografieren lassen«, was vor allem für Frauen und Kinder galt. Aber er wußte sich zu helfen und engagierte junge Gehilfen, die die »Leute aus ihren Hängematten zerrten, damit ich sie fotografieren konnte ... Da meine Helfer darauf achteten, daß sich keiner davonstahl, konnte ich innerhalb weniger Stunden eine komplette Fotodokumentation des gesamten Dorfes erstellen.« Mit dem wachsenden fotografischen Ehrgeiz des Anthropologen nahm auch der Widerstand der Indianer zu. »Des öfteren wurde ich von aufgebrachten Indianern mit Knüppeln und brennenden Holzscheiten durch das Dorf gejagt, wenn ich versuchte, besondere Ereignisse, vor allem Einäscherungen, zu fotografieren.«[9]

Allerdings stellt sich die Frage, wie authentisch diese »besonderen Ereignisse« waren. Nehmen wir den Fall von Waloiwa. Waloiwa war der Yanomami-Führer, der den Anthropologen Anfang 1965 auf seinem ersten Vorstoß von Bisaasi-teri aus zu den im Landesinneren gelegenen Dörfern führte. »Als Shaki kam, war ich gerade zu Besuch in Bisaasi-teri«, erzählte mir Waloiwa, den ich im Dorf Guarapana traf, das am Mavaca unweit der Mündung des Flusses in den Orinoko liegt. »Er wollte zu meinem Dorf, Momanipue, und bat mich, ihn dorthin zu führen. Ich ging mit ihm. Dann forderte er mich auf, mich auf die rituelle Weise, auf die Art meiner Ahnen, zu kleiden und zu bemalen. Er wollte, daß ich das ganze Dorf überredete, es mir gleichzutun. Da er uns Äxte, Macheten und Messer versprach, taten wir es. Chagnon machte sehr viele Bilder.«[10]

Waloiwa machte Chagnon keine Vorwürfe. Mit der Zeit führten diese Filme dazu, daß sich Chagnons Beziehungen zu den Yanomami verschlechterten, und zwar bis zu dem Punkt, daß einige Yanomami ihn wegen seiner Filmaufnahmen zu töten drohten.[11] »Du hast Filme gemacht ... in denen viele blutende Yanomami zu sehen sind«, schrieb César Dimanawa, Leiter der Yanomami-Handelskooperative Vereinigte Shabonos des Oberen Orinoko.[12] Dimanawa erklärte mir, daß er eine Botschaft der Männer von Mishimishimabowei-teri übermittelte, die Chagnon dafür bezahlt hatte, vor der Kamera zu kämpfen.[13]

»Ich halte es für sehr unwahrscheinlich, daß Chagnon ihnen Stahlwaren gab, damit sie kämpften«, erklärte Timothy Aschs Witwe Patricia Asch, die als ethnographische Dokumentarfilmerin an der University of Canberra in Australien arbeitet. »Aber möglicherweise dachten sie, daß sie mehr bekommen würden, wenn sie sich gewalttätiger aufführten.«[14]

Ähnliche Vorwürfe wurden im Zusammenhang mit *Dead Birds* laut, einem vielgefeierten Dokumentarfilm über den Stamm der Dani auf Neuguinea, den Robert Gardner und Karl Heider vom Harvard Peabody Museum 1962 gedreht hatten. »Die Dani haben uns hinterher vorgeworfen, Kriege angezettelt zu haben, damit wir sie im Kampf filmen konnten«, sagte der Anthropologe Heider. Obwohl er diese Vorwürfe von Anfang an strikt zurückgewiesen hat, fügt er heute einschränkend hinzu: »Trotz allem, was wir sagten, allein durch unsere Anwesenheit bei den Kämpfen verliehen wir ihnen eine Art implizite Zustimmung.«[15]

Dead Birds war Chagnons filmisches Vorbild, und so konnte es auch kaum überraschen, daß er mit seinem Bildmaterial zu Gardner ging und dessen Rat suchte.[16] Doch während Gardner großartige Schlachten auf offenem Feld gefilmt hatte, bei denen Hunderte von Kriegern in voller zeremonieller Tracht übereinander herfielen und sich brutal niedermetzelten, erwies sich das, was Chagnon auf Zelluloid gebannt hatte, als weitaus weniger beeindruckend. Trotz zusammengerechnet zweihundert Jahren Feldforschung ist bislang noch kein Wissenschaftler Augenzeuge eines gewaltsamen Todesfalls bei einem Kriegszug der Yanomami geworden.[17] Chagnon hatte das »grimmige Volk« gefunden, aber keinen Beweis dafür, daß es auch wirklich kämpfte.

1965 filmte Chagnon mit einer Bolex-16-mm-Kamera einen Überfall auf ein Dorf, eine Szene, die er auch in *Yanomama: A Multidisciplinary Study* verwendete.[18] Chagnon identifizierte die Angreifer zwar an keiner Stelle, doch die Yanomami, mit denen ich sprach, sagten, sie stammten aus einem »gemischten« Dorf und setzten sich aus Mitgliedern dreier Gruppen zusammen, die zuvor in getrennten *shabonos* gelebt hatten.[19] Sie hatten sich kurz nach Chagnons Ankunft in Bisaasi-teri zusammengeschlossen und ein großes, durch eine Palisade geschütztes Dorf errichtet.[20]

Obwohl Chagnon dieses neue *shabono* und die Palisade erwähnte, verlor er kein Wort über die Rolle, die er beim Bau des neuen Rundhauses gespielt hatte. Im Film sieht man allerdings in der Mitte des Gebäudes sechs nagelneue Stahltöpfe stehen – ein Teil der Geschenke, die Chagnon den Yanomami zur Feier des Zusammenschlusses der drei Gruppen überreicht hatte.[21] Darüber hinaus versorgte er die Krieger des *shabono* mit rotem Stoff.[22] »Chagnon lud mich und meine Söhne in das neue *shabono* ein, das er für die Bisaasi-teri gebaut hatte«, erinnerte sich Joe Dawson, einer der in der Gegend aktiven evangelischen Missionare. »Er erklärte mir, er habe es gebaut, damit sie dort mit anderen Gruppen tanzen und er sie dabei filmen konnte.«[23] Das neue *shabono* war mit 202 Mitgliedern[24] – dreimal so vielen Einwohnern wie das durchschnittliche Yanomami-Dorf – das größte direkt am Orinoko gelegene Dorf.[25] Außerdem war es das einzige der von Chagnon untersuchten Dörfer, in dem mehr Frauen als Männer lebten (106 Frauen gegenüber 96 Männern)[26], Frauen, die sie im Austausch gegen Stahlwaren von Dörfern weiter im Landesinneren erworben hatten. Laut Chagnons Theorie müssen Dörfer mit einem Frauendefizit Krieg führen, um ihr Defizit auszugleichen.[27] Warum bereiteten die Bisaasi-teri, die ja einen Frauenüberschuß hatten, dann einen der größten Kriege in der Geschichte der Yanomami vor, und zwar ausgerechnet gegen die Patanowa-teri, die unter einem eklatanten Frauenmangel litten?[28] Im Laufe dieses Krieges verübten die Bisaasi-teri über 25 Überfälle auf die Patanowa-teri (die ihrerseits jeden Angriff mit einem Gegenangriff vergalten), ohne daß eine der beiden Seiten auch nur eine einzige Frau geraubt hätte.[29]

Chagnons erste Kampfaufnahmen stammen von einem Überfall, bei dem er selbst eine aktive Rolle spielte.[30] Anhand einer Einzelbildanalyse konnte ich die Angreifer identifizieren und die Handlung auf eine der am heftigsten umstrittenen Passagen in *The Fierce People* beziehen. In dieser Passage geht es um einen Überfall der Monou-teri auf die Patanowa-teri, dessen vorgeblicher Zweck darin bestand, Matowa, einen kurz zuvor von den Patanowa-teri getöteten Anführer der Monou-teri, zu rächen:

> Am nächsten Tag stellten sich die Teilnehmer der Kriegstrupps in einer Reihe auf, brüllten in Richtung von Patanowa-teri, lauschten dem Echo ihres Gebrülls und marschierten aus dem Dorf, um ihren Proviant und die Hängematten aufzunehmen. Ich ließ mich von ihnen überreden, sie in meinem Kanu den Mavaca hinaufzufahren. Weiter oben hatten sie festen Boden unter den Füßen und konnten die Patanowa-teri erreichen, ohne die zahlreichen Morastgebiete durchqueren zu müssen, die sich zwischen den zwei Dörfern erstreckten. Der Kriegstrupp umfaßte nur zehn Mann; mindestens so viele Personen müssen teilnehmen, damit ein Streifzug überhaupt Erfolgsaussichten hat. Während wir den Fluß hinauffuhren, fingen die jüngeren Män-

> ner an zu nörgeln. Einer klagte über wunde Füße; zwei, drei andere behaupteten, einen Malariaanfall zu haben, und meinten, wir müßten umkehren, weil ich nicht, wie versprochen, meine Malariatabletten mitgenommen hatte. Hukoshikuwa, einer von Matowas Brüdern, warf den Nörglern Feigheit vor und brachte sie mit seinen zornigen Worten zum Schweigen. Ich setzte sie an der Mündung des Shamata-ka-u ab, des Wasserlaufs, dem sie folgen wollten. Sie entluden ihre riesigen Kochbananenvorräte und warteten höflich, bis ich abfuhr …[31]

Jahrelang wurde in Anthropologenkreisen gerätselt, warum Chagnon sich in diese Auseinandersetzung hatte hineinziehen lassen. »Seine Unterstützung eröffnete den Monou-teri einen entscheidenden Vorteil. Aufgrund der unpassierbaren Sümpfe konnte man davon ausgehen, daß das Dorf, dem der Angriff galt, keine der üblichen Schutzmaßnahmen gegen Überfälle treffen würde.«[32] Noch weniger nachvollziehbar ist, warum Chagnon den Angreifern weitere Anreize wie beispielsweise Malariatabletten versprach. Der Grund dafür dürfte in der bislang übersehenen Tatsache liegen, daß der Überfall sozusagen Chagnons filmische Initiation war. Die in *Yanomama: A Multidisciplinary Study* enthaltene Überfallsequenz zeigt einen zehnköpfigen Kriegstrupp der Monou-teri unter Führung von Hukoshikuwa, dessen Kriegsbemalung in dem Film exakt derjenigen gleicht, die auf einem Foto von ihm in *The Fierce People* zu sehen ist.[33] Die meisten Teilnehmer des Streifzugs trugen neue, aus dem von Chagnon bereitgestellten roten Stoff gefertigte Lendenschurze.

Trotz Chagnons Unterstützung kehrten die Monou-teri in ihr Dorf zurück, ohne auch nur einen einzigen Pfeil auf die Patanowa-teri abgeschossen zu haben. Offensichtlich waren sie über den Tod ihres Anführers doch nicht so aufgebracht. Vielmehr scheint es so, als hätten sie nur Chagnon einen Gefallen tun wollen.[34] Im Film sieht man, wie die jungen Krieger sich zum »Angriff« formieren und dabei immer wieder verlegen in die Kamera blicken, so, als warteten sie auf ein Zeichen. Alfredo

Aherowe von den Mahekoto-teri, einer mit den Bisaasi-teri verbündeten Gruppe, sagte: »Dieser Film zeigt nicht die Wahrheit. Sie schauspielern nur ... Shaki [Chagnon] sagt ihnen: ›Tut dies, tut das.‹ Und sie tun es.«[35] Aherowe ist, wie César Dimanawa, ein gewählter Yanomami-Führer und ein politischer Gegner Chagnons. Aherowes Abneigung gegen Chagnon rührt primär daher, daß er in seiner Kindheit Zeuge des Unheils wurde, das der Anthropologe mit seiner Filmarbeit in Bisaasi-teri, Mahekoto-teri und in anderen Dörfern anrichtete.[36] »Auf keinen Fall werde ich zulassen, daß hier noch einmal solche Filme gemacht werden«, erklärte Aherowe.[37]

Das »gemischte« Dorf, das Chagnon 1965 mit begründen half und filmte, machte seinen Freund Kaobawa kurzzeitig zum Anführer des größten und militärisch stärksten Yanomami-Dorfes am Orinoko. Doch kaum ein paar Wochen nach Chagnons Abreise zerbrach das Bündnis, und die Hälfte der Einwohner von Bisaasi-teri zog in ein anderes *shabono.*[38]

Was blieb, war eine Art Leitfaden für Filmarbeiten im Yanomami-Land. Wer einen erfolgreichen Yanomami-Film drehen wollte, baute ein neues *shabono,* richtete ein Fest aus, schmiedete ein neues Militärbündnis und filmte einen Kriegszug der neuen Allianz. Den Dreharbeiten folgte in vielen Fällen eine Epidemie, der bis zu einem Viertel der Yanomami-Darsteller zum Opfer fiel.

Im Januar 1968 kehrten Timothy Asch und Napoleon Chagnon mit der Absicht zu den Yanomami zurück, ein gemeinsam von zwei Dörfern veranstaltetes Fest zu filmen. Die Theorie, die sie zu belegen suchten, lautete, daß solche Feste politisch-militärische Ereignisse seien, deren Zweck darin bestehe, neue militärische Bündnisse zu schließen. Damit stellte Chagnon sich gegen die bislang vorherrschende Meinung, daß es sich bei solchen Festlichkeiten um eine Art Erntedankzeremonie handelte.[39]

Mit diesem Schritt von der Welt der Magie in die Machiavellis betraten Asch und Chagnon anthropologisches Neuland.[40] Die strategische Analyse, mit der sie die kulturellen und politischen Funktionen der Feste in der Yanomami-Gesellschaft zu erfassen suchten, kann jedoch genausogut auf ihre eigene Arbeit angewendet werden. So, wie die Macht des bewegten Bildes Ende der sechziger Jahre bereits die Art und Weise verändert hatte, wie Football gespielt, politische Wahlkämpfe ausgetragen oder der Krieg in Vietnam geführt wurde, so veränderte sie auch die Feldforschung am Orinoko.

Eine venezolanische C-34-Transportmaschine brachte Asch und Chagnon zu den Yanomami. »Angesichts des am Horizont aufziehenden Sturms machte Chagnon sich in aller Eile daran, den aus dem Flugzeug ausgeladenen Berg an Kisten und Kartons zu sortieren, während ich sie auf einen riesigen Gepäckwagen lud ...«, schrieb Asch. »Es war nicht das erste Mal, daß ich in tropischen Ländern körperlich arbeitete, aber so erschöpft und ermüdet hatte mich die Arbeit noch nie. Chagnon ist ein wahres Energiebündel, und ich legte mich hart ins Zeug, um ihm zu beweisen, daß ich meinen Teil der Last schultern konnte.« Asch hätte um ein Haar einen Hitzschlag erlitten.[41]

Am nächsten Tag fuhren sie den Mavaca hinauf, wo Chagnon seinen alten Freund Kaobawa wieder traf. Der Wandel, den Chagnon dabei durchmachte, erschreckte Asch. Das betraf weniger sein Äußeres – Chagnon legte einen Lendenschurz an und bemalte seinen Körper –, sondern vielmehr den plötzlichen Wandel in seiner Persönlichkeit, einen Wandel, der Asch das Gefühl gab, allein unter Wilden im Dschungel zu sein.[42]

Kaum hatte Kaobawa Chagnons Bootsladung voller Tauschwaren entdeckt, verkündete er, daß für den nächsten Tag ein Fest mit einem verbündeten Dorf, Reyabobowei-teri, geplant sei. Asch zeigte sich ob dieses glücklichen Zusammentreffens sehr erfreut. »Ich hätte nie zu hoffen gewagt, so schnell die Gelegenheit zu bekommen, ein Fest der Yanomami filmen zu können ...«, schrieb er. »Als wir am darauffolgenden Tag aufbrachen, murrten die Yanomami über die schwere Kameraausrüstung, die sie tragen sollten. Erst die Aussicht auf einige Geschenke stimmte sie wieder freundlicher.«[43] Asch und Chagnon brachen in Begleitung von 15 Yanomami auf.[44] Obwohl zu dem Zeitpunkt eine Bronchopneumonie-Epidemie grassierte, die bereits fünf Todesopfer gefordert hatte[45], machten sie sich ohne jegliche vorsorglichen Quarantänemaßnahmen auf den Weg zu einem abgelegenen Dorf im Inland. An dem Tag, als sie vom Mavaca aufbrachen[46], lagen mehr als dreißig Yanomami mit über 40°Celsius Fieber in ihren Hängematten, darunter »sieben, die sich in einem lebensbedrohlichen Zustand befanden«[47] – ganz zu schweigen von der am Mavaca grassierenden Malaria oder der Tatsache, daß, wie Chagnon später behauptete, Marcel Roche gerade einmal zwei Tage zuvor in einer flußabwärts gelegenen Missionsstation Masern diagnostiziert hatte.[48]

Laut Chagnon »brachen die Masern just zur Zeit unserer Ankunft aus, und wir verbrachten den größten Teil unserer Zeit mit dem Versuch, die ›Epidemie‹ durch Impfungen einzukreisen«.[49] Tatsächlich jedoch waren Chagnon und Asch ganz und gar von ihren Filmarbeiten in Anspruch genommen. Mehrere Male stahlen sich ihre indianischen Begleiter klammheimlich davon und ließen die Filmemacher allein im Dschungel zurück. Asch mußte nicht nur feststellen, daß die »Yanomami einige hinterhältige Angewohnheiten« hatten[50], auch von Chagnons Arbeitsmethoden im Feld war er nicht gerade begeistert. Ihre Ankunft bei den Reyabobowei-teri glich einem Überraschungsangriff. »Wir schlichen auf das Dorf zu, und erst im letzten Moment taten wir durch lautes Rufen unsere Anwesenheit kund. Napoleon und der Anführer [Kaobawa], die an der Spitze unseres Trupps gingen, knieten am Eingang des Dorfes nieder. Napoleon hatte seine Schrotflinte über die Knie gelegt. Er sah zu mir auf und sagte: ›Alles in Ordnung, es reicht, wenn ich einen von ihnen erschieße ...‹ Ich war entsetzt.«[51]

Es gab kein Fest in Reyabobowei-teri.

Asch drehte einen kurzen Film, *Kaobawa Trades with the Reyabobowei-teri.* Auch der Handel wurde »ohne sonderlichen Enthusiasmus abgewickelt, da sowohl die Gastgeber als auch die Gäste verärgert waren, daß sie mangels Fleischs kein Fest abhalten konnten«.[52] Kaobawa tauschte die von der AEC-Expedition erhaltenen Stahlwaren gegen Pfeile ein (im Film sieht man nur die traditionellen Geschenke, die die Reyabobowei-teri Kaobawa überreichten). Nach dem Fußmarsch und den Dreharbeiten war Asch am Ende seiner Kräfte, und er legte sich einfach, in seine Hängematte eingewickelt, zum Schlafen auf den Boden. Chagnon tat nichts, um ihm zu helfen, sondern fuhr ihn an: »Um Himmels willen, hänge deine Hängematte auf! Du gibst die ganze Expedition der Lächerlichkeit preis.«[53]

Das sollte nicht das einzige Mal bleiben, daß Asch von Chagnon gemaßregelt wurde. Einmal beschloß Asch, nach, wie er glaubte, Art der Yanomami nackt durch das Dorf zu laufen. Doch als er das tat, versteckten sich die Frauen in den Büschen, und die Männer brüllten ihn an.

»Du bist nackt!«

»Was ist daran schlimm? Hier laufen doch alle nackt herum. Warum darf ich das nicht?«

»Das kannst du schon«, übersetzte Chagnon für ihn. »Aber nicht, solange dein Penis herunterhängt.«[54]

Nachdem Asch seinen Penis mit Hilfe eines Hüftbands hochgebunden hatte, erregte er kein Aufsehen mehr. Nach ihrer Rückkehr zur Mavaca-Missionsstation blieb Chagnon im Basislager. Asch, ein junger Missionar namens Danny Shaler und drei Yanomami-Träger brachen zu einer weiteren, noch längeren Tour in das Hochlanddorf Patanowa-teri auf.

> »Das nächste Ereignis, das wir filmten, fand in einem Dorf statt, dessen Lage mir Napoleon erklärt hatte. Er kannte die Patanowa-teri von seinem früheren Aufenthalt, aber inzwischen hatten sie sich auf der Flucht vor ihren zahllosen Feinden in ein Versteck in den Bergen zurückgezogen… Nach unserer Ankunft im Dorf stellten wir eine Funkanlage auf und nahmen Kontakt mit Napoleon auf. Er überredete den Anführer, mit seinem Stamm zu einer alten Pflanzung am Orinoko zurückzukehren, damit die Genetiker der Expedition sie untersuchen und wir sie filmen konnten. Die Funkverbindung wurde von statischem Rauschen gestört, und Napoleons Worte wurden von Krachen und Knistern unterbrochen. Der Anführer verhielt sich, als würde er mit einem Geistwesen sprechen. Kurz darauf warf er das Mikrofon zu Boden und sagte: ›Igitt, diese schreckliche Maschine – hast du sie husten gehört? Sie wird mit ihrer Erkältung noch alle im Dorf anstecken.‹«[55]

»Die Tour mit Asch zu den Patanowa-teri war das Verrückteste, was ich in meinem Leben erlebt habe«, erinnerte sich Aschs Führer und Dolmetscher Danny Shaler später. »Wir irrten, ich weiß nicht wie viele Tage, orientierungslos durch den Urwald. Schließlich verloren die Träger aus Mavaca, die Töpfe und andere Geschenke für die Patanowa-teri trugen, die Geduld und drohten umzukehren. Ich sagte zu ihnen, in Ordnung, ihr könnt umdrehen, aber wenn ich wieder in Mavaca bin, werde ich allen sagen, daß ihr es nicht geschafft habt. Das half, sie blieben bei uns.«[56]

Niemand wußte, wohin genau die Patanowa-teri sich zurückgezogen hatten. Insgesamt waren Asch, Shaler und die drei Träger elf Tage unterwegs, bis sie das Dorf erreichten. Ihre Nahrungsmittel gingen zur Neige, und jagbares Wild war nirgends zu sehen. Vom Hunger geschwächt, brach Asch auf dem Marsch zusammen. Hätten die Yanomami sich nicht seiner angenommen, wäre er wohl gestorben. Als sie irgendwann einen kleinen Vogel erlegten, überließen sie Asch das ganze Fleisch.[57]

Mit Ausnahme Helena Valeros, des weißen Mädchens, das 1932 von den Yanomami gekidnappt worden war, waren Shaler und Asch die ersten Fremden, die im 20. Jahrhundert in die abgeschiedene Bergwildnis des Hochlands von Siapa vordrangen. Wie das Hochland von Parima bildet das Siapa-Hochland eine ökologische Insel, ist aber, vom umliegenden Hochland durch den Orinoko, den Siapa und den Mavaca getrennt, noch schwerer zugänglich. Als der portugiesische Forscher Lobo de Alamada das erste Mal von den Yanomami hörte, siedelten diese im Hochland von Siapa, und ebendort verzeichneten die ersten Landkarten der Region das »Yanomami-Land«.[58] Alle Gruppen, die Chagnon später untersuchte, siedelten bis 1950 in diesem Gebiet[59], während sämtliche moderneren Gruppen ursprünglich aus dem noch weiter entfernten Hochland von Parima stammten.[60] Als Chagnon 1990 schließlich zum ersten Mal per Hubschrauber ins Hochland von Siapa gelangte, schwärmte er von dessen »mythischer Ausstrahlung«.[61] Daß die Hochland-Yanomami so lange ungestört geblieben waren, lag daran, daß die früheren Forscher den befahrbaren Flüssen gefolgt waren.

Ende der sechziger Jahre waren die Patanowa-teri die vielleicht am stärksten marginalisierte Yanomami-Gruppe. Im Osten, Westen und Norden von Feinden umgeben, waren sie vom Zugang zu den *shabonos* im Tiefland vollständig abgeschnitten.[62] Sie waren in den »Napoleonischen Kriegen« gegen die Bisaasi-teri unterlegen (drei Patanowa-teri waren gestorben, aber nur ein Bisaasi-teri). Chagnon hatte nach seiner Abreise im Januar 1966 prophezeit, daß die Patanowa-teri nicht aufhören würden, die Bisaasi-teri zu überfallen, bis sie ihre Kriegstoten gerächt hätten.[63] Entgegen seiner Überzeugung hatte es jedoch keine weiteren Toten mehr gegeben. Statt dessen hatten sich die Patanowa-teri in das unzugängliche Hochland zurückgezogen.[64]

Für den Rückzug ins Hochland hatte noch ein weiteres Argument gesprochen: Die Yanomami, die am Orinoko siedelten, hatten zwar Zugang zu Stahlwaren und medizinischer Versorgung, litten aber auch unter Malaria und Grippe.[65] Im Hochland von Siapa gab es weder Malaria noch Grippe. Nichtsdestotrotz hatten die Patanowa-teri in den vierziger Jahren, als das U.S. Army Corps of Engineers in ihrer Nähe tätig war, mit grassierenden Atemwegsinfektionen zu kämpfen gehabt. Dadurch, daß sie Chagnons Angebot akzeptierten, im Austausch gegen Geschenke zu den Filmaufnahmen zurück nach Mavaca zu ziehen, übernahmen die Patanowa-teri einen Teil der Verantwortung für die späteren Konsequenzen. Sie wußten, daß bei Weißen, die mit Geschenken lockten, Vorsicht geboten war.

Obwohl Asch gegenüber den Patanowa-teri mit Geschenken Zurückhaltung übte, sind sie in den Filmen *Yanomama: A Multidisciplinary Study* und *The Feast* im Dorf der Patanowa-teri fast durchgängig präsent. Und so zurückhaltend Asch in seinen Memoiren war, es reichte doch aus, daß in den letzten Jahren einige Wissenschaftler die Authentizität von *The Feast* in Frage stellten, so beispielsweise der Filmwissenschaftler Jay Ruby in einer Timothy Asch gewidmeten Ausgabe von *Visual Anthropology Review*.[66]

Chagnon stritt ab, die Ereignisse in irgendeiner Weise inszeniert zu haben. »Ich hatte mit Asch geplant, in diesem Jahr ein Fest zu filmen. Ich wußte, daß die Patanowa-teri ein Fest mit einem der mit ihnen verbündeten Stämme ausrichten wollten. Das Fest, das sie schließlich mit den Mahekoto-teri feierten, wurde von mir nicht ›inszeniert‹, sondern geschah einzig auf Betreiben der Patanowa-teri. Unsere Interessen hinsichtlich des Films waren ihnen vollkommen gleichgültig.«[67]

Wer Chagnons Doktorarbeit gelesen hat, dürfte seine Erklärung für das Zustandekommen des Festes anzweifeln. Nach seiner Abreise schrieb Chagnon, daß die Patanowa-teri einen einzigen Verbündeten hatten – die Ashidowa-teri.[68] Demnach hätte sich die Frage danach, mit welchem ihrer Verbündeten die Patanowa-teri ein Fest ausrichten wollten, erst gar nicht gestellt.

Um die Patanowa-teri trotzdem an den Orinoko zu locken, manipulierte Chagnon die politische Landschaft des Yanomami-Landes und vermittelte ein Bündnis zwischen den Patanowa-teri und einem ihrer »zahllosen Feinde«, den Mahekoto-teri.[69] Mahekoto-teri war das nächste Dorf in der Umgebung eines ehemaligen Dorfes der Patanowa-teri am Shanishani, einem Zufluß des Orinoko, und es lag nur eineinhalb Stunden mit dem Motorboot von der Missionsstation am Platanal entfernt.

Ähnlich wie die Patanowa-teri reagierten die Mahekoto-teri zunächst sehr zurückhaltend auf Chagnons und Aschs Vorschlag eines neuen Bündnisses. Schließlich sagten sie unter der Voraussetzung zu, daß jeder Mann und jeder Junge des Stammes eine Machete erhielt und Chagnon ihnen sicheres Geleit garantierte – eine Garantie, für welche die Expedition mit ihren Schrotflinten bürgte.[70]

Dennoch kam es zu Problemen. Ein typisches Yanomami-Fest verlangte monatelange Vorbereitung, nicht zuletzt, weil die Gastfreundschaft es gebot, den Gästen gewaltige Mengen an Essen vorzusetzen. Abgesehen von der spirituellen Bedeutung von Kochbananen und Frischfleisch bei diesen Festlichkeiten war der Bedarf an Vorräten für ein Fest viel größer, als man innerhalb von ein paar Tagen zusammentragen konnte, wie sich bereits bei dem gescheiterten Fest in Reyabobowei-teri gezeigt hatte.[71]

Darüber hinaus ging solchen Festen eine formelle Einladung – *texemomou*[72] – voraus, die von einem Boten des gastgebenden Dorfes überbracht wurde. Da die Patanowa-teri sich weigerten, einen solchen Boten zu entsenden, war Chagnon gezwungen, diesen Part zu übernehmen. »Shaki sagte uns, daß wir keine Angst zu haben bräuchten, daß er mit den Mahekoto-teri reden würde«, erklärte Kayopewe, ein Stammesältester der Patanowa-teri. »Er sprach zu uns über das Funkgerät und versprach uns reiche Geschenke – eine Machete für jeden Mann. Zudem bekam jeder Anführer und jeder Stammesälteste einen Kochtopf und eine Axt. Und dann versprach er noch, mit seinem Gewehr auf Jagd zu gehen und das Fleisch für das Fest zu besorgen. Also kehrten wir zu unserem alten *shabono* bei Patanowa zurück und richteten es für den Film so her, daß es wie neu aussah.«[73] Chagnon war es auch, erzählte Kayopewe, der den Patanowa-teri einen kleinen Berg Macheten schenkte und damit den Anstoß zum Wiederaufbau des verlassenen *shabono* gab.

Ich glaube, daß Neel in der Tat zunächst versuchte, die in der Nähe der Mavaca-Missionsstation am Manaviche lebenden Karohi-teri dazu zu bringen, ein Fest zu veranstalten. Die Karohi-teri führten mich zu einem aufgegebenen *shabono,* das sie auf Verlangen der Wissenschaftler gebaut hatten. »Neel und Asch bezahlten uns dafür, das *shabono* zu bauen und hier zu tanzen«, sagte Jepewe, ein Karohi-teri.[74] Wir standen in dem Dickicht, das das verfallene Rundhaus überwuchert hatte, ein Rundhaus, welches deutlich kleiner als gewöhnlich war und ganz offensichtlich immer nur als Filmkulisse gedient hatte. Jepewe war zwar wütend auf Chagnon, dem er vorwarf, den Masernimpfstoff gebracht zu haben, an dem seiner Überzeugung nach viele seiner Stammesmitglieder gestorben waren. Über Neel dagegen, der den Karohi-teri die Waren im Austausch für ihre Darbietungen gegeben hatte, sprach er nur gut.

Offensichtlich war das Unterfangen, wie das fehlgeschlagene Fest in Reyabobowei-teri, von keinem Erfolg gekrönt gewesen.

Auf diese Weise, durch Versuch und Irrtum, Neubeginn und Abbruch, wurden die Patanowa-teri, um mit Neel zu sprechen, »zum wichtigsten Studienobjekt unserer Arbeit in diesem Jahr«. Doch das »im Herzen des Stammeslandes«[75] liegende Dorf gab eine eindrucksvollere Kulisse für die Filmaufnahmen ab.

Die AEC hatte zugesagt, zwei Filme mit insgesamt 20000 Dollar zu finanzieren, von denen der eine Neels biologisches Forschungsprogramm und der andere ein typisches Fest der Yanomami behandeln sollte.[76] Um den Aufwand möglichst gering zu halten, beschloß Asch, beide Filme in Patanowa-teri zu drehen. In der ersten Szene des Dokumentarfilms über Neels Arbeit, *Yanomama: A Multidisciplinary Study,* sehen wir die Expedition auf der Fahrt den Shanishani hinauf, wobei Brewer und Chagnon jeweils ein Boot steuern.[77] Schnitt auf Chagnon, der sich bemalt und das Dorf als Anführer einer besuchenden Gruppe betritt – mit Pfeil und Bogen und der Affenkappe eines Schamanen. So aufregend und spontan sein Auftritt wirkt, es hatte Asch über zwei Tage gekostet, die Szene zu inszenieren.[78]

Die Patanowa-teri hatten sich für den Weg von Sheroana, wo Asch sie gefunden hatte, zu ihrem alten *shabono* am Shanishani viel Zeit gelassen. Ein junger Yanomami ohne Gepäck schafft die Strecke im Laufschritt in rund zehn Stunden, bei zügigem Marschtempo benötigte ich zwei Tage. Hat man Kinder dabei, die unterwegs gefüttert werden müssen, braucht man drei bis vier Tage. Da wegen der Filmaufnahmen und der Blutentnahme das gesamte Dorf umziehen mußte, waren die Patanowa-teri gezwungen, Pausen zur Nahrungsbeschaffung einzulegen. Als sie schließlich an ihrem Ziel eintrafen, fanden sie ihr altes *shabono* so zerfallen vor, daß es erst nach umfangreichen Wiederaufbaumaßnahmen als Filmkulisse taugte.[79] Als dann die beiden AEC-Boote am Morgen des 19. Februar an der Anlegestelle am Shanishani festmachten, waren die Patanowa-teri noch lange nicht bereit, Chagnon den umjubelten, theatralischen Empfang zu bereiten, den Asch schließlich für ihn inszenierte. Dazu brauchte Asch, der sich als Meister der Improvisation erwies, nochmals zwei Tage. Schließlich, am 21. Februar um die Mittagszeit, waren sie soweit und konnten filmen.[80]

Während die Yanomami ihr altes Rundhaus wieder herrichteten, erlitt Danny Shaler einen Malariaanfall. Der Anfall war so schwer, daß Chagnon keine andere Wahl blieb, als ihn flußabwärts zurück zur Mavaca-Missionsstation zu bringen.[81] Shaler glaubte, daß es sich um Falpicarum-Malaria handelte, eine potentiell tödlich verlaufende Malariaunterart, die das Gehirn angreift. In einem Funkgespräch sprach Chagnon davon, daß alle Expeditionsteilnehmer sich »dasselbe eingefangen« hätten.[82] Chagnon und Neel wußten noch nicht einmal, mit welchen Medikamenten sie den am Rande des Todes schwebenden Shaler behandeln sollten. Und das, nachdem sie mitten in der Malariasaison fast einen Monat im Feld und entlang dem Lauf des Orinoko von einem malariaverseuchten Dorf zum nächsten gezogen waren. Litten tatsächlich, wie Chagnon gemutmaßt hatte, alle Expeditionsteilnehmer an Malaria, dann war es unverantwortlich, weiter in das weniger von Malaria betroffene Hochland zu ziehen.

Die Malaria ist eine der beiden häufigsten Todesursachen von Amazonasindianern, die zum ersten Mal in Kontakt mit der Außenwelt treten. »Es sind zahllose Fälle bekannt«, hat die Brasilianische Stiftung für Gesundheit zu diesem Thema geschrieben, »in denen Malariaepidemien, die zum Teil Tausende von Opfern forderten, ausbrachen, nachdem ein oder mehrere Individuen, die Malariaerreger in sich trugen, ein Gebiet betraten, in dem Anopheles-Moskitos und geeignete Wirte in großer Zahl koexistierten.«[83] Ähnliches hat sich auch außerhalb des Amazonasgebiets immer wieder abgespielt. Als Trapper der Hudson Bay Company 1833 die Malaria nach Kalifornien einschleppten, kostete das rund 20000 Indianern das Leben.[84]

Knapp hinter der Malaria rangieren gewöhnliche Erkältungskrankheiten an zweiter Stelle.[85] »Die Indianer verfügen einfach über keine Abwehrkräfte gegen diese bei uns relativ harmlos verlaufenden Krankheiten«, erklärte ein venezolanischer Arzt.[86] Es war nicht das Funkgerät, das, wie der Anführer der Patanowateri fürchtete, seine Stammesgenossen ansteckte, sondern höchstwahrscheinlich der Expeditionskoch, der die Essensreste der Wissenschaftler mit den Indianern teilte und sie in die

»Kunst« des Zigarettenrauchens einführte. Diese Szene bildet auch die Schlußeinstellung von *Yanomama: A Multidisciplinary Study*, unterlegt von Aschs Kommentar: »Während die Wissenschaftler arbeiten, bringt unser Koch Juan den Yanomami das Rauchen bei.«[87]

Vier Tage nach der Ankunft der Expedition in Patanowa-teri fing ein Yanomami an, laut zu husten. Chagnon rief den Arzt Willard Centerwall.

Asch folgte dem Arzt, und auf dem Tonband ist heftiges Husten und Würgen zu hören. Offensichtlich versuchte er, die Szene zu filmen, aber ein aufgebrachter Neel hinderte ihn daran.

»Keine Bilder von dem Hirten, der sich um seine Schafe kümmert. Das könnte der Expedition sehr ab – [RAUSCHEN] sein.«

»Aber ...«, wandte Asch erstaunt ein. »Aber, wieviel Prozent hast du gesagt?«

»Ich habe von Anfang an gesagt, nichts davon.«

»Aber, wieviel Prozent vom Film wolltest du? Achtzig-zwanzig? Oder waren es siebzig-dreißig?«

»Ich will überhaupt nichts davon«, wiederholte Neel. »Deine Aufgabe ist es, die Art Studien zu dokumentieren, die wir hier durchzuführen versuchen. Jeder x-beliebige kann in ein Dorf kommen und Kranke behandeln. Aber dazu sind wir nicht hier. Ich weiß nicht, wie ich mich noch deutlicher ausdrücken soll.«[88]

Aschs Verwunderung war nachvollziehbar. Gerade einmal fünf Tage vorher hatte Neel ihm ebenso unmißverständlich aufgetragen, »die ganze Bandbreite der Masern« auf Film zu bannen.[89]

Neel war wohl zu der Einsicht gelangt, daß Bilder von kranken Yanomami der Expedition wenig zuträglich wären. Außerdem wollte er keine Zeit damit vergeuden, sich um die banalen Gesundheitsprobleme der Indianer zu kümmern.

Der »Hirte und seine Schafe«, das war für einen Eugeniker wie James Neel das Sinnbild dysgenetischen Verhaltens – der verwirrte Priester, der in seinem Irrglauben den Schwachen hilft und damit die Gesetze der darwinistischen Zuchtauswahl unterläuft. Doch hier, in Patanowa-teri, gab es keine Missionare und, abgesehen von Neels Zögling Charles Brewer, auch keine Venezolaner, die ihm hätten Vorhaltungen machen können. Nach einem anstrengenden Monat im Regenwald lief der AEC-Expedition die Zeit davon und zeigten sich in Neels Fassade des zivilisierten Wissenschaftlers erste Risse.

Asch kannte Neel noch nicht, und entsprechend schwer fiel es ihm, aus dem unerwartet heftigen Widerspruch des Expeditionsleiters schlau zu werden. Neel hatte keineswegs etwas dagegen, medizinische Routinemaßnahmen zu filmen, wie beispielsweise die Szene in *Yanomama: A Multidisciplinary Study* beweist, wo die Ärzte gleich nach Chagnons inszenierter Ankunft damit beginnen, die Indianer zu impfen, und Neel am Funkgerät im Gespräch mit den protestantischen Missionaren zu sehen ist. »Was wir darüber hinaus noch benötigen«, spricht er in das Mikrofon, »ist ein ausreichender Vorrat an Antibiotika zur Behandlung der mit Masern so oft einhergehenden Sekundärinfektionen. Ich bitte Sie, uns so bald wie möglich Bescheid zu geben ... damit wir so schnell wie möglich einen Medikationsplan zur Behandlung der Kranken erstellen können. Ende.«[90] Der Film endet mit Neels leidenschaftlichem Plädoyer, »die humanitäre Herausforderung anzunehmen, diese Menschen vor dem gesundheitlichen und kulturellen Schicksal zu bewahren, das in der Vergangenheit so oft das Los primitiver Völker war ...«[91]

Die beiden Filme sowie die Bücher und Artikel, welche die AEC-Wissenschaftler über ihre Expedition ins Land der Yanomami publizierten, erwecken den Eindruck, daß sie, nachdem sie alle Patanowa-teri geimpft hatten, ins nächste Dorf weitergezogen sind und sich dort der Kranken annahmen, ihnen Antibiotika gaben und überhaupt ihre humanitären Bemühungen fortsetzten.[92] Am Tag nach Chagnons arrangiertem Empfang, am Donnerstag, den 22. Februar, meldete sich Robert Shaler, der Vater des kranken AEC-Dolmetschers, per Funk mit neuen schlechten Nachrichten bei der Expedition. Irgendwann in der Zeit zwischen dem 4. und 15. Februar hatten protestantische Missionare am Padamo lebende Yanomami mit Edmonston B geimpft, und wie schon zuvor in den Missionsstationen von Ocamo und Mavaca war den Impfungen auch hier ein Masernausbruch gefolgt.[93] »Sie haben alle Ampullen verbraucht, die ihnen geschickt worden waren, und konnten viele der Leute da unten impfen. Aber natürlich sind auch dort die Masern ausgebrochen. Wir möchten unbedingt wissen, wie es ihnen weiter ergangen ist und wie viele Dörfer möglicherweise schon von der Epidemie betroffen sind.«[94]

Im Film wurde diese Bemerkung Shalers herausgeschnitten und ein Voice-over über die Szene gelegt, in dem wir erfahren, daß die Wissenschaftler dabei waren, einen Ring um die Epidemie herum zu impfen, und daß alle Yanomami, die von ihnen geimpft wurden, die Epidemie überlebten. Unmittelbar im Anschluß an das Voice-over sehen wir Neel am Funkgerät, der dem Missionar anbietet, ihm mit weiteren Impfampullen auszuhelfen und Danny zu besuchen.[95] Danny Shaler bekam Neel in diesem Jahr nicht mehr zu sehen[96], genausowenig wie Neels Ärzte den Missionaren und venezolanischen Ärzten im Kampf gegen die Epidemie am Padamo oder anderswo beistanden.

Laut den Tonbandaufnahmen brach die Expedition am Samstag, dem 24. Februar, von Patanowa-teri auf. Nach zwei Tagen auf dem Fluß erreichten sie die Esmeralda-Landepiste, wo bereits ein Flugzeug auf sie wartete, das die Blutproben aufnahm.[97] Neels Team hatte in den zurückliegenden drei Wochen am Oberlauf des Orinoko nahezu vierzig Yanomami-Dörfer besucht und eine gewaltige Menge an Blut-, Urin- und Speichelproben genommen.[98] Tausende von Yanomami waren durch ein, wie Asch es nannte, »Fließband« hindurchgeschleust worden: »Ihnen werden Nummern zugewiesen, anschließend werden Blut-, Speichel- und Stuhlproben genommen, Zahnabdrücke angefertigt und schließlich Gewicht und Körpergröße gemessen.«[99]

Selbst zu diesem Zeitpunkt, als Neel und Chagnon zumindest vermutet haben mußten, daß die Impfreaktionen in eine unkontrollierbare Masernepidemie umschlagen könnten, versuchten sie weiter, noch mehr Yanomami zur Blutsammelstelle in Patanowa-teri zu holen.[100] Chagnon versprach den Bisaasi-teri am Mavaca, daß er den Fluß hinunterfahren und sie zu dem Fest in Patanowa-teri mitnehmen würde. Zudem bat er sie, dieselbe Einladung den Ashidowa-teri zu überbringen, einer Gruppe, die mehrere Tagesreisen entfernt im Hinterland lebte. Chagnon hoffte auch, Blutproben von den Hasupuwe-teri nehmen zu können[101], einer über dreihundert Köpfe zählenden Gruppe, die oberhalb der Guaharibo-Stromschnellen in zwei *shabonos* siedelten.[102] Am 18. Februar hatte Neel den Venezolanern mitgeteilt, daß er die Yanomami-Gruppen am Oberlauf des Orinoko impfen würde, was er aber nie tat (und was angesichts der Umstände vielleicht ein Segen war). Fatal daran war nur, daß die venezolanischen Ärzte aufgrund dieser Fehlinformation ihre Einsatzpläne änderten und die Hasupuwe-teri ihrem Schicksal überließen. Am Ende fielen rund hundert Hasupuwe-teri den Masern zum Opfer.[103]

»Die Blut- und anderen Proben mußten wegen der Gefahr, daß sie verderben, schnellstmöglich in die Labors geschafft werden«, erklärte Asch. »Patanowa-teri war das letzte Dorf, das sie impfen konnten.«[104]

Der Unterschied zwischen dem James Neel vor der Kamera und dem hinter der Kamera war nur eine der Anomalien des Films. Warum waren die AEC-Ärzte so erpicht darauf, die Yanomami zu impfen? Sie befanden sich in einem extrem isoliert gelegenen Dorf und verfügten über keinerlei medizinische Notfallbetreuung, und das, obwohl eine Impfung mit Edmonston B eine mindestens 15tägige kontinuierliche Nachsorge erforderte.[105]

Ihre einzigen beiden anderen Impfaktionen, an den Missionsstationen von Ocamo und Mavaca, hatten Panik und Tod ausgelöst. Am Tag, als die Expedition Mavaca verließ, verschwanden rund siebzig gerade erst geimpfte Yanomami in den Dschungel, wo sie erst zehn Tage später und ausnahmslos »sehr krank« von Missionaren gefunden wurden.[106]

Chagnon hatte bereits zugegeben, daß der Impfstoff fast so heftige Reaktionen wie echte Masern auslöste[107], und Neels Daten zeigten keinerlei Unterschied zwischen den Impfreaktionen und einer ernst verlaufenden Infektion.[108] Doch nachdem sie den venezolanischen Behörden schon versichert hatten, daß Edmonston B keinen Ausschlag verursachte, hielten sie an dieser Version hartnäckig fest. So erklärte beispielsweise der Expeditionsarzt Will Centerwall vor laufender Kamera: »Daß diese Art der Masern – und insbesondere der Impfstoff – Probleme verursachen, ist sehr unwahrscheinlich, klar?«[109]

Eine Feststellung, die mehr Fragen aufwirft, als sie beantwortet. Von was für einer »Art« Masern sprach Centerwall? Und dann: *Insbesondere der Impfstoff?* Asch schnitt diese Szene aus dem Film, und er verschwieg auch Centerwalls Entscheidung, schwangere Frauen nicht zu impfen.

»Lassen Sie es mich so ausdrücken: Ich halte es für das geringere Übel.«

»Sie meinen, statt sie zu impfen?«

»Ja. Ich gebe ihr drei Zentiliter Gammaglobulin. Falls sie dann doch die Masern bekommt, wird die Krankheit mild verlaufen.«[110]

Einige Ärzte hielten es für ratsam, die Impfungen während einer Epidemie auszusetzen und nur Gammaglobulin zu geben. Doch Neel folgte in seinen Entscheidungen zusehends der Logik des Films und weniger den medizinischen Notwendigkeiten. Mit dem Versprechen, »einen Ring um die Epidemie zu impfen«, und der Versicherung, daß der Impfstoff harmlos sei, hatte er sich in eine Sackgasse hineinmanövriert. Damit, daß Neel uns in dem Film zeigt, wie die Patanowa-teri geimpft werden, rechtfertigt er nicht nur die ersten Impfungen, sondern auch seine Entscheidung, sich nicht weiter um die kranken Yanomami in Mavaca zu kümmern. »Dieses Dorf hatte Glück«, hören wir Neel im Film. »Es wurde rechtzeitig geimpft.«[111]

Das wurde es nicht. Neel hatte nicht einmal annähernd genug Gammaglobulin, um alle Patanowa-teri zu impfen. In den später herausgeschnittenen Passagen hört man, wie Chagnon zugibt, daß sie die Aktion nicht zu Ende bringen konnten. Schlimmer noch, einige der in Mavaca geimpften und an Masern erkrankten Yanomami hatten sich zu Fuß auf den Weg durch den Dschungel gemacht, um sich der Expedition wieder anzuschließen. Doch nur einer von ihnen schaffte es, die anderen waren bereits zu krank und blieben unterwegs liegen. Per Funk teilte Chagnon den Missionaren in Mavaca mit, er werde versuchen zu verhindern, daß die nicht geimpften Patanowa-teri mit dem an Masern erkrankten Mann in Kontakt kamen. »Wir müssen sie so gut wie möglich isolieren. Als weitere Schutzmaßnahme haben wir alle Patanowa-teri, für die wir noch Impfstoff hatten, geimpft.«[112]

Impfstoff hatten sie ausreichend, was ihnen fehlte, war Gammaglobulin. Das jedoch erwähnten sie in den wiederholten Funkgesprächen mit keinem Wort, vielleicht, weil sie einen antiquierten Impfstoff verwendeten. Selbst das nicht gerade reiche Venezuela hatte zu der Zeit bereits auf den Schwarz-Impfstoff umgestellt, der ohne parallele Gammaglobulingabe verabreicht werden konnte.

Die Expedition setzte die Patanowa-teri einem dreifachen Infektionsrisiko aus: dem Risiko der Infektion mit Malaria, mit Bronchopneumonie und, je nachdem, welcher Gruppe sie angehörten, mit dem Edmonston B Lebendvirus oder den Viren des an Masern erkrankten Mannes aus Mavaca.

Im Film jedoch werden die Yanomami als vor Gesundheit strotzende Naturmenschen dargestellt. »Das hier ist ihr Anführer«, schwärmte Centerwall vor der Kamera, »ein zweifellos prächtiges Exemplar von einem Mann.«[113] (In Wahrheit wog er gerade einmal 54 Kilogramm, womit er für Yanomami-Verhältnisse jedoch kräftig gebaut war.) Gleichermaßen begeistert war der Arzt von den kräftigen Farben des Urins der Yanomami – »Tim, sehen Sie, diese Urinproben hier sind eine wunderschöne Sammlung von Gelb- und Bernsteintönen …«[114] Neel fand die Stuhlproben »bemerkenswert«, während der gelernte Zahnarzt Charles Brewer die Zähne der Indianer lobte: »Sie sind perfekt. Kein Karies und keine Spuren von Zahnstein.« Den guten Zustand ihrer Zähne führte Brewer auf die ballaststoffreiche und zuckerfreie Ernährung der Yanomami zurück. Doch Neel warnte vor dem bevorstehenden Ende des Idylls. »Jedes Jahr streckt die Zivilisation ihre Fühler weiter aus … Im Zuge der Akkulturation verschlechtert sich der Gesundheitszustand primitiver Menschen üblicherweise rasch.«[115]

In Patanowa-teri war diese Akkulturation bereits weit fortgeschritten.

Die Expedition hatte nicht nur mit den um sich greifenden Krankheiten zu kämpfen, auch die Versorgung der Indianer mit Nahrungsmitteln wurde zusehends problematisch. Seit dem Umzug an den Orinoko lebten die Patanowa-teri weit von ihren Plantagen entfernt; die nächste lag einen dreistündigen Fußmarsch entfernt.[116] Ohne ihre Plantagen konnten sie sich nicht ernähren, geschweige denn das Essen für 125 Festgäste beschaffen.

Chagnon hatte zwar versprochen, das gesamte Fleisch für das Fest zu besorgen, doch selbst mit den beiden Schrotflinten der Expedition war das keine leichte Aufgabe. »Schaut euch das an«, beklagte sich Charles Brewer bei der Rückkehr von einer Jagd. »Ich bin seit sechs oder halb sechs Uhr heute morgen auf. Ihr wißt, ich habe mit dem Fest und dem Sammeln der Blutproben jede Menge zu tun. Und dieser Kerl hier überredet mich zu einer fünfminütigen Bootstour, um auf die Jagd zu gehen. Und jetzt soll ich schon wieder um ein Uhr aufstehen! Ihr wißt ja, daß ich für sie schon gejagt habe, weil sie wirklich hungrig waren.«

»Und dann habe ich noch ein paar Bonbons«, fügte er voller Abscheu hinzu. Mit Bonbons meinte er die Süßigkeiten, welche die Expedition an die Yanomami verteilte und die in der Zwischenzeit überall herumlagen. »Sie baten mich, sie mitzunehmen, nachdem ich sie gezählt hatte. Hier sind sie.«[117]

Neel hatte den Frauen und Kindern, die für sie arbeiteten, Tausende von Bonbons gezahlt. Die Frauen sollten für den Biologen der Expedition Käfer sammeln. Centerwall wurde mit zahllosen Exemplaren ein- und derselben Käferart überhäuft und sah sich inzwischen außerstande, den Frauen und Kindern die versprochenen Bonbons zu bezahlen.[118]

Doch der Käferstrom war kaum aufzuhalten. Auch ansonsten klappte nichts, wie es sollte, und dazu kam, daß auch die Wissenschaftler hungrig waren. Brewer stellte fest: »Trotz all der wissenschaftlichen Arbeit, die wir zu tun haben, müssen wir auch essen.«[119] Die Schrotflinten vertrieben das ganze Wild, und ihre

Beute beschränkte sich auf ein paar Vögel und einmal eine trächtige Äffin. Brewer hätte niemals Affen geschossen, hätte es mehr Wild gegeben. So gesehen war es kaum überraschend, daß beim Fest der Patanowa-teri – nicht anders als bei dem der Reyaboboweí-teri – Fleisch Mangelware blieb. Im Film machte Chagnon den Häuptling des Dorfes dafür verantwortlich. »Seine Jäger haben so wenig erlegt, daß er nun mit dem Fleisch strenger haushalten muß.«[120] Daß seine Jäger Chagnon und Brewer hießen, erwähnte er nicht.

»Bevor ich mich entschuldige, mich trifft keine Schuld«, fing Brewer an.

»Nein?« gab Neel amüsiert zurück. Im Unterschied zu Chagnon, den er härter anpackte und ihm vorhielt, während der gesamten Expedition nicht ein einziges Mal etwas mit der Schrotflinte getroffen zu haben, hatte er eine Schwäche für Brewer.

»Ihr seid schon ein armseliger Haufen«, kommentierte Asch.[121]

Um der Gerechtigkeit Genüge zu tun – Brewer und Chagnon hatten alle Hände voll zu tun. Chagnon überwachte die Zubereitung der zeremoniellen Kochbananensuppe, des Hauptgetränks des Festes. Dafür war es notwendig, Unmengen von Bananen von einer weit entfernten Pflanzung heranzuschleppen.

Dem Film zufolge war Kumaiewa, der Häuptling der Patanowa-teri, »*der* wichtige Mann«.[122] Doch mir gegenüber versicherten die Patanowa-teri-Ältesten, daß der wirkliche Anführer des Dorfes ein älterer Schamane namens Shamawe gewesen sei, der sich Chagnons Wünschen gegenüber aber verschlossener gezeigt habe als der jüngere Kumaiewa. Offensichtlich löste der Kampf um die Gunst Chagnons wie schon bei den Bisaasiteri auch bei den Patanowa-teri einen internen Konflikt aus.

Darauf deutete auch eine kurze Unterhaltung zwischen Chagnon und einer Yanomami-Frau hin. Laut der Übersetzung in *The Feast* fragte die Frau: »Shaki, bist du mein älterer Bruder? Sag mir, daß du mein Freund bist.«[123] In aller Öffentlichkeit einen *nabah,* einen Fremden, zu fragen, ob er ihr »Freund«

und »älterer Bruder« sei, wäre ein außergewöhnlich offenes Verhalten gewesen und hätte zumindest für verärgert hochgezogene Augenbrauen gesorgt.

Tatsächlich hat die Frau denn auch etwas ganz anderes gefragt. Korrekt übersetzt heißt *Shaki wa wohimai ya irawe* nämlich: »Shaki, liebst du deinen Bruder?«[124] Was sie wissen wollte, war, ob Chagnon ihren Ehemann Hotihewe bei der Verteilung von Tauschgütern berücksichtigen würde, was er regelmäßig tat, indem er die Yanomami mit unterschiedlichen Farben markierte, nachdem er sie für ihre ihm geleisteten Dienste oder Proben von Körperflüssigkeiten bezahlt hatte.

Der Film wies Tauschwaren im politischen System der Yanomami eine Schlüsselrolle zu. »Die Tauschwaren erzeugen Verpflichtungen, welche die Gäste später auf einem von ihnen ausgerichteten Fest erfüllen müssen, und tragen so zur Festigung der Allianz bei.«[125] Dies galt ganz sicher für die Waren der AEC, die die wahre Basis der Allianz bildeten. Chagnon verstand es geschickt, die Yanomami mit Geschenken und der Aussicht auf weitere Vergütungen zur Mitarbeit zu verlocken. Als beispielsweise die Frauen, welche die Bananen von der Plantage ins Dorf schleppten, gegen den *Mahekoto-teri noreshi* – »den Film mit den Mahekoto-teri« – protestierten, stimmte Chagnon sie mit der Aussicht auf *mahode totohiwe* – »schöne Geschenke« wieder um.[126] Aber auch hier entsprachen die Expeditionsvorräte nicht dem Umfang des Projektes, und Chagnon war gezwungen, per Funk Nachschub anzufordern.[127]

Einmal, auf dem Weg zu einer Bananenpflanzung, fingen die Yanomami, die Asch und Chagnon begleiteten, unvermittelt an, wie wild zu tanzen, »brüllten, was ihre Lungen hergaben und wedelten mit Zweigen in der Luft herum«. Asch war zwar sehr erstaunt über diesen unvermittelten Gefühlsausbruch, aber dennoch geistesgegenwärtig genug, die Szene, die er für »ein Ernteritual« hielt, zu filmen. Als die Yanomami schließlich erschöpft und schweißgebadet aufhörten zu tanzen, fragte Chagnon sie, warum sie das getan hätten.

Statt einer Antwort erhielt er die erstaunte Gegenfrage: »War das nicht, was du uns gerade gebeten hast, zu tun?«[128]

Es stellt sich die Frage, wie gut Chagnon sich tatsächlich mit den Yanomami in ihrer Sprache unterhalten konnte. Er war insgesamt 15 Monate bei den Yanomami, und bislang hat noch niemand ihre Sprache in einer so kurzen Zeit fließend sprechen gelernt. Einmal bat er Asch, eine bestimmte Szene nochmals mit ihm im Bild zu drehen, da, wie er sagte, »mein Yanomami ein wenig eingerostet ist«.[129]

Die Yanomami verstanden, daß Chagnon Szenen mit Gewalt filmen wollte, eine Vorliebe, die auch Asch nicht entging und die er zum Gegenstand eines Artikels machte. In der 1995 erschienenen Asch-Gedenkausgabe von *American Film Quarterly* findet sich der Auszug des Artikels »Vorurteile in der ethnographischen Berichterstattung«, in dem Asch berichtet, daß Chagnon »sauer« wurde, wenn er seine Kamera auf etwas anderes als Beispiele aggressiven Verhaltens richtete. Für Chagnon waren Szenen, in denen keine Gewalt vorkam, eine Verschwendung von wertvollem Filmmaterial. Als Asch Chagnon bei dem Fest vorschlug, die Aktivitäten der Frauen zu filmen, fuhr Chagnon ihn ungehalten an: »Was bringt dich auf den Gedanken, daß es hier irgendwelche Aktivitäten von Frauen gibt?«[130]

Als Erzähler in *The Feast* erklärte Chagnon, daß »Frauen bei politischen Ereignissen wie diesem im Hintergrund bleiben«.[131] Das mochte für das von der AEC-Expedition organisierte Fest zutreffen, im allgemeinen stimmte das nicht. Normalerweise werden Yanomami-Feste von den Frauen mit einem – *amoamou* genannten – Frage-und-Antwort-Gesang eingeleitet[132], der häufig in einen langen, freundschaftlichen Wettbewerb zwischen den Gastgeberinnen und den Besucherinnen mündet.[133] Wenn das Fest weiter fortgeschritten ist, kommt es oft zu einer spektakulären Aufführung – *hakimou* –, bei der die Frauen der Gäste mit den einheimischen Männern tanzen und die gelegentlich den Auftakt zu sexuellen Tändeleien bildet.[134] Doch die Frauen der Patanowa-teri hatten Angst, daß die Gäste, mit denen sie ja bislang verfeindet gewesen waren und deretwegen sie ursprünglich dieses *shabono* verlassen hatten, über sie herfallen würden. Laut dem Expeditionsbiologen Centerwall deuteten die kräftigen Farben des Urins der Frauen auf Dehydration hin – sie trauten sich aus Angst vor feindlichen Übergriffen noch nicht einmal, ihren Durst an einem nahe gelegenen Bach zu löschen.[135]

The Feast verdankte seinen Erfolg bei den Studenten und Filmjuroren hauptsächlich den darin enthaltenen Szenen der Gewalt und der Erwartung von Gewalt. »Die Patanowa-teri sind in den vergangenen 16 Monaten 25mal überfallen worden und hatten dabei zehn Tote zu beklagen«, berichtet Chagnon in dem Film.[136] Das stimmte nur zum Teil: Tatsächlich waren die Patanowa-teri 25mal überfallen worden und hatten dabei zehn Leute verloren, aber das alles spielte sich in den drei Monaten von November 1964 bis Januar 1965 ab, in denen Chagnon vor Ort war. Nach seiner Abreise gab es keine weiteren Toten.

Nichtsdestotrotz hatte Chagnon recht, als er feststellte, daß »viele Patanowa-teri die Mahekoto-teri immer noch als ihre Feinde betrachten. Sie sind, ebenso wie ihre Gäste, voller Angst, da sie wissen, daß jedes Fest in Gewalttätigkeiten enden kann ...«[137]

Das trifft zu, ist aber nur sehr selten der Fall. Bei diesem Fest jedoch war die Atmosphäre schon deswegen gespannt, weil keine der beiden Gruppen an dem Fest teilnehmen wollte. Doch da die Expedition das Fest organisiert hatte und Chagnon mit seinen Schrotflinten zugegen war, bestand während des Festes keine Gefahr, daß es zum Ausbruch von Gewalttätigkeiten kommen würde. Der Eindruck einer unmittelbar bevorstehenden Konfrontation, den der Film vermittelt, beruht ausschließlich auf der irreführenden Übersetzung. Ein besonders gutes Beispiel dafür ist die Szene im Film, in der ein Vortänzer der Mahekoto-teri den Tanzplatz der Patanowa-teri betritt, einen wilden Tanz aufführt und dabei immer wieder »Kämpfen! Kämpfen! Kämpfen!« ruft.[138]

Zumindest wurde er so im Film übersetzt. Tatsächlich aber sang er *Mita mitahe* – »Seht! Seht!«[139] Von dem Tänzer ging keinerlei Gefahr aus.

Die wirkliche Gefahr lauerte anderswo, wie Neel in dem Film auch erklärte: »Solche Feste sind oft auch ein Anlaß, gemeinsam ein feindliches Dorf zu überfallen... Manchmal schließen sich Dörfer bei einem Fest zusammen. Die Krieger trinken ein Gebräu aus den verbrannten Knochen eines verstorbenen Freundes oder eines im Kampf gefallenen Verwandten und ziehen dann in einer Gruppe gegen einen gemeinsamen Feind los.« Genau das geschah nach Abschluß der Dreharbeiten zu *The Feast.* Zusammen griffen die Patanowa-teri und Mahekoto-teri das Dorf Yabitawa-teri an, wo sie, für einen Yanomami-Kriegszug sehr ungewöhnlich, eine alte Frau töteten.

»Auf den ersten Blick mag es ja wie eine großartige Idee aussehen, zwei verfeindete Gruppen zusammenzubringen und Frieden zwischen ihnen zu stiften«, meinte der Missionar Mike Dawson, der über vierzig Jahre unter den Yanomami gelebt hat. »Aber zum einen führen die Yanomami nur selten Krieg. Um einen Krieg zu vermeiden, ziehen sie an einen Ort um, wo sie keinen Kontakt mehr zu ihren Feinden haben. Wenn man diese Gruppen, beispielsweise um ein Fest zu filmen, wieder zusammenbringt, läßt das auf beiden Seiten die Erinnerungen an alte Feindseligkeiten und Händel wieder aufleben. Und so ungefähr die einzige Methode, diese Emotionen in den Griff zu bekommen, besteht darin, eine dritte Gruppe zu überfallen. Genau das ist mehr als einmal im Anschluß an Dreharbeiten passiert.«[140]

Am Morgen des 4. März filmten Chagnon und Asch den Aufbruch des aus sieben Patanowa-teri und Mahekoto-teri bestehenden Kriegstrupps. Dieser Trupp war noch kleiner als derjenige, dessen Auszug Chagnon in Monou-teri gefilmt hatte und brachte es nicht einmal auf die zehn Teilnehmer, die Chagnon als Minimum für einen erfolgreichen Überfall bezeichnet hatte.

In Anbetracht der Größe des Festes (340 Teilnehmer) hätte der Kriegstrupp normalerweise sechzig bis achtzig Mann stark sein müssen.[141] Da es sich dabei um ein neues Bündnis handelte, wären die Häuptlinge beider Gruppen verpflichtet gewesen, mit ihren Stammesgenossen mitzuziehen.[142] Doch keiner der Anführer der beiden Gruppen nahm an dem Überfall teil.

Genausowenig führten die neu verbündeten Gruppen die vor einem Kriegszug erforderlichen, rituellen Vorbereitungen durch, die sich vor allem auf das gemeinsame zeremonielle Trinken der heiligen Asche von Toten konzentrieren. Diese heilige Asche wird von den Frauen aufbewahrt, und nur ihnen ist es erlaubt, diese Asche, vermischt in einer Kochbananensuppe, zu trinken, bevor die Krieger aufbrechen. Bei diesem rituellen Totenmahl nehmen die Schamanen Halluzinogene ein und beschwören die spirituellen Feinde, welche von den Kriegern besiegt werden sollen. Auch wenn der in *The Feast* gezeigte Überfall offensichtlich aus rein materiellen Motiven, sprich zur Erlangung von Handelsvorteilen, geführt wurde, lag ihm ein Bündnis zugrunde, das in der umfangreichen Literatur über die Yanomami einmalig ist.[143] Der Überfall war, wie das Fest selbst, ein Ereignis ohne jeglichen spirituellen Kern.

Chagnon war enttäuscht von dem schwachen Finale des Films.[144]

Nachdem die letzte Szene im Kasten war, verließen Chagnon und Asch das Dorf. Unterdessen bahnten sich die sieben Mitglieder des Kriegstrupps unter Führung von Asiawe, dem Sohn des Häuptlings der Mahekoto-teri, ihren Weg durch den Dschungel.

»Wir gingen mit den Patanowa-teri und überfielen das Dorf Yabitawa-teri, wo wir eine alte Frau mit Pfeilen töteten«, erzählte mir Asiawe, als ich mich in Mahekoto-teri mit ihm unterhielt. »Am nächsten Tag kehrten wir nach Patanowa zurück. Zu dem Zeitpunkt fing ich an, mich krank zu fühlen. Anderen aus meinem Dorf erging es ebenso. Dann verließen wir die Patanowa-teri und kehrten nach Platanal zurück, doch zu der Zeit waren schon viele von uns krank. Vier meiner Leute starben, und González [der venezolanische Krankenpfleger] half mir, sie ihm Dschungel aufzuhängen.«

Wenn bei einer Epidemie in kurzer Zeit viele sterben und niemand mehr die Kraft hat, die üblichen Einäscherungszeremonien durchzuführen, pflegen die Yanomami ihre Toten, in Hängematten oder Körbe gebettet, oder auf Plattformen hoch über dem Boden in den Bäumen zurückzulassen. »Ich überquerte den Fluß, und als ich auf der anderen Seite war, starben noch mehr meiner Leute«, fuhr Asiawe fort. »Auch sie hängten wir in den Bäumen auf. Dann zog ich ein Stück flußabwärts, und noch mehr von unserem Volk starben. So viele starben. Also zogen wir wieder den Fluß hinauf, und langsam ging es uns wieder besser. Die ganze Zeit über half González uns, die Toten in den Bäumen aufzuhängen. Und er gab uns Medizin. Von den Shashanawa-teri sah ich nur wenige [eine weitere Gruppe, von der die AEC-Wissenschaftler Blutproben genommen hatten, ohne sie zu impfen]. Sie hatten nur vier Anführer gehabt, und alle waren tot. Wir hängten unsere Toten draußen im Dschungel auf. Sie hängten sie nicht im Dschungel auf, sondern schnürten sie einfach in Hängematten und hängten sie im *shabono* auf… Nachdem ich meine Knochen getrunken hatte, gingen wir zu ihnen und tranken ihre Knochen. Zuerst kamen die Shashanawa-teri zu unseren Verbrennungen in Mahekoto, dann, als sie ihre Knochen machten, halfen wir ihnen.«[145]

Chagnon schrieb zwar, daß 25 Prozent der »Platanal-Yanomami« an Masern starben[146], gab aber niemals zu, daß die Platanal-Yanomami identisch waren mit den Mahekoto-teri und daß die Epidemie unmittelbar nach Ende der Dreharbeiten zu *The Feast* ausbrach. Von allen Expeditionsteilnehmern war Timothy Asch der einzige, der dies später eingestehen sollte.[147]

Daß 20 bis 30 Prozent der Mitglieder von Eingeborenenstämmen nach dem Erstkontakt sterben, hat sich über die Jahrhunderte hindurch als normal erwiesen.[148]

Die meisten großen Expeditionen brachten den Erforschten Tod und Verderben, den Erforschern nach ihrer Rückkehr dagegen Adels- oder Doktortitel. Wenn, was nicht häufig vorkam, Historiker oder Indianer Klagen erhoben, fehlten hieb- und stichfeste Beweise: Tote können nicht sprechen.

Das ist auch der Grund, warum die Aufnahmen Aschs, die in den Filmen nicht verwendet wurden, so wertvoll sind. Wir hören die Stimmen von vom Tod gezeichneten Indianern, hören, wie sie sich über die Besucher beschweren, die mit Viren, Gewehren und Stahl in ihr Land gekommen sind. In einer Aufnahme vom 27. Februar, also kurz vor dem Fest, hört man über im Hintergrund hustende Menschen hinweg Schamanen, die mit beschwörenden Worten versuchen, die Krankheit zu vertreiben.

Eine Frau weint und schreit, *hariri* – »Krankheit«. Eine andere sagt, daß sie an dem Fest mit den Mahekoto-teri nicht teilnehmen möchte, weil sie »grimmig« seien – *Mahekoto-teri waiteri.*[149] Andere brüllen Timothy Asch an und bewerfen ihn mit Steinen. Offensichtlich hat Asch irgendwann genug und wirft einen Stein zurück, der einen Hund trifft. Daraufhin ist ein Hund zu hören, der laut aufheult, und wütendes Gebrüll der Yanomami.[150]

Asch: »Das wird nichts mehr.«

Chagnon: »Ich glaube, das reicht, Tim.«

[Frauen husten laut und spucken aus.]

Asch: »Das ist nicht in Ordnung ...«[151]

Nein, das war es ganz und gar nicht, aber sie konnten von ihrem Skript nicht mehr abweichen. »Ich frage mich, ob er daß nochmals tun kann, und zwar ohne das Kind.« Asch wollte, das ein Schamane etwas wiederholte.

Ein Patanowa-teri fing an, Aschs Namen zu singen: *»Ashe, Ashe ...«*

»Das sind für eine Verbrüderungsszene ziemlich wilde Töne«, sagte Asch, ohne auf den Singsang einzugehen. »Aber ich halte sie für ein wenig ... nicht ganz ...«

Kurz darauf hört man einen Yanomami einen Satz vor sich hinmurmeln, in dem das Wort *horemu* – »Lüge« oder »Fälschung«[152] – vorkommt. Auch wenn die Bänder noch nicht vollständig übersetzt sind, dasselbe Wort wiederholten die alten Yanomami immer und immer wieder, als sie im September 1996 den Film *The Feast* sahen. Für sie war das, was sie da auf der Leinwand sahen, ohne Zweifel eine *horemu,* eine Fälschung.

Allerdings wäre es genauso falsch zu glauben, daß sich irgendein Forscher in dieser Situation anders verhalten hätte. Ich weiß, daß ich es nicht anders getan hätte. Nicht im Alter von 29 Jahren – dem Alter von Chagnon und Asch –, mit einer modernen Kameraausrüstung in der Hand und dem Befehl, einen Krieg zu filmen.

Auch wenn der fertig bearbeitete Film ein *horemu* ist, das ungeschnittene Filmmaterial erschließt neues Land und führt uns die ansonsten unsichtbar bleibenden Verheerungen vor

Augen, die ein Erstkontakt bei bislang unberührt lebenden Stämmen auslösen kann. Der Koch aus Caracas ließ seine Zigarette herumgehen und teilte sein Essen mit den Yanomami – ohne zu ahnen, daß er sie damit mit Atemwegskrankheiten ansteckte. Der Dolmetscher Danny Shaler infizierte sich am Orinoko mit Malaria und brachte die Krankheit mit zu den Patanowa-teri. Die Ärzte der Expedition verabreichten den Indianern einen gefährlichen Impfstoff und überließen sie dann ihrem Schicksal. Ein an den Masern erkrankter Yanomami aus Mavaca folgte der Expedition auf der Suche nach Stahlwaren. James Neel tobte, wenn Szenen gefilmt wurden, in denen die Yanomami einen allzu großen Altruismus an den Tag legten. Währenddessen wurden in großem Maßstab Blut- und Urinproben, Käfer und Pflanzen außer Landes geschafft, mehrere Kilometer Film belichtet – und die Lebensmittel wurden knapp. Die Wissenschaftler hatten, wie Brewer klagte, »so viel zu tun« und so wenig Zeit.[153]

Alle vorangegangenen Studien eines Erstkontakts waren, um Neels treffenden Ausdruck zu verwenden, »ein Mosaik unzusammenhängender Erkenntnisse«.[154] Mit den Take-outs, die Asch den National Archives in Washington vermachte, hinterließ er uns eine einmalige Dokumentation darüber, welche Folgen Krankheiten und Akkulturation für einen bislang von der Zivilisation unberührten Stamm haben können. Das Material, das so lange unbeachtet in den Archiven lag, läßt die Toten von Patanowa-teri noch einmal für *The Feast* tanzen.

Kurz nach dem Fest fertigten die überlebenden Patanowateri gemeinsam mit einer anderen Gruppe, den Iwahikoroba-teri, eine Puppe an, die Chagnon darstellte. Sie stellten die Puppe auf und beschossen sie mit ihren Langpfeilen. Beide Gruppen warfen Chagnon vor, sie mit Schwarzer Magie verhext zu haben, und zogen, um den tödlichen Kräften des Anthropologen zu entkommen, vom Mavaca weg. Chagnon zeigte sich lediglich »verärgert«, daß seine früheren Freunde an diesem Ritual teilgenommen hatten[155], das einzige Mal übrigens, daß ein Nicht-Yanomami zum Gegenstand eines solchen Rituals gemacht wurde. Als Chagnon 1969 die Patanowa-teri nochmals besuchen wollte, zwangen seine Führer ihn zur Umkehr. »›Wir dürfen nicht weitergehen‹, warnte ihn sein Führer auf dem Weg den Fluß hinauf. ›Sie werden mit Pfeilen auf Sie schießen‹«, erzählte Schwester Felicia von der Missionsstation am Ocamo. »Sie hatten aus Bananen- und Palmenblättern eine Puppe [von Chagnon] angefertigt. Chagnon war bei seiner Rückkehr zur Missionsstation den Tränen nahe.«[156]

KAPITEL 7

Ein mythisches Dorf

Ich war ihr Dorf. Ihr Dorf war ich.
Napoleon Chagnon[1]

Während die Yanomami, die Asch für *The Feast* gefilmt hatte, in panischer Angst flohen, und während sich die Masern von einem Yanomami-Dorf ins nächste ausbreiteten, nahm Napoleon Chagnon das größte Abenteuer seiner Laufbahn in Angriff: In der zweiten Märzwoche 1968 fuhr er den Mavaca hinauf, um Dörfer zu erkunden, »die seit ihrer Gründung außer mir von keinem Fremden besucht worden waren«.[2] Die Einwohner dieser Dörfer gehörten einer Untergruppe der Yanomami an, den Shamatari. »Meine anschließende Arbeit unter den Shamatari bewog mich dazu, die Yanomami als das ›grimmigere‹ Volk zu bezeichnen.«[3]

Immer grimmiger, immer tiefer in den unerforschten Dschungel hinein. El Dorado war, wenn man so will, von Anfang an ein Mythos von Zivilisationen, die aufgehört hatten zu existieren. Schon die Spanier hatten immer wieder nach ebenden Orten gesucht, die sie selbst zuvor bereits erobert und vernichtet hatten.

Die amerikanische Anthropologie entstand aus einer vergleichbaren Nostalgie heraus. Kaum waren die »wilden Indianer« ausgerottet oder in Reservaten zusammengepfercht worden, verspürten die Wissenschaftler den Wunsch, sie neu zu entdecken. Dieses Gefühl war der Grund dafür, warum die Entdeckung eines einzelnen Yahi-Indianers im Kalifornien des Jahres 1911 in den Zeitungen und Wissenschaftskreisen ein so gewaltiges Echo ausgelöst hatte. Der letzte Yahi hieß Ishi und hatte vierzig Jahre lang in der Sierra Madre im Norden Kaliforniens versteckt gelebt. Ishi wurde so oft fotografiert und gefilmt, daß er binnen kürzester Zeit zum Experten in Sachen Positur und Beleuchtung wurde und den Schlange stehenden Hobbyfotografen Tips in Sachen Requisiten und Bildausschnitt gab. Doch schon nach wenigen Wochen erkrankte Ishi an einer Lungenentzündung. Ishi starb nach langem Leiden an Tuberkulose, wobei sein Tod noch dadurch beschleunigt wurde, daß es sich der damalige führende amerikanische Linguist nicht nehmen ließ, ihn noch auf dem Sterbebett zu befragen.[4]

Wenn ein Yahi-Indianer zu Beginn des 20. Jahrhunderts solches Aufsehen erregte, dann mußte das wissenschaftliche Potential von noch niemals mit der Außenwelt in Kontakt getretenen Eingeborenendörfern Ende der sechziger Jahre unschätzbar sein. Chagnon gab denn auch offen zu, daß sein Motiv »wissenschaftliche Neugierde« war.[5] Wie seine Vorgänger an der University of California erkannte er in seiner Entdeckung eine einmalige Chance für die Wissenschaft. »Wie alle archaischen Stammesgesellschaften sind die Yanomami zum Untergang verdammt. So sicher, wie die westliche Zivilisation immer weiter in die bislang noch unerforschten Ecken der Welt vordringt, so sicher werden die Yanomami verdrängt und von eingeschleppten Krankheiten dezimiert werden.«[6]

Nach seinem Eintreffen in Venezuela hatte Chagnon versucht, in Kontakt mit den Shamatari-Yanomami zu treten. »Das waren die Leute, gegen die Kaobawa und sein Volk seit einem halben Jahrhundert unablässig Krieg führten …«[7] Als die Shamatari erfuhren, daß Chagnon mit einem schier unerschöpflichen Schatz an Stahlwaren am Orinoko eingetroffen war, schickten sie Boten aus, die ihm eine Einladung überbrachten. Kurz nachdem Chagnon sein Lager in Bisaasi-teri aufgeschlagen hatte, zogen sie sogar vom Siapa ins Quellgebiet des Mavaca. Obwohl sie über andere Gruppen an Äxte und Macheten aus dem Fundus Chagnons herankamen, strebten sie eine direkte Beziehung mit dem Anthropologen an[8], ein Ansinnen, das Chagnon begierig aufgriff.

Die Bisaasi-teri widersetzten sich Chagnons Absichten, zu den Shamatari zu reisen, mit Argumenten, Drohungen, Kriegszügen und Hinhaltemanövern. Als Chagnon sich das erste Mal den Mavaca hinauf aufmachte, säumten die Bisaasi-teri das Ufer und brüllten ihm zu, den nichtswürdigen, verräterischen Shamatari, die ihn sowieso töten würden, keine Stahlgeschenke zu bringen. Zwei Tage später machten sich seine Bisaasi-teri-Führer aus dem Staub, und dem wütenden Anthropologen blieb keine andere Wahl, als umzukehren.[9] Kurz darauf griffen die Bisaasi-teri das größte Shamatari-Dorf an und töteten dabei einen Mann, nach fünf Jahren der erste Tote in den Auseinandersetzungen zwischen den beiden Gruppen. Als Chagnon versuchte, die Shamatari zu Fuß zu erreichen, wurde er schwer krank, nachdem er eine ihm von den Bisaasi-teri überreichte Speise verzehrt hatte.[10]

Verständlicherweise trübte dieser Interessenkonflikt die Beziehungen Chagnons zu seinen Gastgebern und deren Anführer Kaobawa. Chagnon war enttäuscht, daß die Bisaasi-teri ihn offensichtlich lediglich als jemanden sahen, der sie mit Stahlwaren versorgte, nicht als Freund. Andererseits konnten die Bisaasi-teri nicht verstehen, daß sie, je mehr sie sich akkulturierten, für Chagnon, der für diese Entwicklung ja mit verantwortlich war, als Informanten und Studienobjekte zusehends an Wert verloren.[11]

1968 schließlich hatte Chagnon einen Weg gefunden, seinen Traum doch noch in die Tat umzusetzen. Er heuerte den jungen Karina an, der in einem der Dörfer aufgewachsen war, das Chagnon zu besuchen beabsichtigte. Karina lebte inzwischen zwar in einem mit den Bisaasi-teri verbündeten Dorf, wurde dort aber als »Außenseiter« behandelt. »Von den Jungen in seinem Alter wurde er verspottet, und die Erwachsenen scheuchten ihn herum wie ein gerade erst gefangengenommenes Kind einer feindlichen Gruppe.«[12]

Seit 75 Jahren war kein Fremder mehr den Mavaca hinaufgefahren. Sein Quellgebiet war in keiner Landkarte verzeichnet. Auf dem Weg den Fluß hinauf kreuzten zahllose Pekaris (Wildschweine) und Truthähne ihren Weg, und Chagnon überkam das Gefühl, durch ein Land des fast paradiesischen Überflusses zu reisen. Hinter diesem Idyll jedoch lauerte stets die Bedrohung durch die vermeintlich furchtbaren Shamatari sowie durch mythische Kräfte. Karina fürchtete sich vor allem vor den *raharas,* mythologischen Schlangen, die nach Überzeugung der Yanomami in unerforschten Flüssen leben. Chagnon stellte dem Yanomami-Mythos einen eigenen Mythos entgegen, einen, der sich um seine Person entwickelt hatte. Um Karina zu beruhigen, erzählte er ihm, daß er in seiner Jugend viele *raharas* getötet habe. Zuletzt erreichte er das »fast schon legendäre Dorf Mishimishimabowei-teri«. Nachdem sich sein Führer mit seinen Tauschwaren und dem Boot davongemacht hatte, höhlte Chagnon einen Einbaum aus und rief per Funk die Missionare um Hilfe. Obwohl die Missionare in den von den Masern heimgesuchten Yanomami-Dörfern am Padama gebraucht wurden, machten sie sich auf den Weg, um den Anthropologen zu retten.[13]

Chagnon war sich der Faszination genau bewußt, welche ein unentdecktes Land, der Vorstoß in die Wildnis, auf das amerikanische Publikum ausüben würde. Er verstand es geschickt, etwas, was normalerweise einen guten Tag Bootsfahrt einen tiefen Fluß ohne Stromschnellen hinauf bedeutete, als eine mühselige, drei Tage dauernde Reise darzustellen. (Aus den Angaben einer der in *Studying the Yanomamo* abgedruckten, handschriftlich angefertigten Karten Chagnons wird ersichtlich, daß sie exakt acht Stunden benötigt hatten, bis sie einige Kilometer unterhalb von Mishimishimabowei-teri an Land gingen.)[14] Der Mavaca ist so leicht befahrbar, daß er im 19. Jahrhundert eine der wichtigsten Routen der Gummihändler bildete, die am Oberlauf einen Handelsposten unterhielten. Chagnons Behauptung, nach über einem Jahrhundert als erster Weißer den Mavaca hinaufgefahren zu sein, ist schlicht falsch. Vor ihm war 1941 der Entdecker Carlos Puig in das Mündungsgebiet des Mavaca vorgestoßen, dann, 1962, Mitarbeiter der venezolanischen Gesundheitsbehörde.[15, 16]

Zweifelhaft erscheint auch, ob sich der spannungsgeladene »Erstkontakt mit den Mishimishimabowei-teri« tatsächlich so abgespielt hat, wie Chagnon das darstellte. Helena Valero, das bereits erwähnte weiße Mädchen, hatte fast das gesamte Jahr 1933 bei der Gruppe gelebt. Sie war dann zwar zu einem verbündeten Stamm geflohen, begegnete den Shamatari anschließend aber fast ein Jahrzehnt lang immer wieder auf Festen.[17] Und während Chagnon und Asch *The Feast* filmten, fuhr der venezolanische Krankenpfleger Juan González mit zwei Führern von den Bisaasi-teri den Mavaca hinauf, wo er nach eigenen Angaben die Shamatari mit dem von den venezolanischen Gesundheitsbehörden verwendeten, weniger riskanten Schwarz-Impfstoff gegen Masern impfte.[18] Das mag erklären, warum sich von allen Orinoko-Zuflüssen nur am Mavaca die Masernepidemie nicht weiter ausbreitete.

Doch in gewisser Hinsicht war Chagnon tatsächlich der erste Weiße, der in Kontakt mit den Mishimishimabowei-teri trat. Bis zu seiner Fahrt den Mavaca hinauf hatte niemand den Namen Mishimishimabowei-teri benutzt. Die Shamatari, die Juan González 1968 aufsuchte, nannten sich Mowaraoba-teri, ein Name, den sie zu der Zeit rund drei Jahrzehnte benutzt hatten. In der Literatur findet sich vor Chagnons Besuch 1968 kein Hinweis auf eine Yanomami-Gruppe mit dem Namen Mishimishimabowei-teri. 1967 lebte die Gruppe in zwei getrennten Gemeinschaften im Tal des Siapa. Gerade einmal acht davon siedelten 1968 an einem Ort namens Mishimishimabowei-teri. Als die anderen Gruppen im Siapa-Tal hörten, daß Chagnon mit 15 Macheten, sechs Äxten und zwölf Töpfen zu ihren Verwandten gekommen war und versprochen hatte, mit Geschenken für jeden von ihnen zurückzukehren, machten sie sich sofort auf den Weg zu dem versprengten Grüppchen.[19] In den salesianischen Missionsaufzeichnungen war in bezug auf die Ansiedlung zunächst von fünf verschiedenen Dörfern die Rede.[20] Noch 1972 war sich der Priester der Missionsstation von Mavaca unsicher, ob es sich dabei um »einen großen Stamm oder fünf zusammenlebende Stämme« handelte.[21] Die Siedlung, mit 400 Einwohnern das größte Yanomami-Dorf aller Zeiten, verdankt ihre Entstehung offensichtlich einem Mann: Napoleon Chagnon. Wie zuvor schon das Bündnis der drei separaten Gruppen bei Boca Mavaca hatte das Dorf auch nur so lange Bestand, wie Chagnon – von 1968 bis 1972 – immer wieder für längere Zeit dorthin zurückkehrte.[22]

Die Mishimishimabowei-teri bezeugten Chagnon dafür mit einer bemerkenswerten Geste Anerkennung. Chagnon hatte das neue, aus fünf Gruppen bestehende Dorf auf den Namen »Mishimishimabowei-teri« getauft. Die Bewohner des Dorfes vergalten ihm das Kompliment, indem sie ihm ihren neuen Namen verliehen. Sie nannten *ihn* Mishimishimabowei-teri. »Ich war ihr Dorf«, schrieb Chagnon. »und ihr Dorf war ich. Das ist so ungefähr die höchste Ehre, die einem Yanomami erwiesen werden kann.«[23]

Der »pausenlose« Krieg zwischen Kaobawas Dorf und den Mishimishimabowei-teri war eine weitere Übertreibung. Laut Helena Valero, die bis 1956 in der Region lebte, herrschte zumindest in den dreißiger und frühen vierziger Jahren ein Jahrzehnt Frieden zwischen beiden Gruppen. Diese ruhige Zeit endete, als die Mishimishimabowei-teri den Anführer des Dorfes, von dem sie sich abgespalten hatten, beschuldigten, für die nach dem Vorstoß des U.S. Army Corps of Engineers an den Oberlauf des Orinoko ausgebrochene Epidemie verantwortlich zu sein. Bei den Auseinandersetzungen brachten einige Krieger der Bisaasi-teri und der mit ihnen verbündeten Wanitama-teri sechs Mishimishimabowei-teri um, Morde, die allerdings in beiden Dörfern auf heftigen Widerspruch stießen.[24] Daraufhin folgten weitere sieben oder acht Jahre ohne Kämpfe. Dann, innerhalb weniger Monate nach Gründung einer protestantischen Missionsstation, fand sich 1950 ein neues Bündnis aus mehreren Dörfern zusammen, deren Krieger zwischen elf und 15 Bisaasiteri ermordeten. Laut Chagnon gingen diese Toten ausnahmslos auf das Konto eines der Verbündeten der Mishimishimaboweiteri, während die Mishimishimabowei-teri selbst eine untergeordnete Rolle bei den Auseinandersetzungen spielten.[25]

Welches auch immer die Gründe für diese alten Kriege gewesen sein mochten – seit die Bisaasi-teri sich in der Nähe der Missionsstationen und damit auch der Krankenpfleger und Anthropologen am Ufer des Orinoko niedergelassen hatten, waren sie zur klar dominanten militärischen Macht aufgestiegen. Obwohl sie 1960 drei Mishimishimabowei-teri töteten, wagten diese keine Vergeltung.[26] Ebensowenig übten sie Rache, als fünf Jahre später ein weiterer Mishimishimabowei-teri von Verbündeten der Bisaasi-teri ermordet wurde.[27] Statt dessen zogen sie sich ins Hochland von Siapa zurück, wo sie auch den größten Teil der vorangegangenen Jahrzehnte verbracht hatten, eine Region, die, so Chagnon, über weniger Nahrungsmittel[28] und schlechteren Zugang zu Metallwaren verfügte als das Tiefland.[29] Die Siapa-Dörfer waren im allgemeinen militärisch schwach und verloren häufig Frauen an die reicheren Dörfer am Orinoko.[30] Mishimishimabowei-teri bildete da keine Ausnahme. Es litt an einem »ernsten Mangel an Frauen«[31] und verfügte kaum über Gegenstände aus Metall, beides typische Merkmale der Yanomami-Dörfer im Hochland.[32]

Was über die Auseinandersetzungen von Mitte der dreißiger Jahre bis 1968 bekannt ist, deutet darauf hin, daß die Mishimishimabowei-teri zu den am wenigsten erfolgreichen Kämpfern in ganz Yanomami-Land zählten. Gegen die Namowei – die Gruppe, der die Wanitama-teri, die Bisaasi-teri und die Monou-teri angehörten – stand ihre Bilanz zehn zu null Kriegstote. Und es sollte noch schlimmer kommen.

1970 beschloß Chagnon, ein neues Bündnis zwischen den Bisaasi-teri und den Mishimishimabowei-teri zu vermitteln. Im Juni fuhr Chagnon Kaobawa in seinem Boot zu den Mishimishimabowei-teri, wo er Zeuge der »gesellschaftlichen und heroischen Begleitumstände eines neolithischen Friedensschlusses« wurde. Einmal mehr spielten Chagnons 16-mm-Kamera und seine Schrotflinte dabei Schlüsselrollen. Chagnon war bereit, Kaobawa bei seinem Zusammentreffen mit den Mishimishimabowei-teri nötigenfalls mit Hilfe seiner Schrotflinte zu verteidigen. »Ich erinnere mich«, schrieb er, »wie schwer es mir fiel, schußbereit zu sein und gleichzeitig freundlich und nonchalant zu erscheinen, den Eindruck zu erwecken, daß meine Waffen nicht feuerbereit und auf *sie* gerichtet sind … Kaobawa rief laut, daß ich bei ihm sei und wir in freundlicher Absicht kämen. Er war extrem angespannt, wie ein Tier, das entweder Beute oder Räuber entdeckt hat. Mit seinen Augen suchte er ohne Unterlaß den düsteren, grauen Dschungel zu durchdringen, der vor uns lag …«[34]

Obwohl die Chancen für einen Frieden minimal standen, wies das Ereignis viele Ähnlichkeiten mit der Art des Bündnisschlusses auf, der in *The Feast* dargestellt ist. Die Mishimishimabowei-teri hießen die Bisaasi-teri nicht nur herzlich willkommen, sie protestierten nicht einmal dagegen, sich zusammen mit ihren bisherigen Erzfeinden bei einem bemerkenswerten Ritual filmen zu lassen, das Chagnon zur Grundlage eines weiteren, mit Preisen ausgezeichneten Filmes machte: *Magical Death.*[35] Das Ritual, das im späten Frühjahr 1970 stattfand[36], wurde von den Mishimishimabowei-teri mit einem »langen, zwei Tage währenden Angriff der Schamanen auf die Seelen von Kindern in Mahekoto-teri« eröffnet. Sinn und Zweck des Rituals war, durch das Töten von Kindern einer verfeindeten Gruppe und dem anschließenden »Stehlen und Verzehren ihrer Seelen Freundschaft zu schließen«.[37] Im Rahmen des Rituals wurden Halluzinogene eingenommen, Lieder gesungen und in einer Pantomime das Verschlingen der Kinder der Mahekoto-teri dargestellt.[38]

Timothy Asch arbeitete an diesem Film nicht mit. Er bat Chagnon, ihn aus dem Verleih zu nehmen, da er festgestellt hatte, daß seine Studenten an der University of Southern California den symbolischen Kannibalismus der Yanomami erschreckend fanden. Das Verzehren von Feindeskindern, und sei es nur auf der spirituellen Ebene, erschien den jungen Studenten in Aschs Seminaren psychotisch. Chagnon warf Asch vor, aus bloßer Eifersucht zu handeln; schließlich hatte Chagnon den Film alleine gedreht und war dafür auf dem American Film Festival mit einem Blauen Band ausgezeichnet worden.[39] So hoch der Film zunächst gelobt wurde, die Anthropologin Linda Rabben von Amnesty International hat erst kürzlich Aschs Kritik an *Magical Death* erneuert. »[Die Studenten] sehen mit an, wie den Yanomami-Kriegern grüner Schleim aus den Nasenlöchern trieft und wie sie unter dem Einfluß des halluzinogenen Pulvers tanzen und singen. Die ganzen gelehrten Ausführungen (und der Anblick Chagnons, der, im Federschmuck, mit bemaltem Körper und unter dem Einfluß von Drogen stehend, durch das Bild hüpft) verblassen neben diesem Bild.«[40]

Das Ritual als solches war für die Yanomami selbst weniger

bedeutsam als die neuen Bündnisse, die Chagnon auszuhandeln half. 1968 hatten Chagnon und Asch eine Allianz zwischen den Mahekoto-teri und den Patanowa-teri vermittelt und damit eine neue, überragende Militärmacht begründet, die sofort nach ihrer Gründung ein nahe gelegenes Dorf überfiel und dort eine alte Frau tötete.[41] Chagnons Beteiligung an dem Friedensschluß bedeutete auch dieses Mal einen neuen Krieg – und zwar einen regionalen Krieg, der von den 350 Mitglieder zählenden Verbündeten aus *The Feast* auf der einen und der neuen, 500 Mann starken *Magical Death*-Allianz auf der anderen Seite mit Schrotflinten und Außenbord-Motorbooten auf einem für die Yanomami technologisch neuen und höheren Niveau ausgetragen wurde.

»Ein Friede war geschmiedet und eine neue Ära der gegenseitigen Besuche und potentiellen Bündnisse eröffnet worden«, bemerkt Chagnon dazu. »Die Mishimishimabowei-teri wurden von Kaobawa zu einem Fest mit Tanzaufführungen in sein Dorf eingeladen, eine Einladung, die sie auch annahmen.«[42]

Auch dabei griff ihnen ihr weißer Freund ein wenig unter die Arme. Am 28. Juni 1970 vermerkte Padre Berno in der Chronik der Mavaca-Missionsstation, daß »Dr. Chagnon« ihn eingeladen habe, ihn auf einer vierstündigen Fahrt den Mavaca hinauf zu den Mishimishimabowei-teri zu begleiten. Von dort brachten sie die Mishimishimabowei-teri per Boot zum Orinoko. Dort besuchten sie drei Dörfer, wobei jedesmal getanzt, Drogen genommen und rituelle Kämpfe ausgerichtet wurden.[43] Leider gerieten die rituellen Kämpfe etwas außer Kontrolle, und nach Angaben von Chagnon starb einer der Besucher aus Mishimishimabowei-teri an einem Axthieb.[44]

Die »neue Ära der gegenseitigen Besuche und potentiellen Bündnisse«[45], die Chagnon den Mishimishimabowei-teri eröffnet hatte, begann also damit, daß seine Schützlinge im ersten direkten Schlagabtausch zwischen den beiden Gruppen seit 1960 einen Mann verloren. Und sie führte zu einem weiteren Krieg, dieses Mal gegen die Patanowa-teri, die von der neuen Allianz prompt angegriffen wurden. Ein Bild des sich für den ersten Überfall rüstenden Trupps der Bisaasi-teri/Mishimishimabowei-teri-Allianz – der größte Kriegstrupp, den Chagnon jemals gesehen oder gefilmt hatte – erschien in der 1997 aufgelegten Ausgabe seinen Studienbuches[46], und zwar in einem »neu hinzugefügten Kapitel, das sich mit der Entstehung einer neuen Allianz zwischen den Mishimishimabowei-teri und den Bisaasi-teri beschäftigt, eines Bündnisses, das einen über zwanzig Jahre währenden Krieg zwischen den beiden Gruppen beendete«.[47] Daß in Folge dieses neuen Bündnisses ein neuer Krieg ausbrach, in dessen Verlauf die Bisaasi-teri den Anführer der Patanowa-teri, Kumaiewa, mit einem Schuß in den Kopf töteten und einen weiteren Bewohner seines Dorfes mit der Schrotflinte erschossen[48], erschien ihm offensichtlich weniger wichtig.

Die Dörfer am Orinoko verfügten über ausreichend Tauschwaren und konnten selbst Schrotflinten erwerben. Der erste Yanomami, der durch eine Schrotflinte ums Leben kam, wurde 1968 nach den Dreharbeiten zu *The Feast* von Heawe, dem Sohn des Anführers der Mahekoto-teri, erschossen.[49] Eine neue Schrotflinte kostete zwischen sechs und zehn neue Stahltöpfe, eine gebrauchte deutlich weniger.[50] Angesichts der großen Mengen an Stahlwaren, darunter auch eine große Anzahl an neuen Töpfen, welche die AEC-Expedition während der Filmarbeiten verteilt hatte, dürfte es dem Anführer der Mahekoto-teri nicht schwergefallen sein, eine Schrotflinte für seine Familie zu erwerben. Zu der Zeit standen den Yanomami zahlreiche Möglichkeiten offen, an eine Schrotflinte heranzukommen.[51] Woher auch immer diese Schrotflinten nun stammten, Tatsache ist, daß die ersten beiden Morde mit Schrotflinten von Angehörigen von Dörfern ausgeführt wurden, in denen Chagnon gefilmt hatte. Bemerkenswert ist auch, daß die Angriffe den Anführern von Gruppen galten, die in einem jeweils anderen Film aufgetreten waren. Die Mahekoto-teri erschossen einen nahen Verwandten Rerebawas, der in *Magical Death* eine wichtige Rolle gespielt hatte, die Bisaasi-teri den Anführer der Patanowa-teri, der in *The Feast* ausführlich porträtiert worden war.

1971 traf Timothy Asch Chagnon in Mishimishimabowei-teri (*Magical Death* war noch nicht im Verleih, und die beiden unterhielten nach wie vor gute Beziehungen zueinander). Dieses Jahr sollte zum *annus mirabilis* des ethnographischen Dokumentarfilms werden. Asch und Chagnon belichteten gut dreißig Kilometer Film und drehten 26 Filme. Ihre Produktivität grenzte ans Unglaubliche. Noch unglaublicher war, wie kooperativ die wilden Mishimishimabowei-teri auf einmal waren.

Innerhalb von 24 Stunden nach Aschs Ankunft in Mishimishimabowei-teri, am 26. Februar 1971, brach ein Kampf aus. Chagnon war im Bilde darüber, wer kämpfen und wo gekämpft werden würde. »Bring deine Kamera hier in Position«, wies er Asch an. »Es fängt gleich an.«[52] Was folgte, war ein wildes Durcheinander von brüllenden, schlagenden und Zweikämpfe austragenden Indianern, an dem insgesamt rund fünfzig Leute beteiligt waren. Diese Sequenz machte den Kern des populärsten jemals gedrehten ethnographischen Films aus, *The Ax Fight* (Der Axtkampf), des dritten Films des Gespanns Chagnon und Asch, der den ersten Preis beim American Film Festival gewann.

Eine der innovativen Techniken in *The Ax Fight* ist der Dialog zwischen den Filmemachern, die aus dem Off den Fortgang der Ereignisse kommentieren. Zuerst entwickelt sich ein wildes Gemenge von Leuten, die sich gegenseitig mit Stöcken, Macheten und Äxten bedrohen. Yanomami aller Altersstufen und beiderlei Geschlechts gehen unter lautem Gebrüll und Geschrei aufeinander los. Doch die Kamera fängt nur einen Teil der Handlung ein, und noch dazu einen wenig aufschlußreichen. Was ist geschehen?

Nachdem sich der Dorfplatz wieder geleert hat, taucht ein sehr zufrieden aussehender Chagnon mit einer Pfeife im Mund und einer 35-mm-Kamera vor der Brust auf. »Also«, beginnt er, »zwei Frauen waren in der Pflanzung. Eine von ihnen wurde von ihrem ›Sohn‹ verführt. Das war eine inzestuöse Beziehung, und als die anderen davon erfuhren, kam es zum Kampf.«

»Im Ernst«, fügt der gleichermaßen zufrieden erscheinende Asch hinzu. »Und das ist erst der Anfang.«[53]

Bei der Bearbeitung des Films jedoch berichtigte Asch diese

simple, sexuelle Erklärung für den Kampf. Tatsächlich war es gar nicht um Inzest gegangen, wie Chagnons erster Informant berichtet hatte. Im Laufe der weiteren Filmarbeit entdeckte Chagnon, daß der Kampf ausgebrochen war, weil ein junger Mann seine Tante geschlagen hatte, nachdem diese sich geweigert hatte, ihm einige Kochbananen zu geben.

»Niemals zuvor waren ethnographische Dokumentarfilmer so ehrlich, was die Schwierigkeiten der Arbeit in praxi betrifft«, lobte zwar Peter Biella vom Center for Visual Anthropology der University of Southern California Chagnons Offenheit.[54] Doch das war ein voreiliges Lob, denn ganz so offen und ehrlich war Chagnon in *The Ax Fight* dann doch nicht, nicht einmal hinsichtlich des anfänglichen Mißverständnisses. In Wahrheit hatte niemand Chagnon gesagt, daß der Kampf wegen eines Inzestvorfalls ausgebrochen sei. Der Fehler lag bei Chagnon, der das Yanomami-Wort *yawaremou* falsch mit »sexueller Inzest« übersetzt hatte[55], einem Begriff, der korrekt übersetzt »ungebührliches Verhalten gegenüber einem Blutsverwandten« bedeutet. Beide Filme, *The Ax Fight* wie zuvor auch schon *The Feast,* vertuschten die Probleme, die Chagnon damit hatte, die Feinheiten der Yanomami-Sprache zu erfassen, und vermitteln den Eindruck, als wisse er jederzeit genau, wovon er spricht.

Daß es wegen Nahrungsmitteln zu Streitereien kam, war bei den Yanomami nicht ungewöhnlich, auch wenn diese Auseinandersetzungen selten solche Ausmaße wie der Kampf in *The Ax Fight* annehmen. Chagnon widerstrebte die Vorstellung, daß sich etwas so Banales wie ein Streit um ein paar Bananen zu einem Streit auswächst, in den das gesamte *shabono* hineingezogen wird. Nachdem er das Filmmaterial wieder und wieder durchgesehen hatte, gelangte er schließlich zu einer ganz anderen Theorie: Grund für den Kampf war nicht individuelles Fehlverhalten, sondern die Rivalität zweier patrilinealer Abstammungsgruppen um die Vorherrschaft im Dorf.

Eine Gruppe von Gästen, die Ironasi-teri, hatte sich geweigert, das Dorf zur gewohnten Zeit zu verlassen. Das war etwas, was Chagnon oft passierte. Seine Angewohnheit, am Ende eines Besuches Handelswaren zu verteilen, übte auf die Besucher einen starken Anreiz zu bleiben aus. Schließlich wurde Chagnon von den Mishimishimabowei-teri vertrieben; ihr Anführer Moawa drohte ihm, seinen Kopf mit einer Axt zu spalten, wenn er nicht sofort seine Macheten an die ihm von Moawa gezeigten Männer verteile.[56]

Chagnon tat diese materiell motivierten Konflikte als sekundär ab, als dominante Antriebskräfte galten für ihn Sex und Macht. »Das Amüsante an *The Ax Fight* ist sein vereinfachender, engstirniger und einseitiger Erklärungsansatz, die Tatsache, daß Chagnon in seinen allzu schlichten Erklärungsmodellen steckenbleibt und damit den Film von Anfang an zu einem Witz macht«, erklärte Asch einmal in einem Interview.[57]

Eine gänzlich andere Erklärung für den Film und den Kampf erhielt ich, als ich mit den Mishimishimabowei-teri darüber sprach. Gustavo Konoko, der als Heranwachsender damals an dem Tumult beteiligt gewesen war, behauptete, daß Chagnon ihn und die anderen *huyas* (jungen Männer) dazu aufgefordert hatte, einen *pelea horemu,* einen inszenierten Kampf, vorzuspielen. »Er [Chagnon] sagte, ›Kämpft mit den Stöcken! Wir filmen euch, und dann werde ich euch bezahlen. Ihr bekommt von mir, was ihr wollt‹«, erzählte Konoko. »Als er das sagte, fingen viele junge Männer an, zum Schein zu kämpfen. ›Schlagt euch! Seid wild! Streitet! Wenn die jungen Männer kämpfen, sollen die Frauen sie anbrüllen.‹ Das ist, was er sagte.« Laut Konoko erhielten er und die anderen jungen Männer jeder eine Machete, ein Messer und ein Stück roten Stoff.[58]

Ich persönlich glaube, daß der Streit, der zu dem Axtkampf führte, real war und Chagnon den Ablauf der Geschehnisse entgegen Konokos Bericht nicht so unmittelbar beeinflußte. Gleichzeitig jedoch glaube ich, daß Konokos Version der Dinge die Einstellung der jungen Männer von Mishimishimaboweiteri zutreffend widerspiegelt. Ohne die Aussicht und Hoffnung darauf, von Chagnon mit wertvollen Gegenständen belohnt zu werden, hätte sich der familieninterne Streit um ein paar Kochbananen wohl kaum zu einem das ganze Dorf erfassenden Aufruhr ausgewachsen. Meiner Auffassung nach waren sich Chagnons Informanten – allesamt Veteranen der Dreharbeiten zu

Magical Death – bewußt, daß sie aus diesem zunächst privaten Streit etwas machen konnten, an dem die Filmcrew sehr interessiert sein würde. Also setzten sie den Kampf neu an und sorgten dafür, daß er nicht in der Plantage, sondern mehrere hundert Meter weiter im *shabono* ausgetragen wurde. »Es mutet sehr seltsam an, daß Chagnon wußte, wann und wo der Kampf stattfinden würde«, meinte dazu auch die Anthropologin Leda Martins, die im Auftrag der brasilianischen Regierung drei Jahre lang ein Yanomami-Gesundheitsprogramm leitete. »Die Yanomami sind spontan, und wenn sie kämpfen, schicken sie nicht zuerst einen Boten zum nächsten Weißen, damit der kommt und sie filmt.«[59]

Man kann davon ausgehen, daß die an dem Kampf beteiligten Yanomami unterschiedliche Motive für ihr Handeln hatten. Ein Teil war wirklich aufgebracht, andere spielten in der Hoffnung auf Tauschwaren etwas vor. Zunächst schlugen die Hauptakteure des Kampfes, ein älterer Mann namens Uuwa und sein Neffe Mohesiwa, ein halbes Dutzend Mal absichtlich daneben. Erst nachdem der ältere Mann seinem Neffen einen schwachen Hieb verpaßt hatte, wurde der wütend und setzte ihm ernsthaft zu. Von diesem Moment an nahm der »Kampf« eine neue Wendung. »Einige Leute gerieten richtig in Rage«, erinnerte sich Konoko, »und um ein Haar wäre ein richtiger Kampf ausgebrochen.«[60]

Die meisten der Kämpfenden zeigten eine Zurückhaltung, die andeutete, daß sie das Ganze nicht ernst nahmen. Moawa, der Anführer, den Chagnon als den gewalttätigsten aller ihm bekannten Yanomami bezeichnet hatte, zeigte gar kein Interesse an dem Kampf, und das, obwohl seine Blutsverwandten von den Ironasi-teri geschlagen wurden. Das einzige, wofür Moawa Interesse bekundete, war die Kamera. Der große Häuptling drehte seinen bedrängten Verwandten den Rücken zu, stellte sich kurz vor Asch in Pose und begab sich dann zurück zu seiner Hängematte.

Kurze Zeit später leerte sich der Platz, und alle kehrten unversehrt zu ihren Hängematten zurück. Nur eine Gruppe von sieben Männern blieb zurück. Laut lachend scharten sie sich um Timothy Asch und seinen Tontechniker Craig Johnson. Einer von ihnen nahm eine der neuen Macheten in die Hand, hielt sie vor Asch und Johnson in die Höhe und tat dann so, als ob er auf die beiden losgehen wollte. Erst in allerletzter Sekunde hielt er inne. Die anderen brachen daraufhin in nur noch um so lauteres Lachen aus, aber Johnson war zu Tode erschrocken. Dann nahm ein anderer Yanomami einen Stock und zog vor den Filmleuten einen Strich in den Boden, anscheinend, um sie aus dem *shabono* auszuschließen.

»Daß sie sich so über uns lustig machen, bedeutet, daß wir vollkommen außerhalb ihrer sozialen Beziehungen stehen«, kommentierte Asch den Vorfall.

»Ein Mann kam mit seiner Machete auf uns zu…«, sagte Johnson, dem der Schrecken noch in den Knochen steckte.

»Aber er hat doch nur Spaß gemacht«, beruhigte ihn Asch.

»Ja, aber das konnte ich doch nicht wissen.«

»Aber sie haben alle – sie haben nur Spaß gemacht! Wir gehören hier wirklich nicht dazu.«[61]

Besonders amüsant an *The Ax Fight* ist der hochtrabende Titel des Films. Als Chagnon bei den Mishimishimabowei-teri eintraf, besaßen sie seinen Angaben zufolge keine richtigen Macheten und nur zwei alte Äxte. Im Film dagegen sind überall neue Macheten und Äxte zu sehen.

Auch wenn das Bildmaterial in *The Ax Fight* verwirrend und mehrdeutig ist, Chagnons Filmkommentare verstehen es, den Zuschauer zu fesseln. Eine von zwei Professoren der University of Southern California zusammengestellte und 1997 erschienene CD-Version des Films enthält eine Vielzahl von bislang unveröffentlichtem Material, anhand dessen ersichtlich wird, wie Chagnon *The Ax Fight* im Text weiter dramatisierte. Von Chagnon sind drei Berichte der damaligen Ereignisse erhalten. Einer, den er vor Ort in Mishimishimabowei-teri abgab, ein weiterer, der in einem Tonstudio in Harvard aufgenommen wurde, und ein dritter, der in einem Artikel abgedruckt wurde.[62] Laut seiner ersten These war das Motiv für den Kampf ein Bruch des Inzesttabus. Der zweiten These zufolge stand dahinter der Kampf eng verwandter Gruppen um die Kontrolle über

Mishimishimabowei-teri, eine Interpretation, die der seiner Doktorarbeit entspricht, in der Bruderkämpfe um reproduktive Ressourcen als Ursache für Kriege angeführt werden. Chagnon hatte festgestellt, daß Brüder gemeinhin um denselben Pool heiratsfähiger Frauen konkurrierten[63] und mit zunehmendem Alter stärker die Interessen ihrer angeheirateten Verwandten vertraten.[64]

Dann jedoch veröffentlichte E. O. Wilson 1975 sein Buch *Sociobiology*, in dem der angesehene Wissenschaftler die Ansicht vertrat, daß der biologische Verwandtheitsgrad der Schlüssel der Evolution sei. Das auf dieser These fußende neue Konzept biologischer Konkurrenz wies dem Bruderkampf um reproduktive Ressourcen einen deutlich geringeren Stellenwert zu. Zwei Jahre nach Erscheinen des Buches interpretierte Chagnon den Axtkampf dann als den Konflikt zweier »Teams«, deren Feindseligkeit eine direkte Funktion ihrer genealogischen Distanz sei. Die Mitglieder von Team A stünden jeweils in einem engeren Verwandtschaftsverhältnis zueinander als mit einem beliebigen Mitglied von Team B. Dabei beruhe die Bindungskraft innerhalb der beiden Teams unmittelbar auf der biologischen Nähe ihrer einzelnen Angehörigen. Chagnon holte einen Mathematiker an Bord, vollführte in seiner genetischen Argumentationskette olympiareife Loopings und behauptete, daß seine revidierte Version auf schlüssigen Beweisen beruhe, die sich aus ausschließlich in seinem Besitz befindlichen Fotografien ergäben.[65]

Die zwanzig Jahre später von den beiden USC-Professoren herausgebrachte *Ax Fight*-CD löste die verschlungene, von Chagnon präsentierte Argumentationskette Punkt für Punkt auf. Von den 17 Individuen, die Chagnon dem einen »Team« zurechnete, verhielten sich nur acht so, wie sie es laut Chagnons Eingruppierung hätten tun müssen.[66] Eine Reihe engverwandter Männer, darunter drei Onkel von Mohesiwa, verhielt sich sogar genau entgegengesetzt Chagnons detailliert ausgeführten Verhaltensmustern. Aschs Kommentar über die geistige Zwangsjacke, in der Chagnon stecke, traf voll und ganz zu.

Gleichzeitig warf die Vielzahl des neuen Materials eine Reihe neuer Fragen auf. So war es beispielsweise auch anhand der Standkopien und Standfotos nicht möglich festzustellen, ob tatsächlich irgend jemand von einem Axthieb getroffen worden war, ganz zu schweigen davon, ob der junge Torawa nun, wie Chagnon behauptete, »nach einem Hieb ohnmächtig« und »fast getötet worden« war. Dieser niemals gesehene und niemals gefilmte Hieb hat Studenten überall auf der Welt in ihren Sitzen zusammenfahren lassen, genauer, der erschreckende, dumpfe Klang, mit dem die aus den Beständen der Atomic Energy Commission stammende Axt auf den Kopf des armen Torawa auftrifft. Dabei hatte Asch schon 1992 eingestanden, er habe das haarsträubende Geräusch erzeugt, indem er mit einer Axt in eine Wassermelone hieb.[67]

Das war nur ein Beispiel dafür, wie der furchtbare *The Ax Fight* nach und nach seine Schrecken verlor. Asch hatte so etwas schon vorausgesehen und den Film bewußt so angelegt, daß er eine einfache Interpretation unterlief; zudem hatte er Bildmaterial hineingeschnitten, das dem Film eine, wie er es nannte, »unbeabsichtigt postmodernistische« Atmosphäre verlieh.[68] Leider geht sein Dialog mit Johnson in der Bilderfülle etwas unter, so daß nur wenige Betrachter des Films in den Genuß von Aschs Erleuchtung kommen, mit der ihm aufgeht, daß die Yanomami »nur Spaß« gemacht haben und sie, die Weißen, »wirklich nicht dazu gehören«.[69]

Umfragen unter Studenten ergaben, daß die große Mehrheit *The Ax Fight* als einen Beleg für die Wildheit des ursprünglichen Menschen betrachtete.[70]

Auch in Chagnons Studienbüchern werden die Mishimishimabowei-teri primär als gefährlich und gewalttätig dargestellt. »Meine Forschungen unter den Shamatari-Gruppen begannen mit Drohungen gegen mein Leben und endeten mit ebensolchen Drohungen.«[71]

Während der Dreharbeiten zu *The Ax Fight* wütete in Bisaasi-teri die schlimmste Epidemie seit dem Masernausbruch von 1968, und wie damals erkrankten viele gleichzeitig an Malaria und Atemwegsinfektionen. Von den rund 300 Yanomami, die bei der Mavaca-Missionsstation lebten, starben sechs an Falciparum-Malaria; vier weitere starben fernab der medizinischen Hilfe der Missionare auf dem Weg zu einem anderen Dorf. Andere Dörfer entlang dem Orinoko hatten ähnlich hohe Verluste zu beklagen.[72] Doch das war nur ein Bruchteil der Opfer, die die Epidemie unter den Mishimishimabowei-teri forderte.

Obwohl angesichts der vielen Krankheitsfälle in der Umgebung der Missionsstationen ein absolutes Verbot für Reisen in die tiefer im Landesinneren gelegenen Dörfer hätte verhängt werden müssen, fuhr Chagnon, noch während die Doppelepidemie unter den Bisaasi-teri wütete, mit zwei Führern aus dem Dorf den Mavaca hinauf.[73]

Die Eile, mit der Neel seine wissenschaftlichen Arbeiten im Jahr 1971 vorantrieb, war mit dafür verantwortlich, daß die Krankheiten in so vielen Dörfern ausbrachen. Chagnon nahm in diesem Jahr allein am Ocamo in mehr als einem Dutzend Dörfer Blutproben[74], besuchte als erster Weißer ein weiteres großes Dorf am Oberlauf des Mavaca (wo er ebenfalls Blutproben nahm)[75] und belichtete in Mishimishimabowei-teri fast 25 Kilometer Film. Ohne Rücksicht auf die Gefahren setzte er seine Reisen durch die von Malaria und Erkältungskrankheiten betroffenen Gebiete fort, heuerte hier und dort Führer an, die er mit Stahlwaren entlohnte, und machte sich nicht ein einziges Mal die Mühe, einen Halt für Quarantänemaßnahmen einzulegen. Zum Teil war sein Terminplan so eng, daß er ganze Nächte hindurch unterwegs war. Neel hatte in diesem Jahr mehr Genetiker ins Feld geschickt, als jemals zuvor – drei volle Expeditionen, die einander ablösten. Und es war das Jahr, in dem Asch ein großzügiges Stipendium des amerikanischen National Institute of Mental Health für einen Film über die Yanomami erhielt. Allein um die Filmausrüstung zu schleppen, benötigte Asch die Hälfte der Einwohner von Mishimishimabowei-teri.[76]

Die beiden verheerendsten Epidemien, die den Oberlauf des Orinoko heimsuchten, fielen also mit den beiden produktivsten Feldforschungsjahren der AEC zusammen, 1968 und 1971.[77] Kurz nach Ankunft der Wissenschaftler traten in Mishimishimabowei-teri die ersten Krankheitsfälle auf. Laut Chagnon starb ein Mann von den Ironasi-teri unmittelbar nach Abschluß der Arbeiten zu *The Ax Fight* an einer Atemwegsinfektion[78] – der erste von vielen Toten.

»Es war ungefähr einen Monat nachdem Chagnon 1971 Mishimishimabowei-teri verlassen hatte«, erinnerte sich Juan Finkers, ein Salesianermönch, der seit 1971 in der Missionsstation am Mavaca lebte und dort für sein Buch *The Yanomami and Their Food System* Pflanzen sammelte und lokale Mythen recherchierte. »An diesem Tag war ich zum Fischfang auf den Mavaca hinausgefahren. Zwei Yanomami, ein Mann und ein Junge, kamen in einem Rindenboot den Fluß herunter. ›Wohin seid ihr unterwegs?‹ fragte ich sie. ›Alle sterben, und wir wollen nicht sterben‹, antworteten sie. ›Wir kommen vom Moshata [einem Zufluß des Mavaca], und wir sind alle sehr krank.‹ Ich kehrte zur Missionsstation zurück, und mit zwei Nonnen, die ausgebildete Krankenschwestern waren, fuhren wir den Mavaca hinauf, wo wir auf eine Gruppe von 28 Mishimishimabowei-teri stießen. Wir kochten für sie und pflegten sie, bis das Malariateam der Regierung vor Ort eintraf. Die venezolanischen Ärzte stellten fest, daß 24 der Erkrankten an Falciparum-Malaria litten und einige darüber hinaus noch an Gelbsucht.«[79]

Die Studenten, die *The Ax Fight, Magical Death* oder einen der anderen Filme über die Mishimishimabowei-teri sehen, erfahren nichts darüber, daß die Gemeinschaft kurz nach Abschluß der Dreharbeiten von einer Epidemie stark dezimiert wurde. Chagnon wandte bei den Mishimishimabowei-teri denselben Trick an, den er schon dazu benutzt hatte, den Tod so vieler der in *The Feast* mitwirkenden Yanomami zu vertuschen. Wieder einmal taufte er ein Dorf einfach um.

Aus den Mahekoto-teri, von denen nach Abschluß der Dreharbeiten zu *The Feast* viele gestorben waren, wurden die »Platanal Yanomami«[80]; aus den Mishimishimabowei-teri wurde »Dorf 16«. In einem obskuren Journal ging Chagnon auf die Epidemie ein, die »Dorf 16« heimgesucht hatte – ein *shabono* mit fast 400 Einwohnern am Oberlauf des Mavaca, zu dem er 1968 den Erstkontakt hergestellt hatte.[81] Die Epidemie kostete 106 Dorfbewohner das Leben, entsprechend einem Gesamtanteil von 27,4 Prozent. Bei diesem ominösen »Dorf 16« muß es sich um Mishimishimabowei-teri gehandelt haben. Den endgültigen Hinweis lieferte Chagnon selbst im Anhang zu seinem Buch *Studying the Yanomamo,* wo er »Dorf 16« als Mishimishimabowei-teri identifiziert.[82]

Nach Chagnons Angaben dezimierte zwar eine Epidemie von Atemwegserkrankungen »Dorf 16«, doch wann das genau gewesen sein soll, will er selbst nicht exakt sagen können – irgendwann 1973 oder 1974 –, da er in diesen zwei Jahren nicht vor Ort war.[83] Statt dessen führte er Salesianernonnen als Quellen für seine Angaben an. Daß die Missionare daraufhin den Schwarzen Peter an Chagnon zurückgaben und die Expeditionen für die Epidemien verantwortlich machten, dürfte kaum verwundern.[84]

Todesfälle im Zusammenhang mit den Filmarbeiten

Mishimishimabowei	*Mahekoto*	*Patanowa*	*Insgesamt*
106	31	26	163

Finkers Version wird von den Missionsaufzeichnungen weitgehend bekräftig, obwohl es auch hier einige Widersprüche gibt. Nach den Dreharbeiten zu *The Ax Fight* fuhr Finkers den Mavaca hinauf, wo er auf eine Gruppe von 28 Indianern stieß, von denen 24 an Malaria und zum Teil auch an Gelbsucht litten.[85] Allerdings war das drei Monate und nicht nur einen nachdem Chagnon seine Feldforschung abgeschlossen hatte. Dazu kommt, daß offenbar rund 40 Prozent aller Toten in Mishimishimabowei-teri auf das Konto der späteren, im Herbst 1973 ausgebrochenen Epidemie gingen.[86]

Doch ob die meisten Mishimishimabowei-teri nun 1973 oder 1971 – oder irgendwann dazwischen – starben; Tatsache ist, daß Chagnon mit seinem Ehrgeiz, »Erstkontakt« zu neuen Gruppen herzustellen, und seiner Vorliebe dafür, neue Bündnisse zu vermitteln, eine neue Ära der Epidemien eingeläutet hatte. Die Toten von »Dorf 16« schrieb Chagnon den Kontakten mit der Mavaca-Missionsstation zu.[87] In anderen Fällen nahm er für sich in Anspruch, ebensolche Kontakte vermittelt zu haben.[88]

Als Chagnon beschloß, ein Bündnis zwischen den Bisaasiteri und den Mishimishimabowei-teri zu schmieden, war seine Angst, damit einer »enormen Katastrophe« den Weg zu bereiten, vollauf begründet.[89]

Heute wird jeder, der eine fern der Zivilisation lebende Gruppe in permanenten Kontakt mit der Außenwelt bringt, zumindest unter Anthropologen dafür verantwortlich gemacht, die dauerhafte medizinische Versorgung dieser Gruppe sicherzustellen. »Allen neu kontaktierten Eingeborenengruppen muß unmittelbarer und dauerhafter Zugang zu moderner medizinischer Versorgung gewährt werden«, schrieben die Anthropologen Kim Hill und Hillard Kaplan in einem 1989 in *National Geographic Research* erschienenen Artikel.[90]

Ebendas war das Schicksal der Yanomami, die in Chagnons und Aschs bekanntesten Filmen mitgewirkt hatten. Rund 28 Prozent der Mishimishimabowei-teri[91], 25 Prozent der Mahekoto-teri[92] und mindestens 12 Prozent der Patanowa-teri starben.[93] Chagnons Computerausdrucke, Blutproben, Fotografien, Karten und Filme schienen eine amerikanische Legende wissenschaftlicher Unterstützung zu beweisen, in welcher der Anthropologe über Wilde triumphierte und die Wilden die Höflichkeit besaßen, erst zu sterben, wenn die Kameras nicht mehr liefen.

TEIL ZWEI

Der Blick in den Spiegel

1972–1994

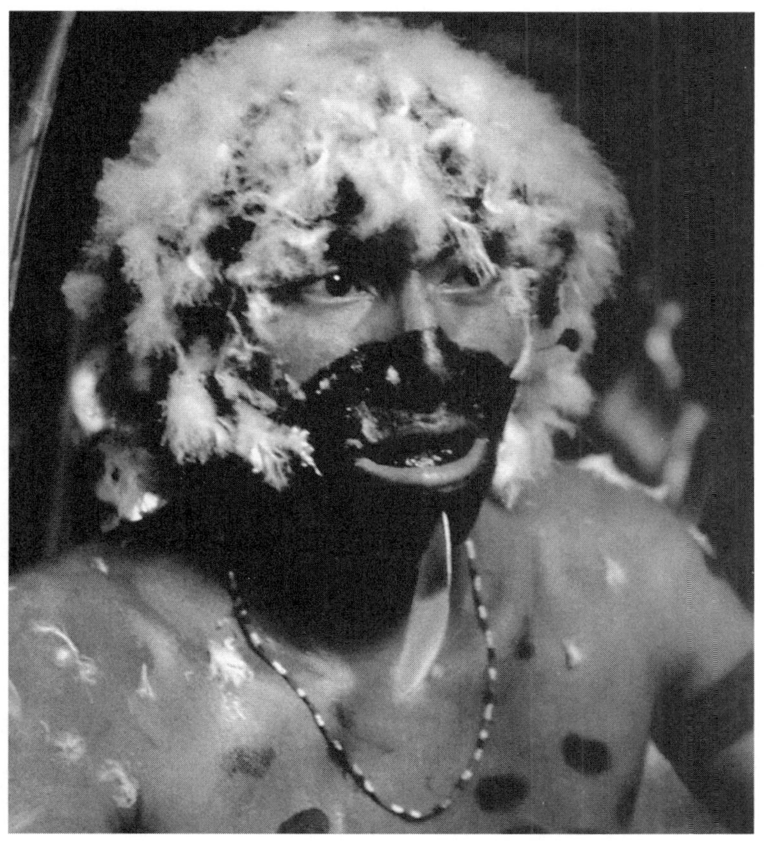

Mario, Häuptling und Schamane, am Catrimani-Fluß, 1975

KAPITEL 8

Die erotischen Indianer

In den meisten der von mir berichteten Liebesgeschichten agierte ich als Vermittler, bei manchen war ich sogar Augenzeuge.
Jacques Lizot[1]

Im Juni 1969 erblickten die Yanomami von Adulimawa-teri in den Parima-Bergen ein seltsames Objekt am Himmel. Es sah aus wie einer der Ballons, mit denen die Kinder der Missionare spielten, doch es war aus einem Flugzeug abgeworfen worden und sank zur Erde wie ein Flugsamen. Als die weiße Halbkugel näher kam, erkannten sie, daß an ihrer Unterseite eine neue Art Mensch hing. Und als der Fallschirmspringer auf dem Boden angelangt war, sahen sie, daß er eine Feuerwaffe, ein großes Messer und ein Seil bei sich trug, und diese Dinge benötigte er, um den französischen Anthropologen Claude Bourquelot zu überwältigen, der versucht hatte, seinen Kollegen Jacques Lizot mit einer Machete zu töten.[2]

Bourquelots plötzlicher Wahnsinn war allen ein Rätsel. Er war ein Neuling in der Feldforschung, der nichts über den Dschungel oder Jacques Lizot wußte. Einem Bericht zufolge soll Lizot Bourquelot in den Urwald geführt und ihn dort allein zurückgelassen haben.[3] Der unerfahrene Bourquelot geriet in Panik, irrte eine Woche lang durch den Dschungel und hatte, als er schließlich ins Dorf zurückfand, nur eins im Sinn: Lizot den Schädel zu spalten. Was den Behörden in Caracas, die Lizot um Hilfe bat, wie ein Fall von Wahnsinn erschien, war für Bourquelot die nächstliegende Lösung. »Lizot tut manchmal grausame Dinge«, merkte Napoleon Chagnon zu Lizots Umgang mit Bourquelot an. »Ich weiß nicht, warum er ihn so grausam behandelt.«[4]

Jacques Lizot – ein homosexueller Sinti aus Paris – war der absolute Außenseiter unter den Yanomami. Der Linguist Lizot, der ursprünglich Orientalistik studiert hatte, brachte umfassende Kenntnisse der französischen Kochkunst mit nach Südamerika und stand bald im Ruf einer Zügellosigkeit und erotischen Energie, welche die der Yanomami bei weitem übertraf. Obwohl er mehrfach wegen Kindesmißbrauchs angezeigt wurde, wurde er nur einmal verhaftet, auf Betreiben eines venezolanischen Kongreßabgeordneten jedoch schnell wieder freigelassen.[5] Lizots Verbindungen zur Universität von Paris, wo er bei keinem Geringeren als Claude Lévi-Strauss studiert hatte, garantierten ihm im nach wie vor frankophilen Venezuela eine Art Narrenfreiheit. Zudem genießen französische Anthropologen besonders große Anerkennung, da die Anthropologie außerhalb der Vereinigten Staaten von dem von Lévi-Strauss begründeten Strukturalismus dominiert wird.

Meine Einführung in den Strukturalismus erhielt ich als Erstsemester durch Lévi-Strauss' *Traurige Tropen,* eine überaus kenntnisreiche und oftmals unterhaltsame Geschichte seiner langen Odyssee von einem Pariser Gymnasium in den brasilianischen Dschungel und wieder zurück nach Paris. Lévi-Strauss hatte sich vorgenommen, den gesamten Kontinent zu studieren. Dazu verpflichtete er sich der Hilfe dreier anderer Forscher, welche das Innere Brasiliens erkundeten und mit dem Auftrag, so viele Artefakte und linguistische Informationen der einzelnen Gruppen wie nur möglich zu sammeln, mehrere Wochen bei jedem Indianerstamm blieben. Ausgerüstet mit großzügiger finanzieller Unterstützung der französischen Regierung reisten sie in einem Planwagen, begleitet von 15 Mulis, Mulitreibern und dreißig Ochsen durch die Wildnis Brasiliens.[6]

Nahe der brasilianisch-paraguayischen Grenze stieß Lévi-Strauss auf einen Stamm, die Caduveo, die »einen tiefen Abscheu vor der Zeugung von Kindern [empfanden]. Abtreibung und Kindesmord waren an der Tagesordnung, so daß das Überleben der Gruppe weit mehr durch Adoption als durch Fortpflanzung gesichert wurde, denn eines der Hauptziele der Kriegsexpeditionen bestand in der Beschaffung von Kindern.«[7] Die wenigen Kinder, die nicht bei der Geburt getötet wurden, wurden sofort schwarz angemalt und einer anderen Familie übergeben. Die Caduveo lehnten jede Form der elterlichen Verantwortung ab, um sich, nicht unähnlich einer Kolonie emigrierter Pariser Künstler, voll und ganz der Bildhauerei und Malerei widmen zu können. Lévi-Strauss verglich das künstlerische Genie der Caduveo mit dem der barocken spanischen Meister.[8] Sie schienen ihm »Ritterromanen entsprungen«, Indianer, die »vertieft in ihr grausames Spiel von Prestige und Herrschaft, eine graphische Kunst geschaffen haben, deren Stil sich mit nichts vergleichen läßt, was das präkolumbianische Amerika hinterlassen hat...«[9]

Lévi-Strauss hielt es nicht für notwendig, seine phänomenale Entdeckung – einen Stamm, der fast alle seine Kinder ermordete und den Rest weggab, widersprach praktisch allen Grundsätzen der natürlichen Selektion und der natürlichen Empfindungen – auch nur mit einer einzigen Fußnote zu belegen.

Lévi-Strauss hielt die von ihm studierten Indianer des Amazonasgebiets für »armselige, zum Untergang verdammte Wesen«.[10] Gleichzeitig sprach er sich gegen jeden Aktionismus zu ihren Gunsten aus, da dies nur den wissenschaftlichen Spiegel der Kontemplation und Objektivität zerstören würde: »[Der Anthropologe] darf niemals in ihrem Namen handeln... Eine solche Einstellung würde nur sein Urteilsvermögen beeinträchtigen.«[11] Zeitgenössische Anthropologen, die sich wie Linda Rabben von Amnesty International für die Rechte der Amazonasindianer einsetzen, verübeln Lévi-Strauss diese distanzierte Wissenschaftlichkeit. »Warum«, fragte Linda Rabben im Hinblick auf Lévi-Strauss kürzlich, »sich überhaupt mit den Indianern beschäftigen, wenn sie sowieso zum Aussterben und wir zur Passivität verdammt sind?«[12]

Doch zumindest was die Yanomami anging, spielte Lévi-Strauss eine nicht gänzlich passive Rolle. Er hatte Jacques Lizot vom Studium der Orientalistik – in der Lizot seinen Doktor gemacht hatte – abgebracht und sein Interesse für die Yanomami geweckt. 1968 ermutigte Lévi-Strauss Lizot, an einer großen französischen Expedition ins Yanomami-Land teilzunehmen.[13] Lizot traf zusammen mit Timothy Asch und Napoleon Chagnon und in Begleitung mehrerer französischer Ärzte mit einem

Frachtflugzeug vor Ort ein, im Gepäck Berge frischen Gemüses und Tauschwaren, darunter auch Plastikpuppen.[14]

Lizot richtete sich zunächst in Bisaasi-teri ein, wo die AEC-Expedition ihr Basislager hatte und sich zwei Missionsstationen befanden. Auf seinen Erkundungsreisen begleiteten ihn Yanomami-Jungen, die nach und nach Tauschwaren horteten. Allerdings war dies nicht weiter ungewöhnlich; auch die anderen Anthropologen bevorzugten junge männliche Yanomami als Führer. Lizot schien ein begeisterter Heterosexueller zu sein, und die anfängliche Sorge der Missionare galt denn auch eher den jungen Mädchen. »Eines Tages«, erinnerte sich die Krankenschwester Marie Dawson, »hatten sich die Frauen des Dorfes, von Lizot verfolgt, in mein Haus geflüchtet. Kaum hatte ich sie eingelassen, stand schon Lizot vor mir.«[15]

Ein Schamane beschrieb denselben Vorfall aus der Sicht der Yanomami:

> Alle Frauen des Dorfes flüchteten schreiend und kreischend zum Haus der *nabah,* wo sie fast die Tür einrannten. Sie sprangen über Tische und Stühle, um sich hinter Keleewas [Dawsons] Frau zu verstecken. Einige versuchten sogar, ihren Kopf unter ihrem Rock zu verbergen. Da Keleewas Frau unsere Sprache noch nicht verstand, glaubte sie, sie werde überfallen. Dann erschien der *nabah,* A. H. [»Ass Handler« (Arschfummler) Lizot] und steckte seinen Kopf durch die Tür. Er sah, daß die Frauen sich hinter Gegenständen und dem weißen Mädchen versteckten. Die Frauen hofften, daß A.H. sie in Gegenwart einer anderen *nabah,* die keine Angst vor ihm hatte, in Frieden lassen würde.[16]

Der Schriftsteller Mark Ritchie nahm diese Aussage für sein Buch *Spirit of the Rainforest* auf. Ritchie ist evangelischer Christ und hat weder für Homosexualität noch für Anthropologie viel übrig. In seinem Buch versucht er, die Yanomami selbst zu Wort kommen zu lassen. Was die Yanomami über Fremde im allgemeinen und einige Missionare beider großen Kirchen zu sagen haben, ist alles andere als schmeichelhaft.

Doch was sie über Jacques Lizot berichten, klingt so unglaublich wie Lévi-Strauss' Berichte über die Caduveo.

Ritchie bezeichnete Lizot mit der Abkürzung »A. H.« – Ass Handler. Tatsächlich ist der Begriff »Arschfummler« noch eine höfliche Übersetzung des Namens, den die Yanomami Lizot gegeben haben: *bosinawarewa,* was wörtlich übersetzt »Anus/Vaginaverschlinger« bedeutet. Ritchies Übersetzer war der Missionar Gary Dawson, der auch als Übersetzer für *National Geographic* gearbeitet hat[17] und wahrscheinlich besser als jeder andere Weiße Yanomami spricht. In der Missionsstation von Padamo zeigte mir Dawson die Transkripte der Interviews über Lizot. »Ich habe keine Probleme, ›Ass Handler‹ ist Jacques Lizot«[18], sagte Dawson.

Daß Gary Dawson den französischen Forscher, den er aus Bisaasi-teri kennt, nicht mag, ist nicht zu übersehen. Lizot hatte Bisaasi-teri verlassen müssen, weil er einen dreizehnjährigen Jungen namens »Junger Vogel« geschlagen hatte (denselben»Außenseiter«[19], der Chagnon zu den Mishimishimabowei-teri geführt hatte). Lizot hatte »Junger Vogel« bestraft, weil er wütend war, daß jemand – wer, das wußte er nicht – ihm Lebensmittel gestohlen hatte. »Junger Vogel« war ein Waise ohne männliche Verwandte. Er hatte also niemanden, der ihn hätte beschützen können, als Lizot ihn eines Nachts aufsuchte und in seiner Hängematte furchtbar verprügelte. Gary Dawson, der damals 17 Jahre alt war, mußte von seinem Vater, dem Missionar Joe Dawson, mit Gewalt daran gehindert werden, Lizot mit einer Schrotflinte zu bedrohen.[20]

Nach dem Vorfall behandelte der venezolanische Krankenpfleger in Bisaasi-teri, Juan González, den Jungen, dessen Augen zugeschwollen waren. Dann machte sich González in Begleitung des älteren Dawson auf den Weg zu Lizot, der sich in seiner Hütte eingeschlossen hatte. González hämmerte gegen die Tür und befahl Lizot, das Dorf zu verlassen. Daraufhin drohte Lizot González an, ihn in den Fluß zu werfen. Aber González wog ungefähr 125 Kilogramm, und Lizot, obzwar drahtig und muskulös, war eher kleinwüchsig.[21]

Lizot verließ das Dorf und fuhr den Orinoko hinauf bis zur

Missionsstation von Platanal, wo nun die Yanomami-Jungen der Mahekoto-teri in den Genuß der Dinge, *mahode,* kamen, die Lizot als Bezahlung verteilte. Natürlich entging das den Missionaren nicht, und es dauerte nicht lange, bis ein salesianischer Missionar, Padre José González, Lizot auf dem Dorfplatz zur Rede stellte. »Ich höre, daß Sie diese Jungen dafür bezahlen, daß sie mit Ihnen Sex haben.«

»Das ist eine Lüge! Von wem wollen Sie so etwas gehört haben?«

»Von diesem Jungen hier.«[22]

González forderte Lizot auf, Platanal zu verlassen, aber Lizot weigerte sich und versetzte dem Priester einen Fausthieb. In dem folgenden Kampf ging Lizot k. o.[23]

Von Platanal aus zog Lizot flußabwärts zu dem kleinen, zwischen Platanal und Bisaasi-teri am Orinoko gelegenen Dorf Tayari-teri. Dort baute er sich ein Haus und startete eine internationale Kampagne gegen die Salesianer.

In der Tat gab es einiges, was man gegen Padre González und seinen Mentor Padre Cocco vorbringen konnte. Beide wurden von den Yanomami verehrt und tolerierten Yanomami-Bräuche wie die Polygamie und den Konsum von Halluzinogenen. Im Prinzip betrachteten Cocco und González die Yanomami als unterernährte, verarmte Menschen, nicht unähnlich den Mailänder Gettokindern, denen mit einer Berufsausbildung zu helfen sich der Gründer der Salesianer, John Bosco, verschrieben hatte.[24] Leider unterstützten beide Priester auch den Plan der venezolanischen Regierung, Bauern aus der Orinoko-Region im Yanomami-Land anzusiedeln.[25]

Als Lizot drohte, die salesianischen Missionsstationen niederzubrennen, reichten die Salesianer bei der venezolanischen Regierung eine Petition ein, den französischen Forscher des Landes zu verweisen. Doch viele Leute, darunter auch der französische Botschafter in Caracas, betrachteten Lizot als Bewahrer der Kultur der Yanomami. Was immer Lizots Motive auch gewesen sein mochten, er hatte mit Erfolg einen Kolonisierungsplan vereitelt, der in einen Ethnozid gemündet hätte.

Auch Napoleon Chagnon unterstützte Lizot in seinem

Kampf gegen die Priester und schrieb einen Brief an die venezolanische Regierung, in dem er sich dafür einsetzte, daß Lizot trotz seiner Drohung, die Missionsstationen niederzubrennen, seine Forschungen vor Ort weiterführen durfte.[26] Zu dieser Zeit waren die beiden noch enge Verbündete.[27]

Als Chagnon 1976 nach Venezuela zurückkehrte, war er bereits international anerkannt und hatte von der amerikanischen National Science Foundation ein Stipendium in Höhe von 260000 Dollar zum Studium der »Sterblichkeits- und Scheidungsraten bei den Yanomami« erhalten.[28] Umgerechnet auf heutige Verhältnisse entsprach das rund einer Million Dollar, eine Summe, die Chagnons Stellung natürlich immens stärkte und es ihm erlaubte, zwei Berater, darunter Robert Carneiro vom American Museum of Natural History, und drei Doktoranden als Assistenten einzustellen.

Einer dieser Doktoranden war Kenneth Good, bis dahin ein guter Freund und Protegé Chagnons. Die beiden hatten sich an der Pennsylvania State University kennengelernt, wo Good Chagnons Zechbruder war. »Wir zogen häufig zusammen durch die Bars unten in der Stadt«, erinnerte sich Good. »Mir war das zwar peinlich, aber ich tat es, weil er mein Doktorvater werden würde. Er gehörte zu der Art Leute, die sich scharfe Deutsche Schäferhunde halten. Und er nahm die Schäferhunde, sie hießen Gus und Parma, mit in die Bars, damit er sich mit den großen, über 100 Kilogramm schweren Gewichtheber-Typen anlegen konnte.«[29]

Zur Vorbereitung auf die vorgeblich extreme Gewalttätigkeit der Yanomami schickte er Good zum Pittsburgh Police Department, wo er ein besonders starkes chemisches Reizgas erhielt. (Aus Angst, das Reizgas nicht durch den Zoll zu bekommen, klebten sie Etiketten mit dem Aufdruck »Center County Dog Repellent« auf die Dosen.)[30] Und Chagnon kaufte Good eine doppelläufige Winchester-Schrotflinte.

In Caracas angekommen, schickte er die Expeditionsteilnehmer zur Besorgung von Vorräten aus. »Wir mußten fässerweise Tauschwaren und große Säcke mit Reis besorgen ... Äxte und Macheten kauften wir kistenweise, Stoff für Lendenschurze rollenweise und Angelhaken zu Tausenden. Zu all dem kamen noch die Tonnen an Ausrüstung, die wir vorab nach Venezuela geschickt, und die Sachen, die wir im Flugzeug mitgebracht hatten. Es war eine unglaubliche Operation. Chagnons Energie und Hartnäckigkeit waren bewunderungswürdig.«[31]

Chagnon und Good verloren keine Zeit und flogen von Caracas aus an Bord einer DC-3 an den Orinoko. Über der Missionsstation von Ocamo warfen sie ihre Ladung ab. »Wir fingen an, unsere Sachen aus der Ladeluke zu werfen. Fünfzehn bis zum Bersten gefüllte Armeecontainer, alle entsprechend einem Codierungsschema verschiedenfarbig bemalt... Dann vier Außenbordmotoren, sicher verpackt in Holzkisten... Die Schaulustigen unter uns konnten sich nicht vorstellen, daß eine so atemberaubende Menge an Dingen so wenigen Leuten gehören konnte.«[32] Der Priester, der mit seinem Traktor die Kisten einsammelte, brauchte vier geschlagene Stunden, bis er alles an das Ufer des Orinoko gekarrt hatte, wo die Sachen auf ein gedecktes Flußschiff geladen wurden, dem Good den Spitznamen *African Queen* verlieh.

Anschließend brachen sie sofort den Orinoko hinauf auf. Gegen Mitternacht liefen sie auf einer Sandbank auf Grund, doch bis zum frühen Morgen hatten sie das Schiff wieder flottgemacht und erreichten noch am selben Tag Lizots Lager. Früher hatte Chagnon seine Vorratslager bei den Missionsstationen angelegt[33], doch dieses Mal wollte er seine Solidarität mit Lizot demonstrieren. »Lizot lag zu der Zeit im Clinch mit den Missionaren und wollte nicht, daß wir – Kollegen aus der Anthropologengemeinde – etwas mit ihnen zu tun hatten«, erklärte Good.[34] Chagnon bezog ein Zimmer in Lizots Haus, die Studenten schliefen in Hütten.

Gleich die erste Nacht im Dschungel hielt für Good eine besondere Überraschung bereit. Mitten in der Nacht stürzten zwei Männer mit lautem Gebrüll in seine Hütte, stießen ihn gegen einen Tisch und zerrissen sein Moskitonetz. Good erkannte, daß die beiden sturzbetrunkenen Angreifer niemand anderes waren als Chagnon und ein anderer Anthropologe. Good, Vietnamveteran und groß und kräftig, war so aufgebracht, daß er Chagnon eine Böschung hinunterwarf. Lizot schaffte es, ihn einigermaßen zu beruhigen.[35]

Chagnon erinnerte sich an nichts mehr, als er am nächsten Tag dreckverschmiert und mit blauen Flecken übersät aufwachte. Good dagegen vergaß den Vorfall nie. In den zwölf Jahren, die er bei den Yanomami verbringen sollte, blieb dies das einzige Mal, daß er von jemandem tätlich angegriffen wurde.[36]

Das Reizgas setzte er am Ende gegen Fledermäuse ein. »Meiner Meinung nach ist der Begriff ›das grimmige Volk‹ die krasseste Fehlbezeichnung in der Geschichte der Anthropologie«, erklärte Good. »Die Yanomami kreischten vor Angst, als sie mich sahen.«[37] Auch Chagnons andere Studenten berichteten von weitaus weniger Gewalt unter den Yanomami, als ihr Mentor festgestellt haben wollte.[38] Doch Good war der einzige, der seine Erfahrungen in einem Buch – *Into the Heart* – festhielt. Das in acht Sprachen übersetzte und in Anthropologenkreisen vielgelobte Buch wurde nach *The Fierce People* zum meistgelesenen Bericht über die Yanomami.

Am seltsamsten von allem war Lizots Dorf, Tayari-teri. Chagnon hatte in Tayari-teri ein Vorratsdepot bauen lassen, und von Zeit zu Zeit fuhr Good dorthin, um Nachschub zu besorgen. Eine der ersten Eigenarten des Dorfes war der Umstand, daß es dort viel mehr Männer als Frauen gab und daß die Frauen nicht in die Nähe von Lizots Bungalow kommen durften. Während die Frauen einen besonderen Pfad benutzen mußten, der um Lizots Anwesen herumführte, verrichteten die Jungen höchst ungewöhnliche Hilfsdienste für Lizot, darunter auch die Pflege einer Marihuanaplantage.

Auch ansonsten zeichneten sich Lizots Jungen durch besondere Verhaltensweisen aus.

»Sie alle rauchten und trugen Deodorant und anderes Zeug«, erinnerte sich Good. »Es war abstoßend. Sie kamen sich vor wie kleine Königinnen oder so etwas. Mein Gott, die Kinder von Tayari-teri. Manche trugen bis zu 15 Perlenketten um den Hals, ich weiß nicht, warum. Sie waren Lizots Jungen. Sie aßen Spaghetti. Sie waren so etwas wie Hausburschen. Lizot war der Ansicht, sie gut zu bezahlen. Nicht nur mit Spaghetti, Deodorant und Zigaretten, sondern auch mit Macheten und dem ganzen Zeug. Einmal öffnete ich eine große, wasserdichte 120-Liter-Trommel. Sie war bis obenhin voller Zigaretten.«[39]

Unterdessen fand Lizots Krieg mit den Salesianern ein unvermitteltes Ende. Padre González mußte auf Anweisung seiner Kirchenoberen die Missionsstation Platanal verlassen. González fuhr den Fluß hinunter nach Ocamo, wo er in der dortigen Missionsstation mit dem Salesianerbruder Emilio Fuentes bis spät in die Nacht trank. Dann lud Fuentes González zu einer Fahrt mit dem Traktor ein. Beide waren noch immer betrunken, und Fuentes fuhr viel zu schnell. González verlor den Halt, stürzte von dem Traktor und brach sich das Genick. »Ich saß gerade mit Lizot bei einem Drink, als uns die Nachricht von González' Tod erreichte«, erinnerte sich Good.[40] Nach diesem Unglück verließ Fuentes die Salesianer und studierte mit einem von Lizot arrangierten Stipendium in Frankreich Anthropologie.[41]

Goods Beziehung zu Lizot war nicht unbedingt harmonisch. »Sobald ich mehr als ein paar Tage bei ihm blieb, regte er sich auf und schrieb an Chagnon, daß ich ihm in seine Arbeit hineinpfuschte. Er glaubte, daß ich im Dorf herumfragte, ob er Haschisch rauchte, aber das tat ich nicht. Ich brauchte nur eins und eins zusammenzuzählen. Die Leute sagten: ›Die Polizei kommt und raucht das Marihuana.‹ Ich habe sie nie gefragt, ob Lizot diese Jungen in den Arsch fickte… Eibl[-Eibesfeldt] wollte, daß ich sie das frage.«[42]

Irenäus Eibl-Eibesfeldt ist der Nachfolger von Konrad Lorenz als Leiter der Abteilung für Humanethologie am Max-Planck-Institut. Er fing 1971 an, die Yanomami zu studieren, und als 1977 Goods Verhältnis zu Chagnon einen Bruch erlitt, übernahm er Good als Forscher.[43] Eibl-Eibesfeldt reagierte entsetzt auf die Gerüchte um Lizots Pädophilie. Good und Lizot hatten einen gemeinsamen Brief an *Science* geschrieben, in dem sie Chagnon vorwarfen, in einem Beitrag über Proteinkonsum ein Dorf der Maquiritare-Indianer als ein Yanomami-Dorf ausgegeben zu haben.[44] (Dies führte zum Abbruch der Beziehungen zwischen Chagnon und Lizot.) Kurz darauf fing Eibl-Eibesfeldt selbst an, mit Lizot zu arbeiten.

Am Ende arbeiteten alle mit Lizot zusammen. »Ich ging nur ungern nach Tayari-teri, aber wegen des dortigen Vorratslagers blieb mir keine andere Wahl«, erzählte Good. »Ich hatte keine Ahnung, daß Lizot Tayari-teri in ein Sodom und Gomorrah verwandelt hatte, wo Sex, Analverkehr und gegenseitige Masturbation an der Tagesordnung waren und es ein System der Bezahlung für diese Dienstleistungen mit Tauschwaren gab – und all das in einem Volk, in dem meines Wissens bis zur Ankunft Lizots Homosexualität unbekannt gewesen war.«[45]

Unterdessen schrieb Lizot an einer Ethnographie der Sexualität der Yanomami. Sodomie sei, so Lizot, unter Kindern weit verbreitet. »Man sieht häufig Jungen aller Altersstufen, die es bei ihren Spielen in aller Öffentlichkeit simulieren; oftmals handelt es sich dabei um Schwäger, die einander üblicherweise in gegenseitiger und dauerhafter Zuneigung verbunden sind. Homosexuelle Praktiken sind in dieser Verwandtschaftsgruppe zwar häufiger, kommen aber auch zwischen Brüdern und Vettern ersten Grades vor. So skandalös es ist, die Vagina einer Schwester zu ›essen‹ ... den Anus seines Bruders zu ›essen‹ ist ein akzeptiertes Verhalten.«[46]

Laut Lizot gab es unter den Yanomami so gut wie keine sexuellen Praktiken, die verpönt waren, noch nicht einmal der Verkehr mit Tieren. Kinder praktizierten, führte er aus, Sodomie und Sex mit Tieren zur Vorbereitung auf ihr Sexualleben als Erwachsene. Außerdem bewiesen die Yanomami seiner Ansicht nach eine große Erfindungsgabe bei der Selbstbefriedigung und benutzten dazu alles, angefangen von Löchern im Boden über Baumstümpfe bis hin zu Tierkadavern.[47]

Es gibt Amazonasstämme, in denen Homosexualität nicht ungewöhnlich ist.[48] Nach Aussagen von Helena Valero und Padre Luis Cocco – zwei Quellen, die der Anthropologe Brian Ferguson in seiner Übersicht der Yanomami-Literatur[49] als zuverlässig einstuft – kommt Homosexualität unter den Yanomami Venezuelas nur sporadisch vor und ist kulturell nicht akzeptiert.[50] Eine Legende der Yanomami erwähnt Homosexualität, beschreibt sie aber als schmutzig und unmenschlich.[51]

Alcida Ramos, eine brasilianische Yanomami-Spezialistin,

war die erste, die vorsichtig andeutete, daß Lizots erotische Yanomami eine Projektion seiner eigenen Persönlichkeit sein könnten. »Zurückhaltung und natürliches Verhalten ... fallen Lizots Voyeurismus zum Opfer ... Die Präsenz des allgegenwärtigen Erzählers führt dazu, daß die Yanomami zu unwirklichen Wesen werden, so, als seien sie Figuren in einem Schauspiel ...«[52] Ramos war der Ansicht, daß Lizots deftige Liebesgeschichten bei den Yanomami »ungläubiges Lachen« auslösen würden, insbesondere die Behauptung, mitten am Tag im gemeinschaftlichen *shabono* einen Orgasmus zu bekommen.[53]

Ich habe bislang noch keinen Yanomami-Experten gesprochen, der jemals die Sexualität beobachtet hat, wie Lizot sie beschrieb – außer in Lizots Dorf.[54] »Ich bin niemals Zeuge homosexueller Praktiken unter den Yanomami geworden«, bestätigte Good. »Die lüsterne Atmosphäre in Tayari-teri, wo Kinder sich am Anus berührten und schmutzige Worte benutzten, war Lizots Werk. Wenn Lizot diese Art sexuellen Verhaltens beschreibt, beschreibt er nur, was er selbst erschaffen hat. Wir erfahren etwas über Lizot, nicht über die Yanomami. Ich war immer erleichtert, wenn ich nach Hasupuwe-teri zurückkehrte, wo es nichts in der Art gab.«[55]

Auch das oberhalb der gewaltigen Guaharibo-Stromschnellen gelegene Hasupuwe-teri geriet bald unter den Einfluß Lizots. Als Good von einem Urlaub in Caracas zurückkehrte, mußte er feststellen, daß Lizot während seiner Abwesenheit nach Hasupuwe-teri gekommen war und versucht hatte, sich die männlichen Jugendlichen mit Geschenken und Drohungen gefügig zu machen. »Das meiste erfuhr ich von den Jungen selbst. Daß sie bei seiner Ankunft in die Plantagen geflohen waren, daß er sie verfolgt und bedroht hatte. Zuerst hatte er ihnen Lendenschurze angeboten, dann seine Schrotflinte hervorgeholt und sie bedroht, bevor sie, zu Tode erschrocken, davonliefen.«[56]

Das ging so weit, daß die Yanomami für das Phänomen Lizot neue Begriffe erfanden. In einigen Dörfern hieß Sodomie *Lizot-mou,* »es wie Lizot machen«[57], während ein besonders schauderhaftes zusammengesetztes Substantiv sogar Eingang in den Sprachschatz der meisten *shabonos* in der Region fand: *bosina-*

ware. Analog zu der Vorstellung der Yanomami, daß der Tod ein Art spiritueller Kannibalismus ist, bedeutet ihr Verb für Geschlechtsverkehr, *naware,* wörtlich übersetzt »die Vagina essen«. Aufgelöst in seine Einzelteile bedeutet Lizots Spitzname Anus*(bosi)*-Vagina-Esser *(nawarewa).* Das Suffix *wa* verwandelt das Verb in einen männlichen Eigennamen. Good meint, »Arschficker« sei die exakteste Übersetzung des Begriffs.[58]

Good zeichnete den Bericht eines der Jungen aus Hasupuweteri auf, der Lizot vorwarf, er habe ihn mißbrauchen wollen. »Als Lizot davon hörte, stritt er alles ab«, sagte Good. »Um mich zu besänftigen, lud er mich in Caracas in ein sehr elegantes Restaurant ein. Während des Essens versicherte er mir, daß er niemals Analverkehr mit einem Yanomami gehabt habe. Sie hätten sich lediglich gegenseitig befriedigt. Er schien zu glauben, daß das in Ordnung sei.«[59]

»Während ich mir Pasta in den Mund schiebe, sagt er mir, daß sie sich nur gegenseitig masturbiert hätten. ›Oh!‹ Was hätte ich darauf antworten sollen?«[60]

Gary Dawson und Mark Ritchie nahmen die Aussagen von drei inzwischen zum Protestantismus übergetretenen Yanomami-Männern auf Video auf, die von Leuten erzählten, die mit Lizot in Tayari-teri masturbiert hatten. Die Männer waren noch nicht volljährig, als Lizot 1968 nach Tayari-teri kam, und kannten ihn und Leute aus Tayari-teri persönlich. Ich kenne alle drei – Jaime, Pablo Mejía und Timoteo. Sie leben heute in Koshirowa-teri, einem am Padamo in unmittelbarer Nachbarschaft zu einer unabhängigen protestantischen Mission gelegenen Dorf, und beherrschen Spanisch in Wort und Schrift. Pablo Mejía lernte Lizot ursprünglich in Bisaasi-teri kennen, doch alle drei besuchten als Teenager Tayari-teri (und Lizot Koshirowa-teri). Pablo und Timoteo bekleiden heute führende Stellungen in Koshirowa-teri, in dem rund 400 größtenteils evangelische Yanomami leben.

Pablo Mejía: Erinnerst du dich an einen meiner Verwandten, der dort [in Tayari-teri] lebte ...? Er kennt alle Leute in Tayari-teri, weil er dort als Schwiegersohn hinzog. Und er hat mir gesagt: »Als ich Lizot nach Arbeit fragte, sagte er: ›Ja, ich habe gute Arbeit für dich. Komm in mein Haus.‹ Als wir in sein Haus kamen, waren viele Leute da, er aber schickte sie alle weg und behielt mich alleine bei sich. Dann sagte Lizot: ›Jetzt werde ich dir deine Arbeit zeigen.‹« Der Junge dachte, er würde ihm eine Arbeit im Haus geben. Aber Lizot legte sich in seine Hängematte und rief ihn zu sich. Weil er keine der Geschichten über Lizot gehört hatte, wußte er nicht, was er von ihm erwartete. Lizot zog sich völlig nackt aus, legte sich wieder in die Hängematte und sagte: »Hier, nimm deine Hand und streichle damit meinen Penis.« Der Junge hatte zwar große Angst, aber er wollte auch die Sachen von Lizot haben, also ergriff er Lizots Penis und streichelte ihn.

Jaime: Ja, ich habe dieselbe Geschichte gehört. Und ich bin zu ihm gegangen und habe ihn gefragt, ob er das selbst erlebt oder nur von jemandem anderen gehört hat. Aber er sagte: »Nein. Siehst du mein Gewehr hier? So habe ich es mir verdient. So sind alle jungen Burschen [*huyas*] in Tayari-teri zu ihren Gewehren gekommen. Auf diese Weise müssen wir uns Zeug [*mahode*] verdienen. Ich habe auch einen Koffer von Lizot. Und das Radio habe ich auch bekommen, weil ich seinen Penis gestreichelt habe.« Ich fragte ihn: »Aber wurden deine Hände nicht ganz schmutzig und schmierig?« Er erwiderte: »Ja, natürlich wurden meine Hände schmierig und häßlich, aber ich habe es trotzdem weitergemacht, weil ich die Sachen wollte, die er mir dafür gab ... Alle taten es wegen der Sachen, die sie wollten.«

Pablo: Ja, von so etwas hört man normalerweise nie. Aber dort, wo die Leute davon erzählen, ist das ganz normal. Nachdem mir der Junge davon erzählt hat, habe ich jemanden anderen, einen alten Mann von Tayari-teri, gefragt, ob das stimmt. Und dieser alte Mann aus Tayari-teri sagte: »Ja, so haben alle jungen Leute in unserem Dorf ihre ganzen Sachen bekommen. Wir alten Männer haben das nie getan. Nein, das hätten wir nie getan. Aber wir erhielten unseren Anteil an den Sachen, die die anderen bekamen.« Wann

immer er [Lizot] es brauchte, rief er die jungen Männer zu sich und sagte: »Wenn jemand Arbeit will ...« Und es gab immer jemanden, der Arbeit wollte. Also fragte er: »Wer will dieses Mal arbeiten?« Und sie kamen.
Timoteo: Ich fragte ihn [einen anderen Mann]: »Wie oft mußtest du es tun, um ein Gewehr zu bekommen?« Und der Mann, der ein Gewehr vom Kaliber 12 hatte, sagte mir, daß er Lizot sechsmal befriedigte. Wenn er ein Hemd oder etwas anderes wollte, reichten ein- oder zweimal. Er ging nach Caracas und später nach Frankreich. Er erzählte mir, daß Lizot ihm sagte, daß er es für eine Schrotflinte sechsmal tun müßte. Und er bekam das Gewehr. Er hatte drei Gewehre vom Kaliber 12, und ich habe eines von ihm gekauft.[61]

Diese Berichte scheinen Lizots Behauptung gegenüber Good zu bestätigen, daß er lediglich Masturbation mit den Yanomami praktizierte. Der Missionar Gary Dawson sagte mir, daß einer der interviewten Männer Lizot sexuelle Dienste geleistet hatte, es vor der Kamera aber nicht zugeben wollte.[62]

Ebenso, wie die Wissenschaftler und Missionare, die Lizot kennen, mit der Wahrheit über ihn zurückhaltend waren – und sind –, fürchten die Yanomami ihn und seine sehr reale politische Macht, die auf seinen langjährigen Beziehungen zur venezolanischen Bürokratie und zur französischen Botschaft in Caracas beruht. Welche homosexuellen Praktiken die Yanomami vor Lizots Ankunft auch immer ausgeübt haben mochten, sich für Schrotflinten zu verkaufen, gehörte sicherlich nicht dazu. Die Haltung der anderen Yanomami gegenüber Lizots vermeintlichen Gespielen schwankte zwischen sarkastischer Verachtung und offener Ablehnung. Ein Junge aus Koshirowateri bekam zusammen mit einer schönen Uhr von Lizot von den anderen Kindern einen neuen Spitznamen: »Der-A.H.s-Penisstreichelt«.[63]

In anderen Dörfern formierte sich eine bewaffnete Allianz gegen Lizots Dorf Tayari-teri. Nach Angaben von Ritchies Informanten waren viele Yanomami nicht mehr bereit, Lizots sexuelle

Ausschweifungen zu tolerieren. Als einer der beiden Anführer von Bisaasi-teri, Paruriwa, herausfand, daß sein Sohn mit Lizot Umgang pflegte, verjagte er ihn aus dem *shabono.*[64] Daraufhin schmiedeten Paruriwa und einige mit den Bisaasi-teri verbündete Anführer aus anderen Dörfern einen Plan zur Ermordung Lizots.[65] Obwohl Rerebawa, Chagnons einstiger Führer und einer der drei Yanomami, denen *The Fierce People* gewidmet war, mit zu den entschlossensten Befürwortern des Plans zählte, gelang es Paruriwa nicht, ausreichend Unterstützung für seinen Anschlag auf Lizot zu mobilisieren. Zum einen hatten viele Yanomami Angst davor, einen *nabah* zu töten, zum anderen waren die Karohi-teri und andere Nachbarn der Tayari-teri abhängig von Lizots Tauschwaren. »Er könnte sich nie so viel herausnehmen, wenn wir nicht so arm wären«, klagte Rerebawa.[66]

Die Auseinandersetzung geriet zu einem Teil des umfassenderen Konflikts zwischen Tayari-teri und Bisaasi-teri um die Vorherrschaft am Oberlauf des Orinoko. Die Bisaasi-teri hatten Chagnon (Shaki) nicht vergessen, ganz im Gegenteil. Kaobawa, der andere Anführer der Bisaasi-teri, zog mit seiner Gruppe sogar in ein neues *shabono,* das sie zu Ehren Chagnons Shakita tauften.[67]

Bis Chagnon jedoch das nach ihm benannte Dorf besuchen konnte, sollten noch zehn Jahre vergehen. 1976 regte sich bei venezolanischen Wissenschaftlern am führenden Forschungsinstitut des Landes, der IVIC, Widerstand gegen »eine weitere Unterstützung der Arbeit Chagnons«. Die Venezolaner waren der Ansicht, daß James Neel »sich die Einrichtungen und Ressourcen der IVIC ohne adäquate Gegenleistung zunutze gemacht hatte«.[68] Auf Intervention des einflußreichen Arztes Marcel Roche durfte Chagnon 1976 einen Vortrag am Institut halten. »Bei unserer Präsentation vor der IVIC«, erinnerte sich Kenneth Good an den Tag, »gab sich Chagnon, der ein Stipendium der National Science Foundation über eine viertel Million Dollar mitbrachte, sehr hochmütig und arrogant. Als jemand wissen wollte, was die Yanomami davon haben würden, erwiderte er: ›Nun, sie werden einen Riesenhaufen Macheten und Tauschwaren bekommen.‹«[69, 70]

Die Anthropologin Leslie Sponsel, die bei der Präsentation anwesend war, erzählte: »Nachdem alle ihren Vortrag gehalten hatten, wandte sich ein Student mit einer Frage an Chagnon: ›Sie haben zehn Jahre mit den Yanomami gearbeitet. Was werden Sie jetzt für sie tun?‹ Chagnon erwiderte, daß er sich nicht in ihre Angelegenheiten einmischen dürfe, schließlich sei er Wissenschaftler. Nach der Präsentation kam es in der Bibliothek der IVIC zu einer spontanen Zusammenkunft von aufgebrachten Studenten und Lehrkräften, bei der es hoch herging.«[71] Chagnon bot kurze Zeit später einer auf die Andenregion spezialisierten Archäologin an der IVIC, Alberta Zucchi, einen mit 1000 Dollar dotierten Beratervertrag für das Yanomami-Projekt an, obgleich sie keinerlei Erfahrung mit Amazonasstämmen und kein Interesse an Kulturanthropologie hatte. Da Zucchis Ehemann der im Justizministerium für die Genehmigung aller Forschungsreisen zuständige Beamte war, wurde Chagnons Angebot als ungeschickter Bestechungsversuch interpretiert.[72] Die nächsten zehn Jahre, von 1976 bis 1985, erhielt Chagnon keine Genehmigung mehr.[73]

Seine lange Abwesenheit schadete Kaobawa. Hatten die Bisaasi-teri zu Chagnons Zeiten viele junge Frauen von Nachbardörfern erworben[74], kehrten sich die Verhältnisse mit den schwindenden Stahlvorräten Kaobawas um. Weit mehr Frauen verließen das Dorf, als neu in es einheirateten.[75] »Dadurch, daß Chagnon nicht mehr bei ihnen lebte, sah sich das obere Bisaasi-teri seiner wichtigsten Quelle für Reichtum, militärische Sicherheit und Status beraubt«, erklärte Ferguson in seinem Buch *Yanomami Warfare*.[76]

In ungefähr demselben Zeitraum erlebte Tayari-teri eine wahre Bevölkerungsexplosion aufgrund einer massiven, fast ausschließlich auf Männer beschränkten Zuwanderung. Von 1974 bis 1979 stieg die Bevölkerung Tayari-teris von 41 auf 88 Einwohner an. Napoleon Chagnon war der erste, der im Zusammenhang mit Tayari-teri auf eine Reihe von demographischen Anomalien hinwies. »Woher kamen diese neuen Einwohner? Da die Zahl der Erwachsenen die der Kinder um ein Vielfaches übertrifft, erscheint es unwahrscheinlich, daß der

Zuwachs auf neue Geburten zurückzuführen ist. Ebenfalls auffällig ist die Männer/Frauen-Quote [31 Männer, 21 Frauen] bei den Erwachsenen, also weit mehr Männer, als es für Yanomami-Dörfer normal ist.«[77]

In allen anderen Yanomami-Dörfern, die über bevorzugten Zugang zu Tauschwaren verfügten, verschob sich die Geschlechterquote zugunsten der Männer.[78] Das galt vor allem wenn die Yanomami Schrotflinten bekamen. Mit Flinten konnten sie mehr Wild jagen und damit auch mehr Frauen ernähren.[79] Doch trotz des einmaligen Reichtums Tayari-teris an Tauschwaren und Schrotflinten litt das Dorf unter einem auffälligen Frauenmangel. Nicht junge Frauen kamen aus anderen Dörfern nach Tayari-teri, sondern männliche Teenager.[80]

Die gesamte Region war von diesem Vorgang betroffen[81], selbst das mit Bisaasi-teri verbündete Shamatari-Dorf Momaribowei-teri.[82] Die meisten jungen männlichen Zuwanderer kamen allerdings aus Karohi-teri, dem vormals engsten Verbündeten Bisaasi-teris.[83] Karohi-teri war das zweite Dorf, in dem Lizot 1968 sein Lager aufschlug. Bereits 1969 verfügte das Dorf über deutlich mehr Tauschwaren als selbst das reichste Dorf der Bisaasi-teri.[84]

So reich Karohi-teri auch sein mochte, es bildete nur den Vorhof des Heiligtums, Tayari-teri, mit seinen sagenhaften Schätzen an Zigaretten, Macheten, Bekleidung und Schrotflinten. Laut Lizots Darstellung zogen die jungen Männer zuerst nach Karohi-teri und von dort – auf der Suche nach Bräuten – weiter nach Tayari-teri.[85] Allerdings finden sich in Lizots Berichten Hinweise darauf, daß dem nicht unbedingt so war, beispielsweise im Falle des 14jährigen Fama, der aus dem Hochland von Parima nach Karohi-teri kam.[86] Trotz der Länge der Reise und der Tatsache, daß er und seine Eltern sie zu Fuß zurückgelegt hatten, blieben sie nur eine Nacht in Karohi-teri. Fama jedoch blieb, obwohl es in den Dörfern im Parima-Hochland einen Überschuß an Frauen gab[87] und in Karohi-teri noch weniger Frauen auf einen Mann kamen als in Tayari-teri.[88] Fama kam sicherlich nicht wegen einer Braut.

Lizot war er ein eifriger Beobachter und Begleiter der jungen

Männer, die von Karohi-teri nach Tayari-teri pilgerten. In seinem Buch *Tales of the Yanomami* erzählt er die Abenteuer des jungen Hebewe, der in Karohi-teri aufwuchs. Hebewe war zwar schon zu alt für Masturbation und Sodomie, aber es bereitete ihm trotzdem großen Spaß, den neu im Dorf angekommenen Fama zu quälen. Er warf Fama zu Boden und knotete – die denkbar schlimmste Schmach für einen Yanomami – dessen Penisband auf.[89]

Nach diesem Vorfall zog Hebewe zu den Tayari-teri. Lizot selbst hat deren großes *shabono* als eine zeitlose Ikone der Yanomami-Kultur porträtiert:

> Die vielen jungen Yanomami in Tayari ergehen sich in fröhlichen und freundschaftlichen Betätigungen. Hebewe … sieht den Kindern zu, die auf dem Dorfplatz spielen und mit langen Stöcken kämpfen. Die aus weichem Holz gefertigten Stöcke verletzen die Haut nicht, können aber Beulen hinterlassen. Die Schläge sind schmerzhaft; wer getroffen wird, beißt die Zähne zusammen, um ja keinen Schmerz zu zeigen, und versucht, es seinem Gegner mit gleicher Münze heimzuzahlen. Nach dem Kampf stellen die Kinder ihre Stöcke in zwei parallelen Reihen auf.
> Nebenan inhalieren einige Jugendliche eine halluzinogene Droge. Aus purem Übermut ruft ein großgewachsener Teufel von Bursche einen Jungen von ungefähr zehn Jahren herbei und fordert ihn zur Teilnahme auf. Aus Angst, als Feigling zu gelten, wagt der kleine Junge keinen Widerspruch. Sie blasen ihm mehrere Portionen der Droge in die Nasenlöcher. Das ist viel zu viel für den Jungen; berauscht von der Droge bricht er zusammen und schlägt mit dem Kopf auf dem Boden auf.[90]

Kurz nach seiner Ankunft in Tayari-teri verliebte sich Hebewe in ein junges Mädchen, das aber bereits mit einem älteren Zuwanderer aus Karohi-teri verheiratet war. Kurzerhand beschlossen Hebewe und zwei seiner Freunde, den Mann in einen Hinterhalt zu locken und mit Pfeilen zu töten. Der Mordversuch schlug fehl. Hebewe wurde geschlagen und für kurze Zeit aus dem Dorf verstoßen. Die Familie des jungen Mannes, dem der Anschlag gegolten hatte, konnte den hinterhältigen Verrat nicht fassen: »Sie wollten ihn zu ihrem Vergnügen töten! Weil sie Lust dazu hatten! Nur aus diesem Grund.«[91]

Tohowe, der ebenfalls aus Karohi-teri nach Tayari-teri gekommen war, schloß sich Hebewe an. Tohowe war eine Waise, der keine Verwandten im Dorf hatte und vor seiner Aufnahme in das Dorf so arm war, daß er nackt herumlief. »Obgleich die Adoleszenz seine Züge verfeinerte und seinem Körper festere, harmonischere Linien verlieh, behielt seine Haut ihre Sanftheit und Schönheit…«, schwärmte Lizot. »Tohowe war ungefähr zwölf, als er in Tayari ankam.« Leider neigte er auch zur Raserei. »Allerdings sind seine Anfälle von einer ungewohnten Heftigkeit; er zerbricht und zerreißt alles, was ihm in die Hände kommt. Ebbt der Anfall ab, verfällt er in ein absolutes und lang anhaltendes Schweigen…«[92]

Tohowe war nicht der einzige junge Neuankömmling in Tayari-teri, der solche Verhaltensstörungen an den Tag legte.

Lizots Dorf war zweifelsohne eine demographische und kulturelle Ausnahmeerscheinung. Die »fröhlichen und freundschaftlichen Betätigungen«, von denen Lizot sprach, sind mir nirgendwo sonst unter den Yanomami begegnet. Obwohl ich über dreißig Dörfer, darunter auch Karohi-teri, besucht habe, habe ich nirgendwo etwas gesehen, was den von Lizot beschriebenen, ritualisierten Formen wiederkehrender Grausamkeit vergleichbar gewesen wäre. Doch in seiner außerordentlichen Eröffnungsszene stellt Lizot das *shabono* von Tayari-teri als eine Bühne des Schmerzes dar.

»Was einen an Lizots Yanomami besonders beunruhigt, ist die scheinbare Launenhaftigkeit ihrer Boshaftigkeit; sie fügen einander Schmerz aus keinem anderen Grund zu als dem, daß es ihnen gerade in den Sinn kommt«, wunderte sich die Anthropologin Alcida Rita Ramos.[93] Hebewes mißglückter Anschlag erscheint in der Geschichte der Yanomami als ein ebenso bizarres Einzelereignis wie Lizots Bericht über Jugendliche, die sich angeblich am hellichten Tage mitten auf dem Dorfplatz gegenseitig befriedigen. Daß ein 14jähriger Neuankömmling versucht, einen älteren und dazu noch mit dem Anführer des Dorfes verwandten Mann zu töten, würde unter normalen Umständen von einer geradezu selbstmörderischen Dummheit zeugen. Noch unverständlicher ist, daß Hebewe nach dem fehlgeschlagenen Hinterhalt nicht sofort das Weite suchte, ganz zu schweigen davon, daß er für sein Vergehen nur eine Prügelstrafe bezieht und nach kurzer Zeit wieder in die Dorfgemeinschaft aufgenommen wird.

Was Lizot zu erwähnen vergaß, war, daß Hebewe sein Liebling im Dorf war. Der Arzt einer benachbarten Missionsstation gab Hebewe den Spitznamen El Príncipe, nachdem einmal ein Einbaum mit Außenbordmotor den Fluß heruntergefahren kam, in dem Hebewe thronte, ein makellos weißes und in Kölnisch Wasser getauchtes Handtuch um den Körper geschlungen. »Es fehlte nur noch, daß zwei Yanomami ihm Kühlung zufächelten«, berichtete der Arzt. »Seitdem nannte ihn jeder El Príncipe.«[94]

Lizot verteilte wahrscheinlich mehr Kleider und Schrotflinten unter den Yanomami als jeder andere vor oder nach ihm. Nach außen hin jedoch wandte er sich dagegen, daß die Indianer westliche Kleidung trugen oder Feuerwaffen erhielten.

Lizot verlangte seinen Jungen mitunter viel ab. Frauen waren in dem Bungalow in Tayari-teri nicht erlaubt. Und lange Zeit verbot er seinen Günstlingen auch den Umgang mit getauften Yanomami, die er als kulturell unrein betrachtete.[95] »Lizot hatte das Gefühl, in einem Wettstreit mit den Missionaren zu stehen«, erklärte Kenneth Good. »Obwohl Tayari-teri eine Abspaltung der Mahekoto-teri von Platanal war, erlaubte er seinen Jungs nicht, sich mit ihnen zu treffen.«[96]

Daß sich vor diesem Hintergrund die Beziehungen zwischen Tayari-teri und den ärmeren Missionsgruppen verschlechterten, verwundert nicht. Wie angespannt das Verhältnis war, bewies ein Vorfall aus dem Jahr 1978, als Kaobawa an der Spitze eines erfolglosen Jagdtrupps nach Tayari-teri kam und um Essen bat. Er wurde mit Dreck beworfen und von den Kindern verspottet.[97] Sie lachten Kaobawa aus und nannten ihnen einen armen Niemand ohne Freunde, der seinen *nabah* verloren hatte.

Bald wurde aus dem Krieg der Worte ein Krieg der Pfeile, dem zunächst zwei Tayari-teri, dann ein Bisaasi-teri zum Opfer fielen. Die salesianische Nonne María Eguillor García hielt fest, was als nächstes passierte: »In ihrem Stolz verletzt und nicht bereit, sich mit der Niederlage abzufinden, haben sie [die Tayari-teri und ihre Verbündeten] einen waghalsigen Coup durchgeführt: Sie haben Klawaohi-teri am oberen Ocamo angegriffen, das *shabono* niedergebrannt und fünf Frauen entführt. Die Nachricht von dem Überfall hat sich in Windeseile am gesamten Oberlauf des Orinoko verbreitet. Dieses Mal haben die Tayari-teri den Bogen überspannt...«[98]

Für ihren Vergeltungsschlag gegen Tayari-teri schmiedeten Kaobawa und Paruriwa die größte Koalition in der Geschichte der Yanomami – 14 Dörfer boten eine Streitmacht von 150 Kriegern auf. Bei einem Überraschungsangriff auf Tayari-teri töteten sie sieben Menschen, die meisten davon mit Schrotflinten, brannten das Dorf nieder und traten mit einer »reichen Beute an Tauschwaren« sowie einer entführten Frau den Rückzug an.[99] Nach diesem Überfall, so Eguillor García, »verschwand Tayari-teri von der Landkarte der Yanomami«.[100]

Als Napoleon Chagnon schließlich 1985 zu den Yanomami zurückkehrte, dokumentierte er diesen Krieg und präsentierte seine Erkenntnisse ein Jahr später auf einer Forschungskonferenz zur Anthropologie des Krieges in Santa Fé. »Chagnon hielt einen Vortrag, verbat es sich aber, wie er es häufig tut, daß ohne seine explizite Genehmigung direkt daraus zitiert wird«, sagte Brian Ferguson, Professor an der Rutgers University. »Worüber wir diskutierten, kann ich jedoch berichten. Für die Yanomami war es ein Krieg zwischen ›Chagnons Dorf‹ und ›Lizots Dorf‹. Und er endete damit, daß ›Shakis Leute Lizots Leute vernichteten‹. Chagnons Informanten sagten, daß Lizot in seinem Haus war, als der Kampf losging, und daß die Angreifer erwogen, Lizot zu töten. Offensichtlich wurde ein Mann mit einem Pfeil erschossen, als er aus Lizots Haus herauskam, Lizot selbst mußte nach Karohi-teri flüchten.« Chagnons Darstellung der Ereignisse warf zwar kein gerade freundliches Licht auf Lizot, provozierte aber auch Fragen nach der Rolle, die er selbst im

Yanomami-Land spielte. Ferguson fand es mehr als seltsam, daß die Yanomami Dörfer nach den beiden Anthropologen benannten und diese Dörfer dann auch noch im Kampf um die Vorherrschaft Krieg gegeneinander führten. Zudem bestätigte Chagnons Bericht auch die Angaben von Mark Ritchies Informanten: Daß die Bisaasi-teri – »Chagnons Leute« – geplant hatten, Lizot zu töten, sich jedoch damit begnügten, ihn zu vertreiben.[101]

Nach der Zerstörung Tayari-teris Ende 1979 verließ Lizot seinen Bungalow und kehrte zu seinem ersten Stützpunkt in Karohi-teri am Manaviche zurück. »Es war ein erstaunlicher Ort«, erinnerte sich der venezolanische Anthropologe Jesús Cardozo[102], der Chagnon geholfen hatte, nach seinem langen Exil wieder ins Yanomami-Land zurückkehren zu können. Es dauerte jedoch, wie bei Good, nicht lange, bis er sich mit Chagnon überwarf und Timothy Aschs Partner in Venezuela wurde.[103]

»Obwohl Chagnon mir das verboten hatte, beharrte Asch darauf, daß wir Lizot aufsuchten«, erzählte Cardozo. »Als wir das erste Mal mit dem Boot zu Lizot fuhren, glaubte ich schon, wir hätten uns verfahren. Sein Haus lag weit vom Dorf entfernt. Es dunkelte schon, und ich fing an, mir Sorgen zu machen, als wir ein paar Yanomami begegneten. Ich fragte sie, wo Lizot wohnte. Sie stiegen in unseren Einbaum und fuhren mit uns ein paar Meilen den Fluß hinauf. Als wir sein Haus erreichten, glaubte ich, meinen Augen nicht trauen zu können. Haben Sie jemals *Apocalypse Now* gesehen? Aus dem Dschungel dröhnte uns in voller Lautstärke Musik von Richard Wagner entgegen. Und überall waren Yanomami, die Kopfhörer trugen und klassische Musik hörten. Später in der Nacht erklärte mir Lizot, daß sie leidenschaftlich gerne Mozart und Rock, Acid-Rock, hörten. Die Kombination hatte es ihnen offensichtlich angetan. Die ganze Sache war sehr merkwürdig. Lizot hatte Dutzende von Jungen, die für ihn arbeiteten. Alle schienen glücklich, jeder bekam alles mögliche geschenkt. Und bei Gott, Lizot hatte *viele* Dinge zum Verschenken. Einige Yanomami hatten sogar Außenbordmotoren an ihren Einbäumen, und manche von ihnen besaßen auch Schrotflinten. Sie waren reich, die Yanomami, die für Lizot arbeiteten. Wir nannten das Dorf ›Boys Town‹. Sie sprühten sich mit Parfüm ein, trugen Ketten um den Hals und hatten ihre eigenen Stereoanlagen. Was hier ablief, war offensichtlich.

Einmal sprach ich mit Bórtoli [dem Leiter der Salesianermissionsstation am Mavaca] über Lizot und seine Jungs. ›Meinst du nicht auch, daß das, was dort vor sich geht, eine Art der Prostitution ist? Daß dort sexuelle Gefälligkeiten gekauft werden? Das ist doch offensichtlich.‹ Die Leute haben mir jede Handbewegung genau beschrieben, sie mir vorgespielt ... Wie sie jemandem einen runterholen. Ich habe mir das angehört, aber es hat mich abgestoßen.«[104]

»Ich erinnere mich an eine Nacht, in der ich nach Karohi kam und Lizot nicht dort war«, fuhr Cardozo später fort. »Einer der Männer kam heraus und setzte sich neben mich. Er schien sehr traurig, und ich fragte ihn, was passiert sei. Er antwortete: ›Warum müssen wir das tun?‹ Ich fragte ihn, was er damit meine. Daraufhin machte er mit der Hand eine Geste des Masturbierens. Er war sichtlich angeekelt. Zugleich schien er sich der Absurdität der Situation bewußt zu sein, daß sie nur eine Möglichkeit hatten, Tauschwaren zu bekommen: einen alten, weißen Mann zu befriedigen.«[105]

Ich fragte Cardozo, warum er nichts gegen diese offensichtliche sexuelle Ausbeutung unternahm.

> Das Problem ist, daß Lizot Feinde hat, Feinde, die auch versucht haben [ihn zu verjagen]. Das erste Mal, an das ich mich erinnere, war 1986, als ich mit einem französischen Paar [Jean Chiappino und Catherine Alès, zwei Anthropologen, die im Auftrag von ORSTROM die Yanomami studieren] nach Venezuela zurückkehrte. In dieser Nacht, ich war kaum aus dem Flugzeug ausgestiegen, sagten sie mir, daß ich besser daran täte, Lizot nicht zu besuchen. »Warten Sie, daß ist doch genau das, was auch Chagnon sagt«, erwiderte ich. »Darum geht es nicht«, erklärte Chiappino. »Wenn Sie Lizot besuchen, werden Sie den Tag verfluchen, an dem Sie geboren wurden.« Auf meinen verwunderten

Blick hin fuhr er fort: »Lizot ist der fleischgewordene Teufel. Er ist das Böse selbst.« An diesem Abend erzählten sie mir die unglaublichsten Geschichten über Lizot – Lizot hat sie durch den Dschungel gejagt und auf sie geschossen, wußten Sie das? Offensichtlich haben sie zusammengearbeitet, sind dabei aber mehrmals aneinandergeraten, also haben sie sich von ihm getrennt. Nachdem Lizot auf sie geschossen hat, fährt Chiappino nach Caracas und reicht bei der Direktion der Behörde für Eingeborenenangelegenheiten, der Dirección de Asuntos Indígenas, eine formelle Beschwerde gegen Lizot ein, genauer, eine Anklage gegen Lizot wegen Sodomie mit den Yanomami. Als Lizot davon hört, beschuldigt er seinerseits Chiappino, ein Homosexueller zu sein und Sex mit den Yanomami zu haben. Offensichtlich wurde Lizot von der französischen Botschaft, der Hochschule in Frankreich, der er angeschlossen ist, dem Sozialwissenschaftlichen Institut für Höhere Studien, und einer sehr wichtigen Person in Venezuela protegiert ... und die Sache unter den Teppich gekehrt.[106]

Da die venezolanische Indianerbehörde sich aus dem Konflikt heraushielt und weder die Vorwürfe gegen Lizot noch die gegen Chiappino weiter verfolgte, konnte Lizot seine Forschungsarbeiten fortsetzen. Einige Zeit später traf Good Lizot, der einen Arm in Gips trug, Folge eines »Stockkampfs mit einem Yanomami«. Ein andermal geriet er mit einem belgischen Fotografen aneinander. »Ich wurde Zeuge, wie sich Lizot und ein belgischer Fotograf in der Missionsstation von Ocamo einen Faustkampf lieferten. Der Belgier setzte Lizot schwer zu, bis der Anthropologe einen brennenden Ast in die Hand nahm. Daraufhin ließ der Belgier von ihm ab und ging davon.«[107]

In Caracas traf ich mich mit Jean Chiappinos Frau und Forschungspartnerin Catherine Alès. In dem Gespräch erwähnte ich den Namen Lizot und glaubte, einen Schatten der Angst über ihr Gesicht fliegen zu sehen. Daß sie nicht über ihn reden wollte, war offensichtlich. Auf meine Frage, ob ihr Mann Lizot wegen des sexuellen Mißbrauchs von Kindern angezeigt habe, antwortete sie: »Ja, aber selbst wenn die Yanomami ihn anklagen würden, würde niemand ihnen Glauben schenken. Die Leute würden sagen, die Yanomami seien Lügner. Es gibt keine Möglichkeit, den Vorwurf zu beweisen.«[108]

Jesús Cardozo und Lizot wurden Freunde – »eine Art Freunde«, wie Cardozo sich ausdrückte.[109] Als Cardozo das nächste Mal nach Karohi-teri kam, bereitete ihm Lizot einen überschwenglichen Empfang. Doch schon am nächsten Tag fand Cardozo sich allein im Dschungel wieder; Lizot war am Morgen ohne ein Wort verschwunden und hatte das ganze Dorf mit sich genommen. »Er war umringt von Jungen, deren Alter ich auf ungefähr zwölf schätzte«, sagte Cardozo. An dieser Stelle wandte sich Cardozo an seine Freundin Hortensia Caballeros. Caballeros, die zu der Zeit ihren Doktor in Archäologie an der University of New Mexico machte und ebenfalls mit den Yanomami gearbeitet hatte, meinte, daß die Jungen in der Gruppe zwischen zehn und zwölf Jahre alt waren. Cardozo stimmte zu. »Sie gingen mit einem ausgeprägten Wiegen der Hüften, eine Art zu gehen, die für Yanomami-Jungen völlig untypisch ist. Und immer wieder brachen sie in Lachen aus und deuteten einander auf den Hintern. ›Das ist die Stelle‹, sagten sie. Es war sehr seltsam, das zu sehen. Lizot gab sich keinerlei Mühe, es vor den Salesianern zu verbergen. Er fuhr sogar den Fluß hinunter mit einer ganzen Bootsladung voll Kinder, die geschminkt waren und Schmuck trugen. [Padre] Bórtoli und [Padre] Juan Finkers lächelten und begrüßten sie, als sei das ganz normal. Lizot machte wirklich kein Geheimnis daraus. Ich war bei einem Treffen Lizots mit den Salesianern dabei, bei dem Lizot sagte: ›Ich halte es für eine gute Idee, jeden, der in Kontakt mit den Yanomami kommt, auf Aids zu testen.‹ Hier und da hörte man zwar ein peinliches Räuspern, aber Lizot fuhr einfach fort: ›Ich lasse mich jedes Mal auf Aids testen, wenn ich hierher zurückkehre.‹«[110]

Die Geschichten über Lizots Homosexualität machten auch im Ausland die Runde. Ich hörte davon im brasilianischen Boa Vista[111], und auch in Interviews mit Wissenschaftlern, die im Streit um die Yanomami unterschiedlichen Lagern angehörten, kam das Thema häufig zur Sprache.[112] In Venezuela selbst waren diese Geschichten so bekannt, daß 1986 eine Militärkommission zur Klärung des Sachverhalts ausgeschickt wurde. Jesús Cardozo war auf dem Flugfeld in Platanal, als die Militärmaschine mit der von einem Major der Armee geleiteten Kommission an Bord landete. Zwischen ihm und dem Major entspann sich folgende Konversation:

> »Wer sind Sie?«
> »Ich bin ein Anthropologe.«
> »Sergeant. Schreiben Sie mit: Wir haben gerade den Anthropologen vom Oberen Orinoko getroffen. Wir werden dies nach Caracas berichten. Sind Sie verheiratet?«
> »Nein, das bin ich nicht.«
> »Gibt es andere Anthropologen in der Gegend? Sind diese verheiratet?«
> »Nun, so gut bin ich nicht in deren persönliche Angelegenheiten eingeweiht.«
> »Aha. Und pflegen sie irgendwelche abweichenden sexuellen Aktivitäten?«
> Wissen Sie, wir standen direkt neben dem Flugzeug, verdeutlichte Cardozo die Absurdität der Situation, und er läßt seinen Sergeanten all diese Dinge mitschreiben. Schließlich kam er zur Sache:
> »Hören Sie, gibt es hier einen Schwulen, ja oder nein? Ich weiß, daß sich hier ein anderer Franzose herumtreibt, und der ist ein Schwuler.«[113]

Aber Cardozo verspürte wenig Lust, sich als Sittenpolizist für den Oberen Orinoko zwangsverpflichten zu lassen. Also begnügte er sich damit, dem Major den Weg zu Lizots Dorf zu erklären. Als der Major erfuhr, daß es zwei Tagesmärsche von Platanal entfernt lag, beschloß er, sofort wieder nach Caracas zurückzufliegen. »Es ist bizarr«, gab Cardozo zu.

> Alle wissen, was Lizot treibt. Aber aus irgendeinem Grund hat noch nie jemand etwas dagegen unternommen. Bórtoli

> hat mir gegenüber mehrfach zum Ausdruck gebracht, daß von seiner Warte jedes Mißbrauchsverhalten eines *nabah,* eines Weißen, ob nun hetero- oder homosexuell, mit dem gleichen Maß gemessen werden müsse. Wenn also jemand hingeht und, sagen wir, mit einer Yanomami-Frau flirtet und ihr etwas Reis oder Spaghetti oder was auch immer im Austausch für sexuelle Dienstleistungen gibt, dann ist das für ihn dasselbe, wie wenn Lizot oder jemand anderes einen kleinen Jungen dafür bezahlt. Zudem hielt er Lizots Einfluß auf die Yanomami für vernachlässigbar. Er führte sogar Beispiele wie Hebewe an, der inzwischen verheiratet ist und sich gut in das Leben als Yanomami eingefunden hat... Ich hielt es für klüger, nicht weiter in ihn zu dringen. Ich weiß es einfach nicht. Die Sache ist komplizierter, als es zunächst den Anschein hat.[114]

Giovanni Saffirio, ein katholischer Priester, der zwanzig Jahre unter den brasilianischen Yanomami lebte, bestätigte Cardozos Aussage über Bórtoli. »Im Februar 1987 reiste ich mit Dom Aldo [Mongiano, dem Bischof von Roraima] nach Venezuela. Wir fuhren den Río Negro hinauf und erreichten bei Casiquiare den Orinoko. Da ich schon so viel über Lizots Homosexualität und die Yanomami gehört hatte, erkundigte ich mich beim Leiter der Missionsstation, Bórtoli, danach. Er sagte mir, ja, das treffe zu, Lizot habe Sex mit jungen Yanomami gehabt, aber seiner Meinung habe keiner der Jungen einen bleibenden Schaden davongetragen. Sie seien dem Alter entwachsen und hätten später wie ihre Altersgenossen geheiratet, also war die Sache für ihn in Ordnung. Ich hielt das für sehr sonderbar; für mich ist es eine furchtbare Sünde, ein Kind zu mißbrauchen.«[115]

In der Missionsstation von Platanal sprach ich mit Bórtoli, einem dünnen, großgewachsenen und nach mehreren Malariaanfällen fast durchsichtig erscheinenden Mann. Als die Sprache auf Lizot kam, parierte er jede meiner Fragen mit Gegenfragen. »Was ist der Grund für dieses Interesse an Lizots Sexualleben? Weil er Sex mit den Yanomami hatte? Oder weil er angeblich homosexuell war?« Auf meinen Hinweis, daß meiner Ansicht nach das eigentliche Problem der Vorwurf der Päderastie sei, erwiderte Bórtoli: »Das Alter außerhalb der Missionen lebender Kinder zu bestimmen ist sehr diffizil. Wenn Sie jeden, der schon einmal Sex mit einem Yanomami gehabt hat, vor ein Gericht stellen wollten, dann ...« Er blickte mich nur an und zuckte mit den Schultern.[116]

So oder so, Lizot arbeitete für ein Institut in Paris, nicht für die salesianische Mission. Die Indianeragentur, nicht Bórtoli hatte ihm seine Forschungsgenehmigungen ausgestellt. Die Salesianer hatten versucht, Lizot zu verjagen, waren aber gescheitert. Viele Leute hatten versucht, Lizot aufzuhalten, keiner war darüber glücklich geworden. Zwei (Claude Bourquelot und Gary Dawson) hatten versucht, ihn zu töten, drei (Juan González, Padre González und Jean Chiappino) hatten mit ihm gekämpft. Keinem von ihnen war es gelungen, Lizot in seinen speziellen Akkulturationsbemühungen aufzuhalten. Das einzige, was seine Gegner erreichten, war, ihn aus bestimmten Gebieten zu vertreiben: aus Parima, vom Mavaca, aus Platanal und schließlich aus Hasupuwe-teri.

L'Affaire Lizot, die Affäre Lizot, brachte jeden, der sich damit beschäftigte, in dasselbe Dilemma: Lizot tat in der Öffentlichkeit mehr Gutes für die Yanomami als irgend jemand sonst, während er im privaten Bereich seine sexuellen Gelüste mit jungen Yanomami auslebte. Lizot wurde zu jedermanns Lieblingsmonster.

Nachdem er 25 Jahre unter den Yanomami gelebt hatte, kehrte er 1994 schließlich nach Frankreich zurück. Heute betrachtet er die Dinge mit dem distanzierten Blick des Literaten. Seine bevorzugte Erzählperspektive ist die eines Yanomami-Ich-Erzählers. In diesen lyrischen »stream of consciousness«-Geschichten sucht man vergeblich nach Anzeichen eines analytischen Denkens. Lizot ist die kultivierte französische Antithese zu Napoleon Chagnons Cowboymentalität. Chagnon war, um im Bild zu bleiben, ein egozentrischer, heroischer Pistolenheld am Amazonas, Lizot dagegen wurde weder gesehen noch gehört. Die Kritiker haben Lizots anthropologische Zurückhaltung gepriesen, seine Bereitschaft, die Yanomami für sich selbst sprechen zu lassen.[117]

»Natürlich hätte ich auch von meinen eigenen Erfahrungen aus dem Leben unter den Yanomami berichten können«, merkte Lizot in seinem von der Cambridge University Press herausgegebenen Buch *Tales of the Yanomami* an, »aber ich wollte von anderen Dingen reden, und zwar aus rein persönlichen Gründen: Ich bin noch nicht bereit, über den furchtbaren Schock zu sprechen, der diese Erfahrung für mich war, noch über den Preis, den ich dafür bezahlen mußte, mich so rückhaltlos auf eine Zivilisation einzulassen, die so radikal andersartig ist als die, der ich entstamme. Vielleicht werde ich niemals in der Lage sein, über diese Erfahrungen zu sprechen, denn das hieße, viele quälende Erinnerungen wachzurufen, die an mein inneres Sein rühren.«[118]

KAPITEL 9

Dieser Charlie

Brewer Carías ist Venezuelas beste Verkörperung von Indiana Jones.
ExcesO[1]

Der Fallschirmspringer, der im Juni 1969 auf Adulimawa-teri herunterschwebte, um einen durchgedrehten französischen Anthropologen zu entwaffnen, war der bewunderungswürdige und fast ebenso verrückte Charles Brewer Carías. Brewer hatte sich an der University of Michigan, wo er eigentlich Genetik studieren wollte, fürs Fallschirmspringen begeistert.[2] Obgleich Brewer niemals sein Studium in Genetik abschloß, war er damit geradezu prädestiniert, Lizot aus den Fängen Claude Bourquelots zu retten, eine Tat, die er später allerdings bereuen sollte.

In der Einleitung zu einem von Brewers illustrierten Reisebüchern erfahren wir, daß er »nicht nur Botaniker, Zoologe, Entomologe, Geologe, Astronom und Naturkundler ist. Brewer ist in allen diesen Wissensfeldern ausgebildet und vereint sie in sich mit einer ausgeprägten Fähigkeit zur Menschenführung und Organisation – eine Kombination, der er seinen weltweiten Ruf als einer der größten Entdecker aller Zeiten verdankt.«[3]

»Dieser Charlie«, sagte dagegen ein britisches Mitglied einer seiner Expeditionen, »hat nicht alle Tassen im Schrank. Brewer ist ernsthaft gestört. Er gehört eingebuchtet.«[4]

Dreißig lange Jahre symbolisierte der gebürtige Venezolaner Brewer Carías *La Conquista del Sur,* die Eroberung des Südens, das Mensch gewordene Schicksal des venezolanischen Regenwaldes. Der ehemalige Zahnarzt hat sich der Förderung des Tourismus, der Besiedlung und der wissenschaftlichen Erkundung des unbekannten Südens Venezuelas verschrieben, eine Berufung, bei der er in den meisten Fällen auf die Unterstützung des Tourismus- und des Verteidigungsministeriums bauen kann. Das und seine unleugbar exzellenten Überlebenskenntnisse im Dschungel haben ihn unersetzlich gemacht für eine ganze Generation von Forschern und Wissenschaftlern aus der Alten Welt, die sich mit wissenschaftlichem Eifer von der Bodenfauna über Schmetterlinge bis hin zu Indianern auf alles stürzten, was das venezolanische Amazonasgebiet an Erforschenswertem hergab. Brewer wurde zu einem der produktivsten Forschungspartner und populärsten Gastredner des New York Botanical Garden.[5] Außerdem ist er ein begabter Fotograf, der insgesamt sieben Fotobände herausgebracht hat und in so vielen Fernsehshows auftrat, daß er mit der Zeit zu einer Art Markenzeichen wurde. Er machte Werbung für Omega-Uhren[6], und ein unter dem Namen Brewer Explorer Survival Knife vermarktetes Messer mit einer knapp zwanzig Zentimeter langen Stahlklinge, das sich in eine Harpune umbauen läßt, hätte Rambo alle Ehre gemacht.[7] Auf die Frage des *Times Literary Supplement*-Redakteurs Redmond O'Hanlon, warum er seine großkalibrige Pistole selbst in ein Fitneßstudio mitnehme, antwortete Brewer: »Jeder da draußen will mich töten. Von der Regierung von Guyana bis zum letzten Deppen auf der Straße.«[8]

»Haben Sie Redmond O'Hanlons Bericht über Charlie gelesen?« fragte mich John Walden von der Marshall University in West Virginia, der Brewer auf einem seiner Helikoptertrips in das Siapa-Tal begleitet hatte. »Wer Charlie nicht kennt, muß O'Hanlons Beschreibung für maßlos übertrieben halten. Aber ich sage Ihnen, genau so ist Charlie. Er ist wirklich verrückt. Ich habe ihn einmal in seinem Haus in Caracas besucht: Wow! In West Virginia bewahren wir das Mondlicht in Einmachgläsern auf. Charlie macht dasselbe mit Goldstaub. Man kann nicht anders, als ihn zu lieben. Er erinnert mich an einen alten Piraten mit einer Augenklappe.«[9]

Die meisten Wissenschaftler, die mit Charlie auf Expedition waren, lassen nichts auf ihn kommen. Mehr darüber, was bei Brewer daheim vor sich ging, erfuhr ich von dem venezolanischen Komponisten Rafael Salazar, der einige Zeit als Fulbright-Stipendiat an der University of Pittsburgh studiert hatte.

In seiner Zeit als Jugendminister (von 1979 bis 1982) lud Brewer Salazar und dessen Frau Teresa, Soziologin an der Universität von Caracas, zu einer Diskussion über ein Jugendkonzert in sein Haus ein. »Damals war Brewer sehr mächtig«, erzählte Salazar. »Als Teresa und ich in sein Haus kamen, führte er uns in einen Innenhof, wo er in einem Käfig einige große Raubvögel, Habichte oder so, hielt. Mit einem Lederhandschuh schnappte er sich ein Huhn und warf es in den Käfig.« Diese Szene ließ auch Teresa nicht unbeeindruckt. »Ich erinnere mich noch genau, wie er mit der Hand herumfuchtelte und die Vögel anschrie, damit sie endlich über das Huhn herfielen«, sagte sie. »Und bei mir dachte ich: ›Das also ist unser Jugendminister.‹«[10]

Der Jugendminister Brewer Carías hinterließ eine gemischte Bilanz, in der sich Debakel und bemerkenswerte Erfolge abwechselten. Das Konzert einer der vielversprechendsten Musikgruppen Venezuelas, Maderas, das er am Orinoko organisierte, geriet zum Desaster. Nach dem Auftritt ertranken alle 18 Bandmitglieder beim Untergang eines Schiffes, das keinen einzigen Rettungsring an Bord hatte. Brewer war nicht an Bord, hätte sich als ehemaliger Olympiaschwimmer aber wahrscheinlich retten können.[11]

Brewer ließ auch einen Film zur Förderung der *Conquista del Sur* drehen, in dem über ein Dorf nahe der Grenze zu Brasilien berichtet wurde, das als Musterbeispiel für die staatlichen Kolonisierungsbemühungen im Regenwald dienen sollte. Dummerweise war die Ansiedlung weder neu noch von der Regierung gebaut worden, und es lag auch nicht an der Grenze zu Brasilien, sondern 500 Kilometer weiter im Landesinneren im Orinoko-Delta.[12] Es war eine größere Version dessen, was Brewer in Patanowa-teri für *The Feast* vorexerziert hatte.

Später initiierte Brewer eine landesweite Kampagne, mit der er die venezolanische Jugend zum Sport motivieren wollte und für die er öffentlich durch Caracas joggte. Er setzte sich mit Erfolg dafür ein, das Zigarettenrauchen in Bussen und Flugzeugen zu verbieten. Brewer trank weder Alkohol noch Kaffee: »Ich bin ein Asket.«[13] Er stand jeden Tag vor Sonnenaufgang auf, um zu meditieren. Es hatte den Anschein, als sei ihm nichts unmöglich, abgesehen davon, sich im Hintergrund zu halten. Brewers innenpolitische Erfolge, die durchaus das Vorspiel zu einem wichtigeren Kabinettsposten hätten bilden können, wurden von seiner Neigung überschattet, sich in die außenpolitischen Angelegenheiten Venezuelas einzumischen. So brachte er es fertig, eine Krise zwischen Kolumbien und Venezuela auszulösen. Auf eigene Faust marschierte er nach Bogotá, wo er Banner mit einem Slogan entrollte, der stark nach einem Ultimatum klang: »Nicht einen Zentimeter für Kolumbien!«[14] Später verglich er die Situation an der Grenze zwischen Venezuela und Brasilien mit der Schlacht um Stalingrad.[15] Immer wieder träumte er von Schlachten mit Nachbarländern, die noch niemals in ihrer Geschichte auch nur einen Schuß auf venezolanische Soldaten abgefeuert hatten.

Brewer war wie ein Kraftwerk, dessen Energie sich kaum bändigen ließ. Sein Ende kam, als er begann, aus Straßenkindern eine private paramilitärische Kampftruppe aufzubauen.[16] Schließlich überspannte er den Bogen und marschierte mit seiner Truppe in das ehemalige Britisch-Guyana ein. Guyana mobilisierte seine Streitkräfte; Brewer zog sich zurück und wurde aus dem Amt gejagt. Unbeeindruckt gab er später damit an, daß das Pentagon seine auf Video aufgezeichneten Beweise für die Existenz guyanesischer Marxisten sehr zu schätzen gewußt habe.[17]

Nach seiner Entlassung trennte er sich nach zwanzig Jahren Ehe von seiner Frau, zog aus seinem komfortablen Haus in Caracas aus und machte sich auf den Weg nach El Dorado, einem kleinen Minencamp in einer Gegend, die damals noch von ursprünglichem Urwald bedeckt war. Dort, nicht weit von den Bergen, die er als erster Weißer erkundet hatte, legte er 1982 den Grundstein zu seiner zweiten Karriere. Brewer gründete die Bergbaugesellschaft Minas Guariche. Minas Guariche verfügte über viel Kapital, viele Beteiligungen, eine exzellente Infrastruktur und hatte erhebliche rechtliche Probleme. Die venezolanische Zeitschrift *ExcesO* spottete, es sei, als hätte Alexander von Humboldt »beschlossen, eine Sklavenfabrik aus der Blütezeit des Manchester-Kapitalismus zu Beginn des 19. Jahrhunderts am Ufer des Kanals von Casiquiare zu gründen«.[18]

In dieser Regenwaldregion ragen *tepuis*, gewaltige Tafelfelsen aus schwarzem Granit und ockerfarbenem Sandstein, in den Himmel. Die hier lebenden Indianer verehren die *tepuis* seit Urzeiten als Sitz ihrer Berggötter.[19]

Das nimmt angesichts des bizarren Aussehens dieser Tafelfelsen nicht wunder – sie sind die ältesten Berge der Erde, so isoliert, daß jeder von ihnen sich zu einer exzentrischen Insel der Evolution entwickelte, jeder von ihnen ein drei Milliarden Jahre altes, planetares Archiv mit Hunderten von Pflanzen- und Tierarten, die nirgendwo sonst vorkommen. Die extremen Lebensbedingungen auf den *tepuis* haben im Laufe der Jahrmillionen bizarrste Spielarten an Farnen, Pilzen und Insekten hervorgebracht, eine Vielfalt, der die Region auch ihren Beinamen biologisches El Dorado verdankt.

Brewer Carías erkundete als erster mehrere *tepuis* und beschrieb ihre wundersame Fauna und Flora in seinem Buch *Roraima: montaña de cristal.* Um so überraschender war, daß er einen riesigen *garimpo* direkt zu ihren Füßen eröffnete – zwei Goldminen mit einer Gesamtfläche von über zehn Quadratkilometern, die er auf die Namen Triunfo II und Triunfo III taufte. Manuel Nuñez Montano, Leiter der Conservation Society of Guyana, beschrieb Brewers offene Goldminen als ein »Panorama der Verwüstung, Minen, deren gemeinsames Merkmal die irreversible Schädigung der Umwelt ist«.[20] Seiner Ansicht nach verstießen Brewers Minen auf krasseste Weise nicht nur gegen so ziemlich alle einschlägigen Vorschriften, sondern auch gegen die in den ohnehin schon fragwürdigen Konzessionen festgelegten Betriebsvorschriften. Brewer nahm seine Minen sechs Jahre vor Inkrafttreten seiner Konzessionen in Betrieb. Die vorgeschriebene Umweltfolgenerklärung legte er erst mit zehnjähriger Verspätung vor, und was er dann schließlich präsentierte, basierte schlicht auf dem Prinzip der »natürlichen Regeneration«.[21]

Auch daß er aus dem Oberlauf des Cuyuni, einem unter Naturschutz stehenden Fluß, Wasser für seine Goldminen ableitete, blieb ungesühnt. »Nichts kann Brewer Carías aufhalten«, schrieb die Journalistin Tania Vegas, »nicht einmal die majestätisch aufragenden Tafelberge der Supamo-Berge, an deren Flanken die verheerenden Folgen seiner Maschinen offenkundig werden … Hunderte von Hochdruck-Wasserstrahlern zerstören unser uraltes nationales Erbe, doch von allen, die in diesem Gewerbe tätig sind, bezeichnet sich nur Brewer Carías als Umweltschützer.«[22]

Bevor Brewer auf der Szene auftauchte, kannte der Goldrausch am Amazonas zwei Arten des Abbaus. Am verbreitetsten waren aus vier bis sechs Mann bestehende, mobile Teams, deren Hydrojets von Dieselaggregaten angetrieben wurden. Das waren die armen Leute des Goldrausches, die Landstreicher des Amazonas. Die zweite Variante waren die großen, von nordamerikanischen Unternehmen betriebenen Tagebauminen. Diese Unternehmen waren zumeist kanadische Firmen zweifelhaften Rufes, die an der Wildwestbörse von Vancouver gehandelt wurden und sich einen Dreck um Eingeborenenrechte und Umweltgesetze scherten. Brewer war der erste, der das Hydrojetverfahren im industriellen Maßstab anwendete und damit ganze Wälder in Schlammpfützen verwandelte, ein Paradies, wie geschaffen für die Malaria übertragenden Anopheles-Moskitos.

Brewer persönlich hat die Erlaubnis erhalten, jeden Monat 133 600 Liter Benzin, Diesel, Treibstoff und andere Erdölprodukte zu seinen Minen im Bundesstaat Bolívar zu transportieren. Das vermittelt eine Vorstellung vom Umfang der vor Ort stattfindenden Bergbautätigkeiten und seiner persönlichen Beteiligung als Betriebsleiter.[23]

Brewers Unternehmen Minas Guariche besitzt Abbaukonzessionen für weitere 1882 Hektar Urwald. Diese Minen liegen nahe einer Ortschaft, die »Kilometer 88« genannt wird, wo die traditionellen Anbau- und Jagdgründe der Pemon-Indianer von Goldsuchern förmlich überrannt worden sind.[24] Führer der Pemon haben Brewer schon mehrfach angezeigt, und die Vemeru-Minen I–VI tauchen auch in einer Publikation von Survival International mit dem Titel *Venezuela: Violations of Indigenous Rights* auf, und zwar auf einer Karte mit der Überschrift »Die Bergbauinvasion im Osten des Bundesstaates Bolívar«.[25]

Mit seinem Aufstieg zu einem der größten *Garimpo*-Unternehmer Venezuelas mutierte Brewer auch zu einem der vehementesten Fürsprecher des ungehinderten Goldabbaus – und zum Führer einer politischen Bewegung, die die Anerkennung von Landrechten der Eingeborenen zu blockieren sucht. Die venezolanische Anthropologin und Sozialwissenschaftlerin am IVIC, Nelly Arvelo Jiménez, verglich Brewers Rolle im venezolanischen Goldrausch mit der des berüchtigten Führers der brasilianischen Garimpeiro-Gewerkschaft, Ze Altino Machado.[26]

Wie kein anderer widersetzte sich Brewer der Anerkennung der Landrechte der Yanomami. Die IVIC und der katholische Think-Tank Fundación La Salle (FLASA) hatten Vorschläge ausgearbeitet, nach denen knapp 80000 Quadratkilometer Land den Yanomami zugesprochen werden sollten, und zwar in einem Gebiet, das von beiden Organisationen als »Biosphären-Reservat« bezeichnet wurde. Brewers Reaktion darauf: Er beschuldigte die IVIC und FLASA, im Dienste ausländischer Mächte zu agieren. In einem hitzigen Wortgefecht mit dem Kongreßabgeordneten Rafael Elino, das von mehreren Journalisten und Kongreßabgeordneten mit verfolgt wurde, behauptete Brewer unter anderem, daß »das Yanomami- und das Biosphären-Reservat« Auswüchse einer linken Konspiration zur Schaffung »einer Eingeborenennation« seien, ausgeheckt auf »einem Treffen des Soziologen Esteban Monsoyi und des libyschen Staatsführers Muhammad Gaddafi in Venezuela anläßlich der Publikation des Grünen Buches der Libyschen Revolution«[27], eine Konspiration, an der, so Brewer weiter, auch die Terroristen des peruanischen Sendero Luminoso beteiligt seien. Diese sensationellen Anklagen lösten einen öffentlichen Aufruhr aus, der 1984 zur Beerdigung des Biosphären-Vorschlags führte.

Das war auch das Jahr, in dem am Oberlauf des Orinoko ein riesiges Kassiteritvorkommen (Zinnstein) entdeckt und Schürfrechte für eine Fläche von über 400 Quadratkilometern auf Yanomami-Land vergeben wurden. Nach heftigen Protesten in der Bevölkerung sah sich die Regierung jedoch gezwungen, diese Konzessionen zu widerrufen. Über diesen, von Brewer offen unterstützten Plan kam es zwischen ihm und den salesianischen Missionaren zum Streit. In einem am 10. Mai 1987 in der Zeitung *El Nacional* abgedruckten Artikel hielt er Gericht über die »angeblichen Indianerexperte, die mit ihren Forderungen nach der Schaffung autonomer Indianerregionen innerhalb Venezuelas unsere Souveränität zu untergraben suchen«. Ebenso harsch urteilte er über die Gesetzgebung, welche die Bergbauaktivitäten einschränkte. Der Bergbau sei, sagte er, zugleich ein »Segen« und eine »Verpflichtung« für das Land, insbesondere »im Fall der Vorkommen an fast reinem Zinnstein an den Berghängen der Sierra Parima«, mitten im Herzen des Landes der Yanomami. »In dieser Region gibt es nur vier, weit auseinanderliegende Yanomami-*shabonos,* keines davon mit 200 Einwohnern. Die Yanomami, halbnomadisch lebende Krieger, die daran gewöhnt sind, ihre Dörfer häufig zu verlegen, könnten problemlos und ohne negative Folgen für benachbarte Regionen in weit von den geplanten Minen entfernte Gebiete umgesiedelt werden.«[28]

Entgegen Brewers Behauptung ist die Sierra Parima der am dichtesten besiedelte Teil des Yanomami-Reservats. Während er auf der einen Seite mit einem fiktiven, aus Kalten-Kriegs-Kommunisten, dem Schurkenstaat-Diktator Gaddafi und den Terroristen des Leuchtenden Pfades bestehenden Feindbild operierte, vereinnahmte er auf der anderen von der Botanik bis zur Archäologie die ganze Wissenschaft dafür, seine Vision von der Eroberung des Südens zu propagieren.

Brewer machte sich die Wissenschaft zur Verbündeten. Er brachte Wissenschaftler vom Smithsonian Institute, vom American Museum of Natural History und von der Royal Geographic Society auf den Cerro Neblina, den höchsten Berg Südamerikas außerhalb der Anden, wo Hunderte neuer Pflanzen und Tiere entdeckt wurden. Und unter dem Deckmäntelchen dieser wissenschaftlichen Expeditionen betrieb er den Ausbau seiner Bergbauaktivitäten.

Im Juli 1984 ertappte die venezolanische Nationalgarde Brewer beim Goldschürfen nahe der Maquiritare-Siedlung Kanaripó am Unterlauf des Ventuari, mitten in einem Regenwaldgebiet, in dem jeder kommerzielle Bergbau strikt verboten ist. »Der Ex-Minister wurde in der Nähe von Kanaripó zusammen mit mehreren anderen von Truppen der Nationalgarde verhaftet«, berichtete *El Diario de Caracas.* »Ihm wird vorgeworfen, sich dort ohne die für Reisen in die Region erforderliche Genehmigung aufgehalten zu haben. Außer nach Gold geschürft zu haben wird ihm vorgehalten, ohne Erlaubnis und zu kommerziellen Zwecken Tiere und andere Lebewesen gefangen und exportiert zu haben.«[29]

Dazu kam, daß der selbsternannte Umweltschützer zu der Zeit Maquiritare-Indianer ohne Entgelt für sich arbeiten ließ. »Brewer Carías zerstört nicht nur die Natur, sondern auch die Menschen, die für ihn arbeiten«, sagte Sergio Milano, der für die Untersuchung verantwortliche Polizeibeamte und Anthropologe.[30]

Aus dem Polizeibericht, den Milano mir zuschickte, geht hervor, daß Brewer nach Gold schürfte, während er angeblich im Auftrag der venezolanischen Stiftung für die Entwicklung der physikalischen und mathematischen Wissenschaften Forschungen betrieb. Nachdem er mit dem von der Stiftung finanzierten Helikopter US-Wissenschaftler auf den Cerro Neblina geschafft hatte, flog er zurück zu seiner Goldmine. Der Polizeibericht enthielt die vom Piloten beiseite geschafften Aufzeichnungen des Flugschreibers zusammen mit einer Aussage des Piloten, daß die Protokolle auf Betreiben Brewers gefälscht worden waren. Insgesamt summierten sich die ungenehmigten Flüge auf sechs Flugstunden im Wert von umgerechnet 20000 US-Dollar.[31]

Zu seiner Verteidigung brachte Brewer vor, daß die Armee ihm aus purem Neid eine Falle gestellt habe. Er gab zwar zu, Gold und Diamanten gekauft zu haben, behauptete aber, daß er lediglich auf dem Weg zu seinem eigentlichen Ziel – dem Cerro Neblina – über das Gebiet von Kanaripó geflogen sei, eine Ausflucht, die ihm die venezolanische Regierung allerdings nicht abnahm. Immerhin liegen Kanaripó und der Cerro Neblina in entgegengesetzten Richtungen von dem Flughafen, von dem Brewer gestartet war.

Drei nach Kanaripó gesandte Abgeordnete bestätigten, daß die Polizei dort »Maschinen für die Gewinnung von Gold, die Charles Brewer gehörten«, entdeckt hatte.[32] Brewers Vorwürfe gegenüber Milano kanzelten sie ab als nichts weiter als »eine einzig und allein zu dem Zweck gezündete Nebelkerze, die Aufmerksamkeit von sich abzulenken und die Anklage zu disqualifizieren«. In ihrem Bericht kamen die Abgeordneten zu dem Schluß, daß Brewer mit der »Erkundung, Ausbeutung und dem Verkauf von Gold im Amazonasgebiet« gegen Gesetz 2039 und durch das »ungenehmigte Betreten des Indianerlandes gegen Gesetz 250« verstoßen habe. Weiter stellten sie fest, daß er Indianer zur Arbeit in seinen illegalen Minen angestellt habe. »Er läßt sie allein an den Abbaustätten zurück und kehrt nur zurück, um die geförderten Mineralien abzuholen und sie für ihre Arbeit zu bezahlen.«[33]

In der Liste der Journalisten und Wissenschaftler, die zu Brewer in den Helikopter stiegen, finden sich die Namen wichtiger Persönlichkeiten des Smithsonian Institute, des American Museum of Natural History und der Royal Geographic Society. Wie dankbar ihm diese Wissenschaftler waren, läßt sich daran ermessen, daß sie insgesamt 25 neu entdeckte Insekten- und Vogelarten nach Charles Brewer Carías benannten. Auch die zahllosen Journalisten, die bei ihm mitfliegen durften, erwiesen ihm ihre Referenz. Redmond O'Hanlon vom *Times Literary Supplement* nannte ihn »den großen venezolanischen Erforscher und Fotografen« und wies lobend auf seine Verbindungen zum American Museum of Natural History hin. Über Brewers Bergbauaktivitäten und seine politischen Parforce-Ritte dagegen verlor O'Hanlon kein Wort.[34]

Doch all das passierte erst, nachdem er El Dorado entdeckt hatte.

»Ich hätte da etwas für Sie«, sagte Brewer in einem Telefoninterview im Jahre 1995 zu mir. »Kennen Sie die Legende, daß die Inkas damals ihre Hauptstadt in das Amazonasgebiet verlegt haben sollen? Nun, die Brasilianer haben Inka-Ruinen auf dem Cerro Neblina gefunden. Wenn Sie möchten, kann ich Ihnen die Exklusivrechte an der Geschichte besorgen.«[35]

Brewer wollte verhindern, daß Venezuela das Wettrennen um die sagenumwobene Inka-Stadt verlor. Er schrieb Briefe über die phantastische Entdeckung an Kabinettsmitglieder, die für die Öffnung des Indianerlandes für den Bergbau eintraten. »Die Keramikscherben, Steinmörser, Äxte und Quarzbruchstücke, die ich in der Nähe der Stelle ausgegraben habe, wo die Brasilianer Inka-Ruinen entdeckt haben«, schrieb er an den Sekretär des Präsidenten, »erlauben es mir, Ihnen den Vorschlag zu unterbreiten, eine multidisziplinäre venezolanische Expedition unter meiner Führung auszuschicken.«[36] Er war sich sicher, eine ganze Reihe bekannter Wissenschaftler, darunter auch Napoleon Chagnon, für die Expedition gewinnen zu können.[37] Er regte auch an, im Rahmen der Expedition Yanomami-Gruppen zu kontaktieren und botanische Studien durchzuführen. Und er deutete die verlockende Möglichkeit an, die Stadt zu finden, in der die Inka auf der Flucht vor Francisco Pizarro den Großteil ihres Goldschatzes versteckt haben sollten.

In Wahrheit stammten die Keramikscherben, die Brewer so stolz präsentierte, gar nicht von den Inka. Und die Chancen, auf dem Cerro Neblina tatsächlich Inka-Ruinen zu finden, waren geradezu lächerlich niedrig. Doch das interessierte gar nicht. Die Sprache der Wissenschaft übt ihren eigenen Zauber aus, und Brewer verstand es geschickt, mit ihrer Hilfe den eigentlichen Sinn und Zweck seiner Expedition zu verschleiern. Statt eines Kreuzes karrten er und seine Wissenschaftsmissionare Kameras, Computer und Ausrüstung zum Sammeln von Blutproben in die Wildnis, Wegbereiter für die Ingenieure der Vernichtung, die ihnen stets auf den Fersen folgten.

Ich wäre nicht überrascht, noch vor Erscheinen dieses Buches Berichte über die Entdeckung eines zweiten Cuzco im Amazonasurwald zu lesen. Die politische Strategie, die Brewer verfolgt, war schon im frühen 17. Jahrhundert bekannt, als einer von Simón Bolívars Vorläufern in Caracas schrieb: »Gäbe Gott, daß El Dorado niemals entdeckt worden wäre.«[38]

KAPITEL 10

Mord und Fortpflanzungserfolg

Mörder haben bei den Yanomami
offenbar Fortpflanzungsvorteile.
Richard Wrangham und Dale Peterson[1]

Im Februar 1988, als der Goldrausch seinen Höhepunkt erreichte und ganz Brasilien über das Schicksal der Yanomami debattierte, veröffentlichte Napoleon Chagnon in der Zeitschrift *Science* die Titelgeschichte »Lebensgeschichten, Blutrache und Kriegstätigkeit in einer Stammesgesellschaft«.[2] Darin schrieb der Ethnologe, daß 30 Prozent aller männlichen Yanomami aus der von ihm untersuchten Gruppe bei kriegerischen Auseinandersetzungen getötet worden waren und 44 Prozent jemanden getötet hatten. Die eigentliche soziobiologische Überraschung war freilich die Tatsache, daß Mörder mehr als doppelt so viele Frauen und dreimal so viele Nachkommen hatten wie Nichtmörder.

Chagnons Entdeckung schien die radikale soziobiologische These vom »egoistischen Gen« zu bestätigen, der zufolge männliche Lebewesen im Bestreben, möglichst viele Gene zu vererben, nicht einmal vor extrem asozialen Handlungen zurückschrecken.[3]

Soziobiologen rühmten Chagnons *Science*-Aufsatz als wegweisendes Werk. E. O. Wilson von der Harvard University lobte den Artikel und erklärte, Chagnon habe einen »mächtigen, möglicherweise selektiven« Zusammenhang zwischen Gewalt und Fortpflanzungskampf entdeckt.[4] Zustimmende Kommentare zu Chagnons Artikel erschienen kurz darauf auch im *Scientific American* und anderen Zeitschriften. Etliche hundert Male nachgedruckt, wurde er zu einer der verbreitetsten sozialwissenschaftlichen Studien aller Zeiten und zu einem Eckpfeiler des soziobiologischen Lehrgebäudes.[5]

In Fachkreisen wurde die Studie jedoch durchweg verworfen. In Dutzenden von Artikeln, über die in ethnologischen Zeitschriften heftiger Streit entbrannte, griffen Yanomami-Kenner Chagnons Thesen an und kritisierten seine Ethik, seine statistischen Untersuchungen, seine Arbeitsmethoden und seine einseitige Auslegung.[6] Chagnon behauptete wiederholt, der »erstaunliche« Fortpflanzungserfolg von Mördern[7] habe ihn völlig überrascht, wobei er freilich verschwieg, daß sein Mentor James Neel dieses Ergebnis bereits 1962 vorausgesagt hatte (damals hatte Neel dem Nachweis für sexuellen Erfolg gewalttätiger Männer »oberste Priorität« eingeräumt und einen möglichen Zusammenhang mit genetischer Dominanz hergestellt).[8] Obwohl Neel sein »Führer-Gen« nie gefunden hatte, war die nun in *Science* aufgestellte These seines Schülers, zumindest in den Augen der Chagnon-Kritiker, letztendlich nichts anderes als das kulturelle Pendant. Im Garten Eden der Yanomami brachte es Kain zu etlichen Frauen und einer reichen Nachkommenschaft, während Abel und andere weniger aggressive Männer, wie von Neel prophezeit, von der Vererbungsgemeinschaft ausgeschlossen schienen.[9]

Der *Science*-Aufsatz löste zwei Debatten aus. In der einen ging es um die politische Wirkung von Chagnons Studie, in der anderen um deren wissenschaftlichen Wert. Erstere wurde sowohl öffentlicher als auch persönlicher ausgetragen. Jacques Lizot schrieb dazu: »Inzwischen erfreuen sich Chagnons Theorien – dank des Zutuns des Autors – einer sensationellen Publicity in der amerikanischen Presse. In unbestreitbar rassistischer Terminologie wird hier ein groteskes und böswilliges Bild von den Yanomami gezeichnet, das die Indianer als ein blutrünstiges, vom Blutdurst besessenes Volk zeigt.«[10]

Der Grund, weshalb die Presse so bereitwillig und ausführlich auf Chagnons Studie einging, war ein entscheidender Fehlschluß, den Chagnon bewußt förderte. So schrieb der Ethnologe: »Im Verlauf meiner in 25jährigen Forschungstätigkeit habe ich bewiesen, daß Yanomami-Männer, die an der Tötung anderer Männer teilgenommen hatten, im Vergleich zu ihren friedlicher gesinnten Altersgenossen ungefähr dreimal mehr Kinder und mehr als doppelt so viele Frauen hatten.«[11] Das stimmte jedoch nicht. Bei erwachsenen Männern *derselben Altersgruppe* war der Fortpflanzungserfolg von Mördern nicht annähernd so hoch. Tatsächlich lag er zwischen 40 und 67 Prozent, also einem Bruchteil der von Chagnon in der Presse verbreiteten 208prozentigen Überlegenheit.[12] Chagnon hatte eine große Auswahl unverheirateter junger Männer in seine Studie einbezogen, wodurch die relativen Fortpflanzungsvorteile der *unokais,* die fast alle über Dreißig waren, enorm aufgeblasen wurden. Hätte er auch präpubertäre Knaben und Kleinkinder berücksichtigt, wären die angeblichen Vorteile der *unokais* sogar noch spektakulärer ausgefallen. »Wenn ich den Leuten erkläre, daß Chagnon falsche Daten in die Welt setzt«, seufzte der Ethnologe Brian Ferguson, sagen sie immer nur: »Na und?«[13]

Gegenüber der *Los Angeles Times* behauptete Chagnon, daß sich die Yanomami, wenn sie nicht gerade mit Honigsammeln beschäftigt seien oder auf die Jagd gingen, gegenseitig umbrächten.[14] Im *U.S. News & World Report* erschien ein Artikel mit dem Titel »Ein Labor für menschliche Konfliktforschung«. Er begann folgendermaßen: »Vermutlich gehören sie nicht unbedingt zu den Leuten, die man zum Nachmittagstee einladen würde«, und beinhaltete unter anderem Chagnons Behauptung, die Yanomami würden »erbittert um Frauen kämpfen«.[15] Sowohl *Washington Post* als auch *Los Angeles Times* bezeichneten die Yanomami als eine der gewalttätigsten Gesellschaften auf Erden.[16]

Brasiliens größte Zeitungen griffen die Story sofort auf. *O Globo* druckte einen Artikel ab mit dem Titel »Ethnologe unterstreicht die Gewalt bei Indianern«, zusammen mit einem Foto, das die Bildunterschrift trug: »Zum Töten erzogener Indianer.«[17] Eine ähnliche Story brachte *O Estado de São Paulo* unter dem Titel: »Gewalt, ein Merkmal der Yanomami«[18]. Die politische Wirkung war verheerend. Sechs Monate später teilte die brasilianische Regierung das Yanomami-Gebiet offiziell in 19 nicht zusammenhängende Parzellen auf. Stabschef General Bayna Denys rechtfertigte diese drastische Verkleinerung mit der Erklärung, die Yanomami seien zu gewalttätig und müßten getrennt werden, damit man sie zivilisieren könne.[19]

Die Anthropologische Vereinigung Brasiliens (ABA) protestierte. Die frühere ABA-Präsidentin María Manuela Carneiro da Cunha beschuldigte Chagnon, mit seinen Hypothesen zur Gewalttätigkeit der Yanomami deren Überlebenschancen zu gefährden, und das nicht zum ersten Mal. Bereits Ende der siebziger Jahre war die brasilianische Militärjunta im *Time Magazine* auf einen Bericht über Chagnons Arbeit gestoßen – einen Artikel mit dem Titel »Mensch oder Tier?« – und hatte die an Affen erinnernden Bilder kämpfender Yanomami zum Anlaß genommen, die Grenzziehung zur Schaffung eines Indianerreservats aufzuschieben. Es dauerte über zehn Jahre, ehe es brasilianischen Ethnologen mit Hilfe von Survival International und der hervorragenden Fotografin Claudia Andujar gelang, den hierdurch geweckten Eindruck von den Yanomami durch ein überaus einprägsames, romantisches Bild zu ersetzen, mit dem sich sowohl in Südamerika als auch in Europa breite öffentliche Unterstützung mobilisieren ließ. Doch dann schloß das amerikanische Büro von Survival International, und von da an kam aus den USA nur noch sehr wenig Unterstützung für die Yanomami. »Amerikaner, die *The Fierce People* gelesen hatten, sahen nicht ein, warum man einer so schrecklichen Bevölkerungsgruppe helfen sollte«, sagte der Ethnologe Kenneth Taylor. »Immer wieder hat man Chagnon vorgehalten, welchen Schaden er mit seiner Arbeit anrichtet, aber er scheint es einfach nicht zu begreifen. Statt dessen versteigt er sich zu immer empörenderen Äußerungen.«[20]

Schließlich brachte *Science* eine Serie zu Chagnons *unokai*-Thesen. Unter dem Titel »Streit wegen Yanomami-Indianern« enthüllte sie den tiefen Graben zwischen Wissenschaftlern in den USA und Südamerika. »Wenn man so etwas künftig verhindern will, darf man einfach nichts mehr veröffentlichen«, erklärte der Präsident der American Anthropological Association, was der Leiter des Institute for Advanced Studies in Princeton mit der Bemerkung zurückwies: »Verglichen mit den gewaltigen gesellschaftsverändernden Kräften sind Ethnologen ziemlich kleine Fische.«[21]

Diesen Eindruck hatte ich damals auch. 1988, auf dem Höhepunkt der Kontroverse, telefonierte ich zum ersten Mal mit Chagnon.[22] Er schien aufrichtig bekümmert über den durch seine Studie ausgelösten Eklat und erklärte, künftig wolle er sich statt für reine Forschungstätigkeit stärker auf humanitärem Gebiet, sprich für Hilfsprogramme und Menschenrechte, engagieren. Und er erwies mir einen einfachen, aber unschätzbaren Dienst, indem er mir die Telefonnummer von Giovanni Saffirio gab, einem Priester und Doktor der Philosophie, der bei ihm studiert hatte und mein bester Freund im brasilianischen Regenwald werden sollte.

Mein erster Aufenthalt im Yanomami-Gebiet war Saffirios kleine Missionsstation am Catrimani-Fluß, wo der Goldrausch in vollem Gange war. In dem allgemeinen Chaos war ein alter Anführer namens Chico gestorben, was sein Volk, die Opikteri, in Angst und Schrecken versetzte. Für seinen Tod machten sie ein abgeschiedenes *shabono* verantwortlich, das keinen Kontakt zur Mission hatte. Nun wollten sie seinen Tod rächen.

Als ich Pedro, den dortigen Anführer, fragte, wie viele Feinde er bei dem geplanten Überfall zu töten beabsichtige, antwortete er: »Einen«, wobei er zur Bekräftigung zwei Finger hochhielt.[23]

Doch am Ende konnten die Angreifer ihre Erzfeinde nicht einmal ausfindig machen, was allerdings nicht weiter ungewöhnlich war. Nur etwa einer von vier Yanomami-Überfällen erreicht tatsächlich sein Ziel, und es ist mit keinerlei Schmach und Schande verbunden, wenn die Angreifer zurückkehren, ohne einen einzigen Pfeil abgeschossen zu haben.[24] Dafür aber erfüllten die Erregung und der demonstrierte Mut der Krieger einen rituellen Zweck. Chicos zorniger Geist gab sein Gebrüll auf und störte nicht länger den Schlaf der Opik-teri. In die *shabonos* am Catrimani kehrte wieder Ruhe ein.

Ich versuchte herauszufinden, ob Chico, der über dreißig Kinder gezeugt hatte, jemanden getötet hatte oder nicht. Damals war ich ziemlich fasziniert von Chagnons These und hatte seine *Science*-Studie in meinem Buch über Ritualmord in den Anden zitiert.[25] Allerdings war ich es gewöhnt, die Tötungen an Ort und Stelle zu untersuchen. Da die Toten, die ich inspizierte, normalerweise mit den entsprechenden rituellen Paraphernalien und dergleichen umgeben waren, ließ sich ihre Todesursache in der Regel eindeutig feststellen. Chicos persönliche Beteiligung an kriegerischen Auseinandersetzungen zurückzuverfolgen, erwies sich hingegen als unmöglich für mich, trotz der Hilfe von zwei Missionaren und einem Ethnologen, die den örtlichen Yanomami-Dialekt sprachen. Die Meinungen der Befragten über Chico waren von den heftigen, vor Ort herrschenden politischen Rivalitäten geprägt. So vertrat etwa der Ethnologe Bruce Albert von der Universität Paris den Standpunkt: »Jeder wußte, daß Chico ein Feigling war«[26], während Pater Guillerme Damioli sagte: »Chico war ein mutiger Krieger.«[27]

Wie also ließ sich Chicos beeindruckender Fortpflanzungserfolg erklären? Immerhin gründete er dank seiner vielen Söhne, zwei kleine Dörfer. Zunächst einmal brachte Chico auf verblüffend erfolgreiche Weise immer wieder andere Leute dazu, ihm Geld, Medizin und Schutz zu gewähren, und zwar sowohl Kautschukzapfer und benachbarte Indianer als auch Missionare, Indianervertreter, Straßenarbeiter und Touristen, ja selbst Goldgräber.

Tatsächlich ergab eine von zwei Studenten Chagnons – Giovanni Saffirio und Raymond Hames – durchgeführte Untersuchung über die Catrimani-Yanomami, die sich vor allem mit der negativen Akkulturation in Chicos *shabonos* befaßte, daß Chicos Gefolgsleute mit der Ankunft der brasilianischen Straßenarbeiter in den siebziger Jahren zu professionellen Bettlern mutiert waren. »Auf diese Weise gelangten sie in den Besitz zahlreicher brasilianischer Waren und fanden immer mehr Gefallen an ihrer neuen Lebensweise. Sie glaubten, von nun an ausgesorgt zu haben, zumindest solange sie am Highway lebten und hartnäckig genug bettelten.«[28] Anfang der siebziger Jahre besaßen sie Schrotflinten[29], und Anfang der achtziger hatten sie bereits diverse Vorräte an Metallwaren gehortet, die zum Kauf von Frauen benötigt wurden.[30] Das letzte Mal, als ich Chicos Nachkommen sah, lebten sie ungefähr achtzig Kilometer außerhalb des Yanomami-Reservats bei einem Goldsucher an den Ufern des Río Branco. Sie aßen seinen Proviant, tranken sein

Bier und halfen ihm Bananen aus dem Yanomami-Gebiet zu schmuggeln.[31]

Chico verkörperte für seine Umgebung die unterschiedlichsten Rollen – Anführer, Schamane, Händler, Verräter, Regionalpolitiker, möglicherweise Mörder und mit Sicherheit Gründungsvater einer großen vagabundierenden Schar bettelnder Männer. Für die Bewertung von Chagnons These über zeugungsfreudige Mörder erweist sich Chicos Fall als ausgesprochen nützlich, denn er zeigt uns die vielen Faktoren, die bei der Frage nach Mord als Fortpflanzungsstrategie mit einbezogen beziehungsweise ausgeschlossen werden müssen. Eine Untersuchung müßte Aufschluß über alle Tötungen und alle Nachkommen geben, ebenso über das Alter jedes einzelnen Mörders und jedes einzelnen Vaters. Außerdem wäre es unbedingt erforderlich, Scheinzusammenhänge aufzudecken, da Eheschließungen, wie berichtet, durch viele Faktoren beeinflußt werden, unter anderem Alter, schamanistisches Können, Anführerstatus, Jagdgeschick, Mord, Tauschwaren und Abstammung. Und schließlich müssen die jeweiligen Risiken dieser unterschiedlichen Wege zu auffallender Fortpflanzungsfähigkeit genau untersucht werden, denn Mörder können auch umgebracht werden.

Als erstes stellt sich die Frage: Wie zählt man die Toten in einer Kultur, die nur bis zwei zählt?

In Gesellschaften, in denen Morde das Ansehen steigerten, mußte der Beweis dafür in der Regel entweder durch die Tat selbst, sprich durch Zeugen, oder in Form von Kopftrophäen erbracht werden. Christopher Boehm, Ethnologe am Jane Goodall Center der USC, der über die letzten Kopfjäger in Europa – die Montenegriner aus Serbien und Albanien – promoviert hat, berichtet: »Ich fragte sie, warum sie die Köpfe mitnähmen«, erinnerte er sich, »worauf sie mir zur Antwort gaben: ›Na, weißt du, Quälgeist, sonst könnte ja jeder kommen und behaupten, er hätte jemanden getötet. Hast du aber einen Kopf, kannst du es auch beweisen. Montenegriner sind die größten Angeber der Welt. Den Kopf mußt du schon mitbringen, sonst glaubt dir niemand.‹«[32]

Wie hat Chagnon die Toten gezählt? Indem er die Männer

zählte, die sich der rituellen Reinigung für Mörder unterzogen, einem qualvollen, *unokaimou* genannten Martyrium, zu dem Fasten, Zölibat und Bewegungslosigkeit gehörten?[33] Nach Beendigung dieses Rituals bezeichnen sich die Yanomami als *unokai.* Es ist Chagnon, der sie »Mörder« nennt. Aber viele *unokais* töteten gar nicht eigenhändig, sondern stellvertretend durch ein Tier oder mit Hilfe magischer Substanzen oder Methoden, wie dem Stehlen eines Fußabdrucks. Andere schlossen sich einem Angriffstrupp an, schossen im Halbdunkel der Morgen- oder Abenddämmerung, wenn die meisten Überfälle stattfanden, ihre Pfeile ab, und auch wenn sie wegrannten, ohne zu wissen, was wirklich geschehen war, beteiligten sie sich anschließend an der Gruppenbuße. »Über die Ernennung zum *unokai* entschied die Selbsteinschätzung«, wie Chagnon betonte.[34] Ferner äußerte er: »Ich habe weder Angriffstrupps begleitet noch die während meines dortigen Aufenthalts stattfindenden Tötungen selbst miterlebt.«[35] Nachprüfbare Beweise, die seine Statistiken zur Gewalttätigkeit der Yanomami stützen würden, gibt es nicht.

In Wirklichkeit überstieg die Zahl der Yanomami, die behaupteten, bei Überfällen »getötet« zu haben, die der tatsächlichen Opfer ganz beträchtlich.[36] Einen Teil der Männer würden wir allenfalls als Mittäter bezeichnen. Die meisten *unokai*-Titel (209 von 385) wurden von mehreren großen, im Durchschnitt aus 8,3 Männern bestehenden Gruppen beansprucht, die nach 27 bei verschiedenen Überfällen verübten Morden gemeinsam die rituelle Reinigung vollzogen.[37] Insofern bestand zwischen der Person, die nach dem Verständnis der Yanomami in die Kategorie *unokai* fiel, und physischem Mord allenfalls ein loser Zusammenhang.

Auch die Verbindung zwischen Morden, Überfällen und dem Raub von Frauen war mehr als dünn. Entgegen ihrem Ruf erbeuteten die Yanomami bei ihren Kriegen nur wenige Frauen. Zahlen zu Entführungen für die betreffenden Dörfer hat Chagnon nie veröffentlicht. Auf Alberts Nachforschen hin, gab er an, daß die »Entführungen« insgesamt 17 Prozent ausmachten, eine zwar wesentlich höhere Rate als bei allen anderen Yanomami-Völkern, aber immer noch eine kleine Zahl. Wie sich allerdings herausstellte, war diese Zahl etwas irreführend: »Ich möchte deutlich machen«, schrieb Chagnon, »daß die meisten Entführungen nicht die Folge von Überfällen (›Kriegen‹) auf abgelegene Dörfer sind, bei denen Frauen ›erbeutet‹ werden.«[38] Die meisten Entführten waren Frauen, die bei Festen mit verbündeten Yanomami-Völkern geraubt wurden, und diese »Entführungen«, einige Ethnologen sprachen auch von »Durchbrennen«, waren nur möglich, sofern die betreffenden Frauen nicht wieder in ihr Dorf zurückkehren wollten. In einer Untersuchung von 400 Ehen in benachbarten Hochländern stellte Lizot fest, daß weniger als ein Prozent der Frauen bei Überfällen entführt worden war.[39]

»Eine erbeutete Frau wird von allen am Überfall beteiligten Männern vergewaltigt«, behauptete Chagnon. Genau das Gegenteil war der Fall. Bei den seltenen Gelegenheiten, wo Frauen im Krieg erbeutet wurden, war nur den Nichtmördern des Angrifftrupps der Geschlechtsverkehr mit weiblichen Gefangenen gestattet.[40] Verging sich ein Mörder an einer Frau, ohne sich zuvor der langen *unokaimou*-Reinigung für Mörder zu unterziehen, setzte er damit nicht nur sein eigenes Leben, sondern auch das der Frau aufs Spiel.[41] Demnach müssen also offenbar noch andere negative Selektionsfaktoren in die Kriegführung der Yanomami mit einbezogen werden.

Chagnon präsentierte sich in den akademischen Auseinandersetzungen um seine *unokai*-Studie als »traditionellen, wissenschaftlich geschulten Ethnologen«, der die wissenschaftliche Objektivität gegenüber einer neuen Generation von Ethnologen verteidigte, die »angewandte Ethnologie« betrieben und »politisch korrekte Daten« propagierten.[42] Zwar läßt sich in der Tat nicht bestreiten, daß Untersuchungen von Eingeborenenkulturen heutzutage sehr oft politisch korrekt beschönigt werden, doch den Verdacht der verzerrten Darstellung erregte Chagnon mit seinen unbewiesenen Angaben ebenso. Daher tendierten Demographen dazu, die allein auf dem Kriterium »Vaterschaft« basierende Studie zu verwerfen.[43] Auf Papier sahen Chagnons Tabellen zu »zeugungsfreudigen Mördern«

zwar gut aus, aber es war nicht möglich, sie zu verifizieren oder zu widerlegen. Nicht nur die »Mörder« blieben anonym, sondern auch die zwölf Dörfer, aus denen sie stammten. Im *American Ethnologist* warf Lizot Chagnon vor, Dörfer geschaffen zu haben, deren demographische Daten von allen bekannten Siedlungen abwichen, und deren genaue Lage »unmöglich auszumachen sei«.[44]

Keineswegs. Zwar kostete es mich einige Zeit, Chagnons Daten durchzuackern, doch indem ich seine Aufenthalte in den von ihm untersuchten Dörfern mit GPS-Positionsbestimmungen und Sterblichkeitsstatistiken verknüpfte, gelang es mir, neun der zwölf Dörfer zu identifizieren, aus denen die Mörder in seinem *Science*-Artikel stammen sollten.

Dorf-Nr.	*wirklicher Name*	*Ort*	*Einwohnerzahl*	*GPS*
5	Bisaasi-teri	Boca Mavaca	188	231 65 10[45]
6	Bisaasi-teri	Boca Mavaca	121	
7	Bisaasi-teri	Boca Mavaca	105	
51	Kedebabowei	Mrakapiwei	164	202 65 09[46]
53	Dorita-teri	Shanishani-Fluß	136	209 64 15
84	Nasikibowei	Mavaca-Fluß	66	229 65 11[47]
90	Haoyabowei	Mavakita	55	211 65 08[48]
92	Mishimishi	Oberer Mavaca/Siapa	188	136 65 16[49]
93	Washewa-teri	Washewa-Fluß	105	202 65 04[50]

Entgegen Lizots Unterstellung hat Chagnon die zwölf Dörfer des *Science*-Artikels jedoch nicht erfunden. Er hat sie auch nicht zufällig ausgewählt. Vielmehr waren es dieselben *shabonos,* in denen er den weitaus größten Teil seiner 45 Monate dauernden Forschungstätigkeit am Oberlauf des Orinoko verbracht hatte. Die Dörfer 5, 6 und 7 waren ursprünglich das Obere und das Untere Bisaasi-teri und Monou-teri.[51] Die anderen von mir identifizierten Dörfer waren Ableger der am Oberen Mavaca gelegenen Dörfer Mishimishimabowei-teri und Iwahikorobateri. Von den restlichen vier Dörfern waren drei Ableger der Patanowa-teri: Dorita-teri, Sheroana-teri und Shanishani-teri.[52] Zusammen bildeten sie jene Gruppe von Dörfern, die von der amerikanischen Atomenergiebehörde (AEC) so gründlich erforscht und gefilmt worden waren.

Chagnons Artikel begann mit der Meldung: »Aufgrund des wachsenden Einflusses von Missionaren und Regierungsvertretern werden in letzter Zeit in den meisten Gebieten immer seltener Kriege geführt, mancherorts sogar so gut wie gar keine mehr.« Seine Dörfer bildeten jedoch eine Ausnahme. Hier sei es »während der [seiner] kontinuierlich betriebenen Feldforschungen immer wieder zu kriegerischen Auseinandersetzungen gekommen«.[53] So würden in dieser unberührten Gegend die Yanomami nach wie vor mit Pfeil und Bogen kämpfen und traditionelle Rachefeldzüge unternehmen, die ihren Ursprung in Auseinandersetzungen um Frauen hätten.[54] Chagnon sprach in seiner Studie von 153 Kriegstoten »während der letzten ca. 35 Jahre«.[55]

Diese Zahl lag um das Fünffache über der von 1953 bis 1988 für diese Dörfer ermittelten Zahl an Kriegstoten.[56] Der Ethnologe Bruce Albert äußerte sofort Zweifel an der von Chagnon behaupteten Unberührtheit seines Forschungsgebiets sowie an der Zuverlässigkeit seiner Zahlen. Eher sei anzunehmen, so schrieb Albert im ethnologischen Jahrbuch *Current Anthropology,* daß sie »aus Stammbäumen errechnet [wurden], die sich über drei bis fünf Generationen erstrecken«.[57]

In *Science* schilderte Chagnon drei konkrete Beispiele für die Kriegführung der Yanomami. Eins davon waren die zwischen 1965 und 1975 stattfindenden Überfälle zwischen Monou-teri/ Bisaasi-teri und Patanowa-teri.[58] Wie ich im sechsten und siebten Kapitel dieses Buches gezeigt habe, wurden zwei der Überfälle – einer von 1965 und einer von 1970 – von Chagnon logistisch unterstützt, koordiniert und gefilmt. Auch konnte, anders als Chagnon in *Science* behauptete, keine Rede von ständigen Überfällen sein. Nachdem Chagnon 1966 das Gebiet verlassen hatte, war es erst bei den Dreharbeiten zum Film *The Feast* erneut zu Morden gekommen.[59] Ein Jahr später brachte Chagnon mit Hilfe des Missionspriesters siebzig Mishimishimabowei-teri den Mavaca hinunter, damit sie sich einem weiteren Überfall der Bisaasi-teri auf die Patanowa-teri anschlossen. Da die Patanowa-teri weder Kanus noch Gewehre besaßen, konnten sie keine wirkungsvolle Vergeltung an den Bisaasi-teri üben.

Chagnons zweites Beispiel war der Krieg zwischen Bisaasi-teri und Tayari-teri, mit dem ich mich im achten Kapitel beschäftigt habe. Chagnon brachte diesen seltsamen Konflikt in Zusammenhang mit der normalen Kriegführung und dem Kampf ums Dasein.[60] Dabei hatte er noch drei Jahre zuvor auf einer Konferenz Kollegen über Lizots Rolle bei diesem Krieg informiert und seinen französischen Rivalen als regelrechten Feudalherrscher im Urwald dargestellt. Fünf Jahre später machte er die von Salesianern geleitete Missionsstation von Mavaca für ebendiesen Krieg verantwortlich.[61] Für *Science* verschwieg er geflissentlich den Einsatz von Gewehren und motorisierten Beförderungsmitteln, ebenso wie die Tatsache, daß es sich um eine Schlacht zwischen »Chagnons Dorf« und »Lizots Dorf« handelte.

Das dritte von Chagnon geschilderte Beispiel handelte von einem Mann, der einen Überfall auf ein abgelegenes Dorf organisierte, um den Kummer seiner Frau über den Verlust einer Schwester an feindliche Angreifer zu lindern. »Die Rolle, die weiblicher Kummer bei der Kriegstätigkeit der Yanomami spielt, ist ein entscheidender Faktor für die nicht abreißenden Vergeltungsmorde.«[62] An anderer Stelle erklärte Chagnon dagegen, hierbei habe es sich um eine weitere Schießerei gehandelt. Die Yanomami selbst betrachteten solche Erschießungen als *badao* – »grundlos«.[63] Einer seiner Gewährsleute erklärte ihm: »Wenn du einem grimmigen Mann eine Flinte gibst, wird er noch grimmiger und will töten, auch wenn er keinen Grund hat.«[64]

Diese drei Kriege sind Beispiele für eine neue, ausschließlich von westlichen Machtzentren ausgehende Art von Gewalt: Dank der Schrotflinten war es für die Krieger ein leichtes, abgelegene Dörfer anzugreifen. Doch in allen Bisaasi-teri-Gruppen von Boca Mavaca, dem Mündungsgebiet des Mavaca, wurden zwischen 1968 und 1983 nur drei Menschen im Krieg getötet, und diese drei starben alle bei den Feindseligkeiten mit Lizots Dorf.[65] Ein anderes der zwölf Dörfer Chagnons – Nr. 84 oder Nasikibowei-teri – war an eine nur wenige Motorbootminuten von der Mündung des Mavaca entfernte Stelle umgesiedelt. Außerdem waren am Oberen Mavaca zwei Mishimishimabowei-teri-Gruppen unter Missionseinfluß geraten. Ein Dorf, Haoyabowei-teri, befand sich bei einer kleinen, zeitweise von dem Salesianerbruder Juan Finkers besetzten Missionsstation. Dieses Dorf besaß ebenso wie das Nachbardorf Kedebabowei-teri mit der Nr. 51 eine Schule. Auch Mishimishimabowei-teri oder Nr. 92 hatte inzwischen seinen Frieden mit den einstigen Feinden gemacht. Chagnon zufolge ging es von 1977 an wesentlich ruhiger zu.[66] Und auch die sporadischen Überfälle der Bisaasi-teri gegen die Patanowa-teri hörten auf, als die Mission ein regionales Ausbildungsnetz ins Leben rief und als »Schulbus« ein großes Boot einsetzte. Alle Dörfer hatten laut Chagnon mehr oder weniger regelmäßigen Kontakt zu den Missionen. Viele schlossen sich zu einer Handelsgenossenschaft zusammen.[67] Die einzige größere Störung, zu der es während des zehnjährigen Exils von Chagnon von 1975 an kam, war der Krieg zwischen seinem und Lizots Dorf. Nachdem dieser im Jahr 1982 beendet wurde, herrschte in dem Gebiet Frieden.[68] Die Unbestimmtheit und Kürze der drei von Chagnon in *Science* geschilderten Anekdoten trugen entscheidend zu ihrem fremden Reiz bei, ähnlich wie die nicht lokalisierten Dörfer. Ihrer historischen Realität beraubt und bar jeden Zusammenhangs waren die numerierten Dörfer und namenlosen Kriegsgeschichten Faktoren in einem Kampf um Fortpflanzung; wurden die Namen hinzugefügt, wurden dieselben Toten zu Waffen in einem politischen Kampf gegen Lizot oder Missionare.

Das faszinierendste Dorf war Nr. 51. 1987 hatte es die höchste Konzentration an Mördern im Yanomami-Gebiet. Acht der elf Yanomami, die mehr als zehn Menschen getötet hatten, stammten aus diesem Dorf. Diese acht Männer beteiligten sich an mindestens 91 Ermordungen. Wenn Chagnon die Bisaasi-teri »das grimmige Volk« und die Mishimishimabowei-teri »das grimmigere Volk« nannte, dann gebührte Dorf Nr. 51 zweifellos der Titel, »das grimmigste Volk« zu sein.

Eigentlich ist das Dorf eine Splittergruppe der Mishimishimabowei-teri, die nach den Epidemien den Mavaca flußabwärts zur Salesianermission zogen. Die neue Ansiedlung wurde Kedebabowei-teri genannt, nach dem an einem Sandstrand – *mrakapiwei,* »sandiger Ort« – in den Mavaca mündenden Fluß. Kedebabowei-teris »Großmutter«-Dorf Mowaraoba-teri (von dem sich die Mishimishimabowei-teri abgespalten hatten) war zwischen 1910 und 1935 sehr aggressiv aufgetreten. Früher als andere Yanomami-Dörfer in den Besitz von Metallwerkzeugen gelangt, löste es das Problem seines explosionsartigen Bevölkerungswachstums durch territoriale Ausdehnung.[69] Mowaraoba-teri waren es übrigens auch, die Helena Valero in den Bergen von Tapirapecó im brasilianischen Regenwald entführt hatten.[70]

Nach der Ermordung ihres berühmten Kriegsführers Ruwahiwa um 1942 war ihr Selbstbewußtsein allerdings zusammengebrochen. Sie starteten ein paar halbherzige Angriffe, kehrten aber laut Helena Valero, deren Mann Ruwahiwa getötet hatte, jedesmal wegen schlechter Omen unverrichteter Dinge wieder um.[71] Zur selben Zeit wurde ihr Mutterdorf aus dem Einzugsgebiet des Mavaca ins Siapa-Tal vertrieben, wo die Tötungsraten erheblich unter denen des von Kämpfen geschüttelten Orinoko-Ufers lagen. Nicht nur Ruwahiwas Tod, sondern auch etliche andere Morde während der sechziger Jahre blieben ungesühnt. 1970 lagen sie gegen die Bisaasi-teri null zu elf im »Rückstand«.

Doch die Splittergruppe, die sich als Kedebabowei-teri abgespalten hatte, war der schwächere Ableger von Mishimishimabowei-teri. Es waren dieselben Männer, die den Axtkampf verloren und nach dieser Schlappe das Dorf (und die Tauschwaren der Filmcrew) für immer verlassen hatten.

Wie erklärt sich, daß sie an über hundert Tötungen beteiligt gewesen sein sollen?

Zum Teil durch Umschreiben der Geschehnisse. Die einzige

große Schlacht in den kriegerischen Auseinandersetzungen der Yanomami fand am 3. Februar 1951 statt[72], und zwar bei einem *nomohori,* einem »heimtückischen Fest«, zu dem Riakowa, der Anführer der Iwahikoroba-teri, eingeladen hatte und bei dem zwischen elf und 15 Männer aus Kreibowei-tedi (dem damaligen Dorf der Bisaasi-teri) getötet wurden. Mithin erklärt sich ein beträchtlicher Teil der insgesamt 31 Kriegstoten, die Chagnon für alle Namowei-Yanomami (die Dörfer 5, 6, 7, 52, 53 und 54) zwischen 1930 und 1966 angab, aus diesem einmaligen Vorfall. Bei Chagnon finden sich folgende Schilderungen der Morde:

> Kurz nach der Ankunft im Dorf wurden die Männer aus Kreibowei-tedi von Riakowas Leuten mit angespitzten Bogenstäben und Äxten angegriffen und elf von ihnen getötet. Diejenigen, denen es gelang, die Palisaden zu durchbrechen, wurden aus dem Hinterhalt von Sibariwas Gefolgsleuten [Mowaraoba-teri] und Hasabowa-tedi angegriffen, wobei zahlreiche Kreibowei-tedi verwundet wurden. (Doktorarbeit 1966)[73]
> Die Männer aus Kaobawas Gruppe [Kreibowei-tedi] tanzten sowohl einzeln als auch in Formation und wurden dann in die Hütten ihrer Gastgeber [Iwahikoroba-teri] gebeten. Aber diesmal meinten es die Gastgeber ernst. Sie fielen mit Äxten und Bogenstäben über Kaobawas Männer her und töteten etwa ein Dutzend von ihnen. (*Yanomamo,* 2. Aufl., 1977)[74]
> Die Iwahikoroba-teri luden Kaobawas Volk zu einem Fest ein ... Heimlich luden sie jedoch noch die Mishimishimabowei-teri ein, die »engsten« Verbündeten von Ruwahiwa. Die Überraschungsgäste legten sich gut versteckt auf die Lauer und griffen aus heiterem Himmel an, als sie [Kaobawas Männer] hilflos in den Hängematten ihrer Gastgeber lagen. (*Yanomamo,* 5. Aufl., 1997)[75]

Als es darum ging herauszufinden, wer wen umgebracht hatte, wiesen bereits die Angaben zur Zahl der Toten ein Plus beziehungsweise Minus von etwa 25 Prozent auf. (Ganz ähnlich verhielt es sich mit der Schlacht bei Tayari-teri, wo Chagnon eine Zahl von »8 oder 10« Getöteten nannte.[76] Im Vergleich dazu sprach María Eguillor García, die ein kleines Stück flußabwärts die Kriegstoten für ihre Doktorarbeit mitzählte, von sieben Toten[77] und Lizot, der dort lebte, von sechs.)[78]

Strittig blieb, wer eigentlich wen getötet hatte. In der ersten Schilderung des *nomohori* sprach Chagnon von elf Toten, die alle aus nächster Nähe innerhalb des *shabono* von den Iwahikoroba-teri umgebracht worden waren; die Mishimishimabowei-teri und die Hasupuwe-teri spielten eine völlig untergeordnete Rolle, denn sie verwundeten nur einige Männer außerhalb des *shabono*. In der zweiten Version gelang es den Mishimishimabowei-teri »noch einige von ihnen« zu töten, während die Hasupuwe-teri überhaupt nicht mehr in Erscheinung traten. In der letzten Beschreibung schließlich fand eine völlige Umkehrung statt: Jetzt versteckten sich die Mishimishimabowei-teri innerhalb des *shabono* und töteten sämtliche Männer aus Kaobawas Gruppe, als diese in ihren Hängematten lagen.

Ferner schrieb Chagnon die Geschichte der beiden verbündeten *shabonos* – Mishimishimabowei-teri und Iwahikoroba-teri – um, indem er sie bis kurz vor Ruwahiwas Tod ein und demselben Dorf entstammen ließ.[79] Und sogar die Karte ihrer historischen Bewegungen zeichnete er neu.[80] Wozu all diese zusätzliche Mühe? Allem Anschein nach, um das Massaker von 1951 in Einklang mit der soziobiologischen Weissagung zu bringen, daß enge Verwandtschaftsbeziehungen dazu verpflichteten, einander zu schützen und im Todesfall zu rächen. Dies war der ideologische Schlüssel zu Chagnons Umdeutung von *The Ax Fight.* Timothy Asch hatte recht, als er äußerte, daß sich Chagnon unbewußt zu postmodernen Spekulationen versteige.

Und mit demselben Eifer, der Chagnon im Film Dinge sehen ließ, die es gar nicht gab, machte er meines Erachtens in dem unterdrückten Dorf Kedebabowei-teri ein buntes Gemisch aus Serienmördern ausfindig. Fünfundzwanzig Jahre lang arbeitete er an seiner *unokai*-Studie. Dafür suchte er »Außenseiter«, die ihm die Namen der Toten verrieten. Diese Informanten brachte er auf dem schnellsten Weg zu einer der Missionsstationen, wo er sie frei vom Druck der Dorfbewohner befragen konnte.[81] Und für die tabuisierten Informationen bezahlte er stets mit Metallwerkzeug.

Genau darin lag das Problem. In Kedebabowei-teri oder Dorf 51, geschah folgendes: Chagnons Hauptinformanten verschworen sich und fälschten die *unokai*-Daten. Sie verübelten ihm die Methoden und Tricks, mit denen er ihnen die echten Namen der Toten abzupressen versuchte und diese mit Hilfe von Zeugenaussagen aus feindlichen Dörfern überprüfte. Aber sie entdeckten eine Schwachstelle in Chagnons *unokai*-Forschung. Da sie wußten, daß sich Chagnon nie weit von den Hauptflüssen entfernte, erfanden sie einfach »Mörder« in irgendwelchen abgelegenen Dörfern des Siapa-Hochlands.[82]

In der Eröffnungsszene von *Studying the Yanomamo* lieferte Chagnon einen »Schnappschuß« seiner Metall-gegen-Mordopfer-Philosophie:

> Die Stimmung war äußerst gereizt, und ein paar Männer konnten sich kaum noch beherrschen. Ich fragte mich besorgt, was Yahohoiwa, der jüngere Bruder des Anführers, tun würde. Er, der ewig im Schatten des Ruhmes des Anführers stand, hatte allen Grund, sich Gedanken über seinen Status und seine Grausamkeit zu machen. Allerdings war er ein unberechenbarer Typ, und Gewaltausbrüche waren ihm durchaus zuzutrauen. Zuvor hatte er mir bereits lang und breit seine Grausamkeit geschildert und die Männer genannt, die er bei verschiedenen Überfällen getötet hatte – und im Gegenzug dafür eine Machete verlangt.[83]

Mit seinem Verhalten verstieß Yahohoiwa gegen das strengste Tabu der Yanomami – die Namen von Toten zu nennen. Abgesehen davon, daß der Geist des nun körperlosen Wesens hätte heraufbeschworen werden können, drohte Vergeltung, wenn man den Namen seines Opfers öffentlich aussprach; wie im Falle von echten Tötungen sandten die Yanomami Spione aus, um in Erfahrung zu bringen, wer die Täter waren, damit sie diese als

Puppen materialisieren und mit physischen und magischen Mitteln angreifen konnten.[84] »Es ist ein streng gehütetes Geheimnis«, sagte der Ethnologe Kenneth Good.[85] Die Aussicht, eine neue Machete zu bekommen, zählte freilich mehr als alle Tabus. Ich halte diesen Vorfall für einen der aufschlußreichsten in Chagnons Karriere. Männer kamen in der Mitte des *shabono* auf ihn zu, brüllten die Namen ihrer Opfer und forderten Geschenke aus Metall. Chagnon ließ sich davon nicht im geringsten beeindrucken. Und das, obwohl Yahohoiwa nach seiner Beschreibung »gewalttätig« und »unberechenbar« war und die »äußerst gereizte« Stimmung außer Kontrolle zu geraten drohte. Chagnon zufolge war das einzige, was Yahohoiwa beschäftigte, die Sorge um »seinen Status und seine Grausamkeit«. In Wirklichkeit brauchte er eine Machete für seine Pflanzung. Ich glaube, daß er bis zu diesem Moment noch niemanden getötet hatte. Wenn doch, wäre er ein weiteres Gegenbeispiel für die These vom Zusammenhang zwischen Fortpflanzungserfolg und Gewalt. Denn laut Chagnon war Yahohoiwa einer von zwei Männern, die mit über 25 Jahren noch keine Frau hatten.[86] Yahohoiwa mußte sich noch immer eine Frau mit einem anderen Mann teilen, was Ausdruck für seinen untergeordneten Status war.

Doch Chagnon behauptete beispielsweise in der 1997 erschienenen fünften Auflage seines Buches *Yanomamo*, Moawa, der Anführer der Mishimishimabowei-teri, habe allein 22 Menschen getötet.[87] In seiner Doktorarbeit hatte er noch geschrieben, ein Überfalltrupp der Yanomami bestehe aus mindestens zehn Kriegern. Und in seinem *Science*-Artikel hieß es: »Einzelne Angreifer gibt es nicht.«[88] Jedem Yanomami-Kenner, mit dem ich sprach, kam das bizarr vor. »Was?« fragte Brian Ferguson ungläubig. »Moawa soll all diese Leute im Alleingang umgebracht haben, ohne schließlich selbst getötet zu werden? Diese mysteriöse Vorgehensweise und die Zahl der Opfer ist auf jeden Fall beispiellos.«[89] Allerdings schrieb Chagnon auch, daß Moawa ohne einen einzigen Nachkommen starb.[90] Mit anderen Worten, vom soziobiologischen Standpunkt aus gesehen war Moawa eine Null.

Vor allem fielen in Chagnons Dörfern die vielen unverheirateten Männer über Zwanzig auf – 136 Junggesellen oder insgesamt 36 Prozent der männlichen Erwachsenen.[91] In krassem Gegensatz zu diesen Junggesellen gab es eine ungewöhnlich große Zahl von Männern, die viele Frauen hatten, einige von ihnen bis zu sechs.[92]

Chagnons Begründung für die Kriegstätigkeit der Yanomami folgte einer klassischen soziobiologischen Argumentation. »Manchen Männern gelingt es, zwei, drei, ja manchmal sogar bis zu sechs Frauen in ihren Besitz zu bringen. Das bedeutet wiederum, daß einige Männer frauenlos bleiben – und diese Männer werden nun zu einer ständigen Bedrohung des gesellschaftlichen Zusammenhalts, da sie regelmäßig versuchen, die Frauen von anderen Männern zu verführen.«[93]

Für das eher traditionelle Siapa-Hochland meldete auch Chagnon im Durchschnitt nur einen polygam lebenden Mann pro Dorf.[94] Zum selben Ergebnis kam ich auch, wobei übrigens keiner dieser Männer mehr als zwei Frauen hatte.[95] Die Salesianer-Ethnologin María Eguillor García, die vier Jahre vor Chagnons Untersuchung eine Volkszählung unter den Bisaasi-teri-Dörfern durchgeführt hatte, stellte fest, daß 17 Prozent der Ehen zwar polygam seien[96], Männer aber nur in seltenen Ausnahmefällen mehr als zwei Frauen hätten. Bezogen auf die gesamte Bevölkerung der Mission – über ein Dutzend *shabonos* von Ocamo bis Platanal mit gut über 1000 Bewohnern – gibt sie vier Männer mit drei oder mehr Frauen an.

Mann	*Ort*	*Dorf*	*Anzahl Frauen*
Asiawe	Platanal	Mahekoto-teri	3
Paruriwa	Mavaca	Bisaasi-teri	4
Yutuwe	Ocamo	Iyewei-teri	5
Kasiawe	Platanal	Mahekoto-teri	5

Diese Männer verkörperten alles mögliche – Anführer, Schamanen oder auch Besitzer von Schrotflinten, die lebenslange Bündnisse mit Nicht-Yanomami geschlossen hatten.[97] Asiawe war der prachtvoll bemalte Festgesandte in *The Feast* und *A Multidisciplinary Study.* Kasiawe, der Anführer der Mahekoto-teri, der die Beteiligung seines Dorfes mit der AEC ausgehandelt hatte[98], war um 1945 der Hauptlieferant für Macheten am Oberen Orinoko.[99] Als Pater Luis Cocco im Jahr 1958 zum ersten Mal in das Gebiet am Zusammenfluß von Ocamo und Orinoko kam, war Polygamie dort kaum verbreitet. (Nach Angaben eines Arztes, der die Gegend zur selben Zeit besuchte, gab es unter allen am Ufer lebenden Yanomami nur eine einzige polygame Ehe.)[100] Laut Cocco ging die Zunahme von Polygamie unmittelbar einher mit der Zunahme von Schrotflinten, mit denen Männer größere Familien versorgen konnten.[101]

Ohne Frage ließ sich bei den Gemeinschaften des Flachlands wesentlich häufiger Polygynie beobachten als in den Hochlanddörfern. Außerdem lag keines der Dörfer in Chagnons Untersuchung über Morde auf traditionellem Hochlandgebiet. Trotzdem hatte niemand eine genauere Vorstellung von der Zusammensetzung der Siedlungen. Glücklicherweise bot wenigstens die vor kurzem herausgebrachte CD *Yanomamo Interactive: The Ax Fight* eine detailliertere Aufschlüsselung der auf Chagnons Zensus von 1971 basierenden Daten für das Dorf Mishimishimabowei-teri. Obwohl dieser 15 Jahre zuvor durchgeführt worden war, lieferte er einen Querschnitt des größten Yanomami-Dorfes in Chagnons Forschungsgebiet, dem Mutterdorf von drei in dem *Science*-Artikel erwähnten Dorfgemeinschaften. Als ich die Genealogien öffnete, fand ich wesentlich mehr Männer mit drei Frauen als Eguillor García für das gesamte Gebiet am Orinoko angegeben hatte.

Wadoshewa	3	Dedeheiwa	5	Nanokawa	8[102]
Ishiweiwa	3	Howashiwa	6		
Barahiwa	3	Moawa	5		

Vierunddreißig Frauen für sieben Männer, das machte 4,8 Frauen für jeden Mann.[103] Ich konnte es nicht glauben.[104] Deshalb beschloß ich, die gesamten, in zwei langen Anhängen zu Chagnons Buch *Studying the Yanomamo* aufgelisteten Informationen über alle 271 Einwohner von Mishimishimabowei-teri in meinen eigenen Datenbestand einzugeben.[105] Dabei stieß ich auf das fast schon sagenhafte Dorf Mishimishimabowei-teri.

Mishimishimabowei-teri unterschied sich tatsächlich von jedem anderen Yanomami-Dorf, das ich kannte, einschließlich der Siedlung bei Boca Mavaca, in der 30 Prozent der von Chagnon untersuchten Menschen lebten.[106] Von fünfzig Ehen waren 13 polygam; zwei weitere Männer hatten jeweils eine Frau und teilten sich eine zweite mit einem anderen Mann. Demnach waren 26 Prozent der Ehen eindeutig polygam. Wie viele Frauen die oben aufgeführten, zeugungsfreudigen Männer tatsächlich hatten, geht aus der folgenden Tabelle hervor:

Dedeheiwa	1	Wadoshewa	2	Nanokawa	6
Ishiweiwa	1	Barahiwa	2		
Howashiwa	1	Moawa	2	Anm. 107–113	

Wie man sieht hatten die sieben Männer in Wirklichkeit 15 Frauen (2,1 pro Kopf). Der einzige Mann mit mehr als zwei Frauen war Nanokawa, der Anführer einer der Gruppen des Dorfes. Von 14 Männern mit fünf oder mehr Kindern – dem Durchschnitt der »Mörder« in *Science* – waren mit Ausnahme eines 33jährigen alle 35 Jahre und älter. Von denjenigen mit acht oder mehr Kindern waren alle außer Nanokawa über Vierzig.[114] Die mit Abstand fruchtbarsten Männer waren die beiden ältesten – der 60jährige Dedeheiwa mit 16 Kindern und sein Bruder, der 70jährige Ishiweiwa, mit 13.

Diese Aufschlüsselung gibt einen wichtigen Einblick in das, was bei Chagnons Untersuchung am Ende vermutlich herauskäme – falls er die tatsächlichen Ergebnisse jemals enthüllt. Die Heiratsregeln bei den Yanomami, nach denen an die Eltern ein Brautpreis in Form von Fleisch und anderen Nahrungsmitteln oder, wie im Flachland, von Tauschwaren zu entrichten ist, begünstigt ältere, etablierte Männer, die ihre spätere Frau meistens schon bei deren Geburt oder kurz danach kaufen.[115] Erfolgreich in der Yanomami-Welt sind Männer, die ein hohes

Alter erreichen und auch noch mit über Sechzig oder Siebzig Nachkommen zeugen. Die extrem enge Wechselbeziehung zwischen Alter und Fortpflanzungserfolg läßt darauf schließen, daß, wenn Chagnon seine Daten sorgfältiger gegliedert, sprich die Altersklassen nach fünf Jahren gestaffelt hätte, der statistische Vorteil von »Mördern« geschrumpft wäre.[116]

Ferner deutet das Untersuchungsergebnis von Mishimishimabowei-teri darauf hin, daß im Umkreis um die zentrale Achse »Alter« auch sekundäre Faktoren wie schamanisches Geschick und Anführerstatus eine Rolle bei Eheschließungen spielten. Die alten Schamanen hatten fast ein Fünftel aller Kinder (19 Prozent), aber Dedeheiwa, der darüber hinaus regionales Ansehen genoß[117], zeugte mehr Kinder als sein älterer Bruder. Chagnon nannte ihn die geistige Autorität des Dorfes, und Männer wie er können durchaus mehrere Frauen haben.[118]

Die meisten Anführer waren gleichzeitig Schamanen.[119] Unter normalen Umständen war das Alter ausschlaggebend, um in den Rang eines Anführers aufzurücken. Nanokawa und Moawa, die beiden polygamen Anführer der Mishimishimaboweiteri, waren beide 35 und damit eigentlich etwas jung für ihr Amt. Als Chagnon Kontakt mit den Mishimishimabowei-teri aufnahm, war allerdings auch noch keiner der beiden Anführer.[120] Sowohl Nanokawa als auch Moawa gelangten erst im Zusammenhang mit einem erbitterten Kampf um Chagnons Tauschwaren an die Macht. Moawa drohte sogar, Chagnon mit seiner Axt den Schädel zu spalten[121], als der Ethnologe Nanokawa und seinen Gefolgsleuten großzügig 14 Macheten überließ, die Moawa für sich und seine Gruppe gefordert hatte.[122] Damit stieg Nanokawa aus der Bedeutungslosigkeit zum Anführer mit sechs Frauen auf, wobei freilich drei der Frauen gar nicht mit im Dorf wohnten[123], was ein Indiz dafür ist, daß sein Benehmen bereits als ungewöhnlich galt. Er unterhielt zwei Familien in zwei unterschiedlichen Pflanzungen.

Diese Fakten läßt Chagnon außer acht. Daß ein Anführer, unabhängig von Krieg oder Frieden, mehr Frauen um sich scharte, war im Amazonasgebiet etwas Alltägliches. Ursprünglich wollte James Neel herausfinden, wie ein Mann zum Anführer wurde und es dank der größeren Zahl an Frauen, zu mehr Nachkommen brachte.[124] Chagnon führte eine hervorragende Untersuchung über die Anführer bei den Yanomami durch, die ergab, daß sie im Durchschnitt 8,6 Kinder hatten[125], also wesentlich mehr als der durchschnittliche »Mörder« mit 4,9. In seinem *Science*-Artikel rechnete er jedoch alle Anführer mit zu den »Mördern« und warf damit unterschiedliche Kategorien in einen Topf. Klammerte man die Anführer aus, brach, wie Chagnon zugab, die statistische Signifikanz der Untersuchung in einer ihrer wichtigsten Altersklassen zusammen. Er verriet zwar nicht, in welcher Klasse, aber ein Anführer, der jünger als dreißig Jahre gewesen wäre, war nicht bekannt.[126] Und da die meisten Anführer gleichzeitig die Dorfältesten sind[127], deutete alles darauf hin, daß es sich bei der Altersklasse, die in die statistische Bedeutungslosigkeit fiel, sobald die Anführer aus ihr herausgenommen wurden, um die mit den Männern über Vierzig gehandelt haben muß. Das war die Gruppe der älteren Männer mit den meisten »Mördern« (55 Prozent) und zwei Dritteln aller Nachkommen (67 Prozent).[128] Abermals hüllte sich Chagnon angesichts der öffentlichen Anfechtung seiner Thesen – diesmal durch den Ethnologen Brian Ferguson – in hartnäckiges Schweigen.[129]

Trotz der polygam lebenden Dorfältesten blieb niemand in Mishimishimabowei-teri auf Dauer Junggeselle. Alle Männer über 27 waren verheiratet. Von neun Männern im Alter zwischen zwanzig und 24 Jahren waren sechs verheiratet und einer geschieden, und sie hatten insgesamt sechs Kinder. Von 19 Jugendlichen unter Zwanzig waren sieben verheiratet und drei geschieden, und sie hatten drei Kinder. Die beim Erstkontakt ermittelten Ehe- und Fortpflanzungsquoten für die jungen Männer in Mishimishimabowei-teri unterschieden sich erheblich von den in *Science* veröffentlichten Zahlen. Bei Chagnons Volkszählung von 1987 waren die Fortpflanzungs- und Ehezahlen bei jungen Männern stark zurückgegangen. Kein Jugendlicher unter zwanzig Jahren war verheiratet oder hatte Kinder. Und die 20- bis 24jährigen Erwachsenen hatten nur ein Drittel so viele Frauen und Kinder.[130] Außerdem wichen Chagnons

Daten deutlich von denen ab, die María Eguillor García 1983 bei ihrem Zensus in Mavaca ermittelt hatte – wo immerhin 30 Prozent der Yanomami lebten, die von Chagnons Zensus im Jahre 1987 erfaßt wurden. Im Unterschied zu Chagnon hatte sie herausgefunden, daß 31 Prozent der 19jährigen und 70 Prozent der 24jährigen verheiratet waren.[131] Und in all den Jahren, die sie bei den Yanomami verbrachte, war ihr nur ein einziger lebenslanger Junggeselle begegnet – ein Flüchtling aus Patanowa-teri.[132]

Ob »Mörder« oder nicht, kein junger Mann in Mishimishimabowei-teri hatte viele Nachkommen. (Nur zwei Männer unter 33 hatten drei Kinder, wobei sich einer der beiden in einer polyandrischen Beziehung mit anderen Männern eine Frau teilte.)[133] Zumindest nicht nach Chagnons ursprünglichem Zensus. Deshalb war ich etwas verwirrt, als ich auf der neuen *Yanomamo-Interactive*-CD (1997) sah, daß zwei junge Männer im Alter von 27 und 24 Jahren, Ruwamowa und Mohesiwa, nun vier beziehungsweise fünf Kinder haben sollten. Plötzlich hatte Mohesiwa also fast die Hälfte der Kinder aus der gesamten Altersgruppe der 20- bis 24jährigen und Ruwamowa dreimal soviel wie seine 25- bis 30jährigen Altersgenossen.

Zuerst dachte ich, ich hätte mich geirrt. Und dann kam mir der Gedanke, daß es vielleicht doch einen Zusammenhang zwischen Gewalt und Fortpflanzungserfolg in Mishimishimabowei-teri geben könnte. Mohesiwa war derjenige, der den Axtkampf dadurch ausgelöst hatte, daß er seine Tante mit einem Stock schlug, als sie ihm Bananen verweigerte. (Obwohl Ruwamowa den Kampf völlig ignorierte und sich gleichgültig in seine Hängematte legte, zählte Chagnon ihn als einen der vielen Kämpfer auf.)[134] Als ich Chagnons ursprünglichen Zensus überprüfte, stellte ich fest, daß Mohesiwas Geburtsjahr mit 1938 und Ruwamowas mit 1939[135] angegeben war, sie 1971 folglich 33 beziehungsweise 32 und nicht 24 und 27 Jahre alt waren. Andere Fehler entdeckte ich in der Datenübertragung aus dem Zensus nicht. Und diese Fehler hier paßten ausgezeichnet in die Statistik. Mohesiwa hatte fünfmal so viele Kinder wie die anderen 20jährigen – genau wie die jungen »Mörder« in dem *Science*-Artikel.[136]

Schon winzige Manipulationen in jeder Altersklasse konnten sämtliche Ergebnisse verzerren. So stand und fiel beispielsweise die sensationelle Überlegenheit der »Mörder« in der gesamten Studie mit der großen Gruppe Junggesellen unter 25, deren Mitglieder sowohl friedlich als auch unfruchtbar waren. Nur fünf Männer aus dieser Altersgruppe hatten getötet, und diese fünf waren alle verheiratet, während von den 78, die nicht getötet hatten, lediglich zehn verheiratet waren. Diese Korrelation war das eigentlich Verblüffende an der Studie.

Aber waren die fünf »Killer« tatsächlich unter 25? In einer Replik auf Bruce Albert, die in *Current Anthropology* erschien, machte Chagnon einen Rückzieher: »Da die Yanomami ihr Alter nicht in Jahren angeben können, könnten die fünf von mir auf jünger als 25 geschätzten Männer in Wirklichkeit auch 25 Jahre oder älter gewesen sein.«[137] Allem Anschein nach hatte er sich geirrt, denn in der korrigierten Fassung seiner Statistik tauchten die fünf Männer nicht mehr auf. Woraufhin die Fortpflanzungsquoten für die jungen Männer in der Studie noch einmal stark zurückgingen (auf 0,18 Kinder und 0,13 Frauen), während sich der statistische Zusammenhang in Chagnons beeindruckendster Altersklasse in Luft auflöste. Denn nun gab es keine »Mörder« unter 25 mehr.

Und das war seltsam.

Interkulturelle Untersuchungen über Mord zeigen, daß bei 15- bis 17jährigen die Mordrate jäh ansteigt, bei den Anfang bis Mitte 20jährigen ihren Höchststand erreicht und danach wieder abnimmt. »Obwohl sich die jeweiligen Raten in den unterschiedlichen Gesellschaften unterscheiden, stimmen sie, was Alter und Geschlecht der Mörder betrifft, auf der ganzen Welt miteinander überein«, schrieb William Allman, wissenschaftlicher Autor für *U.S. News & World Report,* in seinem Buch *Mammutjäger in der Metro.*[138] Unverheiratete Männer begingen mit Abstand die meisten Morde, wobei mittellose Männer aus der Unterschicht überrepräsentiert waren. Der einzigen in den USA durchgeführten Untersuchung zufolge waren 73 Prozent der Mörder unverheiratet.[139]

Das soziobiologische Argument für dieses Verhaltensmuster

klang hieb- und stichfest: Männer würden in diesem Alter am ehesten in Gewalt verwickelt, weil dann ihre körperlichen Kräfte und ihr Sexualtrieb den Höhepunkt erreichten, während der Kampf um weibliche Anerkennung mittellose Männer, die im Grunde nichts zu verlieren hätten, zu erhöhten Risiken veranlaßte. Margot Wilson, Soziologin und Koautorin von *Homicide*, einem Buch, das als maßgebliches Werk zu diesem Thema gilt, war eine von vielen, die in den Yanomami die Archetypen des städtischen Bandenkriegs sahen, der – motiviert durch Sexualität – von kleinen Banden junger, geltungssüchtiger Männer ausgetragen wird. Nach Wilson entsprach die Gewalt der Yanomami-Indianer den Alters-, Geschlechts- und Statusvariablen, die sie in ihrer interkulturellen Untersuchung festgestellt hatte.[140]

Bei Chagnons Yanomami war kein einziger junger Mann unter Zwanzig – beziehungsweise, wie aus der überarbeiteten Statistik hervorgeht, unter 25 – an einem Mord beteiligt. Erst in den Altersklassen darüber stieg die Rate dramatisch an, und zwar deutlich über die Kumulation hinaus und gipfelte in 62 Prozent der über 40jährigen, die von sich behaupteten, getötet zu haben.

Aber wen hatten sie getötet? Chagnon zufolge fast ausschließlich junge Männer im Alter zwischen zwanzig und dreißig Jahren.[141] Und dabei gingen sie anscheinend nicht einmal ein größeres Risiko ein. »Daneben starben bei unlängst stattgefundenen Kriegen in zwei anderen Gebieten der Untersuchung ungefähr 15 weitere Personen, vor allem sehr junge Männer, die wahrscheinlich noch keine *unokais* [Mörder] waren.«[142] Damit stand außer Frage, daß sich die Yanomami durch eine beispiellose Gerontokratie der Gewalt auszeichneten: Alte Männer töteten ungestraft junge Männer.

In Wirklichkeit verlief die tragische Geschichte der Yanomami-Krieger allerdings ganz anders. Die meisten von ihnen wurden umgebracht. Die wenigen, die überlebten, fristeten ein Dasein in Furcht oder in der Verbannung. Sie waren jedoch nicht Gegenstand der Untersuchung.

Eine der am häufigsten übersehenen Anmerkungen im *Science*-Artikel war der Hinweis auf die ohne jede Erklärung entfernte Rubrik »Kinder, deren Väter tot sind«.[143] Mit anderen Worten, alle im Kampf getöteten Krieger wurden weggelassen, was so ist, als würde man eine Untersuchung über den Fortpflanzungserfolg urbaner Bandenchefs durchführen, ohne diejenigen zu berücksichtigen, die von Rivalen umgelegt wurden. »Die meisten als Kriegsführer identifizierten Männer wurden im Krieg getötet«, schrieb Brian Ferguson in *Yanomami Warfare*. Manchmal wurden die Kinder solcher Anführer gleich mit umgebracht. Ferguson äußerte die Vermutung, daß sich bei Berücksichtigung aller toten *unokais* womöglich herausgestellt hätte, daß Mörder weniger Nachkommen zeugten als Nichtmörder.[144]

Chagnon räumte ein, daß dies ein ernstes Problem sei. »Übertriebene Mordlust ist vielleicht nicht der effektivste Weg zu großem Fortpflanzungserfolg; statistisch gesehen scheinen sich jedoch Männer mit maßvollem Hang zum Töten erfolgreicher fortzupflanzen als Männer, die diese Neigung überhaupt nicht verspüren.«[145] Auf einmal zahlte sich nur noch ein gemäßigter Grad an Mordlust aus. Das Problem war nur, daß die Diagramme der Mörder in *Science* zeigten, daß 19 Männer, die im Durchschnitt jeweils 9,4 Morde begangen hatten, für den größten Teil (52 Prozent) aller Tötungen verantwortlich waren.[146] Wenn derart übermäßiges Morden einer großen Nachkommenschaft *nicht* förderlich war, waren die meisten Tötungen der Yanomami – vom soziobiologischen Standpunkt aus gesehen – eindeutig kontraproduktiv.

In der Geschichte der Yanomami war freilich kein einziger Mann (außer Moawa) bekannt, der so viele Morde begangen hätte wie einer dieser »fruchtbaren Killer«; meistens fielen Anführer nach drei bis vier Morden selbst einem Mord zum Opfer.[147] In modernen Gesellschaften bezeichnet man Menschen, die derart hemmungslos töten, als Serienmörder. In Stammesgesellschaften, wo es zum Kriegsritual gehörte, möglichst viele Skalpe oder Köpfe zu erbeuten, war die Sache komplizierter. Bei den Cheyenne, die als kriegerischster Stamm der Prärieindianer galten, genossen junge Krieger bekanntlich hohes Ansehen, doch eine Untersuchung über den Fortpflanzungserfolg von Cheyenne-Häuptlingen ergab, daß friedliebende Häuptlinge 50 Prozent mehr Nachkommen zeugten. »Meistens war so ein ambitionierter junger Krieger mutig, mutiger und dann tot.«[148] Bei den Waorani im ecuadorianischen Regenwald, einem Stamm mit dem weltweit höchsten kriegsbedingten Verlust an Menschenleben, hatte jeder erfaßte Mann mindestens einen Menschen getötet. Gleichzeitig war bei Kriegern, die mehr als zweimal getötet hatten, die Wahrscheinlichkeit, selbst getötet zu werden, mehr als doppelt so hoch – und ihre Frauen wurden dreimal häufiger umgebracht als die von anderen, weniger aggressiven Männern. Die meisten zeugungsfreudigen Killer verloren ihre Frauen und mußten erneut heiraten, wodurch – *wenn sie überlebten* – der Eindruck entstehen konnte, sie hätten mehr Frauen.[149] Bei den Nachbarn der Waorani, den Jivaro, war die Kopfjagd ein Pflichtritual für alle Männer und eine vorgeschriebene Initiation für männliche Jugendliche. Auch bei ihnen starben die meisten Männer im Krieg. Bei ihren Anführern hatte viele Frauen, wer wenige Köpfe hatte, und wer viele Köpfe hatte, der hatte wenige Frauen.[150]

»Chagnons *Science*-Artikel über Mörder ist ein ethnologischer Piltdown-Skandal«, sinnierte Kenneth Good. »Allerdings war der Kerl, der vorgab, einen prähistorischen Schädel gefunden zu haben, ein Betrüger. Das ist meines Erachtens bei Chagnon nicht der Fall. Er glaubt wirklich, Moawa wäre ganz allein ausgezogen und hätte 22 Leute mit einer geschärften Pfeilspitze ermordet.«[151]

Selbst wenn sich sämtliche Daten Chagnons als korrekt erwiesen, ließen sie etliche erstaunliche Anomalien erkennen. Danach würden sich die Yanomami nämlich nicht nur beträchtlich vom *homo sapiens* unterscheiden, sondern auch von den Schimpansen. Selbst bei den höherentwickelten Primaten mit stark ausgeprägten Gruppenbindungen kann ein ranghohes Männchen nicht straflos einen ausgewachsenen Artgenossen töten.[152] Zu den Tötungs- und Fortpflanzungsbesonderheiten der Yanomami gehörten nach Chagnons Daten unter anderem:

- Jugendliche, die keine Kinder haben
- 15- bis 25jährige, die grundsätzlich nicht töten
- erwachsene Männer, die Mord an Verwandten ungesühnt lassen
- ältere Männer, deren Gewaltbereitschaft mit zunehmendem Alter steigt
- junge, nicht gewalttätige Männer als Hauptopfer von Gewalt

Am besten verfährt man mit Chagnons Statistik wie mit dem auf die Streckbank gespannten Körper eines Ketzers im Mittelalter und verlängert sie gleichzeitig nach beiden Richtungen: Sämtliche Morde und alle Kinder werden den älteren Männern zugeschrieben, während die jüngeren Männer komplett leer ausgehen. Immer weiter gestreckt würde diese verzerrte Datenmenge schließlich zu einer Parodie auf die Soziobiologie.

Chagnon scharte seine Anhänger enger um sich, indem er gemeinsame Gegner mit völlig aus der Luft gegriffenen Behauptungen attackierte. In *Current Anthropology* schrieb er, Albert fände den Darwinismus »abstoßend«.[153] In einer im *American Ethnologist* erschienenen Replik dichtete er Brian Ferguson merkwürdige Äußerungen an, die dieser angeblich auf einer Konferenz in einer Debatte über Gewalt bei den Yanomami gemacht hatte. Laut Chagnon hatte Ferguson gesagt: »Ich begreife nicht, wieso ›ihr Soziobiologen‹ immer wieder von der Fortpflanzung anfangt. Schließlich kommt es, wenn man genug zu essen hat, mehr oder weniger automatisch zur Fortpflanzung.«[154] Und in einer Fußnote fügte er hinzu: »Seine Bemerkungen wurden sowohl auf Band mitgeschnitten als auch von etwa einem Dutzend Tagungsteilnehmern gehört.«[155] Die Debatte wurde tatsächlich auf Band aufgenommen, und der Bandmitschnitt beweist, daß Ferguson nichts dergleichen gesagt hat.[156] Und auch der Konferenzleiter erinnerte sich an keine derartige Äußerung Fergusons.[157]

Chagnon erklärte seine Gegner zu Anhängern der Postmoderne und zu Marxisten, denen Objektivität, Darwin, Mutterschaft und Patriotismus verhaßt seien. Gleichzeitig beteuerte er immer wieder, daß er irgendwo in seinem Computer alle Daten gespeichert habe, die seine Thesen zu Mord und Fortpflanzung bestätigten. Es sei nur eine Frage der Zeit, bis er sie alle veröffentlichen werde.

Seitdem sind zwölf Jahre vergangen, ohne daß Chagnons sorgsam gehütete Daten veröffentlicht worden wären.

KAPITEL 11

Ein Reich im Dschungel

Es ist besser, sie in ihrer Heimat sterben zu lassen.
Cecilia Matos[1]

Als ich im Februar 1992 nach Caracas kam, hatte sich Napoleon Chagnon mit der politischen Clique um die Geliebte des venezolanischen Präsidenten, Cecilia Matos, und dem Naturforscher Charles Brewer verbündet. Die drei verfolgten den Plan, im Herzen des Yanomami-Gebiets das weltweit größte Biosphärenreservat zu schaffen.[2]

Cecilia Matos war Präsidentin einer quasi-staatlichen Stiftung zur Unterstützung von Bauern- und Indianerfamilien (FUNDAFACI). Später wurde Cecilia Matos in zahlreichen Fällen wegen Betrugs angeklagt[3], doch ehe es zum Prozeß kam, floh sie.

Wie Napoleon Chagnon schrieb, war er Cecilia Matos zu tiefstem Dank verpflichtet für die »beispiellose Unterstützung«, die sie ihm bei sechs Exkursionen in den Jahren 1990 und 1991 zuteil werden ließ, »Unterstützung, zu der unter anderem die Beförderung mit Flugzeugen und Hubschraubern gehörte«.[4] Letzten Endes trug jedoch die Chagnon gewährte Unterstützung mit Kosten in Millionenhöhe entscheidend zum Sturz von Cecilia Matos und zu Chagnons Ausweisung aus dem Yanomami-Gebiet bei.

Chagnon und Brewer waren alte Bekannte. Allerdings waren sie aufgrund ihrer aggressiven Persönlichkeiten während der AEC-Expeditionen des öfteren heftig aneinandergeraten. »Frieden zwischen Napoleon und Charlie zu halten war nicht einfach«, erinnerte sich James Neel. »Sie verband eine regelrechte Haßliebe.«[5] Eine Zeitlang gingen sie sich aus dem Weg. Chagnon übte scharfe Kritik an Brewers *Conquista del Sur,* einem Kolonisationsprogramm für den Regenwald.[6] Es ging ums Prinzip, und Chagnon fiel die Entscheidung vermutlich nicht leicht. Denn auch als er zehn Jahre lang nicht ins Yanomami-Gebiet einreisen konnte, unternahm er keinen Versuch, sich mit Brewer zu versöhnen, obwohl Charlie Dutzende von Wissenschaftlern in den Regenwald flog.

1990 war Chagnon jedoch bereits der umstrittenste Ethnologe. Wie aus seiner Bibliographie hervorgeht, hatte er seit vielen Jahren keinen substantiellen Artikel mehr in ethnologischen Zeitschriften veröffentlicht, wenngleich seine Anhänger diesen Umstand allein seiner Abneigung gegen Soziologie zuschrieben.[7]

In Südamerika war Chagnon zum Sinnbild einer akademischen *conquista* geworden. Als im November 1989 in Boa Vista die Nachricht von der bevorstehenden Ankunft Chagnons mit einem BBC-Filmteam eintraf, wurde eine Protestkundgebung organisiert, die ihn am Flughafen erwarten sollte. Daraufhin sagte Chagnon die Reise ab.

Nach venezolanischem Recht durfte Chagnon nur in einem gemeinsamen Projekt mit venezolanischen Wissenschaftlern Forschungen betreiben. Doch wie Chagnon 1990 an einen der Salesianermissionare schrieb: »Die hiesigen Ethnologen haben etwas gegen mich.«[8] Deshalb schlug Chagnon vor, daß sich statt dessen die SUYAO – eine Wirtschaftsgenossenschaft der Yanomami-Indianer – oder die Ethnologen der Salesianer für seine Besuche einsetzen sollten. Zwar tat Chagnon die SUYAO später als reines Produkt der Salesianer ab, das gar keine echte Vertretung der Yanomami sei.[9] Doch zwischen 1988 und Anfang 1990 ließ er in seinen Briefen und öffentlichen Erklärungen sowohl über die Salesianer als auch über die SUYAO nur Schmeichelhaftes verlauten.[10] Und während er den Salesianern Publicity und Forschungshilfe versprach, um sich ihres Beistands zu versichern, stellte er der SUYAO direkte finanzielle Unterstützung durch seine neu gegründete Yanomami-Überlebensstiftung in Aussicht.[11]

Dennoch waren die indianischen Leiter der SUYAO nicht zur

Zusammenarbeit mit Chagnon bereit. Mit der akademischen Opposition gegen Chagnon wuchs auch innerhalb der Yanomami-Gemeinden der Widerstand. Das zeigte sich überraschend deutlich an der Missionsstation von Mavakita, seinem jahrelangen Forschungsstützpunkt, als er ein Jahrzehnt nach seiner Ausweisung durch die venezolanischen Behörden in das Land der Yanomami zurückkehrte.

»Ich kam das erste Mal 1985 zusammen mit Chagnon ins Yanomami-Land«, erzählte Jesús Cardozo, Direktor der venezolanischen Stiftung für Ethnologie (FUNVENA) und ehemaliger Student Chagnons an der University of California in Santa Barbara. »Noch ehe wir unser Boot am Strand von Mavakita festgemacht hatten, tauchten plötzlich Yanomami auf und brüllten: ›Verschwindet! Shaki bringt *xawara!*‹ Shaki ist ihr Name für Chagnon. *Xawara* ist etwas, das Krankheiten hervorruft. Innerhalb der ersten 24 Stunden unseres Aufenthalts starben drei Kinder – zwei in der Nacht und ein weiteres am nächsten Morgen. Es war furchtbar, das mit ansehen zu müssen und das einsetzende Wehklagen zu hören. In unserer zweiten Nacht floh die Hälfte der Dorfbewohner vor uns in den Wald. Und aus Nasikibowei kam eine Gruppe und bat uns inständig, sie nicht zu besuchen. Allerdings sprach ich damals noch kein Yanomami, daher kann ich nur wiedergeben, was Chagnon mir sagte. Als ihn die Leute aus Nasikibowei baten, nicht zu ihnen zu kommen, sagte ich zu ihm: ›Sie scheinen ja nicht gerade viele Freunde bei den Yanomami zu haben.‹«[12]

»Ich war schlicht und einfach überrascht«, sagte Cardozo ein anderes Mal. »Denn eigentlich erwartet man, daß ein Ethnologe zu den Menschen, die er erforscht, eine besondere Beziehung hat, doch statt dessen liefen die Yanomami immer vor uns weg. Zusammen mit den Kedebabowei-teri hatten auch viele Einwohner das Dorf verlassen, so daß wir in einem quasi menschenleeren *shabono* waren... Also meinte er schließlich: ›Ich werde mal losziehen und sehen, ob ich nicht eine andere Gruppe auftreiben kann.‹ Und damit machte er sich auf den Weg zum Washewa-Fluß, um auf die Suche nach den Iwahikoroba-teri zu gehen; das waren die, die schon einmal [1971] versucht hatten, ihn zu töten. Als Chagnon zurückkam, sagte er: ›Mein Gott, ich habe sie tatsächlich gefunden.‹ Das weiß ich noch. Und nachts, als wir in unseren Hängematten lagen, drehte er sich plötzlich in meine Richtung und sagte: ›Jesús, machen Sie sich darauf gefaßt. Morgen gehen Sie zurück in die Steinzeit.‹[13]

Bei unserer Ankunft in Iwahikoroba-teri war das ganze Dorf krank. Alle übergaben sich und lagen stöhnend in ihren Hängematten. Ich erinnere mich noch an das kleine Mädchen, Makiritama. Sie spuckte Blut. Auch ihr Stuhlgang war blutig. Da ging ich zu Chagnon und sagte: ›Sie sehen doch, daß die Leute hier alle schwer krank sind, einige sogar todkrank. Wir kommen gerade aus einem Dorf, wo innerhalb von 24 Stunden drei Menschen starben. Hier spucken die Leute Blut. Wir sollten sofort Hilfe holen.‹ In der Mission gab es Ärzte. Innerhalb weniger Stunden hätte ärztliche Hilfe zur Stelle sein können. Aber Chagnon sagte nur, daß aus mir nie ein Wissenschaftler werden würde. Ein Wissenschaftler würde sich auf die Erforschung der Menschen beschränken. Er hatte keine Lust, sich um die Kranken zu kümmern. Er sagte: ›Wir sind schließlich nicht hergekommen, um die Indianer zu retten. Wir sind hier, um sie zu erforschen.‹ Nach dem Motto: Macht nichts, wenn sie sterben, solange wir unsere Daten kriegen.«[14]

»Er machte einfach mit seiner Arbeit weiter«, fügte Cardozo später hinzu, »und schrieb ihnen mit einem Spezialstift Buchstaben auf die Brust. Es war einfach ... wie soll ich sagen ... unmenschlich.«[15]

Tatsächlich hatte Chagnon die Angewohnheit, die Yanomami »mit nichtabwaschbarer Tinte zu numerieren, um sicherzustellen, daß jede Person nur einen Namen und eine Identität hatte«.[16] Wie aus Cardozos Bericht hervorgeht, hatte sich der Gesundheitszustand der Yanomami am Oberen Mavaca in den letzten Jahrzehnten gravierend verschlechtert. Chagnons Rat an Cardozo erinnerte fatal an die Gleichgültigkeit, die Neel während der Masernepidemie an den Tag gelegt hatte. »Jeder x-beliebige kann in ein Dorf kommen und Kranke behandeln. Aber *dazu* sind wir *nicht* hier.«[17]

Ein Teil der Mishimishimabowei-teri lebte mittlerweile bei

der Missionsstation von Mavakita, wo sich seit Chagnons »Erstkontakt« im Jahr 1968 die politischen und wirtschaftlichen Verhältnisse völlig verändert hatten.

»1989 feierten wir ein Fest in Mavakita, und ich erzählte den Yanomami, daß Chagnon in einem Brief sein Kommen angekündigt habe«, erinnerte sich der Salesianerbruder Juan Finkers. »Ich erwähnte das, weil sie vorhatten, auf *wayumi* [Nahrungssuche] zu gehen, und ich wissen wollte, wie lange sie zu fortblieben, denn Chagnon wollte sie sehen. Sofort begannen sie zu schreien: ›Warum schickst du diesen Mann zu uns? Wir wollen nicht, daß er kommt, denn jedesmal, wenn er da war, gab es hinterher Krieg.‹«[18]

Finkers zufolge hingen die von Chagnon provozierten Kämpfe mit seinen genealogischen Forschungen zusammen. »Das Problem ist, daß Chagnon die Leute nach den Namen der Toten fragt, was regelmäßig zu Konflikten führt. Also hielten die Yanomami eine Versammlung ab und delegierten César Dimanawa, einen Brief an Chagnon zu schreiben. Und das brachte die ganze Sache ins Rollen.«[19]

Im März 1990 wurde Dimanawas unverblümter, handgeschriebener Brief in *La Iglesia en Amazonas* abgedruckt. »Wir, die Menschen von Mavakita, Washawa, Kedebabowei-teri und Mishimishimabowei-teri, möchten nicht, daß Sie an den Oberen Orinoko zurückkehren.«[20] Dafür gab es viele Gründe. Eine Gruppe sagte, sie wolle nicht, daß Chagnon wiederkomme, weil er gedroht habe, ihr Dorf mit seiner »Feuerwaffe« niederzubrennen.[21] Einige Mishimishimabowei-teri erinnerten sich daran, daß Chagnon zwei Kinder mit einem Gürtel verprügelt hatte – das eine hatte von seinem Proviant gestohlen, das andere ihm ein Bein gestellt.[22] Doch diese Vorfälle hatten sich Anfang der siebziger Jahre ereignet. Warum spielten sie 1989 plötzlich eine Rolle?

Letzten Endes waren es vermutlich Chagnons Film- und Medienprojekte, die das größte Hindernis für eine Beilegung der Differenzen mit der SUYAO und die Vertiefung der sich anbahnenden Zusammenarbeit mit den Ethnologen der Salesianer bildeten. Am Anfang hatte Chagnon versprochen, »in einer großangelegten Aktion mit der amerikanischen und internatio-

Das Dorf Dashamosha-teri im Hochland von Siapa, 1996

Chagnons Ankläger
César Dimanawa,
Mavakita, 1996

Alberto Karakawe, Chagnons Verbündeter, Ocamo Mission, 1996

Ein Mädchen in Mokarita-teri, Hochland von Siapa, 1997

Mutter und Säugling, Homoxi-teri, Hochland von Parima, 1996

In Ashidowa-teri, Hochland von Siapa, 1997

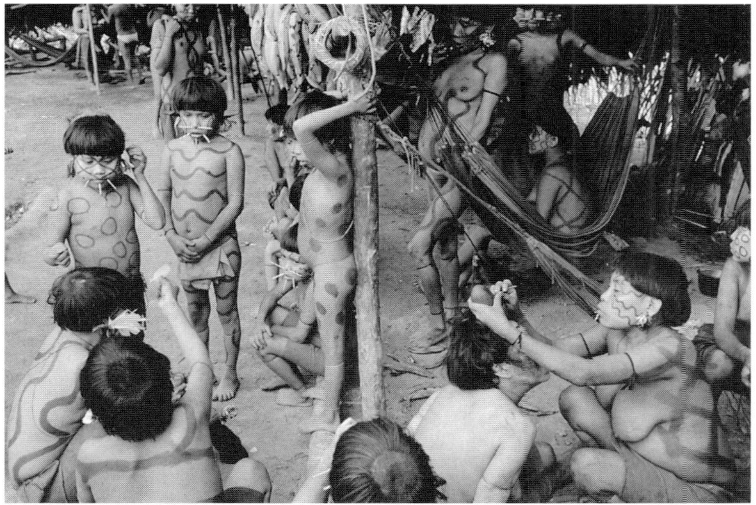

Mädchen in Cerrito,
Oberer Orinoco, 1996

In Homoxi-teri, Hochland von Parima, 1996

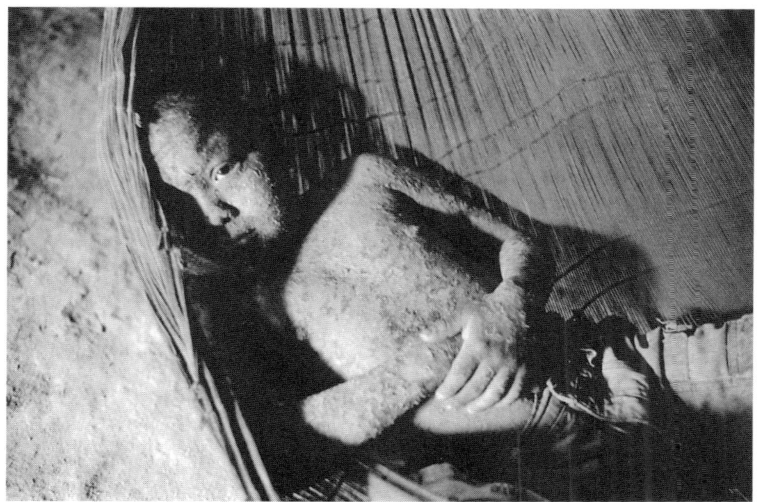

Piloto leidet unter einer seltenen Hautkrankheit, Platanal, 1996

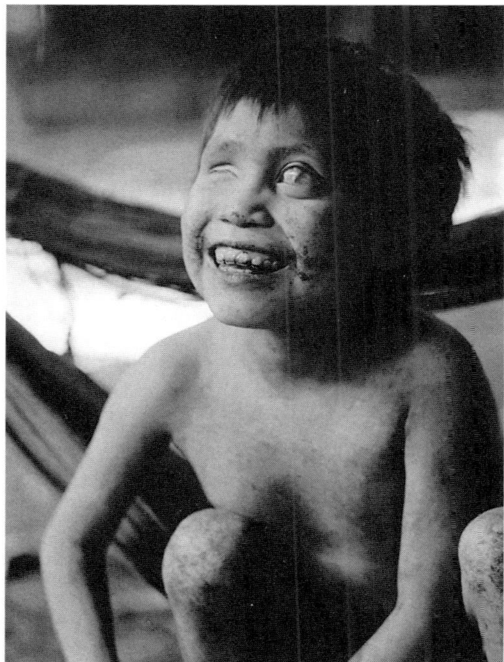

An Onchozerkose (Wurmkrankheit) erblindeter Junge, Cerrito, 1996

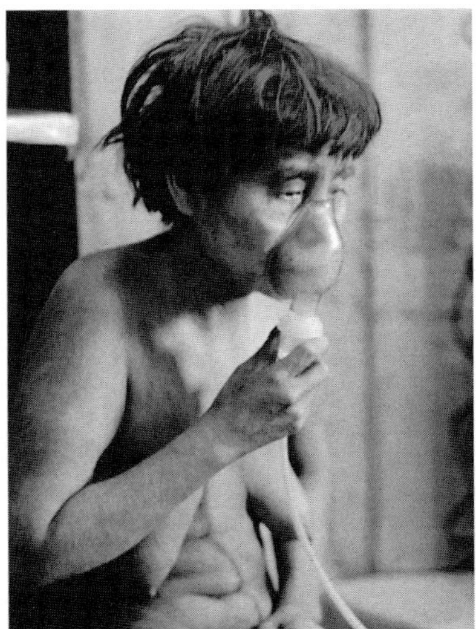

Frau mit Sauerstoffmaske,
Homoxi-teri, 1996

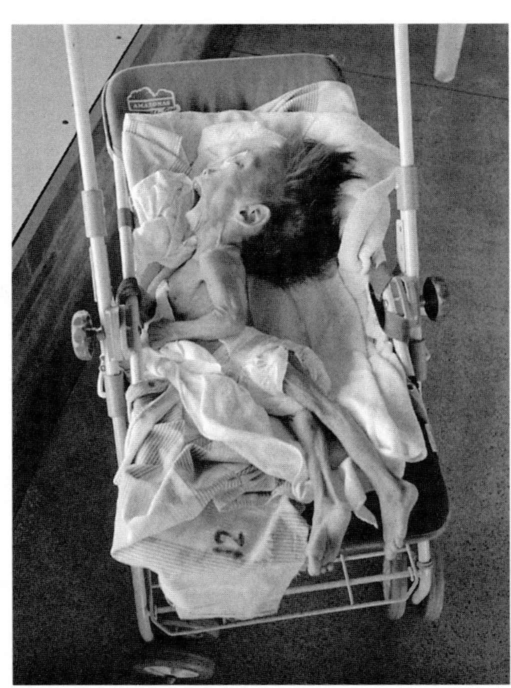

Yanomami-Mädchen,
Casa Hekura Klinik,
1996

Jaques Lizot,
Platanal Mission, 1997

Rituell geschmückter Affe, Irokai, Hügelland von Siapa, 1996

Helena Valero. Sie wurde 1932 als junges weißes Mädchen von den Yanomami entführt. Oberer Orinoco, 1996

Mädchen in Demini, Brasilien, 1995

Changnons Führer Kaobawa, 1996

César Dimanawa mit
Pfeil und Bogen,
Mavaca Fluß, 1996

Pflanzung bei Mokarita-teri, 1997

Männer in Mokarita-teri, 1997

Überlebende der Masern-Epidemie von 1968, Shashanawa-teri, 1996

Palisaden um Homoxi-teri als Folge der Kriege mit den Goldsuchern im Hochland von Parima, 1996

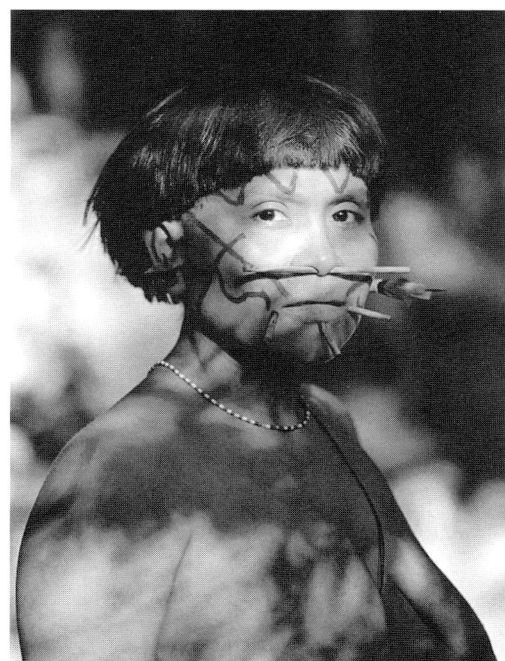

Yarima heiratete Kenneth Good und lebte einige Zeit in New Jersey, USA, 1996

Karohi-teri baute ein Dorf für einen Film der BBC, 1996

César Dimanawa mit seinen sechs Frauen am Mavaca Fluß, 1996

Alfredo Aherowe, der die Kameras der FUNDAFACI zerstören ließ, Siapa, 1996

Sterbende Yanomami-Frau in Toki, Dorf Marquiritare am Padamo Fluß, 1996

Expedition auf dem Orinoco, 1996

Helena Valero, 1996

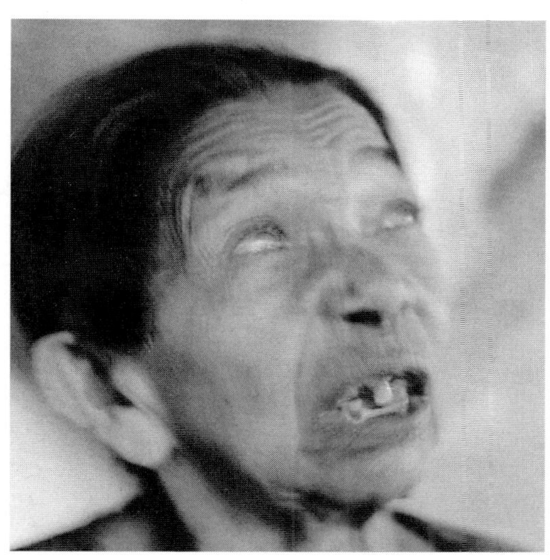

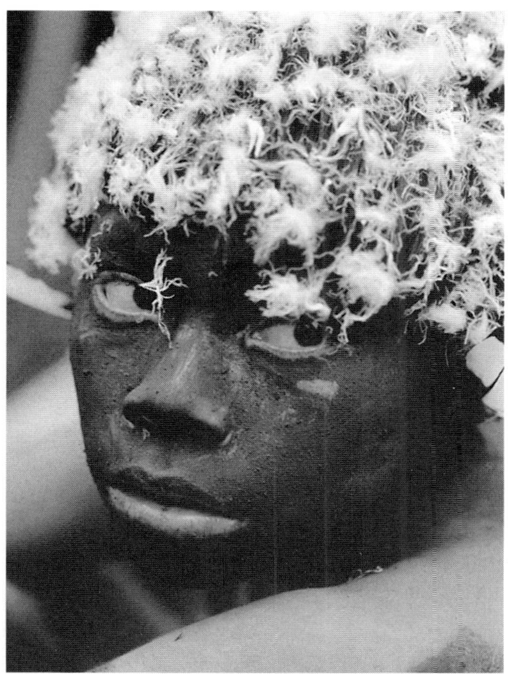

Junge mit Kopfschmuck
aus Bussardflaumfedern,
Mokarita-teri, 1997

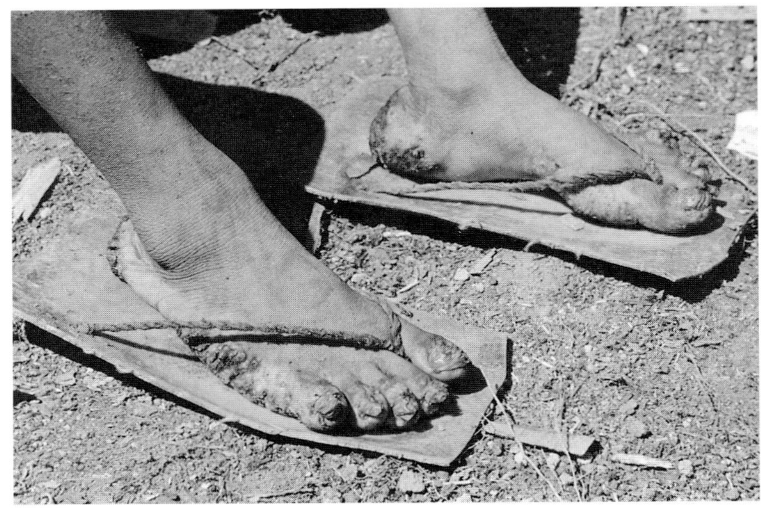
Füße mit Wurminfektionen (Tunga penetrans), Homoxi-teri, 1996

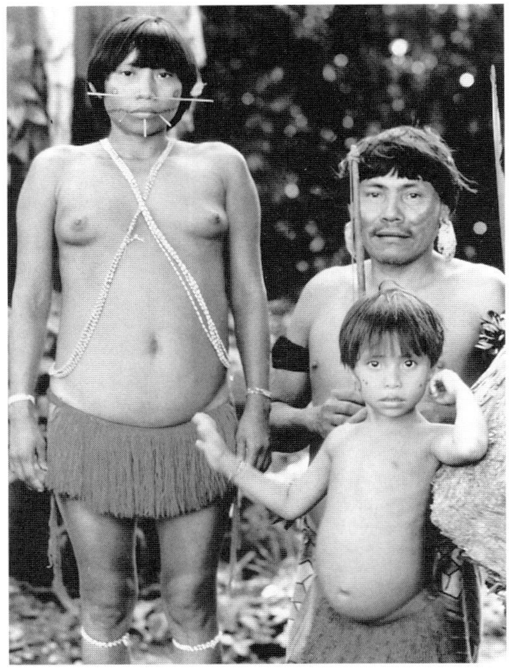
Isabela, Witwe von Changnos Führer, Ushubiriwa, 1996

nalen Presse der Öffentlichkeit die dramatische Situation der Yanomami vor Augen zu führen. Darüber hinaus werde ich bei meinen Gesprächen mit der Presse keine Gelegenheit auslassen, auf die ungeheuer wichtige Rolle der Salesianermissionare und ihre Aktivitäten zur Unterstützung der Yanomami hinzuweisen.«[23] Hintergrund für Chagnons Vorhaben, auf die Notlage der Yanomami aufmerksam zu machen, war allerdings, wie sich herausstellte, ein BBC-Dokumentarfilm zum Jubiläum seiner 25jährigen Feldforschung, der im November 1989 am Orinoko gedreht werden sollte. Katholische Krankenschwestern forderten ein Verbot von Chagnons Fernsehprojekt, auch wenn sie nichts gegen die Fortsetzung seiner persönlichen Forschungsarbeit hatten. Auch CONIVE, eine brasilianische Organisation zum Schutz der Rechte der Indianer, protestierte gegen Chagnons Drehgenehmigung.[24]

Meines Erachtens hätte Chagnon seine Meinungsverschiedenheiten mit den Indianerorganisationen, dem Ärztestab der Salesianer und der Indianerbehörde ausräumen können, wenn er sich auf wissenschaftliche Forschung beschränkt hätte, statt wie ein Medienstar mit großen Filmteams auf den Plan zu treten.

Mittlerweile hatte Chagnon erkannt, daß offensive Medienpräsenz ihm eine ganz andere Macht verlieh als Beiträge in akademischen Zeitschriften. Mit seinen Verbündeten Matos und Brewer Carías heckte er einen in seiner Dreistigkeit beispiellosen Plan aus, um ein für allemal sämtliche Institutionen zu umgehen, die das Yanomami-Reservat kontrollierten. Das Trio wollte sich einfach ein Privatreservat, einen Yanomami-Park, schaffen. Gleichzeitig starteten sie eine erbitterte Pressekampagne gegen die Salesianer, die in scharfem Gegensatz zu Chagnons früheren Äußerungen stand. Die katholischen Missionare, so die Anschuldigungen von Chagnon und Brewer, würden die Yanomami mit Schrotflinten bewaffnen, während sie gleichzeitig eiskalt deren medizinische Bedürfnisse ignorierten.

Chagnon verhalf Brewer von 1991 bis 1992 zu einer ehrenamtlichen Stelle am Fachbereich für Ethnologie der University of California in Santa Barbara (UCSB).[25] Im Gegenzug wurde Chagnon zum »Technischen Berater« von FUNDAFACI ernannt, für deren Reisen er Gelder von der UCSB organisierte. Erstaunlicherweise war das Siapa-Tal weitestgehend von äußeren Einflüssen verschont geblieben, bis die FUNDAFACI im Jahr 1990 für ihren Biosphärenplan im Siapa-Flußtal zu werben begann.[26]

Chagnon und Brewer wußten, womit man das Interesse der internationalen Presse weckte: Er bot Hubschrauberflüge zu unberührten Dörfern. Dort angekommen, breiteten Chagnon und Brewer ihre Laptops und GPS-Instrumente vor den Yanomami und den Kameras aus. »Als ich in der *New York Times* las, daß Chagnon mit einem Troß von Journalisten, Wissenschaftlern und Armeeangehörigen ins Siapa-Gebiet reiste, habe ich mich immer wieder gefragt, wie um Himmels willen so etwas bei Indianern, die nie Kontakt zur Außenwelt hatten, gutgehen soll«, meinte der Ethnologe Brian Ferguson.[27]

Gegenüber amerikanischen Journalisten bezeichnete Chagnon die Salesianer als aggressive Missionare, die nur darauf aus seien, die Yanomami mittels Geschenken zu bekehren.[28] Die Salesianer hatten jedoch seit der Umorganisation ihrer Missionen im Jahr 1976 niemanden mehr getauft, und in ihren angesehenen Schulen wurde das Wort Christentum nicht einmal erwähnt. Im übrigen waren drei der Salesianer Ethnologen, die gemeinsam mit Chagnon demographische Forschungen betrieben hatten, ehe sich dieser auf sein Abenteuer mit der FUNDAFACI eingelassen hatte.[29]

Hauptgegner der Salesianer in Venezuela waren Protestanten, die ihnen vorwarfen, keine christlichen Missionare, sondern Ethnologen zu sein oder Befürworter der *Conquista del Sur*. Charles Brewer und die mit ihm verbündeten Goldminenbesitzer beschimpften die Salesianer als radikale Marxisten, die sich für die staatliche Unabhängigkeit der Indianer einsetzten.[30]

Während es sich Chagnon und Brewer später als Verdienst anrechneten, dazu beigetragen zu haben, daß eine Fläche von 83 000 Quadratkilometern zum Yanomami-Reservat erklärt wurde, zeigen sowohl das *ABC*-Filmmaterial als auch die Artikel in der *New York Times*, daß sich Chagnon und Brewer in Wirklichkeit für ihr eigenes unabhängiges FUNDAFACI-Reservat einsetzten. Mit einer Fläche von ungefähr 15 000 Quadratkilometern wäre ihr Gebiet freilich nur etwa ein Sechstel so groß gewesen wie das heutige Biosphärenreservat und hätte etwa zur Hälfte auf venezolanischem Yanomami-Land gelegen. In Wirklichkeit war der Plan als Alternative zu einer wesentlich größeren Biosphäre für die Indianer gedacht, die Brewer seit 1984 als terroristische Verschwörung bekämpfte. Der Brewer-Chagnon-Plan hätte große Flächen am Oberen Orinoko erschlossen – unter anderem die Zinnerzlager, auf die Brewer seit Jahren erpicht war –, denn das von der FUNDAFACI geplante Biosphärenreservat hatte keineswegs den Schutz der Yanomami zum Ziel, sondern lief im Gegenteil faktisch auf die Zerstörung ihres Lebensraums hinaus.

Der FUNDAFACI-Plan wurde nicht genehmigt. Doch er hatte die positive Nebenwirkung, schließlich die Aufmerksamkeit venezolanischer Ethnologen und katholischer Missionare zu wecken, die das drastisch verkleinerte Biosphärenreservat als Angriff auf das Gebiet der Yanomami betrachteten.[31]

Mit ausgesprochener Verbitterung reagierte der Filmemacher Timothy Asch auf die wieder aufgenommene Verbindung zwischen Chagnon und Charles Brewer. Chagnon wies Aschs Einwände und eine Spende von 40 Dollar zurück.[32]

> Mein Entschluß, die Yanomami-Überlebensstiftung zu gründen, hat bei einigen meiner Kollegen zu erstaunlichen und gehässigen Reaktionen geführt. Nur widerstrebend habe ich mich schließlich dafür entschieden, die Dinge vorläufig zurückzustellen und keinerlei Zuwendungen mehr anzunehmen, bis sich alles geklärt hat.
>
> Es hat mich amüsiert, daß Sie ausgerechnet zu diesem Zeitpunkt Schecks geschickt haben. Das erinnert mich an den Sünder, der sich auf dem Totenbett zur Reue entschließt. In Ihrem Fall beziehe ich mich auf den gescheiterten Versuch von Jesús Cardozo, sich als Mr. Yanomami aufzuspielen... Es könnte durchaus sein, daß Ihr Versuch, einen neuen Film über sie zu drehen, zusammen mit seinem Projekt gestorben ist.[33]

Asch antwortete: »Ich glaube, daß Sie in meine Gründe, Ihnen die Schecks zu schicken, zuviel hineininterpretieren. Vor längerer Zeit sprachen Sie davon, eine Überlebensstiftung zu gründen, bei der keine Verwaltungskosten anfallen und der größte Teil des Geldes direkt an die Yanomami fließen sollte... weil viele andere Stiftungen für bedrohte Völker Unsummen für allgemeine Verwaltungskosten und die akademischen Karrieren von mit Zeitungsaufsätzen sich profilierenden Ethnologen ausgeben.«[34]

Natürlich versuchte Asch seinen ehemaligen Partner zu ködern. Und wie viele Spender, die sich für den Verbleib ihrer Spenden interessierten, hatte er den Verdacht, daß Chagnon die Yanomami-Überlebensstiftung zur Finanzierung seiner eigenen Forschungsarbeit nutzte. Freilich förderte Chagnon dieses Mißtrauen durch eine befremdende Äußerung zum Auftrag der Stiftung in der vierten Auflage seines Buches *Yanomamo* (in der fünften Auflage allerdings war sie gestrichen) geradezu heraus. Wie dort zu lesen war, gedachte er nämlich keineswegs den die Yanomami betreuenden Ärzten mit den dringend benötigten Geldern, Medikamenten oder Geräten zu helfen, sondern mit »einer zuverlässigen demographischen Datenbank, entsprechend den Zensus- und Stammbaumdaten, die Ethnologen wie ich normalerweise zu eigenen Forschungszwecken sammeln... Für diese und andere Vorhaben werden Finanzmittel der Yanomami-Überlebensstiftung und der AFVI [Amerikanische Freunde der Venezolanischen Indianer, eine ebenfalls von Chagnon gegründete Organisation] zur Verfügung stehen.«[35]

In einem Brief an Jesús Cardozo und die Archäologin Hortensia Caballero schrieb Asch später: »Ich kann der Versuchung nicht widerstehen, einen Brief von Napoleon Chagnon zu erwähnen, den ich nach meiner Rückkehr erhielt. Viel zu sagen gibt es dazu nicht – er spricht für sich selbst, obwohl er schon etwas seltsam ist. Ich glaube, ich hätte ihm unser Anliegen noch so deutlich erklären können, und er hätte es trotzdem kaum begriffen, weil es nicht das geringste mit den Selbstbedienungsprojekten zu tun hat, in die er allem Anschein nach verwickelt ist.«[36]

Asch bewunderte das Vermittlungsgeschick, das Cardozo in dem von hitzigen Auseinandersetzungen geprägten politischen Klima von Caracas bewies.[37] Gemeinsam organisierten sie 1990 eine Konferenz, um für die Schaffung eines wesentlich größeren Yanomami-Biosphärenreservats zu werben. Auf der Konferenz wurden etliche Empfehlungen verabschiedet, die am 1. August 1991 als Gesetz in Kraft traten. Während die Konferenz den Durchbruch für die Yanomami-Biosphäre bedeutete, führte sie zum endgültigen Bruch zwischen den früheren Filmpartnern.

Weder Chagnon noch Brewer waren zu der Konferenz eingeladen worden. Laut Cardozo »kam Brewer Carías und sagte: ›Ich kann euch eine Menge Geld geben. Allerdings unter einer Bedingung – die FUNDAFACI steigt als Mitsponsor ein.‹ Ich sagte, das könne ich nicht machen, worauf er hinausstürmte. Dann rief mich Cecilia Matos an und bot mir an, die Sache zu sponsern unter der Bedingung, daß Chagnon und Brewer zu Sprechern ernannt würden. Ich erklärte ihr, das sei unmöglich. Der neue Präsident von SUYAO, César Dimanawa, habe sogar damit gedroht, Chagnon umzubringen, wenn er ihm noch einmal auf Yanomami-Gebiet begegnen würde. Da wurde Cecilia Matos wütend und meinte drohend: ›Wir werden ja sehen, was das für Konsequenzen hat.‹«[38]

Einen Vorgeschmack auf diese Konsequenzen bekam Cardozo vier Monate später auf einer Party in der britischen Botschaft. Charles Brewer drohte ihm: »Wenn ich Sie auf der Straße treffe, knalle ich Sie ab.«[39]

Im Siapa-Hochland drangen unterdessen Dutzende von Menschen, frisch eingeflogen aus aller Welt, ohne Genehmigung in die abgeschiedene Wildnis ein. Bei den bis dahin von der Zivilisation weitgehend unberührt gebliebenen Indianersiedlungen herrschte ein Kommen und Gehen, als gehöre ihr Besuch zum Unterhaltungsprogramm einer riesigen FUNDAFACI-Fiesta.

In den neunziger Jahren erließen die Hauptländer am Amazonas schließlich Gesetze, damit sich die Tragödie des »Erstkontakts« nicht wiederholte. Brasilien schuf mit seiner Indianervertretung eine staatliche Behörde, deren Aufgabe darin bestand, jede Berührung mit den letzten noch in der Abgeschiedenheit lebenden Indianern zu *verhindern.* In Peru wurde einer Gruppe von Wissenschaftlern unter Leitung des Ethnologen Kim Hill von der University of New Mexico die Erlaubnis verwehrt, Kontakt zu einem Indianerstamm im Manu-Nationalpark aufzunehmen. Laut Hill wurde sogar ein 90 000-Dollar-Angebot von WQED Pittsburgh abgelehnt, die damals Sonderhefte für *National Geographic* herausbrachten.[40]

Anders sah es bei den Siapa-Expeditionen aus. Die Mitsponsoren FUNDAFACI und die University of California in Santa Barbara brachten mindestens 63 Personen in dieses letzte unberührte Indianergebiet. Die meisten von ihnen wurden direkt aus Caracas eingeflogen, viele davon gleich im Anschluß an internationale Flüge. Zusätzlich wurden sie von Soldaten begleitet (vier pro Flug bei mindestens 26 Flügen), die in Brewers Aufzeichnungen nicht mitgezählt wurden. Einheimische Führer, und von ihnen gab es eine ganze Menge, wurden ebenfalls nicht mitgerechnet. Alles in allem dürften vermutlich 100 bis 120 Leute in die abgelegensten Dörfer von Yanomami-Land gereist sein.[41]

Diese Reisen verstießen gegen die grundlegendsten medizinischen Vorschriften für Erstkontakte. So besagen drei der in den letzten Jahren aufgestellten Richtlinien: 1. Alle Expeditionsteilnehmer müssen vor der Kontaktaufnahme in Quarantäne; 2. Ärztliches Personal muß Vorsorgeuntersuchungen und Impfungen durchführen und 3. Ständige ärztliche Betreuung im ersten Jahr nach der Kontaktaufnahme, um gegebenenfalls Antibiotika verabreichen zu können. »Das Nichtbefolgen dieser Regeln hat in der Vergangenheit für die Einheimischen im Amazonasgebiet stets zu einer erschreckend hohen Sterblichkeit geführt«, schrieb Kim Hill in einem Artikel für *National Geographic Research* vor den Siapa-Expeditionen.[42]

Hills eigene Forschungsgruppe hielt sich an all diese Regeln, als sie versuchte, zu einer Gruppe Jäger und Sammler im peruanischen Manu-Nationalpark Kontakt aufzunehmen. Durch die Expeditionen ins Siapa-Gebiet wurden dagegen rund 3000 Yanomami-Leben aufs Spiel gesetzt, und das zu einer Zeit, als in Brasilien über 1500 Yanomami nach unkontrollierten Kontakten mit Goldsuchern gestorben waren.

Chagnons Behauptung von seiner angeblichen Entdeckung der 3500 nie zuvor mit der Zivilisation in Berührung gekommenen Yanomami widersprachen Ethnologen und Menschenrechtsaktivisten mit langjährigen Erfahrungen in dieser Gegend. Der französische Ethnologe Bruce Albert, mit dem ich im Yanomami-Dorf Toototobi nahe der venezolanischen Grenze sprach, verwies Chagnons angeblichen »Erstkontakt« mit scharfen Worten ins Reich der Fabel. Überrascht von Alberts heftiger Reaktion, blieb ich skeptisch, als er mir erzählte, daß Charles Brewer zu den großen Goldminenbetreibern gehöre.[43]

Allerdings waren laut Josefa Camargo, der stellvertretenden venezolanischen Generalstaatsanwältin für Indianerangelegenheiten, »alle Reisen von Brewer und Chagnon ins Siapa-Gebiet illegal, weil es keinerlei Anhaltspunkte dafür gibt, daß sie sich ihre Pläne von der DAI [Indianerbehörde] genehmigen ließen«.[44]

Als ich einen von Chagnons engsten Mitarbeitern, den Ethnologen Raymond Hames, fragte, was er von den Siapa-Expeditionen hielt, stellte er fest: »Jeder, der mit dem Hubschrauber ein- und ausfliegt, gefährdet abgelegene Dörfer. Es ist ziemlich dumm und rücksichtslos, aus irgendwelchen städtischen Zentren einzufliegen. Es ist verrückt, große Gruppen aus Caracas ohne jede Quarantänevorkehrungen einzufliegen. Daß sich Chagnon zur Zusammenarbeit mit Brewer entschloß, war dumm von ihm.«[45]

Kim Hill, der Chagnons soziobiologische Ansichten teilt und sein Recht auf Forschungstätigkeit in Venezuela stets verteidigt hat, äußerte zu den Siapa-Expeditionen: »Sich mit Charles Brewer Carías einzulassen, war vermutlich der größte Fehler in Chagnons Karriere. Bei meiner Verteidigung von Chagnon ging es mir ausschließlich um die akademische Freiheit.«[46]

Die von der FUNDAFACI gesponserten Siapa-Expeditionen unter Chagnon und Brewer begannen am 8. August 1990, doch erst im Januar 1991 war ein Arzt dabei.[47] Schon nach vier Tagen flog er zurück nach Caracas. Inzwischen hatte sich im FUNDA-

FACI-Lager beim Yanomami-Dorf Washewa eine Epidemie ausgebreitet.[48] Am 26. Januar empfing die Vierte Luftwaffeneinheit des Amazonasgebiets den Notruf, ein Ärzteteam einzufliegen, das jedoch nur wenige Stunden blieb. Der Pilot der Hilfsmission wunderte sich, daß die Rettungsmannschaft zwar Cecilia Matos und einen europäischen Prinzen, aber keine Erste-Hilfe-Ausrüstung mitgebracht hatte. Noch überraschter war er, als entgegen der ursprünglichen Planung keiner der sterbenden Yanomami evakuiert wurde. Nur Napoleon Chagnon und sein Sohn Darius wurden gerettet, beide waren an Malaria erkrankt und litten unter starkem Durchfall. Drei Luftwaffenoffiziere erklärten später vor der Presse und einem venezolanischen Gericht: »Als Frau Matos vor ihrer Abreise nach den kranken Indianern gefragt wurde, sagte sie, diese befänden sich in einem hoffnungslosen Zustand. Deshalb war es besser, sie in ihrer Heimat sterben zu lassen.«[49]

Brewer rechtfertigte ihre medizinischen Entscheidungen in Washewa folgendermaßen: »Zweck des Fluges war es, Dr. Napoleon A. Chagnon und Dr. Darius Chagnon zu evakuieren.«[50]

Carlos Botto, der Leiter des medizinischen Tropeninstituts von Venezuela (CAICET) erlebte die FUNDAFACI-Expeditionen vor Ort mit. »Ich war mit Dr. Magda Magris in der Missionsstation Ocama, und wir versuchten, einer schwangeren Yanomami-Frau zu helfen, deren Fetus gestorben war, den wir aber nicht entfernen konnten. Sie schwebte in Lebensgefahr, und wir wollten sie nach Puerto Ayacucho bringen. Zu dieser Zeit überflog uns ständig der Hubschrauber von FUNDAFACI, doch trotz unserer Funknotrufe weigerte er sich zu landen. Nach ungefähr fünf Tagen landete der riesige Hubschrauber bei Ocamo. Mehrere hochrangige Offiziere kamen die Stufen herunter und nahmen unten Aufstellung. Dann erschien in der Hubschraubertür eine ganz in Weiß gekleidete Frau. Cecilia Matos. Sie war sehr besorgt, weil sie im Siapa-Hochland die Entdeckung gemacht hatte, daß die Yanomami Flöhe hatten. Das war auch der Grund für ihren Besuch; sie wollte, daß wir die Yanomami gegen Flöhe behandelten. Wir erklärten ihr, das sei nicht so schlimm – die Yanomami wüßten, wie sie die Viecher wieder loswürden und äßen sie zum Teil sogar –, aber wir hätten eine in akuter Lebensgefahr schwebende Frau, die sterben müsse, wenn sie nicht ausgeflogen würde. Nachdem sich Cecilia Matos die Frau angesehen hatte, sagte sie, sie könne sie nicht mitnehmen. Im Hubschrauber sei kein Platz mehr, und die Frau stinke. Daß die Frau stank, war kein Wunder – sie war infiziert. Wir mußten sehr hartnäckig und lange auf Matos einreden, ehe sie die Patientin schließlich an Bord nahm.«[51]

Einwohner von Puerto Ayacucho, wo die Hubschrauber aufgetankt wurden, erzählten den Piloten, daß Brewer Carías für seine Goldminengeschäfte immer Regierungshelikopter benutze, worauf sich die Piloten ziemlich blöd vorkamen. Bald waren es die Piloten leid, Cecilia Matos und ihre Freunde in die entlegensten Gegenden des Yanomami-Gebiets zu fliegen. Immer häufiger kam es zum Streit – zwischen den Piloten und Brewer Carías (der die Hubschrauber selbst fliegen wollte und die Flugpläne geheimhielt), zwischen den Piloten und Cecilia Matos und zwischen den Expeditionsteilnehmern und verschiedenen Yanomami-Gruppen. Die Luftwaffenoffiziere beobachteten ein Dutzend Wissenschaftler dabei, wie sie Unmengen an Pflanzen- und Tierproben ohne die gesetzlich vorgeschriebene Genehmigung durch die Indianerbehörde (DAI) ausführten. Außerdem sahen sie, daß Brewer Carías heimlich irgend etwas in Metallkisten verschloß, was sie nicht untersuchen durften, eine weitere Verletzung der Bestimmungen. Wie Brewer ihnen erklärte, handelte es sich um »explosives Material«[52], was sich geradezu als politische Prophezeiung erweisen sollte.

Am 27. November 1992 stürmte eine Gruppe junger Luftwaffenoffiziere den Präsidentenpalast. Der Putsch mißlang, und die Offiziere wurden inhaftiert oder flohen außer Landes. Doch nach dem gescheiterten Staatsstreich erhoben die Piloten Anschuldigungen gegen Matos, Brewer Carías und Chagnon. Vier beteiligte Luftwaffenoffiziere nannten die Yanomami-Expeditionen von FUNDAFACI als einen der Gründe für den Aufstand.[53]

»Ich beschuldige Brewer Carías und Cecilia Matos, mit dem

Erbe unserer Indianer im Amazonasgebiet Handel getrieben zu haben«, erklärte Captain Luis Manuel Jatar. »Auf diesen Flügen habe ich Frau Cecilia Matos und Herrn Brewer Carías befördert. Sie wurden von verschiedenen amerikanischen Wissenschaftlern unter Leitung eines gewissen Napoleon Chagnon begleitet.« In den FUNDAFACI-Lagern im Yanomami-Gebiet sah Captain Jatar Käfige mit unzähligen seltenen Vögeln. »Im allgemeinen wurden auf jedem Flug zahlreiche Tiere ausgeführt. Aber das Seltsamste waren einige hermetisch verschlossene Metallkisten, die nicht geöffnet werden konnten. Charles Brewer Carías ließ keinen an die Kisten ran.«[54]

Die Gerichte leiteten Ermittlungen gegen Cecilia Matos und FUNDAFACI ein, parallel dazu untersuchte das Parlament die Vorgänge, während die Presse dafür sorgte, daß die Skandalchronik nicht abriß. Als die zuständige Generalstaatsanwaltschaft erfuhr, daß Präsident Andrés Pérez an einer riesigen Umleitung von Mitteln aus dem Verteidigungshaushalt auf private Bankkonten beteiligt gewesen war, leitete sie ein Verfahren wegen Amtsmißbrauchs gegen ihn ein, das zu seiner Inhaftierung führte. Cecilia Matos verließ das Land im Februar 1993.

Die Geliebte des Ex-Präsidenten wurde wegen Betrugs und Bestechung in sieben Fällen angeklagt. Das Höhere Gericht von Salvaguarda in Caracas ordnete eine Untersuchung an, die den Vorwürfen, sie habe Gold geschmuggelt und unbefugt Flugzeuge und Hubschrauber der Luftwaffe genutzt, nachgehen sollte.[55] Ein Richter der Sechsten Strafkammer forderte von den USA ihre Auslieferung. Mittlerweile war die FUNDAFACI verschwunden und mit ihr die Aufzeichnungen von Chagnons wissenschaftlichen Expeditionen, die das venezolanische Volk vermutlich zwischen fünf und zehn Millionen Dollar gekostet haben.[56] Ein eigens hierfür eingesetzter Staatsanwalt verbrachte sechs Jahre damit, Matos und ihre ausländischen Bankkonten aufzuspüren. Auf den Konten liegen über eine halbe Million Dollar, dem Staatsanwalt zufolge möglicherweise sogar an die zwölf Millionen Dollar, wenngleich Matos Anwalt diese Zahl für übertrieben hält.[57] Im April 1998 ordnete das Höhere Gericht von Salvaguarda in Caracas für die an einem unbekannten Aufenthaltsort weilende Cecilia Matos bis zur Aufklärung ihres Falls Untersuchungshaft in einem Frauengefängnis an. Dieser Haftbefehl wurde im August 1998 vom Obersten Gerichtshof Venezuelas bestätigt.[58]

KAPITEL 12

Das Massaker von Haximu

> Der Schauplatz des Massakers sah erschreckend aus. Doch genauso besorgniserregend waren die Versuche der örtlichen Autoritäten – die römisch-katholischen Salesianermissionare – unsere Untersuchung zu behindern und das Elend der Yanomami zu vertuschen.
>
> *Napoleon Chagnon*[1]

Im Juli 1993 drang eine schwerbewaffnete Bande brasilianischer Goldsucher in eine Bananenpflanzung in der Sierra Parima ein und schlachtete zwölf Yanomami-Indianer ab. Die Opfer waren größtenteils Frauen und Kinder. Danach brannten sie das Dorf nieder.[2]

Das Massaker von Haximu sorgte weltweit für Schlagzeilen.[3] Ein von der brasilianischen Regierung nach Haximu geschickter Beamter schilderte nach seiner Rückkehr auf einer Pressekonferenz unter Tränen den entsetzlichen Anblick unzähliger enthaupteter Leichen.[4] Wie sich herausstellte, entsprang dieser Bericht jedoch seiner Phantasie, denn die Yanomami hatten alle Toten bereits verbrannt. Nach dieser Schauergeschichte mußte der Präsident der brasilianischen Indianerbehörde seinen Hut nehmen.[5]

Die nächste Schlacht entbrannte darüber, welche Reporter nach Haximu mitfliegen durften. Die Presse verloste die drei verfügbaren Plätze. Beim Start hingen drei Reporter an dem aufsteigenden Hubschrauber, sehr zum Erstaunen der neben der Landepiste stehenden Yanomami-Krieger.

Der Hubschrauber landete wieder und die beiden Reporter von *O Globo* und *A Fôlha* fielen sofort übereinander her. Sie zerrissen sich gegenseitig Jacken, Krawatten und Hemden. Die Yanomami-Krieger waren total perplex. Anschließend kamen sie zu mir und wollten wissen, um was es bei dem Kampf gegangen sei. Aber wie hätte ich ihnen den Streit zwischen den Reportern erklären sollen?[6]

In Venezuela bestiegen Chagnon und Brewer Carías ebenfalls einen Hubschrauber, der nach Haximu fliegen sollte. Und wie die Reporter gerieten auch sie in eine erbitterte Auseinandersetzung, die sie selbst ausgelöst hatten.

Obwohl Präsident Andrés Pérez ihren Vorschlag für das Biosphärenreservat im Siapa-Tal abgelehnt hatte[7], gaben Chagnon und Brewer die Hoffnung nicht auf. Chagnon schrieb, daß 1991 eine Fläche von 83000 Quadratkilometern per Gesetz zum Reservat für die Yanomami erklärt worden sei, wobei er hinzufügte: »Die näheren Ausführungsbestimmungen für das Gesetz müssen noch erlassen werden. Eine vom Präsidenten eingesetzte Kommission soll sie ausarbeiten; wie sich diese wichtige Kommission zusammensetzt, ist bislang noch nicht in der Öffentlichkeit bekannt.«[8]

Doch Andrés Pérez ernannte keine im Sinne Chagnons zusammengesetzte Kommission. Doch zum Glück für Chagnon fiel die Staatskrise zeitlich mit dem Haximu-Massaker zusammen, und das eröffnete ihm eine neue Chance. Als Pérez wegen Amtsmißbrauchs angeklagt wurde und Ramón Velásquez offiziell zu seinem Interimsnachfolger eingesetzt war, wurden Chagnon und Brewer in eine vom Präsidenten eingesetzte Kommission berufen, die mit weitreichenden Vollmachten über das neue Biosphärenreservat ausgestattet war. Obwohl Chagnon wiederholt darauf hinwies, daß es sich um einen Ausschuß zur Untersuchung der Tragödie von Haximu handele, wurde das Massaker in dem neuen Gesetz mit keinem Wort erwähnt. Statt dessen wurden in der von langer Hand vorbereiteten Gesetzgebung die bisher geltenden Bestimmungen zum Biosphärenreservat und Naturpark der Yanomami wieder aufgehoben. Brewer und Chagnon waren ermächtigt, alle wichtigen Entscheidungen – von wissenschaftlicher Forschung über Tourismus bis hin zu den »natürlichen Ressourcen der Region« – zu treffen. Dadurch verdrängten sie Umweltministerium und Parkverwaltung, denen bisher die Verantwortung für das Schicksal der Yanomami oblag.[9]

Zur gleichen Zeit begann in Puerto Ayacucho im Bundesstaat Amazonas der Erste Venezolanische Kongreß der Amazonasindianer. Dreihundert Vertreter von 19 Indianerstämmen versammelten sich in den Straßen und skandierten: »Brewer Carías und Chagnon – raus aus Yanomami-Gebiet!«[10] Ähnliche Proteste, von politischen Parteien, Hilfsorganisationen der Universität und der katholischen Kirche organisiert, fanden in Caracas statt. Antonio Guzmán, gewählter Präsident der Yanomami-Handelsgenossenschaft SUYAO, erklärte: »Wir haben es satt, ständig erforscht und als ihre Blutspender und Versuchstiere benutzt zu werden. Und der Gipfel ist, daß diese Untersuchungen anschließend zum persönlichen Nutzen von Herrn Chagnon im Ausland veröffentlicht werden.«[11] Ein anderer Indianervertreter auf dem Kongreß äußerte, die Ernennung Brewers zum Vorsitzenden des Massaker-Untersuchungsausschusses sei dasselbe, »als würde man einen Wolf bitten, die Schafe zu zählen«.[12] Die ebenfalls anwesende Ethnologin von Survival International, Fiona Watson, meinte: »Wenn sich die Yanomami nicht von diesen beiden Personen vertreten lassen wollen, sollten wir meiner Meinung nach diese Entscheidung respektieren.«[13]

Die meisten wissenschaftlichen Organisationen in Venezuela verurteilten die Entscheidung, einen Minenbetreiber wie Brewer Carías zum Leiter einer Kommission zur Untersuchung der Vorwürfe gegen die Goldsucher zu machen. Zu den Kritikern gehörten unter anderem der Nationale Rat für Wissenschaftliche und Technologische Forschung (CONICIT)[14], das Venezolanische Institut für wissenschaftliche Forschung (IVIC)[15], die Zentraluniversität von Venezuela (UCV) und die Ethnologische Vereinigung Venezuelas (CAV).[16] Hinzu kamen die Generalstaatsanwaltschaft[17], etliche Kongreßabgeordnete[18] sowie föderative, staatliche und private Umweltorganisationen im venezolanischen Regenwald.[19] Bei einem nationalen Treffen der Gouverneure mit dem Interimspräsidenten schlug der Gouverneur von Amazonas, Edgar Sayago, mit der Faust auf den Tisch und rief: »In Amazonas erkennen wir ihn [Brewer] jedenfalls nicht an!«[20]

Zeitgleich mit dem Kongreß der Amazonasindianer und der Gouverneurstagung fand außerdem eine Versammlung der Katholischen Bischofskonferenz von Venezuela statt, deren Mitglieder eine Erklärung verfaßten, in der sie sowohl das Massaker von Haximu verurteilten als auch eine Untersuchung durch »vertrauenswürdige Menschen« forderten.[21] Erzbischof Ovidio Pérez Morales machte keinen Hehl daraus, daß Chagnon und Brewer genau das Gegenteil, nämlich Mißtrauen, erweckten.[22]

Protest erhob sich in verschiedenen Kreisen der Gesellschaft, wenn auch aus den unterschiedlichsten Gründen. Die Universitäten und Denkfabriken erinnerten sich noch an Brewers Ausfälle gegen das »Yanomami-Reservat und die Biosphäre« als ein von Gaddafi eingefädeltes Komplott zur Gründung »eines Eingeborenenstaates«.[23] Yanomami-Führer, die Chagnon nicht mochten, kamen nach Caracas und machten die Runde durch die Talk-Shows (worauf Chagnon konterte, sie verdankten ihr Leben seiner Masernimpfung von 1968).[24] Und da der Skandal in die letzten Monate des Präsidentenwahlkampfes fiel, forderten zwei Kandidaten – jeweils von der regierenden und von der grünen Partei – Brewers und Chagnons Abberufung von der Haximu-Untersuchung.[25]

Selten hatte es in der modernen Geschichte Venezuelas einen solch breiten Konsens der Ablehnung gegeben. Hunderte von Artikeln verurteilten das Duo.[26] Chagnon schrieb später, daß eine »beispiellose Hetze von Presse, Funk und Fernsehen auf Mitglieder der vom Präsidenten eingesetzten Kommission das Parlament paralysiert hat«.[27] Der wankelmütige Präsident entzog Brewer und Chagnon jede Unterstützung, verweigerte ihnen Gelder und Genehmigungen und übergab den Fall der Fiscalía, einer mächtigen und nur dem Parlament verantwortlichen Behörde, die neben den Aufgaben der Generalstaatsanwaltschaft auch die Funktion einer nationalen Rechtskontrolle wahrnahm.

1993 war die Fiscalía die mächtigste Institution in Venezuela. Nachdem sie den Millionen-Dollar-Betrug aufgedeckt hatte, der Präsident Carlos Andrés Pérez zum Rücktritt zwang, wurde ihr Direktor José Antonio Herrera als Held gefeiert. Am 15. September, einen Tag nachdem Präsident Velásquez angekündigt hatte, die Untersuchung des Massakers der Fiscalía zu übertragen, bestellte Herrera Brewer und Chagnon in sein Büro. Hinterher sagte Brewer: »Die Fiscalía wird entscheiden, was für Kommissionen gebildet werden und welche Funktionen sie in dem Gebiet erfüllen sollen, und wir werden dabei unsere Sachkenntnis einbringen.«[28]

Vor dem Gebäude der Fiscalía fragte die Presse Brewer nach seinen Goldminen. »Die Schürfrechte gelten für den Bundesstaat Bolívar, der tausend Kilometer von Amazonas entfernt ist«, antwortete Brewer. »Meine Funktion als Minenbetreiber hat mit meiner Funktion als Schriftsteller, Ökologe, Biologe und Naturforscher überhaupt nichts zu tun ... Das ist eine völlig andere Tätigkeit, die aber keineswegs als illegal angesehen werden kann, denn immerhin wurde sie vom Ministerium für Bergbau genehmigt und geregelt.«[29]

Doch in Wirklichkeit betrachtete die Fiscalía Brewers Minen auf dem Gebiet der Pemon-Indianer in Bolívar sehr wohl als illegal. Die stellvertretende Generalstaatsanwältin für Indianerangelegenheiten, Josefa Camargo, vertrat die Meinung, das gesamte System der Vergabe von Minen-Pachtverträgen in Bolívar sei verfassungswidrig. Zur selben Zeit informierten Ermittlungsbeamte der Polizei die Fiscalía über Brewers expandierendes Goldgeschäft. Am 12. Mai 1993 fand ein Wechsel im Direktorium seiner Minengesellschaft Minas Guariche Limitado statt. Zum neuen Vizepräsidenten wurde ein gewisser Robert M. Friedland ernannt, Inhaber eines kanadischen Passes mit der Nummer EM269 189.[30]

Wie Brewer hatte auch Friedland eine bewegte Vergangenheit. Seine ersten Erfahrungen mit toxischen Chemikalien sammelte er schon im Alter von 19 Jahren, als er in Maine mit der bis dahin größten Menge LSD in der Geschichte des Bundesstaates verhaftet wurde.[31] Nachdem er seine Gefängnisstrafe abgesessen hatte, gründete er seine erste Minengesellschaft Galactic und erwarb die in über 4000 Metern Höhe gelegene Summitville-Mine in den Colorado Rockies. Mit dem von ihm zur Goldgewinnung praktizierten Verfahren der Zyanidlaugung verursachte er hier eine der größten Giftmetallablagerungen in der Geschichte des Bergbaus.[32] Als Friedland im Jahr 1990 die Summitville-Mine der US-Regierung überließ, kosteten die Aufräumarbeiten die Umweltschutzbehörde insgesamt 150 Millionen Dollar. Bemühungen seitens der amerikanischen Regierung, Friedlands Auslandsvermögen zu beschlagnahmen, scheiterten. Als nächstes wandte sich Friedland nach Südamerika. Sein Unternehmen Golden Star wurde Teilhaber von Guyanas Omai-Goldmine, in der ebenfalls das Zyanidverfahren angewandt wurde, was – in einer makaberen Neuauflage von Summitville – zur größten Umweltkatastrophe im südamerikanischen Bergbau führte.[33]

In Venezuela hatten ausländische Minenbetreiber durch die Corporacíon Venezolana de Guayana (CVG), eine Körperschaft, der faktisch der gesamte Bundesstaat Bolívar einschließlich der Pemon-Indianer gehörte[34], 1,75 Millionen Hektar Pachtland erworben, größtenteils auf Indianergebiet und in angeblich geschützten Zonen des Regenwalds. Sowohl der CVG-Vizepräsident für Bergbau, José Arata, als auch CVG-Präsident Alfredo Gruber investierten in das Goldunternehmen Minera Cuyuni. Dann kartographierten sie den Canaima-Nationalpark mit den Angel Falls neu, so daß 110500 Hektar mit Schürfkonzessionen jetzt innerhalb des Parks lagen. Einer der Hauptnutznießer dieses Pachtlands war ihr eigenes Unternehmen Minera Cuyuni. Nun verkaufte Arata seine Minera-Cuyuni-Anteile an Midas Gold, eine hundertprozentige Tochtergesellschaft von Green Forest, die wiederum eine hundertprozentige Tochtergesellschaft von Bolívar Goldfields war. Mehrheitseigner von Bolívar Goldfields war die Firma Vengold … die Robert Friedland gehörte.[35] Aus einem Bericht für den Umweltausschuß des venezolanischen Parlaments ging hervor, daß es bei den labyrinthischen Verbindungen von Vengold einen venezolanischen Komplizen gab: »In dieses verschlungene Netz aus Käufen und Firmenzusammenschlüssen scheint Charles Brewer Carías verwickelt zu sein.«[36]

Trotz der heftigen Opposition, die Brewer und Chagnon entgegenschlug, und trotz ihrer Zusage, die Führung der Fiscalía in der Haximu-Untersuchung anzuerkennen, gelang es den beiden, den Verteidigungsminister zu überreden, sie mit einem Militärhubschrauber in das Yanomami-Reservat zurückkehren zu lassen. Außer Brewers 17jährigem Sohn begleitete sie nur noch ein anderes Mitglied aus der ehemals zehnköpfigen Kommission – ein auf dem Gebiet der Yanomami relativ unbedarfter Ethnomusikwissenschaftler. Sie wurden mehrere Tage aufgehalten, laut Chagnon, weil sie »bei jedem Schritt auf Opposition und Mißtrauen stießen und ganz gezielt sabotiert und behindert wurden von Armeepiloten, örtlichen Militärbefehlshabern, Angehörigen der Salesianermissionen und Mitgliedern der Fiscalía«.[37]

Nachdem drei Tage mit Beschimpfungen und Verzögerungen vergangen waren, wurden sie schließlich am 28. September nach Haximu geflogen.[38] Die von Richterin Nilda Aguilera und der stellvertretenden Generalstaatsanwältin Josefa Camargo geleitete Fiscalía-Kommission traf am nächsten Morgen mit Oberst Oscar Márquez und einem katholischen Bischof ebenfalls dort ein. »Richterin Aguilera forderte Dr. Brewer Carías zum Verlassen des Ortes auf, da sie ein *in situ* eingesetztes Tribunal für ein Schnellverfahren leitete. Daraufhin beriet sich Dr. Brewer Carías mit dem Oberst, der ihm empfahl, der richterlichen Anordnung Folge zu leisten.«[39] Wütend drohte die Richterin, Brewer und Chagnon festnehmen zu lassen, falls sie nicht umgehend jede Tätigkeit einstellten. Aus diesem Grund drangen die beiden nie zum Schauplatz des Massakers vor. Chagnon wurde von Oberst Márquez, der ihm seine Aufzeichnungen wegnahm, nach Caracas begleitet und zum Verlassen des Landes aufgefordert, was Chagnon dann auch tat.[40]

Josefa Camargo erklärte: »Als der Präsident ihnen die Mittel verweigerte, war die Kommission faktisch am Ende, auch wenn das Dekret des Präsidenten nie offiziell widerrufen wurde. Die Richterin entschied, daß sie bei der Untersuchung keinerlei Kompetenzen hatten.«[41]

»Chagnon und Brewer Carías behaupten etwas anderes«, erzählte ich ihr während unseres Gesprächs.

»Das kann ich mir vorstellen«, erwiderte sie. »Und dieses Märchen werden sie wohl bis an ihr Lebensende erzählen.«[42]

Unter dem Titel »Wie das Yanomami-Massaker vertuscht werden soll« schrieb Chagnon einen Leitartikel für die Kommentarseite der *New York Times.* Statt mit den Morden an den Haximu-teri befaßte er sich darin allerdings in erster Linie mit seinen eigenen Beschwernissen. In scharfem Ton prangerte er die Salesianer an, die nicht nur eine Verschwörung gegen ihn angezettelt hätten, sondern die Yanomami auch mit Gewehren versorgten, die für Überfälle auf »abgelegene, wehrlose Dörfer« benutzt würden. »Yanomami von den Missionen«, so schrieb er, »töten die männlichen Bewohner mit Flinten, entführen die Frauen und unterziehen sie anschließend tagelangen Massenvergewaltigungen … Wahrscheinlich sterben mehr Yanomami durch die Politik der Missionen als durch die Hand von *garimpeiros.*«[43]

Ein ähnlicher, etwas kürzerer Artikel mit dem Titel »Heiliger Krieg im Amazonasgebiet« erschien in *Newsweek.* »Die erste unabhängige Untersuchung des Massakers an Yanomami-Indianern im venezolanischen Amazonasgebiet im letzten August wäre beinahe von einer der für ihr Wohl zuständigen Institutionen – der örtlichen katholischen Kirche – verhindert worden.«[44] Der Artikel, in dem Chagnon seine Behauptung wiederholte, die Salesianer verteilten Schrotflinten an »Bekehrte«, endete mit dem Satz: »… Das venezolanische Amazonasgebiet ist die letzte Theokratie der westlichen Hemisphäre.«[45] Chagnon hatte gute Beziehungen zu *Newsweek,* nachdem er einen Journalisten des Magazins in das Siapa-Dorf Doshamosha-teri mitgenommen hatte, das Thema eines nach Chagnons Buch *Last Days of Eden* benannten *Newsweek*-Features war.[46]

Für *Times Literary Supplement,* die Literaturbeilage der Londoner *Times,* schrieb Chagnon seinen Leitartikel aus der *New York Times* zu einem wesentlich längeren Kommentar um (der *TLS*-Herausgeber Redmond O'Hanlon kannte Brewer, seit dieser ihm 1984 bei seinen Exkursionen durch den Regenwald für seinen Klassiker *In Trouble Again* behilflich gewesen war). Chagnons Essay, der am 24. Dezember 1993 unter dem Titel

»Tödliche Menschenliebe?« erschien, war ein Rundumschlag gegen Missionare, einheimische Yanomami-Anführer, die venezolanische »Generalstaatsanwaltschaft«, »linke Ethnologen«, »linke Politiker« und »Gruppen für bedrohte Völker«.[47] Während für andere Beobachter Haximu ein Beispiel für das berserkerhafte Auftreten der Goldsucher war, vertrat Chagnon die Auffassung, die wahren Schurken seien irregeleitete Weltverbesserer.

Zielscheibe der Kritik in dem Beitrag für das *TLS* waren wie beim *New-York-Times*-Artikel die katholischen Missionare. (»Die Theokratie im Amazonasgebiet reicht bis nach Caracas.«)[48] Aber darüber hinaus war der Artikel eine Abrechnung mit Survival International, auch wenn die Organisation nicht namentlich genannt wurde. Zwei Monate zuvor hatte Chagnon damit gedroht, eine Kampagne gegen Survival International zu starten, falls sich die Organisation nicht öffentlich bei ihm entschuldigen würde.[49] Das hielt er für angebracht nach den Äußerungen, mit denen die Ethnologin Fiona Watson das Recht der Yanomami, ihm den Zutritt zu ihrem Gebiet zu verweigern, verteidigt hatte. Survival International sah jedoch keine Veranlassung, sich zu entschuldigen.

Der Ethnologe Terence Turner schrieb im *Anthropology Newsletter* unter dem Titel »Wahrheit und Konsequenzen« eine Erwiderung auf Chagnon. Darin nahm Turner etliche Behauptungen in Chagnons *New-York-Times*-Leitartikel unter die Lupe. Erstens habe sich Chagnon selbst dann noch als Vertreter des venezolanischen Präsidenten in Haximu ausgegeben, als der Präsident bereits eine Ersatzkommission ernannt hatte. Zweitens schreibe Chagnon, die Salesianer hätten ihn aus Haximu vertrieben, obwohl es in Wirklichkeit die Richterin Nilda Aguilera war. Außerdem behaupte Chagnon, am Schauplatz des Massakers gewesen zu sein, obwohl er in Wirklichkeit mehrere Stunden Fußweg entfernt war. Ferner äußerte Turner erhebliche Zweifel an Chagnons Aussage, die Yanomami in Haximu befragt zu haben, da diese einen anderen Dialekt sprächen. Und während Chagnon behauptete, die Salesianer würden auf breiter Front Stimmung gegen ihn machen, zeigte Turner, daß es einen unüberhörbaren, landesweiten Aufschrei der Entrüstung gegen Chagnons und Brewers Anwesenheit im Untersuchungsteam gab. Auch die These vom »Vertuschungsversuch« der Salesianer verwarf Turner mit der Begründung, daß »die eigentliche Untersuchung bereits von den Brasilianern durchgeführt worden« sei und Chagnon bereits eine Kopie des Berichts erhalten habe, dem er aber bis auf Fehler so gut wie nichts hinzugefügt hätte.[50]

Darauf antwortete Chagnon, daß Brewers Kommission zum Zeitpunkt ihres Abflugs nach Haximu noch nicht abberufen war. Das stimmte. Sie wurde erst später aufgelöst.[51]

Ich befragte 13 Yanomami-Experten zu Chagnons Leitartikel in der *New York Times;* alle verurteilten ihn. Zwei erklärten, sie hätten Protestbriefe an die Zeitung geschrieben, die jedoch nicht abgedruckt worden seien. (Den Salesianern wurde mehr als zwei Monate später eine kurze Gegendarstellung eingeräumt.)[52] Bruce Albert, Yanomami-Experte von der Universität Paris, der die offiziellen brasilianischen Ermittlungen in den Mordfällen leitete, schrieb: »Chagnons Text ist eine ›Montage‹ – eine betrügerische noch dazu –, die im wesentlichen aus einem ›Plagiat‹ meines Berichts und ein paar erfundenen (und falschen) Details sowie ganz wenigen vor Ort gesammelten Informationen besteht.«[53] Der Biologe und Verhaltensforscher Irenäus Eibl-Eibesfeldt, der die Yanomami seit 1970 erforschte, bezeichnete Chagnons Version der Ereignisse als »grotesk« und »verleumderisch«.[54] Außerdem pflichtete Eibl-Eibesfeldt einer Replik von Jacques Lizot bei, in der Lizot Chagnon unter anderem dringend riet, sich einen Psychiater zu suchen. »Ihr paranoider Zustand macht mir ernstlich Sorgen«, schrieb der Franzose.[55]

Hatten bisher die Kontroversen um Chagnons *Science*-Artikel von 1988 als gehässigste Auseinandersetzungen in der Geschichte der Ethnologie gegolten, so setzten die Nachwirkungen des Haximu-Massakers in puncto Härte neue Maßstäbe. So schrieb etwa der Experte für lateinamerikanische Flachlandindianer, Kim Hill von der University of New Mexico, der Chagnons soziobiologische Weltanschauung teilte: »Für alle, die Lizot kennen, ist seine Bemerkung, Chagnon bräuchte einen Psychiater, der Gipfel der Dreistigkeit ...«[56]

Das Massaker von Haximu fand zu einem Zeitpunkt statt, als Chagnon in soziobiologischen Kreisen höchstes Ansehen genoß. Am 27. September, drei Tage vor Chagnons Ausweisung aus dem Yanomami-Gebiet, hielt die Akademie der Wissenschaften von New York eine Sondersitzung zu Chagnon ab. In einem Überblick über sein Lebenswerk würdigten die Teilnehmer seine »außergewöhnliche Hingabe an die wissenschaftliche Ethnologie«.[57] Gleichzeitig wurde er zum Präsidenten der Gesellschaft für Menschliche Verhaltensforschung und Evolution gewählt. Seine Antrittsrede geriet zu einem persönlichen Plädoyer. In seinen Augen war *l'affaire Haximu* eine Neuauflage des als »Affen-Prozeß« betitelten Gerichtsverfahrens gegen Scope. Chagnons Gegner waren die Gegner Darwins.

> Einer der am häufigsten genannten Gründe, warum ich aus der zur Untersuchung des Yanomami-Massakers gebildeten venezolanischen Kommission ausscheiden mußte, ist die Tatsache, daß ich ein Befürworter der Evolutionstheorie bin und mich in meiner Forschungsarbeit bei den Yanomami von dieser Theorie leiten lasse. Kurz, ich bin ein Soziobiologe ... Außerdem haben venezolanische Ethnologen die mit den Yanomami arbeitenden Salesianermissionare davon überzeugt, daß die Evolutionstheorie verabscheuenswert, rassistisch und unter verantwortungsbewußten Ethnologen verpönt ist.[58]

Die Strategie war erfolgreich. Eine Gruppe berühmter Soziobiologen, darunter E. O. Wilson, Richard Dawkins, James Neel und Robin Fox, machte sich gemeinsam dafür stark, daß Chagnon wieder Zutritt zum Yanomami-Gebiet erhielt.[59] Interessanterweise schienen Chagnons Theorien über den Selektionsvorteil von Gewalt großen Anklang in den amerikanischen Medien und Wissenschaftsbetrieben zu finden. Durch aggressive und geschickt koordinierte Angriffe gelang es Chagnons kleinem Team von berühmten Soziobiologen und Journalisten aus diesen erbittert geführten Auseinandersetzungen als Sieger hervorzugehen.

Zur Strategie der Kampagne gehörte auch das Verschicken von Pressemappen an wichtige Journalisten, wie etwa an Matt Ridley, einen Wissenschaftsjournalist beim *Economist.* Mit *The Red Queen* und *The Biological Basis of Morality* hatte Ridley zwei angesehene wissenschaftliche Bestseller geschrieben, in denen er auf moderate und intelligente Art und Weise soziobiologische Grundsätze vertrat. Seine Korrespondenz mit Chagnon enthüllte jedoch eine Art unterwürfiger Bewunderung. »Ich habe mich an den von der Redakteurin der internationalen Ausgabe verlangten Stil gehalten, sprich ›unparteiisch‹ geschrieben. (Sie legt ja immer Wert auf politische Korrektheit.) Daher gewinnen Sie vielleicht den Eindruck, ich hätte nicht ganz so eindeutig Stellung für Sie bezogen, wie Sie sich das erhofft hatten, aber ich bin mehr oder weniger so weit gegangen, wie ich konnte, wenn der Artikel überhaupt noch abgedruckt werden soll.«[60] Ridleys Brief und der angekündigte Artikel, den der *Economist* nie abdruckte, wurden als Dokument Nr. 18 in Chagnons Pressemappe abgeheftet.[61]

Ohne Frage ging Lizot in seinem Brief ziemlich weit. »Napoleon A. Chagnon will in jeder Hinsicht originell sein. Seine Antrittsrede als Präsident der Gesellschaft für Menschliche Verhaltensforschung und Evolution ist eine herzlose und widerwärtige Abrechnung, gespickt mit Lügen, Verleumdungen und Doppelzüngigkeiten … Ich weiß genau, was ich sage, wenn ich behaupte, daß Chagnon ein Betrüger und ein intellektueller Komplize der *garimpeiros* ist.«[62]

Obwohl sich Chagnon als Soziobiologe bezeichnete, war er kein ausgebildeter Biologe. Nur ein einziger Biologe hat lange Zeit im Yanomami-Gebiet gearbeitet – Irenäus Eibl-Eibesfeldt. Durch die Zusammenarbeit mit Konrad Lorenz bei der Erforschung von Dominanzverhalten bei Gänsen und Ratten zu internationalem Ansehen gelangt[63], war er später dessen Nachfolger als Leiter der Abteilung für menschliche Verhaltensforschung am Max-Planck-Institut für Verhaltensforschung geworden. Eibl-Eibesfeldt hatte sich in seiner Karriere nie gescheut, Gewalt und ihre Rolle bei der natürlichen Selektion zu beschreiben. Wenn, wie Chagnon behauptete, seine Kritiker »wissenschaftsfeindlich« und »biologiefeindlich« waren, wieso schlossen sich dann auch Eibl-Eibesfeldt sowie eine weitere Yanomami-Kennerin seines Max-Planck-Instituts der Kritik an Chagnon an – »dessen Benehmen wir abscheulich finden«?[64] »Kopfschüttelnd haben wir Chagnons Artikel gelesen…«, schrieben sie an anderer Stelle. »Er stellt die Situation nicht nur falsch dar, sondern hat auch viele wichtige Sachverhalte mißverstanden.«[65]

Jeder konnte auf etliche Widersprüche in Chagnons Darstellungen stoßen. Im Leitartikel für die *New York Times* warf Chagnon den Missionaren vor, Flinten an Yanomami zu verschenken, die sich bekehren ließen, und anschließend wegzuschauen, wenn die Bekehrten nichtchristianisierte Yanomami töteten.[66] Zwanzig Jahre lang aber hatte Chagnon es den Missionaren als Verdienst angerechnet, die Gewalt unter den Yanomami eingedämmt zu haben.[67] Überdies stammte bei der Kehrtwendung, die er jetzt vollzog, das einzige konkrete Beispiel für die Verteilung von Schrotflinten durch Salesianer an die Yanomami aus den sechziger Jahren.[68] Bei dem Bösewicht handelte es sich um Pater Luis Cocco, den Chagnon einst als »einen der großartigsten Menschen aller Zeiten«[69] bezeichnet und für seine mutige Rolle bei der Schlichtung von kriegerischen Auseinandersetzungen gelobt hatte.[70]

»Die ganze Flinten-Diskussion ist lächerlich«, sagte der Ethnologe Kim Hill, der in der Kontroverse zu Chagnons Verteidigern gehörte. »Da unten hält eine Schrotflinte höchstens fünf bis acht Jahre, wenn also die Salesianer vor 1985 Schrotflinten verteilt hätten, wäre es heute ohnehin völlig irrelevant.«[71] Die Salesianer hielten die Sache keineswegs für irrelevant. Nachdem es ihnen nicht gelungen war, die American Anthropological Association dazu zu bewegen, ein Untersuchungsteam vor Ort zu schicken[72], wandten sie sich an Frank Salamone, einen Ethnologen vom Iona College und Experten für Missionen und deren Einfluß auf eingeborene Kulturen.[73] Salamone fuhr 1994 an den Oberen Orinoko und führte eine Schrotflintenzählung durch. »Es gibt ein paar hundert Schrotflinten«, erklärte Salamone mir. »Die Salesianer haben keine Schrotflinten verteilt. Die SUYAO, eine unabhängige Genossenschaft, der Chagnon ebenfalls vorgeworfen hat, Schrotflinten verkauft zu haben, hat genau sieben Schrotflinten verkauft. Daß Chagnon um diese sieben Flinten einen solchen Wirbel macht, ist lächerlich. Bórtoli [der Missionsleiter] stoppte den Verkauf von Schrotflinten, worüber die Yanomami nicht gerade erfreut sind. Nach venezolanischem Recht darf jeder Bürger eine Schrotflinte besitzen. Jetzt bekommen sie die Flinten von anderen – von Soldaten, *garimpeiros,* Händlern. In der Presse klingen Chagnons Beschuldigungen gut, aber das Amazonasgebiet ist anders. Die *garimpeiros* und die Soldaten sind anders. Charlie Brewer ist anders.«[74]

Auch Chagnon war anders – er trug im Yanomami-Land immer eine Schrotflinte bei sich.[75] Außerdem hatte er, wie Salamone erfuhr, eine Schrotflinte an einen Yanomami verkauft.[76]

Chagnon hatte in seinem Leitartikel für die *New York Times* ferner geschrieben: »Zur Strategie der Salesianer gehört es, Indianer aus entlegenen Gegenden zu den Missionen zu locken, wo ihre Sterblichkeitsrate infolge von Krankheiten das Vierfache der in abgelegenen Dörfern ermittelten Rate beträgt.«[77] Diese im Vergleich zu abgelegenen Dörfern scheinbare Vervierfachung der Sterblichkeitsrate in Missionen wurde zu einer der meistzitierten Aussagen in der Yanomami-Kontroverse (erst kürzlich tauchte sie wieder in einem Feature mit dem Titel »Napoleon Chagnons Enthüllungskrieg« im *Los Angeles Times Sunday Magazine* auf[78]).

Doch alle Quellen, ob Regierungsangaben oder private, brasilianische oder venezolanische, belegten den langfristigen Nutzen der Missionsstationen.[79] Der Mythos, daß die Sterblichkeitsrate in Missionen viermal höher sei als in »abgelegenen Dörfern«, basiert auf einer Untersuchung, die Chagnon zwischen 1987 und 1991 in 17 Yanomami-Dörfern durchführte. Chagnon teilte die Dörfer entsprechend ihrem Kontakt mit den Missionsstationen in drei Kategorien ein: »gering«, »mäßig« und »intensiv«. Die Dörfer mit dem intensivsten Kontakt hatten eine 30 Prozent niedrigere Sterblichkeitsrate als die Dörfer mit geringem Kontakt, während die Dörfer mit »mäßigem« Kontakt viermal mehr Tote zu beklagen hatten als die Missionen. Folglich bestätigten Chagnons Daten, was alle anderen Untersuchungen auch ergeben hatten; in der *New York Times* machte Chagnon jedoch aus den Dörfer mit »mäßigem« Kontakt »Missionen«, was sie nicht sind.

Die folgende Tabelle zeigt die Sterblichkeitsraten dieser 17 Dörfer so, wie sie in Chagnons Buch *Yanomamo* dargestellt sind.[80]

Sterblichkeit und Kontakt mit Missionsstationen 1987–1991

	Tote
Mäßiger Kontakt	18
Geringer Kontakt	8
Intensiver Kontakt	4

Quelle: *Yanomano*, 5. Auflage

Fest steht, daß die Debatte über Sterblichkeitsraten in Missionen auf Fehlinformationen basierte. Meines Erachtens stellte jedoch auch Chagnon selbst in seiner Untersuchung die Sterblichkeitsrate in den »abgelegenen Dörfern« mit »geringem« Kontakt für den Zeitraum 1987 bis 1991 erheblich untertrieben dar. So hat er etwa das Dorf mit der höchsten Sterblichkeitsrate, Dorita-teri, der Kategorie »mäßig« zugeordnet, obwohl es von allen hier erfaßten Dörfern das mit Abstand unzugänglichste ist.[81] Die Dorita-teri wurden auch von keiner Mission angelockt, sondern kehrten den Missionen in den sechziger Jahren den Rücken und siedelten sich im Herzen der Unturán-Berge an, wo ihre *shabonos* nur nach dreitägigem Fußmarsch oder mit dem Hubschrauber zu erreichen sind. (Es gibt keine Belege dafür, daß Salesianer die Dorita-teri während der Untersuchung besucht haben; allerdings landete Chagnon dreimal mit großen Expeditionen dort und lud außerdem die Bewohner zu einem

Fest ein.)[82] Ferner versäumte es Chagnon, die 21 Toten aus dem unter die Kategorie »geringer« Kontakt fallenden Dorf Kedebabowei-teri mitzuzählen, das von August 1990 bis Januar 1991 von der FUNDAFACI als Versorgungsbasis für Hubschrauber benutzt wurde. Tatsächlich stieg die Sterblichkeitsrate in Kedebabowei-teri von unter zwei Toten jährlich im Jahr 1987 auf fast zwei Tote *monatlich* während der 16monatigen Phase intensiver Besuche durch die FUNDAFACI.[83]

Berichtigte Sterblichkeit 1987–1991

	Tote
Mäßiger Kontakt	17
Geringer Kontakt	13
Intensiver Kontakt	4

Quelle: *Yanomano*, 5. Auflage

Zusammenfassend läßt sich sagen, daß die tatsächliche Sterblichkeitsrate in den Dörfern der Kategorien »gering« und »mäßig« zwischen 1987 und 1991 in etwa dieselbe war; sie lag in beiden Kategorien um das Dreifache höher als in den Missionen. Sinnvoller wäre eine Unterscheidung zwischen Dörfern, die von großen FUNDAFACI-Expeditionen besucht wurden, und solchen, die davon verschont blieben.

Raymond Hames, ein ehemaliger Student und langjähriger Forschungsmitarbeiter von Chagnon, wollte einen Artikel über die »Verleumdungskampagne«[84] gegen Chagnon und die wissenschaftliche Methode schreiben.[85] Chagnon zog nach und schickte bergeweise Material, wobei er sich auf E. O. Wilson, Richard Dawkins, James Neel, Richard Alexander und weitere Soziobiologen berief.[86] Als Schwerpunkte des Artikels schlug er vor: »Kirche vs. Staat; Theologie vs. Wissenschaft; Wissenschaft vs. Postmoderne; Konkurrenzneid; nicht zu vergessen die habgierigen Versuche übereifriger Gruppen für bedrohte Völker, das Alleinvertretungsrecht für die Yanomami zu beanspruchen, nun, da diese so offensichtlich als berühmtester Stamm der Welt in Erscheinung getreten sind ... großenteils aufgrund meiner Forschungen und Veröffentlichungen über sie.«[87]

Chagnons umfangreiche Pressemappe landete schließlich auf dem Schreibtisch des Journalisten Peter Monaghan, und der tat etwas, was kein Redakteur bei der *New York Times* oder *Newsweek* oder der Londoner *Times* getan hatte – er setzte sich mit den von Chagnon wiederholt denunzierten Ethnologen und Missionaren in Verbindung, um ihre Version von der Geschichte zu hören. Heraus kam dabei ein Artikel im *Chronicle of Higher Education,* der – zum ersten Mal in der amerikanischen Presse – enthüllte, daß Chagnon bei den Yanomami-Kennern nur wenig, um nicht zu sagen überhaupt keine Unterstützung fand. Unter dem Titel »Erbitterter Krieg in der Ethnologie – Vorwürfe wegen wissenschaftlicher Fälschungen und Effekthascherei bestimmen den Disput über die Yanomami-Indianer im Amazonasgebiet« legte Monaghan dar, daß die Konflikte von Chagnon – dessen Standpunkt der Artikel ebenfalls ausführlich wiedergab – in Venezuela ihren Ursprung in Meinungsverschiedenheiten mit Ethnologen und Menschenrechtsgruppen und nicht mit der katholischen Kirche hatten. Er zitierte Terence Turner von der University of Chicago, über den er schrieb: »Er behauptet offen, was viele andere Amazonasforscher nur im Vertrauen äußern, daß nämlich Herr Chagnon ›bestimmte Aspekte der Yanomami-Tragödie dazu benutzt, sich auf der Grundlage von offensichtlich falschen Behauptungen in Szene zu setzen‹.«[88]

Diese simple Überprüfung von Tatsachen nahm Chagnons Offensive sofort den Wind aus den Segeln. Innerhalb von einem Monat bemühte sich Chagnon um Versöhnung mit den Salesianern, wenn sie sich im Gegenzug für seine Rückkehr ins Yanomami-Land einsetzten.[89] Die Salesianer sträubten sich jedoch dagegen, solange dieser seine aufhetzerischen Beschuldigungen nicht zurücknahm, wozu Chagnon nicht bereit war.

An diesem Punkt wurde ich in die Sache hineingezogen. Peter Monaghan sprach mich an, weil ich als einziger Amerikaner selbst im Goldsucherlager Raimundo Nenem gewesen war, wo die Mörder ihren Angriff auf die Haximu-teri organisiert hatten. Ich hatte mit eigenen Augen gesehen, wie die brasilianische Armee im November 1990 die heimlich angelegte Landepiste von Raimundo Nenem in die Luft sprengte. Meine Hauptinformantin bei den brasilianischen *garimpeiros,* Michelle Rodríguez Costa, lebte drei Jahre lang ganz in der Nähe, und von ihr bekam ich eine ausführliche und grauenvolle Schilderung des Goldrauschs in diesem Teil der Sierra Parima. Kein Ethnologe hat jemals dort gearbeitet, und daß sich Chagnon auf dem Terrain nicht auskannte, war offensichtlich.

In der *New York Times* schrieb Chagnon, die Goldsucher hätten »bei einer brasilianischen Mine abtrünnige Fährtenleser der Yanomami als Führer« nach Haximu angeheuert.[90] Im *TLS* ging er noch weiter und behauptete, die Yanomami kämen aus »Paapiu, einem bekannten Goldsucherlager in Brasilien«.[91]

Paapiu befand sich am Couto de Magalhães, einem Nebenfluß des Mucajaí. Von hier nahm der Goldrausch seinen Ausgang. In der Nähe lag das Yanomami-Dorf Marashi-teri, von dessen Einwohnern ein Viertel durch den Goldrausch ums Leben kam.[92] Das Dorf war faktisch okkupiert. Mit annähernd 5000 Goldsuchern wurde Marashi-teri zu einem Zentrum des Goldrauschs, bis das Camp im Dezember 1989 von der brasilianischen Armee in Brand gesteckt und gesprengt wurde. Im Unterschied zu den Goldsucherlagern waren Paapius Besetzer jedoch die brasilianische Indianerbehörde (FUNAI) und ein französisches Ärzteteam (Ärzte der Welt). Bis 1993 waren am Mucajaí keine Landebahnen in Betrieb, und um zur Landepiste von Raimundo Nenem zu gelangen, hätten die Marashi-teri einen siebentägigen Fußmarsch zurücklegen müssen. Aber selbst auf dem Höhepunkt des Goldrauschs, als Flüge zwischen den beiden Goldsucherzentren zwar möglich, aber selten waren, habe ich nie erlebt oder gehört, daß ein Yanomami von Marashi-teri nach Raimundo Nenem gegangen wäre. Zum einen wurden die beiden Goldsucherzentren von verschiedenen Goldsuchermafias kontrolliert. Zum anderen wäre es völlig widersinnig gewesen, wenn die Goldsucher für einen mehrtägigen Fußmarsch *von* Raimundo Nenem durch einen bergigen Dschungel die Marashi-teri, die sich in dieser Gegend überhaupt nicht auskannten, als Fährtenleser angeheuert hätten, um ein Dorf zu überfallen, das einer anderen Sprachgruppe angehörte und dessen Bewohnern die Marashi-teri noch nie begegnet waren. Die Veteranen unter den Goldsuchern kannten sich in dem Gelände hervorragend aus und benötigten keine indianischen Fährtenleser. Bei einem Mordüberfall würden sie keine Zeugen gewünscht haben – schon gar nicht Yanomami, die Portugiesisch sprachen –, die aus einem weit entfernten, akkulturierten Dorf stammten, wo Regierungsbeamte und westliche Ärzte wohnten und täglicher Funkkontakt zur Außenwelt bestand.

Dieser »neue Hinweis« stammte laut Chagnon von einem anonymen Indianer, den er angeblich beim »Schauplatz des Massakers« getroffen hatte.[93] (In Chagnons erstem Bericht bestand die mysteriöse Gruppe noch aus sieben Mann[94], für das *Times Literary Supplement* wuchs sie auf elf an.)[95] Ein später von einem Mitglied aus Chagnons Kommission veröffentlichtes Foto stammte, wie sich herausstellte, aus dem mehrere Stunden vom Tatort entfernten Dorf, aus dem Chagnon und Brewer von Richterin Aguilera ausgewiesen wurden.[96]

Die »Information« in Chagnons Bericht war keineswegs »neu«. Das Gerücht, die Yanomami aus Paapiu seien an den Morden beteiligt gewesen, war wochenlang durch die brasilianische Goldgräberstadt Boa Vista kursiert. Es war die Version der Goldsucher von dem Massaker, und sie ging auf die unbedachte Äußerung eines FUNAI-Beamten namens Francisco Bezerra zurück. Bezerra, ein älterer Grenzbewohner, der während des Presserummels unvernünftigerweise zum Sprecher ernannt wurde, hatte auf die Frage, wie die Goldsucher nach Haximu gekommen seien, geantwortet: »Woher soll ich das wissen? Vielleicht haben ein paar Yanomami aus Paapiu ihnen den Weg gezeigt.«[97]

Wie eine Untersuchung im Auftrag der Regierung ergab, hatte kein Yanomami aus Paapiu die Goldsucher begleitet. 1993 erholten sich die Marashi-teri in Paapiu allmählich von den verheerenden Auswirkungen des Goldrauschs, der 37 Menschenleben durch Krankheiten und fünf weitere durch Morde gefordert hatte. Schamanen und französische Ärzte unternahmen gemeinsame Anstrengungen, um die Moral wiederherzustellen, und die Dorfbewohner gingen wieder ihren traditionellen Beschäftigungen nach. Jedem, der die traurige Geschichte von den Marashi-teri und ihrem Kampf gegen den Goldrausch kannte[98], mußte es geradezu absurd erscheinen, sie für eine Tragödie verantwortlich zu machen, die sich in unerreichbarer Ferne abgespielt hatte.

Die Folgen in Brasilien waren fürchterlich. Kurze Zeit später machte sich ein fanatischer Gegner einer Landrechtsreform in zwei langen Artikeln für Südamerikas größte Zeitung *A Fôlha de São Paulo* die Rhetorik von Chagnons Berichten zu eigen. Ein Aufruf zum Goldabbau im Yanomami-Reservat und anderen Indianergebieten war sogar mit Chagnons Lieblingsprovokation überschrieben: »Eine Theokratie am Amazonas.«[99] Im zweiten Artikel, einem Feature mit dem Titel »Der Yanomami-Schwindel«, wurde Chagnon lang und breit als Beweis dafür zitiert, daß die Yanomami selbst für das Massaker von Haximu verantwortlich waren.[100]

Chagnon hat sich nie von diesen Artikeln distanziert. Die Goldrausch-Lobby verleumdete mit seinen Schriften die Yanomami. Chagnon beging Rufmord an einer gefährdeten Gruppe wie den Marashi-teri, ohne zuvor mit einem einzigen der das Dorf betreuenden Wissenschaftler, wie zum Beispiel Bruce Albert, gesprochen zu haben. Als Reaktion darauf schrieb Albert: »Das ist ein echter Skandal! ... Und was das Schlimmste an Chagnons Manipulation ist: Er erweckt damit den Eindruck, die Yanomami seien teilweise selbst für das Massaker verantwortlich.«[101]

Aber Chagnons Beschuldigungen gegenüber den protestantischen Missionaren am Mucajaí sind ebenso empörend wie seine Märchen über die Mucajaí-Yanomami. So schildert er beispielsweise folgende Begebenheit in der vierten Ausgabe seines Bestsellers:

> Im Jahr 1967, während ich in der Nähe der Missionsstation Mucajaí in Brasilien arbeitete, fand ich heraus, daß Yanomami von der dortigen protestantischen Mission kurz

> zuvor mit Schrotflinten eine Gruppe Männer aus einem abgelegenen Dorf angegriffen und getötet hatten. Die Missionare gaben zu, von diesem unseligen Vorfall zu wissen. Ihnen zufolge stammten von den etwa sieben Schrotflinten, die benutzt worden waren, mindestens ein oder zwei von einem brasilianischen Händler, der Nachschub gebracht hatte. Sie waren sich nicht sicher, welche Flinten bei dem Überfall eingesetzt worden waren, und wollten es auch nicht wissen. Eine der Frauen fügte hinzu: »Wenn wir nachfragen und herausfinden, daß unsere Flinten benutzt worden sind, müssen wir sie konfiszieren. Wenn wir das tun, haben uns die Yanomami gesagt, ziehen sie weg. Sie können sich gar nicht vorstellen, wie hart wir gearbeitet haben, um die Mission hier auf die Beine zu stellen. Mein Mann hat unseren Petroleum-Kühlschrank von dem Berg da oben, wo ihn das Transportflugzeug abgeworfen hat, bis hierher auf dem Rücken geschleppt.«[102]

Das machte mich ziemlich stutzig, und zwar aus mehreren Gründen. Die Mucajaí-Yanomami waren der umfassendsten demographischen Untersuchung unterzogen worden, die jemals bei den Yanomami oder einer anderen Ethnie im Amazonasgebiet stattgefunden hatte.[103] Sie basierte auf kontinuierlicher Feldbeobachtung, beginnend mit dem Tag des Erstkontakts im Jahr 1958. Zwischen 1958 und 1967 hatten die Mucajaí-Yanomami genau einen Überfall verübt – im Januar 1959. Auslöser war die Angst vor Schwarzer Magie, der sie den Ausbruch der ihnen bis dahin unbekannten Atemwegserkrankungen zuschrieben.[104] 1967 fanden jedoch keinerlei kriegerische Auseinandersetzungen statt.

Chagnon zitiert eine Gruppe von Missionaren, eine Art Chor. Allerdings gab es in dieser Gruppe auch einen »Ehemann« – aber beileibe keinen gewöhnlichen. Sondern einen, der es fertigbrachte, einen Kühlschrank über einen Berg zu tragen. Das war schon allein aus geographischen Gründen äußerst merkwürdig, denn bei der Mucajaí-Mission gibt es gar keinen Berg. Und auch sonst nichts, was die Landebahn vom Missionshaus trennen würde. Keinen Berg. Keinen Weg. Einen Kühlschrank hätte man entweder auf dem Wasserweg zum Missionshaus gebracht oder mit dem Flugzeug direkt vor der Tür abgeladen, denn dort befand sich seit 1959 eine kurze Landebahn. Dort mit einem »Transportflugzeug« zu landen, wäre allerdings Selbstmord. Selbst erfahrene Buschpiloten mußten bei der Landung mit ihren kleinen Cessnas höllisch aufpassen.

Ich hatte den Eindruck, als beschriebe Chagnon eine über 300 Kilometer entfernte, schon vor langer Zeit verlassene evangelische Missionsstation in Surucucu, die ich ebenfalls aufsuchte. In Surucucu gibt es tatsächlich einen Berg, der die alte Missionsstation vom dortigen Militärstützpunkt trennt, auf dem jahrzehntelang große Transportflugzeuge landeten.

Aber es gab noch mehr Widersprüche. Die einzige verheiratete Frau, die 1967 in der Missionsstation von Mucajaí lebte, war Aurora Anderson. 1990 unterhielt ich mich mit ihr am Mucajaí, wo damals gerade eine Malariaepidemie wütete. Die Krankheit war von Goldsuchern eingeschleppt worden. Auroras Mann lag vom Fieber entkräftet in seiner Hängematte. »Man warf uns vor, die Indianer durch Bestechung zu bekehren … obwohl wir das nie getan haben«, sagte sie. »Wir hatten insgesamt nur eine Handvoll Taufen hier, vielleicht ein Dutzend in all den Jahren, die wir jetzt hier sind. Die letzte fand vor etwa zehn Jahren statt. Uns ist klar, daß auch die, die sich taufen lassen, den Sinn des Christentums nicht vollständig begreifen. Aber wir lieben die Indianer, und das wissen sie.«[105]

Wenn man erlebt hatte, wieviel Anteil Aurora Anderson am Leben der Yanomami nahm, konnte man sich kaum vorstellen, daß sie stillschweigend tödliche Schießereien hingenommen hätte. Während des Goldrauschs beobachtete ich einmal, wie sie, inmitten des totalen Chaos, den kühnen Versuch unternahm, aus einem der *shabonos* einen Revolver herauszuholen, den ein junger Yanomami einem *garimpeiro* gestohlen hatte. Die von Chagnon zitierte Äußerung paßte überhaupt nicht zu ihr.

»Dieses Zitat macht mich äußerst stutzig«, meinte der Soziologe John Peters, der acht Jahre am Mucajaí gelebt und die Gegend erst wenige Monate vor Chagnons Stippvisite 1967 verlassen hatte. »Ich kann mir nicht vorstellen, daß irgendein Missionar so etwas sagen würde. Genausowenig, wie ich mir vorstellen kann, daß sich in der MEVAS oder am Mucajaí irgend jemand bedroht fühlte. Die Yanomami am Mucajaí haben nie damit gedroht, die Mission zu verlassen, wenn sie keine Schrotflinten bekämen. Dieser Vorfall kann sich unmöglich am Mucajaí ereignet haben.«[106]

Aber von welcher Mission und von welchen Missionaren sprach Chagnon dann?

Des Rätsels Lösung fand ich schließlich in Chagnons unveröffentlichtem Artikel »Die Gewehre von Mucajaí«, den er an den *Chronicle of Higher Education* schickte. Hier hieß der Ehemann der anonymen Sprecherin Bob. Im Jahr 1967 arbeitete für die MEVAS nur ein Bob, und der war mit einer Missionarin verheiratet. Daher wußte ich, als ich mich mit Bob und Gay Cable in Verbindung setzte, daß ich die Richtigen gefunden hatte. Sie kannten Napoleon Chagnon und hatten ihn 1967 kennengelernt, und zwar im Yanomami-Herzland von Surucucu, wo, wie ich vermutete, der wahre Schauplatz für Chagnons abstruse Szene lag. Als ich Bob das Schrotflinten-Zitat vorlas, lachte er nur:

»Das ist ja völliger Blödsinn. Wir haben nie am Mucajaí gelebt. Wir haben den Indianern nie auch nur ein einziges Gewehr verkauft. Und einen Kühlschrank habe ich auch noch nie auf dem Rücken getragen. Gay, komm her und hör dir an, was Nap Chagnon über uns geschrieben hat.«[107]

Gay hörte zu, aber sie fand es nicht zum Lachen.

»Nap war gut mit uns befreundet. Er kam mit James Neel her, dem Genetiker. Sie blieben zwei Wochen bei uns. Er schien damals keine Abneigung gegen uns zu haben. Ich weiß nicht, warum er uns jetzt angreift. Er zitiert nicht mich, denn die Indianer in Surucucu waren Krieger und bekamen von uns weder Gewehre noch Munition. Wen immer er da zitiert, er zitiert falsch. Klingt ganz wie ein schlechter Zeitungsartikel, in dem unterschiedliche Informationen von verschiedenen Leuten und Orten in ein und demselben Zitat zusammengewürfelt sind.«[108]

Der englische Ethnologe Kenneth Taylor lieferte mir schließlich das letzte noch fehlende Teil in diesem Puzzle. Er hatte drei Jahre bei den Yanomami gelebt und 1975 eine Regierungskommission nach Surucucu begleitet. »Damals kamen die ersten Grubenarbeiter nach Surucucu; sie waren auf der Suche nach Kassiterit [Zinnstein]. Die MEVAS war wirklich ganz unschuldig. Sie betrieben einen kleinen Handelsposten, wo sich die Yanomami das, was sie brauchten, im Tausch gegen eine bestimmte Menge Arbeit beschaffen konnten. Das klingt zwar nach Bevormundung, war aber eigentlich sehr sinnvoll. Aber die Grubenarbeiter brachten dieses Wirtschaftssystem völlig durcheinander. Die Indianer wurden ziemlich aggressiv und begannen dieselben Dinge für sich zu fordern, wie sie die Grubenarbeiter besaßen, auch Schrotflinten. Die MEVAS besann sich auf ihre Verantwortung und verließ Surucucu. Lieber schlossen sie die Mission in Surucucu, als den Yanomami Schrotflinten zu geben.«[109]

Chagnons Märchen von den Gewehren von Mucajaí warf zwei verschiedene Yanomami-Untergruppen, die in topographisch völlig unterschiedlichen Gegenden lebten, in einen Topf mit zwei Missionarsfamilien und zwei völlig unterschiedlichen Situationen. Die aggressive Forderung nach Schrotflinten wurde in Surucucu erhoben, und zwar um 1975, als die Zinngrubenarbeiter in den Ort einfielen, und nicht 1967 am Mucajaí. Aber Chagnons phantasievolle Story hat den unzerstörbaren Charakter eines Mythos – des Mythos von einem Sisyphus im Amazonasgebiet, der in alle Ewigkeit einen Kühlschrank auf seinem Rücken über einen nicht vorhandenen Berg bei der Mucajaí-Mission schleppt.

Ich habe einen kurzen, sozusagen archäologischen Abstecher in diese Geschichte unternommen, weil sie Ähnlichkeit mit vielen von Chagnons namenlosen Sensationsgeschichten hat, unter anderem mit seiner Version des Massakers von Haximu – und weil er den Mythos von Mucajaí verbreitet, um seine Version der Haximu-Morde zu untermauern. An dem Artikel »Die Gewehre von Mucajaí« gab es nichts zu deuteln. Milton Camargo, der Leiter der MEVAS-Mission, erklärte: »Er ist völlig aus der Luft gegriffen.«[110]

KAPITEL 13

Krieger des Amazonas

> Durch eingeschleppte Krankheiten werden die Yanomami dezimiert. Groteskerweise können sie heute nur noch durch von außen kommende Hilfe gerettet werden.
>
> *Nova, Warriors of the Amazon*[1]

Ich war auf der Suche nach einem mysteriösen Yanomami-*shabono* aus der *Nova*/BBC-Sondersendung *Warriors of the Amazon* (»Krieger des Amazonas«; 1996). Ein Kritiker nannte ihn den besten Film, der je über die Yanomami gedreht wurde.[2]

Nova hatte die Yanomami als kriegerische Gesellschaft dargestellt. »Das ist die Welt der Yanomami – eine Welt, die von Aggression und Rache geprägt ist«, begann eine Stimme aus dem Off zu erzählen. Der Film konzentrierte sich auf »die Kriegsgefahr, die ihr Leben überschattet«, eine ständige Bedrohung, die die Männer zwingt, »zwei- bis dreimal im Jahr in den Kampf zu ziehen«.[3]

Die Handlung war nach einem einfachen und bekannten Muster gestrickt. Just zu dem Zeitpunkt, als die Filmcrew den Schauplatz betrat, beschlossen die Bewohner eines nicht näher bezeichneten Dorfes, ein riesiges neues *shabono* zu bauen. Die Filmcrew zerbrach sich den Kopf über die möglichen Gründe. Schließlich wurde das Geheimnis gelüftet: Aus heiterem Himmel und zur nicht geringen Überraschung des Filmteams luden die Dorfbewohner ihre Erzfeinde zu einem Fest ein, mit dem ein neues Bündnis geweiht werden sollte. All dies spiegelte angeblich jahrtausendealte Bräuche wider.

Kurz nach der Premiere des Dokumentarfilms bekam ich einen Anruf von dem Ethnologen Brian Ferguson, dem Autor von *Yanomami Warfare.* Da Ferguson kein einziges Yanomami-Dorf kannte, das jemals in einen mehr als zwei Jahre dauernden Krieg verwickelt war, interessierte ihn natürlich sehr, wo diese kriegslustige Gruppe beheimatet sein sollte. Und er prophezeite: »Das im Film gezeigte Dorf befand sich eindeutig nicht im Kriegszustand, und ich nehme an, es wurde gebaut, weil die Filmcrew dafür bezahlt hat. Das Dorf liegt für jeden offen und zugänglich da; keine Palisaden um das *shabono* herum, nichts, was die Zugänge versperren würde. Und sie haben nirgends das Unterholz um das Dorf herum gerodet, so daß sich jeder Feind dem *shabono* auf wenige Meter nähern und seine Pfeile hineinschießen könnte. Außerdem vermute ich, daß sie den Yanomami dort Geld dafür bezahlt haben, damit sie sich ausziehen, denn das Dorf sieht hochgradig akkulturiert aus. Man sieht westliche Frisuren, Schrotflinten und Außenbordmotoren. Also kann man davon ausgehen, daß das Fest für die Filmcrew veranstaltet wird.«[4]

Als ich den Oberlauf des Orinoko erreichte, setzte ich mich mit einer amerikanischen Missionarsfamilie, den Dawsons, in Verbindung. Ich sah *Warriors of the Amazon* bei zwei verschiedenen »Vorführungen« mit acht Mitgliedern des Dawson-Clans. Zusammengenommen hatten sie über zweihundert Jahre bei den Yanomami verbracht und hatten Kontakt zu allen Sprachgruppen bis auf die Ninam von den Mucajaí. Fasziniert hörten sie zu, als der Sprecher mit ernster Stimme beschrieb, wie ein Yanomami-Kind in die Welt der Gewalt eingeführt würde: Sein Bruder schlug ihn ganz gezielt mit einem Stock, während die Mutter ihn dazu anhielt zurückzuschlagen: Wie du mir, so ich dir. Keiner der Dawsons hatte jemals ein derartiges Erziehungsritual gesehen außer in den Dokumentarfilmen über die Yanomami, wo es jahrzehntelang zu den Standardszenen gehörte. Mehrere Missionare brachen in schallendes Gelächter aus, als Yanomami-Jungen, angeblich zur Schmerzgewöhnung, glühende Holzstücke gegeneinanderschlugen, so daß Funkenregen auf ihre Körper niedergingen. »Die Yanomami sind sehr wehleidig«, sagte Wilma Dawson. »Was glauben Sie, wie oft ich sie in all den Jahren wegen Schnittwunden oder Quetschungen behandeln mußte. Man könnte meinen, ihr letztes Stündlein hätte geschlagen. Aber wir sind schon gewohnt, derartige Dinge in den Filmen zu sehen.«[5]

Einer der Missionare erkannte auf Anhieb die in dem Film mitwirkenden Yanomami. »Das ist doch bei Lizots Dorf«, stellte Mike Dawson fest. Er sprach von dem bekannten französischen Ethnologen. »Daß dort zwei oder drei Überfälle im Jahr stattfinden sollen, ist mir neu.«[6] Lizot selbst hatte die Vorstellung kritisiert, die Yanomami würden in ständigem Krieg leben.[7] Und tatsächlich hatte es dort von 1968 bis 1976 keine nennenswerte Zahl von Todesfällen durch Gewalteinwirkung gegeben.[8] Danach wurde Karohi-teri allerdings in die Kriege zwischen Chagnons Dorf (Bisaasi-teri) und Lizots Dorf (Tayari-teri) verwickelt.[9] Als dieser seltsame Privatkonflikt endete, stellte Lizot bei allen Dörfern, in denen er arbeitete, einen drastischen Rückgang der Kriegstätigkeit fest.[10] Den benachbarten Salesianermissionaren zufolge war es schon viele Jahre her, seit sich die Karohi-teri das letzte Mal mit den Gästen auf *Novas* Fest auf echte Kämpfe eingelassen hatten.

Überall in dem aus dem Boden gestampften *shabono* des Films waren funkelnagelneue Tauschwaren zu sehen (Kochtöpfe, aus denen kein Dampf aufstieg, blitzende Macheten und Äxte). Außerdem hatten die Yanomami bündelweise Banknoten. An einer Stelle wandte sich der Anführer Hisiwe zur Kamera und sagte: »Ihr müßt mir alles bezahlen, was ihr mir für die Arbeit, die wir für diesen Film geleistet haben, versprochen habt.« So lautete zumindest die *Nova*-Übersetzung. Die wirklichen Worte des Yanomami waren schärfer: *Fei yamaco nolableaabiyei.* Er forderte eine Bezahlung »für alles, was wir hier erleiden mußten«.[11]

Denn daß sie leiden mußten, war ebenfalls offensichtlich. Den Missionaren verging das Lachen, als die Kamera während der Drehwochen das fortschreitende Dahinsiechen einer Mutter und ihres Neugeborenen sowie den Tod der beiden verfolgte. »Heutzutage bräuchte eigentlich niemand mehr an Fieber zu sterben«, erklärte Mike Dawson, der seit über 45 Jahren bei den Indianern lebte. »Mit Medikamenten hätten sie durchkommen können.«[12]

»Ich kann's einfach nicht fassen, daß sie tatsächlich dabeigestanden sind und ihren Tod gefilmt haben«, meinte auch Paul

Griffith, der 15 Jahre lang bei den Yanomami gelebt hatte. »Das ist schon seltsam.«[13]

Wie sich zeigte, war der Tod der Frau der Höhepunkt des Films – noch nie zuvor war eine Leichenverbrennung so bunt und echt mit der Kamera festgehalten worden. Gekonnt blendete Regisseur Andy Jillings immer wieder Nahaufnahmen von der noch immer hübschen, jungen Mutter ein, wie sie geschmückt wurde und anschließend auf einem lodernden Scheiterhaufen in Flammen aufging, während die Dorfbewohner weinten und schrien, um ihren unglücklichen Geist zu besänftigen.

Die Yanomami bezeichnen das Filmen als »den Geist rauben«. Selbst im günstigsten Moment kann es problematisch sein, Aufnahmen von ihnen zu machen. Der Geist eines kürzlich verstorbenen Menschen galt jedoch darüber hinaus als gefährliche Kraft – *bore* –, die bei nicht ordnungsgemäß abgehaltener Bestattungszeremonie die Lebenden verfolgte und mit Krankheiten bedrohte. In diesem kritischen Augenblick zwischen den Welten waren die Yanomami besonders konservativ und hielten verbissen an der Tradition fest. Noch nie hatte ich erlebt, daß die Yanomami während einer Leichenverbrennung Fotografieren erlaubten, geschweige denn Filmaufnahmen. »Die müssen eine Riesensumme für das Filmen ihrer Totenfeier bezahlt haben«, meinte Mike Dawson. »Die haben ja nicht einmal uns eine Totenfeier filmen lassen, dabei leben wir seit Jahrzehnten bei ihnen. Glauben Sie mir, für das Geld, das der Film gekostet hat, hätte man eine Menge Menschenleben retten können.«[14]

In der Padamo-Mission, knapp sechzig Kilometer von Karohi-teri entfernt, führte ich *Warriors of the Amazon* einer kleinen Gruppe Yanomami vor. »Was die Filmcrew nicht zeigt, ist die Wut, die ihnen entgegenschlug«, bemerkte Pablo Mejilla. »Ich kriege einen Wutanfall, wenn ich diesen Film sehe.«[15]

Wut herrschte auch in Karohi-teri. Das heißt, eigentlich existierte Karohi-teri gar nicht mehr, zumindest nicht die gastgebende Dorfgemeinschaft des *Nova*/BBC-Festes. Das große *shabono,* Drehort des Dokumentarfilms, war inzwischen völlig verwaist. Seine Bewohner hatten sich wegen des Konflikts, der sich an der Frage einer Dreherlaubnis bei der Verbrennung der jungen Frau entzündete, gespalten. Eine Seite hatte das Filmen untersagt; die andere hatte es für eine riesige Summe Bargeld und einen Haufen Tauschwaren gestattet. Seitdem waren drei Jahre vergangen, und noch immer waren die Beziehungen zwischen beiden Seiten gestört.

»Lizot wies uns an, das *shabono* zu bauen und ein Fest für die *nabe* [Fremden] zu geben«, erzählte Renaldo, der Anführer der Gruppe, die sich dem Filmen der Totenfeier der jungen Frau widersetzt hatte. »Lizot hatte es auf ihren *noreshi* [Geist] abgesehen.«[16]

Irgend etwas stimmte jedenfalls nicht in Karohi-teri. Die voneinander abgespaltenen Gruppen wirkten so klein und verzagt, daß man sie kaum als Dorf bezeichnen konnte. Die Überreste von Karohi-teri wirkten auf uns alle bedrückend.

Wobei ich nicht beurteilen kann, wieviel davon auf den Film zurückzuführen war und wieviel auf den Einfluß von Jacques Lizot, der viele Jahre hier gelebt hatte. Als der Ethnologe Jesús Cardozo 1985 nach Karohi-teri kam, mußte er unwillkürlich an den Film *Apocalypse Now* denken: In desodorierende Düfte gehüllte Jünglinge, die wie Schwule gekleidet waren, rauchten Importzigarren, während sie den aus einer gewaltigen Stereoanlage schallenden Klängen von Wagnermusik lauschten. Laut Renaldo inszenierte Lizot die Mitwirkung der Karohi-teri in *Warriors of the Amazon* bis ins letzte Detail.

»Das hat Lizot jahrelang so gemacht«, erzählte der Ethnologe Kenneth Good. »Als 1975 eine schwedische Theatergruppe kam, wollten sie den Yanomami unbedingt ihr Programm vorführen. Sie glaubten, die Ausdruckskraft ihres Tanzes müsse die Menschen der ganzen Welt mitreißen, und das wollten sie bei den Yanomami beweisen. Da Lizot die Schweden nicht begleiten konnte, schrieb er ein paar Anweisungen auf einen Umschlag und gab ihn mir, damit ich ihn den Yanomami vorlesen sollte. Während der Vorführung der Schweden saßen die Yanomami die ganze Zeit reglos da und kicherten, bis ich ihnen Lizots Worte vorlas: ›Steht auf und tanzt und spielt mit den

Schauspielern.‹ Gehorsam standen sie auf und vollführten eine Art Tanz. Die Schweden waren überglücklich. Ich dachte nur: ›Was soll denn dieser ganze Mist!‹«[17]

Ein Gespräch mit Pater José Bórtoli, dem Leiter der Salesianermission von Mavaca, erschloß mir eine andere Perspektive. »Der Film war gestellt«, sagte er. »Aber alle Filme über die Yanomami, die ich in den zwanzig Jahren hier gesehen habe, waren gestellt. In diesem Fall war es so, daß die Filmcrew eigentlich eine andere, weiter entfernt lebende Gruppe filmen wollte. Weil der Fluß zu wenig Wasser hatte, kamen die Filmleute jedoch nicht dorthin. Also sind sie hier geblieben und haben statt dessen das andere Dorf nach Karohi-teri gebracht. Natürlich zieht kein Yanomami-Dorf zwei- oder dreimal im Jahr in den Krieg, und für eine so kleine Gruppe wie die Karohi-teri wäre das erst recht völlig abwegig. Ich glaube nicht, daß Jillings den Film *Warriors of the Amazon* nennen wollte. Ich glaube, daß derartige Übertreibungen der Kriegstätigkeit der Yanomami erst nachträglich vom amerikanischen Fernsehen hinzugefügt wurden, damit das Ganze mehr nach Chagnons *Fierce People* klang.«[18]

Die BBC-Version des Dokumentarfilms hieß *Survivors of the Amazon* (»Überlebende des Amazonas«) und ließ den Einfluß der Filmcrew auf Karohi-teri deutlicher erkennen. Als das Fest organisiert wurde, sagte beispielsweise ein Gesandter der Gäste: »Wenn ich so sehe, was ihr alles für Tauschwaren vom Film habt, komme ich doch zu dem Fest.«[19]

Obwohl ich Andy Jillings nicht kenne, glaube ich, daß er bemüht war, einen redlichen Film zu machen und auch die Yanomami human zu behandeln. Zwar wollte er nicht über die vier während des Films gestorbenen Yanomami sprechen, doch von den Missionaren erfuhr ich, daß er extra losfuhr, um Milch für das sterbende Kind aufzutreiben. Jeder mochte ihn, auch die Yanomami. Er wollte zwei Dinge gleichzeitig erreichen. Einerseits war es ihm ein aufrichtiges Anliegen, Frieden zwischen verfeindeten Gruppen zu stiften, und gleichzeitig wollte er einen völlig neuartigen Yanomami-Film machen. Das Problem war nur, daß sich die beiden feindlichen Gruppen – Karohi-teri und Arimawu-teri – eine Zeitlang aus dem Weg gegangen waren. Durch ihre Zusammenführung maßten sich Lizot und Jillings die Rolle von Friedensgöttern an. Doch zum einen war ihr Plan nicht neu, und zum anderen entzog sich das, was letztendlich dabei herauskam, total ihrer Kontrolle. Das künstlerische Ergebnis wiederum war eine Wiederholung des ältesten Klischees im Yanomami-Filmrepertoire – ein vorgetäuschtes Fest, das gleichzeitig zu einem explosiven Kriegsbündnis führte. Und veranstaltet wurde das Ganze genau zu dem Zeitpunkt, als die oft tödlich verlaufende Falciparum-Malaria ausbrach.

Daß ein redlicher Mann wie Jillings mit seinen idealistischen Zielen scheiterte, lag daran, daß er als Filmemacher in einer Zwickmühle saß: Er mußte einen erotischen und gewalttätigen Film drehen, und da die Zeit drängte, waren gestellte Szenen nötig. Jillings war sich seines geschäftlichen Dilemmas bewußt und machte auch keinen Hehl daraus: »Die Tatsache, daß Chagnons Arbeit in Brasilien und Venezuela zur Rechtfertigung von Völkermord diente, gab mir sehr zu denken«, sagte er mir. »Ich suchte eine Gruppe, die erstens vom kulturellen Anpassungsprozeß relativ unberührt geblieben war und die sich zweitens im Kriegszustand befand und unbedingt Frieden wollte. Also gingen Jacques [Lizot] und ich zuerst zu einer Gruppe, die Krieg führte, aber die war zu oft unterwegs. Ich wollte eine nichtakkulturierte Gruppe, denn schließlich kann man keinen Film über die Yanomami machen, wenn alle Black-Sabbath-T-Shirts tragen. Wir sprachen zwar mit der weiter entfernt lebenden Gruppe, aber im Grunde war die Sache schon entschieden, denn die Karohi-teri fragten uns: ›Warum macht ihr das Fest nicht hier bei uns?‹ Sie sahen die ganzen Tauschwaren, die wir mitgebracht hatten, und wollten nicht, daß die andere Gruppe sie bekam. Das Versöhnungsfest war insofern gestellt, als es durch uns vielleicht erst ermöglicht wurde. Aber sie wollten es.«[20]

Ursprünglich nannte Jillings den Film *The Art of Speaking Well.* Dieser Titel erschien den Produzenten jedoch nicht reißerisch genug, und *Nova* entschied sich für *Warriors of the Amazon.* »Eigentlich war das überhaupt nicht vorgesehen«, räumte

Jillings ein. »Aber als plötzlich um mich herum die Leute starben, fühlte ich mich verpflichtet, das auch zu filmen.«[21]

Vier Yanomami starben während der fünfwöchigen Dreharbeiten in Karohi-teri. Der Anführer starb kurz nachdem die Filmcrew abgereist war – der fünfte Tote einer neunzigköpfigen Dorfgemeinschaft. Als ich mit Jillings sprach, weigerte er sich, Fragen zur Todesursache der vier Yanomami zu beantworten. Er ließ mich auch unser Gespräch nicht auf Tonband aufnehmen. Und einen Brief mit detaillierten Fragen zum Tod der Yanomami ließ er ebenfalls unbeantwortet. Gleichwohl verteidigte er seine Filmcrew während unserer Unterhaltung. Alle an den Dreharbeiten Beteiligten waren, wie er sagte, vorher ärztlich untersucht worden. Später schrieb er: »Wir gingen alle gesund hin und kamen krank wieder zurück.«[22]

Dennoch beantwortet das weder die Frage nach der Verantwortung im Zusammenhang mit der Ermächtigung, für einen Film ein Dorf zu bauen und ein Bündnis zu schmieden. Noch erklärt es, warum man eine in Lebensgefahr schwebende Frau eine Woche dahinsiechen ließ, anstatt sie mit dem Motorboot ins Hospital zu bringen. Die Mavaca-Mission, wo sich eine Krankenstation mit Schwestern befand, wäre innerhalb einer Stunde erreichbar gewesen. Als Verantwortlicher zog Jillings einen behördlich angestellten Arzt zu Rate, der sich zwar um die Kranken kümmerte, gegen die Ausbreitung der Epidemie jedoch machtlos war. Nach meiner vor Ort gemachten Erfahrung war es faktisch unmöglich, die Malaria mit Hilfe von Behördenärzten in den Griff zu bekommen. Kein einziger besaß ein tragbares Mikroskop. Außerdem verfügten die Staatsangestellten schlicht und einfach nicht über Mefloquin, ein teures Medikament zur Bekämpfung der am häufigsten auftretenden Falciparum-Malaria. So sah am Oberen Orinoko die normale Realität aus, eine Realität, die die Filmcrew nicht nur hätte aufdecken, sondern möglicherweise auch verbessern können.

»Der bedrückendste Teil des Films war für mich, mit ansehen zu müssen, wie die Frau und ihr Kind an Fieber starben«, meinte der Ethnologe Brian Ferguson. »Ich weiß nicht, ob es Malaria oder etwas anderes war, was die Filmcrew eingeschleppt hatte. Aber egal, jedenfalls scheinen sie nicht das geringste dagegen unternommen zu haben. Offenbar sahen sie es als höhere Gewalt an.«[23]

Die Yanomami, die das Video in Kosh sahen, waren genauso perplex. »Sind die verrückt?« fragte ein Mann namens Timoteo entgeistert.[24]

Malaria wurde allerdings nicht von der Filmcrew in Karohiteri eingeschleppt. Malaria war in diesen Flachlanddörfern seit Jahren endemisch. Marinho de Souza vom brasilianischen Gesundheitsamt, der mich bei meinem zweiten Besuch in dem Dorf im September 1996 begleitete und einen Malariazensus durchführte, stellte fest, daß 10 Prozent der Menschen infiziert waren. Es gelang ihm, alle Überträger innerhalb von ein paar Stunden medikamentös zu behandeln, so daß sie die Krankheit nicht länger übertrugen. In einem Dorf die Malaria in den Griff zu kriegen, ist sogar relativ einfach. »Die Leute vom Fernsehen haben das Dorf gebaut«, stellte Marinho fest. »Sie hätten die Epidemie stoppen können.«[25] Und es hätte nur einen Bruchteil dessen gekostet, was sie für den Bau eines neuen Dorfes oder ihre Bündnispolitik ausgegeben haben – oder für das Einfliegen einer neuen Kamera aus London. Da Jillings Crew die Malaria jedoch nicht bekämpfte, erkrankten die Filmleute nicht nur selbst daran, sondern wurden obendrein zu Überträgern. Ihre mitgebrachten Tauschwaren lockten die Arimawu-teri (die Gäste des Festes) aus den Hügeln hinab ins Flachland, wodurch sie ebenfalls in den sich ausdehnenden Ansteckungskreis eintraten, den sie bei ihrer Rückkehr ins Hochland noch ausweiteten.

Die Handlung von *Warriors of the Amazon* entsprach den kommerziellen Anforderungen von Fernsehserien, was in diesem Fall den nie abreißenden Bedarf nach exotischen, wilden Indianern bedeutete. In *Warriors of the Amazon* machte die brillante Kameratechnik von Jillings den Tod zu einem unvergeßlichen, schönen, marktfähigen – und unvermeidlichen – Ereignis. Die Bilder von der sterbenden Madonna aus dem Regenwald und ihrem Kind, deren Leichen in Flammen aufgingen, wurden zu einer sich erfüllenden Metapher. Losgelöst von jedem historischen Bezug bestätigten die Toten von Karohi-teri die Tendenz, die Indianer als Verlierer im Darwinschen Kampf ums Dasein zu betrachten. Welche Rolle die Filmcrew spielte – selbst bei einer so endgültigen Entscheidung wie: Evakuiert man die Kranken, oder läßt man sie sterben? –, sah der Zuschauer nicht.

Auch Jacques Lizot blieb unsichtbar, aber das gehörte zu seiner Abmachung mit der Filmcrew. Vereinbart war, daß im Film weder von ihm noch von seinem Haus oder seinem Einfluß auf die Karohi-teri irgend etwas gezeigt wurde. Damit erzeugte *Warriors of the Amazon* die Illusion von der zeitlosen Kultur einer Völkergruppe, die in Wirklichkeit über eine Generation lang abscheulichen sexuellen Mißbrauch erduldete.

Begreiflicherweise war Jillings alles andere als erfreut darüber, daß ich mich mit den Auswirkungen seines Films auf die Yanomami beschäftigte. Er warf mir vor, von Anfang an ein bestimmtes Ziel verfolgt zu haben, was stimmte. Ich wollte Fergusons Behauptung über die *Nova*/BBC-Dokumentation nachprüfen. Allerdings konnte ich nicht ahnen, was für furchtbare Dinge tatsächlich in Karohi-teri geschehen waren.

Warriors of the Amazon bezog seine Dramatik aus zwei tragischen Ereignissen. Das erste war der Tod der jungen Frau und ihres Kindes. Das zweite war das politische Bündnis, das durch das *Nova*/BBC-Fest zustande kam. Bezeichnenderweise wurde im Film selbst warnend darauf hingewiesen, daß jedes Yanomami-Fest zwischen Gegnern eine potentiell gewalttätige Angelegenheit sei. Im Fall von *Warriors of the Amazon* wurden beide Dörfer unmittelbar nach dem Fest in Kriege verwickelt. Die Arimawu-teri überfielen ein *shabono* im Hochland. Den Karohi-teri erging es schlechter.

»Nach dem Film spalteten sich die Karohi-teri«, erzählte Renaldo. »Wir bekämpften uns gegenseitig. Die Hälfte von uns floh den Orinoko hinunter. Die Bocarohi-teri raubten einige unserer Frauen; sie mißbrauchten und vergewaltigten sie.« Die geflohenen Karohi-teri schlossen sich mit einem anderen Dorf unweit der Ocamo-Mission zusammen. Diese neue Gruppe wurde wenig später in einen anderen Krieg hineingezogen, in dem zwei Karohi-teri getötet wurden. »Das Gewehr von Lizot wurde zum Töten benutzt«, erklärte Renaldo unter Verweis auf die von dem französischen Ethnologen großzügig gehandhabte Verteilung von Schrotflinten, von denen eine auf dem Handelsweg den neuen Feinden der Karohi-teri in die Hände gefallen war.[26] Als ich die Stelle aufsuchte, an der die tödlichen Schüsse gefallen waren, entdeckte ich noch ein weiteres verlassenes *shabono* am Ufer des Orinoko.

Das war alles sehr traurig und kompliziert. »Ja, die Gründe für solche Kriege werden immer sehr kompliziert sein«, seufzte Brian Ferguson. »Aber die Wahrscheinlichkeit, daß sie ausbrechen, ist nach einem Filmereignis wie *Warriors of the Amazon* wesentlich höher. Das war schon oft der Fall, und das wird nicht das letzte Mal so gewesen sein. Bei dem Film *The Feast* von 1968 war es dasselbe.«[27]

TEIL DREI

Die Verwüstung von El Dorado

1996–1999

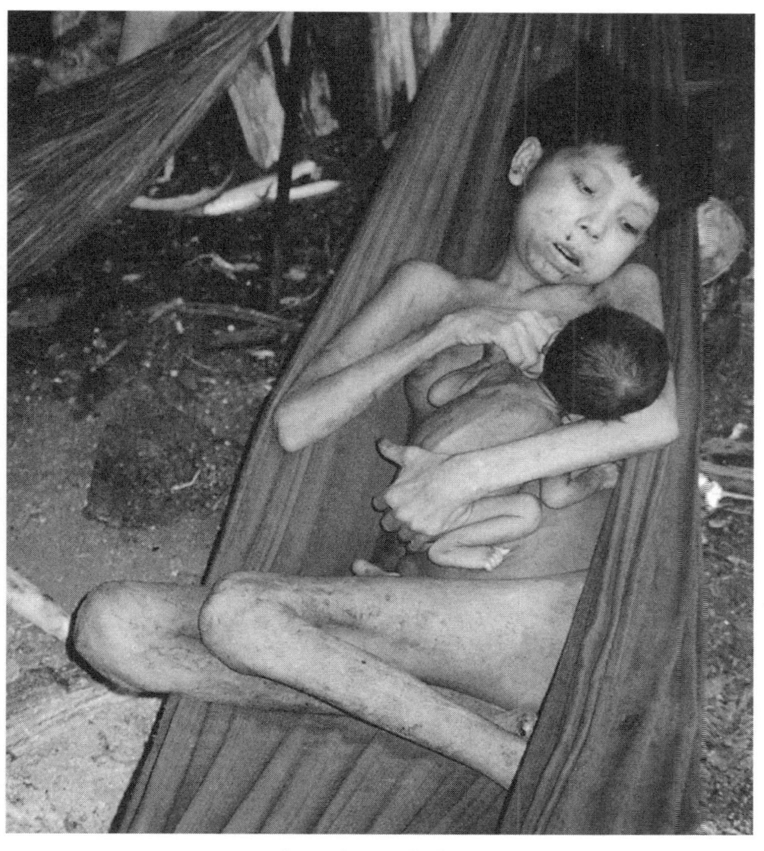

Mutter und Kind in Ashidowa-teri, 1996

KAPITEL 14

Im Sog des Strudels

> Die Aussicht, reich beschenkt zu werden, veranlaßte einige Indianer dazu, mit Herrn Chagnon zusammenzuarbeiten. Das führte zu einer Spaltung von Dorfgemeinschaften in Befürworter und Gegner seiner Besuche. Und irgendwann eskalierte dieser Konflikt zum Krieg.
>
> *Juan Finkers*[1]

Kurz vor Weihnachten 1993, als Napoleon Chagnons Essay »Tödliche Menschenliebe?« im Londoner *Times Literary Supplement* erschien, wurden zwei seiner Führer getötet. Allerdings fielen sie nicht Menschenliebe, sondern ihren Feinden am Oberen Mavaca zum Opfer, und zwar bei einer der außergewöhnlichsten Menschenjagden in der Geschichte der Yanomami. Diese Morde waren schlicht und einfach die Folge eines regionalen Aufruhrs, bei dem sich Dörfer, die mit der Yanomami-Genossenschaft SUYAO verbündet waren, und solche, die mit dem FUNDAFACI-Lager von Chagnon und Brewer gemeinsame Sache machten, unversöhnlich gegenüberstanden. Die Kämpfe brachen etwa zeitgleich mit Chagnons Einreise in das Yanomami-Gebiet im Frühsommer 1990 aus, und die meisten Morde wurden zwischen Juli 1990 und Ende August 1991 verübt, also genau in der Zeit, in der die FUNDAFACI-Hubschrauber das Gebiet am häufigsten anflogen.[2] Bis September 1992 stieg die Zahl der Toten auf mindestens 31, was diesen Konflikt zum mit Abstand blutigsten Krieg zwischen den Yanomami machte, von dem je berichtet wurde.[3] Das Ausmaß der Gewalt stellte alle bisherigen Konflikte in den Schatten, sowohl die erste Kontaktaufnahme durch amerikanische Missionare (22 Tote in einem Zeitraum von 26 Monaten zwischen 1949 und 1951) als auch Chagnons anfängliche Feldforschungszeit (neun Tote innerhalb von 15 Monaten zwischen 1964 und 1966) sowie wie den allgemeinen Aufstand gegen Lizots Dorf (neun Tote im Jahr 1979).* Als dieser Krieg 1981 schließlich endete, wurde, wie aus den Daten Chagnons, den Schriften Lizots und den Aufzeichnungen der Missionen übereinstimmend hervorgeht, in diesem Gebiet bis zum Jahr 1990 kaum noch gekämpft.[4]

Opfer in den schlimmsten Yanomani-Kriegen

	1949–51	1964–65	1979	1990–92
Zahl der Opfer	25	8	9	35

Viele Ethnologen haben sich gefragt, warum Chagnon und die FUNDAFACI mit ihren Hubschraubern ausgerechnet in dem äußerst abgeschiedenen Siapa-Tal gelandet sind. Welcher wissenschaftliche Erkenntnisgewinn könnte das mit derart großen Expeditionen verbundene Risiko rechtfertigen? Wie Chagnon gegenüber der *New York Times* erklärte, erhoffte er sich, »die Auswirkungen der durch Einführung von Stahlwerkzeugen wie Macheten und Äxte ausgelösten landwirtschaftlichen Revolution untersuchen zu können«.[5]

Eine solche Untersuchung gab es freilich schon. »Im Februar 1990, sechs Monate bevor Chagnon ins Siapa-Tal ging, schickte ich ihm die Studie ›Savage Encounter‹ [Begegnung mit Wilden]«, erzählte Brian Ferguson von der Rutgers University. »In dieser Studie prophezeite ich klipp und klar, daß jede größere Einmischung aus dem Westen zur Destabilisierung der betroffenen Gebiete und vermutlich zum Krieg führen würde. Folglich mußte er sich dessen bewußt gewesen sein, und meines Erachtens ging er gerade aus diesem Grund ins Siapa-Tal und kündigte an, genau diesen Sachverhalt untersuchen zu wollen.«[6]

Obwohl Chagnon früher die These, Einmischung von außen

* Zu den Kriegen von 1949–1951 und 1964–1966 siehe Kapitel 3; zu den Kriegen, in die Lizots Dorf Tayari-teri verwickelt war, siehe Kapitel 8.

löse Stammeskriege aus, als »Pesthauch-Theorie«[7] verworfen hatte, klangen seine jüngsten Schriften zu Überfällen im Siapa-Gebiet und an den Mavaca-Zuflüssen so, als habe er sich zu Fergusons Überzeugung bekehrt. Statt wie bisher die Kriegstätigkeit der Yanomami auf ihre angeborene Grimmigkeit zurückzuführen, machte Chagnon nun sowohl aufdringliche Missionare als auch Yanomami-Führer mit Gewehren und politischen Ambitionen für die Kämpfe verantwortlich. Er schrieb sogar explizit, die SUYAO habe den Kampf gegen seine Verbündeten angezettelt, um ihr Wirtschaftsmonopol auf Macheten, Äxte, Angelhaken und andere Dinge zu verteidigen.[8]

Durch seine Artikel im *Times Literary Supplement* und der *New York Times* lenkte Chagnon die Aufmerksamkeit der Weltöffentlichkeit auf diese Kriege. Er forderte eine genaue Untersuchung – eventuell sogar durch die Vereinten Nationen – zur Klärung der Rolle der katholischen Salesianermissionare bei den Morden.[9]

Die Salesianer forderten ihrerseits Chagnon auf, sie offiziell vor einem venezolanischen Gericht anzuklagen und einen Richter entscheiden zu lassen, ob sie sich der Bewaffnung von Yanomami in den Missionen schuldig gemacht hätten oder ob nicht vielmehr Chagnon wegen Verleumdung zu belangen sei.[10] Dazu kam es jedoch nicht. Die Salesianer schickten im Dezember 1994 José Bórtoli als Vertreter zum Jahrestreffen der American Anthropological Association in Atlanta und forderten die Einsetzung eines Untersuchungsausschusses. Die American Anthropological Association wies die Forderung der Salesianer zurück, angeblich, weil sich die gegnerischen Lager zu unversöhnlich gegenüberstanden und eine unparteiische Zusammensetzung des Ausschusses unmöglich schien.[11]

Bis zu meiner Ankunft im venezolanischen Puerto Ayacucho am 2. Juni 1996 wußte ich weder etwas über die Salesianer, noch hatten sich meine bisherigen Recherchen auf den Oberen Orinoko erstreckt. Zu meiner Bestürzung stieg das Wasser des Orinoko bedrohlich an. Nach den wochenlangen, monsunartigen Regenfällen donnerten gewaltige Wassermassen über die Maipure-Stromschnellen am Rand der Stadt.

Ich hatte bei der protestantischen Missionary Aviation Fellowship (MAF) einen Flug ins Yanomami-Land gebucht. Am 4. Juni, einem drückend heißen Tag mitten in der Regenzeit, hob die MAF-Cessna Skylane in Puerto Ayacucho ab. Das Flugzeug steuerte die in 3000 Metern Höhe gelegene Hochebene Marahuaca an, von deren senkrechten Granitklippen Dutzende von Wasserfällen stürzten. Vor den Wasserkaskaden stieg die einmotorige Maschine steil an, um den Sprung über den Marahuaca zu schaffen, und begann gleich danach abwärtskreisend den Landeanflug auf die protestantische Missionsstation am Zusammenfluß von Orinoko und Padamo, an der Grenze des Yanomami-Reservats.

Ich war zusammen mit Jodie Dawson gekommen, einem ruhigen, 21jährigen Missionar, der am Padamo geboren und mit einer Yanomami-Frau verheiratet ist. Jodie hat für *National Geographic* übersetzt und spricht perfekt Yanomami. Dennoch ist die Mikrodifferenzierung zwischen den unterschiedlichen Dialekten so enorm, daß er darauf bestand, Pablo Mejía mitzunehmen, der aus Momaribowa-teri stammt, einem Dorf der Shamatari-Yanomami am Oberen Mavaca. »Ich brauche Pablo, um nach den Toten fragen zu können«, erklärte Jodie.[12]

Da es ein schweres Vergehen ist, die Namen der Toten zu nennen, bedarf es dazu indirekter und poetischer Ausdrücke und Metaphern, die Charakteristika der örtlichen Geographie und Geschichte einschließen und für jeden Außenstehenden ein Buch mit sieben Siegeln sind. Außerdem sprach für Pablo Mejía, daß er eine weitere unschätzbare Eigenschaft besaß. Er war ein Verwandter von César Dimanawa, Chagnons ehemaligem Führer und späterem Erzfeind.

Nach drei Stunden erreichten wir die Mavaca-Mission. Kinder planschten ausgelassen im Inneren der *shabonos* und schwammen zwischen den halb aus dem Wasser ragenden Bananenstauden herum. Selbst die Missionsschule stand fast einen halben Meter unter Wasser. Durch das Hochwasser kamen wir wesentlich schneller voran. Wir fuhren mit Vollgas den Mavaca hinauf und waren schon nach ein paar Stunden in Mavakita. Das auf einer steilen Anhöhe gebaute *shabono,* ein Kreis aus strohgedeckten, wie Reihenhäuser miteinander verbundenen Hütten, machte einen einladenden Eindruck.

An der nördlichen Umrandung des Dorfes, direkt am Wasser, stand eine alte Hütte. Dort lebte Juan Finkers, ein siebzigjähriger Salesianer. Kreuze oder Heiligenstatuen sahen wir nirgends. Es gab eine Schule, aber in den zweisprachigen Schulbüchern tauchte weder das Wort Christus noch das Wort Christentum auf. Anzeichen für praktizierten Katholizismus fände ein Archäologe im Regenwald von Mavakita kaum. Finkers, der einzige Katholik im Dorf, ist ein phlegmatischer, weißhaariger Mann, der ein langsames, etwas umständliches Spanisch mit holländischem Akzent spricht. Er hat ein Buch über seine botanischen Entdeckungen geschrieben, züchtet Bienen und hilft sowohl in der Schule als auch beim medizinischen Dienst aus.[13]

Auch wenn man es Finkers mit seiner gutmütigen Art und seinem mönchischen Fleiß nicht unbedingt ansieht, hat er zu einer Revolution in Mavakita beigetragen. In Mavakita gab es ein großes *depósito,* in dem jeden Monat kunsthandwerkliche Gegenstände aus einem halben Dutzend Dörfern gesammelt wurden, um flußabwärts nach Caracas verschifft zu werden. Dort wurden sie unter der Schirmherrschaft der Genossenschaft Vereinigte Yanomami-Dörfer am Oberen Orinoko, SUYAO, an Touristen verkauft. Im Juni 1996, dem Monat meines dortigen Aufenthalts, verkaufte die SUYAO allein aus ihrem *depósito* in Mavakita Kunsthandwerk im Wert von über 1000 Dollar.

Während meines Aufenthalts fand im Ort eine von César Dimanawa geleitete Versammlung dreier Dörfer statt, an der über 150 Dorfbewohner, viele davon festlich geschmückt, teilnahmen. Dimanawa trug Tukan-Armbänder und einen Federkopfschmuck. Sein Körper war mit leuchtend roter *onoto*-Pflanzenfarbe bemalt (die aus Samen und Früchten der Zuchtpflanze *Bixa orellana* gewonnen wird). Die leuchtende Farbe auf seinen Wangenknochen betonte seine dunklen Augen so, daß sie ein wenig unheimlich wirkten. Ich hatte schon viel von Dimanawa gehört und gelesen – daß er ein Mörder sei[14] oder verrückt[15] –, aber niemand hatte mich auf diese imponierende, gebieterische und – mir fällt kein passenderes Wort ein – wunderbare Erscheinung vorbereitet. Er sah wie einer der großen Indianerhäuptlinge aus vergangenen Zeiten aus. Wobei wir natürlich gar nicht wissen, ob die Yanomami in ihrer Welt ohne Weiße überhaupt solche Häuptlinge hatten. Sicher ist nur, daß es in der Sierra Parima, aus der alle heute lebenden Yanomami stammen, keine solchen Häuptlinge gibt.[16]

Dimanawa hatte Routine im Umgang mit der Presse. Als erstes legte er die Regeln für den Fototermin fest: keine Fotos von ihm mit zeremonieller Bemalung und Federschmuck. Er wollte in westlicher Kleidung fotografiert werden, in der Schule oder beim Volleyballspiel. Die Yanomami, so erklärte er, seien es leid, immer als »Wilde« dargestellt zu werden. Da er fließend Spanisch sprach, brauchte ich keinen Dolmetscher.

Als der Name Chagnon fiel, bekam Dimanawa einen Wutanfall. »Chagnon!« stieß er hervor, wobei er statt des Yanomami-Spitznamens Shaki den vollen Namen des Ethnologen aussprach. »Leute wie Chagnon töten wir. Fragen Sie den Mann da drüben, er hat für Chagnon gearbeitet, weil Chagnon ihm einen Außenbordmotor versprochen hatte.«[17]

Der Mann war Bokoramo, einer von Chagnons Siapa-Führern und ein Bruder der beiden oben erwähnten getöteten Führer. Offensichtlich hatte er Angst vor Dimanawa und war wütend auf Chagnon. »Ich kannte Shaki schon, als ich noch klein war«, erzählte er. »Er mußte aus Mishimishi abhauen, weil er alles mögliche versprach, aber nichts davon einhielt. Also fingen die Kinder an, ihn zu beklauen. Ein Junge stahl ihm eine Büchse Sardinen, worauf Shaki ihn und einen anderen Jungen mit einem Gürtel verprügelte, ziemlich schlimm sogar. Darüber waren die Eltern der Jungen so erbost, daß Shaki machte, daß er fortkam.«[18]

Zehn Jahre, von 1976 bis 1985, blieb Chagnon fort, weil er keine Einreiseerlaubnis bekam. Als der Ethnologe von 1985 bis 1987 zurückkehrte, wurde Bokoramos jüngerer Bruder, ein Mann Anfang Zwanzig namens Ushubiriwa, einer von Chagnons Protegés. Für das Herumschnüffeln in den geheimen Namen der Toten bevorzugte Chagnon junge Informanten. In seinem Buch *Die Yanomamö: Leben und Sterben der Indianer am Orinoko* berichtete Chagnon, wie überrascht er war, als er feststellte, daß Ushubiriwa die Namen der Toten auf dem Computer-Bildschirm lesen konnte.[19]

Sowohl Ushubiriwa als auch Dimanawa führten ein anderes Leben, als es junge Yanomami üblicherweise tun. Anstatt sich auf die Jagd und die Arbeit in der Pflanzung zu konzentrieren – unerläßliche Aufgaben, um künftigen Schwiegereltern den Brautpreis bezahlen zu können –, lernten sie Spanisch und Lesen und Schreiben und verdienten nach und nach ein für Yanomami-Verhältnisse beträchtliches Vermögen an Tauschwaren, die sie von Fremden erhielten. Mit Waren und Geld konnten sie sich überdurchschnittlich viele Frauen leisten; mit Schrotflinten konnten sie sie auch rauben. Ushubiriwa brachte es auf diese Weise auf insgesamt sechs Frauen; Dimanawa angeblich ebenfalls auf sechs, obwohl ich ihn mit acht sah. Mindestens zehn Jahre bevor sie überhaupt Anspruch auf diesen Status erheben konnten, wurden beide Anführer. Dimanawa war Chagnons wichtigster Führer, als der Ethnologe 1985 an den Oberen Mavaca zurückkehrte. Dort war dieser auf Césars starken Beistand angewiesen, um die Yanomami in Mavakita zu beruhigen, die ihm bei der Ankunft zubrüllten, er solle verschwinden, weil er *xawara* – Krankheiten – mitbringe.* Bis 1989 spitzten sich allerdings die Kontroversen um Chagnon derart zu, daß Dimanawa bei Chagnons Rückkehr nicht mehr vermitteln konnte. Deshalb schrieb Dimanawa an die Indianerbehörde einen Brief mit der Bitte, Chagnons Einreisegenehmigungen zu widerrufen. Seine Beweggründe waren freilich komplexer. »Wir wollen nicht immer so weitermachen, wie wir waren, als Shaki das erste Mal zu uns kam«, erklärte er den Grund für seinen Brief. »Jeder entwickelt sich weiter.« Er trug eine Menge schwerwiegender Bedenken vor, unter anderem die politische Belastung, als »*grimmiges Volk*« abgestempelt zu sein. »Ich schreibe den Brief im Auftrag aller Dorfgemeinschaften. Er hat uns als Wilde bezeichnet, und das hat uns verär-

* Siehe Kapitel 11.

gert.«[20] Später schnitt Dimanawa ein weiteres Problem an. »Die Bewohner von Washewa hatten Angst, weil Chagnon ihnen seinen Revolver gezeigt hatte. ›Dieser Mann will uns töten‹, sagten sie sich. Chagnon kann nicht leugnen, daß die Leute von Washewa hierherkamen und erklärten, sie wollten nicht, daß er zu ihnen zurückkehre. Sie sagten, Shaki besitze eine Bombe, *shereka siwaka,* einen Feuerpfeil.«[21]

Laut Finkers tauchte Chagnon Ende Juni 1990 am Mittellauf des Orinoko wieder auf und richtete gleich neben der Landebahn der Ocamo-Mission ein Versorgungszentrum ein. »Dank der Unterstützung durch FUNDAFACI und die Geliebte des Präsidenten konnte Chagnon zurückkommen ... Chagnon kam mit großer Ausrüstung, einer Menge Geschenke und allen möglichen Dingen für sein Lager; es sollte alles mit dem Schiff den Fluß hinaufgebracht werden. Doch als er erfuhr, daß sich auch César Dimanawa flußaufwärts aufhielt, fuhr er nicht. Statt dessen schickte er zwei Maquiritares [von einem benachbarten Stamm] und einen brasilianischen *criollo* mit seinen Sachen den Fluß hinauf. Sie sollten mit den Yanomami weiter stromaufwärts einen Lagerplatz anlegen, wo er mit dem Hubschrauber landen konnte.«[22]

Ushubiriwa und seine Brüder, die unmittelbar oberhalb von Mavakita in einem *shabono* namens Shamatha lebten, beschlossen den Auftrag anzunehmen. »Shaki bot meinen Brüdern und mir einen Außenbordmotor an, damit wir ihm bei seinen Ausflügen ins Siapa-Gebiet helfen«, sagte mir Bokoramo.[23] Auf Bokoramos Vorschlag hin, fuhren wir zu Chagnons Hubschrauberlandeplatz im Quellgebiet des Mavaca.

Der Fluß wurde immer enger und die Hügel in der Ferne immer höher. Sobald wir Césars Gebiet hinter uns gelassen hatten, entspannte sich Bokoramo. Wir kamen zu einem Strand namens Mrakapiwei – »sandiger Ort« –, wo sich unmittelbar nebeneinander die Überreste von zwei zerstörten *shabonos* befanden. Das größere hatte den Kedebabowei-teri gehört, einer der größten Yanomami-Gemeinden. Es wurde auffallend oft in Chagnons Büchern, Filmen und soziobiologischen Theorien erwähnt. Männer aus diesem Dorf waren die Hauptdarsteller in *The Ax Fight* gewesen, und in dem berühmten *Science*-Artikel über die Yanomami-Mörder hatte Chagnon enthüllt, daß es in Kedebabowei-teri mehr Serienkiller gab als im gesamten restlichen Yanomami-Land zusammen. Acht der zehn Männer, die durchschnittlich zehn Morde pro Kopf begangen hatten, kamen aus diesem Dorf.[24]

Bokoramo setzte sich auf eine verrostete Benzintonne und erteilte mir ein Lehrstück in FUNDAFACI-Geschichte am Beispiel des alten Hubschrauberlandeplatzes. »Sechs Tage haben wir geschuftet, um den Hubschrauberlandeplatz zu roden«, erzählte er. »Shaki hatte uns alles mögliche dafür versprochen, deshalb wurden die anderen Dörfer neidisch und fingen an, uns zu bekämpfen. An dieser Stelle stand ein großes *shabono* der Kedebabowei-teri, aber sie zogen fort, weil sie sich wegen Shaki nicht auf Kämpfe mit César einlassen wollten. Mein Bruder [Ushubiriwa] kam mit vier Frauen und einem Kind hierher; ich hatte meine drei Frauen und zwei Kinder. Außerdem gehörten noch zwölf andere Männer zu uns. Wir bauten dieses kleine *shabono* direkt neben dem der Kedi. Alle kamen her, um für Shaki zu arbeiten, doch dann kam César und griff uns an.«[25]

Chagnon bestreitet hartnäckig jede Beteiligung an diesen Vorgängen. Wie berichtet wurde, waren die Brasilianer und Maquiritares jedoch mit Flinten bewaffnet und reichlich mit Munition und Geld versehen. Bekanntlich zählen sie zu den härtesten und gefährlichsten Kämpfern am Oberen Orinoko. Nicht zuletzt dank ihrer Anwesenheit gelang es Ushubiriwa und seinen Brüdern, das wesentlich größere Kedebabowei-teri mit seiner vierfachen Übermacht an Kriegern einzuschüchtern. Gekämpft wurde mit Stöcken. Erst nachdem es zahlreiche eingeschlagene Köpfe und noch mehr zutiefst verletzte Egos gegeben hatte, zogen sich die Kedebabowei-teri grollend in die Hügel zurück.

»Wie Chagnon selbst sagt, führen Dorfspaltungen früher oder später zu Kriegen zwischen den Yanomami«, bemerkte Jesús Cardozo. »In Mavakita zerstritt sich das Dorf wegen Chagnons Besuchen. Die Spaltung verlief nicht ohne Gewalt, und am Ende gab es mehrere Tote. Nach diesem Grundmuster – gegen Chagnon eingestellte Yanomami-Dörfer überfallen

Dörfer, die ihn aufgenommen haben – scheinen sich noch eine Reihe anderer Kriege abzuspielen.«[26]

Knapp einen Monat nach der Rodung des Hubschrauberlandeplatzes und der Vertreibung der Kedebabowei-teri führte Bokoramo einen Angriff gegen das landeinwärts gelegene Dorf Toobatotoi-teri an. Es war das abgeschiedenste Dorf im ganzen Siapa-Hochland. Chagnon gab folgenden Bericht von dem Überfall:

> Bokoramo persönlich erschoß den Anführer Watemosiwa mit einer Schrotflinte, die er von der SUYAO-Genossenschaft bekommen hatte. Bei dem Überfall wurden noch zwei weitere Toobatotoi-teri mit Schrotflinten getötet; einer der beiden, ein wehrloser Mann namens Rowahiwa, wurde auf einem Baum erschossen, auf den er wahrscheinlich geklettert war, um Honig zu sammeln oder einen Pfeil zu bergen. Ein dritter Mann namens Kumadowa wurde ebenfalls mit einer Flinte erschossen. Das Erstaunliche an diesem Zwischenfall war, daß Bokoramos Dorf nie zuvor Kontakt zu Toobatotoi-teri hatte und daher auch keinerlei Streitigkeiten vorangegangen waren. Der Überfall und die Morde waren für Yanomami-Verhältnisse völlig willkürlich und wurden offenbar nur dadurch provoziert, daß Bokoramos Gruppe Schrotflinten besaß und die wehrlosen Toobatotoi-teri nicht.[27]

Nach dieser Darstellung war Bokoramo ein von der SUYAO-Genossenschaft bewaffneter, »missionierter« Killer und nicht etwa einer von Chagnons Leuten, der gerade mit tatkräftiger Unterstützung von außerhalb neue Munition und Waffen erworben hatte.

Dennoch ergibt Bokoramos Handeln meines Erachtens einen Sinn, und zwar aus zwei Gründen. Er hoffte, wie er mir erzählte, das größte Handelszentrum am Oberlauf des Mavaca aufzubauen. Traurig zeigte er mir ein riesiges leeres *depósito,* das er im Geiste bereits mit den kunsthandwerklichen Erzeugnissen sämtlicher Gruppen dieser Gegend gefüllt hatte. Mrakapiwei lag in der Nähe der Einmündung zweier Flüsse, Keti-U und Washewa-U, und dadurch, daß sich der Fluß oberhalb des Ortes jäh verengte, wurde Bokoramos Vorposten zum Nadelöhr für alle weiter stromaufwärts lebenden Yanomami. Mit den Hubschraubern von FUNDAFACI und der geplanten Einrichtung eines ständigen Vorpostens, in dem das ganze Jahr über 15 bis zwanzig Wissenschaftler und ihre Assistenten untergebracht werden sollten, versprach Mrakapiwei dann das El Dorado des Kunsthandwerks zu werden.

Aber genau das war sowohl für die Vorherrschaft der SUYAO als auch für César Dimanawas politische Position eine ernsthafte Bedrohung. Césars eigenes *depósito* in Mavakita erfüllte nämlich ebenjene Funktion, die Bokoramo übernehmen wollte. Insofern war Bokoramos dreister Überfall auf die Toobatotoiteri gleichzeitig die Ankündigung an alle Bewohner im Gebiet des Oberen Mavaca, daß die neuen Herren des strategisch wichtigen Standorts Mrakapiwei die Absicht hatten, der SUYAO das Handelsmonopol streitig zu machen. Das hieß, daß die Orte im Landesinnern mit Strafe würden rechnen müssen, wenn sie versuchten, Kunsthandwerk nach Mavakita zu bringen.

Angesichts dieser Herausforderung blieb César Dimanawa nicht untätig. »César kam mit einer ganzen Schar Männer nach Shamatha, trieb meinem jüngsten Bruder die Axt in den Schädel und verletzte auch meinen zweitjüngsten Bruder Antonio [Ushubiriwa] schwer, so daß er fast gestorben wäre«, erzählte Bokoramo. »Sie nahmen drei Schrotflinten und drei Frauen mit. Als ich zurückkam, war mein Bruder fast tot. Aber dann erholte er sich wieder, und wir kamen hierher nach Mrakapiwei.«[28]

Bis Oktober 1990 fielen Dimanawas Reaktionen gemäßigt aus. Er hätte ohne weiteres die beiden Brüder von Bokoramo töten können, beschränkte sich jedoch darauf, sie halb bewußtlos zu schlagen. Was er mitnahm, waren drei Schrotflinten in dem Versuch, den Status quo ante wiederherzustellen, der durch das Eindringen der FUNDAFACI radikal verändert worden war.

Einen Monat später und drei Monate nach Anlaufen der Siapa-

Expeditionen der FUNDAFACI, veranstaltete César Dimanawa ein großes Fest in Mavakita. Dieses Fest war, wie Chagnon schrieb, ein *nomohori* – ein gezielter Akt des Verrats – oder Hinterhalt.[29] Das Fest artete zu einer Hetzjagd aus, bei der sich die neue Bündnisstruktur des Yanomami-Reservats offenbarte: Die SUYAO-Verbündeten verfolgten die Bewohner des FUNDAFACI-Dorfes nach Washewa (ein Dorf, in dem Chagnon ebenfalls willkommen war), wo die SUYAO-Männer zwei Hiomita-teri aus nächster Nähe mit Schrotflinten töteten. Später, als sich Chagnon mit seiner Expedition in Washewa aufhielt, ging das Gerücht, daß Dimanawa das Dorf überfallen wolle. Chagnon schrieb es seiner Ankunft zu, daß Dimanawa an der Ausführung seines geplanten Überfalls auf Washewa gehindert wurde: »Da er wußte, daß ich mich dort aufhielt und wahrscheinlich bewaffnet war, machten er und seine Leute kehrt ...«[30] Damit gibt Chagnon zu, daß er mit seinen Gewehren und Tauschwaren zu einem Faktor in diesen Kriegen geworden ist.

Der Ethnologe Frank Salamone, den die Salesianer gebeten hatten, den von Chagnon gegen sie erhobenen Beschuldigungen nachzugehen, nachdem die American Anthropological Association die Bildung eines Untersuchungsausschusses abgelehnt hatte, befragte César Dimanawa zu den Kämpfen: »César Dimanawa sagte zu mir: ›Ich habe getötet, aber ich bin kein Mörder.‹ Ich glaube, daß er Überfälle verübt hat. Chagnon ist der Meinung, daß Dimanawa bestimmte Dörfer angegriffen hat, weil er, Chagnon, dort war. Dimanawa bestreitet das und sagt, es sei aus Rache geschehen – weil die Bewohner des Dorfes einen seiner Leute getötet hätten. Ich persönlich halte es durchaus für möglich, daß Dimanawas Angriffe Chagnons Anwesenheit galten.«[31]

Als ich César danach fragte, lachte er. »Das ist eine Riesenlüge!« Und als er hörte, er hätte sich angeblich nicht getraut, das Dorf Washewa anzugreifen, weil er wußte, daß Chagnon ihn mit einer Schrotflinte erwartete, lachte er noch mehr. »Ich ließ Chagnon ausrichten, er solle in Zukunft nicht mehr mit dem Hubschrauber kommen, sondern statt dessen versuchen, mit dem Boot den Fluß hinaufzufahren, dann würden wir ja sehen, wer der Stärkere ist. Aber das wagte er nicht, denn er wußte, ich würde sein Boot zerstören, weil ich wütend auf ihn war.«[32]

»César Dimanawa hat vier bis sechs Menschen getötet«, meinte der Ethnologe Raymond Hames. »Er ist ein gerissener Politiker, dessen wahre Motive sich aus seinen Worten kaum bestimmen lassen. Am besten interpretiert man sein Handeln vor dem Hintergrund seines Bestrebens, Führer aller Yanomami zu werden.«[33]

Was die politischen Ziele Dimanawas betrifft, teile ich Hames' Einschätzung. Ende 1990 begriffen die SUYAO-Führer, daß die FUNDAFACI die Schaffung einer neuen politischen Einheit plante, die die Kontrolle über das Siapa-Gebiet übernehmen, dem restlichen Yanomami-Land aber keinerlei Schutz bieten sollte. Was als Auseinandersetzung zwischen zwei von Chagnons Protegés um das Revier und den Handel am Oberen Mavaca begonnen hatte, weitete sich nun zu einem regionalen Konflikt von zunehmend nationaler Tragweite aus. Bei der Mitte November 1990 in der Missionsstation von Ocamo abgehaltenen Jahresversammlung der SUYAO wurde Dimanawa zum Präsidenten gewählt. In seiner Antrittsrede schwor er, Chagnon zu töten, falls er ihn jemals auf Yanomami-Gebiet erwischen sollte.[34]

1996 sagte César zu mir: »Ich werde der Präsident aller Yanomami werden.«[35] Dieses Ziel vor Augen, dürfte die Vertreibung der FUNDAFACI für ihn – und für die SUYAO – ganz oben auf der Tagesordnung gestanden haben. Alles deutet darauf hin, daß die stärker akkulturierten Dörfer in der Nähe der westlichen Handelszentren den abgelegeneren Dörfern sowohl politisch als auch waffentechnisch überlegen waren, was sich durch das neue FUNDAFACI-Regime drastisch geändert hätte.

Anscheinend wurden alle in die gewalttätigen Auseinandersetzungen hineingezogen. »Während des letzten Jahres«, so erklärte Brewer gegenüber der *New York Times*, »haben ›missionierte Yanomami‹ 21 ›wilde Yanomami‹ erschossen.« Brewer Carías machte die Ausgabe von Schrotflinten durch die Missionen verantwortlich.[36]

Die Kämpfe zwischen Pro- und Anti-Chagnon-Kräften weiteten sich auch auf den Mittellauf des Orinoko aus. Chagnons größtes Versorgungslager war die Landepiste von Ocamo. Ein dort aufgenommener Videofilm zeigt ein Transportflugzeug beim Entladen ganzer Berge von FUNDAFACI-Ausrüstung, die Brewer mit einem Militärlastwagen abtransportiert. »Von Januar bis Februar 1992 ging ich zusammen mit *National Geographic* nach Ocamo [eine Missionsstation am Oberen Orinoko]«, erinnerte sich der Ethnologe Kenneth Good. »Damals schwirrte Chagnon dort überall in Militärflugzeugen und -hubschraubern herum. Als wir in Ocamo landeten, sah ich all die riesigen Kisten aufgereiht neben der Landepiste stehen, bis fast ans Gebäude der Guardia Nacional [venezolanische Armee]. Als ich sah, daß überall FUNDAFACI draufstand, war mir klar, daß sie Chagnon und Brewer gehörten. Was für riesige Kisten – einsfünfzig mal zweifünfzig! Und was für eine ungeheure Menge an Ausrüstung! ›Meine Güte‹, dachte ich, ›die stampfen hier ja eine richtige Stadt aus dem Boden. Sieht ganz nach einem Kraftwerk oder so was aus. Nicht zu fassen. Das scheint was Dauerhaftes zu werden.‹«[37]

Es war nicht leicht, immer die gesamte Ausrüstung im Auge zu behalten. Während der Siapa-Expedition erlebte Chagnon mehrmals, daß ihm Teile seiner Ausrüstung gestohlen wurden, unter anderem zwei Solarplatten, ein Tonbandgerät und viele andere Wertgegenstände. Einmal wachte er um drei Uhr morgens auf und ertappte einen jungen Yanomami, der sich zu Besuch in der Mission aufhielt, beim Versuch, seinen Computer zu stehlen. »Wer rechnet denn auch damit, daß ein Yanomami es auf einen Computer abgesehen hat?« fragte sich Chagnon verwundert.[38]

All diese Diebstähle ereigneten sich, wie Chagnon schrieb, »obwohl meine Yanomami-Freunde in der Missionsstation Ocamo sich alle Mühe gaben, mein Eigentum zu schützen.«[39] Chagnons und Brewers engste politische Verbündete, Alberto Karakawe und José Valero, stammten beide aus Ocamo. Sie flogen mit dem Hubschrauber ins Siapa-Gebiet und wurden als Berater in Brewers vom Präsidenten ernannte Kommission aufgenommen.[40] Daneben ließ sich Karakawe mit einem Stethoskop in der Hand vom venezolanischen Fernsehen interviewen, als sei er Krankenpfleger, was er keineswegs war.[41]

Offensichtlich sollte Karakawe für eine Führungsrolle im Biosphärenprojekt für das Siapa-Gebiet aufgebaut werden, was César Dimanawa natürlich überhaupt nicht ins Konzept paßte. Die beiden Männer wurden Feinde. Zufall oder nicht, kurz darauf kam es zwischen den Ocamo-Yanomami und einem von César Dimanawa angeführten Bündnis aus Mavaca zum schlimmsten Yanomami-Nahkampf seit vierzig Jahren. Er fand im September 1992 statt.

Chagnon schilderte den Kampf im *Times Literary Supplement*:

> Die Mordopfer der letzten Zeit waren zum großen Teil Männer in äußerst abgelegenen Dörfern, mit denen die missionierten Yanomami vorher weder Kontakt noch Streit hatten... Letztes Jahr...stellte ein gewalttätiger Mann namens César Dimanawa eine Truppe von ungefähr hundert Mann auf, die mit von der Mission geliehenen Booten ein kleines Dorf überfielen. Sie töteten sieben Männer und zwei Frauen und verwundeten etliche andere schwer. Dimanawa schoß eigenhändig auf eine in den Wehen liegende Frau und tötete sie und das Kind. Schließlich verschleppten sie noch drei junge Frauen zu ihrem Stützpunkt in der Mission, wo sie sie eine Woche lang systematisch vergewaltigten. Die Presse wurde von diesem Zwischenfall nicht unterrichtet. Von seinem Ausmaß und seiner Brutalität her unterschied er sich zwar nicht besonders von dem, was in Haximo-teri geschehen war, aber diesmal waren die Schurken keine *garimpeiros*, sondern missionierte Yanomami. Die obige Nachricht basiert auf wissenschaftlichen Recherchen.[42]

Tatsächlich basierte die obige Nachricht auf zwei Interviews, die allerdings nicht Chagnon geführt hatte, sondern Charles Brewer Carías, und zwar in Caracas und mit Alberto Karakawe, dem Feind von César Dimanawa.[43] Weder Chagnon noch Brewer hatten es für nötig gehalten, sich zur Untersuchung des Vorfalls in das nahe der Missionsstation Ocamo gelegene Lechoza zu begeben.

Allerdings brauchte man auch keinerlei Ortskenntnisse, um zu erkennen, daß Brewer seinem Interviewpartner einen Bericht entlockt hatte, der ein verzerrtes Bild von dem Überfall gab. Nach den auf Tonband aufgenommenen Äußerungen, die Karakawe gegenüber Brewer gemacht hatte, begann César Dimanawa das Gemetzel, als sich eine in den Wehen liegende Frau seinem Verführungsversuch widersetzte: »›Na schön, wenn du dich so anstellst [es ging um Sex], dann bring ich dich eben um.‹ Er schoß ihr aus nächster Nähe in den Bauch! Sie war auf der Stelle tot. Das Baby fiel aus ihrem Leib und wand sich auf dem Boden.« Chagnon fügte hinzu: »Ob das Neugeborene ebenfalls starb, geht nicht aus Brewers Abschrift hervor.«[44]

Mir gegenüber erklärte Karakawe, daß César Dimanawa besagte Frau vermutlich nicht erschossen habe; außerdem stamme die Geschichte nicht von ihm, sondern von Pater Nelson. »Ich war nicht in der Nähe des Kampfes. Ich habe nichts gesehen. Pater Nelson hat mir nur davon erzählt. Der Padre war ganz allein, als die Häuser brannten. Sonst lagen nur Tote, zum Teil verkohlt, herum.« Nelson wiederum sagte, er habe fünf verschiedene Versionen vom Tod der Frau gehört, wovon sich Karakawe die unwahrscheinlichste ausgesucht hätte. »Es ist ein bißchen viel verlangt, noch genau zu rekonstruieren, was im Durcheinander eines Kampfes geschehen ist.«[45]

Einem Augenzeugen des Kampfes zufolge erschoß Dimanawa zu Beginn des Kampfes einen Mann und suchte dann in dem allgemeinen Durcheinander das Weite. Nach allem, was ich hörte, war er nicht dabei, als die schwangere Frau getötet wurde, als sie ihr Versteck hinter einer Strohwand verließ. Niemand wußte mit absoluter Gewißheit, wer die Frau getötet hatte, weil mehrere Schützen gleichzeitig auf sie schossen und sich mehrere Männer aus Anlaß ihres Todes als *unokai* bezeichneten.

Im *Times Literary Supplement* gab Chagnon seine Schilderung des Konflikts als ein Beispiel für »wissenschaftliche Recherchen« aus.[46] Von wissenschaftlichen Recherchen konnte jedoch bei »einem äußerst abgelegenen Dorf«, das von »missionierten Yanomami« überfallen wurde, nicht die Rede sein. Beides waren missionierte Gruppen, und von den beiden war Césars Mavaca-Bündnis sogar weniger akkulturiert als die Ocamo-Yanomami. In Ocamo gab es zahlreiche evangelische Christen, darunter auch Karakawe. Chagnon verteidigte die Leute aus Ocamo, weil sie seine Freunde waren, und nicht etwa, weil sie aus »einem äußerst abgelegenen Dorf« stammten.

Aber so verständlich Chagnons Loyalität auch ist, bei der Schuldzuweisung an den Morden verleitete sie ihn zu schweren Fehlern. Ähnlich bereitwillig hatte Chagnon damals den verleumderischen Behauptungen der Yanomami über seinen ehemaligen Feind Moawa geglaubt, der angeblich ganz allein 22 Männer mit einer geschärften Pfeilspitze getötet hatte.* Chagnons Lebenswerk stützte sich angeblich auf nachweisbare Täterschaft an den Morden. Wenn jedoch seine »wissenschaftlichen Recherchen« auf zweitklassigen Horrorgeschichten aus dritter Hand, wie der von Karakawe, basieren, dann wäre seine *unokai*-These genauso gestorben wie das sich auf dem Boden windende Baby. Denn tatsächlich hatte Karakawe nie behauptet, das Baby sei gestorben, erst Chagnon ließ das Neugeborene für das *Times Literary Supplement* sterben.[47]

César Dimanawa war über diesen Bericht so entrüstet, daß er einen Protestbrief schrieb. »Wie kommen Sie dazu zu behaupten, ich hätte so viele Menschen getötet? Waren Sie vielleicht bei dem Kampf dabei?«[48] Außerdem war er wütend, weil Chagnon behauptet hatte, Dimanawa sei niemals selbst in der Lage gewesen, einen Brief mit der Bitte um Rücknahme von Chagnons Einreisegenehmigungen zu schreiben. Zum Beweis schrieb Dimanawa noch einen Brief in mein Notizbuch, und zwar einen, der wesentlich gepfefferter war als der erste und unmißverständlich ausdrückte, daß Chagnon nicht an den Oberen Mavaca zurückkehren könne.

Für alle, die sich für das Recht der Yanomami auf Selbstbestimmung einsetzten, war es immer wieder frustrierend, die

* Siehe Kapitel 10.

Passivität der Indianer gegenüber Aggressoren von außen und die fatale Wirkung von Tauschwaren miterleben zu müssen. Aus diesem Grund gelang es auch den Goldsuchern immer wieder, ins Yanomami-Gebiet einzudringen, und Chagnon konnte sich gegen den Willen der Gemeinschaft geheime Stammesinformationen verschaffen. Daß Dimanawa Chagnon nicht nur ablehnte, sondern daß er seinen früheren Mentor auch gnadenlos verfolgte, kennzeichnete ihn womöglich als »Außenseiter« unter den Yanomami. Die Auslese genau dieser »Außenseiter«-Eigenschaften aber förderte Chagnon durch die Verteilung seiner Tauschwaren. Wie María Eguillor García, eine der promovierten Salesianer-Ethnologinnen, anerkennend feststellte, gebot Dimanawa »Brewer Carías und Napoleon Chagnon bewundernswert schnell Einhalt«.[49]

Nach diesem Sieg richtete Dimanawa seine Aufmerksamkeit auf die fällige Abrechnung mit Ushubiriwa.[50]

Er ließ Ushubiriwa ausrichten, daß er ihn zu einem kollektiven Stockkampf herausfordere. Ushubiriwas Antwort konnte nur als Herausforderung verstanden werden: »Wir ziehen Bogenschießen vor.«[51] Damit war der Krieg erklärt.

Im Dezember 1992 fuhren die Männer von Mavakita mit Motorbooten den Fluß hinauf und versuchten heimlich, Ushubiriwas *shabono* zu umzingeln. Doch Ushubiriwa erwies sich als der überlegene Stratege. Er hatte seinen Feinden eine Falle gestellt. Zu diesem Zeitpunkt hatte er bereits sämtliche Frauen und Kinder der Gruppe flußaufwärts geschickt und sich mit elf Mann ans gegenüberliegende Ufer zurückgezogen, wo sie im dichten Unterholz auf der Lauer lagen und auf César warteten. Plötzlich sah Ushubiriwa einen mit einer Schrotflinte bewaffneten Mann über den Strand robben. Er eröffnete gezielt das Feuer. Der Mann brach im flachen Wasser zusammen und ertrank.

Doch auch dieser Sieg entpuppte sich für Ushubiriwa als Pyrrhussieg. Das Opfer war einer seiner Vettern namens Bruno, der zusammen mit ihm in der kleinen Dorfgemeinschaft von Shamatha-teri aufgewachsen war. Da Bruno jedoch eine Frau aus Mavakita geheiratet hatte, mußte er, was durchaus üblich war, mit seinen Schwiegereltern gegen seine Blutsverwandten kämpfen.

Bokoramo schilderte, was nach Brunos Tod geschah: »Um César zu entkommen, versteckten nur meine Brüder und ich uns ein Stück weiter flußaufwärts in der Nähe von Mishimishi.«[52]

Ushubiriwa floh mit seiner kleinen Schar landeinwärts in die Berge und von dort zum Siapa-Fluß. Aber sie fanden nirgends Zuflucht, weil selbst das abgelegenste *shabono* wußte, daß Dimanawa ihnen auf den Fersen war. Schließlich machte sich Ushubiriwa seine eigenen Gefolgsleute zu Feinden, indem er die Namen ihrer toten Vorfahren ausrief.

Chagnon hatte Ushubiriwa jahrelang benutzt, um an die Namen der Toten heranzukommen. Wie der Ethnologe feststellte, konnte Ushubiriwa lesen und schreiben, weshalb »er nicht mehr so empfindlich auf das kulturelle Tabu ansprach, mit dem der öffentliche Gebrauch des Namens von Verstorbenen belegt war. Tatsächlich«, so fügte Chagnon hinzu, »schmeichelte es ihm offenbar, daß uns beide eine geheimnisvolle Fertigkeit verband.«[53]

Dieses Gefühl teilten Ushubiriwas Gefolgsleute anscheinend nicht. Verärgert über das ehrenrührige Benehmen seines Bruders, kehrte Bokoramo nach Washewa, ins Dorf seines Schwiegervaters, zurück. Laut Juan Finkers erklärte er gegenüber den Mishimishimabowei-teri, es mache ihm nichts aus, wenn sie seinen Bruder umbrächten.[54] Im Dezember 1993 tötete ein Trupp Krieger aus Mishimishimabowei-teri Ushubiriwa mit Gewehrschüssen und seinen Bruder Mariano mit Pfeilen und Macheten.

Ein Kriegstrupp aus Mavakita, der Ushubiriwa ebenfalls verfolgte, begegnete den Mishimishimabowei-teri, die Dimanawas Kriegern von den Morden erzählten in der Annahme, diese freuten sich darüber. Statt dessen waren Dimanawas Gefolgsleute erbost. »Es stand uns zu, ihn zu töten!« rief einer von ihnen aufgebracht.[55] Von einer so verbissenen Menschenjagd – oder einem so tief empfundenen Haß – der Yanomami gegen ihresgleichen hatte ich nie zuvor gehört.

Trotzdem bekannte Bokoramo, daß er wieder mit Chagnon

zusammenarbeiten würde. »Ich will endlich meinen Motor bekommen«, sagte er. »Wegen des Krieges bin ich jetzt allein, aber da bin ich nicht der einzige. Auch ich habe andere einsam gemacht.«[56]

Bei seiner Rückkehr nach Mavakita fand er Isabelita, eine von Ushubiriwas erbeuteten Frauen. Sie mochte etwa 25 Jahre alt sein und sah trotz der bei den Yanomami-Frauen überaus beliebten, durch Backen und Nase gebohrten Schmuckstöckchen allerliebst aus. Inzwischen war sie von einem anderen Mann schwanger, der sie als Belohnung von César bekommen hatte. Es war ihr erstes Kind; Ushubiriwa hatte zwar sechs Frauen, aber nur ein Kind, eine Tochter. Wie die meisten *unokais,* die ich kennengelernt habe, hinterließ Ushubiriwa nicht viele Nachkommen.

Als ich Isabelita um ein Gespräch bat, machte sie einen völlig verängstigten Eindruck, obwohl ihr Mann es ausdrücklich erlaubt hatte. Sie blickte starr geradeaus und schwieg beharrlich, bis ihr Mann sie aufforderte: »Sprich über den Motor! Erzähl ihm von dem Motor!«[57]

»Chagnon, ich will meinen Außenbordmotor haben«, sagte sie. »Für die Arbeit, die mein Mann getan hat, mußt du uns einen Motor geben, denn wir haben sehr hart gearbeitet. Ich als Frau habe gar nichts bekommen, deshalb bin ich jetzt traurig.«[58]

Allmählich wurde es dunkel. Bokoramo bat mich, keine Fragen mehr zu Ushubiriwas Tod zu stellen. Er fürchtete, César könnte sich daran »erinnern«, daß er der Bruder des Feindes seines Dorfes war. Für die Yanomami sind Form und Inhalt ihrer Worte untrennbar miteinander verbunden. Sie kennen weder Vergangenheit noch Zukunft. Wenn sie über irgend etwas sprechen, erleben sie es gleichzeitig. Deshalb schmerzte es sie so tief, wenn die Verstorbenen erwähnt wurden, und deshalb riß die Erwähnung dieser Kriege alte Wunden auf. Pablo Mejía zog mich zum Boot.

»Ich übernachte nicht hier«, sagte Pablo. »César ist zwar mein Bruder, aber ich habe Angst, daß er uns töten könnte.«[59]

Es war bereits dunkel, aber der Vollmond ging auf, als wir mit dem Boot flußabwärts zur Missionsstation von Mavaca preschten. Wir kampierten in einem *shabono* nahe der Mündung des Mavaca in den Orinoko und stellten am nächsten Tag fest, daß die Missionsstation knapp einen Meter unter Wasser stand. Wir setzten unsere Fahrt fort und kamen an Lechoza vorbei, dem Dorf des Massakers in der Nähe der Ocamomündung. Nur die strohgedeckten Dächer ragten noch aus dem Wasser. Trotzdem waren wir auf den Anblick, der uns in der Missionsstation Padamo erwartete, nicht vorbereitet.

Von der weißen Kirche war nur noch das Kreuz zu sehen, das wie ein Periskop aus dem Wasser ragte. Das Kraftwerk war tot. Das Ranchgebäude, in dem ich auf einem Wasserbett geschlafen hatte, war aufgerissen – die zum Fluß zeigende Wand war verschwunden. Es war die schlimmste Flut seit Beginn der Messungen vor fünfzig Jahren.

»Das zeitliche Zusammenfallen der plötzlich ausbrechenden Kampfhandlungen am Oberen Mavaca und am Siapa mit den FUNDAFACI-Expeditionen paßt haargenau in mein Modell«, sagte der Ethnologe Brian Ferguson. »Vermutlich sollte ich mich darüber freuen – wenn das alles nur nicht so furchtbar wäre!«[60]

KAPITEL 15

In Helenas Fußstapfen

Wir haben ständig mit Jaguaren gerechnet.
Helena Valero[1]

Der Siapa, den die Yanomami »Fluß der Sittiche« nennen, war unser letztes Reiseziel. Er fließt durch eins der abgelegensten Hochlandtäler der Erde – weit jenseits der gewundenen schokoladenbraunen Wasser des Orinoko. Am 27. August 1996 nahm der Pilot Kurs auf einen einsamen Berggipfel, der sich abseits von den anderen wie eine vollkommen symmetrische Pyramide erhob. Wir überflogen ihn in einer Höhe von 3400 Fuß und sahen dann in der Ferne eine weitere, beinahe doppelt so hohe Bergkette aufragen, die Sierra Tapirapecó an der Grenze zu Brasilien. In einer steilen Kurve steuerten wir im Sinkflug das Dorf Doshamosha-teri an. Das strohgedeckte Runddorf war auf rotem Lehmboden errichtet, wodurch sich der Platz in der Mitte mit den spielenden Kindern wie ein Apfel aus einer Schale abhob. Das Dorf lag direkt an den Siapa-Stromschnellen. Während der Pilot über dem Dorf kreiste, brach unten Chaos aus. Kinder rannten aufgeregt umher und zeigten auf das Flugzeug. Erwachsene reckten die Arme zum Himmel. Der Kontrollturm hatte uns die Landeerlaubnis erteilt.

Aber wir bestätigten nur die Standorte der Dörfer, die wir besuchen wollten, und kehrten an den Orinoko zurück, wo Marinho de Souza und ich eine Woche unter medizinischer Beobachtung verbrachten. Nach dieser Woche erhielten wir eine Unbedenklichkeitsbescheinigung und machten uns flußaufwärts auf die Reise, wobei wir am Mittellauf des Orinoko noch mehrere Stopps einlegten, um uns Malariatests zu unterziehen.

In der Nähe der Missionsstation Ocamo stieß Marinho zu seiner Überraschung auf eine alte, völlig erblindete Frau, die Portugiesisch sprach. Es war Helena Valero, die seit über fünfzig Jahren bei den Yanomami lebte. Der Gründer der Ocamo-Mission, Pater Luis Cocco, verglich sie mit Homers Helena.[2] Als Zwölfjährige an einem Nebenfluß des Río Negro entführt, legte sie Tausende von Meilen zu Fuß zurück, überquerte die höchsten Berge im Amazonasgebiet und erforschte als erste Weiße unzählige Gegenden, Flüsse und Bergketten. Sie sprach besser Yanomami als jede andere Nichtyanomami. Außerdem schrieb sie mit »Ich bin die Weiße Frau« ein einzigartiges Buch über ihr tragisches und heroisches Leben.

In ihrer winzigen Hängematte hinter einem zerrissenen Moskitonetz glich sie einer verhutzelten Mumie in einem alten Spinnennetz. »Ich bin blind«, seufzte sie. »Ich habe immer Hunger in dieser Dunkelheit hier.«[3] Mit einer Taschenlampe untersuchte Marinho den grauen Star in ihren Augen. Vom grellen, künstlichen Licht erhellt, entpuppte sich das Innere der Hütte als Reliquienschrein voll mit rostigen, über Jahrzehnte gesammelten Objekten – Blechdosen mit zerkratztem Aufdruck und ein Kruzifix mit einem schiefen Jesus. Tränen rannen Helena über die Wangen, als sie mir in einer Mischung aus Spanisch und Portugiesisch erzählte: »Mein Leidensweg begann mit zwölf Jahren, als ich in Brasilien von Indianern entführt wurde.«[4]

Aber sie erinnerte sich noch an alles. Ihr geradezu unheimliches Gedächtnis für die Stammbäume der Yanomami wurde sowohl von James Neel[5], einem äußerst anspruchsvollen Naturwissenschaftler, als auch von dem Italiener Ettore Biocca[6], einem Medizinwissenschaftler, gerühmt. Die jahrzehntelang an unzähligen Lagerfeuern wiederholten Legenden und Märchen der Yanomami hatten in Valeros Erinnerung unauslöschliche Eindrücke hinterlassen – angefangen bei Hunderten von Familienstammbäumen bis hin zu den Totengesängen und den seltenen Kriegen, in denen ihr geliebter Mann schließlich sein Leben ließ.

»Ich kam mit den Kohoroshi-teri ins Quellgebiet des Shukumena-U oder Fluß der Sittiche«, erzählte sie. »Damals war ich noch ein kleines Mädchen. Ich hatte nicht einmal Brüste. Ich war noch gar keine richtige Frau. Sie nannten mich Weiße Frau, die Frau vom Mond. Die Männer wollten mich zuerst gar nicht mitnehmen. ›Laßt sie. Sie ist zu mager.‹ Aber eine Frau sagte: ›Ich nehme sie so, wie sie ist.‹ Und dann nahm sie mich mit.«[7]

Sie erinnerte sich an die Verwirrung, die ihre Ankunft bei den Yanomami auslöste. In der ganzen Gegend herrschte große Aufregung, als sich die Nachricht von der Entführung eines weißen Mädchens verbreitete. Die Indianer hofften, sie würde ihnen zeigen, wie man Äxte und Macheten herstellte, Gegenstände, die so hoch geschätzt wurden, daß Männer mit ihnen auf der Brust schliefen und sich bei der Rast im Wald draufsetzten. Zuerst kämpften die Dörfer um Helena, dann verstießen sie sie. Die einen verdächtigten sie, ihnen das Geheimnis der Metallherstellung vorzuenthalten, andere warfen ihr vor, Konflikte zu schüren. Man war sich nicht sicher, ob sie ein Mensch oder ein Geist war. Nachdem man sie beschuldigt hatte, ein Kind vergiftet zu haben, schoß ihr ein aufgebrachter Mann einen mit Kurare vergifteten Pfeil ins Bein. »Hier hat er mich getroffen«, Helena zeigte auf ihr Bein. »Dann bin ich in den Wald geflohen, alleine. Dabei war ich noch ein Kind. Ich hatte noch keine Periode, und meine Brüste fingen gerade erst an zu wachsen. Unglaublich, daß ein kleines Mädchen überhaupt so leben konnte, ganz allein auf sich gestellt, wo jeden Tag der Jaguar kam, meine Witterung aufnahm und schauerlich gebrüllt hat. Wenn Sie gesehen hätten, was der für riesige Zähne hatte! Ich habe nur überlebt, weil mich der alte Herr da oben beschützt hat. Nach sieben Monaten fanden mich die Patanowateri, und so kam ich zu meinem Ehemann. Er war der einzige, der mich wirklich geliebt hat. Und seine Mutter und seine ganze Familie mochten mich auch sehr. Aber die Indianer haben ihn getötet und wollten meine Kinder töten.«[8]

Mit Anfang Zwanzig riß Valero mehrmals erfolgreich aus, aber da war sie schon Hunderte von Meilen von ihrer alten Heimat entfernt. Zu den traurigsten Momenten in ihrer Geschichte gehörte ihr einsames Umherirren im Wald, wenn sie in der

Hoffnung, irgendwo ihr Zuhause zu erspähen, auf Berge oder Bäume kletterte und auf Portugiesisch über die endlose, sich ringsum bis zum Horizont erstreckende Weite aus Grün und Blau schrie ... und nur das Gekreische der Affen ihr antwortete. Als sich Valero diese Szenen ihres langen Exils wieder in Erinnerung rief, begann sie zu weinen. »Na ja«, meinte sie schließlich lächelnd und schüttelte den Kopf, »eigentlich kann ich mich nicht beklagen. Ich möchte nur nicht unbedingt mit leerem Magen sterben. Und diese Moskitos!«[9]

Hätte Helena Valero für ihr Leben und ihr Werk mehr Anerkennung bekommen, säße sie heute vermutlich nicht hungernd in einer ungeziefer- und malariaverseuchten Hütte. Doch als der Filmemacher Timothy Asch einen Dokumentarfilm über Valeros Leben drehen wollte, erhob Chagnon Einspruch. Er wolle nicht, daß sie ausgenutzt werde, schrieb er.[10]

Dabei hatte er sie bereits hinlänglich ausgenutzt. Alle geographischen Entdeckungen und jeder ethnologische Erstkontakt seiner Karriere gingen in Wirklichkeit auf das Konto von Helena Valero. Jedes einzelne Gebiet und jedes einzelne Dorf, das Chagnon als persönliche Entdeckung ausgab, waren Helena Valero durch etliche Besuche bestens vertraut.

In der Entdeckungsgeschichte des Amazonasgebiets hat Chagnon ein falsches Bild vom Leben Helena Valeros gezeichnet. Die Leser der ersten drei Ausgaben von *The Fierce People* lasen nur einen einzigen Satz über sie: »Helena Valero, eine Brasilianerin, die als Kind von einem Überfalltrupp der Yanomami entführt wurde, war jahrelang mit einem Anführer der Yanomami verheiratet, ehe sie seinen Namen erfuhr.«[11]

In der letzten Ausgabe von *Yanomamo* behauptet Chagnon fälschlich, daß Valero ihr Erwachsenenleben bei den Kohoroshi-teri verbrachte.[12] Tatsächlich lebte sie nur etwa sechs Wochen bei den Kohoroshi-teri[13], jedoch keine davon als Erwachsene.[14] Zwar waren es die Kohoroshi-teri, die Helena in Brasilien entführten und wenig später über die Sierra Tapirapecó nach Venezuela verschleppten. Aber dort wurde sie nach nur wenigen Monaten von Ruwahiwa geraubt[15], jenem legendären Kriegsführer der Mishimishimabowei-teri, der in *The Fierce*

People den Archetyp eines Yanomami verkörperte.[16] Valero blieb 24 Jahre in Venezuela, wo sie bei den Gruppen lebte, denen Chagnons Forschungsinteresse galt. Mishimishimabowei-teri, Patanowa-teri und Bisaasi-teri – die Protagonisten von *The Fierce People* und den das Buch begleitenden Filmen – waren gute Bekannte von ihr. Zwar erfuhr sie den wirklichen Namen ihres Mannes Fusiwe, eines Führers der Patanowa-teri, tatsächlich erst nach einiger Zeit, aber am Ende kannte sie die gesamte genealogische Struktur der Namowei-Yanomami. James Neel entdeckte in ihren Berichten keinen einzigen Fehler.

Obwohl Chagnon Valero mehrmals traf, fragte er sie nie nach ihrem Leben bei den Yanomami.[17] Chagnons Desinteresse an Valeros Geschichte paßte zu den Leitsätzen seiner Forschung. Regel Nummer fünf lautete: »Männer sind bessere Informanten für genealogische Beziehungen als Frauen.«[18] Daher wandte sich Chagnon auch nie an Valero, um gemeinsam mit ihr die Diskrepanzen zwischen seinen rekonstruierten Darstellungen der Kriegstätigkeit bei den Yanomami und ihren Augenzeugenberichten aufzuklären.

So liest man etwa bei Chagnon zu Valeros Entführung: »Die Angreifer überfielen die Fremden in der Dämmerung, wurden jedoch durch Gewehrschüsse vertrieben; dabei wurden etliche Indianer getötet, unter ihnen ein Mann namens Hokohenawa; außerdem sollen einige der Fremden von Pfeilen getroffen worden sein.«[19] Laut Valero spielte sich die Sache dagegen anders ab. Mit ihren Eltern und ihrem kleinen Bruder stieß sie bei einem nur selten benutzten Anwesen auf die Indianer, die mit ihrem Kanu die Gegend erkundeten. Der Überfall der Yanomami auf die Familie fand nicht in der Dämmerung statt. Ihr Vater hatte keine Schrotflinte mitgenommen; hätte er eine bei sich gehabt, wäre Helena mit an Sicherheit grenzender Wahrscheinlichkeit nicht entführt worden. Es wurden mitnichten »etliche Indianer getötet«. Überhaupt niemand wurde getötet. Helena wurde nicht »angeblich von Pfeilen getroffen«, sondern in ihre Haut bohrten sich tatsächlich drei in Gift getauchte Pfeilspitzen, worauf sie das Bewußtsein verlor. Zum Beweis zeigte sie uns die Narben.[20]

The Fierce People beginnt mit einer dramatischen Einleitung – »Die Ermordung von Ruwahiwa«. Nach Chagnons Darstellung war dieser Mord der Auslöser für einen endlosen Krieg, der 1964, als der Ethnologe dort eintraf, immer noch im Gang war. Allerdings variierte die Chronologie von Ruwahiwas Tod bei Chagnon. Zunächst ließ er die Ermordung von Ruwahiwa um 1938 stattfinden[21], später verlegte er sie auf die Zeit um 1950.[22] Valero war da konsequenter. Ihren Angaben zufolge starb Ruwahiwa, der ein Freund von ihr war, um 1943, und seine Ermordung, die sie zu verhindern versuchte, hatte, wenn überhaupt, nur wenig mit dem anschließenden Krieg zu tun, der erst im Jahr 1949 ausbrach.[23]

Nicht nur das wissenschaftliche Ansehen von *The Fierce People,* sondern auch die berühmte These, daß Mörder bei den Yanomami mehr Nachkommen hätten als Nichtmörder, steht und fällt mit der Verläßlichkeit mündlicher Überlieferungen. Chagnon hat, von seiner Doktorarbeit[24] bis zu seinem *Science*-Artikel, stets behauptet, daß zwischen den ihm übermittelten Berichten über gewaltsame Todesfälle eine »bemerkenswerte Übereinstimmung«[25] bestehe.

Gleichwohl wich Chagnons Berichterstattung beträchtlich von der Valeros ab. Und diese Abweichung betraf nicht nur Motive und Tathergang, sondern, was viel entscheidender war, auch die tatsächliche Zahl der Opfer und ihrer Mörder. So starb Ruwahiwa bei Chagnon durch die Hand eines einzigen axtschwingenden Angreifers namens Mamikininiwa[26], während er bei Valero von einem anderen Mann mit der Axt zwar angegriffen, aber nicht getötet wurde. Nach Valeros Bericht wurden Ruwahiwa und fünf weitere Männer von Pfeilen regelrecht durchsiebt.[27] Ettore Biocca hielt in seinem Buch *Yanomama* die schreckliche, unvergeßliche Szene fest, als die Opfer, noch in voller Kriegstracht, fortgeschleppt wurden:

> Dann wickelten die Mörder Lianen um den Leichnam ihres Opfers und schleppten ihn fort; dabei war deutlich das Tr, Tr, Trr zu hören, mit dem die Pfeile über den Boden kratzten. Der *tushaua* [Anführer] verfolgte das Ganze von

seiner Hängematte aus. Die Bemalung auf dem blutigen Körper des Toten war völlig unversehrt geblieben, ebenso die Ornamente in den Ohren und auf den Armen. Die Pfeile hatten nicht eine einzige Feder weggeschossen.[28]

Viele Jahre später bezeugte Valero, daß ihr Mann allein in einen Hinterhalt geriet.[29] Dagegen kam er Chagnon zufolge zusammen mit zwei weiteren Männern bei einem »Überfall« ums Leben.[30] Da bereits kleine Abweichungen wie diese bei einer Bevölkerung, die innerhalb von 35 Jahren insgesamt 31 Mordopfer zu beklagen hatte, stark ins Gewicht fallen, hätte Chagnon eigentlich allein aufgrund der unterschiedlichen Zahlen zumindest versuchen müssen, seine Daten mit Hilfe der einzigen Person dieses Kulturkreises, die weiter als bis zwei zählen konnte, zu überprüfen.

Abgesehen vom Problem exakter Zahlenangaben, stellte sich die noch schwerwiegendere Frage nach der Bedeutung dieser Toten in der Geschichte der Yanomami. Chagnon sah die Ermordungen von Ruwahiwa und Fusiwe im Zusammenhang mit dem biologischen Konkurrenzkampf zwischen dominanten Männern und brachte ihre jeweiligen Blutsverwandten als Rächer der Morde ins Spiel. Valero zufolge wurde Ruwahiwa dagegen auf den ausdrücklichen Wunsch seiner eigenen Brüder hin getötet; und in Fusiwes Fall unternahmen seine Verwandten, die von dem Hinterhalt wußten, nichts, um ihn davor zu warnen. Demnach wurden beide mit Unterstützung ihrer nächsten Verwandten getötet, die genug von den ständigen Scherereien mit ihnen hatten. Außerdem wurden nach Fusiwes Tod seine Kinder und Frauen von seinen Feinden gejagt, was im Widerspruch zu Chagnons These vom Fortpflanzungserfolg bei Mördern steht. Folgendermaßen lauteten die letzten Worte, die der sterbende Fusiwe zu seiner Frau, Helena Valero, sagte:

»Napeyoma, geh mit den Kindern fort. Bleib nicht mehr länger bei diesen Menschen, sonst machen sie mit dir dasselbe wie mit mir. Finde deinen Weg. Geh weit weg mit den Kindern, weit weg von hier … Es tut mir leid, daß ich ster-

> ben werde und sie verlassen muß. Geh und zieh sie bei deinem Volk auf.« Während er sprach, drückte er seinen Kindern noch fester die Hände und schaute sie an. Dann stieß er einen tiefen Seufzer aus, schloß die Augen und starb.[31]

Aber der entscheidende Grund, aus dem Chagnon oder Lizot[32] Valero die ihr gebührende Anerkennung versagten, war meiner Meinung nach ihre Befürchtung, dieses Eingeständnis könnte an ihrem geheimnisvollen Nimbus kratzen, nicht zuletzt deshalb, weil Valero eine Frau war. Reiz und Marktwert des Erstkontakts lagen in seiner absoluten Jungfräulichkeit.

Verglichen mit den Abenteuern der mutigen Helena Valero verblaßten sämtliche anderen Erlebnisberichte aus dem Dschungel. Und wie man leider zugeben muß, haben die Herausgeber der Chagnon-Reihe *Case Studies in Anthropology* dreißig Jahre lang den geistigen Diebstahl an Helena Valeros unvergleichlichen Erlebnissen unterstützt. Nicht anders die National Geographic Society, die Chagnon ein breites Forum zur Veröffentlichung seiner Ansichten bot.[33] Gewöhnlich war diese Gesellschaft in puncto Entdeckungen gut informiert. Immerhin hatte sie vier Artikel des Geographen Hamilton Rice über diese Region veröffentlicht.[34] Doch als es darum ging, wem das Verdienst des Erstkontakts gebührte, hatten Ethnologen, Journalisten und Medien entweder noch nie etwas von einem Leben gehört, das im Amazonasgebiet bereits zur Legende geworden war, oder sie betrachteten Helena Valero nicht als Menschen.

In einem großen Einbaum setzten wir unsere Fahrt den Orinoko hinauf fort. Bis zu den Guaharibo-Stromschnellen kamen wir mühelos voran. Mit einem schweren Breitbodenkanu aus Hartholz stromauf durch Stromschnellen der Stärke zwei zu fahren, bedarf dagegen einer besonnenen und vorausschauenden Fahrweise. Die brasilianischen Mucajaí-Yanomami verstanden es meisterhaft, ihre Boote durch Stromschnellen wie diese zu steuern. Sie paddelten in die »Gischtlöcher« hinter den großen Felsen, wo das anbrandende Wasser stromaufließende Kehrwasser bildete. Auf diesen Gegenströmungen ließen sie sich bis zum Rand des Felsens treiben, manövrierten das Boot ganz langsam zur sichereren Seite hinaus und steuerten in einem 45-Grad-Winkel über das schäumende Wasser das nächste Kehrwasser an. Auf den ersten Blick schien diese Fahrweise dem gesunden Menschenverstand zu widersprechen, da die tosenden Wassermassen das Boot zum Kentern zu bringen oder stromabwärts zu treiben drohten. Doch solange man genügend Fahrt machte, um den 45-Grad-Winkel des Bootes zu halten, wirkte sich die Strömung sogar günstig aus, so daß man von einem Wellenkamm zum nächsten ritt. Allerdings erforderte diese Technik, die die Mucajaí-Yanomami von den Goldsuchern gelernt hatten, daß man sie perfekt beherrschte.

Wir befanden uns an einem historischen Ort. Laut Alexander von Humboldt fing hier die Welt der Yanomami an. Im Jahr 1800 markierten die von Humboldt als Weiße Guaharibos bezeichneten Yanomami die Grenze zu ihrem Territorium mit einer Hängebrücke über die Stromschnellen. Unmittelbar dahinter massakrierten venezolanische Truppen in den zwanziger Jahren des 19. Jahrhunderts eine Gruppe schlafender Yanomami, und an derselben Stelle erschoß 1920 Hamilton Rice eine unbekannte Anzahl Yanomami mit einer Maschinenpistole. Wir wanderten an einer Insel vorbei, auf der die französisch-deutsche Expedition von 1951 kampiert hatte. Je mehr sich der Fluß verengte, desto steiler stiegen die von Vegetation überwucherten Ufer an. Ungefähr eine Stunde später erreichten wir das Dorf Patahama-teri. Dort stand ein neu errichtetes *shabono;* das Dach aus Palmwedeln war noch frisch und grün. Als wir später in unseren Hängematten lagen und zu den Sternen emporblickten, während um uns herum ein Dutzend Feuer im Runddorf brannten, hatten wir das Gefühl, in einer anderen Welt zu sein, einer Welt, die längst vergangene Erinnerungen in den christianisierten Yanomami wachrief. »Herrlich – so habe ich mein Leben lang gelebt!« seufzte Pablo Mejía glücklich. Trotzdem beschloß er, nicht mit uns zu den entlegenen Dörfern zu reisen. »Dort finden im Moment zu viele Kriege statt«, meinte er, als er am nächsten Tag ablegte.[35]

Alfredo Aherowe, ein SUYAO-Führer aus Mahekoto-teri am Orinoko, und sein Neffe Marco begleiteten Marinho und mich.

Außerdem schlossen sich uns noch sechs Jungen aus Patahamateri an, womit wir wesentlich mehr Helfer zum Tragen unserer Lebensmittel- und Medikamentenvorräte hatten, als mir lieb war. Am nächsten Morgen gab jeder von uns nach dem Aufstehen eine Blutprobe für einen Malariatest ab (eine Prozedur, zu der Marinho uns täglich anhielt) und ließ sich von Marinho auf Erkältungssymptome untersuchen. Dann verließen wir die feuchten Ufer des Oberen Orinoko und tauchten ins milde Dämmerlicht des Waldes ein. Wir folgten gewundenen Bächen, deren Wasser von den im Lauf der Zeit durch das dichte Laubwerk gesickerten Ablagerungen und Gerbstoffen rötlich gefärbt war, bis wir nach Irokai-teri kamen, einem alten Dorf, das Helena Valero gut kannte. Hier in der Nähe war 1950 ihr Mann auf dem Weg zu einem Fest aus dem Hinterhalt überfallen und getötet worden.

Als wir uns dem Dorf näherten, flohen zahlreiche Frauen laut kreischend aus dem *shabono.* Es war Mittag, als wir aus dem Schutz des Waldes in die blendende Helligkeit und Gluthitze des Mittelplatzes heraustraten. Unter monotonem Gesang bliesen sich drei Männer gegenseitig Rauschmittel in die Nase, um Heilungsgeister für ein Dutzend krank in ihren Hängematten liegende Dorfgenossen zu beschwören. Wir wollten wissen, warum die Frauen vor uns weggelaufen waren.

»Wir dachten, du wärst Kenny Good«, erklärte einer der Schamanen.

Sie fürchteten, Good wäre zurückgekommen, um seine Frau Yarima zurückzuholen. Als Good in Irokai-teri Forschungen für seine Doktorarbeit betrieb, heiratete er ein junges Mädchen aus dem Dorf. Seine Liebesgeschichte erzählte er in dem Buch *Into the Heart*. Durch die Heirat verschaffte er sich einzigartigen Zugang zur Gesellschaft der Yanomami, und er übertrug seine Liebe zu Yarima auf die Yanomami-Kultur.

Seit Ende 1993 war Yarima von niemandem aus der Außenwelt mehr gesehen worden. In der Padamo-Mission munkelte man, sie sei tot; anderswo ging das Gerücht, sie verberge sich in den Hügeln.

Trotzdem war ich überrascht, als mich eine Frau am Ärmel

zog und in perfektem Englisch zu mir sagte: »Guten Tag. Ich heiße Yarima. Und wie heißt du?« Sie stillte ein Kind und schien im Unterschied zu den meisten Bewohnern von Irokai-teri vor Gesundheit nur so zu strotzen. Ihr neuer Mann behandele sie gut, erzählte sie mir. Als sie sich nach ihren drei Kindern in New Jersey erkundigte, flog ein Schatten über ihr Gesicht. »Hier gut. Jersey schlecht«, fügte sie hinzu.[36]

Der Grund für Yarimas Unzufriedenheit in New Jersey war leicht zu verstehen. Für jemanden, der in einem gemeinschaftlich genutzten Rundhaus aufgewachsen ist und weder Privatsphäre noch Einsamkeit kennengelernt hat, war das einsame Hausfrauenleben in einer kleinen Wohnung etwas vollkommen Fremdes. Sehnsüchtig dachte Yarima an das gemeinschaftliche Fischen und Früchtesammeln mit ihren Schwestern und ihrer Mutter zurück. Sie stellte fest, daß die meisten Amerikaner ihre Zeit wesentlich lieber mit Einkaufen und vor dem Fernseher verbrachten als mit ihren Familien. »Das einzige, was sie lieben, sind Fernsehen und Einkaufszentren«, meinte sie zu mir.[37]

Dazu kam, daß Good sie außerhalb des Dschungels längst nicht so beeindruckte. »Dabei hatte man *mir* prophezeit, daß meine Liebe zu dem kleinen Indianermädchen abflauen würde, sobald ich wieder in der Stadt wäre«, sagte Good. »Statt dessen war es Yarima, die meinte, ich sei in den USA ein ausgemachter Hasenfuß geworden. Ich trug kein Gewehr. Und wenn mich ein Polizist anhielt, blieb ich brav stehen. Einmal fuhr ich einer Frau ins Auto; sie stieg aus, brüllte mich an und beschimpfte mich als Idioten. Später sagte sie [Yarima] zu ihren Brüdern: ›Er ist überhaupt nicht so grimmig. Er läßt sich ungestraft von Leuten ins Gesicht lachen, die flußabwärts leben.‹ Das konnte sie, glaube ich, nie verstehen.«[38]

Good zeichnete kein verklärendes Bild von den Yanomami. Aber er verwechselte auch nicht ihre Phrasendrescherei und ihre Drohgebärden mit tatsächlicher Kriegstätigkeit, die er so gut wie gar nicht miterlebte. »Ein *shabono* ist ein erstaunliches Modell gemeinschaftlichen Zusammenlebens«, erklärte er. »Damit meine ich nicht, daß überall Frieden und Eintracht herrschen. Natürlich gibt es Probleme, Kämpfe, Beschimpfungen.

Aber schließlich muß man bedenken, daß in diesen ziemlich engen Unterkünften achtzig bis hundert Menschen ohne Trennwände oder Privatsphäre leben. Ich glaube nicht, daß in einer westlichen Gesellschaft auf Dauer so was möglich wäre. Dort würde man sich schon nach kurzer Zeit an die Gurgel gehen. Die Yanomami haben sich kulturell dieser Lebensweise angepaßt. Und für diese Fähigkeit sollte man sie bewundern, anstatt sie als kriegerisches Volk darzustellen.«[39]

Wie Helena Valero stellte auch Good fest, daß sich die tatsächliche Gewalt der Yanomami vor allem gegen Frauen richtete. Ganz offen beschreibt er sein Entsetzen angesichts einer Gruppenvergewaltigung durch jugendliche Yanomami. Verwirrt und »zornbebend« fragte sich Good: »Ken, was ist los mit dir? Hast du vor, im Namen der ethnologischen Wissenschaft mit deinem Notizbuch in der Hand tatenlos einer Gruppenvergewaltigung zuzuschauen?«[40]

Ebenso ehrlich schilderte Good die Konflikte, die seine Hochzeit heraufbeschwor, und zwar sowohl für ihn als auch für Yarima und für das Dorf Hasupuwe-teri. Als sich Good einmal wegen seiner Arbeit flußabwärts aufhielt, erklärten die Hasupuwe-teri ihn für tot, worauf Yarima von zahlreichen Männern des Dorfes vergewaltigt wurde. Darüber erbost, demütigte Good öffentlich einen der Vergewaltiger, der zugleich sein Schwager war (aus Sicht der Yanomami war es ganz normal, wenn Yarima mit dem Mann ihrer Schwester sexuell verkehrte). Ein anderes Mal wurde Yarima während Goods Abwesenheit verprügelt und ein Ohr halb abgerissen. Am Ende kam es immer wieder zu Spannungen zwischen Good und etlichen Dorfbewohnern, weil diese nicht in der Lage waren, Yarima während Goods forschungsbedingter Abwesenheit zu beschützen. »Ich bin stocksauer auf die Leute hier«, schrieb er. »Auch auf ihren Bruder. Auf den vielleicht sogar besonders. Seine grundlegende Einstellung zu diesem Problem ist: Na und? Was kümmert's dich? Ist doch nur eine *naka,* nur eine Vagina. Was ist denn schon groß dabei?«[41]

Letztendlich haben die Yanomami mit ihrem Glauben, daß jeder Mann, der mit einer Frau schläft, zur Kraft des Fetus beiträgt, und die kein Wort zur Unterscheidung von Onkel und Vater kennen, andere Vorstellungen von Fruchtbarkeit und Treue. Um die durch seine gelegentliche Abwesenheit hervorgerufenen Probleme zu vermeiden, nahm Good Yarima schließlich mit nach New Jersey, wo er eine Lehrtätigkeit übernahm. Dort brachte Yarima drei Kinder zur Welt.

Am Anfang war Yarima von der westlichen Lebensweise fasziniert. »Damals wußte ich überhaupt nicht, was Polizei war. Ich dachte, Polizisten müßten irgendwo anders leben ... Als ich Kenny fragte, wo ihr Dorf sei, sagte er, sie hätten keins. Aber das konnte ich mir überhaupt nicht vorstellen ... Ich sah auch die Frauen der Polizisten. Sie trugen dieselben Kleider und ebenfalls Waffen. Ich fragte mich, ob auch ihre Kinder diese Kleider und Waffen trugen, aber ich habe nie eins von ihnen gesehen.«[42]

Als ich Good nach dem Leben mit Yarima in New Jersey fragte, antwortete er, bis zur Geburt der Kinder habe es Yarima gefallen. Danach »fühlte sich Yarima einsam und langweilte sich. Sie wollte nicht mehr hier sein. Ich auch nicht. Aber ich hatte keine Wahl – wir hatten schließlich drei Kinder.[43] Yarima führte das typische Leben einer Frau aus der Mittelklasse. Bis sie eines Tages meinte: ›Jetzt reicht's! Das ist doch kein Leben.‹«[44]

Sie wollten beide ins Yanomami-Land zurückkehren, wenigstens für einen Besuch. Doch das ließ Goods Professorengehalt nicht zu. Aber dann bot sich eine Möglichkeit, als der Fall Yarima Thema des Sonderhefts *Yanomami Homecoming* von *National Geographic Explorer* wurde. Der *National Geographic Explorer* reiste mit drei großen Bootsladungen voll Leuten an, um die Rückkehr von Yarima an den Oberen Orinoko zu filmen. Wie es sich traf, machten die Yanomami nicht viel Aufhebens um Yarimas Rückkehr. Viel interessanter war für sie die Ankunft der vielen *nabah* mit ihren Tauschwaren.

Aber einen Teil des Geschehens – die Yanomami-Geschichte der Filmcrew – hielten die Yanomami auf Video fest. Dank Timothy Aschs Unterstützung hatten sie Camcorder. Asch hatte sich Ende der achtziger Jahre aus der herkömmlichen Dokumentarfilmproduktion zurückgezogen, die durch stattliche

Budgets und große, mit fertigen Drehbüchern am Drehort anreisende Crews geprägt war. Statt dessen wollte er die Yanomami in die Lage versetzen, selbst zu filmen. Deshalb stiftete er der SUYAO mehrere 8-mm-Camcorder, beteiligte sich an der Ausbildung einiger junger Männer und ließ sie filmen, wozu sie Lust hatten.[45] Einer der Kameramänner der Yanomami, José Seripino, beschloß, die *National-Geographic-Explorer*-Crew zu filmen.

Das Resultat war eine kleine, aber wichtige Fußnote in der Geschichte des ethnographischen Films; ein Blick aus den Kulissen auf die im Film festgehaltenen Ereignisse. Der Ethnologe Jesús Cardozo, Aschs Partner bei diesem Projekt, beschrieb Seripinos Studie in einem Bericht, den er Asch im März 1992 schickte, unmittelbar nachdem *National Geographic* das Feld geräumt hatte:

> Es ist ein kurzer, aber sehr interessanter Film mit einigen hervorragenden Einstellungen, die meiner Meinung nach zeigen, daß José ein ausgesprochenes Gefühl für das Filmen hat. Denn während die Filmcrew von *National Geographic* »das Wiedersehen zwischen dem amerikanischen Ethnologen – der eine Indianerfrau von einem primitiven Stamm im Amazonasgebiet geheiratet hat und nun mit drei indianisch-amerikanischen Kindern aus den Vereinigten Staaten zurückkehrt – und dem katholischen Padre in der Mission« in Szene setzte und filmte, drehte José einen wesentlich interessanteren Film über die ganze »Wiedersehens-Show«. Ich glaube nicht, daß er etwas Besonderes damit bezweckt oder bewußt versucht hat, einen irgendwie gearteten »kritischen« Film zu drehen; aber Tatsache ist, daß für ihn das eigentlich Interessante in dem ganzen Spektakel um Kens und Yarimas Ankunft darin bestand, was die ganzen *nape*, die riesige Kameras und Unmengen von *matohi* mitgebracht hatten, in Mavaca machten. Übrigens gibt es in Josés Film eine lustige Szene, in der wir Ken sehen, der ziemlich verstört in die Kamera blickt (das heißt zu José) und Bórtoli sinngemäß fragt: »Was macht der

denn da? Wieso filmt der mich? Wie sind die Yanomami überhaupt an die Kameras gekommen?«[46]

Schon seit Jahren hatte man Dokumentarfilmern solche und ähnliche Praktiken unterstellt. Aber um das zu beweisen, bedurfte es eines Yanomai-Filmemachers, eines »Steinzeitkünstlers«.

Außerdem säte die Verteilung von Tauschwaren durch die Filmcrew Zwietracht zwischen Hasupuwe-teri und dem benachbarten Dorf Patahama-teri. (Als ich am Orinoko übernachtete, hielt der Anführer der Patahama-teri abends eine lange Rede, in der er kritisierte, daß die Hasupuwe-teri den Löwenanteil an den von der Filmcrew freigebig verteilten Geschenken bekamen.) Allerdings spiegelt das meiner Meinung nach nur wider, wie wenig Gestaltungsspielraum Filmcrews heutzutage nur noch haben. Um ein Millionen-Dollar-Budget für einen 45-Minuten-Film zu bekommen, brauchten sie eine fix und fertige Story, noch ehe sie am Drehort eintrafen. Aber selbst als sie vor Ort waren und allein aus dem, was um sie herum vor sich ging, einen durchaus vernünftigen Film hätten drehen können, hielten sie hartnäckig an der sentimentalen Geschichte von der Heimkehr der Indianerin fest. Und während sie im Februar 1992 in Hasupuwe-teri die Yarima-Show inszenierten, kreiste über ihren Köpfen täglich der riesige Hubschrauber mit Cecilia Matos in ihrem Weiße-Hexe-Aufzug und ihren Millionärsfreunden. Unterdessen bekämpften sich am Oberen Mavaca Napoleon und César im blutigsten Krieg der Yanomami-Geschichte. Transportflugzeuge warfen Dutzende von riesigen Kisten ab zur Errichtung der größten tropischen Forschungsstation, die jemals gebaut wurde.

Auch Kenneth Good mißfiel das Benehmen der Filmcrew in Hasupuwe-teri. Er beklagte, daß die *National Geographic* ihr Versprechen gebrochen habe, einen Arzt auf die Expedition mitzunehmen. »Das ist doch Blödsinn«, widersprach Amy Wray. »Wir nehmen grundsätzlich keine Ärzte mit.«[47] So denken die meisten Filmcrews. Auf mich persönlich machte Amy Wray einen sehr liebenswürdigen Eindruck. Auch Yarima genoß ihre Gesellschaft während der Dreharbeiten, und als ich

Amys Namen erwähnte, strahlte Yarima über das ganze Gesicht. Das Problem ist kein individuelles. Vielmehr haben sowohl sehr nette als auch weniger nette Menschen seit nunmehr über dreißig Jahren sehr schädliche Filme am Oberen Orinoko gedreht. Und selbst wenn die Filme die Gefahren des Kontakts von außen und den dringenden Bedarf an medizinischer Hilfe zur Rettung von Yanomamis predigten, nahmen die Filmemacher sich davon aus. Die Zeitschrift *National Geographic Research* hatte jahrelang vor der Kontaktaufnahme zu unberührten Gruppen gewarnt und darauf hingewiesen, daß ohne die Gewährleistung ständiger medizinischer Betreuung innerhalb kurzer Zeit 30 Prozent der Bevölkerung sterben könnten.[48] Doch zwischen den wissenschaftlichen Beiträgen der Forschungsgesellschaft und den kommerziellen Interessen ihrer Fernsehabteilung an guten Videoabsätzen und hohen Einschaltquoten lag eine unüberbrückbare Kluft.

Good schrieb *Yanomami Homecoming* eine Mitschuld an dem Scheitern seiner Ehe zu. So hätten verschiedene Teilnehmer der Expedition nicht nur Yarima regelrecht zur Kritik an ihm gedrängt, sondern auch darauf bestanden, sie tagelang ausschließlich mit Hilfe von Gary Dawson zu interviewen – eine Situation, die ihre Beziehung eindeutig belastet habe. Ein Hinweis hierauf findet sich im Film, als Yarima auf die Frage, warum sie Good geheiratet habe, antwortet: »Ich hab's satt, daß Sie mich ständig fragen, warum ich ihn geheiratet habe. Ich habe ihn geheiratet, weil ich ihn liebe.«[49]

Schwieriger war die Frage, warum Yarima beschloß, Good zu verlassen. Ein Jahr später rannte Yarima auf der Platanal-Landebahn aus dem Flugzeug und trat eine Zeitlang mit Politikern in Talk-Shows auf. Good beschuldigte einen der ursprünglich von *National Geographic* angeheuerten Männer, Timenes, der gezielten Beeinflussung Yarimas.

Dem wahren Konflikt zwischen Good und Yarima lag freilich ein sehr ernster Vorfall zugrunde. Unmittelbar bevor die Filmcrew von *National Geographic* zum Oberen Orinoko flog, erhielt Good in Caracas die Nachricht vom Tod seines Vaters. Unter den gegebenen Umständen entschied er sich dafür, zu bleiben und seinen Verpflichtungen gegenüber der Filmcrew nachzukommen. Yarima war entsetzt. Für die Yanomami ist die Trauer um verstorbene Familienmitglieder eine absolute Verpflichtung. Laut Good verlor Yarima danach jeglichen Respekt vor der amerikanischen Kultur. Als Yarima bei ihrer Rückkehr nach Hasupuwe-teri erfuhr, daß ihre Mutter gestorben war, brach sie in Tränen aus und war untröstlich. Ein Abgrund trennte die emotionalen Welten, in denen Yarima und Good zu Hause waren.

Ich unternahm einen langen Spaziergang mit Yarima und ihrem neuen Freund. Wir kletterten einen gewundenen Bach hinauf mit klarem Wasser und seichten Tümpeln, wo wir schwammen und uns anschließend auf warmen Felsen am Fuß eines Wasserfalls sonnten. Ich konnte es mir nicht verkneifen, das Zivilisationsspiel zu spielen, und fragte Yarima, ob sie noch zählen könne. »Ja«, antwortete sie. »Eins, fünf, drei ...« Sie lachte. »Ich hab's vergessen.«[50] Es klang, als sei sie froh darüber.

Yarima und Helena Valero, zwei Menschen, die sowohl die Yanomami-Kultur als auch die Außenwelt kannten, entschieden sich beide für ein Leben bei den Yanomami. Auch im kolonialen Amerika kam es in vergleichbaren Fällen meistens zu ähnlichen Entscheidungen. So stellte Benjamin Franklin fest, daß sich von Indianern entführte Weiße später kaum wieder an das Leben in der Zivilisation gewöhnen konnten, während im umgekehrten Fall die Indianer, auch noch nach jahrelanger Erziehung durch die Weißen, bei der erstbesten Gelegenheit davonliefen. »Ihre sozialen Bindungen müssen für sie von übergeordneter Bedeutung sein«, schrieb Franklin. Oder unsere für uns von sehr untergeordneter.

Unsere »Entdeckung« von Yarima erwies sich als *die* »Steinzeit-Sensation«. Nachdem ein brasilianischer Reporter von unserer Begegnung mit ihr erfahren hatte, erschien eine Reihe Artikel über Yarimas Rebellion gegen das moderne Leben. Die brasilianischen Zeitungen gerieten völlig aus dem Häuschen. *O Estado de São Paulo*, die zweitgrößte Zeitung des Landes, druckte die Schlagzeile *YARIMA, CINDERELA REBELDE.*[51] Die Londoner *Times* brachte drei Berichte über eine Steinzeitbraut, die ihr Paradies in New Jersey gegen den Regenwald getauscht hatte.[52] Nach Angaben der *Times* wurde eine neue Expedition organisiert, um Yarima wiederzufinden. Um sie aus dem Dschungel zu locken, wollten die Sucher auf Tonband aufgenommene Nachrichten von ihren amerikanischen Kindern aus New Jersey abspielen, in denen »Mama« auf Yanomami angefleht wurde, nach Hause zu kommen.

Aber Yarima war so weit weg, daß *National Geographic* sie nicht mehr aufspüren konnte, und so konnte die Londoner *Times* über ihre mögliche Entscheidung nur spekulieren.

Doch sosehr Yarima die Rückkehr zu ihrem alten Leben auch gefiel, aus meiner Perspektive sah es mit Irokai-teri alles andere als »gut« aus. Fünfzehn von 37 Bewohnern hatten Falciparum-Malaria.

Im Landesinnern stünden die Dinge noch schlechter, erfuhren wir von den Männern. Dort wüteten Epidemien und tobten Kriege. In langen Sprechgesängen warnten sie uns vor den drohenden Gefahren einer Reise zu diesen kriegerischen, von der Zivilisation weitgehend unberührten Gruppen, die sich im Moment gegenseitig überfielen. Damals hielt ich das lediglich für eigennützige Stimmungsmache, um reiche Besucher davon abzuhalten, mit den begehrten Medikamenten landeinwärts zu verschwinden. Medikamente waren damals Gold wert. Tage später stellte ich fest, daß die Gerüchte der Wahrheit entsprachen.

KAPITEL 16

Gärten des Hungers, Hunde des Krieges

»Mamá, wann bekommen wir endlich was zu essen?« fragte Miramawe.
»Unser Hunger ist der Preis für den Mut deines Vaters«, antwortete ich.
»Das wußte er, als er sich zum Töten entschloß.«
Helena Valero[1]

Das kreisrunde *shabono* von Mokarita-teri lag eingerahmt von steilen Berghängen in einer abgeschiedenen Talmulde. Nur zu einer Seite hin öffnete sich eine enge Schlucht, so dicht von Vegetation überwuchert, daß sie von oben nicht zu sehen war. Diesen Cañon kletterten die Mokarita-teri Tag für Tag zu einer tröpfelnden Quelle hinab, der einzigen Wasserstelle weit und breit.

Als Marinho de Souza und ich die abschüssigen Böschungen aus rötlichem Lehm herunterrutschten, registrierten wir überrascht die vielen Bananenstauden um uns herum, die trotz des mittelmäßigen Bodens und des unebenen Geländes üppig gediehen. Wir lebten von dem, was wir in den Pflanzungen pflückten, an denen wir auf unserem Marsch durch das Siapa-Hochland im September 1996 vorbeikamen, und es gab Hunderte von Pflanzungen – von sorgfältig gehegten kleinen Obstplantagen bis hin zu halb verlassenen, verwilderten Beeten, die sich der Wald zurückholte. Auf allen wuchsen hauptsächlich Obst- und Kochbananen. Aber das üppige Wachstum täuschte. Die Bananenernten fielen sehr wechselhaft aus, und der Verzehr von Kochbananen allein war auf die Dauer keine ausreichende Nahrung.[2]

Nike. Das war das Wort, das ich auf unserem 17tägigen Fußmarsch durch das Siapa-Hochland im September 1996 immer wieder hörte. *Nike, Nike* und nochmals *Nike.* Was meine jugendlichen Führer aus Hasupuwe-teri damit ausdrückten, war freilich nicht die Forderung nach hochmodernem Schuhwerk, sondern ihr »Fleischhunger«. Die Verpflegung wurde zum Problem, vor allem weil die Hasupuwe-teri meine Ergänzungsnahrung aus Milchpulver verabscheuten. Trotz der Tatsache, daß sie mit langen Giftpfeilen bewaffnet waren und die ganze Zeit aufmerksam nach Wild Ausschau hielten, war eine Schlange die größte Beute, die sie auf dem gesamten Marsch erlegten. Auch das Fischen in den Bächen des Hochlands war reine Zeitverschwendung: Der größte Fang wog nicht mal ein halbes Pfund. Die Jungen aus Hasupuwe-teri waren merklich dünner, als sie nach Hause zurückkehrten, und ich hatte fast acht Kilo abgenommen.

Marinho schätzte, daß ungefähr ein Viertel der Siapa-Yanomami unterernährt war. Bei vielen Kindern sah man hervorstehende Rippen und ballonartig aufgeblähte Bäuche.[3]

Nachts jedoch verloren wir die abgemagerten Kinder aus den Augen und vergaßen auch unseren eigenen Hunger. In jedem Dorf hörten wir an den Feuern lange, ritualisierte Sprechgesänge. Manchmal führten die Schamanen ihre Heilungszeremonien vor und beschworen die Tiergeister, um Krankheiten auszutreiben, insbesondere Malaria und Erkältungen, die mittlerweile auch hier verbreitet waren. Doch ein großer Teil der im Singsang vorgetragenen sowohl mythischen als auch wahren Geschichten hatte, wie sich herausstellte, mit uns und anderen Besuchern zu tun. Die Yanomami sind ein singendes Volk. Ihre normale Kommunikation ist von anmutigen Gesten und pantomimischen Einlagen begleitet. Dabei wird mindestens ebensoviel gesungen wie gesprochen, wobei der Zweck dieser Sprechgesänge darin besteht, einen wohlklingenden Ton zu wiederholen und sich an dessen Resonanz und Assonanz zu ergötzen. Die Yanomami schwelgen in Klängen und genießen es offensichtlich, in halbwachem Zustand dahinzudämmern, während sie das Feuer bewachen und dafür sorgen, daß die Wechselgesänge und Lieder gegen die Krankheiten nicht abreißen, mit denen sie in den langen tropischen Nächten böse Geister und gefährliche Tiere fernhalten.

Von jener Nacht an, in der die Mahekoto-teri und Patanowa-teri Helena Valero baten, bei einem großen Fest zu singen, begann sie sich bei den Yanomami heimisch zu fühlen. Sie sollte in ihrer eigenen Sprache singen, und die Yanomami wollten sie begleiten. Und so brachte sie ihnen eine traurige brasilianische Liebesballade bei, die gleichzeitig ein treffendes Resümee ihrer persönlichen Situation und ihrer Absichten war:

Eu sou prisoneira
Escrava desse grande amor
Deixa disso, deixa disso
Eu vou te abandonar.
Estou cansada de sofrer
Por te adorar, por te agradar.[4]

Ich bin eine Gefangene
Eine Sklavin jener großen Liebe
Gib dir keine Mühe mehr
Ich werde dich verlassen.
Ich habe es satt, aus Verehrung für dich,
Um dir zu gefallen, zu leiden.

Die Yanomami stimmten in Helenas Lied ein, und nach kurzer Zeit stampften sie mit den Füßen einen wilden improvisierten Tanz dazu. Bis zu dieser Nacht hatte Helena etliche Fluchtversuche unternommen. Aber von da an blieb sie bis zur Ermordung ihres Mannes Fusiwe bei den Patanowa-teri.

An unserem letzten Tag in Mokarita-teri begann der Anführer gegen ein Uhr morgens zu singen. Er trug einen Marathon-Gesang *(wayamou)* vor, der später zu einem Wechselgesang mit dem SUYAO-Leiter Alfredo Aherowe anschwoll. In unseren Hängematten dösend, überließen wir uns den Klängen, die besonders eindringlich wurden, als Alfredo gegen vier Uhr in den Gesang einstimmte. Bis die Sonne aufging, sangen sie, wobei Alfredo dem mit tiefer Stimme singenden Anführer stets eine Oktave höher antwortete. Wechselgesänge werden in einer archaischen Sprache gesungen, und das einzige, was ich verstand, waren die Wörter »weißer Mann«, *nabah*, und »Tauschwaren«, *madohe*. Der vom Anführer immer wieder gesungene Hauptrefrain hatte, wie Alfredo mir erklärte, folgende Bedeutung:

Die Sonne geht auf
Die Nacht geht zu Ende
Es wird Zeit, es wird Zeit
Sag dem reichen Fremden
Er soll sich beeilen und mir ein paar Angelhaken geben.

Inzwischen hatten wir zehn Personen gegen Malaria behandelt, eine durchaus angemessene Bezahlung. Man hatte uns nichts zu essen angeboten, und als Marinho am Schluß um ein paar Bananen bat, lehnte der Anführer ab. »Wir denken gar nicht daran, euch Bananen zu geben.« Marinho, der Yanomami sprach und die Indianer in Brasilien vier Jahre lang medizinisch betreut hatte, verstand die Welt nicht mehr. Sonst hätten ihn die Yanomami immer gern bewirtet, meinte er kopfschüttelnd. Aber wir arbeiteten im Kielwasser von FUNDAFACI und der Filmcrew von *National Geographic*, und dementsprechend hoch waren die Erwartungen an jeden Besucher. Drei Tage waren die Mokarita-teri zu einem anderen Dorf marschiert, um Shaki (Chagnon) um Geschenke zu bitten, die er ihnen großzügig gewährte.[5] Ich dagegen erwies mich als Enttäuschung.

Eigentlich wollten wir die sechs Jungen aus Hasupuwe-teri nun wieder nach Hause schicken, doch als Alfredo an den Mittellauf des Orinoko zurückkehrte, war sein Neffe Marco nur unter der Bedingung, daß wir alle Jungs mitnahmen, zur Fortsetzung des Marsches bereit. Marco hatte sein ganzes Leben am Orinoko verbracht, und er betrachtete die Bewohner der im Landesinnern gelegenen Dörfer als »Wilde«. Die Mokarita-teri wiederum weigerten sich, uns Führer nach Hokomapiwe-teri mitzugeben, unserem nächsten Dorf, mit dem sie sich im Kriegszustand befanden.

Der Weg nach Hokomapiwe-teri war durch zusammengebundene Äste blockiert, ein klarer Hinweis auf verfeindete Dörfer. Wir machten mehrmals halt, damit die Führer aus Hasupuwe-teri mit Pfeil und Bogen auf Jagd gehen konnten, aber sie brachten nichts zur Strecke. Sie fragten, warum ich keine Schrotflinte mitgenommen hätte.

Daß es kaum Wild gab, überraschte mich. 1992 hatte ich die Tieflandsümpfe am östlichen Rand des brasilianischen Yanomami-Gebiets – rund 300 Kilometer vom Siapa-Gebiet entfernt – durchquert, wo kaum gejagt wurde, so daß Affen und Baumhühner bei unserem Anblick neugierig näherkamen. Die Gefahr in diesen Sümpfen waren Jaguare, die ebenfalls keine Angst vor Menschen hatten, und die unzähligen Schlangen. Nachdem die Goldgräber, mit denen ich unterwegs war, einen Brüllaffen getötet hatten, mußten sie einen Teil davon einem großen Jaguar überlassen, der plötzlich, keine zehn Meter von uns entfernt, knurrend aufgetaucht war. Eines Nachts glitt eine von meiner Körperwärme angezogene, tödlich giftige Lanzenschlange einen Baumstamm neben meiner Hängematte empor und begann nur wenige Zentimeter von meinem Fuß entfernt rhythmisch hin- und herzuschwingen, bis ein indianischer Führer sie mit Keulenschlägen tötete.

Hier waren die Tage von größerer Eintönigkeit sowohl der Flora als auch der Fauna geprägt. Am ersten Tag, nachdem wir Mokarita-teri verlassen hatten, sahen wir ein Wildschwein, doch bevor jemand einen Pfeil abschießen konnte, sprang es ins Unterholz und verschwand.

Während in manchen Sumpfgebieten Orchideen und Bromelien in verschwenderischer Pracht blühten, war hier nur selten ein Farbtupfer auszumachen. Das Amazonasgebiet weist in seiner Artenvielfalt beträchtliche Unterschiede auf. Mancherorts hat die hartnäckige Bearbeitung durch Schädlinge dazu geführt, daß Bäume derselben Spezies in weiten Abständen voneinander wachsen. Auf einem halben Hektar Land kommen bis zu hundert verschiedene Arten vor. So entdeckten wir im hiesigen Hochland neben Palmenhainen auch Hartholzgewächse, jenen nicht unähnlich, die in den Wäldern der Appalachen wachsen. Wasserfälle ergossen sich in sonnenbeschienene Tümpel, an denen wir Rast machten, fischten, schwammen und nach Wild

Ausschau hielten. Die Fische, die wir fingen, waren nicht größer als Elritzen.

Also ernährten wir uns weiterhin von Bananen – morgens, mittags und abends. Europäer hatten diese Frucht im 16. Jahrhundert im Amazonasgebiet eingeführt. Niemand weiß, wann die Yanomami mit dem Anbau von Kochbananen oder *musa*, begannen. Aber ohne Frage hat die Einführung der Banane ihre Ernährungsweise völlig umgekrempelt, und möglicherweise war sie auch ein entscheidender Faktor für zwei zwischen 1800 und 1960, bei der Ankunft der ersten westlichen Ethnologen, beobachtete Phänomene – die außerordentliche territoriale Ausdehnung und die Bevölkerungsexplosion der Yanomami.

Wie mochte das Leben der Yanomami vor der Einführung von Stahlwerkzeugen und Kochbananen ausgesehen haben? Ein Archäologe würde bei Ausgrabungen in einem Yanomami-Dorf zwei erstaunliche Entdeckungen machen. Erstens, daß alle wichtigen Werkzeuge für die Landwirtschaft importiert wurden; und zweitens, daß die Nahrung der Yanomami zu mehr als 70 Prozent aus Kochbananen bestand.[6] Ganz wenige Stämme in den Tropen sind auf die Banane als Hauptnahrung angewiesen. Wie eine Untersuchung über Yanomami-Pflanzungen in der Sierra Parima ergab, bezogen die Indianer bis zu 98 Prozent ihrer aus Kulturpflanzen stammenden Kalorien von Bananengewächsen.[7] Frischfleisch gab es in den ersten vier *shabonos,* die wir besuchten, nicht.

Eine der Säulen der soziobiologischen Theorie zur Kriegstätigkeit der Yanomami war die These, daß die Yanomami mehr als ausreichende Proteinmengen zu sich nahmen, die sie sich problemlos mit wenigen Arbeitsstunden pro Tag verschafften. »Gemessen an westlichen Normen, sind alle Mitglieder relativ gut ernährt, was für sonstige Probleme sie auch immer haben mögen«, schrieb Edward O. Wilson. »Und doch sind sie so ingrimmig streitbar und revierbewußt, daß die Aggressivität innerhalb der Dörfer und zwischen ihnen ein legendäres Niveau erreicht. Sie sind wirklich und wahrhaftig das ›grimmige Volk‹. Worin besteht nun aber das wesentliche Gut, um das sie kämpfen, falls es so etwas bei ihnen überhaupt gibt? ... In einem proteinreichen Milieu ist die Fortpflanzung der Männer primär durch die Anzahl der Frauen eingeschränkt, zu denen sie Zugang haben ...«[8]

Um wirklich »grimmig« zu sein, mußten die Yanomami gut ernährt sein. Ansonsten ließe sich das kriegerische Verhalten der Yanomami mit dem abgedroschensten Argument für Stammeskonflikte begründen: Ressourcenknappheit. Eine weltweite archäologische Untersuchung zu Stammeskriegen, die auf Gerichtsanalysen über Opfer, Täter und Todesumstände gestützt war, kam zu dem Schluß, daß die große Mehrheit dieser Konflikte von Stämmen provoziert wurde, die von Bevölkerungsexplosion betroffen waren und sich territorial ausdehnten. Die Kriege wurden um Jagdgründe, Handelswege und landwirtschaftliche Anbauflächen geführt und nicht etwa von biologischen Konkurrenzkämpfen ausgelöst.[9] Auch Chagnon räumte kürzlich ein: »Archäologischen Erkenntnissen zufolge scheint die Hauptursache für prähistorische Gewalttätigkeit in Ressourcenknappheit zu liegen, durch die Konflikte innerhalb der Gruppe provoziert werden ...«[10]

Allerdings behauptete Chagnon unter Berufung auf James Neel und die Untersuchungen der AEC, daß die Yanomami nicht in dieses weltweit bewährte Schema paßten: »Als ich meine Forschungen bei den Yanomami begann, arbeitete ich meist mit einem großen Team aus fachkundigen Medizinern zusammen, die aufgrund Tausender biomedizinischer, epidemiologischer und serologischer Beobachtungen an mehreren tausend Yanomami zu dem Schluß gelangt waren, daß die Yanomami zu den am besten ernährten Ethnien gehörten, die bisher in der anthropologisch-medizinischen Literatur beschrieben wurden.«[11] Die Quelle, die Chagnon zur Untermauerung dieser Behauptung zitierte, war ein 1970 von James Neel in *Science* veröffentlichter Artikel, der allerdings keine näheren Angaben zur Ernährungsweise der Yanomami enthielt.[12] An anderer Stelle erklärte Neel, bei seinem Eindruck vom guten Gesundheitszustand der Yanomami habe es sich lediglich um eine Momentaufnahme gehandelt, wobei seine euphorische Einschätzung auf einer Beobachtung von erwachsenen Männern beruht habe, die bei seinen Besuchen die ganze Nacht hindurch getanzt und gesungen hätten.[13] Die Tendenz, auf der Grundlage von Einzelbeobachtungen an mit rituellen Aktivitäten befaßten Männern auf den allgemeinen Gesundheitszustand der Yanomami zu schließen, wurde in den letzten Jahren wiederholt von Wissenschaftlerinnen kritisiert, die bei Frauen, Kindern und Alten eine alles andere als robuste Gesundheit feststellten.[14]

Abgesehen davon haben sich seit Jahrzehnten andere Methoden zur Bewertung der Gesundheit bei Naturvölkern bewährt. So stützt sich die Weltgesundheitsorganisation WHO auf Messungen von Körpergröße und -gewicht. Dasselbe tat Neel. Wie aus den heute im Staatsarchiv befindlichen Aufzeichnungen seiner Expedition von 1968 hervorgeht, maßen und wogen er und die von der AEC finanzierten Ärzte Hunderte von Yanomami – Männer, Frauen und Kinder.[15] Doch weder Neel noch einer der anderen an den von der AEC finanzierten Expeditionen beteiligten Wissenschaftler veröffentlichte jemals eine Untersuchung zu Körpergröße oder Körpergewicht der Yanomami.[16]

Jeder Archäologe würde aus einer Analyse von Größe und Gewicht der Yanomami den Schluß ziehen, daß sie zu den besonders schlecht ernährten Menschen der Erde zählten. Als Humboldt 1801 den Yanomami begegnete, bezeichnete er sie als »Zwergindianer«.[17] Bei der einzigen in diesem Jahrhundert durchgeführten Untersuchung zum Thema Ernährung und Gesundheit der Yanomami in der Sierra Parima stellte sich heraus, daß die Körpergröße bei männlichen Erwachsenen im Durchschnitt 145 Zentimeter und bei Frauen 136 Zentimeter betrug.[18] Die Yanomami in den Parima-Dörfern maßen im Durchschnitt 140 Zentimeter.

Nun bedeutete der kleine Körperwuchs nicht per se, daß die Hochland-Yanomami an Unterernährung litten. Allerdings betrachtet die Weltgesundheitsorganisation Wachstumshemmung als starken Indikator für Streß im Stammesmilieu, was Unterernährung gewöhnlich einschließt.[19] Neel interpretierte die Körpergröße der Yanomami anders. Zwar räumte er ein, daß die Parima-Yanomami »pygmoid«, also kleiner als 1,50 Meter seien, doch er führte diesen Umstand auf genetische Mikrodifferenzierungen zurück.[20] Andere Fachleute dagegen zeigten sich von der kleinen Statur der Yanomami beeindruckt. »Sie sind in der Tat die kleinsten Menschen im Amazonasgebiet.«[21]

Zahlreiche Beobachter berichteten von aufgedunsenen Bäuchen und abgemagerten Gliedern sowie anderen eindeutigen Anzeichen für chronisches Hungern bei den Hochland-Yanomami.[22] Die ersten Ethnographen, die Aufzeichnungen von ihren bei den Hochland-Yanomami gesammelten Eindrücken hinterließen, waren zwei Deutsche, die den Indianern um 1840 und kurz nach 1900 kurze Besuche abstatteten. Beide notierten, daß die Indianer von der Bewirtschaftung kleiner Pflanzungen lebten, deren unregelmäßige Ernten immer wieder zu Nahrungsknappheit führten.[23] Zwischen 1924 und 1925 drang der Geograph Hamilton Rice zur östlichen Flanke des Parima-Massivs am Parima-Fluß vor, wo er bei der Bevölkerung eindeutige Unterernährung feststellte. Daraus folgerte Rice, daß diese in Abgeschiedenheit lebenden Yanomami »keineswegs das grimmige und unbezähmbare Volk sind, als das die Legende sie darstellt, sondern größtenteils harmlose, bedauernswerte, zu klein geratene Geschöpfe, die ein elendes Dasein fristen«.[24] Ein Wissenschaftler der französisch-deutschen Expedition von 1951, die zur Quelle des Orinoko vorstieß, sah mit Entsetzen, daß die gerade erst mit der Zivilisation in Berührung gekommenen Yanomami vor lauter Hunger Moskitos aßen.[25] In zwei 1980 untersuchten Dörfern der Sierra Parima stellte ein Forscher des Wissenschaftlichen Forschungsinstituts Venezuelas fest, daß sich die Bewohner, mit Ausnahme der gesund aussehenden jungen Erwachsenen, in schlechter gesundheitlicher Verfassung befanden. Fast alle Kinder waren »mäßig bis stark unterernährt.«[26] Ähnliche Zustände sind auf den Fotos zu sehen, die Napoleon Chagnon 1971 von den Frauen und Kindern in Mishimishimabowei-teri machte.[27]

Der Ethnologe Kim Hill von der University of New Mexico teilte mir mit, er habe bei seinen in verschiedenen Gebieten der Erde durchgeführten Messungen nur selten ein ähnlich geringes Körpergewicht im Verhältnis zum Alter festgestellt wie bei den Yanomami.[28] Das ist allerdings nicht weiter erstaunlich, denn die

Parima-Yanomami sind nicht nur die kleinsten Menschen im Amazonasgebiet, sondern auch kleiner als alle anderen heute noch in der Neuen Welt lebenden Ethnien.[29] Und auch bei der zweitkleinsten Bevölkerungsgruppe des amerikanischen Kontinents handelt es sich um Yanomami, und zwar um die ganz in der Nähe, am Oberlauf des Ventuari, lebenden Shiriana-Yanomami. Tatsächlich sind sowohl die Parima- als auch die Shiriana-Yanomami kleiner als etliche Pygmäenvölker der Alten Welt.[30] Möglicherweise sind sogar nur die Ituri-Pygmäen in Zentralafrika, die gemeinhin als kleinste Menschen der Welt gelten, noch kleiner als die Parima-Yanomami. Doch selbst das ist nicht sicher. Wie die Meßwerte des Ethnologen und bekanntesten Ituri-Chronisten, Collin Turnbull, beweisen, sind die Parima-Yanomami, wenn man den gemeinsamen Durchschnitt von Männern und Frauen nimmt, sogar kleiner, auch wenn der Unterschied kaum ins Gewicht fällt (140,75 Zentimeter bei den Parima-Yanomami im Vergleich zu 140,80 Zentimeter bei den Ituri-Pygmäen).[31]

Nach Meinung vieler Wissenschaftler ist die Wachstumsgrenze bei den afrikanischen Pygmäen in erster Linie genetisch und nicht durch Kalorien-, Fett- und Proteinaufnahme bedingt. Allerdings ist zweifelhaft, ob dies auch für die Yanomami im besonderen gilt. Bislang erwies sich der geographische Standort als zuverlässigster Indikator für die Körpergröße von amerikanischen Indianern. So sind die Stämme im nordwestlichen Amazonasgebiet im allgemeinen kleiner als andere, wobei die Stämme im venezolanischen Hochland (Yanomami, Yupa und Ayamanes) die kleinsten von allen sind. Außerdem lassen sich anhand von anthropometrischen Messungen wesentlich präzisere Aussagen über die Zugehörigkeit der Yanomami zu einer bestimmten Dorfgemeinschaft oder einer Untergruppe treffen als anhand von genetischen Merkmalen.[32]

Anfang der siebziger Jahre maß Pater Luis Cocco in der Ocamo-Mission die Körpergröße von 287 Yanomami, die am Mittellauf des Orinoko aufgewachsen waren und eine abwechslungsreichere Ernährung aus Fisch, Maniok und Reis genossen hatten. Dabei ermittelte er bei den Männern eine durchschnittliche Größe von 156 Zentimeter und bei den Frauen von 148 Zentimeter.[33] Heute sind die Männer in Ocamo knapp elf Zentimeter größer als die Yanomami im Herzen der Sierra Parima. Verglichen mit den Männern andere Stämme im Amazonasgebiet sind sie aber immer noch die kleinsten. Die folgende Tabelle macht die Unterschiede deutlich.[34]

Größe der Amazonasindianer und westlichen Bewohner

OCAMO-YANOMAMI	156
PARIMA-Yanomami	142
Vorkolumbianische Kulturen	171
Vereinigtes Königreich	173
Xavante	168

Quelle: »Diet and Nutritional Status of Amazonian People«

Interpretiert man diese Fakten vor dem Hintergrund unseres heutigen Erkenntnisstandes, deutet alles darauf hin, daß sich der Gesundheitszustand der Indianer des Amazonasgebiets seit der spanischen Eroberung dramatisch verschlechtert hat. Wie die Archäologin Anna Roosevelt, deren jahrzehntelange Forschungen wesentlich zu einer neuen Sicht der Geschichte des Amazonasgebiets beigetragen haben, bewiesen hat, reicht die Vergangenheit der Amazonasindianer wesentlich weiter zurück als ursprünglich angenommen. Die Landnahme liegt 10000 bis 12000 Jahre zurück. Bisher war man davon ausgegangen, daß die amerikanischen Indianer vor etwa 10000 bis 12000 Jahren die Beringstraße überquerten und erst etliche tausend Jahre später ins Amazonasgebiet vordrangen. »Technologisch und künstlerisch hochentwickelt«, fertigten diese Stämme schon vor Jahrtausenden erstklassige Steinspitzen an und hinterließen eine beachtliche Sammlung an Steinkunst. Schon vor ungefähr 6000 Jahren tauchten anspruchsvolle Töpferwaren, »verziert mit verschnörkelten und punktierten Eingravierungen«, im Amazonasgebiet auf, offenbar noch ehe Keramik in den Anden bekannt wurde, was darauf hinweist, daß sich zumindest in diesem Fall der kulturelle Einfluß vom Regenwald auf das Hochland ausdehnte und nicht umgekehrt, wie bis vor kurzem angenommen. Über ein weites Gebiet des Regenwalds verteilt, entstanden vor rund 2000 Jahren große Siedlungen, zum Teil sogar richtige Städte; zu den beeindruckendsten Siedlungszentren zählten das Mündungsgebiet des Amazonas und die Amazonasregionen von Bolivien und Ecuador. Diese Gesellschaften lebten vom intensiven Anbau von Mais und anderen, heutzutage größtenteils nicht mehr kultivierten Feldfrüchten und wurden von politischen und militärischen Eliten verwaltet. Die unter diesen komplizierten Hierarchien lebenden Menschen waren nicht nur größer als alle heutigen Amazonasindianer, sondern überragten auch die Europäer der damaligen Zeit. Wie Skelettfunde belegen, waren die von unserer Zivilisation noch unberührten Bewohner des Amazonasgebiets sogar genauso groß wie die heutigen Nordamerikaner. Außerdem wiesen sie weniger krankhafte Knochenveränderungen auf als Indianer, die mit Europäern in Kontakt gekommen waren. Entsprechend sind zur Unterschicht gehörende amazonische Nachkommen europäischer Kolonisten im Durchschnitt genauso klein wie die dortigen Indianer. »Folglich können vergleichbare Aspekte in Entwicklung und Statur der Amazonasindianer durchaus physiologische Anpassungen an ihre gegenwärtige ökologische und ökonomische Marginalität statt genetisch bedingte Anpassungen an ihre Umwelt sein.«[35]

Merkwürdigerweise blieben all diese Argumente aus der forensischen Medizin oder Archäologie bei der sogenannten »Großen Proteindebatte«[36] unberücksichtigt, die Mitte der siebziger Jahre von Napoleon Chagnon und dem berühmten, damals an der Columbia University lehrenden Ethnologen Marvin Harris geführt wurde. Die »Große Proteindebatte« stieß auf erhebliche Resonanz und warf einige klassische Fragen zu Krieg und Gesellschaft auf. In seiner Doktorarbeit beschrieb Chagnon das kriegerische Verhalten der Yanomami als Teufelskreis. Zuerst komme es, bedingt durch die Tötung neugeborener Mädchen, zu einem Mangel an Frauen. Der hierdurch verschärfte Konkurrenzkampf um Ehefrauen führe zum Krieg, der die Dorfbewohner zwinge, möglichst viele männliche Krieger aufzuziehen – was wiederum die verstärkte Tötung weiblicher Säuglinge zur Folge habe.[37]

Aber weshalb sollten die Yanomami ihre neugeborenen Mädchen umbringen, wenn doch Frauen so begehrt waren, daß Männer für sie ihr Leben riskierten? Daß Yanomami-Eltern ihre Neugeborenen töteten, entsprang laut Chagnon dem Wunsch, die gesellschaftlich vorgeschriebene zölibatäre Phase nach der Geburt zu vermeiden. Harris zitierte Chagnons eigene Darstellung der militärisch-demographischen Expansionsbestrebungen bei den Yanomami, die auf einer durch Kochbananenanbau und gebrauchte Stahläxte geförderten landwirtschaftlichen Revolution basierten, um die Yanomami im altbekannten Schema vom Krieg um Territorialgewinn zu plazieren.[38] Nach Harris war die Ausdehnung an ihre Grenzen gestoßen, und die von Chagnon beobachteten Kämpfe seien die Folge der restlos ausgebeuteten Jagdgründe. »Wenn das Fleisch knapper wird, nehmen die Konflikte innerhalb der Gruppen zu (einschließlich der um Frauen); Dörfer spalten sich; die abgespaltenen Gruppen verfeinden sich und streben auseinander, wodurch Niemandsland entsteht, das dem Wild Zuflucht bietet. In Verbindung mit der Tötung weiblicher Säuglinge könnte die Kriegstätigkeit der Yanomami als Teil einer Strategie zur Verlangsamung des Bevölkerungswachstums und zum Schutz des Wildes betrachtet werden.«[39]

Harris' Position stand mehr im Einklang mit der darwinistischen Theorie als die Theorie Chagnons. Während der ersten zehn Jahre seiner Yanomami-Forschung vertrat Chagnon die These, daß Eltern ihre weiblichen Säuglinge lediglich töteten, um die mit der Stillzeit verbundenen Tabus zu umgehen, die in den ersten Jahren nach der Entbindung jeden Geschlechtsverkehr verboten.[40] Das war, wie zwei von Chagnons soziobiologischen Kollegen, Margot Daly und Richard Wilson, betonten, die antidarwinistischste Interpretation von Kindstötung, die jemals vertreten wurde. »In diesem einen bemerkenswerten Fall opferten die Yanomami-Eltern angeblich ein gesundes Kind dem hedonistischen Ziel sexueller Lustbefriedigung. Das Kuriose daran ist, daß diese ›nicht im geringsten soziobiologische‹ Erklärung von Napoleon Chagnon stammen soll ...«[41] Daly und Wilson, die Autoren von *Homicide*, pflichteten Harris' Hauptargument bei, demzufolge die Yanomami höchstens aus umweltbedingten Zwängen ihre neugeborenen Mädchen töteten.[42] Für Darwin selbst war Kindstötung eine durchaus verbreitete Reaktion von Stammesgesellschaften auf Ressourcenknappheit.[43]

Lassen wir es dahingestellt, ob Chagnons exzentrische Theorie von irgendeinem Wert war. Tatsache ist jedenfalls, daß Chagnon, sobald er die Widersprüchlichkeit seiner Aussage erkannte, von bestimmten Begriffen in der Debatte abrückte. Der Begriff der Kindstötung verschwand völlig aus seinen Erklärungen über die Entstehung von Konflikten bei den Yanomami. 1979 erklärte er, das von ihm in Yanomami-Dörfern beobachtete Mißverhältnis von Frauen zu Männern sei nichts als ein natürliches Ungleichgewicht im Geburtenverhältnis.[44] Mit dieser letzten Behauptung widersprach er einer Aussage James Neels, derzufolge »20 bis 25 Prozent der weiblichen Säuglinge ihres Geschlechts wegen getötet werden«.[45] Bei den in der Nähe der Mavaca-Mission lebenden Bisaasi-teri war die Häufigkeit von Kindstötungen mit 10 Prozent wesentlich geringer.[46] Bei den Mucajaí-Yanomami läßt sich die Häufigkeit für die Prä-Kontakt-Ära kaum quantifizieren, Kindsmord war aber eine unbestreitbare Tatsache.[47] Als sich Chagnon immer mehr in Widersprüche verwickelte, beendete er schließlich die »Große Proteindebatte« mit der Begründung, er könne nicht länger Statistiken zum Kindsmord veröffentlichen, da er befürchten müsse, daß die venezolanischen Behörden die Yanomami wegen Mordes strafrechtlich verfolgen würden. Das ist freilich nie geschehen.[48]

Das Verwirrende an Chagnons Theorie der Kindstötungen war für mich, daß sie, genau wie seine Theorie vom Fortpflanzungserfolg männlicher Killer, eigentlich darwinistisch klang. Doch genau wie seine *unokai*-Argumentation – von der absoluten Friedfertigkeit junger, unverheirateter Männer und der mit jedem verstreichenden Lebensjahrzehnt zunehmenden Mordlust älterer Männer – stellte auch seine Verbindung zwischen

Kindstötung und Kriegstätigkeit in Wirklichkeit die grundlegenden Prinzipien der Soziobiologie auf den Kopf. Durch den von ihm vertretenen Zusammenhang zwischen Paarung und Gewalttätigkeit konstruierte er ein mechanisches, fast schon hydraulisches Modell, in dem kriegerisches Verhalten von der Orgasmushäufigkeit abhing. Mit dieser Position rückte er wesentlich näher an die verschrobenen Vorstellungen des Psychoanalytikers Wilhelm Reich, der den deutschen Militarismus auf die Unterdrückung von Orgasmen zurückführte, als in die Nähe Darwins.[49]

Sowohl für Charles Darwin als auch für Alfred Russell Wallace war Nahrungsmangel ein allgemeiner Zwang, der den Kampf um Weiterentwicklung antrieb. Wallace entwickelte seine Vorstellung vom Überleben der Stärksten während der Lektüre von Thomas Malthus' *Versuch über das Bevölkerungsgesetz.* Malthus nahm an, daß die Bevölkerung geometrisch, das Nahrungsangebot jedoch nur arithmetisch wachse. Das Buch inspirierte Darwin zu seinem Essay *Species and Specification* und beeinflußte sein Werk *Über die Entstehung der Arten.* »Darwins Theorie der Evolution durch natürliche Selektion besagt im wesentlichen, daß aufgrund des von Malthus beschriebenen Problems eines zu knappen Nahrungsangebots die Jungen aller Spezies mit äußerstem Einsatz ums Überleben kämpfen.«[50]

Ein Stamm, der weder Nahrungsbeschränkungen noch territoriale Konflikte um Ressourcen kennt, aber trotzdem seine weiblichen Säuglinge tötet, wäre ein sonderbares Phänomen – zumindest aus darwinistischer Sicht. Dennoch gelang es Chagnon, Marvin Harris' Standpunkt als willkürliches Vorurteil eines Kulturanthropologen abzutun. Matt Ridley faßte in seinem Bestseller *The Red Queen* die Debatte zusammen: »Lange Zeit verfochten Ethnologen die These, daß Kriege um knappe Ressourcen geführt wurden, vor allem um Protein, an dem oft Mangel herrschte. Inzwischen glaubt Chagnon, daß diese Erkenntnis an der Sache vorbeigeht. ›Warum‹, so fragt er, ›sollte man sich die Mühe machen, um Mangangonüsse zu kämpfen, wenn der einzige Zweck der Mangangonüsse darin besteht,

Frauen zu bekommen. Warum kämpft man dann nicht gleich um Frauen?‹«[51]

Harris bestritt nicht, daß die Yanomami »um Frauen kämpften«. Und im Unterschied zu allen anderen Chagnon-Kritikern akzeptierte er, was Chagnon über weibliche Kindstötung, Frauenmangel und Kriegführung zur Behebung des Mißverhältnisses zwischen den Geschlechtern sagte. Sein Beitrag zu dem Akademikerstreit bestand darin, nach einer anderen Erklärung für diesen Kriegszustand zu suchen, bezweifelte er damit doch gleichzeitig, daß die Yanomami als Vorbilder für unsere prähistorischen Vorfahren taugten. Der Mensch des Pleistozäns lebte äonenlang in kleinen, stabilen Gemeinschaften, in denen sich der technologische Wandel mit quälender, fast unmerklicher Langsamkeit vollzog. Die Yanomami, wie Chagnon sie beschrieb, erlebten dagegen eine Revolution: »Die Yanomami bieten eine der letzten Gelegenheiten, um den Übergang von der Kulturstufe der Jäger und Sammler zur Landwirtschaft zu erforschen und zu untersuchen, inwieweit Stabilität und Produktivität der neuen Wirtschaftsordnung zu einem beschleunigten Bevölkerungswachstum und, dadurch bedingt, zur Ausbreitung von Gruppen in landwirtschaftlich bisher ungenutzten Regionen führen.«[52]

Zwischen 1800 und 1950 nahm die Yanomami-Bevölkerung von ungefähr 3000 auf 25 000 zu, wobei sie sich jedes halbe Jahrhundert verdoppelte.[53] Im Gegensatz dazu verdoppelten sich pleistozäne Populationen nur alle 15 000 Jahre.[54] Evolutionistisch orientierte Biologen aus Harris' Generation glaubten, daß anhaltende Bevölkerungsstabilität in prähistorischen Zeiten durch Kindstötung erreicht wurde.[55] Die Biologin Susan Blaffer Hrdy führt den heutigen Bevölkerungsstillstand bei den !Kung der Kalahari auf eine verspätet einsetzende Geschlechtsreife infolge von Nahrungsknappheit zurück. In beiden Fällen – ob Kindsmord oder durch Unterernährung bedingte »unterentwickelte Fertilität bei Jugendlichen« – gibt es einen unbestreitbaren Zusammenhang zwischen Nahrung und Fertilität, territorialer Ausdehnung und kriegerischem Verhalten.[56]

Chagnon führte die Bevölkerungsexplosion bei den Yanomami als Beweis für ihre ausreichende Nahrungsversorgung an. In Malthus' Modell hätte das gestimmt. Doch Herbert Spencer, der größte Sozialdarwinist des 19. Jahrhunderts, entdeckte als erster den Trugschluß der Malthusschen Hypothesen zu Nahrung, Status und Fortpflanzung. Spencer stellte bei den Unterklassen der Viktorianischen Zeit eine wesentlich höhere Geburtenrate fest als bei den besser ernährten Oberklassen.[57] Diese Beobachtung hat sich weltweit als richtig erwiesen. »Auf den ersten Blick scheint ein derartiger Befund in völligem Widerspruch zu den Voraussagen der Evolutionslehre zu stehen«, schrieb Blaffer Hrdy. »Auf der ganzen Welt läßt sich bei bessergestellten Menschen die Tendenz zu einer niedrigeren Geburtenrate beobachten.«[58] Das Sprichwort: »Die Reichen vermehren ihr Geld, und die Armen vermehren sich«, sagt mehr über die vorliegenden Zahlen zur Geburtenrate als die ganze Malthussche Theorie.[59]

Doch nirgends zeigt sich dieses Paradox anschaulicher als bei den Yanomami. Der Ethnologe Johannes Wilbert hatte sich einige Jahre, bevor Chagnon nach Venezuela kam, für kurze Zeit mit den Sanema-Yanomami beschäftigt. In seinem Buch *Survivors of El Dorado* drückte Wilbert sein Erstaunen darüber aus, daß sich die Yanomami – ohne Führungshierarchie und trotz ihrer primitiven Subsistenz-Landwirtschaft – auf Kosten anderer, besser organisierter und technisch versierterer Stämme über eine riesige Regenwaldfläche ausbreiten konnten.[60] Die demographische und territoriale Expansion der Yanomami zwischen 1800 und 1960 war eine der erstaunlichsten in der Geschichte der Indianer Amerikas. Ausgehend von einer Kerngruppe, die in einem etwa 20000 Quadratkilometer großen Gebiet in der Sierra Parima lebte, besiedelten sie fast 200000 Quadratkilometer. Allem Anschein nach handelte es sich um den ungewöhnlichen Fall vom Überleben der Schwächsten.

Die Expansion der Yanomami unterstrich eines der Prinzipien der Koalitionstheorie: Schwäche kann sich als Stärke und Stärke sich als Schwäche erweisen. Wären die Yanomami eine straff organisierte, gut bewaffnete und von einem charismatischen Häuptling geführte kriegerische Gruppe gewesen, hätten sie sofort Widerstand und ihre eigene Vernichtung provoziert. Als sich der letzte charismatische Häuptling dieser Gegend, Ajuricaba, im Jahr 1720 zum König von Gran Manoa ausrief, entsandten die Portugiesen umgehend eine Armee, die sein Bündnis zerschlug und Ajuricaba in Ketten abführte.[61] Im Gegensatz dazu breiteten sich die Yanomami ohne zentrale Autorität in alle Richtungen aus. Überall, wo sie hinkamen, baten sie um Nahrung, Stahlwerkzeug, Medikamente und Kleider.[62] Zwei Landepisten auf Yanomami-Gebiet, eine im venezolanischen Boca Mavaca und die andere bei Surucucu in Brasilien, trugen die Spitznamen »Gib mir«.[63] Die ewige Bettelei der Indianer um Eisen und Essen war für Außenstehende nicht nur eine Belästigung, sondern entwaffnete sie auch. Und während sich diese winzigen und technologisch völlig unterentwickelten Menschen verachtfachten, dehnten sie gleichzeitig ihr Territorium auf das Zehnfache aus. Pater Luis Cocco sprach halb scherzhaft vom »Yanomami-Reich«.[64] Es ist ein Reich der Bettler und Wanderarbeiter.

Ganze Dorfgemeinschaften verließen ihre Heimat und gingen als Gastarbeiter zu benachbarten Stämmen, wie beispielsweise zu den Maquiritare-Indianern. Heute leben etwa 6000 Sanema-Yanomami bei den Maquiritare. Ihre eigentümliche Symbiose wurde 1970 von Chagnon und Neel im *American Journal of Physical Anthropology* erläutert: »Sie arbeiten für sie, um sich die nötigen und äußerst begehrten Stahlwerkzeuge zu verschaffen, mit denen sie die Effizienz ihrer Landwirtschaft steigern können… Die Maquiritare-Männer (in gemischten Dörfern) fordern sexuellen Zugang zu den Yanomami-Frauen, der ihnen gewöhnlich gewährt wird.«[65]

Konnten sich die Yanomami die begehrten Waren nicht durch Tausch, Arbeit oder Prostitution verschaffen, zogen sie manchmal auch dafür in den Krieg. Wie der italienische Forscher Alfonso Vinci, der die Sanema-Yanomami Anfang der fünfziger Jahre besuchte, feststellte, genügte oft allein das Gerücht, daß ein anderes Dorf über Metallgerät verfügte, um einen Raubüberfall auszulösen. »Zwar ist es nicht sicher, ob man durch den Kampf tatsächlich in den Besitz des begehrten Geräts oder Objekts gelangt, aber andererseits garantiert auch die Jagd keineswegs immer volle Kochtöpfe ...«[66] Ein Naturforscher, der sich in den sechziger Jahren bei denselben Yanomami-Gruppen aufhielt, erzählte von einem Krieg, der ausbrach, als ein Wanderarbeiter, kurz nachdem er die jährliche Lieferung an Äxten und Macheten an sein Heimatdorf geschickt hatte, an einem Schlangenbiß starb. Daraufhin überfielen die Verwandten des Mannes, die nur wenig Stahlwerkzeug besaßen, den wohlhabenderen Stamm und klauten »sämtliche wertvollen Gegenstände und Werkzeuge, krümmten aber Frauen und Kindern kein Haar«.[67]

In erster Linie waren die Yanomami auf der Suche nach Stahl und nicht auf der Jagd nach Wild oder Frauen. (Interessanterweise sprachen die Siapa-Yanomami von einer Machete als einer »weißen Frau«.)[68] Zwar unterschätzte Marvin Harris den Einfluß lockender Reichtümer auf die Migration der Yanomami, doch er erkannte, daß ihre Expansion weder repräsentativ für unsere Vorfahren war noch mit angeborener Grimmigkeit erklärt werden konnte. Sich auf Chagnons eigene evolutionistische Logik berufend, warf er Fragen auf, die Chagnon bis heute nicht beantworten konnte.

Doch Chagnon zog sich geschickt aus der Affäre, indem er Harris zu einem Test herausforderte: Sie würden in von der Zivilisation unberührt gebliebenen Dörfern des Hochlands den Proteinverbrauch der Yanomami messen. Sollte sich eine hinreichende Proteinversorgung der Yanomami herausstellen, würde Harris, wie er erklärte, »einen Besen fressen«.[69]

Mit der Durchführung der Untersuchung wurde Kenneth Good betraut, damals Student bei Chagnon und mit diesem befreundet. »Eigentlich sollte ich mit der Untersuchung Marvin Harris widerlegen, doch dann stellte ich im Hochland, sobald man sich von den großen Flüssen entfernte, eine gravierende Proteinunterversorgung fest«, erinnerte sich Good.[70] In seinem Buch *Into the Heart* schilderte Good, wie Chagnon ihm befahl, Harris das Untersuchungsergebnis zu verschweigen. Chagnon sagte: »Verrat mir doch mal, Ken, was du eigentlich für Zukunftspläne hast. Willst du im Zahnlabor deines

Bruders arbeiten? Denn bilde dir nicht ein, daß du in irgendeinem Fachbereich für Ethnologie unterkommst. Dafür werde ich sorgen.«[71]

Als Good zu Harris überlief, beauftragte Chagnon einen anderen Studenten, Raymond Hames, mit der Durchführung einer Proteinuntersuchung in einem Maquiritare-Dorf namens Toki, in dem zwei Yanomami-Familien lebten. Wie Chagnon und Hames anschließend in *Science* berichteten, nahmen die Yanomami in Toki pro Tag im Durchschnitt eine Menge von 52 Gramm Protein zu sich, wobei zwei Drittel von Fleisch und ein Drittel von Fisch stammten.[72] Das war mehr als genug Protein zum Überleben – und damit ein voller Erfolg für Chagnon. »Damit haben sich meine Angaben bestätigt«, schrieb Chagnon. »Er [Harris] ist nicht bereit, von seiner Protein-›Theorie‹ abzurücken – zumindest nicht coram publico. Als Wissenschaftler sollte er eigentlich so viel Anstand besitzen, diese Kröte zu schlucken. Harris' Gedankengebäude«, so schloß er, »hat nichts mit Wissenschaft zu tun. Es ist nicht nur ›Vulgärmarxismus‹, es ist blinder Marxismus.«[73]

Harris, der wußte, daß Toki kein Yanomami-Dorf war und daß die Yanomami auch nicht zwei Jahrhunderte lang am Padamo gelebt hatten, konnte der *Science*-Artikel freilich nicht überzeugen.[74]

Hames wiederum stellte in seiner Doktorarbeit die Sache etwas anders dar. Er gab zu, daß die Yanomami erst in den zwanziger Jahren ins Gebiet des Padamo-Flusses gezogen waren, um Stahlwerkzeug von den Maquiritare-Indianern zu rauben. Diese Wanderungen und Kriege fanden allerdings über 160 Kilometer stromaufwärts von Toki statt. Erst 1969 zogen die Maquiritare stromabwärts ins heutige Toki, als eines ihrer Dörfer an einen schiffbaren Teil des Padamo unterhalb großer Stromschnellen umsiedelte, um den protestantischen Missionen Manickmehl und ihre Arbeitskraft zu verkaufen.[75]

Bei Hames' Ankunft im Jahr 1976 hatte Toki bereits eine christliche Kirche, einen staatlichen Laden, eine Schule, eine Apotheke, einen Volleyballplatz und einen einzigen Yanomami-Haushalt, dessen Mitglieder als Bedienstete für die Maquiritare arbeiteten. Ein zweiter, aus einem anderen Dorf stammender Yanomami-Haushalt lebte einen Kilometer entfernt im Wald. Dieses merkwürdige, erst unlängst entstandene Dorf Toki und seine winzigen, nicht weniger seltsamen Yanomami-Satelliten präsentierten Chagnon und Hames den Lesern von *Science* dreist als typische Yanomami-Dörfer.[76]

Den Padamo als ausreichend mit Protein versorgtes Gebiet und Toki als normale Yanomami-Dorfgemeinschaft darzustellen, war gleichermaßen realitätsfern. Kenneth Good nannte Toki »ein fingiertes Dorf«. Am Telefon sagte er mir: »Lizot und ich schrieben einen gemeinsamen Brief an *Science.* Wir sind zwar nicht gerade oft einer Meinung – Lizot ist ein Schüler von Claude Lévi-Strauss, während ich bei Marvin Harris studiert habe –, aber das fanden wir dann doch beide einfach unerhört. Ich beschwor die Herausgeberin am Telefon: ›Den müssen Sie abdrucken. Bitte! Um der Wissenschaft willen!‹ Aber unser Brief wurde nicht veröffentlicht.«[77]

Der berühmteste Moment der Gewalt bei den Yanomami, festgehalten in *The Ax Fight,* war ein Streit, der sich an ein paar Bananen entzündete. Der berühmteste Krieg, nämlich jener, bei dem Helena Valeros Mann schließlich getötet wurde, brach wegen einer Auseinandersetzung um Ernteerträge (einer Pflanzung) aus.[78] Und auch der bizarrste Vorfall, die Zerstörung von Lizots Dorf, wurde durch die Weigerung, Kaobawa, den Anführer der Bisaasi-teri, zu bewirten, ausgelöst.[79] Jedesmal ging es um Nahrung.

Schon 1968 wäre Timothy Asch auf seinem elftägigen Fußmarsch ins Siapa-Hochland fast verhungert.[80] Und Chagnon gelang es trotz seiner Schrotflinten nicht, ausreichend Fleisch für *The Feast* zu beschaffen. »Seine Jäger waren so erfolglos, daß er wohl oder übel die Fleischvorräte länger strecken mußte, als gut war.«[81] (Dasselbe Versagen bei der Nahrungsbeschaffung führte zu Mißhelligkeiten bei einem vorzeitig abgebrochenen Film in Reyabowei-teri.)[82] Als die Genetiker Patanowa-teri verließen, sicherte sich Chagnon einen Vorrat an Käse, statt sich auf die örtlichen Proteinspender zu verlassen. Auf der noch ungeschnittenen Bandaufnahme sagte Charles Brewer: »Na ja, wissen Sie, ich ging ein paarmal für sie auf die Jagd, weil sie so ausgehungert waren.«[83]

Unbeirrt blieb Kenneth Good von 1975 bis 1983 im Siapa-Hochland und führte die ursprünglich von Chagnon verlangte Untersuchung durch. Dabei fand er heraus, daß die Proteinzufuhr der Siapa-Yanomami von Dorf zu Dorf und je nach Jahreszeit großen Schwankungen unterlag. Wenn Dörfer zu groß wurden, hatten sie selbst mit Pfeil und Bogen ein Gebiet innerhalb kurzer Zeit leer gejagt. Genügend Wild konnten sie nur dann töten, wenn sie ständig weiterzogen, die halbe Zeit durch den Wald streiften und in *tapiris* (provisorischen Schutzhütten) lebten. (Die beiden Yanomami-Familien in Toki hatten das Umherziehen ganz aufgegeben.)[84] Good schloß sich dem Nomadenleben der Yanomami an und wog die Beute von 1857 Jagden der Hasubuwe-teri über einen achtjährigen Zeitraum (1975 bis 1983). Er ermittelte einen durchschnittlichen Tagesverzehr an tierischem Protein von 24,25 Gramm, die Hälfte von dem, was die Yanomami in Toki aßen, und nicht einmal ein Drittel dessen, was die Maquiritare-Indianer zu sich nahmen.[85] Während Hames lediglich eine kurze Untersuchung in einem Mischdorf vornahm, führte Good seine Proteinanalyse über einen Zeitraum von sieben Jahren in den noch relativ unberührten Siapa-Dörfern durch.[86] Ich bezweifle, daß man noch einmal eine solche Untersuchung wird realisieren können.

Eigentlich hätte Harris die Wette mit Chagnon gewonnen. Aber die Ergebnisse bewegten sich hart an der Grenze der von Chagnon und Harris gezogenen Trennlinie. Allerdings kam es nicht nur auf Protein an. Fett war genauso wichtig, vor allem für Kinder, und einige Stämme des Amazonasgebiets litten unter besorgniserregender Unterversorgung mit Fett.[87] Ein weiterer Schlüsselfaktor, der bei Ernährungsvergleichen mit berücksichtigt werden mußte, waren Magen-Darmparasiten. Marinho stellte bei allen von ihm untersuchten Siapa-Yanomami Darmparasiten fest, in einigen Fällen sogar bis zu sieben verschiedene Typen. Welcher Anteil am Kalorienverbrauch der Yanomami ihren Mitessern zufiel, ließ sich mit herkömmlichen Berechnungsmethoden freilich nicht ermitteln.

Chagnons Berechnungen zur ausreichenden Nahrungsversorgung der Yanomami schwankten wie schon seine Angaben zu den Kindstötungen. In seiner Doktorarbeit brachte er das kriegerische Wesen der von ihm untersuchten Gruppen in Zusammenhang mit ihrer frühen Teilnahme an einer landwirtschaftlichen Revolution. Darüber hinaus sah er einen engen Zusammenhang zwischen dem kriegerischen Verhalten der Yanomami und den Standorten ihrer Pflanzungen, da Dörfer, die nicht über schwer zugängliche Pflanzungen als Zufluchtsorte verfügten, in Kriegszeiten von Hungersnöten bedroht waren. »Wie ihre ständige Suche nach neuen, unbesiedelten Gebieten beweist, war ihnen der Zusammenhang zwischen dauernder Kriegstätigkeit und der Umsiedlung von Dörfern bewußt. Nach der Jagd erörterten die Männer die landwirtschaftlichen Vorzüge der von ihnen durchstreiften Wälder... Ehemalige Pflanzungen waren besonders begehrt, da die hier wachsenden Paripu-Palmen auch nach langer Verwilderungszeit noch Früchte lieferten.«[88] Chagnon schilderte einige Kämpfe, die um die Frucht der proteinreichen Paripu-Palme geführt wurden.[89] Bei seinen Debatten mit Harris schloß er die Möglichkeit von Kriegen um Nahrungsmittel noch aus. Nach seinen Siapa-Expeditionen änderte er seine Meinung jedoch. Er gab zu, daß es im Hochland weniger Wild gab und es schwieriger war, die Pflanzungen zu bestellen.[90] Er räumte sogar ein, es sei nötig, »die Ernährungsweise der Yanomami zu ergänzen, insbesondere durch Protein, aber erzählen Sie um Gottes willen Harris nicht, daß ich das gesagt habe«.[91] »Mit dieser Position widerspricht Chagnon seiner früher vertretenen Ansicht über die soziobiologischen Ursachen von kriegerischem Verhalten und wechselt ins Lager von Marvin Harris ...«, schrieb der Ethnologe Frank Salamone.[92]

Charles Brewer, der seit langem zu Harris' Lager gehörte, erklärte: »In den Wäldern hier gibt es nicht viel Nahrung. Deshalb töten sie in Notzeiten die neugeborenen Mädchen; deshalb haben sie nie genügend Frauen; und deshalb müssen sie um sie kämpfen.«[93]

Wie Brewer sagte (und Chagnon schließlich einsah)[94], war im Hochland die Nahrung knapper. De facto kam es in vielen Dörfern zur Tötung weiblicher Säuglinge; zur Tötung männlicher Säuglinge jedoch auch, wobei die Differenz insgesamt offenbar wesentlich geringer war als das von Neel angegebene Verhältnis sechs zu eins. Trotzdem bestand in *einigen* Orten tatsächlich ein Ungleichgewicht im Geschlechterverhältnis.[95] In der Sierra Parima gab es allerdings sogar einen Frauenüberschuß. Davon abgesehen waren die Parima-Yanomami die kleinsten aller Yanomami-Gruppen.[96] Nach Harris' Prognose hätten die Parima-Dörfer das gravierendste Mißverhältnis zwischen den Geschlechtern und die höchsten Gewaltraten aufweisen müssen. Doch weder das eine noch das andere war der Fall. Tatsächlich ließ sich in den Flachlanddörfern, deren Bewohner größer und augenscheinlich besser ernährt waren, eine viel höhere Gewalttätigkeit feststellen.

Derselbe Widerspruch zeigte sich im Siapa-Hochland. Am Anfang war Chagnon erstaunt, wie friedlich die Siapa-Yanomami im Vergleich zu Flachlandgruppen waren. »Höchst überraschend war die Entdeckung, wie sehr die Gruppen im Hochland und im Flachland sich im Hinblick auf Gewalttätigkeit und kriegerisches Verhalten unterschieden. Krieg ist im Flachland eine viel entwickeltere und häufigere Erscheinung.«[97] Und je höher die Bergregion, in die Chagnon kam, um so friedlicher die Dörfer. Die untenstehende Tabelle enthält Daten aus fünf im Herzen des Unturan-Gebirges gelegenen Dörfern[98]:

Bergdörfer	Größe	Entführte Frauen in %	*unokai*-Männer in %
Dorf 69	53	14,3	7,7
Dorf 59	71	0,0	21,4
Dorf 57	81	15,0	15,4
Dorf 68	54	14,3	0,0
Dorf 67	70	0,0	12,5
Gesamt	329	8,7	11,4

Die am höchsten gelegenen *shabonos* wiesen nur ein Viertel der »Mörder« und halb so viele entführte Frauen auf wie die Flachlanddörfer.[99] Außerdem waren die *unokais* an weniger Tötungen beteiligt – 0,96 pro Kopf im Hochland verglichen mit 1,13 im Tiefland. Wie ich in Kapitel 10 gezeigt habe, überstieg allerdings die Zahl der Yanomami, die behaupteten, »getötet« zu haben, also *unokai* zu sein, die der tatsächlichen Opfer beträchtlich. Solange Chagnon keine weiteren Daten enthüllt, ist es daher unmöglich, diese Zahlen in tatsächliche Tote zu übersetzen. Es steht jedoch fest, daß sich die Dörfer des Siapa-Hochlands so stark von »dem grimmigen Volk« unterscheiden, als gehörten sie einer völlig anderen Ethnie an. Ebendies behauptete der Geograph William Smole eine Generation früher, als er die Parima-Yanomami mit den Bisaasi-teri verglich.[100]

In der Geschichte der Yanomami hat Krieg stets zur Verschärfung von Hungerproblemen geführt. Während des Kriegs blieben die Jäger näher beim Dorf, und die Frauen arbeiteten seltener und nur unter männlichem Schutz in den Pflanzungen. Es war ein bedeutsamer Moment im Leben von Helena Valeros Mann Fusiwe, als sein Vater ihm riet, Krieg zu vermeiden.

> O mein Sohn, du darfst nicht schießen. Du hast zwei Söhne; der eine wird schon groß, der andere wurde kürzlich geboren. Warum trägst du dich mit dem Gedanken zu töten? Glaubst du etwa, man tötet zum Spaß? Wenn du heute tötest, werden morgen deine Söhne einsam und verlassen sein. Oft muß ein Mann, der getötet hat, in weite Ferne fliehen und seine vor Hunger weinenden Kinder zurücklassen. Wußtest du das nicht? Ich weiß es, denn ich bin alt. Als wir noch auf der anderen Seite des großen Flusses lebten, kämpften wir oft gegen die Kunatateri, die einen unserer Leute getötet hatten. Wir flohen und nahmen die Knochen des Getöteten mit. Unterwegs fanden wir nirgends Bananen, und bevor wir den Bananenbrei für die Asche zubereiten konnten, verging eine Ewigkeit. Wir ernährten uns ausschließlich von *inajá,* der Frucht des *balata*; manchmal hatten wir allerdings nicht einmal das. Die Kinder weinten, und ich weinte vor Schmerz darüber, daß ich mit ansehen mußte, wie meine Söhne hungerten. Denn

> Vater weinte mit dir, und du – damals noch ein Kind – hast immer vor Hunger geweint. Willst du jetzt wirklich dasselbe tun?[101]

So klang gewiß nicht der Rat eines Mannes, der im Proteinüberfluß schwelgte. Aber ebenso wenig legten diese Worte den Schluß nahe, daß Hunger die Menschen zum Krieg trieb. Chagnon hat recht, wenn er auf die wechselseitige Beziehung zwischen Nahrungsmitteln und Kriegen bei den Yanomami verweist. Harris wiederum hat eingeräumt, daß er seine Protein-These nie aufgestellt hätte, wenn er gewußt hätte, welchen Einfluß Metallwerkzeug auf die Kriegstätigkeit der Yanomami in den siebziger Jahren hatte. Heute glaubt er, daß die meisten Kriege der Yanomami durch Konkurrenz um die Bezugsquellen für Metallwaren ausgelöst wurden. Fergusons Untersuchung überzeugte Harris davon, daß die Yanomami um Zugang zu Besuchern aus westlichen Ländern kämpften, insbesondere zu Ethnologen.[102]

Alle Forscher stimmten darin überein, daß die Siapa-Yanomami friedlicher waren als die Emigranten an den Ufern von Orinoko und Mavaca. »Hier stießen wir immer nur auf Angst, Scheu und Vorsicht selbst dort, wo das Kräfteverhältnis eindeutig zu unseren Ungunsten ausfiel«, stellte Lizot 1973 bei seinem Besuch im Siapa-Tal fest. »Und die Zurückhaltung uns gegenüber erwies sich als konstant: Wir fühlten uns nie bedroht. Vielmehr waren wir diejenigen, die Angst verbreiteten.«[103]

Daher waren wir einigermaßen erstaunt, als uns die Mokarita-teri von einem Krieg mit ihren Nachbarn berichteten, bei dem drei Menschen getötet worden waren. Die Mokarita-teri hatten sogar eine strikte Grenze zu den Hokomapiwe-teri gezogen.

Aufgrund dieser Kriegsgerüchte wollte Marco am 9. September, dem fünften Tag unseres Fußmarsches, schon umkehren und war nur durch eine Verfünffachung seines Lohnes zum Weitergehen zu bewegen. Nachdem wir das Tal der Mokarita-teri hinter uns gelassen hatten, folgten wir einem über Granitgeröll fließenden Bach. Obwohl die Sonne im Zenit stand, waren wir den ganzen Nachmittag in blaugrünes Dämmerlicht getaucht. (Das bläuliche Pigment der Blätter fördert die Aufnahme von gelbem Licht für die Photosynthese.) Bei einem von Hokomapiwe-teri-Kriegern in aller Eile aus Palmwedeln errichteten *tapiri*, in dem sie vor ihrem Überfall auf die Mokarita-teri übernachtet hatten, machten wir Rast. Den Mokarita-teri zufolge war der Krieg ausgebrochen, als die Hokomapiwe-teri sich weigerten, den Mokarita-teri die versprochenen Hunde zu überlassen. Erzürnt griffen die Mokarita-teri daraufhin die Hokomapiwe-teri an und töteten einen Mann mit Pfeilen. Die Hokomapiwe-teri, die sich in dem Gelände besser auskannten, verfolgten die Angreifer, schnitten ihnen den Weg ab und töteten einen von ihnen, ebenfalls mit Pfeilen. »Wie vor tausend Jahren«, meinte Marco, nachdem er alles übersetzt hatte.[104]

Ein Hund ist eine unschätzbare Hilfe bei der Jagd und gilt bei den Yanomami als eines der begehrtesten Tauschobjekte überhaupt. Vor der Ankunft der FUNDAFACI tauschten Dörfer, die sich auf relativ einfache Weise Stahlwerkzeug beschaffen konnten, gewöhnlich ihre alte Macheten bei abgeschiedener lebenden Dorfgemeinschaften gegen Hunde ein. Kenneth Good schrieb über das Siapa-Hochland: »Eine im Tausch gegen einen Hund erworbene Machete wird eine Zeitlang benutzt und anschließend bei einem anderen Dorf wieder gegen einen Hund eingetauscht. Nachdem dieses Dorf seinerseits die Machete eine Weile benutzt hat, wird sie es bei einem noch abgelegeneren Dorf erneut eintauschen, um den weggegebenen Hund zu ersetzen.«[105] Seit jedoch die FUNDAFACI die abgelegenen Dörfer mit neuen Macheten regelrecht überhäufte, hatten diese keinen Grund mehr, ihre wertvollen Hunde an Gruppen mit altem Werkzeug abzutreten. Wie Chagnon berichtete, bestand einer der Gründe für die neuen Kriege darin, daß sich die abgelegenen Dörfer »weigerten, die bei einem früheren Handel zugesagten Hunde zu liefern«.[106] Verständlich, daß sich die Mokarita-teri, denen von einem weiter landeinwärts gelegenen Dorf Hunde versprochen worden waren, betrogen fühlten.

Ähnliche Streitereien brachen in der gesamten Region aus, eine davon zwischen Narimobowei-teri und Doshamosha-teri, den beiden abgelegensten Dörfern, die wir auf unserer Reise besuchen wollten. Der Streit entbrannte, als die FUNDAFACI ihr Lager von Doshamosha-teri nach Narimobowei-teri verlegte und letztgenanntes Dorf beschenkte, worauf die erbosten Doshamosha-teri die Narimobowei-teri überfielen.[107] Bis zu diesem Zeitpunkt hatten sämtliche Besucher in Narimobowei-teri – Helena Valero in den dreißiger und vierziger Jahren[108], Jacques Lizot im Jahr 1973[109] und Kenneth Good von 1977 bis 1986[110] – von freundlichen Begegnungen mit den Narimobowei-teri und deren friedlichen Beziehungen zu benachbarten Dörfern berichtet. Nun aber wußten wir nicht genau, was uns erwartete.

Marinho setzte sich an die Spitze unserer Gruppe und führte uns durch Bäche und Sümpfe. Der 1968 am Río Negro geborene Marinho hatte indianische, afrikanische und portugiesische Vorfahren. »Für mich gibt es nichts Schöneres, als mit den Yanomami durch die Wälder zu streifen«, sagte er.[111]

Nach zweitägigem Fußmarsch erreichten wir Hokomapiwe-teri. Das Dorf war verlassen. Auf dem Platz in der Mitte waren noch frische Spuren einer Leichenverbrennungszeremonie zu sehen. Hokomapiwe-teri heißt auf deutsch: »der Ort, an dem die Oka wächst«. Wir wühlten im Boden nach dieser Wurzelknolle, die in einer großen, kultivierten Pflanzung unmittelbar jenseits der *shabono*-Einfassung wuchs. Nachdem wir die Okas rasch gekocht hatten, fielen wir ausgehungert über die stärkehaltigen Knollen her. Während des Essens beging ich den Fehler, Schuhe und Socken auszuziehen, und stellte kurz darauf fest, daß der sandige Boden von Hokomapiwe-teri einen idealen Nährboden für große Sandflöhe, *hiho* genannt, abgab. Obwohl ich die Schuhe nur ein paar Minuten ausgezogen hatte, hatten sich die Flöhe bereits unter meinen Zehennägeln eingenistet. Wir hatten sie alle und mußten sie einzeln, Floh für Floh, mit einer Nadel entfernen – eine schmerzhafte Prozedur. Noch schmerzhafter wäre es jedoch geworden, wenn wir zugelassen hätten, daß die Flöhe ihre Eier unter unseren Zehennägeln ausbrüteten, was mit Sicherheit zu einer Infektion geführt und das Laufen zur Qual gemacht hätte.

Von Hokomapiwe-teri, einem Dorf, daß in keinem Bericht über das Siapa-Gebiet erwähnt wird, marschierten wir über einen knapp tausend Meter hohen Paß ins Unturan-Gebirge. Von den Gipfeln aus erhaschten wir einen Blick auf das in einem weiten Tal, unmittelbar neben einem Bach gelegene Narimobowei-teri, das mit Abstand größte aller zuvor von uns besuchten *shabonos.* Bei unserem Abstieg kamen wir am Hubschrauberlandeplatz der FUNDAFACI vorbei und wurden von einer alten Frau in einer Bananenpflanzung erspäht, die uns vorauseilte, um Alarm zu schlagen.

Es gab nämlich ein kleines Problem. Die Narimobowei-teri behaupteten, daß ihnen die Hasupuwe-teri noch einige Hunde schuldeten, und die Hasupuwe-teri sagten, es sei genau umgekehrt.

Unter den jungen Hasupuwe-teri, den *huyas,* herrschte große Aufregung. Sie waren nervös und ängstlich, aber zugleich auch stolz darauf, bei diesem riskanten Unternehmen fern der Heimat dabeizusein. Sorgfältig bemalten sie sich gegenseitig die Gesichter mit roter *onoto*-Farbe und kleinen Kohlestücken. Mit ihren rot-schwarzen Gesichtern und Pfeil und Bogen warfen sie sich in Positur, als gelte es zum Aufmarsch der Krieger zu stolzieren. Auch machten sie keinen Hehl aus ihrer Enttäuschung über mein Aussehen. Meine Kleider waren zerrissen und naß und hingen wie Lumpen an mir.

Nachdem ich in das *shabono* hineingekrochen war, sah ich mich von Männern mit gespannten Bogen umringt. Das war eine völlig neue Erfahrung für mich – und für die Narimobowei-teri offenbar auch. Sie befanden sich noch immer im Kriegszustand mit den Doshamosha-teri. Als sie sahen, daß ich kein Yanomami-Krieger war, entspannten sie die Bögen und stießen hörbar erleichterte Seufzer aus. *Ach, du bist es nur!* Auch ohne Unterstützung eines Dolmetschers verstand ich, daß sie auf meine Ankunft gehofft hatten, seit sie unser Flugzeug am Himmel gesehen hatten. Wegen der Aussicht auf unser Kommen hatten sie sogar eine geplante Nahrungssuche verschoben.

Nachdem Entwarnung gegeben wurde, kehrten die Frauen

ins *shabono* zurück. Wir wurden alle als »Schwager« angesprochen, ein untrügliches Zeichen dafür, daß die Narimobowei-teri Tauschwaren von uns haben wollten. Einer der Männer kam auf mich zu, umarmte mich wie einen seit langem verschollenen Freund und bat mich, während er mir auf den Rücken klopfte, um meine Uhr und meinen Rucksack, ja selbst um mein Hemd. Zu guter Letzt zupfte er sanft an meinem Bart und sagte: »Ich brauche alles, was du hast, auch deinen Bart.«[112]

KAPITEL 17

Maschinen mit magischen Kräften

Denn am Anfang betrachteten die Indianer die Spanier als Engel vom Himmel ... Und sie verübten so grausame und despotische Taten, daß die Indianer erkannten, diese Männer waren nicht vom Himmel gekommen.

Fray Bartolomé de las Casas[1]

Im Jahr 1941 sahen die venezolanischen Yanomami zum ersten Mal ein Flugzeug.[2] Die venezolanische Regierung hatte es mit dem Auftrag, die Amazonas-Orinoko-Wasserscheide zu kartographieren, ins Amazonasgebiet geschickt. Zuerst hielten die Yanomami die fliegende Maschine für *Omawe*, den Schöpfer. Die Krieger hoben Pfeil und Bogen und sangen: *Omawe! Omawe!* Andere fürchteten, es handle sich um einen fliegenden Geist. Die Schamanen streckten die Arme gen Himmel, um zu verhindern, daß der Himmel auf die Erde fiel, und beschworen den Geist des Windes, den Spuk fortzublasen, und die Riesenanakonda, ihn zu fesseln. Die Frauen löschten die Feuer, auf denen sie Yams- und *ocumo*-Wurzeln kochten. Doch als die Yanomami die Rauchfahne sahen, die das Flugzeug hinter sich herzog, verloren sie alle Hoffnung. »Seht nur! Es läßt Rauch hinten rausfallen!« Intuitiv spürten sie, daß sich eine Epidemie auf sie herabsenken würde. Einige zogen sich in ihre Hängematten zurück, begannen wenig später zu fiebern und warteten auf den Tod. »Viele Menschen weinten«, erinnerte sich Helena Valero. »Für die Indianer war das Ende der Welt gekommen.«[3]

Es war tatsächlich der Anfang vom Ende der Yanomami-Welt. Denn die Flugzeuge und ihre Passagiere brachten nicht nur technische Wunderdinge, Krankheitserreger und Waffen mit, sondern ihre Ankunft verursachte darüber hinaus ein kosmologisches Dilemma, das die Yanomami als Meister der Geisterwelt nicht abwenden und bis heute nicht lösen konnten.

Woher kamen diese unbekannten Wesen? Wer hatte sie erschaffen? Waren es überhaupt Menschen? Und wenn ja, wie kam es, daß sie so erstaunliche Kräfte besaßen ... und so furchtbare Krankheiten verbreiteten?

Obwohl sich der Schamanismus der Yanomami vor allem um Krankheiten dreht, haben sie keinerlei Vorstellung von Infektionskrankheiten. Das galt übrigens für die gesamte Neue Welt. So meinte ein Cree-Indianer, der Zeuge einer verheerenden Pockenseuche wurde, die sich im 18. Jahrhundert in der kanadischen Wildnis ausbreitete: »Wir konnten uns nicht vorstellen, daß sie von einem Menschen auf einen anderen übertragbar war, so wenig wie ein Verletzter seine Wunde auf jemand anderen übertragen kann.«[4]

Seit über einem halben Jahrhundert assoziieren die Yanomami Epidemien mit Weißen. So schleppte Fusiwe, Helena Valeros erster Ehemann, nach seinem Aufenthalt in von Ingenieuren der U.S.-Armee verlassenen Camps ansteckende Atemwegserkrankungen in sein Dorf ein. Nachdem viele seiner Verwandten gestorben waren, sagte er: »Letzte Nacht habe ich von ganz vielen Weißen geträumt, die alle bekleidet waren und darüber einen Umhang trugen. Als sie ihre Kapuzen ausschüttelten, kam Rauch heraus, und dieser Rauch drang in unsere Körper ein. Wenn sich die Weißen ausziehen, lassen sie die Krankheit in ihren Kleidern zurück ... Die Weißen verursachen Krankheiten; hätte es nie Weiße gegeben, hätte es auch nie Krankheiten gegeben.« Dazu bemerkte Helena: »Vielleicht hatte er gar nicht so unrecht. Jetzt lebe ich schon so lange bei ihnen, und auch wenn ich fast unter ihren Pfeilen gestorben wäre, hatte ich doch nie irgendwelche Krankheiten, nicht mal Kopfschmerzen. Krank wurde ich immer nur, wenn ich bei den Weißen war.«[5]

Während des brasilianischen Goldrauschs wurde Fusiwes Vision vom todbringenden Rauch, der aus der persönlichen Habe der Weißen komme, auch von anderen Schamanen erlebt und weiter ausgemalt. Im Jahr 1990 interviewte ich den Ethnologen Bruce Albert von der Universität Paris in einem brasilianischen Yanomami-Dorf an der Südseite des Tapirapecó-Gebirges, einer hohen, vom gesamten Siapa-Tal aus sichtbaren

Bergkette. Albert hatte einen Artikel mit dem Titel »Der Rauch des Metalls« über eine neue religiöse Bewegung bei den brasilianischen Yanomami geschrieben.[6] Angeregt durch eine im Dorf Paapiu entwickelte apokalyptische Vision in bezug auf den Goldabbau, begannen Schamanen, ganze Dorfgemeinschaften gegen den Goldrausch zu mobilisieren. »Wir haben es hier mit einer klassischen Art von Mythenbildung zu tun«, erklärte er. »1989 war ich in Paapiu und sah die Verwüstungen und erlebte, wie die wenigen überlebenden Yanomami nach Erklärungen für all das suchten. Am meisten beeindruckte sie an den *garimpeiros* deren Werkzeug – einschließlich der Maschinen und Flugzeuge – und ihre Krankheiten. Sie fingen an, diese Maschinen *maquinari a ne wakeshibi* zu nennen: Das bedeutet soviel wie ›Maschinen, denen magische Kräfte innewohnen‹. Denn sie glauben, daß die Krankheiten, denen fast alle Indianer in Paapiu zum Opfer fielen, aus dem Rauch der Maschinen stammten. Inzwischen wittern sie ein ganzes Netzwerk der Zerstörung – vom Gold im *garimpo* bis zu den metallverarbeitenden Fabriken –, eine riesige, von Weißen ausgeheckte Verschwörung der Schwarzen Magie, um Dinge in giftige, unberührbare Substanzen zu verwandeln. Es ist das Ende der Welt durch Rauch. Die Yanomami nennen diesen Rauch *xawara*, böse Dämpfe, die zum Himmel aufsteigen und bewirken, daß dieser herabstürzt und die ganze Erde zerstört. Das ist eine neue Entwicklung, eine Reaktion ihres Schamanismus auf die durch den Goldrausch verursachte Krise, die in gewisser Hinsicht an die Wiederaufnahme des Geistertanzes durch die Indianer der nordamerikanischen Prärie Ende des 19. Jahrhunderts erinnert.«[7]

Im Siapa-Hochland waren zwar keine Goldsucher, aber die Siapa-Expeditionen der FUNDAFACI führten zu einer ähnlichen Krise. Sie begann damit, daß Rotorwind der Expeditionshubschrauber die Dächer von vier Dörfern abdeckte.[8] Napoleon Chagnon schrieb:

> Wenige Meter über dem Boden gaben wir den Versuch zu landen auf, als wir sahen, daß die Blätter der Dächer vom

> Bodeneffekt des Hubschrauberrotors weggewirbelt wurden. Wir sahen die Menschen in Panik fliehen und wurden mit Stöcken und Steinen beworfen, als wir wieder aufstiegen und wegflogen.[9]

Wie sich der Anführer der Narimobowei-teri, Waupuruwe, erinnerte, folgten einige Narimobowei-teri Chagnon nach der mißglückten Hubschrauberlandung ins nahegelegene *shabono* von Waborawa-teri und baten ihn um Geschenke. Nach der Rückkehr von diesem Marsch zum FUNDAFACI-Camp in Waborawa-teri wurden viele Narimobowei-teri krank und starben. Über die Ursache dafür gingen die Meinungen auseinander. Waupuruwe sagte: »Shaki hat *xawara* gemacht, um uns zu töten. Wir wollen nicht, daß er zurückkommt.«[10]

Die Beschuldigung, ein Dorf mit einem Todesfluch belegt zu haben, war Teil eines stammesgeschichtlichen Deutungsmusters, das es schon lange vor Chagnon gegeben hatte, das aber in seiner aktuellen Version in Chagnon die Personifikation der von außen kommenden Ansteckung sah. Eine leicht geänderte Version von Waupuruwes Geschichte hörte ich am 16. September 1996 von einem Jungen aus Narimobowei-teri, als wir bei einer provisorischen Schutzhütte im Wald kampierten. In der Dämmerung schnappte ich die Worte Shaki und *xawara* – Chagnon und Krankheit – auf und fragte Marco, den Mahekototeri-Dolmetscher, worum es gehe. Daraufhin erzählte uns ein Mann Mitte Zwanzig namens Hetoyaw folgende Geschichte: »Als Shaki zu uns kam, hatten wir noch nicht *xawara.* Erst nach seiner Ankunft brachen die schweren Krankheiten [*hariri*] aus. Shaki holte einen *hehohi* [Revolver] raus und schoß damit in die Luft, um uns Angst zu machen.«[11]

Für mich hörte sich das alles wie eine konfuse Version der Geschichte von einem schießwütigen und Krankheiten verbreitenden Chagnon an. In einem nahe gelegenen Dorf schilderte mir ein junger Schamane namens Yanowe den Sachverhalt anders: »Als ich in Narimobowei-teri war, herrschte gerade Krieg zwischen den Narimobowei-teri und den Doshamosha-teri. Deshalb baten die Narimobowei-teri Shaki, seine Pistole abzufeuern, um den Doshamosha-teri Angst einzujagen. Daraufhin schoß er in die Luft.«[12]

Soweit ich sehen konnte, enthielten diese Geschichten zwei Körnchen Wahrheit. Das eine war die im Anschluß an die FUNDAFACI-Expeditionen beginnende Entfremdung zwischen Doshamosha-teri und Narimobowei-teri, eine Entfremdung, die teilweise durch den Konkurrenzkampf um Tauschwaren verursacht wurde. Das andere war die Epidemie, die ausbrach, kurz nachdem die Narimobowei-teri zu Chagnons Lager in Waborawa-teri marschiert waren.

Brewers Expeditionstagebuch, in dem sämtliche Hubschrauberflüge der FUNDAFACI zwischen August 1990 und September 1991 eingetragen waren, bestätigte Waupuruwes Geschichte in zwei Punkten. Erstens hatte Chagnon die Narimobowei-teri zwischen dem 18. Februar und dem 6. März 1991 ins nahe gelegene Dorf Waborawa-teri eingeladen.[13] Und zweitens benutzte die FUNDAFACI regelmäßig ein *shabono* als Basislager, in das sie zu Forschungszwecken ganze Dörfer aus der umliegenden Gegend einlud. Da einerseits das Seuchenprofil der verschiedenen Gruppen stark variierte und andererseits der plötzliche Zufluß von Tauschwaren die bisherigen Handelsbeziehungen erheblich erschütterte, führte die Vermischung ganzer Dörfer zu einer Erhöhung sowohl des Krankheitsrisikos als auch der Kriegsgefahr.

Narimobowei-teri und Doshamosha-teri brachen ihre seit Jahrzehnten bestehenden Handels- und gesellschaftlichen Beziehungen ab. Das Dorf Narimobowei-teri umgab sich mit einem Zaun, dessen einziger »Eingang« eine winzige Öffnung war, durch die man nur kriechend gelangte. Nachts wurde die Öffnung verschlossen, und die Bewohner verrichteten ihre Notdurft in der Mitte des *shabono,* weil sie mit feindlichen Überfällen rechneten.

Am Morgen nach unserer Ankunft warnte Waupuruwe seine Leute in einem Sprechgesang vor den »Caraca-teri« – den Menschen von Caracas –, die nachts ums Dorf streiften, in unsichtbaren Hubschraubern landeten und den Yanomami Krankheiten brachten und Tauschwaren stehlen wollten. Er bezeichnete die Caraca-teri als *waikas* – wörtlich übersetzt »Mörder«.

Marco und die Jungs aus Hasupuwe-teri konnten sich auf all das überhaupt keinen Reim machen. Von *waikas* aus Caracas hatten sie noch nie gehört. Wie sich im Fortgang der gesungenen Geschichte herausstellte, befanden sich an Bord der unsichtbaren Hubschrauber bunt gemischte Besatzungen. Die Geschichte hörte sich wie ein entstellter Bericht der verunglückten FUNDAFACI-Landung an.

Der neuartige Schamanismus fiel auch dem spanischen Ethnologen Javier Carrera auf, der vier Jahre bei den Yanomami verbracht hatte und im Februar 1998 abermals Narimobowei-teri besuchte. »Wenn sie über die *waikas* reden, sprechen sie zwar Yanomami, aber es hört sich an, als versuchten sie unsere Sprechweise nachzuahmen«, erzählte er. »Das habe ich nur im Siapa-Gebiet erlebt, dort allerdings recht häufig. Alle sprechen darüber. Meines Erachtens handelt es sich dabei um eine mythologische Umdeutung der Ankunft der *nabah* [Fremden] bei jenen abgelegenen Dörfern, wo Chagnon mit seinen Hubschraubern auftauchte.«[14]

Die Narimobowei-teri lehnten es ab, uns nach Doshamosha-teri zu begleiten, und überredeten meinen Führer Marco, ebenfalls in den Streik zu treten. Doch dann erreichte uns die Nachricht, daß Toobatotoi-teri, ein mit Narimobowei-teri verbündetes Dorf, von einer Epidemie befallen war und dringend Hilfe brauchte. Daher beschlossen wir, uns auf den Weg ins nordwestlich gelegene Hochland zu machen, wo die Toobatotoi-teri in einem Bergversteck lebten.

Waupuruwe, der Anführer, rannte uns nach. »Wenn ihr jemanden kennt, der einen Hubschrauber hat«, sagte er beim Abschied, »richtet ihm aus, daß ich ihn sehen will.«[15]

Bei Einbruch der Dunkelheit erreichten wir auf gut achthundert Metern Höhe ein hübsches, inmitten einer Lichtung gelegenes *shabono*, wo wir Spuren einer vor kurzem stattgefundenen schamanistischen Initiation entdeckten – Fetzen von Jaguarfell und ein Federarmband waren um einen Pfahl gewickelt. »Niemand darf etwas davon berühren!« schärfte Marco uns ein.[16]

Alle Flüsse im Norden von uns flossen zum Orinoko hinab; aber wir kampierten neben einem kleinen Bach, der sich in den Siapa, einen Nebenfluß des Amazonas, ergoß. Auf der Hochlandkarte der FUNDAFACI war dieses Dorf als »unbekannt« beschriftet.[17]

Trotz der Kälte herrschte eine positive Stimmung. Schamanische Initiationen sind heroische Ereignisse für die Yanomami. Um *shaburi* zu werden, müssen sich die Männer unter der Aufsicht erfahrener Schamanen einer Fastenzeit unterziehen, während der sie sich ausschließlich von dünnflüssiger Kochbananensuppe ernähren und sich an endlosen Gesängen und der Einnahme halluzinogener Drogen beteiligen. Die endgültige Initiation ist jedoch ein Ereignis, an dem das gesamte Dorf teilnimmt. Alle Dorfbewohner lenken ihre Energie, die in der Vorstellung der Yanomami aus Händen und Zehen strömt, zum Initiationspfahl, an dem Tierfelle jene Geister verkörpern, die der junge Schamane in seiner Brust, wo ein Teil seiner Seele sitzt, aufnehmen wird. Ein mächtiger *noreshi,* ein Alter ego, das viele Schamanen in sich aufnehmen, ist der Jaguar. Manche Schamanen haben mehrere solcher Geister. So hatte beispielsweise Helena Valeros Mann Fusiwe einen Jaguargeist und einen Brüllaffengeist. Auf für uns mysteriöse Weise betrachten sich die Yanomami als Tiergeister (*noreshi,*) Naturgeister (*hekura*) und menschliche Wesen zugleich. Für sie ist diese Dreifaltigkeit eine Frage der Wahrnehmung. Sie singen sich in eine Art von Trance, in der sie tatsächlich sehen, wie die leuchtenden Geister sie in Form von Funkenregen oder Schmetterlingsschwärmen überkommen und sich in ihren Herzen niederlassen.

Nach einer kühlen Nacht beim Initiationspfahl trafen wir am nächsten Morgen drei Männer aus dem Haupt-*shabono* von Toobatotoi-teri, die gekommen waren, um Kochbananen in der Pflanzung zu pflücken. Sie führten uns an einem anderen Bach in eine schroffe Felsschlucht hinab. Kurz danach betraten wir eine kleine Lichtung, die erst vor kurzem in den Wald geschlagen worden war. Was ich zunächst für einen neu angelegten Garten hielt, war, wie ich erfuhr, in Wirklichkeit ein Landeplatz für die *waikas.*

»Hier landen *Americanos* – und Caraca-teri – und Brazileros«, erklärte einer der Männer und imitierte das Hubschrauberdröhnen. Sie kämen immer nachts vom Himmel herab. Für einen echten Hubschrauberlandeplatz war die Lichtung allerdings viel zu klein. Tatsächlich hatten die Toobatotoi-teri diesen Platz in der Hoffnung geschaffen, damit die *Americanos,* Caraca-teri und deren Landsleute anzulocken. Die Schamanen riefen die Hubschrauberbesitzer an und luden sie zur Landung ein.

Das Ganze war eine Falle. Die Strategie der Yanomami bestand darin, die *waikas* vom Himmel herunterzulocken und sie dann, sobald sie ihre wertvolle Fracht an Tauschwaren ausgeladen hatten, wieder in die Flucht zu schlagen, bevor sie Krankheiten und Chaos verbreiten konnten. Dieser Cargo-Kult war mit den berühmten rituellen Landebahnen auf den Fidschiinseln vergleichbar, die nach dem Zweiten Weltkrieg von den Inselbewohnern angelegt wurden, um vom Kurs abgekommene Flugzeuge anzulocken.[18]

Einer der die *waikas* anrufenden Schamanen war der neu in ihren Kreis aufgenommene junge Yanowe. Er trug eine Affenkappe – die typische Kopfbedeckung der Schamanen – und außerdem ein Armband aus Federn des Keilschwanzsittichs und große Ohrringe aus Papageienfedern. Nachdem er sich am ganzen Körper mit roten Schlangen bemalt hatte, bat er einen älteren Schamanen, ihm mit einem langen Rohr ein Rauschmittel in die Nase zu blasen. Als die Droge seine Wahrnehmung zu verändern begann, fing er an, zu summen und zu singen, während er sich in einem langsamen Rhythmus hin- und herwiegte und Schleim sabberte, den er zu großen Schaumblasen aufblies. Als er die Geisterwelt betrat, begann er anmutig wie ein durch die Luft gleitender Falke im Kreis zu tanzen, während er zu den Besitzern der Hubschrauber sang.

Yanowe erzählte uns von den mysteriösen Nachtfliegern. »Wir beschwören diese Geister, und sie landen in der Mitte des *shabono* – Venezolaner, *garimpeiros* und auch tote Yanomami. Selbst die toten Yanomami tragen fremde Kleidung, und wenn sie uns diese Kleidung geben, bekommen wir Hautkrankheiten – *chivakoa.* Die Geister sagen: ›Wir sind Geister, aber weder Yanomami noch *nabah.*‹ Sie tragen zwar Yanomami-Schmuck, aber *criollo*-Kleidung; sie tanzen und singen wie Venezolaner. Diese *waikas* sind erst aufgetaucht, nachdem Shaki hier alle besucht hat. Die Yanomami in Braorewa-teri [ein südlich des Siapa-Flusses gelegenes Dorf, das zwischen dem 8. und 12. Januar 1991 von der FUNDAFACI besucht wurde] sahen die *waikas* zuerst; danach haben alle sie gesehen.«[19]

Hinter dem Landeplatz für die *waikas,* auf dem die seltsamen Begegnungen der vierten Art stattfanden, stiegen wir eine steile Schlucht empor, wo wir hoch oben auf einem Felssims ein *shabono* entdeckten – der sicherste und zugleich gefährlichste Standort für ein Yanomami-Rundhaus, den ich je gesehen hatte. Wir brauchten volle zwanzig Minuten für den steilen Aufstieg zu der von Napoleon Chagnon als »letzte von der Zivilisation unberührte Gruppe in dieser Gegend«[20] bezeichneten Dorfgemeinschaft.

Die Toobatotoi-teri hatten diesen Standort gewählt, weil sie sich im Krieg mit Washewa-teri und Hiomita-teri befanden, zwei Mavaca-Dörfern, die FUNDAFACI-Expeditionen bei sich aufgenommen hatten. Der Krieg war ausgebrochen, als Chagnons Siapa-Führer Bokoramo aus Wut über die wie üblich verweigerte Hundelieferung zusammen mit seinen Verbündeten aus Washewa die Toobatotoi-teri angriff.[21]

Später überwarfen sich die Toobatotoi-teri auch mit den Hiomita-teri. »Der Streit begann«, erzählte der Anführer der Toobatotoi-teri, »als wir Shaki in Hiomita besuchen wollten und die Hiomita-teri uns plötzlich anschrien: ›Was fällt euch ein, hierherzukommen und Geschenke von Shaki zu wollen? Macht, daß ihr wegkommt!‹ Später drohten die Hiomita-teri, sie würden jeden aus Toobatotoi-teri töten, der versuchen würde, direkt mit der SUYAO zu handeln. Deshalb lebe ich jetzt hier in dieser Abgeschiedenheit.«[22]

Wie aus Brewers Aufzeichnungen hervorging, wurden die Toobatotoi-teri zwischen dem 8. und 15. Februar 1991 nach Hiomita-teri eingeladen. Dort habe die FUNDAFACI ein Lager eingerichtet, so Brewer, »um die Bewohner der Gegend sowie das Shapono von Toobatotoi-teri zu erforschen«.[23] Laut Alberto Karakawe, Chagnons engstem Mitarbeiter, wurde auch das *shabono* in Hiomita-teri versehentlich zerstört. »Als er landete, hätten sie seinen Hubschrauber am liebsten in die Luft gesprengt«, erzählte Karakawe dem Ethnologen Frank Salamone. »Die Yanomami verboten Landungen, weil sie glaubten, die Fremden brächten ihnen Krankheiten – Malaria oder Masern.«[24] Tatsächlich wütete damals sogar eine doppelte Epidemie aus Malaria und schwerer Ruhr.[25] Den Wissenschaftlern von FUNDAFACI gelang es zwar, die Ängste mit Geschenken zu beschwichtigen, aber sie waren nicht in der Lage, den um diese Geschenke entbrennenden Konkurrenzkampf unter Kontrolle zu halten.

Unser einziges Problem in Toobatotoi-teri war unser Aufbruch. Ein Mann forderte mich auf, meinen Rucksack zu öffnen und ihm den gesamten Inhalt zu überlassen. »Die anderen Fremden haben uns alles geschenkt«, sagte er unter Hinweis auf Chagnons Großzügigkeit.[26] Die Sache hätte übel ausgehen können, doch zum Glück befahlen ihm die Dorfältesten von Toobatotoi-teri, uns in Ruhe zu lassen. Der Anführer winkte uns zum Abschied herzlich zu und meinte ziemlich wehmütig, wenn ich einer von den fliegenden *waikas* gewesen wäre, hätten sie mir mit gutem Recht meine gesamte Habe wegnehmen können.

Wir wollten zurück zum Orinoko, der sich gut vierzig Kilometer nördlich von uns befand.[27] Trotzdem legten wir in schwierigem Gelände fast 250 Kilometer zurück, bis wir ihn erreichten.

Dörfer bilden nach dem Verständnis der Yanomami die wichtigsten geographischen Grenzen. Als ich mich erkundigte, ob wir auf direktem Weg nach Patanowa-teri, unserem Bestimmungsort am Orinoko, gehen könnten, hieß es: »Von hier aus nicht.« Um etwaige Konfrontationen zu vermeiden, mußten wir Wegen folgen, die von einem Verbündeten zum nächsten führten.

Unsere Führer trieben uns vorwärts, bis wir ein sumpfiges Tal erreichten, wo wir eine Nacht unter windschiefen, palmengedeckten Hütten kampierten. Als der Shanishani-Fluß breiter und tiefer wurde, mußten wir uns unseren Weg durch unzählige verwilderte Pflanzungen bahnen, was das Vorwärtskommen entsetzlich mühsam machte. Gegen Mittag stießen wir auf die Stelle, an der sich das von der FUNDAFACI besuchte Ashidowa-teri zuerst befunden hatte, ein mittlerweile verlassenes Dorf mit einer völlig von Dornengestrüpp überwucherten Pflanzung.[28] Zwei Stunden lang krochen wir auf allen vieren unter den mörderisch stechenden Dornen hindurch, ohne daß wir mehr als ein paar hundert Meter vorangekommen wären.

Nach Sonnenuntergang erreichten wir endlich den Kreis aus Lagerfeuern, wo die Ashidowa-teri lebten.

Wir hatten eine Rast bitter nötig. Marinho war von einer »Vierundzwanzig-Stunden-Ameise« gebissen worden, die ihren Namen der 24 Stunden oder länger anhaltenden Wirkung ihres qualvoll schmerzenden Bisses verdankt. Sein Bein war dick angeschwollen, und er humpelte stark. Wir alle hatten entzündete Füße, hauptsächlich von den fleischfressenden Flöhen, aber auch von verschiedenen Schnitt- und Schürfwunden, die vor lauter Dreck nicht heilten.

Verglichen mit den Ashidowa-teri waren wir allerdings in einer blendenden Verfassung. Seit dem Höhepunkt des Goldrauschs hatte ich keine so kranke und bedauernswerte Yanomami-Gruppe gesehen. Ein junges, tuberkulös aussehendes Mädchen trug ein bis aufs Skelett abgemagertes Baby auf dem Arm. Wie sich herausstellte, war Nape, wie sich das Mädchen nannte, von acht verschiedenen Arten von Magen-Darmparasiten befallen. Marinho bereitete Milch für Napes Baby zu, das ununterbrochen schrie, weil seine abgemagerte Mutter keine hatte.

In den ersten zwei Fällen von Malariaverdacht erwiesen sich beide Tests als positiv – Falciparum-Malaria. Viele Menschen waren als Zeichen ihrer Trauer schwarz angemalt, und die Kinder waren unterernährt. Selbst einige der Erwachsenen waren völlig abgemagert.

Aber nachts, unter dem sternklaren Himmel und im Licht der im Kreis angeordneten Feuerstellen, schien die Pein nachzulassen. Auf einmal sah das Dorf schön aus, romantisch und prähistorisch. Dann, gegen zehn Uhr, setzte der Gesang ein, mit einer ungemein bewegenden Inbrunst, Harmonie und Improvisationsfreude. Wenn ich die Augen schloß, stellte ich mir vor, daß die Lieder von Stammeslegenden und Märchen aus uralten Zeiten handelten.

In Wirklichkeit drehten sie sich auch um die *waikas* und ihre göttlichen Hubschrauber. Die Ashidowa-teri sangen eine Geschichte von einem Hubschrauber, der gerade in einem Nachbardorf gelandet war. Der *nabah* verschenkte Kleider, doch die Frau und das Mädchen, die die Kleider bekamen, starben an *xawara.*

»Sie singen gegen die Amerikaner, gegen die *garimpeiros* und gegen die Leute aus Caracas, die nachts vom Himmel herunterkommen«, übersetzte Marco. »Sie sagen, diese Geister sprechen dieselbe Sprache wie du, und wenn die Yanomami sie erwischen, nehmen sie ihnen die Hängematten und andere Dinge weg. Das beunruhigt mich ziemlich.«[29]

Auch hier schienen die Menschen Shakis Besuch als ein riesiges Fest in Erinnerung zu haben, bei dem sie bewirtet und reich beschenkt wurden. Der Nachteil waren die *xawara*, die die Weißen mitbrachten. Der Anführer in Toobatotoi-teri erzählte uns, daß Chagnons Hubschrauber Rauch ausgestoßen habe, an dem alle erkrankt seien, so wie es den Yanomami in den vierziger Jahren schon einmal passiert war.[30] In Narimobowei-teri war es Chagnons rauchender Colt, der die Babys mit krankheitserregenden *xawara* einhüllte.

James Brooke schilderte in der *New York Times* Chagnons Landung in Ashidowa-teri folgendermaßen: »Nachdem der Hubschrauber in einer Staubwolke in einer Pflanzung gelandet war, tauchte aus dem Wald eine Gruppe von zwanzig sichtlich erregten Yanomami – Männer und Jungen – auf. Einer von ihnen erklärte, daß noch nie Nichtyanomami nach Ashidowa-teri gekommen seien ... Etliche stellten fassungslos fest, daß es auf der Welt Menschen gab, die kein Yanomami sprachen.«[31]

Tatsächlich war Ashidowa-teri der engste Verbündete von Helena Valeros Dorf Patanowa-teri, und sie und ihr Mann waren in den dreißiger und vierziger Jahren häufig dort zu Gast.[32] Später hielt sich auch öfter Kenneth Good dort auf, der einen nie veröffentlichten Brief an den Herausgeber der *New*

York Times schrieb: »Das ist jetzt schon der zweite Artikel, der Erstkontakt zu einem Dorf reklamiert, in dem ich seit 1976 wiederholt zu Gast war und geforscht habe.«[33] (Zuvor hatte er bereits Einspruch erhoben, als die *Times* ungeprüft Chagnons Behauptungen über dessen »Erstkontakt« mit Narimoboweiteri wiederholte, einem Dorf, das Good dreimal für insgesamt zwei Monate besucht hatte.[34]) Bei seinem zweiten Protest schickte Good jedoch eine Kopie an James Brooke und erhielt prompt Antwort. »Brooke rief mich an und sagte: ›Woher, zum Teufel, soll ich das wissen? Er [Chagnon] erzählt mir, vor uns sei noch niemand dort gewesen.‹«[35]

Carlos Botto, der Leiter des venezolanischen Zentrums zur Untersuchung und Kontrolle von Tropenkrankheiten, reiste mit der letzten Siapa-Exkursion der FUNDAFACI nach Ashidowa-teri. Botto berichtet: »Ich ging nach Ashidowa-teri, um eine Studie über die Yanomami durchzuführen, und zufälligerweise hielt sich damals auch Brewer für zwei Wochen dort auf. Bei meiner Ankunft hielt er gerade vor Ethnologen und anderen eine Rede über seine Tätigkeit als Ethnologe und Naturforscher. Über eine Stunde lang sprach er nur über sich; außerdem behauptete er, Yanomami eines anderen Dorfes hätten im Auftrag der Platanal-Mission versucht, ihn umzubringen, er habe jedoch einen der Angreifer niederschlagen können. Er kündigte an, darüber ein Buch zu schreiben. Zu Chagnons Gruppe in Ashidowa-teri gehörte auch ein Sänger ... ein Hollywoodstar. Ein Verrückter! Er lief herum wie ein Yanomami, bemalte sich und spielte sich als Medizinmann auf. Äußerst merkwürdig.«[36]

Botto wurde Zeuge eines weiteren Hubschrauberzwischenfalls. »Ich war gerade in Ashidowa-teri, als Chagnon mit seinem Hubschrauber dort landete und dabei einen Teil des *shabono* zum Einsturz brachte. Durch herabstürzende Dachpfosten wurden etliche Yanomami so verletzt, daß wir sie behandeln mußten. Außerdem mußten wir die Leute retten, die unter den Dachtrümmern lagen. Die Lage war ernst. Die Schamanen und Dorfältesten begannen zu singen; es ging um das eingestürzte *shabono*. Die Expedition hinterließ eine tiefe Narbe.«[37]

»Shaki zerstörte unser anderes *shabono* mit seinem Hubschrauber«, erinnerte sich Mirapewe, einer der Anführer von Ashidowa-teri. »Ein Pfosten durchbohrte das Bein meiner Frau, und mein Bruder und meine Schwägerin wurden am Kopf verletzt. Shaki versprach, in einem Monat wiederzukommen, um für das *shabono* und die Verletzung meiner Frau zu bezahlen. Ich warte immer noch darauf, daß Shaki zurückkommt.«[38]

In diesem Hubschrauber saß auch die venezolanische Ethnologin America Perdamo, und mehrere Journalisten waren an Bord.[39] »Als wir versuchten zu landen, deckte der vom Hubschrauber erzeugte Wind das Dach des *shabono* ab«, erzählte Perdamo. »Menschen kamen herausgerannt und versuchten, sich in Sicherheit zu bringen; dabei stürzten Teile der zu Bruch gegangenen Dachbalken auf sie herab. Etwa fünf wurden an Kopf und Beinen verletzt. Einige mußten genäht werden. Nachdem wir anderthalb Stunden lang Wunden gereinigt hatten, erklärte uns der Hubschrauberpilot plötzlich, wir müßten machen, daß wir wegkämen. Die Yanomami schimpften über die angerichtete Zerstörung, und die Verletzten schrien. Es war deprimierend.«[40]

Im Bericht der University of California über Ashidowa-teri hieß es über Pflanzenproben: »Im Auftrag des Botanischen Gartens von New York nahmen die Sammler Brian Boom und Charles Brewer Carías teil, die eine bedeutende Sammlung ethnobotanischer Pflanzenproben mitbrachten.«[41] »Hier in den Pflanzungen wächst zum Beispiel das giftige Nachtschattengewächs aus den Anden«, erklärte Boom gegenüber James Brooke. »Was hat diese Pflanze bei einem Volk zu suchen, das angeblich seit Tausenden von Jahren von der Außenwelt isoliert ist?«[42]

Eigentlich hätte die Frage lauten müssen: Was hatten diese Wissenschaftler bei einem Volk zu suchen, das angeblich Tausende von Jahren von der Außenwelt isoliert gewesen ist? Zum Beispiel die große Gruppe vom Fachbereich für Ethnologie der University of California in Santa Barbara, obwohl es Berkeley war, das als erstes Institut die Dezimierung der indianischen Ureinwohner Amerikas dokumentiert hatte.[43] Und während die Wissenschaftler von der Presse fotografiert wurden, ließ Chagnon die Ashidowa-teri mit Äxten und Pfeilen posieren.

»Chagnon brachte die Indianer dazu, mit ihren Waffen sehr kriegerische Posen einzunehmen, und dann machten sie gestellte Fotos«, sagte Botto.[44]

Jahrzehnte früher, im Jahr 1974, war Chagnon zu dem Schluß gekommen: »Wie alle Stammesangehörigen sind auch die Yanomami dem Untergang geweiht.«[45] Und während einerseits viele Yanomami den Geschenken der Weißen hoffnungslos verfallen waren, hatten sie andererseits eine Mythologie von ihrer Beziehung zu diesen Waren und deren Eigentümern entwickelt, die auf die Prophezeiung einer Endzeit hinauslief. In den neuen Mythen stellten die Schamanen Chagnons wissenschaftliches Vermächtnis als Maschinerie der Schwarzen Magie dar. So, wie die brasilianischen Yanomami die während des Goldrauschs eingesetzte Technologie als »Maschinen mit magischen Kräften« bezeichneten, betrachteten die venezolanischen Yanomami Chagnons wissenschaftlich-technische Ausrüstung als riesige Fabrik für *xawara,* den Krankheit und Tod bringenden Rauch. Letztlich wurden Chagnons Kameras, Pistolen, Hubschrauber, seine Apparaturen zum Blutabzapfen und die Art und Weise, wie er an die Namen der Toten gelangte, als magische Rauchschleier zur Tarnung von Massenmord interpretiert.

Das wurde schließlich auch Chagnon und Brewer klar, als sie am 17. Mai 1991 in Dorita-teri landeten. Hier war der Schauplatz des Axtkampfes zwischen dem Anführer der Yanomami und Chagnon, der von Venevisión zwar gefilmt, aber nicht gesendet wurde. Chagnon schilderte, was passierte, als er mit Brewer und dem sechsköpfigen Fernsehteam landete:

> Harokoiwa fing an, sich rhythmisch hin- und herzuwiegen und mir heftige Vorwürfe zu machen, ich hätte ihre Säuglinge umgebracht und Epidemien unter ihnen ausgelöst; während er hin- und herschaukelte, schlug er sich auf die Schenkel, um seinen Worten Nachdruck zu verleihen... Ein paar von den Männern, die sich von Harokoiwas Gewalttätigkeit und seinen bitterbösen Anschuldigungen anstecken ließen, stürmten auf Charles [Brewer] und mich los, aber wir hielten unsere Stellung. Einer der Männer

> packte Charles am Arm, schreckte aber zurück, als er dessen Kraft spürte und sah, wie furchtlos wir anscheinend waren ...[46]

Im Film waren sogar noch dramatischere Szenen zu sehen. Isaam Madi, ebenfalls Teilnehmer der Siapa-Expedition, beschrieb den Angriff noch ausführlicher:

> Als Shaki, wie er allgemein genannt wird, das *shabono* betrat, wurde er vom Anführer der Dorfgemeinschaft heftig beschimpft und beschuldigt, ihr Quellwasser vergiftet und sie mit Polaroidfotos, die ihre Geister raubten, krank gemacht zu haben. Mitten im Wortwechsel stürzte sich plötzlich der Sohn des Häuptlings mit einer Axt auf Chagnon, um ihm den Schädel zu spalten. Das wäre ihm auch fast gelungen, wenn Brewer nicht rechtzeitig eingegriffen, die Mordwaffe mit der linken Hand abgefangen und den Yanomami mit der Rechten niedergestreckt hätte.[47]

Brewer hielt lediglich fest: »Wegen der Fotos, die wir gemacht hatten [glaubten die Yanomami], wir hätten all ihre Krankheiten verursacht und wären schuld am Tod sämtlicher Yanomami in den letzten zwanzig Jahren!«[48]

Man muß sich in Erinnerung rufen, daß die Dorita-teri eine Splittergruppe von Patanowa-teri sind (siehe Kapitel 6 und 7). Chagnon hatte 1965 Kriege inszeniert. Die Bewohner hatten danach ihr Dorf ins Landesinnere verlegt, unweit der Stelle, wo sich heute Dorita-teri befindet. Dort spürte sie der von der AEC-Expedition als Bote gesandte Timothy Asch auf und köderte sie mit Metalltöpfen, wieder an den Orinoko zurückzukehren – für *The Feast* und *A Multidisciplinary Story* ... und die Masernepidemie von 1968. Danach flohen die Überlebenden erneut landeinwärts.[49] Daraufhin mobilisierte Chagnon das mächtige Dorf Mishimishimabowei-teri zu einem Bündnis mit Bisaasi-teri (siehe Kapitel 7), was zu einem neuen Film über ein weiteres, in einem gemeinsamen Überfall endendes Fest führte. Als Chagnon 1985 die Genehmigung erhielt, ins Yanomami-

Land zurückzukehren, schickten die Dorita-teri Chagnon extra eine Delegation mit der inständigen Bitte, sie nicht zu besuchen (siehe Kapitel 11). Und das war, bevor Chagnon im Verein mit Brewer der SUYAO den Krieg erklärte.

Chagnon und Brewer machten Alfredo Aherowe, den gewählten SUYAO-Führer, für den Zwischenfall mit der Axt verantwortlich. Chagnon bezeichnete Alfredo als »Vertreter der Salesianermission«[50], weil die Mahekoto-teri in der Platanal-Mission leben. Aber womöglich hätte es überhaupt keine Verbindung zwischen den Patanowa-teri und den Yanomami von Platanal gegeben, wenn die AEC nicht für ihren Film ein Bündnis zwischen beiden Gruppen geschmiedet hätte. Alfredos Vater Asinwe spielte eine Hauptrolle in *The Feast.* Alfredo, der lesen und schreiben gelernt hat und fließend Spanisch spricht, wurde einer der Anführer des Dorfes. Er erfreut sich in der ganzen Gegend großer Beliebtheit. Der Biologe und Verhaltensforscher Eibl-Eibesfeldt bemerkte dazu: »Es ist klar, daß Chagnon Dinge erfindet. Alfredo Aherowe ist kein ›Salesianervertreter‹, was immer damit gemeint sein soll … Er ist ein angesehener Mann, nicht nur bei den Yanomami von Mahekoto-teri, sondern auch bei denen von Patanowa-teri einschließlich Dorita und bei denen von Hasupuwe-teri und all den kleinen Dörfern am Oberen Orinoko. 1991 war er bereits gewählter Vertreter der SUYAO … einer Genossenschaft, die nicht etwa den Missionaren untersteht, sondern den Yanomami selbst. Das dürfte Chagnon bekannt sein, und er sollte nicht etwas anderes behaupten.«[51]

Alfredo gab sofort zu, daß er den Anführer der Dorita-teri aufgefordert hatte, Chagnon entgegenzutreten, aber nicht, um ihn zu töten. »Ich habe dem Captain befohlen, Shakis Kameras kaputtzumachen. Als ich klein war, hat Shaki uns zusammen mit den Patanowa-teri gefilmt, und danach sind viele meiner Leute an Masern gestorben. Ich hatte Angst, wir bekämen wieder Masern, wenn er uns noch mal filmen würde.« In Platanal verweigerte Aherowe dem Team von Venevisión den Zugang zum *shabono* der Mahekoto-teri. Es kam zur Rangelei mit dem Fernsehteam und der Geliebten des Präsidenten. »Cecilia Matos wollte hier filmen«, erzählte Aherowe. »Ich erklärte ihr, das sei nicht möglich. Dann hielten wir die Hände vor die Kameras.«[52]

Zwar war der Anführer, der Chagnon beschimpft hatte, bei meinem Besuch in Dorita-teri im September 1996 nicht anwesend, aber einer der Ältesten, die Chagnon ebenfalls die Stirn geboten hatten, erzählte mir von dem Vorfall. »Shaki landete neben dem *shabono.* Wir erlaubten ihm nicht hereinzukommen mit der Begründung, er habe *xawara* und wir wollten nicht wieder krank werden. Wir hatten Angst, ihn einzulassen, weil wir fürchteten, er würde uns abermals verzaubern, und dann würden unsere Leute wieder reihenweise sterben. Deshalb erlaubten wir ihm nicht, das *shabono* zu betreten. Der Captain war drauf und dran, die Kameras mit seiner Axt zu zerhacken. Und fast hätte er auch Shaki zerhackt, als der versuchte, das Dorf zu betreten.«[53]

Einer von Chagnons Siapa-Führern, Enrique Lucho, erklärte den Angriff mit der Axt folgendermaßen: »Shaki Napoleon errichtete ein Camp, um der Anführer aller Yanomami zu werden. Weil er Yanomami spricht, wollte er der Anführer sein. Aber wir, die Yanomami, haben uns zusammengeschlossen, um unser Land zu verteidigen. Wir lehnten seinen Plan einhellig ab, weil er sonst die Kontrolle über das Geld, das die Regierung uns geben wollte, bekommen hätte. Wir lehnten ab, weil er sonst das gesamte Budget kontrolliert hätte.«[54]

Chagnon begann seine Feldforschung in der Hoffnung, eine Revolution in der Ethnologie auszulösen. Irgendwann jedoch machte er eine merkwürdige Verwandlung durch: Napoleon wurde zur Inkarnation des »Führer-Gens«. Mit seinem Federschmuck und Lendenschurz, seinen Pistolen und Maschinen, seinem schamanischen Drogenkonsum und seinen rituellen Tänzen war Chagnon eine Zeitlang »das A und O« in der Yanomami-Welt.[55]

Doch diese magische Aura nutzte sich rasch ab. »Zuerst dachte ich, Shaki sei gut. Dann merkten wir, daß er nicht gut war«, sagte César Dimanawa.[56] Am Ende waren die Yanomami überzeugt, Chagnon gehe es nur darum, sie übers Ohr zu hauen. Er wollte die alleinige Kontrolle über Filme, Blut und Budget und ihnen nur die Brosamen lassen, die von seinem reichen Tisch fielen. Der Mann, der einst den furchterregenden Geiergeist verkörpert hatte, landete nun in Begleitung von Venezuelas Ober-*garimpeiro* mit seinem Hubschrauber mitten in den *shabonos.*

Aber die Wildnis hatte ihn durchschaut.

Chagnon wollte Macht über die von ihm erforschten Menschen erlangen. »Insofern hat diese Anthropologie nicht das geringste mit Anthropologie zu tun, sondern ist eine deformierte Sozialwissenschaft im Dienste einer menschenfeindlichen Wissenschaft«, schrieb der Anthropologe Jeffrey Rifkin in seinem Artikel »Ethnographie und Ethnozid« über Chagnon. »In diesem Zusammenhang werden das Fotografieren und Numerieren von Menschen und die Hunderte von Yanomami-Blutproben zum wissenschaftlich ritualisierten Stempel, den der Eroberer Körper und Gesellschaft der unterworfenen Primitiven aufdrückt. Das hat nichts mit der Untersuchung eines blutrünstigen Volkes zu tun, sondern ist Sozialwissenschaft als rationalisierter Mord.«[57]

KAPITEL 18

Menschenversuche und Isotopen-Menschen

> Glauben Sie mir, die Natur ist stets bestrebt,
> göttliche Perfektion zu erreichen;
> aber durch zufällige Ereignisse werden
> die Weichen oft anders gestellt.
>
> *Roger Bacon*[1]

Bevor El Dorado zum Mythos wurde, war es der Name eines Mannes. Im Jahr 1534 griffen spanische Soldaten in der Nähe der ecuadorianischen Stadt Quito einen »streunenden Indianerhäuptling namens El Dorado« auf, der bei seiner Vernehmung zugab, daß er einen Zwölftagemarsch entfernt im Norden lebte. Der wandernde Häuptling war in den Süden gekommen, um bei den Inkas Hilfe zu suchen. Da sein Dorf ganz am Rande des Reiches lag, war die Kunde von der spanischen Eroberung noch nicht bis zu ihm durchgedrungen. Die Soldaten ließen ihn in die Heimat zurückkehren, doch ganz vergessen wurde er nie. Wie aus »El Dorado« eine Stadt wurde, und wie diese Stadt, deren Straßen mit Gold gepflastert waren, schließlich zur Hauptstadt eines Amazonasreiches aufblühte, die Zehntausende in den Tod lockte, ist eine ebenso sagenhafte Geschichte wie die Verwandlung eines aus armen Verhältnissen im ländlichen Ohio stammenden Jungen in den Leiter eines die Welt umspannenden Genetik-Imperiums.[2]

Der als »Mutation Man« bekanntgewordene James Neel bewies, daß bestimmte menschliche Ethnien – kleine isolierte Zuchtgruppen – wesentlich schneller mutierten als angenommen.[3] Diese Entdeckung, die aus der von Neel gemachten Bestandsaufnahme von Yanomami-Genen resultierte, war aber nur ein Teil seines Vermächtnisses.[4] Wie ein Arzt der Rockefeller Foundation schrieb, gab Neel den Anstoß zu »einer Revolution auf dem Gebiet der medizinischen Genetik, deren Einfluß sich von den Kliniken in Ann Arbor über die ausschließlich von Blutsverwandten bewohnten Dörfer Japans, die Bohnenfelder des Goldenen Halbmondes, die malariaverseuchten Küsten Afrikas, die Urwälder am Orinoko und wieder zurück zu den Amniozentesezentren der Vereinigten Staaten erstreckt«.[5]

Ich glaubte lange, daß Neel der Schlüssel zum Verständnis der Yanomami-Tragödie sei. Ohne Neels Unterstützung und das Ansehen seiner wissenschaftlichen Leistungen wäre Chagnon nie in die Bastionen der Kulturanthropologie vorgedrungen.

Aber weshalb suchte sich Neel für seine Ziele ausgerechnet die Yanomami aus? Und warum ließen ihn die Venezolaner so lange gewähren? Ich verschaffte mir die Erklärung des Energieministeriums, aus der hervorgeht, daß die Yanomami als Kontrollpersonen für die nach den Atombombenabwürfen in Japan durchgeführten Strahlungstests dienten, mit denen die Auswirkung radioaktiver Strahlung auf das Erbgut untersucht wurde. Das klang irgendwie logisch und unmoralisch zugleich. Doch mit jedem Monat, der neue Enthüllungen über die Atomenergiebehörde (AEC) und ihre undurchschaubaren Strahlenversuche an Menschen lieferte, kam mir diese simple Logik immer unwahrscheinlicher vor.

Am 2. Januar 2000 erschien in der *Los Angeles Times* unter dem Titel »Die Hard« eine lange Rezension von *The Plutonium Files.* Das Buch der Journalistin und Pulitzer-Preisträgerin Eileen Welsome war das Ergebnis einer 13jährigen Recherche über die AEC und das Manhattan-Projekt. Welsome hörte 1987 das erste Mal von Plutoniuminjektionen bei Menschen. Plutonium, Element 94 im Periodensystem der chemischen Elemente, fiel 1941 in der University of California in Berkeley als Spaltprodukt beim Beschuß von Uran an. Die neue Substanz war ihrem Entdecker zufolge »bereits in geringen Dosen hochgiftig«.[6] Gegen Kriegsende wollten die Wissenschaftler in Los Alamos unbedingt wissen, wie giftig Plutonium eigentlich genau sei. Die Experimente zeigten, daß die Substanz giftiger war, als man sich je hätte träumen lassen.

Die meisten Versuche wurden im Strong Memorial Hospital durchgeführt. Das städtische Krankenhaus war unter einem Dach mit dem Fachbereich Medizin der University of Rochester untergebracht; beide waren durch einen Tunnel mit einem Nebengebäude des Manhattan-Projekts verbunden. Stafford Warren, dessen Name zu einem Synonym für Strahlenversuche an Menschen wurde, begann seine Karriere als Vorsitzender des Fachbereichs für Radiologie an der University of Rochester. Im März 1943 wechselte er als Berater ins Rochester-Manhattan-Projekt. Fünf Monate später wurde Warren zum Leiter der Medizinischen Abteilung des Manhattan-Projekts für die Vereinigten Staaten befördert. Zur Bestimmung der Grenzwerte für Radioaktivität setzte man in der Medizinischen Abteilung Tiere tödlichen Dosen radioaktiver Strahlung aus und verifizierte die Testergebnisse durch Parallelversuche. Zwischen 1943 und 1945 wurden in großem Umfang Tierversuche durchgeführt. Allein in Rochester opferten Wissenschaftler dafür 100 Hamster, 200 Affen, 675 Hunde, 1200 Kaninchen, 20 000 Ratten, 277 400 Mäuse und 50 Millionen Fruchtfliegen.[7]

Aber die Grenzwerte blieben unzuverlässig. Da erhielt Warren unmittelbar nach der Kapitulation Japans den Auftrag, eine militärische Delegation zu leiten. Fieberhaft bereitete sich sein Team aus Wissenschaftlern darauf vor, mit Geigerzählern die Verstrahlung von Menschen und Umwelt in Japan zu messen. Für Strahlenbiologen waren die Bomben *die* – wenn auch makabre – Gelegenheit. Warrens Nachfolger sollten die Explosionen von Hiroshima und Nagasaki später als ›gigantische Versuche‹ bezeichnen.[8]

Bevor Warren am 5. September 1945 nach Japan aufbrach, berief er eine Konferenz ein, auf der er einen kühnen Plan für Versuche am Menschen vorstellte. Außerdem sollte das Manhattan-Projekt die Kontrolle über eine kleine Krankenhausstation – die Abteilung für Stoffwechselkrankheiten am Strong Hospital – übernehmen und dort Patienten Plutonium, Polonium oder Uran injizieren. »Zweck der Untersuchung ist es, anhand einer statistisch relevanten Zahl von Versuchspersonen die Reaktion des Stoffwechsels auf das gefährliche Material zu ermitteln …«[9]

Jeder Patient bekam eine Nummer: HP 1, HP 2 und so weiter. HP bedeutete »human product«, womit nichts anderes als »Versuchsperson« gemeint war. In der Station für Stoffwechselkrankheiten konnten immer nur an zwei Personen gleichzeitig Versuche angestellt werden; elf Patienten injizierte man dort über einen Zeitraum von zwölf Monaten fünf Mikrogramm Plutonium pro Kopf. Fünf Mikrogramm entsprachen dem Fünffachen der von den Wissenschaftlern für schädlich gehaltenen Dosierung. Anfangs hatten die Ärzte erwogen, die Experimente an sich selbst vorzunehmen, es sich dann jedoch anders überlegt. »Plutonium gilt als so riskant, daß wir schließlich doch davor zurückschreckten, die Absorptionsversuche an uns selbst anzustellen.« Eines der Opfer, das schon vor der Injektion dem Tode geweiht war, starb sechs Tage nach Erhalt der fünf Mikrogramm. Überrascht durch den Todesfall, schlug daraufhin einer der Ärzte vor, die nächste Injektion auf fünfzig Mikrogramm zu erhöhen, da andernfalls, so argwöhnte er, ein anderes Labor des Manhattan-Projekts, das Argonne-Institut in Chicago, Rochester bei der Dosierung überholen würde. »Ich will sehen, was sich machen läßt«, erwiderte der leitende Arzt Samuel Bassett.[10] Allem Anschein nach wurde eine derart hohe Dosis jedoch nie verabreicht.

Viele der Versuchspersonen galten als unheilbar krank, was aber keine Voraussetzung war. Einer der an den Menschenversuchen beteiligten Wissenschaftler bemerkte: »Ohne Frage wird die Auswahl der Versuchspersonen stark vom verfügbaren Menschenmaterial beeinflußt.«[11] Am ersten Weihnachtsfeiertag 1945 war es schwer, genügend Patienten für die Stoffwechselstation zu finden, aber Dr. Bassett tat sein Bestes. »Diesen Tag will offenbar niemand im Krankenhaus verbringen. Ich werde jedoch tun, was ich kann, damit das Fließband weiterläuft.«[12]

Nach Angaben eines Arztes hatte man nach reiflicher Überlegung beschlossen, den Patienten zu verheimlichen, was ihnen injiziert wurde.[13] Gleichwohl mußten sie zum Auffangen von Stuhl und Urin angehalten werden, da diese Proben alle 24 Stunden eingesammelt wurden.[14]

Laut Originalprotokoll »schlug Col. Warren vor, daß Lt.

Valentine die Injektionen vornimmt.« Da Colonel Warren die höchste Autorität für sämtliche medizinischen Forschungen im Zusammenhang mit der Atombombe war, wurde sein »Vorschlag« in einen Arbeitsplan umgesetzt: »Verantwortlich für die Stationen: Dr. William McKann und Dr. Sam Bassett. Injektionen: Lt. Valentine.«[15]

Lieutenant William Valentine war von 1942 bis 1945 Forschungspartner von James Neel. In dieser Zeit führten die beiden Männer eine anerkannte Untersuchung über erbliche Anämie am Beispiel der Sichelzellenanämie durch. »Wir begegneten uns und trafen den naheliegenden Entschluß, unsere Kräfte zu bündeln«, schrieb Neel.[16] Valentine, seit 1977 Mitglied der Akademie der Wissenschaften, hat bestritten, jemals einem Patienten Plutonium injiziert zu haben.[17] »Ich bin sprachlos«, meinte er zu den Vorwürfen. »Ich habe nie irgend jemandem Injektionen gegeben.«[18]

Der Journalist Corydon Ireland von dem zur Gannett-Gruppe gehörenden *Rochester Democrat & Chronicle* schrieb eine Reihe von Artikeln über die Strahlenversuche im Strong Memorial Hospital. Darin behauptete er unter anderem, daß Valentine während der Zeit, als die Plutoniuminjektionen verabreicht wurden, als leitender Arzt im Krankenhaus gewohnt habe und ein Protegé von Samuel Bassett und Stafford Warren gewesen sei.[19] Letzten Endes hielt Ireland es jedoch für unmöglich festzustellen, wer das Plutonium tatsächlich injiziert hatte, da die diesbezüglichen Krankenhausaufzeichnungen an der University of Rochester unauffindbar waren. Da die Atomenergiebehörde die Universität damit betraut hatte, die Untersuchungen zu protokollieren, besaß sie selbst nur unvollständige Berichte. In einem dieser Dokumente hieß es, Dr. Bassett habe die erste Injektion verabreicht. Valentine gab an, in erster Linie mit Strahlenversuchen an Tieren beschäftigt gewesen zu sein, »in einem kleinen, hermetisch abgeriegelten Labor im dritten Stock des Krankenhauses«. In den Interviews mit Ireland verteidigte Valentine Samuel Bassett.«[20] (Eileen Welsome zufolge wurden in der Stoffwechselstation von September 1945 bis Ende 1946 ausschließlich Strahlenversuche durchgeführt.)[21] Valentine räumte ein, daß er sowohl mit Bassett als auch mit Stafford Warren in »sehr enger Verbindung« stand und die beiden 1948 an die University of California in Los Angeles (UCLA) begleitete, wo die AEC ein Forschungszentrum einrichtete, dessen Mitarbeiterstab sich am Anfang ausschließlich aus ehemaligen Wissenschaftlern des Manhattan-Projekts rekrutierte.[22]

Das einzige überlebende Strahlenopfer, Mary Jeanne Connel, war zum Zeitpunkt der Injektion 24 Jahre alt. Sie gehörte zu den sechs Patienten in Rochester, denen Uran statt Plutonium injiziert wurde. Abgesehen davon, daß sie unter Untergewicht litt, von dem sie sich in der Station für Stoffwechselkrankheiten erholen sollte, war sie gesund. Wie sie sich erinnerte, bekam sie die Injektion in Anwesenheit zahlreicher Ärzte. Kurze Zeit nach der Injektion verspürte sie Übelkeit und ein Brennen im ganzen Körper. In den kommenden Tagen wurde sie von unzähligen ärztlichen Mitarbeitern untersucht. Jemand vom Krankenhauspersonal sagte zu ihr, sie sei die berühmteste Patientin im ganzen Haus, was nicht gerade darauf hindeutet, daß die Untersuchung unter großer Geheimhaltung stattfand.[23]

Eines der großen Geheimnisse dieser Experimente ist, nach welchen Kriterien die ahnungslosen Personen überhaupt an die Station für Stoffwechselkrankheiten überwiesen wurden. Obwohl die für die Injektionen ausgewählten Patienten an ganz unterschiedlichen Störungen litten, unter anderem an Anämie und Hämophilie, landeten sie alle auf der Stoffwechselstation. Janet Stadt, eine 41jährige Frau mit einem chronischen Hautleiden, wurde HP 8. Obwohl sie die höchste Strahlendosis erhielt, lebte sie anschließend noch 29 Jahre, wobei sie die seltsamsten Krankheiten durchmachte, deren Diagnose die Ärzte vor ein Rätsel stellte. Sie starb einen qualvollen Krebstod. »Meine Mutter ging wegen Sklerodermie – einer Hautkrankheit – und wegen eines Zwölffingerdarmgeschwürs ins Krankenhaus«, erzählte ihr Sohn, »und dann landete sie irgendwie im Labor bei diesen Monstern.«[24]

Dort bestrahlte der Chefarzt, Lieutenant Valentine, in seinem Labor hinter verschlossenen Türen Tiere. Ein weiterer »Kompaniebefehlshaber« für die im Krankenhaus arbeitenden Medizinstudenten war übrigens sein Forschungspartner James Neel.[25]

Im Jahr 1946 traf Stafford Warren eine Entscheidung, die Neels Leben von Grund auf veränderte. Am 29. Oktober wurde Neel aus heiterem Himmel von der rein routinemäßigen Funktion eines stellvertretenden Arztes zum verantwortlichen Forschungsleiter für die in Japan durchgeführten Untersuchungen befördert. Neel schrieb in seiner Autobiographie: »Ich merkte sofort, daß sich mein Status änderte, als ich die Anweisung bekam, mich direkt dem Pentagon zu unterstellen. Da es in solchen Momenten klüger ist, sich eine gewisse Zurückhaltung aufzuerlegen, murmelte ich nur irgend etwas von einem ›geheimen Sonderauftrag‹, als ich meinen Posten im Krankenhaus verließ und im Wagen des Colonels zum Bahnhof gebracht wurde.«[26]

Nach eigenem Bekunden verdankte Neel seine Ernennung der Intervention eines anderen Arztes: Captain Joe Howland, einem Adjutanten von Colonel Stafford Warren.[27] In dem Skandal um Strahlenversuche an Menschen zeichnete sich Howland dadurch aus, daß er als einer der wenigen sein Vergehen immerhin zugab. Er habe auf Anweisung gehandelt, als er den Patienten Plutonium injizierte, sagte er.[28] Thomas Powers, der Autor von *Heisenberg's War*, bemerkte in der *Los Angeles Times*: »Weitaus häufiger kam es vor, daß sich Forscher gegenüber Welsome oder offiziellen Ermittlungsbeamten mit dem Verlust ihrer Unterlagen herausredeten oder sich nicht mehr erinnern konnten.«[29]

Neel hielt seinen Aufstieg in den Rang eines verantwortlichen Leiters der Atombombenstudien für einen unglaublichen und unerklärlichen Glücksfall – eine Laune von Warren und Howland. Aber Warren war kein Mann, der Entscheidungen dem Zufall oder der Laune überließ. Und Mitarbeiter beim Manhattan-Projekt (später in AEC umbenannt) wurde nur, wer nachweislich den Bau der Atombombe unterstützte. Neel war nun ein Vertreter einer der mächtigsten und geheimnisvollsten Institutionen der Welt. »Indem die Atomenergiebehörde während der folgenden drei Jahrzehnte das Atomwaffenprogramm in praktisch jeder Hinsicht kontrollierte, besaß sie gleichsam göttliche Allmacht«, schrieb Eileen Welsome.[30]

Die Atomic Bomb Casualty Commission, ABCC (Kommission für Atombombenopfer), stand unter der Schirmherrschaft der National Academy of Sciences. Ihr Hauptquartier befand sich in Hiroshima, wo Neel mit zwei zivilen Wissenschaftlern zusammenarbeitete, dem Biologen Paul Henshaw und dem Arzt Austin Brues, zwei leitenden Forschern des Manhattan-Projekts. Später beteiligte sich Henshaw in den Vereinigten Staaten an der Vorbereitung von Strahlenexperimenten an Strafgefangenen, bei denen die Hoden der Probanden Röntgenbestrahlungen in sterilisierenden Dosen ausgesetzt wurden. Brues wiederum gelang es, eine der Strahlenversuchspersonen von Rochester aufzuspüren, einen Schwarzen namens Elmer Allen, und ihn unter einem falschen Vorwand zur Rückkehr in eines der AEC-Labors zu überreden. Welsome beschrieb Brues als »intelligent, eloquent und falsch«.[31]

Zwar wird James Neel in *The Plutonium Files* nicht erwähnt, doch Welsome wußte von seiner Karriere bei der AEC. »Die hängen doch alle zusammen«, meinte sie kürzlich am Telefon zu mir. »Unglaublich, was diese Menschen gemacht haben.«[32]

Untergeordnete Offiziere wie Neel wurden in Japan zu mächtigen Männern. »MacArthur war der unumstrittene Herrscher im besetzten Japan, und seine Paladine führten sich wie kleine Vizekönige auf«, schrieb der Historiker John Dower. »Selbst Mitarbeiter der mittleren Rangstufe maßten sich an, japanischen Beamten Ratschläge zu erteilen, die zwar strenggenommen keine Befehle waren, faktisch aber wie solche wirkten.«[33]

Gelegentlich erstreckte sich die Autorität von MacArthur auch auf die Atomic Energy Commission (AEC), die auch weiterhin die Gelder für die ABCC bereitstellte. 1950 schickte die AEC zwei Vertreter nach Japan, die Neel vom Beschluß der Akademie, das Genforschungsprogramm einzustellen, in Kenntnis setzten. Trotzdem blieb Neel, der damals bereits die Gründung des Instituts für Humangenetik an der University of Michigan betrieb, bei der ABCC. Aber er machte gegenüber den AEC-Vertretern in Japan keinen Hehl daraus, wie sehr ihn diese Entscheidung »entsetzte und empörte«. Wenige Tage später forderte MacArthur die AEC nachdrücklich auf, die Genforschungen fortzusetzen, mit der Begründung, daß die »Einstellung des Programms ein wissenschaftliches Vakuum schaffen würde, das unweigerlich ein zweifelhaftes Forschervolk anzöge«.[34] Daraufhin wurde das Programm fortgesetzt und die Genforschung 1954 unter Neels Leitung an der University of Michigan konzentriert.[35]

Seitdem hatten Militär, AEC und die Atomindustrie niemals Grund, an Neels Verläßlichkeit zu zweifeln. Seine Daten zur Strahlentoxizität waren durchgängig optimistisch – mit Grenzwerten, die ein Vierfaches dessen betrugen, was in den Sicherheitsrichtlinien der Vereinten Nationen festgelegt war.[36] Zwischen 1965 und 1980 erhielt der Fachbereich Medizin an der University of Michigan vom Energieministerium und der AEC einen Zuschuß in Höhe von 6,8 Millionen Dollar für die von Neel geleiteten Genforschungen. Mit dem Geld wurden zwei Lehrstühle eingerichtet, ethnische Studien auf der ganzen Welt unterstützt und ein Labor zur Strahlenforschung in Ann Arbour gegründet.[37] Wissenschaftler, die das Strahlenrisiko weniger optimistisch beurteilten, wurden diskreditiert und in etlichen Fällen sogar aus staatlichen Labors und akademischen Einrichtungen gefeuert.[38]

Mit einer konzertierten Public-Relations-Kampagne und durch gezielte Unterdrückung wissenschaftlicher Informationen gelang es Militär und AEC in den Wochen und Monaten nach den Bombenabwürfen auf Hiroshima und Nagasaki, die Bewertung der Bombe in der öffentlichen Meinung zu beeinflussen. Die größte Sorge der Atomwaffenhersteller war, daß Bilder von der verheerenden Zerstörung, insbesondere von Verlusten in der Zivilbevölkerung einen solchen Abscheu in der amerikanischen Öffentlichkeit erregen könnten, daß dies das Aus für die weitere Stationierung von Atomwaffen bedeuten würde. Die bloße Tatsache, daß die USA durch den Mord an 150000 Zivilisten einen Krieg gewonnen hatten, war so entsetzlich, daß eine solche Reaktion der Öffentlichkeit durchaus im Bereich des Möglichen lag. In Japan war das bereits zu beobachten, wo die Atombomben zum Symbol des Bösen schlechthin wurden und zu einem neuen Pazifismus führten. »Niederlage, ungerechte Behandlung und das niederschmetternde Gefühl von totaler Machtlosigkeit angesichts der alle Vorstellungen übersteigenden Vernichtungswaffen bildeten zusammen die Basis für einen neuartigen antimilitaristischen Nationalismus.«[39]

In den USA hatte die Atombombe den gegenteiligen Effekt. Sie schürte einen neuen, technologisch auftrumpfenden, globalen amerikanischen Militarismus. Nichts verdeutlichte die erfreuliche neue Perspektive atomarer Vernichtung besser als die Aussage von General Leslie Groves, dem obersten Chef des Manhattan-Projekts, bei seiner Rede vor dem amerikanischen Kongreß im November 1945. Dort behauptete Groves, daß radioaktive Strahlung »ziemlich schnell und so, wie ich die Ärzte verstanden habe, ohne übermäßiges Leiden zum Tod führt. Ja, es soll sogar eine ausgesprochen angenehme Todesart sein.«[40]

Genau das Gegenteil hatte General Groves leitender wissenschaftlicher Offizier seinem Chef und dem militärischen Oberkommando bei vertraulichen Besprechungen mitgeteilt. In etlichen unter Ausschluß der Presse stattfindenden Gesprächen wies er warnend darauf hin, daß eintausend Atomexplosionen ausreichten, um alles Leben auf der Erde zu vernichten. Joseph Howland, ein Freund von Warren und Neel, registrierte in der Umgebung von Hiroshima und Nagasaki bei Männern, die niedriger radioaktiver Strahlung ausgesetzt waren, alarmierende Anzeichen für Hodenatrophie und geringere Spermienanzahl. Dieser Befund wurde der Öffentlichkeit ebenso verheimlicht wie die wissenschaftlichen Debatten über die genetischen Auswirkungen der radioaktiven Strahlung. »Stafford Warren war einer der Hauptverantwortlichen für diese gezielte Verschleierungstaktik«, erklärte Eileen Welsome. »Stafford Warren und die AEC besaßen bereits in einem sehr frühen Stadium jede Menge Erkenntnisse über die Auswirkungen radioaktiver Strahlung auf das Erbgut, die der Öffentlichkeit systematisch vorenthalten wurden.«[41]

Dank einer bemerkenswerten Website des Energieministeriums namens Human Radiation Experiments (Strahlenversuche an Menschen): http://hrex.dis.anl.gov ist es jetzt freilich möglich geworden, die Innenwelt der AEC zu erkunden. Unter dieser Internetadresse findet sich eine mächtige Suchmaschine zur Erforschung von 250000 Dokumenten, von denen viele erst vor kurzer Zeit freigegeben wurden. Wie aus einem dieser Dokumente hervorgeht, wurde Neel im Dezember 1949 in ein fünfköpfige »Ad-hoc-Kommission« berufen, um Stafford Warrens Nachfolger Shields Warren (beide waren nicht miteinander verwandt) »über die Auswirkungen radioaktiver Strahlung auf das Erbgut verschiedener Ethnien [zu informieren]. Anhand dieser Erkenntnisse wird die Öffentlichkeit in angemessener Form informiert werden.«[42]

Vor kurzem freigegebene Dokumente belegen, daß Shields Warren schon in den fünfziger Jahren »schwerwiegende Bedenken wegen des Gesundheitsrisikos durch den Fallout hatte«. Privat lehnte er den Plan der Militärführung, der eine Stationierung von Truppen in größtmöglicher Nähe der Atomexplosion vorsah, ab. Öffentlich unterstützte er jedoch sowohl die Tests als auch die gefährliche Stationierung, da er, wie Eileen Welsome es ausdrückte, »zu der festen Überzeugung gelangt war, daß die Tests, wie hoch ihr Risiko auch sein mochte, nötig waren, um die Vereinigten Staaten vor der Sowjetunion und einer kommunistischen Weltordnung zu schützen«.[43] Aus Angst davor, die Bevölkerung zu beunruhigen, riet man den Einwohnern von Nevada zwischen 1951 und 1955 nicht einmal, während der Atomtests in den Häusern zu bleiben. Gleichzeitig wurden Hunderttausende von Soldaten gefährlichen Strahlendosen ausgesetzt.

Die Auswirkungen der neuen Atombombentests erwiesen sich jedoch als erschreckend. Anfang 1954 arbeitete Dr. Lester Van Middlesworth wie gewohnt in seinem biologischen Labor in Tennessee, als plötzlich die Schilddrüse eines Ochsen das Ticken seines Geigerzählers auslöste. Schließlich stellte sich heraus, daß *alle* Schilddrüsen auf der ganzen Welt nach jeder Atombombenexplosion Spuren von Jod-131 aufwiesen. »Niemand glaubte, daß es möglich sei, die ganze Erde von einem einzigen Ort aus zu kontaminieren«, sagte er.[44]

Was hatte das zu bedeuten? Für Willard Libby, einen Physiker, konnte das nur heißen, daß die AEC so lange auf weitere

Atombombentests verzichten müßte, bis Wissenschaftler die Ursache für die weltweite Kontamination entdeckt hätten. Was Libby besonders beunruhigte, war die hohe Konzentration von Strontium-90, einem Nebenprodukt der Plutoniumspaltung. Um den Grad der Verseuchung mit Strontiumisotopen zu messen, benötigten die Wissenschaftler allerdings massenweise menschliche Leichen. Libby bemerkte betrübt: »Wer weiß, wo man einen ordentlichen Haufen Leichen herkriegt, würde seinem Land damit einen wahren Dienst erweisen.«[45] Einige seiner Angestellten entdeckten Mittel und Wege, um weltweit Leichen und Tausende von Skeletten, Feten und Knochenproben zu beziehen. Dieses Leichenbeschaffungsprogramm wurde als Projekt Sunshine bekannt. Willard hielt es für das wichtigste Sicherheitsprogramm der USA nach der Aufrüstung.

Damals startete die Eisenhower-Regierung die internationale Kampagne »Atome für den Frieden«, eine diplomatische Offensive, die die Vision von einem atomaren Utopia entwarf. Mit Atomkraft angetriebene Flugzeuge und Schiffe sollten künftig mit wenigen Tropfen Brennstoff endlos weite Strecken zurücklegen können. Dank der Isotopentherapie würden viele Krankheiten geheilt werden können. Anders als das auf die schnöde Beschaffung von Leichen ausgerichtete Projekt Sunshine beruhte »Atome für den Frieden« auf dem hehren Prinzip, Wissenschaftlern befreundeter oder potentiell befreundeter Staaten radioaktive Isotopen zur Verfügung zu stellen.

Der Isotopenapostel war Paul Aebersold. Der seit langem in der Strahlenforschung tätige Biologe hatte von 1939 bis 1941 an der Erprobung einer neuen Therapieform mitgearbeitet. Bei dieser Behandlung waren 128 Patienten in unterschiedlichem Gesundheitszustand mit Neutronen in exorbitanten Dosen bombardiert worden. Fast die Hälfte von ihnen starb innerhalb der nächsten sechs Monate auf sehr unangenehme und ungewöhnliche Weise. Innerhalb der AEC wurde Aebersold als »Mr. Isotope« bekannt. »Er beging Selbstmord, was vermutlich der letzte Beweis für seine Verrücktheit war«, erinnerte sich der Wissenschaftler Merril Eisenbud. »Er war ein ausgesprochen fanatischer Verfechter der Radioisotopentherapie und konnte ihren medizinischen Nutzen gar nicht genug betonen.«[46] Ein Wissenschaftler verglich die Funktion von Radioisotopen mit Spionen, die sich heimlich in den menschlichen Körper hineinschleichen, nach neuen Informationen suchen und auf diese Weise diagnostische Erkenntnisse liefern.

Am 3. Juni 1954 brach Aebersold zu einer Reise durch fünf südamerikanische Länder auf, um für Isotopen zu werben.[47] Seine erste Station war Venezuela. Und ganz oben auf seiner venezolanischen Liste – sorgfältig mit zwei Sternchen markiert – stand folgender Name:

Marcel Roche, Instituto de Investigaciones Médicas
Plaza Morelos, Caracas, Venezuela

Marcel Roche gehörte zur 1968er-Expedition von James Neel und hatte gemeinsam mit Napoleon Chagnon den Iyewei-teri in der Ocamo-Mission die Lebendvakzine Edmonston B injiziert.

Bald nach Aebersolds Reise belegte Roche zwei Seminare im Rahmen des Programms »Atome für den Frieden«, die darauf angelegt waren, Ärzte aus aller Welt im Umgang mit Radioisotopen zu unterweisen. Ohne Frage bedeutete die Radioisotopenmethode letzten Endes in vielen Bereichen eine Verbesserung der medizinischen Diagnose, doch die AEC hatte aus naheliegenden Gründen selbst starkes Interesse an der Erforschung der Auswirkungen radioaktiver Strahlung auf den Menschen. Das Programm »Atome für den Frieden« führte Wissenschaftler in eine exklusive Gesellschaft ein, in der niemand an der ethischen Zweideutigkeit dieser Untersuchungen Anstoß nahm. Hier sahen die Wissenschaftler Filme, die weltweiten Fortschritt durch Atomkraft versprachen. »Unser Pilz-Orden ist eine riesige, immer größer werdende Bruderschaft«, hieß es in einer der AEC-Dokumentationen über die Atombombentests in Nevada.[48] Die Ausbildung wurde als »Präsident Eisenhowers Plan, auch andere Länder an der friedlichen Nutzung der Atomkraft teilhaben zu lassen«[49], präsentiert.

Zu diesem friedlichen Plan gehörten auch Versuche mit radioaktiven Tracern am Menschen. Wie aus inzwischen freigegebenen Dokumenten hervorgeht, befand die AEC schon 1947, daß die Tracer-Forschung trotz »moralischer, ethischer und medizinisch-rechtlicher Einwände gegen die Anwendung radioaktiver Substanzen ohne Wissen oder Zustimmung des Patienten«[50] für Toxizitätsstudien unverzichtbar war.

Diese Welt der Tracer-Forschung betrat nun Marcel Roche. Bei einer Konferenz über Radioisotopen hielt Roche ein Referat über die Stoffwechselaktivität von radioaktivem Jod. »Anhand von zwei Dias beschrieb Marcel Roche (Venezuela) eine repräsentative Schilddrüsenuntersuchung, die er im venezolanischen Tiefland und im Hochland der Anden durchgeführt hatte.«[51]

Im Jahr 1958 begann Roche eine lange, komplizierte Untersuchung zum Jodstoffwechsel, in deren Verlauf er den Yanomami und den benachbarten Maquiritare-Indianern radioaktives Jod verabreichte. Es war eine rein genetische Untersuchung, die der Frage nachging, wieso eine Population, die keinerlei Jod mit der Nahrung aufnahm, im Unterschied zu den Bewohnern des Hochlands *nicht* unter Kropf litt. Die Entdeckung, daß die Yanomami über erstaunliche Kapazitäten zur Anreicherung von radioaktivem Jod-131 in der Schilddrüse verfügten – 71 Prozent der verabreichten Dosis wurde innerhalb von 24 Stunden absorbiert, ermöglichte Roche einen erstklassigen Aufsatz.[52]

Heute vertritt das Energieministerium offiziell die Position, daß diese »Tracer-Untersuchungen« mit ethischen Grundsätzen unvereinbar waren. »Ich glaube nicht, daß die Tracer-Versuche den Patienten nützten, aber sie erweiterten unser Wissen«, meinte Jay Stannard, der sich ein halbes Jahrhundert lang mit Strahlenbiologie befaßt hat. »Sie [die Ärzte] standen ebenfalls unter großem Druck herauszufinden, wie diese neuen Substanzen wirkten. Sie dürfen nicht vergessen, daß der Arzt damals allmächtig war.«[53]

Einige Wissenschaftler nahmen eine kritischere Haltung zu den »Tracer-Untersuchungen« ein. »Bei Jod-131 handelt es sich um eine extrem giftige Substanz, die für die Yanomami schädlich gewesen sein muß, die Frage ist nur, wie schädlich«, erklärte Terence Collins, Professor für Chemie an der Carnegie Mellon University. »Es ist ganz und gar ungeheuerlich, wenn Wissenschaftler zu genetischen Untersuchungszwecken Versuche mit radioaktiven Tracern an exotischen Stämmen im Amazonasgebiet vornehmen.«[54]

Andere venezolanische Wissenschaftler injizierten in Kooperation mit der AEC den Ureinwohnern Venezuelas radioaktives Eisen-59, um die Stoffwechselaktivität von Eisen zu testen. Dieses Experiment war für die Untersuchung von Überlebenden der Atombombenangriffe von Bedeutung, da intensive radioaktive Bestrahlung häufig zu Eisenverlust und Anämie führt. Das AEC-Labor der University of Rochester suchte händeringend anämische Patienten. Die Abteilung für Biologie und Medizin der AEC war so stark an den venezolanischen Indianern interessiert, weil viele von ihnen unter schwerer Anämie litten ... vor allem in tropischen Regionen, den bevorzugten Verbreitungsgebieten des Hakenwurms.«[55] Die für die Untersuchung benötigten Eisenisotopen lieferte das Donner-Labor von Berkeley.[56] Anschließend wurden die Untersuchungsergebnisse veröffentlicht und die dabei entstandenen Fotos im Rahmen einer für die Isotopentherapie werbenden Wanderausstellung in Lateinamerika präsentiert.[57] Ebenfalls auf der Ausstellung zu bestaunen war ein aktiver 2000-Curie-Kobaltreaktor.[58]

Außerdem suchte die AEC im Amazonasgebiet nach Menschenknochen, weil »die primitiven Völker in Gebieten [leben], deren Böden einen auffallend niedrigen Calciumgehalt aufweisen«. Denn die Aufnahme von Strontium-90 war auf calciumarmen Böden am höchsten. Folglich hoffte die AEC, durch ihren Vorstoß ins Amazonasgebiet »die Maximalkonzentration von Strontium-90 in Menschen ermitteln und somit Rückschlüsse auf das Maximum der Verteilungskurve für Strontium-90 in der Weltbevölkerung ziehen zu können«.[59] Zur Beschaffung von Knochen für das Strontium-Trennverfahren mußte eine Autopsie durchgeführt werden, der ein kompliziertes Laborverfahren, das sogenannte Einäschern, folgte.

Schließlich richtete die AEC eine venezolanische »Knochensammelstelle« ein, in der mehr Leichen verarbeitet wurden als in jeder anderen südamerikanischen Projekt-Sunshine-Zentrale. Zwischen Juni 1955 und März 1956 wurden 122 Knochenproben gesammelt, was bedeutete, daß beinahe alle zwei Tage eine Autopsie durchgeführt wurde. Der Knochenbestand des Projekts Sunshine war nach Alter geordnet und begann mit einem erst vier Monate alten Säugling. Nachfolgend ein Beispiel für einen typischen Eintrag[60]:

Probennr.	*Geschlecht*	*Sterbedatum*	*Alter*
B-423	weiblich	12.7.55	30 Jahre
B-996	weiblich	5.11.55	30 Jahre
B-609	männlich	4.8.55	30 Jahre
B-643	weiblich	27.10.55	33 Jahre
B-997	männlich	25.12.55	34 Jahre

Im Dezember 1956 begab sich Dr. Laurence Kulp, einer der Projekt-Sunshine-Leiter, auf eine Inspektionsreise durch Südamerika, »um Kommunikationswege und Verständigung in den Knochensammelstellen zu verbessern«.[61] Auf seiner Liste stand auch Venezuela. Kulp hatte als erster erkannt, daß »Leichenraub« bei ärmeren Bevölkerungsschichten und im Süden der USA leichter zu bewerkstelligen war. »In Houston kennt man diese ganzen Vorschriften nicht«, äußerte er. »Sie wollen versuchen, uns quasi jeden Toten von Houston in der in Frage kommenden Altersgruppe zu besorgen. Da unten gibt's ja auch genügend Armutsfälle und so weiter.«[62]

Etliche Fragen bleiben offen. Wessen Leichen wurden in Venezuela untersucht, und wer gab die Erlaubnis dazu? Zahlte die AEC an Leichenschauhäuser oder Krankenhäuser eine Provision? Wer führte die vielen Autopsien mit dem Plutonium-Trennverfahren durch? Und haben die Wissenschaftler vom Projekt Sunshine, die Strontium-90 bei »primitiven Völkern« messen wollten, für Indianerleichen einen Zuschlag bezahlt? Venezuela hat mehr radioaktive Isotopen aus den USA erhalten als jedes andere lateinamerikanische Land außer Brasilien. Während Verteidiger dieser Untersuchungen betonen, daß sie für die radiologische Pathologie unverzichtbar waren, herrscht andererseits große Übereinstimmung darüber, daß die angewandten Methoden nach heutigem Standard höchst zweifelhaft waren.[63]

Vor dem Hintergrund des AEC-Handels mit Blut und Knochen der Einheimischen bekommt der Titel des von dem Historiker Eduardo Galeano geschriebenen Buches *Die offenen Adern Lateinamerikas: Die Geschichte eines Kontinents von der Entdeckung bis zur Gegenwart*[64] einen ganz neuen Sinn.

Die Versuchspersonen der AEC-Experimente stammten überwiegend aus den ärmsten Bevölkerungsschichten. Stafford Warren freilich hielt die unwürdige Unterklasse für die eigentliche Bedrohung seines atomaren Vermächtnisses. Am 1. April 1947 erklärte er seinen Zuhörern in Yale: »Insbesondere während einer Wirtschaftskrise werden eine Menge Leute versuchen, sich mit staatlicher Fürsorge durchzumogeln, und um das zu erreichen, werden sie die Geschichte auftischen, sie hätten irgendwo für das Manhattan-District-Projekt gearbeitet, oder der Wind hätte aus der Richtung der Bombenfabrik geweht, als sie über die Straße gingen, und deshalb stehe ihnen eine Entschädigung zu. Das wird noch zu einem großen Problem werden.«[65]

Es erwies sich sogar als gewaltiges Problem – vor allem im Licht der letzten, äußerst umfassenden Untersuchung der amerikanischen Regierung, aus der hervorging, daß viele Menschen tatsächlich an der radioaktiven Strahlung starben. Am 29. Januar 2000 erschien auf der Titelseite der *New York Times* die Schlagzeile: »Regierung gibt zu, daß Arbeiter in Waffenfabriken an radioaktiver Strahlung starben.«[66] Nach Energieminister Bill Richardson stellte dieses sensationelle Eingeständnis einen radikalen Umschwung in der bisherigen Politik dar. Jahrzehntelang hatte die Regierung viele Millionen Dollar für Prozeßkosten aufgewandt, um alle Beschuldigungen wegen möglicher Strahlenrisiken in Bombenfabriken und anderswo zu widerlegen. »Endlich geben sie zu, was sie fünfzig Jahre lang bestritten haben – daß Arbeiter, die in den Fabriken radioaktiver Strahlung ausgesetzt waren, an Krebs erkrankt sind«, sagte Eileen

Welsome mir, nachdem das Energieministerium seinen Gesinnungswandel publik gemacht hatte. »Sie haben alles mögliche unternommen, um jeden zu diskreditieren, der auf die schädlichen Auswirkungen radioaktiver Strahlung hingewiesen hat.«[67]

Die Experimente verstießen nicht nur gegen den Nürnberger Kodex und gegen Bundesrichtlinien, sondern wurden außerdem zu Ritualen der Selbstabsolution der AEC. Oder, wie Welsome es ausdrückte: »Diese Wissenschaftler waren nicht nur unmoralisch, sondern geradezu gemeingefährlich.«[68]

Das Paradigma vom »grimmigen Volk« läßt sich nur mit der AEC-internen Kultur erklären. Hier waren die größten Köpfe ihrer Zeit versammelt, die jedoch unter dem Druck des nicht enden wollenden Kalten Krieges zeitweise den Verstand verloren hatten. Ihre größte Angst galt der kommunistischen Bedrohung aus dem Ausland und den Sozialhilfeempfängern im Inland. Wer jedoch einmal in die »Bruderschaft des Pilzes« aufgenommen worden war, brauchte sich nie wieder Sorgen um seinen Arbeitsplatz zu machen. Dank eines Systems ineinandergreifender staatlicher Pfründe wurde ihr temporärer Wahn auf – unvorstellbar hohe – Kosten des Steuerzahlers institutionalisiert. Die Welt war ihr Asyl. Wie Welsome darüber hinaus im einzelnen nachwies, vermehrten sie sich innerhalb der Staatsbürokratie mit erschreckender Geschwindigkeit und begründeten ganze Generationen gleichgesinnter Wissenschaftler – von Geheimniskrämerei besessene Männer, die als ihren wahren Feind die amerikanische Öffentlichkeit ansahen.

Außer Verbrecherorganisationen gibt es noch andere Gesellschaften, in denen für die Aufnahme in den Kreis der Erwachsenen von jungen Männern eine Gewalttat verlangt wird, und zwar auf Druck der Älteren. So nahmen, wie der berühmte Altphilologe Walter Burkert in seinem Buch *Homo necans* schilderte, griechische Jünglinge im Alter von etwa 15 Jahren an einem nächtlichen Ritual teil, bei dem sie zur feierlichen Einführung in eine männliche Bruderschaft symbolische Morde begingen und Menschenfleisch aßen. Die unsägliche Tat – »der Schock, Menschenfleisch gegessen zu haben« – war gewissermaßen der Eintrittspreis für die Verwandlung der Teilnehmer.

Doch zunächst erfolgte der Ausschluß. Als ausgestoßene Mörder zogen die Jünglinge in die Wälder, um fortan als Krieger und Blutsbrüder im Bund von Zeus Lykaios – Zeus, dem Wolf – zusammenzuleben.[69]

Stafford Warrens rechte Hand, sein Adjutant Captain Joe Howland, injizierte in dem zum Manhattan-Projekt gehörenden Oak Ridge Army Hospital einem Schwarzen namens Ebb Cade (HP 12) Plutonium. »Ich injizierte einem Patienten eine Dosis von fünf Mikrocurie Plutonium, um Krankheitsbild und -verlauf beim Menschen zu studieren«, sagte Howland. »Eigentlich war ich dagegen, aber bei der Armee ist ein Befehl ein Befehl.«[70]

1968 gab James Neel dem venezolanischen Arzt Marcel Roche und Napoleon Chagnon das Masernvirus Edmonston B und wies sie an, die Iyewei-teri, eine unter schwerer Anämie leidende Yanomami-Gruppe, damit zu impfen.[71] Allein vor diesem Hintergrund war es absolut »kontraindiziert«, den Iyewei-teri einen veralteten Impfstoff wie Edmonston B zu injizieren, selbst wenn Roche zusätzlich das als Begleitimpfung obligate Gammaglobulin gespritzt hätte.[72] Wie Roche mir erzählte, erkundigte er sich nicht einmal nach der Art des von ihm injizierten Impfstoffs und hatte keine Ahnung, daß Gammaglobulin als Zusatzimpfung dringend empfohlen war.[73] Was nach üblicher medizinischer Praxis absolut unglaublich klingt, entsprach gängigen AEC-Praktiken. Roche, der den Yanomami und den benachbarten Maquiritare-Indianern über einen Zeitraum von zehn Jahren radioaktives Jod verabreicht hatte, war 1968 vorrangig mit der Abfassung eines sorgfältigen Protokolls dieser Versuche beschäftigt.[74] Er war nicht nur ein hervorragender Wissenschaftler und der Gründer von Venezuelas renommiertester Denkfabrik, dem Institut für wissenschaftliche Forschung (IVIC), sondern auch ein Mensch von ausgesprochen humanitärer Gesinnung: Sein freundliches, hilfsbereites Verhalten gegenüber den Yanomami während der Masernepidemie von 1968 wird in der Chronik der Ocamo-Mission ausdrücklich erwähnt. Gleichwohl galt sein Hauptinteresse der Forschung, und zwar vor allem der Verabreichung radioaktiven Jods als

Fortsetzung seiner genetischen Langzeitstudie. Deshalb ging er, nachdem er halb Ocamo geimpft hatte, nach Mavaca und blieb nicht lange genug in Ocamo, um die schweren Nebenwirkungen der Lebendvakzine vom Typ Edmonston B auf die Ocamo-Yanomami zu beobachten oder die rasende Verbreitung des Virus aufzuhalten. Über drei Wochen vergingen zwischen den ersten Impfungen und den nächsten in Mavaca, und da war es bereits zu spät.[75]

Der kritische Moment der 1968er-Expedition trat am Mittag des 18. Februar im AEC-Basislager von Mavaca ein, als die Wissenschaftler erkannten, daß unter den geimpften Yanomami eine ausgewachsene Epidemie ausgebrochen war. Der Radiotechniker Rousseau versuchte sofort, Funkverbindung zu Caracas aufzunehmen, um Penicillin anzufordern und die staatlichen Ärzte zu warnen, daß der Impfstoff möglicherweise den »Ausbruch von Masern« verursache. Und Neel erklärte Chagnon zu dessen Entsetzen, daß die geimpften Yanomami jeden anstecken würden, dem sie begegneten. Da jedoch die Wissenschaftler zur Fortsetzung ihrer Forschungen und ihrer Dreharbeiten für den Film weiter flußaufwärts fahren mußten, überließen sie die Yanomami erst einmal ihrem Schicksal, bis weitere Ärzte eintreffen würden.[76] (Auch wieder ein typisches Beispiel für die AEC-Heuristik: Wenn man Zweifel hat, drehe man einfach einen Film.) Flußaufwärts bei den Patanowa-teri, wo Timothy Asch *A Multidisciplinary Study* und *The Feast* filmte, mokierte sich Neel über einen seiner Ärzte, der einen Kranken behandelte – »der Arzt kümmert sich um seine Schafe« –, und verbot Asch, die Szene zu filmen: »Jeder x-beliebige kann in ein Dorf kommen und Kranke behandeln. Aber *dazu* sind wir *nicht* hier. Ich hoffe, ich habe mich klar genug ausgedrückt.«[77]

Als die volle Impfreaktion bei den Patanowa-teri einsetzte, hatten Neel und die anderen Expeditionsteilnehmer längst das Weite gesucht. Als ich im September 1996 in der Missionsstation Platanal mehreren Dorfältesten der Patanowa-teri *The Feast* vorführte, erzählten sie mir, daß ihnen der Krankenpfleger Juan González in ihrer Not geholfen habe. »Nach Chagnons Film war ich der einzige, der während der Epidemie zu den Patanowa-teri in den Wald ging«, erinnerte sich González. »Nachdem Shaki [Chagnon] die Patanowa-teri geimpft hatte, wurden alle krank. Ich war bei ihnen, ich half ihnen, die Leichen herzurichten. Sie hingen die Kinder in Körben an Bäumen auf. Die Frauenleichen wickelte man nicht ganz so fest in Blätter und ließ sie in ihren Hängematten in der Wildnis zwischen den Bäumen hängen. Die Männer wurden an Pfähle gebunden und weiter oben in den Ästen deponiert. Tja, und irgendwann war keiner mehr da, um die Toten aufzuhängen. Alle waren infiziert.«[78]

Nach einer Schätzung von Juan González auf Grundlage der von ihm selbst entdeckten Leichen verschiedener Familiengruppen starben etwa 25 Patanowa-teri.

Nach der Filmvorführung versammelten sich die Dorfältesten der Patanowa-teri und diktierten mir die Namen von 26 Erwachsenen, ausnahmslos Patanowa-teri, die nach den Dreharbeiten zu *The Feast* an Masern gestorben waren. Sie baten mich, die Herren vom Film zu ermahnen, keine Lügen über das, was mit diesen Menschen geschehen war, zu verbreiten. Einer von ihnen wiederholte, was ich oft über die Masernepidemie zu hören bekam: »Shaki hat uns verhext.« Und ein anderer meinte: »Er hat unsere Geister gestohlen, und seitdem sind wir nicht mehr dieselben.«

Chagnon gehörte zu einem gut funktionierenden Team gleichgesinnter Wissenschaftler, das den Yanomami die Geister stahl, die Namen ihrer Verstorbenen, die 12 000 Fläschchen mit ihrem Blut und die Bilder ihrer Krieger, um die ganze Welt der Ethnologie unter seinen Bann zu stellen. Davon hat sie sich bis heute nicht erholt. Neel und seine eugenischen Missionare inszenierten einen gewagten Schöpfungsmythos, einen grausamen Garten Eden, in dem die gesunden und wohlgenährten Yanomami aus Spaß an der Freude kämpften und um des sexuellen Vergnügens willen ihre neugeborenen Töchter töteten. Chagnon war keineswegs der Erfinder dieses sozialen Evangeliums für die mitten im Kalten Krieg steckenden Amerikaner. Und Amerika schwelgte so begeistert im Überfluß, daß es in den sechziger Jahren für kurze Zeit schien, als würden seine Bürger den Streß eines weltweiten Kampfes gegen den Kommunismus oder weitere Opfer zur Stärkung der wirtschaftlichen Wettbewerbsfähigkeit ihres Landes nicht akzeptieren. In diesem kritischen Moment kamen *The Fierce People* und die nachfolgenden Filme gerade recht, um mit einer gefährlichen Selbstzufriedenheit aufzuräumen. Die Schlacht war noch lange nicht gewonnen, der Kampf durfte niemals aufgegeben werden.

Wie es im Vorwort zur 1977er-Ausgabe von *The Fierce People* heißt, »verkehrt die Yanomami-Kultur die Bedeutungen von ›gut‹ und ›wünschenswert‹, wie sie in den auf Idealen beruhenden Postulaten der jüdisch-christlichen Tradition formuliert sind, in ihr Gegenteil«.[79] In Wirklichkeit war es jedoch die eugenische Überzeugung des Genetikers James Neel, die nicht nur die Werte abendländischer Religionen in ihr Gegenteil verkehrte, sondern, was viel entscheidender war, auch die Ideale der liberalen Demokratie und die Ethik der Medizin. Geblendet von der Eleganz der Mendelschen Gesetze und verführt von der Macht der Atomphysik, sah sich Neel bereits in der Rolle des Arztes für Erbgesundheit. Es war der reine Größenwahn. Doch was der Eugeniker Neel unter »Arzt« verstand, hatte wenig mit der Tradition des Hippokrates zu tun. Er wollte gesetzliche Fortpflanzungsbeschränkungen einführen und begrüßte Pläne zur Einschränkung der Gesundheitsvorsorge für die wachsende Bevölkerung der Dritten Welt.[80] Das mittelmäßige Massenerbgut, insbesondere der Genpool in Demokratien, wo jede »Mißgeburt« heiraten und sich beliebig fortpflanzen konnte, erfüllte ihn mit tiefstem Pessimismus. Im Gegensatz dazu kannten die blutrünstigen Yanomami-Kriegsführer – die *unokais,* die ihre Rivalen töteten und sich deren Frauen nahmen – das Geheimnis der Geschichte und die Zauberformel von der Bewahrung der »angeborenen Fähigkeit«.

Die wahren *unokais* waren freilich Colonel Stafford Warren und seine Anhänger, die in Hiroshima und Nagasaki 150000 Menschen, größtenteils unbewaffnete Zivilisten, töteten. Doch obwohl diese atomaren *unokais* durch staatliche Unterstützung und wissenschaftliches Prestige reich belohnt wurden, erwies sich die Bombe letztlich als Reinfall. Denn das atomare Zeitalter besiegelte das Ende der sowohl von ritterlichen Tugenden als auch von Verrat geprägten Kriege, von denen viele Männer wehmütig schwärmten. In einer Welt, in der sich Strontium-90 in unheimlicher Weise in unseren Knochen ablagerte, verkam die Drohung, den Feind in die Steinzeit zurückzubomben, zur einer allenfalls noch territorialen Machtdemonstration.

Radioaktive Strahlung respektierte keine Hoheitsgebiete. Die Zeit der Grenzen war vorbei. Aber die Eroberungsrituale gingen weiter, jedenfalls für kurze Zeit. Amerikas Atom-*unokais* bauten Tausende von Atomwaffen, bestrahlten Millionen von Versuchstieren und träumten von Steinzeitkriegern im Amazonasgebiet. Aus Nostalgie? Aus Angst, die Zivilisation könne sich wieder in kleinen Stammesgesellschaften auflösen? Irgendwo lockt jeden die Suche nach dem makellosen, wertvollen Menschen, und Neel hoffte, die wertvollen Gene männlicher Dominanz zu finden. Ich persönlich glaube allerdings, daß James Neel irgendwann einfach genug hatte von der Logik des Wissenschaftsbetriebs und seinem endlosen, aus dem Sammeln von Blut- und Urinproben und Tieropfern bestehenden Kreislauf. Vielleicht hoffte er, fern der AEC-Labore, in denen er mittlerweile als *die* Kapazität für Ratten- und Mäuseversuche galt, von den Yanomami etwas zu lernen, das wir alle gern wüßten.[81] Ja, er phantasierte von aggressiven Häuptlingen und ihren riesigen Harems. Aber vielleicht wollte er nur wieder einmal durchatmen.

Doch unglücklicherweise nahm er sowohl seine Anschauungen als auch seine Experimente mit in den Regenwald. Neel und seine eugenischen Jünger sahen die unpersönliche Natur der Evolution von einer inhärenten Feindseligkeit durchdrungen, was die natürliche Selektion egoistisch, mörderisch, grausam und heimtückisch machte. Diese unerschrockenen Männer begaben sich in die tiefste Dunkelheit, doch in der gleißenden Helligkeit der Atombombenexplosion sahen sie die Schatten nicht.

Nachwort (2001)

Im September 2000, noch ehe das Buch überhaupt erschienen war, löste eine E-Mail über *Darkness in El Dorado* eine heftige Kontroverse aus. Die Zeitschrift *Science* sprach von der »E-Mail, die um die ganze Welt ging«.[1] Journalisten, die das Buch nie gelesen hatten, schrieben Artikel, in denen sie Vorwürfe von Wissenschaftlern zitierten, die es ebenfalls nicht gelesen hatten. Ethnologen richteten eine sogenannte »Befehlszentrale« ein und bombardierten Kollegen und Journalisten mit Briefen und Statements, in denen sie, was bezeichnend war, Behauptungen aus besagter E-Mail angriffen, die gar nicht im Buch standen. Zwar erregte mein Werk auf diese Weise weit mehr Aufmerksamkeit, als ich mir je erträumt hätte, aber sie galt nicht dem Buch, das ich geschrieben hatte.

Bei einem großen Teil der Öffentlichkeit mußte nämlich zwangsläufig der Eindruck entstehen, bei meinem Buch handele es sich um den Bericht über eine von skrupellosen Ethnologen absichtlich ausgelöste Masernepidemie: »Wissenschaftler ermordet Amazonasindianer, um Rassentheorie zu testen«, faßte die Schlagzeile einer britischen Zeitung den Inhalt zusammen.[2] Das entsprach nun aber keineswegs meinen Schlußfolgerungen aus der Masernepidemie, und abgesehen davon machte diese Problematik nur einen kleinen Teil des Buches aus. Es liegt auf der Hand, warum einige Ethnologen es vorzogen, Phantombeschuldigungen zu einer Epidemie zu widerlegen, anstatt auf die eigentlichen in diesem Buch aufgeworfenen Probleme einzugehen: das physische Leid und die Zerstörung der Kultur der

Yanomami, verursacht durch Expeditionen, die Krankheiten, Krieg und kulturelles Chaos bei einer der anfälligsten Völkergruppen der Welt verbreiteten.

Glücklicherweise haben jedoch andere Ethnologen ihre Kollegen aufgefordert, sich sowohl ihrer Versuchspersonen als auch ihrer gesamten Zunft wegen dieser Probleme zu stellen. In einer kritischen Analyse der Kontroverse, die in *Current Anthropology* erschien, warnten Charles L. Briggs und Clara E. Mantini: »Manche der an den Haaren herbeigezogenen ethnologischen Rechtfertigungen verdrehen nicht nur Tierneys Aussage, sondern gefährden auch den institutionellen Bestand der Fakultät.«[3] Seitdem gehen in Brasilien, Venezuela und den Vereinigten Staaten von Amerika insgesamt fünf Ausschüsse verschiedenen Aspekten des Buches nach. Die Nöte der Yanomami finden plötzlich wieder Aufmerksamkeit. Neue Informationen zur Masernepidemie und anderen Themen des Buches sind aufgetaucht, verbreitete Vorurteile über die Yanomami werden in Frage gestellt, und sogar ein Konsens über eine Reform der Ethnologie scheint in Sicht. Hier eine aktualisierte Zusammenfassung der Entwicklungen im Zusammenhang mit den Hauptstreitpunkten des Buches.

Die Gefahren des »Erstkontakts«: Die Tragödie der Ethnologie im Amazonasgebiet ist zum großen Teil auf die Begegnungen zwischen Wissenschaftlern und »unberührten« Völkern zurückzuführen, wobei die Wissenschaftler stets dazu neigten, die Gefahren hervorzuheben, denen sie sich persönlich gegenübersahen. So enthält zum Beispiel Napoleon Chagnons Buch *Studying the Yanomamo* zwei Kapitel über seine aufregende erste Begegnung mit den Mishimishimabowei-teri und den Iwahikoroba-teri – insgesamt etwa 600 Menschen.[4] In den beiden Kapiteln schildert er die eigene Gefährdung – seine Angst, von feindlich gesinnten Indianern getötet zu werden oder sich im Dschungel zu verirren –, nicht jedoch die Gefahren, die die Kontaktaufnahme eines Fremden, der Geschenke, Krankheitserreger, Gewehre, Kameras und Zukunftspläne für wissenschaftliche Untersuchungen mitbrachte, für die Indianer bedeutete.

Es ist eine von Kritikern ebenso wie von Verteidigern meines Buches allgemein akzeptierte Tatsache, daß ohne Bereitstellung einer ständigen medizinischen Betreuung ein Drittel der Ureinwohner eines Gebietes – wenn nicht noch mehr – in den ersten fünf Jahren nach Erstkontakt sterben. Nach dem Erscheinen der ersten Ausgabe von *Darkness in El Dorado* haben Regierungsbeamte im Amazonasgebiet versprochen, die für Besuche von Wissenschaftlern und Journalisten bei gefährdeten Völkern geltenden Praktiken und Vorsichtsmaßnahmen zu überprüfen. Venezuela plant die Einrichtung von Krankenstationen in der Sierra Parima und im Siapa-Hochland, um die Versorgung isoliert lebender Gruppen zu unterstützen, deren Gesundheitszustand sich während der letzten zwanzig Jahre dramatisch verschlechtert hat.

Das »grimmige Volk«: In Ethnologenkreisen war die angebliche Gewalttätigkeit der Yanomami schon lange vor meinem Buch umstritten. In der Vorstellung der Allgemeinheit dagegen setzte sich dieses Vorurteil als Folge der Veröffentlichung von *The Fierce People* und ähnlichen Büchern, Artikeln und Filmen von Chagnon fest. Ungeprüft übernahmen Journalisten Chagnons Urteil über die Yanomami als »eine der gewalttätigsten Kulturen überhaupt«[5], sowie seine Behauptung, daß »Mörder« mehr Nachkommen zeugten. Dieser Ruf sollte schwerwiegende politische Konsequenzen für die Yanomami haben. Die Berichterstattung der amerikanischen und venezolanischen Presse über Chagnons Forschungen »hat die Chancen der Yanomami in Brasilien auf eine adäquate Demarkation ihres Territoriums erheblich verringert«, schrieb der brasilianische Ethnologenverband in einer öffentlichen Erklärung anläßlich eines Symposiums zu *Darkness in El Dorado*. »So hat das für die Abgrenzung des Indianergebiets zuständige Militär erklärt, man könne den Yanomami kein zusammenhängendes Gebiet zugestehen, weil sie sich nach wie vor gegenseitig umbrächten.«[6]

Schon 1989 hatte sich der brasilianische Verband bei den amerikanischen Kollegen von der American Anthropological Association darüber beschwert, daß Chagnons Forschungen gegen die Yanomami verwendet würden, doch damals wurde der Beschwerde kaum Beachtung geschenkt. Inzwischen wird sie ernst genommen. So schreibt Alcida Rita Ramos, Professorin für Ethnologie an der Universität von Brasilia: »Dadurch, daß Tierney das schockierende Verhalten ausländischer Ethnologen in Venezuela in seinem ganzen Ausmaß schonungslos aufdeckte, hat er erreicht, was etlichen von uns brasilianischen Ethnologen im sachlichen akademischen Diskurs offensichtlich nicht gelang, nämlich den nordamerikanischen Wissenschaftlern die schädlichen Auswirkungen unbesonnener ethnographischer Darstellungen der Yanomami-Kultur bewußt zu machen.«[7]

Doch während die Beschwerden der Yanomami bei einigen Stellen Beachtung finden, reagieren Chagnon und seine Unterstützer größtenteils einfach nicht auf die Kritik an seinem die Wirklichkeit entstellenden Bild vom »grimmigen Volk«. Chagnons Bild vom ständig im Kriegszustand lebenden Yanomami widersprechen Forschungen, die zeigen, daß einige Dörfer seit Jahrzehnten im Frieden leben. Das anhand der Sterblichkeitsraten erwachsener Männer falsch ermittelte Ausmaß der Gewalttätigkeit bei den Yanomami ist im Vergleich zu anderen Stammesgesellschaften eher gering. Und verglichen mit einigen modernen Industriegesellschaften ist es tatsächlich gering. Zudem wurde ein Großteil der von Chagnon geschilderten Gewalt erst durch seine Gegenwart provoziert – durch die Tauschwaren, die er mitbrachte, und die Bündnisse, die er für seine Filme schmiedete.

Chagnons sensationellste, im vorliegenden Buch umfassend analysierte Behauptung war, daß die Yanomami »wie verrückt um Frauen kämpfen«[8], was der herkömmlichen Lehrmeinung widersprach, derzufolge Gewalt in der Regel durch Ressourcenknappheit ausgelöst wird. Chagnon behauptete, seine Untersuchungen bewiesen, daß Mörder »im Vergleich zu ihren friedlicher gesinnten Altersgenossen ungefähr dreimal mehr Kinder und mehr als doppelt so viele Frauen hatten«.[9] Diese sensationell hohen Quoten wurden oft zitiert als Beweis für die soziobiologische These von der genetischen Überlegenheit von Gewalttätern – zuweilen auch »These vom fruchtbaren Mörder« oder vom »Überleben des Bösartigsten« genannt.

Das Bild, das sich aus Chagnons Zahlen ergibt, unterscheidet sich allerdings erheblich von seinen Behauptungen. So schrumpft der Reproduktionserfolg um mehr als zwei Drittel, wenn man Männer derselben Altersklasse vergleicht. Läßt man auch noch die Anführer der Dörfer (die unabhängig vom Krieg, dank ihres gesellschaftlichen Status' auf mehr Frauen und Kinder kommen) unberücksichtigt, verkleinert sich, wie Chagnon übrigens selbst ausgerechnet hat, der Vorteil weiter. Und der vermeintliche Vorteil von »Mördern« könnte noch weiter schrumpfen – oder ganz verschwinden –, wenn Chagnon ein wichtiges, von ihm in seiner Untersuchung jedoch ignoriertes Risiko einkalkuliert hätte: die Möglichkeit, daß die Fortpflanzungskarriere eines Mörders durch rachsüchtige Feinde vorzeitig beendet wird. In Chagnons Vergleich werden nämlich all jene gewalttätigen Dorfbewohner nicht erfaßt, die vor ihren Altersgenossen umkamen. Bereits 1989 hatte Chagnon als Reaktion auf die Kritik versprochen, diese fehlenden »Mörder« in seine Berechnungen mit einzubeziehen. Bis zur Veröffentlichung der ersten Auflage dieses Buches hatte er das noch nicht getan, im Verlauf der darauf folgenden Kontroverse nannte er aber schließlich den Grund für sein Schweigen. Er hatte nämlich, wie er gegenüber *Science* erklärte, die für diese Berechnungen nötigen Daten der toten Mörder überhaupt nie registriert.[10]

Einer der schärfsten, in Kapitel 10 dieses Buches erhobenen Einwände gegen die Hypothese vom »fruchtbaren Mörder« lautet, Chagnon habe seine Altersklassen manipuliert, sprich das Alter der Männer verändert, damit diese Daten zu seiner Theorie paßten. Dieser Vorwurf veranlaßte einen Rezensenten, in *Salon* zu schreiben: »Dieses Kapitel wird vermutlich die heftigste Reaktion unter Chagnons Freunden und Unterstützern auslösen, denn hier hat Tierney, ein kleiner Enthüllungsjournalist, Chagnons Fort Sumter unter Beschuß genommen. Die Tatsache, daß Tierney Chagnon beschuldigt, die Daten für seine Bücher zu frisieren, kommt einer akademischen Kriegserklärung gleich.«[11]

Bisher fiel die Reaktion zu diesem Punkt allerdings erstaunlich zurückhaltend aus. In dem betreffenden Kapitel stelle ich Chagnons Zahlen zur größeren Fortpflanzungshäufigkeit von

Mördern in Frage, nachdem ich zuvor die Quellen dieser Zahlen – ein Dutzend Dörfer, deren Identität er in seiner Studie nicht enthüllt, – scharf unter die Lupe genommen habe. Gestützt auf unterschiedlichste Quellen, erkläre ich ausführlich, wie es mir gelang, neun der Dörfer zu identifizieren. So stelle ich beispielsweise fest, daß es sich bei Dorf 51, in dem Chagnon zufolge acht Männer leben, die pro Kopf durchschnittlich zehn Menschen getötet haben sollen, tatsächlich um die Siedlung Kedebabowei-teri handelt, die in ihrer ausgesprochen jämmerlichen Kriegsbilanz keinen einzigen Gefechtssieg aufzuweisen hat und seit den vierziger Jahren wiederholt zum Rückzug und zur Umsiedlung gezwungen war.

Auf diese Vorwürfe hat Chagnon nicht reagiert. Und anstatt sich auf eine Diskussion über meine Interpretation der Zahlen einzulassen, werfen mir viele seiner Unterstützer vor, die Schwierigkeit der Identifikation besagter Dörfer übertrieben zu haben, da diese bereits von Chagnon selbst in seiner Studie identifiziert worden seien.[12] Gleichzeitig sagen die Kritiker jedoch, sie wüßten nicht, ob ich auch wirklich die richtigen Dörfer identifiziert hätte, was nur zu begreiflich ist, weil Chagnon sie ja gar nicht identifiziert hat.

Warum ignoriert er bis heute sämtliche Aufforderungen von Kollegen und Journalisten, die Datenquellen für seine berühmteste Untersuchung offenzulegen? Die Antwort, so vermute ich heute mehr denn je, lautet, daß er den Vergleich der tatsächlichen Situation in diesen Dörfern mit den Zahlen in seinen Tabellen scheut. Ich möchte ihn hiermit noch einmal auffordern, auf die Fragen in Kapitel 10 einzugehen, wo ich die restlichen drei von Chagnons Dörfern identifiziere: Shashanawateri, Dorita-teri und Karohi-teri.

Moralische Aspekte der Yanomami-Versuche. Im Tausch gegen Metallwaren beschafften sich Wissenschaftler Blutproben und genealogische Daten von einem Volk, bei dem sowohl Blutspenden als auch die namentliche Erwähnung seiner Vorfahren tabu waren. Außerdem verabreichten Wissenschaftler ahnungslosen Versuchspersonen radioaktives Jod. Wurden die Yanomami durch diese von der Atomenergiebehörde finanzierten genetischen Untersuchungen rücksichtslos ausgenutzt?

Einige Wissenschaftler haben eingewandt, daß derartige Experimente zu jener Zeit als durchaus vertretbar galten. Wie Kollegen von Marcel Roche, einem der Experimentatoren, unterstrichen, wurde er in Fachkreisen sowohl aufgrund seiner Sachkenntnis als auch wegen seines humanitären Engagements geschätzt. Ich teile ihre Überzeugung, daß er ein hervorragender Wissenschaftler war, der den Yanomami helfen wollte. Ebenso stimme ich zu, daß zur Zeit der Experimente in den sechziger Jahren das Prinzip des *informed consent* (die Notwendigkeit einer freien und aufgeklärten Einwilligung des Patienten) nicht so klar definiert war wie heute – ein Mißstand, der freilich schon damals allgemein als Problem erkannt wurde.

Dennoch betonte Geoffrey Sea, Direktor der US-Kazahkstan International Foundation on Radiation, Ecology and Health: »Das Problem war, daß der ›nationalen Sicherheit‹ wegen ein Großteil der genetischen Grundlagenforschung in einer Atmosphäre der Heimlichkeit, Täuschung und Außerkraftsetzung des *informed consent* stattfand und dafür sogar Menschen und Tiere geopfert wurden. Der Titel von Neels Autobiographie *Physician to the Gene Pool* propagiert die Wahnvorstellung, die ethische Verpflichtung des Arztes sei vom einzelnen Patienten auf die Nation oder die gesamte Menschheit oder, schlimmer noch, auf die total entpersönlichte Abstraktion des Genoms übertragbar.«[13]

Die ethischen Probleme der Yanomami-Forschung erinnern an einen Gerichtsprozeß, der kurz nachdem ich mein Buch beendet hatte, entschieden wurde. Die amerikanische Regierung erklärte sich im Jahr 2000 bereit, allen Ureinwohnern Alaskas, die während eines Experiments in den fünfziger Jahren unwissentlich Spuren von radioaktivem Jod aufgenommen hatten, pro Kopf 67000 Dollar zu zahlen.[14] Der nationale Forschungsrat (National Research Council) forderte die amerikanische Regierung auf, das den Versuchspersonen »angetane Unrecht« auch dann zuzugeben, wenn sich keine körperlichen Schädigungen nachweisen ließen.[15]

Eine venezolanische Regierungsbehörde, das Ministerium für indigene Angelegenheiten von Venezuela, versprach als Reaktion auf die gegenwärtige Yanomami-Kontroverse neue Regelungen »hinsichtlich ethischer Kriterien und des ausdrücklichen *informed consent* für alle an künftigen Forschungen beteiligten indigenen Gemeinschaften. Vielleicht«, so ließ die Behörde weiter verlauten, »sollten wir die durch *Darkness in El Dorado* ausgelöste Kontroverse zum Anlaß nehmen, darüber nachzudenken, inwiefern durch bestimmte Methoden und Praktiken indigene Gesellschaften als reines Testgelände für Forschungshypothesen betrachtet und somit die Versuchspersonen in der Tat auf Versuchsobjekte reduziert werden. Wenn dies der Fall sein sollte, müßten wir uns eventuell fragen, ob eine solche Degradierung von Menschen, Gemeinschaften, ja ganzen Gesellschaften zu Objekten nicht an sich schon eine Verletzung der Menschenrechte darstellt.«

Die Filme. Die Kapitel 6, 7 und 13 schildern den Kontext, in dem etliche berühmte Filme entstanden. All diese Filme kamen nur durch die aktive Mitwirkung der Regisseure beim Arrangieren neuer Bündnisse zustande. Alle setzten die Verteilung von Tauschwaren voraus – als Bezahlung für die Umsiedlung oder den Wiederaufbau eines Dorfes, Transporte und so weiter. So erzählte mir zum Beispiel Daniel Shaler, der Timothy Asch zu den Patanowa-teri begleitete, um sie zu bitten, ihr Dorf für die Dreharbeiten zu *The Feast* und *A Multidisciplinary Study* umzusiedeln, daß die Patanowa-teri zum Dank dafür Kochtöpfe aus Metall erhielten. Asch selbst schrieb dazu in seinem Kommentar zu *A Multidisciplinary Study:* »Die Aluminiumkochtöpfe, die man in der Szene sieht, sind Resultat des Kontakts zu Missionaren und anderen Fremden. Sie sind geschätzte Besitzstücke und werden häufig von Fremden, wie etwa Expeditionsteilnehmern, verschenkt, um das Vertrauen der Indianer zu gewinnen. Gleichwohl werden sie, wie alle Waren, frei gehandelt und in den meisten Dörfern vertrieben.«[16]

Inwieweit man die Filmszenen für authentisch hält, hängt von der Perspektive des Betrachters ab. Fest steht auf jeden

Fall, daß die Filme neue politische, kulturelle und epidemiologische Kontexte schufen. Da selbst die Regisseure betonten, daß neue Bündnisse zu neuen Kriegen und die Kontaktaufnahme zur Außenwelt zu Epidemien führen konnten, kann man davon ausgehen, daß die Risiken bekannt waren. Da die Filme zu den berühmtesten ethnographischen Filmen schlechthin zählen, müssen auch die mit ihnen verbundenen Risiken und Folgen zur Sprache gebracht werden.

Eugenische Theorien. Kollegen des verstorbenen James Neel haben erbost darauf reagiert, daß ich ihn als Eugeniker bezeichnet habe. Er sei, so betonen sie nachdrücklich, nie ein Befürworter der erschreckenden, unmenschlichen Methoden gewesen, die im öffentlichen Bewußtsein häufig mit der Eugenik verknüpft werden. Das stimmt. Ich habe auch nie behauptet, er hätte diese Methoden befürwortet. Aber es erstaunt mich, daß einige Kritiker Neels Interesse an der Eugenik oder deren Bedeutung für seine Arbeit bei den Yanomami einfach abstreiten. Zu den bekanntesten dieser Kritiker gehört Bruce Albert, der Direktor der amerikanischen Akademie der Wissenschaften, der mein Buch in einem Statement scharf kritisierte: »... jegliche Behauptung, daß James Neel eugenische Prinzipien vertrat, ist platt und nachweislich falsch.«

Der Titel von Neels Autobiographie *Physician to the Gene Pool* deutet auf gewisse eugenische Bedenken des Autors hin – daß mit dem Genpool irgend etwas nicht stimme, was wieder in Ordnung gebracht werden müsse. Tatsächlich finden sich in dem Buch Kapitel wie »Vorschläge zur Verbesserung des Ergbuts bei Bevölkerungen« und »Vorschläge zur Verbesserung des Ergbuts beim einzelnen«. An verschiedenen Stellen seiner Autobiographie und anderswo ergeht er sich in weitreichenden genetischen Überlegungen, wozu die Hege positiver Eigenschaften im Genpool ebenso gehört wie die Ausmerzung negativer. Zum Beispiel:

> An den gegenseitigen Überfällen von Stammesgruppen oder Dörfern nehmen mit Ausnahme der Behinderten

> oder Invaliden alle Männer teil. Es gibt keine berufsbedingten Zurückstellungen. Solche Gefechte könnten die genetische Selektion durchaus begünstigt haben. Doch von einem bestimmten Zeitpunkt in der menschlichen Geschichte an wurde das Kämpfen zunehmend den körperlich und intellektuell Fähigsten übertragen. Die sich bei Einberufung der Armeen, wie in den letzten Weltkriegen, häufenden Wehrdienstzurückstellungen aus physischen oder geistigen Gründen, machen den Krieg heute zur Triebkraft der negativen Selektion.[17]

Die Betrachtung der Kriegstätigkeit unter diesem Blickwinkel – Ausmerzung der geistig und körperlich Schwachen und Belohnung der Stärksten und Fähigsten – ist von zentraler Bedeutung für das Verständnis von Neels Interpretation der für die Yanomami-Forschung äußerst wichtigen Stammeskonflikte. Aus dieser Perspektive rührt sein offensichtlicher Glaube an den »Index der angeborenen Fähigkeiten« – überlegene Gene, die sich in der Nachkommenschaft dominierender Anführer ansammeln.[18] In seinem Aufsatz »On Being Headman« schreibt Neel: »Die möglichen genetischen Implikationen der Führerschaft sind offensichtlich ... die Fortpflanzungsstruktur primitiver Völker führt zu genetischer Überlegenheit ...« Bezeichnend ist Neels Schlußfolgerung:

> Ich glaube, wir stimmen darin überein, daß wenig Aussicht für die Verwirklichung unseres Planes von einer baldigen Rückkehr zum Populationsmuster der Yanomami besteht – zu kleinen, isolierten, aber selbstverständlich im Komfort des 20. Jahrhunderts lebenden Zuchtgruppen, in denen ein allgemein anerkannter, genetisch überlegener Häuptling einen klar definierten Reproduktionsvorteil genießen würde. Da die Aussichten hierzu gering sind, wird uns die Gesellschaft auffordern, durch die eine oder andere umfassende eugenische Maßnahme zu ihrer Erneuerung beizutragen; tatsächlich praktikabel (das heißt gesellschaftlich akzeptabel) wären in nächster Zukunft allerdings nur

> zwei eugenische Kampagnen. Die erste betrifft das wachsende Interesse an der Bereitstellung genetischer Dienste, um die Übertragung krankheitserregender Gene einzuschränken… Die zweite eugenische Maßnahme, die mit Unterstützung von Genetikern durchgeführt werden könnte, betrifft das Interesse an Maßnahmen, die die Mutationsraten beim Menschen beeinflussen…[19]

Für Neel spielte die Eugenik eindeutig eine wichtige Rolle in der Genetik. »Das große Paradox besteht darin, daß die Humangenetiker (sprich Eugeniker) vor siebzig Jahren, auch wenn sie nur wenig Fachwissen über die Grundlagen menschlichen Erbguts besaßen, ausgesprochen zukunftsorientiert waren, während die Humangenetiker von heute, mit ihrem immer umfassenderen Fachwissen, aus Angst vor der Schmach, zum Eugeniker abgestempelt zu werden, anscheinend ihr Interesse für die Zukunft begraben haben.«[20]

Die sexuellen Aktivitäten von Lizot. Besonders erstaunt hat mich das allgemeine Desinteresse an den in Kapitel 9 von den Yanomami und zwei Ethnologen geschilderten sexuellen Eskapaden Jacques Lizots mit Yanomami-Jünglingen. In einer Erwiderung im *Time Magazine* bezeichnete Lizot die Beschuldigungen als »empörend« und erklärte: »Ich bin homosexuell, aber mein Haus ist kein Bordell. Ich habe Geschenke verteilt, weil es zur Kultur der Yanomami gehört. Ich war Single. Ist es verboten, sexuelle Beziehungen mit willigen Erwachsenen zu haben? Mit dem Begriff ›Jünglinge‹ meinen die Leute doch alle Postpubertären bis 25.«[21] Hätte ein amerikanischer oder europäischer Forscher in einem Indianerreservat beiläufig zugegeben, sich durch Geschenke Sex mit postpubertären Jugendlichen zu erkaufen, wäre – unabhängig vom Alter der Opfer – ein Sturm der Entrüstung losgebrochen, und es hätte eine Untersuchung und wahrscheinlich eine Entschädigung gegeben.

Die Masernepidemie. Seit Erscheinen der ersten Auflage sind neben neuen, wichtigen Details auch unzählige Falschmeldungen aufgetaucht. Wiederholt wurde berichtet, ich hätte behauptet, amerikanische Wissenschaftler hätten durch eine Vakzininduzierte Maserninfektion im Rahmen eines Versuchs zur Bestimmung genetischer Überlegenheit wissentlich eine Epidemie bei den Yanomami ausgelöst. Das habe ich nie gesagt.

Was ich geschrieben habe, ist zunächst einmal, daß amerikanische Forscher ohne offizielle Genehmigung den Yanomami einen kontraindizierten Impfstoff injizierten. Anstelle der schwächeren, von Forschern gewöhnlich bevorzugten Schwarz-Vakzine verwendeten sie die für ihre ungünstigen Nebenwirkungen bei der amerikanischen Urbevölkerung bekannten Edmonston B-Vakzine.[22] In einer breiten öffentlichen Kampagne behaupteten Kritiker meines Buches, es gebe Beweise dafür, daß die venezolanische Regierung Neel zur Verwendung der Vakzine autorisiert hätte; später räumten sie jedoch ein, sie hätten sich geirrt.[23] Andere Kritiker vermuteten, Neels Wahl des Impfstoffes sei von den Gesundheitsämtern abgesegnet worden, doch die wenigen Anhaltspunkte deuten genau auf das Gegenteil hin.[24] Warum sich die Wissenschaftler für einen obsoleten Impfstoff entschieden, bleibt ein Rätsel. Es wurde behauptet, Neel hätte die Edmonston B-Vakzine nur genommen, weil er sie von einem seiner Sponsoren umsonst bekommen habe; andere Forscher bekamen den Impfstoff von Schwarz, aber ebenfalls ohne weiteres umsonst. Auf jeden Fall hätten sich mit einem relativ geringen Kostenaufwand die Gegenreaktionen vermeiden und die Arbeit der Wissenschaftler vereinfachen lassen. Denn die Verwendung der älteren Vakzine zwang sie zusätzlich zur Injizierung von Gammaglobulin, um das Risiko von Nebenwirkungen zu minimieren.

Diese Vorsichtsmaßnahme befolgten sie jedoch leider nicht immer. In der Ocamo-Mission wurden die Vakzine ohne die gleichzeitige Verabreichung von Gammaglobulin injiziert. (Chagnon und seine Unterstützer haben erklärt, er und Neel seien an dieser Anfangsimpfung nicht beteiligt gewesen. Chagnons eigene Korrespondenz beweist aber das Gegenteil.[25]) Unklar bleibt, warum die Forscher kein Gammaglobulin hatten, als sie mit den Impfungen in Ocamo begannen, und warum nur das halbe Dorf geimpft wurde. Besonders rätselhaft ist, warum die andere Hälfte selbst dann noch ungeimpft blieb, als zwei Wochen später Neel mit zusätzlichem Impfstoff und Gammaglobulin eintraf. Hatten die Wissenschaftler, wie kürzlich vermutet wurde, Angst vor weiteren negativen Nebenwirkungen?[26] Die unterlassene Impfung ist deshalb von so großer Bedeutung, weil später bei ebendiesen nicht geimpften Einwohnern von Ocamo Masern ausbrachen. Von dort verbreitete sich die Krankheit dann auf mindestens 15 andere Dörfer, wie Neel und seine Kollegen 1970 im *American Journal of Epidemiology* darlegten.[27]

Die Wissenschaftler stellten fest, daß »die Reaktion auf Masernvakzine ohne Gammaglobulin bei weißen Kindern in einigen Fällen genauso schwer ausfiel wie die Krankheit selbst«.[28] Wie sie weiter berichteten, beobachteten sie an den Yanomami in der Mission eine in dieser Heftigkeit noch nie dagewesene Reaktion, mit bis zu 40° Fieber (gemessen mit der am wenigsten anzeigenden Meßmethode) und Hautausschlag. Doch selbst dieser Bericht stellte, wie ich seit Veröffentlichung der ersten Auflage erfahren habe, eine Untertreibung dar. Denn die von Neel in seinem Forschungsbericht festgehaltenen Temperaturen waren in Wirklichkeit noch ein Grad höher und damit so weit von der Weltnorm entfernt, daß sie kaum noch nachvollziehbar sind.[29]

Zwar habe ich die Wissenschaftler nie bezichtigt, absichtlich eine Epidemie ausgelöst zu haben, aber ich schrieb in der Tat, daß einige der Forscher die Befürchtung geäußert hatten, sie könnten unabsichtlich zur Verbreitung der Masern beigetragen haben. Die auf Tonbändern der Expedition festgehaltenen Belege für ihre Besorgnis wurden nach Veröffentlichung der ersten Auflage von unabhängiger Stelle untersucht und bestätigt.[30] Die Ängste und die Bestürzung der Wissenschaftler scheinen sich in ihren späteren Versuchen widerzuspiegeln, die Verantwortung für die Epidemie von sich abzulenken, indem sie widersprüchliche und unglaubwürdige Begründungen zum Ursprung der Epidemie vorbringen. In Kapitel 5 zum Beispiel weise ich auf die abwegige Theorie hin, zu der sich Neel verstieg, als er behauptete, ein brasilianischer Junge in Ocamo sei bereits vor Ankunft der Expedition am 23. Januar infiziert gewesen.[31] Weitere Belege, die Neels Aussage ad absurdum führen, wurden inzwischen von Forschern der Cornell University in Neels Korrespondenz entdeckt. In einem nach der Expedition geschriebenen Brief versucht Neel Roche, den Arzt, der den brasilianischen Jungen untersucht hatte, dazu zu bringen, bei dem Jungen rückwirkend Masern zu diagnostizieren. Roche lehnte ab und schrieb lediglich, daß der »Junge sehr krank war« und »offensichtlich Bronchopneumonie hatte«.[32] Zweifellos war es angenehmer, den Ursprung der Epidemie in Brasilien zu verorten als in den Aktivitäten der Expedition, die auf den unterschiedlichsten Wegen deren Ausbruch oder Verbreitung verursacht haben konnte.

Den Aufzeichnungen der Missionsstation zufolge starben auf dem Höhepunkt der Fieberreaktion am 1. Februar zwei Kinder in Ocamo, und zufälligerweise brachen just zu dieser Zeit bei den ungeimpften Dorfbewohnern die Masern aus. Im Licht all dieser Tatsachen habe ich die Möglichkeit angedeutet, daß die Vakzine Auslöser der Epidemie gewesen sein könnten.

Allerdings habe ich ebenfalls wiederholt auf die Möglichkeit verwiesen, daß ein wildes Masernvirus flußaufwärts nach Ocamo gelangt sein könnte, entweder durch einen der Expeditionsteilnehmer oder unabhängig davon. In Anbetracht kürzlich entdeckter Indizien für einen Masernausbruch in der kleinen, etwa 110 Kilometer flußabwärts gelegenen protestantischen Mission Tamatama erscheint diese Möglichkeit inzwischen als die wahrscheinlichere. Von diesem Masernausbruch hatten Wissenschaftler und Missionare zunächst angenommen, er hätte nach dem Ausbruch von Ocamo[33] stattgefunden,[34, 35] die neuen Zeugnisse belegen jedoch, daß die Masern zuerst in Tamatama auftraten.[36] Von dort aus könnten sie dann sowohl per Boot mit einem von Chagnons Führern, der genau zum Zeitpunkt der Übertragung von Tamatama nach Ocamo fuhr, flußaufwärts nach Ocamo gelangt sein als auch auf irgendeinem anderen Weg.

Egal wie die Masern letztendlich nach Ocamo kamen – es ist anzunehmen, daß die Bewegungen der Expedition zu ihrer Verbreitung beigetragen haben. Trotz der Epidemie reiste Neels

Team von Dorf zu Dorf, um Blutproben zu sammeln, Filme zu drehen und Unmengen von Stahlwaren zu verteilen. Die Impfungen waren weniger dringlich; rund um den Stützpunkt Mavaca impften die Wissenschaftler erst mehr als drei Wochen nach Chagnons Ankunft. Inzwischen folgten kranke Yanomami der Expedition ins Herzland des Stammes. Folglich dürfte die Expedition der Wissenschaftler ein Hauptüberträger der Infektion gewesen sein.

Es ist auch nicht ausgeschlossen, daß viele der vermuteten Maserntoten in Wirklichkeit aufgrund anderer Komplikationen im Zusammenhang mit den Aktivitäten der Expedition starben. So schleppten einige Expeditionsteilnehmer Malaria und Infektionen der Atemwege ein. (Die Brasilianer trugen durch Laryngitis zusätzlich zur Verschärfung der Lage bei.[37]) Diese und andere Krankheiten könnten ebenfalls von den schweren Nebenwirkungen der Edmonston B Vakzine verschlimmert worden sein. Da die Yanomami Krankheit traditionell auf Hexerei zurückführen und häufig davor in die Abgeschiedenheit des Dschungels fliehen, könnten etliche, die unter den Nebenwirkungen des Impfstoffes litten, aus Angst aus Dörfern geflohen sein, in denen sie medizinische Hilfe für ihre Leiden bekommen hätten.

Nach den Verteidigern der Wissenschaftler wäre es den Yanomami noch schlechter ergangen, wenn die Expedition nicht vor Ort gewesen wäre, um die Menschen zu impfen. Das mag sein, obwohl ich es für unwahrscheinlich halte. Unstrittig ist auf jeden Fall, daß die Wissenschaftler wesentlich mehr für die Yanomami hätten tun können. Daß sie die Hälfte der Einwohner des Dorfes bei Ocamo nicht geimpft haben, obwohl sie sich mehrmals dort aufhielten, war ein schreckliches Versäumnis, da sich die Krankheit von Ocamo aus verbreitete. Auch wenn die Epidemie anscheinend vielschichtige Ursachen hatte – fest steht, und das sollten wir trotz aller Unklarheiten und Kontroversen nicht aus dem Blick verlieren: Hätten die Wissenschaftler den richtigen Impfstoff mitgebracht und in einer Situation, in der es um Leben und Tod der Bevölkerung ging, nicht ihrer Forschung oberste Priorität eingeräumt, hätten sie die Epidemie eher eindämmen und Hunderte von Menschenleben retten können.

Um Mißverständnissen vorzubeugen, füge ich hinzu, daß ich für Masernimpfungen bin. Ich erkenne und befürworte ihren Nutzen für die öffentliche Gesundheit, und ich glaube nicht, daß die zahlreichen Impfungen heutzutage in irgendeiner Form gefährlich sind. Ich behaupte jedoch, daß man sich einer anfälligen Gruppe, wie den Yanomami, nicht ohne zuvor getroffene Vorsichtsmaßnahmen nähern darf. Noeli Pocaterra, die Leiterin des Ständigen Ausschusses für Indianerangelegenheiten des venezolanischen Kongresses, erklärte am 16. November 2000 in San Francisco gegenüber der Presse, daß sie bei den amerikanischen Ureinwohnern stärkere Impfreaktionen beobachtet habe als bei anderen Gruppen. »Darauf müssen die Ärzte hören«, sagte sie und wiederholte die in Kapitel 5 zitierten Warnungen von Experten.

Ich bin allen Wissenschaftlern, Regierungsbeamten und Journalisten dankbar, die sich den in diesem Buch angesprochenen Problemen offen und ehrlich gestellt haben, aber gleichzeitig befürchte ich, daß ihre Bemühungen gegen die vielen anderen, die diesen Fragen lieber aus dem Weg gehen, nicht viel ausrichten werden. Als ich dieses Buch schrieb, mußte ich immer wieder feststellen, daß Ethnologen jeder Kritik an ihrem Tun und ihren Traditionen mit Mißtrauen begegnen. Ich wußte, daß ich damit ehrwürdige Theorien und eine der meistverkauften Ethnographien in Frage stellte. Ich erkannte, daß einige Ethnologen ihre Kollegen instinktiv gegen jeden Außenstehenden verteidigen, sei es aus freundschaftlicher Loyalität oder aus dem Wunsch, den Ruf ihrer Zunft zu schützen. Ich wußte, daß meine Vorwürfe möglicherweise die Feldforschung erschweren und Forschungsgenehmigungen gefährden würden. Aber ich staune noch immer, wieviel Energie aufgeboten wurde, um mich zu diskreditieren, anstatt sich den im Buch thematisierten Problemen zu stellen.

Patrick Tierney
Pittsburgh, Pennsylvania
Juli 2001

Danksagung

Mein erster und größter Dank gilt den Führern und Dolmetschern, ohne die ich im Yanomami-Regenwald weder hätte überleben, geschweige denn meine Forschungen hätte durchführen können. Dazu gehören Severino Brazil, Pablo Mejía, Marco Jimenez, Alfredo Aherowe und Jodie Dawson. Marinho de Souza, ein Mikroskopist und Malariaexperte, erwies sich nicht nur als kenntnisreicher Führer, sondern half auch Hunderten von kranken Yanomami.

Danken möchte ich auch den vielen Anthropologen, Ärzten und anderen Wissenschaftlern, die dieses Manuskript gelesen haben. Besonderen Dank schulde ich Leda Martins, die derzeit an ihrer Doktorarbeit an der Cornell University schreibt, für ihre Unterstützung, die sie mir während dieses langen Projekts gewährte, sowie für die Gastfreundschaft, die sie und ihre Familie mir in Boa Vista, Brasilien, erwiesen. Ledas Dossier zu Napoleon Chagnon war eine wichtige Quelle für meine Forschungsarbeit.

Wie der Leser sicherlich feststellen wird, habe ich mich in mehreren Kapiteln dieses Buches stark auf Brian Fergusons Analyse der Kriegführung unter den Yanomami bezogen. Ebenfalls für Kommentare und Ermutigung danken möchte ich Terence Collins von der Carnegie Mellon University, Leslie Sponsel von der University of Hawaii, Terence Turner von der Cornell University, Kenneth Good vom Jersey State College, John Peters von der Wilfred Laurier University, Jesús Cardozo von FUNEVA, Giovanni Saffirio von den Consolata

Missionaries und John Freccione von der University of Pittsburgh.

Mark White von den Smithsonian National Anthropological Archives half mir, seinen Lagerbestand zu durchforsten, wo ich einen Karton fand, in dem sich die Tonbänder der Expedition der Atomic Energy Commission von 1968 fanden. Mark Ritchie schickte mir die auf Video aufgezeichneten und in Kapitel 8 transkribierten Interviews mit mehreren Yanomami-Männern.

Das letzte Kapitel dieses Buches, »Menschenversuche und Isotopen-Menschen«, wäre nicht zustande gekommen ohne Eileen Welsome, deren Buch *The Plutonium Files* eine völlig neue Perspektive auf die Arbeit der Atomic Energy Commission eröffnete. Sie half mir auch, mit mehreren Schlüsselpersonen in Kontakt zu treten, darunter Cory Ireland vom *Rochester Democrat and Chronicle,* der mich an seinen Erkenntnissen über die an Menschen durchgeführten Strahlungsexperimente am Rochester Strong Memorial Hospital teilhaben ließ.

Der Fotograf Valdir Cruz war so freundlich, mich seine herausragenden Schwarzweißfotografien ohne Gebühr verwenden zu lassen. Als Guggenheim-Fellow arbeitete Valdir über acht Monate im Land der Yanomami. Wir verbrachten eine Woche zusammen in den großen Missionsstationen am Orinoko, und er begleitete mich und Marinho zum Dorf Irokai, nachdem er mit uns die Quarantänestation durchlaufen hatte.

Meine Literaturagentin Kristine Dahl steuerte das Manuskript durch viele Stürme und schließlich in den sicheren Verlagshafen von W. W. Norton Company. Ohne ihre Erfahrung und ihre Entschlossenheit wäre dieses Buch niemals in Druck gegangen.

Norton ist ein bekanntermaßen mutiges Verlagshaus. Dennoch wagte Robert Weil mit diesem Manuskript einen beherzten Schritt. In der langen Zeit der Vorbereitung und der juristischen Überprüfung des Textes erwies er sich als ebenso aufmerksamer Kritiker wie weiser Verleger. Ich weiß, daß ich auch in Roberts Namen spreche, wenn ich Rene Schwarz für ihren unschätzbaren juristischen Beistand, Nancy Palmquist für ihre heldenhafte Geduld und Otto Sonntag für sein außergewöhnlich detailliertes und hilfreiches Lektorat danke. Vor allem im Labyrinth der Fußnoten und Quellenangaben vollbrachte Otto wahre Wunder.

Mein Bruder John Tierney hat dieses Manuskript in vielen unterschiedlichen Phasen seiner Entstehung gelesen und mir durch jede hindurch geholfen. *Gracias, hermano.*

Das Center of Latin American Studies an der University of Pittsburgh erhob mich in den Status eines Gastforschers, was meine Forschungsarbeiten in der exzellenten Lateinamerikasammlung der Universität sehr erleichterte. Ein Großteil dieses Buches entstand im Haus meiner Eltern in der ruhigen Pittsburgher Nachbarschaft, in der ich aufwuchs. Wie soll ich meinen Eltern Patricia und John ihre Loyalität und Großzügigkeit vergelten? Ich habe ihnen dieses Buch gewidmet, aber ich weiß, daß sie weit mehr verdient haben.

Anmerkungen

Abkürzungen

AAA	American Anthropological Association
ABCC	Atomic Bomb Casualty Commission
AEC	Atomic Energy Commission
AJDC	*American Journal of Diseases of Children*
BWHO	*Bulletin of the World Health Organization*
DOE	U.S. Department of Energy
FOIA	Freedom of Information Act
IVIC	Instituto Venezolano de Investigación Científica
JAMA	*Journal of the American Medical Association*
NAA	National Anthropological Archives, Smithsonian Institution, Washington, D.C.
NAS	National Academy of Sciences
NYT	*New York Times*
TLS	*Times Literary Supplement* (London)
USC	University of Southern California
UCLA	University of California, Los Angeles

Anmerkung der Übersetzer: Ist für ein Werk ein deutscher Titel angegeben, beziehen sich die Seitenangaben, soweit nicht anders vermerkt, auf die vom Autor verwendete Vorlage und nicht auf die deutsche Ausgabe.

Einführung

1 Edward O. Wilson, zitiert in: Eurípides Alcántara, »Indio também é gente«, *Veja*, 6. Dezember 1995, S. 7.
2 Maria Manuela Carneiro da Cunha, Brief an den Herausgeber, *Anthropology Newsletter*, Januar 1989, S. 3.
3 Chagnon wollte die Missionsstation von Catrimani im Herbst 1989 in Begleitung eines Dokumentarfilmteams der BBC besuchen. Davi Kopenawa und das Committee for the Creation of the Yanomami

Park kündigten für den Fall, daß der Besuch tatsächlich stattfinden sollte, eine Protestdemonstration am Flughafen von Boa Vista an. Daraufhin riet ein früherer Student Chagnons, Giovanni Saffirio, ihm von dem Besuch ab.

4 Pedro José Romero Farias, General de División Comandante de la Guardia Nacional, Nota informativa al Vicealmirante Ministro de la Defensa, 7. Oktober 1993, S. 1 f.

5 Ministério da Justiça, Fundação Nacional do índio, Autorização para ingresso em área indígena Nr. 059/CGED/95. 1. September 1995.

6 Napoleon Chagnon, »Killed by Kindness?«, S. 11 f.

7 Napoleon Chagnon, »Covering Up the Yanomamo Massacre«, *New York Times,* 23. Oktober 1993, Leitartikel, A-21.

8 Linda Rabben, *Unnatural Selection: The Yanomami, the Kayapó and the Onslaught of Civilization*, London 1998, S. 16.

9 Suami Percílio Dos Santos, Präsident von FUNAI-Roraima, Boa Vista, Brasilien, 16. Juli 1996.

10 Giovanni Saffirio, Riverside, Kalifornien, 1. Januar 2000.

11 Antonio Mari, Brief an Patrick Tierney, 12. Mai 2000.

12 Otília María C. E. Nogueira, Coordenadora Geral de Estudos e Pesquisas, FUNAI, Memo Nr. 239/CGEP/95 und 240/CGEP/95.

13 Antonio Mari, Brief an Patrick Tierney, 10. Mai 2000, S. 2.

14 Leda Martins, *Chagnon: O Dossier,* IX. Manuskript, September 1995.

15 Nelson Galé, Coordination of the Indigenous Council of Roraima, Brief an den Präsidenten der FUNAI, Márcio Santilli, 27. September 1995.

16 Eurípides Alcántara, »Indio também é gente«, *Veja,* 6. Dezember 1995, S. 8.

17 Ebenda.

18 Patrick Tierney, *The Highest Altar: The Story of Human Sacrifice*, New York 1989, S. 412 f. Dt.: *Zu Ehren der Götter: Menschenopfer in den Anden,* München 1989.

19 Peter Monaghan, »Bitter Warfare in Anthropology«, *Chronicle of Higher Education,* 26. Oktober 1994, A19; »Parties in Bitter Dispute over Amazonian Indians Reach a Fragile Peace«, ebenda, 14. Dezember 1994, A18.

20 Diana Jean Schemo, »In Brazil, Indians Call on Spirits to Save Land«, *NYT,* 21. Juli 1996.

21 Monaghan, »Bitter Warfare in Anthropology«.

22 William Booth, »Warfare over Yanomamo Indians«, *Science* 243 (1989), S. 1138 ff.

23 Leda Martins und Patrick Tierney, »El Dorado: Lost Again?«, *NYT,* 7. April 1995.

24 Patrick Tierney, Brief an Gare Smith, Principal Deputy, Assistant Secretary, Bureau of Democracy, Human Rights, and Labor, 28. August 1998.

25 Patrick J. O'Donoghue, »Life of Riley for ›Lady Friend‹ Cecilia Matos Drops ex-Prez Carlos Andres Perez in Hot Soup«, Vheadline.com, 9. Februar 1998; Reuters, 15. April 1998; www.lanacion.com.ar; Patrick J. O'Donoghue, »Disgraced Ex-President Carlos Andrés Pérez Angered over CSJ Ruling Ratifying His House Arrest«, Vheadline.com, 12. August 1998; CNN en Español, »Corte Suprema de Justicia reactiva juicio contra dos ex-presidentes de Venezuela«, 21. Oktober 1999; Patrick J. O'Donoghue, »Special Prosecutor Still on the Trail of New Joint Bank Account Leads in Ex-Prez CAP Prosecution«, Vheadline.com, 16. April 1998.

26 Corte Suprema de Justicia, 5. Dezember 1996, Nr. 43; Carmen Victoria Jordan, Secretario Titular de Tribunal de Primera Instancia en lo Penal y Salvaguarda del Patrimonio Público del Estado Amazonas, »Expediente Penal No. 97–5945/5982/5983«; Melicia Velasquez, Denunciante, Juzgado de Primera Instancia en lo Penal y Salvaguarda del Patrimonio Público del Estado Amazonas, Puerto Ayacucho, 6. November 1997; Carmen Victoria Jordan, Secretaria Titular de Tribunal de Primera Instancia en lo Penal y Salvaguarda del Patrimonio Público del Estado Amazonas, »No. 98–0354, exp. Nr. 6628–98«, 9. März 1998.

27 Napoleon Chagnon, Interview, University of California in Santa Barbara, 2. Oktober 1995.

28 Napoleon Chagnon, Interview, University of California in Santa Barbara, 3. Oktober 1995.

KAPITEL 1: Begegnung mit den Wilden

1 Charles Brewer Carías, zitiert in: John Quiñones, »A Window on the Past«, *Prime Time Live,* 26. Juli 1991.

2 Issam Madi, *Conspiración al sur del Orinoco*, Caracas 1998, S. 71 f.

3 Marta Miranda Rodríguez, Venevisión, Caracas, Fundación Cultural Venevisión, »Los Yanomami«, 24. Juli 1991; Pater Nelson, Videointerview mit Marta Miranda, Ocamo, 13. Mai 1991.

4 Napoleon Chagnon, *Yanomamo: The Fierce People,* 3. Aufl., New York 1983, S. 214.

5 James Brooke, »In an Almost Untouched Jungle, Gold Miners Threaten Indian Ways«, *NYT,* 19. September 1990.

6 James Brooke, »Reserve for Primitive Tribe Promised in 6 Months«, *NYT,* 25. September 1990.

7 James Brooke, »Stone Age Villages Found: Venezuela to Protect Yanomami Indians«, *Gazette* (Kanada), 27. September 1990.

8 David Atkins und Timothy Asch, *Yanomamo: A Multidisciplinary Study, Field Notes*, Somerville, Mass., 1975, S. 2.

9 Quiñones, »A Window on the Past«.

10 Spencer Reiss, »The Last Days of Eden: The Yanomamo Indians Will

Have to Adapt to the 20th Century – or Die«, *Newsweek,* 3. Dezember 1990, S. 40 ff.

11 Charles Brewer Carías, Napoleon Chagnon und Brian Boom, »Forest and Man« (Manuskript, Caracas: Fundación Explora, 1993), S. 10–19.

12 Marta Miranda, Venevisión.

13 Napoleon Chagnon, »To Save the Fierce People«, *Santa Barbara Magazine*, Januar/Februar 1991, S. 36.

14 Ameríca Perdamo, Leiterin der Malariaabteilung, Interview, Puerto Ayacucho, Venezuela, 16. Juni 1996.

15 Quiñones, »A Window on the Past«.

16 Timothy Asch, private Korrespondenz, 17. Januar 1991, NAA.

17 James Neel, Timothy Asch und Napoleon Chagnon, *Yanomama: A Multidisciplinary Study,* 43 Min. (DOE, 1971).

18 Timothy Asch und Napoleon Chagnon, *The Feast,* 29 Min. (DOE, 1970).

19 Chagnon, *Yanomamo,* 4. Aufl., Fort Worth 1992, S. 236 f. Siehe auch: Madi, *Conspiración al sur del Orinoco,* S. 71.

20 Atkins und Asch, *Yanomamo,* S. 14; Brewer Carías, Chagnon und Boom, »Forest and Man«, S. 15.

21 Napoleon Chagnon, *Studying the Yanomamo*, New York 1974, S. 172.

22 Chagnon, *Yanomamo,* 4. Aufl., S. 237.

23 Irenäus Eibl-Eibesfeldt und Gabriele Herzog-Schröder, »In Defense of the Mission« (Redemanuskript, Forschungsstelle für Humanethologie der Max-Planck-Gesellschaft, 28. Februar 1994), S. 6 f.

24 Madi, *Conspiración al sur del Orinoco,* S. 72.

25 Brewer Carías, »Teocracia y soberanía de Amazonas.«

KAPITEL 2: Feldspiele

1 Davi Kopenawa, Interview, Boa Vista, Brasilien, 3. November 1990.

2 Napoleon Chagnon, *Yanomamo: The Fierce People,* 3. Aufl., New York 1983, S. 10.

3 Timothy Asch, »Bias in Ethnographic Reporting« (Manuskript), S. 4.

4 Chagnon, zitiert in: Eurípides Alcántara, »Indio também é gente«, *Veja,* 6. Dezember 1995, S. 8.

5 Peter Monaghan, »Bitter Warfare in Anthropology«, *Chronicle of Higher Education,* 26. Oktober 1994.

6 David Cleary, *The Anatomy of the Amazon Gold Rush*, Oxford 1990, S. 1.

7 Rubens Esposito, *Yanomami: Un povo ameacado de extinção,* Rio de Janeiro 1998, S. 1–35.

8 Brian Ferguson, *Yanomami Warfare: A Political History,* Santa Fe 1995, S. 374.

9 Darna L. Dufour, »Diet and Nutritional Status of Amazonian People«, in: *Amazonian Indians,* hg. Anna Roosevelt, Tucson 1994, S. 151–176; William J. Smole, *The Yanoama Indians: A Cultural Geography,* Austin, Texas, 1976, S. 19.

10 R. Holmes, »Nutritional Status and Cultural Change in Venezuela's Amazon Territory«, in: *Change in the Amazon Basin,* hg. J. Hemming, Manchester 1985, S. 251.

11 Kim Hill, Telefoninterview, 17. Januar 1995.

12 Napoleon Chagnon, *Yanomamo,* 4. Aufl., Fort Worth 1992, S. 139f.

13 John D. Early und John F. Peters, *The Population Dynamics of the Mucajaí Yanomama*, San Diego 1990, S. 67–76.

14 Chagnon, *Yanomamo,* 4. Aufl., S. 220.

15 Napoleon Chagnon, »The Guns of Mucajaí: The Immorality of Self-deception« (Manuskript, September 1992, Teil von Chagnons Pressemappe), S. 1–3.

16 Siehe S. 24ff., 210–214; Yanomamo Warfare, Social Organization Village Alliance, S. 196–199.

17 Jacques Lizot, »On Warfare: An Answer to N.A. Chagnon«, übers. von Sarah Dart, *American Ethnologist* 21 (1994), S. 845–862.

18 Jeffrey Rifkin, »Ethnography and Ethnocide«, *Dialectical Anthropology* 19 (1994), S. 295–327; Bruce Albert und Alcida Rita Ramos, »O exterminio academico dos Yanomami«, *Humanidades* (Brasília) 18 (1988), S. 85–89; Chris J. Van Vuner, »To Fight for Women and Lose Your Lands: Violence in Anthropological Writings and the Yanomami of Amazonia«, *Unisa Largen* 10 2, Nr. 2 (Juli 1994), S. 10–20; Asch, »Bias in Ethnographic Reporting«.

19 Napoleon Chagnon und Raymond Hames, »Protein Deficiency and Tribal Warfare in Amazonia: New Data«, *Science* 203 (1979), S. 910–13; siehe Kapitel 16; Napoleon Chagnon, »Life Histories, Blood Revenge, and Warfare in a Tribal Population«, *Science* 239 (1988), S. 985–92; siehe Kapitel 10; Kenneth Good und Jacques Lizot, Brief an *Science,* abgedruckt im Anhang zu Marvin Harris, »Culture Materialist Theory of Band and Village Warfare«, in: *Warfare, Culture, and Environment,* hg. R. B. Ferguson, Orlando, Fla., 1984, S. 111–140.

20 William Booth, »Warfare over Yanomamo Indians«, *Science* 243 (1989), S. 238ff.

21 In Kapitel 9 findet sich ein Überblick über die Justiz-, Kongreß- und NGO-Berichte zu Brewers illegalen Bergbauaktivitäten. Mayor Sergio Rafael Milano (Jefe), Teniente Luis Alberto Godoy y Geraldi Antonio Villaroel (Secretario), Expediente de la Comisión de la Guardia Nacional, Fuerzas Armadas de Cooperación, Comando Regional 6, Destacamento de Frontera Nr. 61, Puerto Ayacucho, 18. April 1984.

22 E.S., »Charles Brewer Carías: Inventario de supervivencia«, *ExcesO*, April 1990, S. 65.

23 James V. Neel, *Physician to the Gene Pool: Genetic Lessons and Other Stories*, New York 1994, S. 408, Anm. 8, 134–200, 310.
24 Redmond O'Hanlon, *In Trouble Again*, London 1988, S. 15.
25 E. S., »Charles Brewer Carías«, S. 65.
26 Colonel Sergio Milano, IVIC, Telefoninterview, 12. Dezember 1994.
27 O'Hanlon, *In Trouble Again*, S. 1–40.
28 E. S., »Charles Brewer Carías«, S. 65.
29 Nelly Arvelo Jiménez, »The Repudiation of Brewer Carías und Chagnon Is Due to Their Intimate Association with Goldmining« (Caracas: IVIC, 1994), S. 7.
30 John Quiñones, »A Window on the Past«, *Prime Time Live*, 26. Juli 1991.
31 César Dimanawa, »Carta abierta a Napoleon Chagnon«, *La Iglesia en Amazonas*, März 1990, S. 20.
32 James Brooke, »In an Almost Untouched Jungle, Gold Miners Threaten Indian Ways«, *NYT*, 19. September 1990.
33 Marta Miranda, Venevisión, Caracas, Fundación Cultural Venevisión, 24. Juli 1991.
34 Charles Brewer Carías, »Una futura zona en reclamación«, *El Nacional*, 10. Mai 1987.
35 Edgar López, in: *El Diario de Caracas*, 2. September 1993.
36 Misioneros del Alto Orinoco, »Consideraciones a un documento de Charles Brewer Carías« (Mavaca: Salesian Mission, 1991), S. 12.
37 Da Präsident Pérez von den Flügen wußte und sie stillschweigend guthieß, hielt Napoleon Chagnon sie für Rechtens. Nach Auffassung der *Fiscalía*, dem Büro des Bundesstaatsanwalts, waren diese Flüge jedoch eine weitere der von Pérez erlaubten illegalen Aktivitäten. Die Rechtslage scheint die Auffassung der *Fiscalía* zu unterstützen. Bundesgesetz 250 verpflichtete Wissenschaftler, eine offizielle Genehmigung für Expeditionen in Eingeborenenreservate einzuholen. Diese Expeditionen und ihre Konsequenzen werden in Kapitel 11 behandelt.
38 Josefa Camargo, stellvertretende Ministerin für Eingeborenenangelegenheit, Telefoninterview, 23. Dezember 1995; Terence Turner, »The Yanomami: Truth und Consequences«, *Anthropology Newsletter*, Mai 1994, S. 48.
39 »Indígenas del Amazonas rechazan presencia de Brewer Carías y Chagnon«, *El Nacional*, 14. September 1993.
40 Arvelo Jiménez, »The Repudiation of Brewer Carías and Chagnon«, S. 3.
41 María Yolanda García, »Cecilia Matos no iba a proteger indígenas sino a sacar oro del Amazonas«, *El Nacional*, 15. Januar 1993; Leda Martins, »Ciúme na floresta: Chagnon viola a ética médica (1990–1992)«, *A Gazeta de Roraima*, 18.–24. März 1996, S. 7.
42 Juan Finkers, »Aclaraciones al Sr. Chagnon«, *La Iglesia en Amazonas*, Dezember 1994, S. 7–10.

43 Issam Madi, *Conspiración al sur del Orinoco*, Caracas, Selbstverlag, 1998, S. 72.
44 Janer Cristaldo, »Os Bastidores do Ianoblefe«, *A Fôlha de São Paulo*, 24. April 1994.
45 Barry Bortnick, »From Amazon Jungle to Ivory Tower«, *Santa Barbara News-Press*, 19. April 1999.
46 Napoleon Chagnon, »Killed by Kindness?«, *TLS*, 24. Dezember 1993, S. 11.
47 Monaghan, »Bitter Warfare in Anthropology«, A19.
48 Jacques Lizot, »N. A. Chagnon, o sea: Un presidente falsificador«, *La Iglesia en Amazonas*, März 1994, S. 14.
49 Monaghan, »Bitter Warfare in Anthropology«, A10.
50 Terence Turner, Interview, Pittsburgh, 29. März 1995.
51 Lesley Sponsel, University of Hawaii, Telefoninterview, 22. August 1995.
52 Asch, »Bias in Ethnographic Reporting«, S. 4.
53 Geoffrey W. Wrangham und Dale Peterson, *Demonic Males: Apes and the Origins of Human Violence*, Boston 1996, 5. Kapitel. Dt.: *Bruder Affe: Menschenaffen und die Ursprünge menschlicher Gewalt*, Kreuzlingen und München 2001.
54 Kenneth Taylor, Telefoninterview, 27. Januar 1995.
55 James V. Neel, »On Being Headman«, *Perspectives in Biology and Medicine* 23 (1980), S. 277–294.
56 Neel, *Physician to the Gene Pool*, S. 134.
57 Walter Raleigh, *The Discoverie of the Large, Rich, and Bewtiful Empire of Guiana*, hg. V. T. Harlow, London 1928, S. 5.
58 Alain Gheerbrant, *The Amazon: Past, Present and Future*, London 1992, S. 39–58. Dt.: *Amazonas, der sterbende Riese*, Ravensburg 1990.
59 Napoleon Chagnon, *Yanomamo: The Fierce People*, 2. Aufl., New York 1977, S. vii–viii.
60 Ebenda, S. 113–124.
61 Johannes Wilbert, *Survivors of El Dorado: Four Indian Cultures of South America*, New York 1972, S. 4.
62 Smole, *The Yanomama Indians*, S. 18.
63 Napoleon Chagnon, »Yanomamo Warfare, Social Organization and Marriage Alliances« (Dissertation, University of Michigan, 1966), S. 137.
64 Wrangham und Peterson, *Demonic Males*, 4. Kapitel.
65 Jodie Dawson, Interview, Platanal, mit Stammesältesten der Mahekoto-teri und Patanowa-teri, 11. Juni 1996.
66 Andy Jillings (Regisseur), *Warriors of the Amazon, Nova*, WGBH, Boston, 1996.
67 Interviews in Karohi-teri, Juni und September 1996. Siehe Kapitel 13.
68 Das Wort *anthro* steht heute für Fremde, denen es mehr darum geht, die Yanomami zu studieren, als ihnen zu helfen. Siehe Kapitel 3.

69 Kenneth Good, *Into the Heart: One Man's Pursuit of Love and Knowledge among the Yanomama*, New York 1991, S. 313f.
70 E.S., »Charles Brewer Carías«, S. 66.
71 Mark Ritchie, *Spirit of the Rainforest: A Yanomamo Shaman's Story*, Chicago 1995, S. 246–250; Mark Ritchie, Videointerview mit Kaobawa, Padamo, Januar 1995.
72 Alcida Rita Ramos, »Reflecting on the Yanomami: Ethnographic Images and the Pursuit of the Exotic«, *Cultural Anthropology* 2 (1987), S. 284–304.
73 Ritchie, *Spirit of the Rainforest*, S. 144.
74 Gary Dawson, Leiter der Padamo-Missionsstation und Dolmetscher für Mark Ritchie und für den *National Geographic Explorer*, Interview, 4. Juni 1996.
75 Jesús Cardozo, Präsident des Venezolanischen Anthropologischen Instituts, Telefoninterview, 31. August 1995.
76 Bortnick, »From Amazon Jungle to Ivory Tower«.
77 Frank Salamone, *The Yanomami and Their Interpreters: Fierce People or Fierce Interpreters*, Lanham, Md., 1997, S. 15.
78 Jesús Cardozo, Telefoninterview, 20. Dezember 1994.
79 Colonel Sergio Milano, IVIC, Interview, 12. Dezember 1994.
80 Napoleon Chagnon, »Conversation with Jesús Cardozo«, 23. März 1994, S. 6.
81 Bortnick, »From Amazon Jungle to Ivory Tower«.
82 Michael Dawson, Interview, Padamo-Missionsstation, 4. Juni 1996.
83 Mehr zum Schicksal der für *The Feast* and *The Ax Fight* gefilmten Yanomami in Kapitel 5 und 6; Napoleon Chagnon und Thomas Melancon, »Epidemics in a Tribal Population«, in: *The Impact of Contact: Two Yanomamo Case Studies*, hg. K. Kensinger, Cambridge 1983, S. 53–78.
84 David Thomassen, DOE, Office of Energy Research, private Korrespondenz in Reaktion auf eine Anfrage unter dem Freedom of Information Act, FOIA-Request Nr. 9501260003, 13. März 1994, S. 3.
85 James Neel, Timothy Asch und Napoleon Chagnon, *Yanomama: A Multidisciplinary Study*, 43 Min. (DOE, 1971).
86 Anna Mitus, Ann Holoway, Audrey Evans und John Enders, »Attenuated Measles Vaccine in Children with Acute Leukemia«, *AJDC* 103 (1962), S. 413–417.
87 Smole, *The Yanoama Indians*, S. 50, und Ferguson, *Yanomami Warfare*, S. 309.
88 Kenneth Good, Telefoninterview, 27. Februar 1998.
89 Mokarita-teri, 7. September 1996.

KAPITEL 3: Die Napoleonischen Kriege

1 Napoleon Chagnon, Brief aus dem Feld, in: *The Human Condition in Latin America,* hg. Eric Wolf und Edward Hansen, New York 1972, S. 67.
2 Ebenda, S. 68.
3 Brian Ferguson, *Yanomami Warfare: A Political History,* Santa Fe 1995, Kapitel 13–14.
4 Brian Ferguson, Telefoninterview, 3. Januar 1995.
5 Jared Diamond, *Guns, Germs, and Steel: The Fates of Human Societies,* New York 1997. Dt.: *Arm und Reich: Die Schicksale menschlicher Gesellschaften,* Frankfurt am Main 2000.
6 Ebenda, S. 76.
7 John Hemming, *The Search for El Dorado,* New York 1978, S. 441.
8 Felipe Salvador Gilij, *Ensayo de historia americano,* Bd. 2 (Caracas: Biblioteca de la Academia Nacional de Historia, 1965), S. 289.
9 John Hemming, *Amazon Frontier: The Defeat of the Brazilian Indians,* Cambridge 1987, S. 36f.
10 Ebenda, S. 29.
11 Jacques Lizot, »Population, Resources, and Warfare among the Yanomami«, *Man* 12 (1977), S. 497–517.
12 Inga Steinvorth-Goetz, *Uriji Jami!: Life and Belief of the Forest Waika in the Upper Orinoco,* übersetzt von Peter Furst, Caracas: Asociación Cultural Humboldt, 1969, S. 139. Dt.: *Die Waika-Indianer in den Urwäldern des oberen Orinoko,* Düsseldorf 1970.
13 Ebenda, S. 196–97, 194.
14 William J. Smole, *The Yanoama Indians: A Cultural Geography,* Austin 1976, S. 220f., Anm. 36.
15 Hamilton A. Rice, »The Rio Negro, the Casiquiare Canal, and the Upper Orinoco, September 1919 – April 1920«, *Geographical Journal* 58 (1921), S. 340f.
16 Charles Hitchcock, *La región Orinoco-Ventuari: Relato de la expedición Phelps al Cerro Yavi,* Caracas: Ministerio de Educación, Nacional Dirección de Cultura, 1948, S. 34.
17 Ettore Biocca, *Yanoama,* New York 1996, S. 206–228.
18 Luis Cocco, *Iyewei-teri: Quince años entre los Yanomamas,* Caracas: Editorial Salesiana, 1973, S. 60.
19 Carlos Alamo Ibarra, *Río Negro,* Caracas 1950, zitiert in: Cocco, *Iyewei-teri,* S. 60.
20 Earl Hanson, »Social Regression in the Orinoco and Amazon Basins: Notes on a Journey in 1931 and 1932«, *Geographical Review* 23 (1933), S. 588.
21 Napoleon Chagnon, *Yanomamo: The Fierce People,* 3. Aufl., New York 1983, S. 29.
22 Ebenda, S. 8f.; S. 114.
23 »Beastly or Manly«, *Time,* 10. Mai 1975.

24 Napoleon Chagnon, *Yanomamo: The Fierce People,* 2. Aufl., New York 1977, S. 9.
25 Konrad Lorenz, *Das sogenannte Böse: Zur Naturgeschichte der Aggression,* Wien 1963, S. 232 ff.
26 Wilson, zitiert in: Barbara Burke, »Infanticide«, *Science* 84, Mai 1984, S. 31.
27 Michael Harner, *The Jivaro: People of the Sacred Waterfall*, Berkeley 1984, S. 134–169.
28 J. Larrick u. a., »Patterns of Health and Disease among Waorani Indians of Eastern Ecuador«, *Medical Anthropology* 3 (1979), S. 147–189.
29 Napoleon Chagnon, »Life Histories, Blood Revenge, and Warfare in a Tribal Population«, *Science* 239 (1988), S. 985.
30 Bruce Albert, »Yanomami ›Violence‹: Inclusive Fitness or Ethnographer's Representation?«, *Current Anthropology* 30 (1989), S. 631.
31 Chagnon, »Life Histories«, S. 991, Anm. 24.
32 Napoleon Chagnon, »Chronic Problems in: Understanding Tribal Violence and Warfare«, in: *Genetics of Criminal and Antisocial Behavior,* hg. G. R. Bock and J. A. Goode, Chichester, N.Y., 1996, S. 217; Napoleon Chagnon, »To Save the Fierce People«, *Santa Barbara Magazine*, Januar/Februar 1991, S. 36.
33 Albert, »Yanomami ›Violence‹«, S. 631.
34 Frederic Golden, »Scientist a Fierce Advocate for a Fierce People«, *Los Angeles Times,* 15. Mai 1997.
35 Napoleon Chagnon, *Yanomamo Interactive User's Guide,* S. 10.
36 Smole, *The Yanoama Indians,* S. 52.
37 Ferguson, *Yanomami Warfare,* S. 101.
38 Smole, *The Yanoama Indians,* S. 50, 51, 72, 76.
39 Chagnon, »Chronic Problems in Understanding Tribal Violence and Warfare«, S. 224.
40 Chagnon, »Life Histories«, S. 986.
41 Smole, *The Yanomama Indians,* S. 31 f.
42 Ebenda, S. 233, Anm. 94.
43 Napoleon Chagnon, *Yanomamo,* 3. Aufl., S. 175. Dt. in: *Die Yanomamö: Leben und Sterben der Indianer am Orinoko,* S. 263.
44 John D. Early und John F. Peters, *The Population Dynamics of the Mucajaí Yanomama*, San Diego 1990, S. 23.
45 Ebenda, S. 24.
46 Ebenda, S. 67, 74.
47 Ebenda, S. 67 f.
48 Ebenda, S. 79 f.
49 Smole, *The Yanoama Indians,* S. 51.
50 Ferguson, *Yanomami Warfare,* S. 224–254.
51 Ebenda, S. 265.
52 Helena Valero, *Yo soy Napeyoma: Relato de una mujer raptada por*

los indígenas Yanomami, Caracas, Fundación La Salle de Ciencias Naturales, 1984, S. 24–30.
53 Ebenda, S. 12 f.
54 Ebenda, S. 140–151.
55 Chagnon, *Yanomamo,* 2. Aufl., S. 79, Anm. 17; 3. Aufl., S. 38.
56 Brian Ferguson, Telefoninterview, 3. Januar 1995.
57 Napoleon Chagnon, *Yanomamo: Last Days of Eden*, San Diego 1992, S. xv. Dt.: *Die Yanomamö: Leben und Sterben der Indianer am Orinoko,* S. 12.
58 Chagnon, *Yanomamo,* 2. Aufl., S. 13, 14, 96. Dt. in: *Die Yanomamö: Leben und Sterben der Indianer am Orinoko,* S. 52.
59 Kaobawa, Videointerview von Mark Ritchie, übers. von Michael Dawson, Padamo-Mission, Januar 1995.
60 Mark Ritchie, Telefoninterview, 6. Februar 1995.
61 Chagnon, in: *The Human Condition in Latin America,* S. 67.
62 James V. Neel, *Physician to the Gene Pool: Genetic Lessons and Other Stories*, New York 1994, S. 146.
63 John Hemming, *The Conquest of the Incas*, New York 1970, S. 26.
64 Terence Turner, ungeschnittenes Band eines Interviews mit Davi Kopenawa, »I fight because I am alive«, Boa Vista 1991; *Cultural Survival Quarterly* 15, Nr. 3 (1991), S. 59–64; *AAA Newsletter* 32, Nr. 6 (1991), S. 52.
65 Brian Ferguson, Telefoninterview, 3. Januar 1995.
66 Juan Finkers, »Aclaraciones al Sr. Chagnon«, *La Iglesia en Amazonas,* Dezember 1994. S. 7–10.
67 Napoleon Chagnon, »Yanomamo Warfare, Social Organization and Marriage Alliances« (Dissertation, University of Michigan, 1966), S. 17.
68 Napoleon Chagnon, *Studying the Yanomamo*, New York 1974, S. 91.
69 Chagnon, *Yanomamo,* 2. Aufl., S. 12. Dt. in: *Die Yanomamö: Leben und Sterben der Indianer am Orinoko,* S. 49.
70 Chagnon, *Studying the Yanomamo,* S. 29, 95.
71 Chagnon, *Yanomamo*, S. 23. Dt. in: *Die Yanomamö: Leben und Sterben der Indianer am Orinoko,* S. 69.
72 Chagnon, »Yanomamo Warfare«, S. 213.
73 Ferguson, *Yanomami Warfare,* S. 286 ff.
74 Chagnon, »Chronic Problems in Understanding Tribal Violence and Warfare«, S. 217.
75 Chagnon, »Yanomamo Warfare«, S. 21, 60, 62, 155, 178, 179, 181, 189; Ferguson, *Yanomami Warfare,* S. 300–306.

KAPITEL 4: Atomindianer

1 Napoleon Chagnon, *Studying the Yanomamo*, New York 1974, S. 191.
2 Diese Reise fand nach der großen Überschwemmung am Oberlauf des Orinoko am 28. August 1996 statt.
3 James Neel, Timothy Asch und Napoleon Chagnon, *Yanomama: A Multidisciplinary Study*, 43 Min. (DOE, 1971).
4 Napoleon Chagnon, *Yanomamo: The Fierce People*, 3. Aufl., New York 1983, S. 199 Anm.
5 James V. Neel, *Physician to the Gene Pool: Genetic Lessons and Other Stories*, New York 1994, S. 85.
6 Napoleon Chagnon, *Yanomamo: The Fierce People*, 3. Aufl., New York 1983, S. 199.
7 Napoleon Chagnon, private Korrespondenz, abgedruckt in: *Brown Gold* 24, Nr. 7 (November 1989), S. 10.
8 Pablo Mejía, Interview im Dorf Toki, 28. August 1996.
9 David Weatherall, »The Mutation Man«, *New Scientist*, 9. Juli 1994, S. 42.
10 Neel, *Physician to the Gene Pool*, S. 1–130.
11 Ebenda, S. 392 und S. 394.
12 Ebenda, S. 372 f.
13 Geoffrey W. Wrangham und Paul G. Peterson, *Demonic Males: Apes and the Origins of Human Violence*, Boston 1996, 5. Kapitel.
14 Neel, *Physician to the Gene Pool*, S. 129.
15 Claude Lévi-Strauss, *Saudades do Brasil*, Seattle 1995, S. 15. Dt.: *Brasilianisches Album*, München 1995.
16 Terence Turner, Interview, Pittsburgh, 29. März 1995.
17 James V. Neel, »On Being Headman«, *Perspectives in Biology and Medicine* 23 (1980), S. 277–294.
18 James Neel, Telefoninterview, 9. März 1997.
19 Neel, *Physician to the Gene Pool*, S. 134.
20 Barry Bortnick, »From Amazon Jungle to Ivory Tower«, *Santa Barbara News-Press*, 19. April 1999.
21 Timothy Asch, »Bias in Ethnographic Reporting« (Manuskript), S. 6.
22 Bortnick, »From Amazon Jungle to Ivory Tower«.
23 Asch, »Bias in Ethnographic Reporting«, S. 6.
24 William Allman, »A Laboratory for Human Conflict«, *U.S. News & World Report*, 11. April 1988, S. 57 f.
25 Neel, *Physician to the Gene Pool*, S. 310 und S. 408 Anm. 8.
26 Ebenda, S. 138.
27 Jesús Cardozo, Telefoninterview, 20. Dezember 1994.
28 Neel, *Physician to the Gene Pool*, S. 122.
29 Frederic Golden, »Scientist a Fierce Advocate for a Fierce People«, *Los Angeles Times*, 15. Mai 1997.
30 Chagnon, *Yanomamo*, 3. Aufl., S. 206–210.
31 David Thomassen, DOE, Office of Energy Research, private Korre-

spondenz in Reaktion auf eine Anfrage unter dem Freedom of Information Act, FOIA-Request Nr. 9501 260003, 13. März 1994, S. 3 f.
32 Alejandro Arenas, M. D., Interview, Bisaasi-teri, Oberer Orinoco, 7. Juni 1997.
33 Thomassen, Antwort auf eine Anfrage unter dem Freedom of Information Act, FOIA-Request, S. 3.
34 John Earle, Ph.D., Interview, Pittsburgh, 7. März 1997.
35 Ysbran Poortman, Ph. D., Interview, Río Negro in der Nähe von Manaus, Brasilien, 21. August 1996.
36 »Don't Let It Happen Again«, *Economist,* 17. Mai 1997, S. 27.
37 Philip J. Hilts, »Secret Radioactive Experiments to Bring Compensation by U.S.«, *NYT,* 20. November 1996.
38 Javier Ignacio Mayorca, in: *El Nacional,* 19. August 1998.
39 Gary Dawson, Leiter der Padamo-Mission, Interview, Padamo, 29. August 1996.
40 Napoleon Chagnon, »Filming the Ax Fight«, *Yanomamo Interactive CD: The Ax Fight*, New York 1997.
41 Timothy Asch, »Ethnographic Filming and the Yanomamo Indians«, *Sightlines,* Januar/Februar 1972, S. 6–12.
42 Chagnon, »Filming the Ax Fight«.
43 Ebenda.
44 Chagnon, *Studying the Yanomamo,* S. 168.
45 Chagnon, »Filming the Ax Fight«.
46 Pablo Mejía, Interviews in Toki, 28. August 1996 und in Shakita, 1. September 1996.
47 Kenneth Good, *Into the Heart: One Man's Pursuit of Love and Knowledge among the Yanomama*, New York 1991, S. 90. Auf deutsch erschienen unter dem Titel: *Yarima: Ich brach auf, um ein Volk im Urwald des Orinoko zu erforschen; was ich fand, war eine ungewöhnliche Liebe*, Bergisch Gladbach 1993.
48 Napoleon Chagnon, *Yanomamo,* 5. Aufl., Fort Worth 1997, S. 53 ff.
49 Chagnon, *Yanomamo,* 3. Aufl., S. 208 f.
50 Ebenda, S. 209 f.
51 Mark Ritchie, Videointerview mit Kaobawa, übersetzt von Gary Dawson, Padamo, Januar 1995.
52 Ebenda.
53 Pablo Mejía, Erklärung auf der Versammlung in Toki, 28. August 1996.
54 Neel, Asch und Chagnon, *Yanomama: A Multidisciplinary Study.*
55 Neel, *Physician to the Gene Pool,* S. 390.
56 Ebenda, S. 310.
57 Neel, »On Being Headman«, S. 287 und S. 286.
58 Neel, *Physician to the Gene Pool,* S. 200.
59 Jared Diamond, *Guns, Germs, and Steel: The Fates of Human Societies*, New York 1997, S. 375.
60 Neel, Asch und Chagnon, *Yanomamo: A Multidisciplinary Study.*

61 Chagnon, *Yanomamo,* 3. Aufl., S. 205.
62 Ferguson, *Yanomami Warfare,* S. 146.
63 Brian Ferguson, Telefoninterview, 3. Januar 1995.
64 Chagnon, *Yanomamo,* 3. Aufl., S. 200.
65 Paul Salopek, »Basically We Are All the Same«, *Chicago Tribune,* 27. April 1997.
66 Napoleon Chagnon, »Yanomamo Warfare, Social Organization and Marriage Alliances« (Dissertation, University of Michigan, 1966), S. 62.

KAPITEL 5: Der Ausbruch

1 James Neel, Willard Centerwall, Napoleon Chagnon und Helen Casey, »Notes on the Effect of Measles and Measles Vaccine in a Virgin Soil Population of South American Indians«, *American Journal of Epidemiology* 91 (1970), S. 425.
2 Vitalino Balthasar, Interview, Puerto Ayacucho, 1. Oktober 1996.
3 Ebenda; Pater José Berno, »Crónica de la casa de Mavaca«, 15. Februar 1968; Vitalino Balthasar, Interview, Puerto Ayacucho, 1. Oktober 1996.
4 Napoleon Chagnon, Brief aus dem Feld, in: *The Human Condition in Latin America,* hg. Eric Wolf und Edward Hansen, New York 1972, S. 68.
5 Neel u. a., »Notes on the Effect of Measles«, S. 421.
6 Ebenda, S. 422.
7 G. S. Wilson, »Measles as a Universal Disease«, *AJDC* 53 (1962), S. 219–223.
8 Neel u. a., »Notes on the Effect of Measles«, S. 421.
9 Ebenda.
10 Napoleon Chagnon, *Yanomamo: The Last Days of Eden*, San Diego 1992, S. 284. Dt.: *Die Yanomamö: Leben und Sterben der Indianer am Orinoko,* S. 338.
11 Napoleon Chagnon, Yanomamo: *The Fierce People,* 3. Aufl., New York 1983, S. 199.
12 Neel u. a., »Notes on the Effect of Measles«, S. 422.
13 Chagnon, *Last Days of Eden,* S. 284. Dt.: *Die Yanomamö: Leben und Sterben der Indianer am Orinoko,* S. 338.
14 Fred McCrumb und andere, »Studies with Live Attenuated Measles-Virus Vaccine«, *AJDC* 101 (1961), S. 45.
15 M. Hoekenga, A. Schwartz, H. Carrizo-Palma und S. Boyer, »Experimental Vaccination against Measles II: Tests of Live Measles and Live Distemper Vaccine in Human Volunteers during a Measles Epidemic in Panama«, *JAMA* 173 (1960), S. 862–868.
16 S. Nagler, A. R. Foley, J. Furesz und G. Martineau, »Studies on Attenuated Measles-Virus Vaccine in Canada«, *BWHO* 32 (1965), S. 791–801.

17 Saul Krugman, Joan Giles und Milton Jacobs, »Studies with Live Attenuated Measles-Virus Vaccine«, *AJDC* 103 (1962), S. 353–363.
18 Hilleman u. a., »Development and Evaluation of the Moraten Measles Virus Vaccine«, *JAMA* 206 (1968), S. 587–590.
19 G. S. Wilson, »Measles as a Universal Disease«, S. 220.
20 Richard Hornick u. a., »Vaccination with Live Attenuated Measles Virus«, *AJDC* 103 (1962), S. 344–347.
21 J. Alaistair Dudgeon und William A. M. Cutting, *Immunization: Principles and Practice*, London und New York 1991, S. 163.
22 Francis Black, J. S. Woodall und S. Pinheiro, »Measles Vaccine Reactions in a Virgin Population«, *American Journal of Epidemiology* 89 (1969), S. 168–175.
23 Jacob A. Brody u. a., »Measles Vaccine Field Trials in Alaska«, *JAMA* 189 (1964), S. 339–342.
24 Anna Mitus, Ann Holoway, Audrey Evans und John Enders, »Attenuated Measles Vaccine in Children with Acute Leukemia«, *AJDC* 103 (1962), S. 417.
25 Jared Diamond, *Guns, Germs, and Steel: The Fates of Human Societies,* New York 1997, S. 195–214. Dt.: *Arm und Reich : Die Schicksale menschlicher Gesellschaften*, Frankfurt am Main 2000.
26 Andrew David Cliff, *Measles: An Historical Geography of a Major Human Viral Disease from Global Expansion to Local Retreat, 1840–1990,* Oxford: Blackwell Reference, 1993, S. 7.
27 G. S. W. Wilson, »Measles as a Universal Disease«, S. 219–223.
28 Ebenda.
29 Stanley A. Plotkin und Edward A. Mortimer, *Vaccines*, Philadelphia und London 1994, S. 236.
30 Cliff, *Measles.*
31 G. S. Wilson, »Measles as a Universal Disease«, S. 222.
32 Black, Woodall und Pinheiro, »Measles Vaccine Reactions«, S. 169.
33 Charles Cockburn, Joseph Pecenka und T. Sundaresan, »WHO-Supported Comparative Studies of Attenuated Live Measles Virus Vaccines«, *BWHO* 34 (1966), S. 223–231; Saul Krugman, Joan Giles, Milton Jacobs und Friedman, »Studies with a Further Attenuated Live Measles-Virus Vaccine«, *Pediatrics* 231 (1963), S. 919–928.
34 Francis Black, Ph.D., Yale Medical School, Telefoninterview, 17. März 1997.
35 Black, Woodall und Pinheiro, »Measles Vaccine Reactions«, S. 174.
36 Francis Black, Telefoninterview, 17. März 1997.
37 Samuel Katz, M.D., Telefoninterview, 21. März 1997.
38 Plotkin und Mortimer, *Vaccines,* S. 238 f.
39 Hilleman u. a., »Development and Evaluation of the Moraten Measles Virus Vaccine«, S. 587–590.
40 Hendrickse, R. G., D. Montefiore, G. Sherman und G. O. Sofoluwe, »A Further Study on Measles Vaccination in Nigerian Children«, *BWHO* 32 (1965), S. 803–808.

41 Timothy Asch, »Ethnographic Filming and the Yanomamo Indians«, *Sightlines,* Jan./Februar 1972, S. 8.
42 G. F. Hayden, »Measles Vaccine Failure: A Survey of Causes and Means of Prevention«, *Clinical Pediatrics* 18 (1979), S. 155–167.
43 James V. Neel, *Physician to the Gene Pool: Genetic Lessons and Other Stories,* New York 1994, S. 163.
44 Diamond, *Guns, Germs, and Steel,* S. 211 f.
45 Neel, *Physician to the Gene Pool,* S. 150.
46 »Use and Interpretation of Anthropometric Indicators of Nutritional Status«, *BWHO* 64 (1986), S. 929–941.
47 R. Holmes, »Nutritional Status and Cultural Change in: Venezuela's Amazon Territory«, in: *Change in the Amazon Basin,* hg. J. Hemming, Manchester 1985, S. 237–255.
48 Napoleon Chagnon und Thomas Melancon, »Epidemics in: a Tribal Population«, in: *The Impact of Contact: Two Yanomamo Case Studies,* hg. K. Kensinger, Cambridge, Mass.: Cultural Survival, 1983, S. 53–78.
49 Darna L. Dufour, »Diet and Nutritional Status of Amazonian People«, in: *Amazonian Indians,* hg. Anna Roosevelt, Tucson 1994, S. 152.
50 Black, Woodall und Pinheiro, »Measles Vaccine Reactions«, S. 174. Siehe auch: Neel u. a., »Notes on the Effect of Measles«, S. 421.
51 Cockburn u. a., »WHO-Supported Comparative Studies of Attenuated Live Measles Virus Vaccines«, S. 223–231.
52 Neel u. a., »Notes on the Effect of Measles«, S. 421.
53 James Neel, Telefoninterview, 18. März 1997.
54 Neel u. a., »Notes on the Effect of Measles«, S. 423.
55 Ebenda, S. 421.
56 Ebenda, S. 426.
57 »Crónica de Ocamo«, 4. Februar 1968.
58 Black, Woodall und Pinheiro, »Measles Vaccine Reactions«, S. 170.
59 Timothy Asch Collection, 1968, sound tapes 4 und 6, NAA.
60 Marcel Roche, M.D., Interview, *Interciencia,* Caracas, 20. Juni 1996.
61 Neel u. a., »Notes on the Effect of Measles«, S. 426.
62 Neel u. a., »Notes on the Effect of Measles«, S. 421.
63 Plotkin und Mortimer, *Vaccines,* S. 238.
64 Samuel Katz, M.D., Telefoninterview, 21. März 1997.
65 Neel u. a., »Notes on the Effect of Measles«, S. 421.
66 Marcel Roche, M.D., Interview, *Interciencia,* Caracas 20. Juni 1996.
67 »Crónica de Ocamo«, 23. Januar 1968: »Guinge ora la Spedizione scientifica acconpagnata dal Dottor Roche et al.«.
68 Asch, »Ethnographic Filming«, S. 8 f.
69 Tonspule 3, Masernepidemie, 18. Februar 1968, Timothy Asch Collection, NAA.
70 Neel u. a., »Notes on the Effect of Measles«, S. 422.
71 Sister Nora Gonzalez, »Crónica de Mavaca«, 24. Januar 1968.
72 Jean Pier Poirier, in: »Crónica de la casa de Mavaca«, 31. Januar 1968.

73 Asch, »Ethnographic Filming«, S. 6–12.
74 »Crónica de Ocamo«, 4. Februar 1968.
75 Pater José Berno, »Crónica de la casa de Mavaca«, 15. Februar 1968.
76 Vitalino Balthasar, Interview, Puerto Ayacucho, 1. Oktober 1996.
77 Luis Cocco, *Iyewei-teri: Quince años entre los Yanomamos*, Caracas: Editorial Salesiana, 1972, S. 481.
78 Pater José Berno, »crónica de la Casa de Mavaca«, 15. Februar 1968.
79 Pater José Berno, Interview, Puerto Ayacucho, 5. Oktober 1996.
80 Cliff, *Measles,* S. 22.
81 Saul Krugman, Joan Giles und Milton Jacobs, »Studies on an Attenuated Measles Vaccine-Virus«, *New England Journal of Medicine* 263 (28. Juli 1960), S. 174; S. Katz, Telefoninterview, 21. März 1997.
82 Carlos Botto, Interview, CAICET, 6. Oktober 1996.
83 Francis Black, Telefoninterview, 17. März 1997.
84 Constantino und Paul Georgescu Pipera, *Del Orinoco al Río de la Plata*, Barcelona 1987, S. 53.
85 James Neel, Telefoninterview, 18. März 1996.
86 Cliff, *Measles,* S. 7.
87 Plotkin und Mortimer, *Vaccines,* S. 235.
88 Ebenda.
89 John Enders, K. McCarthy, Anna Mitus und W. J. Cheatham, »Isolation of Measles Virus at Autopsy in Cases of Giant-Cell Pneumonia without Rash«, *New England Journal of Medicine* 261 (29. Oktober 1959), S. 875–881.
90 Neel u. a., »Notes on the Effect of Measles«, S. 421.
91 Vitalino Balthasar, Interview, Puerto Ayacucho, 1. Oktober 1996.
92 Neel u. a., »Notes on the Effect of Measles«, S. 423.
93 Samuel Katz, Telefoninterview, 19. März 1997; Black, Woodall und Pinheiro, »Measles Vaccine in a Virgin Population«, S. 171; Krugman, Giles und Jacobs, »Studies on an Attenuated Measles Virus-Vaccine«, S. 174.
94 Inga Steinvorth-Goetz, *Uriji Jami!: Life and Belief of the Forest Waika in the Upper Orinoco*, S. 56.
95 Pater José Berno, 22. März–14. April 1968. »Crónica de la casa de Mavaca«; siehe auch 8. Mai.
96 Carlos Botto, Interview, CAICET, 6. Oktober 1996.
97 Nahir Martinez, *Health Problems in Isolated Yanomami Communities: Viral Hepatitis in the Upper Orinoquito River*, Puerto Ayacucho 1996.
98 Arango und andere »Asociación de Antigenemia con Depresión de la Hipersensibilidad Cutánea Retardada en la Onconcercosis«, *Proicet Amazonas* (Caracas), Nr. 2 (1983), S. 101–108.
99 Hemming, *Amazon Frontier,* S. 280.
100 James Neel, Timothy Asch und Napoleon Chagnon, *Yanomama: A Multidisciplinary Study,* 43 Min. (U.S. DOE, 1971).
101 Gary Dawson, Interview, Kosh, Padamo, 29. August 1996.

102 Vitalino Balthasar, Interview, Puerto Ayacucho, 1. Oktober 1996.
103 Juan González, Interview, Padamo-Mission, 14. Juni 1996.
104 Maria Wachtler, Telefoninterview, 20. Juni 1996.
105 Pater José Berno, »Crónica de la casa de Mavaca«, 15. Februar 1968.
106 Tonspule 3, Measles Epidemic, 18. Februar 1968, Timothy Asch Collection, NAA.
107 Tonspule 9, 23. Februar 1968, Timothy Asch Collection, NAA.
108 Juan González, Interview, Kosh, Padamo, 14. Juni 1996.
109 Sämtliche Zitate ab der Stelle, wo Neel Asch Kameraanweisungen erteilt, stammen von Tonspule 3, 18. Februar 1968, Timothy Asch Collection, NAA.
110 Ebenda.
111 Pater José Berno, »Crónica de la casa de Mavaca«, 14. April 1968.
112 Timothy Asch Collection, Tonspule 3, 18. Februar 1968, NAA.
113 Ramsay und Emond, zitiert in: Cliff, *Measles,* S. 23.
114 Tonspule 3, 18. Februar 1968, Timothy Asch Collection, NAA.
115 Ebenda.
116 Ebenda.
117 Tonspule 5, Radio Conference, Patanowa-teri, 22. Februar 1968, Timothy Asch Collection, NAA.
118 »Marcel und Nap waren in Ocamo, kamen aber aus irgendeinem Grund ohne das Gammaglobulin, das zusammen mit dem Impfstoff hätte verabreicht werden sollen.« James Neel, Telefoninterview, 18. März 1997.
119 Pater José Berno, »Crónica de la casa de Mavaca«, 14. April 1968.
120 Tonspule 3, 18. Februar 1968, Timothy Asch Collection, NAA.
121 Neel, Asch und Chagnon, *A Multidisciplinary Study.*
122 Diese kurze, noch auf Tonspule 3 aufgezeichnete Unterhaltung, entspricht Filmrolle 5, die zum Teil für die Eröffnungsszenen von *A Multidisciplinary Study* verwendet wurde. Die Aufnahmen von Pater Sánchez und seinen beiden brasilianischen Helfern wurden in der endgültigen Version des Films mit einem anderen Ton unterlegt. In Wahrheit tauschte Sánchez Höflichkeiten mit Chagnon und Brewer aus. Sie fragten ihn, wann er flußabwärts weiterreisen werde. Er erwiderte, er werde aufbrechen, sobald »la doctora«, also Inga Goetz vom IVIC, von ihrer Expedition zum Quellgebiet des Orinoko zurückgekehrt sei. Nirgends findet sich ein Hinweis auf Spannungen. Und da Sánchez kein Funkgerät hatte – der gesamte Funkverkehr wurde über Mavaca abgewickelt –, konnte er auch nichts von der Masernepidemie wissen, es sei denn, sie hätten es ihm gesagt.
123 Chagnon, *Yanomamo: Last Days of Eden,* S. 286.
124 Neel u. a., »Notes on the Effect of Measles«, S. 422.
125 Tonspule 3, 18. Februar 1968, Timothy Asch Collection, NAA.
126 Ebenda. Übersetzt in: *The New Yorker,* 20. September 2000.
127 Siehe Kapitel 6 und Tonspule 5, Funkkonferenz, Patanowa-teri, 22. Februar 1968, Timothy Asch Collection, NAA.

128 Pater José Berno, »Crónica de la casa de Mavaca«, 13. März 1968.
129 Neel u. a., »Notes on the Effect of Measles«, S. 427, Tabelle 4.
130 Mark Papania, M.D., Centers for Disease Control, Atlanta, Telefoninterview, 22. Mai 1996.
131 Neel, *Physician to the Gene Pool*, S. 162.
132 Neel u. a., »Notes on the Effect of Measles«, S. 422.
133 Vitalino Balthasar, Interview, Puerto Ayacucho, 1. Oktober 1996.
134 Tonspule 3, 18. Februar 1968, Timothy Asch Collection, NAA.
135 G. S. Wilson, »Measles as a Universal Disease«, S. 219–223.
136 Mark Papania, M.D., Telefoninterview, 22. Mai 1996.
137 Mark Papania, Brief an Patrick Tierney, 25. Oktober 2000.
138 Samuel Katz, Brief an Terence Turner, 28. September 2000.
139 Mark Papania, Telefoninterview, 22. Mai 1996.
140 Irving Devore, Brief an *The New Yorker*, 25. September 2000.
141 Neel u. a., »Notes on the Effect of Measles«, S. 423.
142 Darüber, wie die Menschen in den Dörfern am Ocamo starben, ist nichts bekannt. Selbst die verheerende Epidemie von Shubariwateri, die in den Missionschroniken erwähnt wird und an die sich die protestantischen Missionare noch erinnern, bleibt rätselhaft.
143 Neel u. a., »Notes on the Effect of Measles«, S. 426 f.
144 John Tooby, »Preliminary Report on the Neel/Chagnon Allegations«, 12. November 2000, S. 31.
145 Adelfa Betancourt, Venezolanisches Gesundheitsministerium, Telefoninterview, 6. April 2000.
146 Neel u. a., »Notes on the Effect of Measles«, S. 425.

KAPITEL 6: Das Fest filmen

1 Tonspule 8, Patanowa, Shanishani, 23. Februar 1968, Timothy Asch Collection, NAA.
2 Luis Cocco, *Iyewei-teri: Quince años entre los Yanomamos*, Caracas 1973, S. 82 f.
3 Napoleon Chagnon, *Yanomamo*, 4. Aufl., Fort Worth 1992, S. 236 f.
4 Jay Ruby, »Out of Sync: The Cinema of Tim Asch«, *Visual Anthropology Review* 11, Nr. 1 (Frühjahr 1995), S. 22.
5 Ebenda.
6 Mark Ritchie, *Spirit of the Rainforest: A Yanomamo Shaman's Story*, Chicago 1995, S. 187, 195–212.
7 Ebenda, S. 252.
8 Jesús Cardozo, Bericht an Timothy Asch, 9. April 1992, S. 3 f., Timothy Asch Collection, NAA.
9 Napoleon Chagnon, *Studying the Yanomamo*, New York 1974, S. 111, 113,.
10 Waloiwa, Interview, Dorf Guarapana, Oberer Orinoko, übersetzt von Jodie Dawson, 9. Juni 1996.

11 Chagnon, *Yanomamo,* 4. Aufl., S. 236f.
12 César Dimanawa, »Carta abierta a Napoleon Chagnon«, *La Iglesia en Amazonas,* März 1990, S. 20.
13 César Dimanawa, Interview, Mavakita, 2. September 1996.
14 Patricia Asch, Telefoninterview, 16. Mai 1997.
15 Karl Heider, *Grand Valley Dani: Peaceful Warriors*, New York 1979, S. 18.
16 Timothy Asch, »Bias in Ethnographic Reporting« (Manuskript), S. 3.
17 Napoleon Chagnon, »Filming the Ax Fight«, *Yanomamo Interactive CD: The Ax Fight*, New York 1997.
18 Chagnon, *Studying the Yanomamo,* S. 260.
19 Asiawe, Interview, Platanal, Oberer Orinoko, 26. September 1999.
20 Napoleon Chagnon, *Yanomamo: The Fierce People,* 2. Aufl., New York 1977, S. 127.
21 James Neel, Timothy Asch und Napoleon Chagnon, *Yanomama: A Multidisciplinary Study,* 43 Min. (DOE, 1971).
22 Chagnon, *Yanomamo,* 2. Aufl., S. 130.
23 Joe Dawson, Interview, Padamo-Mission, 14. Juni 1996.
24 Napoleon Chagnon, »Yanomamo Warfare, Social Organization and Marriage Alliances« (Dissertation, University of Michigan, 1966), S. 58, 133.
25 Chagnon, *Yanomamo,* 2. Aufl., S. 1.
26 Chagnon, »Yanomamo Warfare«, S. 58.
27 Ebenda, S. 199.
28 Chagnon, *Studying the Yanomamo,* S. 159, Tabelle 4.9.
29 Chagnon, »Yanomamo Warfare«, S. 174–191.
30 Neel, Asch und Chagnon, *A Multidisciplinary Study.*
31 Chagnon, *Yanomamo,* 2. Aufl., S. 135. Dt. in: *Die Yanomamö: Leben und Sterben der Indianer am Orinoko,* S. 282f.
32 Richard Brian Ferguson, *Yanomami Warfare: A Political History,* Santa Fe 1995, S. 300.
33 Chagnon, *Yanomamo,* 2. Aufl., S. 136. Dt. in: *Die Yanomamö: Leben und Sterben der Indianer am Orinoko,* S. 283.
34 Ebenda, S. 135.
35 Alfredo Aherowe, Interview, Platanal, 26. September 1996.
36 Chagnon, *Yanomamo,* 2. Aufl., S. 110.
37 Alfredo Aherowe, Interview, Platanal, 11. Juni 1996.
38 Chagnon, »Yanomamo Warfare«, S. 185.
39 Chagnon, »Filming the Ax Fight«.
40 Ebenda.
41 Timothy Asch, »Ethnographic Filming and the Yanomamo Indians«, *Sightlines,* Januar/Februar 1972, S. 8.
42 Ebenda, S. 9.
43 Ebenda.
44 Asch, »Bias in Ethnographic Reporting«, S. 14.
45 James Neel, Willard Centerwall, Napoleon Chagnon und Helen

Casey, »Notes on the Effect of Measles and Measles Vaccine in a Virgin Soil Population of South American Indians«, *American Journal of Epidemiology* 91 (1970), S. 422.

46 Hier orientiere ich mich an den Aufzeichnungen in der Chronik der Ocamo-Mission, der zufolge Roche, Asch und Chagnon am Dienstag, dem 23. Januar eintrafen, also am Tag nach der Landung des Frachtflugzeuges in Esmeralda. Diese Version stimmt mit Aschs Aussage in einem Artikel in *Sightlines* überein.

48 Neel u. a., »Notes on the Effect of Measles«, S. 421.

49 Napoleon Chagnon, *Yanomamo: The Last Days of Eden*, San Diego 1992, S. 284. Dt.: *Die Yanomamö: Leben und Sterben der Indianer am Orinoko,* S. 338.

50 Asch, »Ethnographic Filming«, S. 9, 11.

51 Asch, »Bias in Ethnographic Reporting«, S. 14.

52 Chagnon, *Studying the Yanomamo,* S. 266.

53 Asch, »Ethnographic Filming«, S. 10.

54 Ebenda.

55 Ebenda, S. 11.

56 Danny Shaylor, Interview, Tama Tama, Oberer Orinoko, 28. September 1996.

57 Asch, »Ethnographic Filming«, S. 11.

58 Juan de la Cruz y Olmedilla, *Mapa geográfico de América Meridional,* Madrid 1771, 1775, reproduziert in: Luis Cocco, *Iyewei-teri: Quince años entre los Yanomamos,* Caracas 1972, S. 35 f.

59 Chagnon, *Studying the Yanomamo,* S. 84.

60 Ferguson, *Yanomami Warfare,* S. 383, Anm. 1.

61 James Brooke, »In an Almost Untouched Jungle, Gold Miners Threaten Indian Ways«, *NYT,* 19. September 1990.

62 Chagnon »Yanomamo Warfare«, S. 183; Ferguson, *Yanomami Warfare,* S. 302 f.

63 Napoleon Chagnon, *Yanomamo,* 2. Aufl., S. 137.

64 Ferguson, *Yanomami Warfare,* S. 318.

65 Chagnon, »Yanomamo Warfare«, S. 62.

66 Ruby, »Out of Sync«, S. 19–35.

67 Ebenda.

68 Chagnon, »Yanomamo Warfare«, S. 181.

69 Asch, »Ethnographic Filming«, S. 11.

70 Asiawa, Interview, Platanal, übersetzt von Jodie Dawson, 11. Juni 1996.

71 Timothy Asch und Napoleon Chagnon, *Kaobawa Trades with Reyabobowei-teri,* 8 Min., Somerville, Mass., 1971.

72 Cocco, *Iyewei-teri,* S. 343.

73 Kayopewe, Interview, Platanal, übersetzt von Jodie Dawson, 11. Juni 1996.

74 Jepewe, Karohi-teri, Manaviche-Fluß, übers. von Jodie Dawson, 7. Juni 1996.

75 Neel, Asch, Chagnon, *A Multidisciplinary Study.*
76 Chagnon, »Filming the Ax Fight«.
77 Tonspule 2, Platanal, 19. Februar 1968, Timothy Asch Collection, NAA.
78 Tonspule 4, 19. Februar – 21. Februar 1968, Timothy Asch Collection, NAA.
79 Inga Steinvorth-Goetz, *Uriji Jami!: Life and Belief of the Forest Waika in the Upper Orinoco,* übersetzt von Peter Furst, Caracas 1969, S. 22 f.
80 Timothy Asch Collection, Tonspule 4, Patanowa-teri, 21. Februar 1968, NAA.
81 Danny Shaylor, Interview, Tama Tama, Oberer Orinoko, 26. September 1996.
82 Tonspule 6, 21. Februar 1968, Timothy Asch Collection, NAA.
83 Daniel Reff, zitiert in: *Sanuma Memories: Yanomami Ethnography in Times of Crisis*, Madison 1995, S. 308.
84 Albert L. Hurtado, *Indian Survival on the California Frontier*, New Haven 1988, S. 46.
85 Carlos Botto, »La situación de salud de la población Yanomami«, *La Iglesia en Amazonas*, Puerto Ayacucho 1991, S. 12.
86 Steinvorth-Goetz, *Uriji Jami!*, S. 56.
87 David Atkins und Timothy Asch, *Yanomamo: A Multidisciplinary Study, Field Notes*, Somerville, Mass., 1975, S. 2.
88 Tonspule 9, Patanowa-teri, 23. Februar 1968, Timothy Asch Collection, NAA.
89 Tonspule 3, Mavaca Measles Epidemic, 18. Februar 1968, Timothy Asch Collection, NAA.
90 Tonspule 6, Patanowa-teri, 21. Februar 1968, Timothy Asch Collection, NAA.
91 Neel, Asch und Chagnon, *A Multidisciplinary Study.*
92 Chagnon, *Studying the Yanomamo,* S. 20; Chagnon, *Yanomamo: The Last Days of Eden,* S. 284. Dt.: *Die Yanomamö: Leben und Sterben der Indianer am Orinoko,* S. 340.
93 Tonspule 3, Mavaca Measles Epidemic, 18. Februar 1968, Timothy Asch Collection, NAA.
94 Tonspule 6, Patanowa-teri, 21. Februar 1968, Timothy Asch Collection, NAA.
95 Tonspule 5, Patanowa-teri, 21. Februar 1968, Timothy Asch Collection, NAA.
96 Danny Shaylor, Interview, Tama Tama, Oberer Orinoko, 26. September 1996.
97 Tonspule 5, Patanowa-teri, 21. Februar 1968, Timothy Asch Collection, NAA.
98 Atkins und Asch, *A Multidisciplinary Study, Field Notes,* S. 18.
99 Ebenda, S. 2.
100 Tonspule 3, Mavaca, 18. Februar 1968, Timothy Asch Collection, NAA.

101 Tonspule 3, Mavaca, 18. Februar 1968, Timothy Asch Collection, NAA.
102 Steinvorth-Goetz, *Uriji Jami!*, S. 88.
103 Ferguson, *Yanomami Warfare*, S. 309.
104 Atkins und Asch, *A Multidisciplinary Study, Field Notes*, S. 14.
105 Jacob A. Brody und andere, »Measles Vaccine Field Trials in Alaska«, *JAMA* 189 (1964), S. 339–242.
106 José Berno, »Crónica de la casa de Mavaca«, 29. Februar 1968.
107 Tonspule 3, 18. Februar 1968, Timothy Asch Collection, NAA.
108 Neel und andere, »Notes on the Effect of Measles«, S. 423.
109 Tonspule 4, Patanowa-teri, 19. Februar 1968, Timothy Asch Collection, NAA.
110 Ebenda.
111 Neel, Asch und Chagnon, *A Multidisciplinary Study.*
112 Tonspule 5, 22. Februar 1968, Timothy Asch Collection, NAA.
113 Tonspule 6, Patanowa-teri, 21. Februar 1968, Timothy Asch Collection, NAA.
114 Tonspule 5, Patanowa-teri, 21. Februar 1968, Timothy Asch Collection, NAA.
115 Neel, Asch und Chagnon, *A Multidisciplinary Study.*
116 Asch, »Ethnographic Filming«, S. 11.
117 Tonspule 8, Patanowa-teri, 23. Februar 1968, Timothy Asch Collection, NAA.
118 Tonspule 5, 22. Februar 1968, Timothy Asch Collection, NAA.
119 Tonspule 8, 23. Februar 1968, Timothy Asch Collection, NAA.
120 Neel, Asch und Chagnon, *A Multidisciplinary Study.*
121 Tonspule 8, 23. Februar 1968, Timothy Asch Collection, NAA.
122 Tonspule 6, Patanowa-teri, 21. Februar 1968, Timothy Asch Collection, NAA.
123 Neel, Asch und Chagnon, *A Multidisciplinary Study.*
124 Platanal, 3. September 1996.
125 Neel, Asch und Chagnon, *A Multidisciplinary Study.*
126 Tonspule 10, Pflanzung bei Patanowa-teri , 23. Februar 1968, Timothy Asch Collection, NAA.
127 Tonspule 5, Patanowa-teri, 22. Februar 1968, Timothy Asch Collection, NAA.
128 Asch, »Ethnographic Filming«, S. 12.
129 Tonspule 6, Patanowa-teri, 21. Februar 1968, Timothy Asch Collection, NAA.
130 Asch, »Bias in Ethnographic Reporting«, S. 18.
131 Neel, Asch und Chagnon, *A Multidisciplinary Study.*
132 Cocco, *Iyewei-teri*, S. 348.
133 Helena Valero, *Yo soy Napeyoma: Relato de una mujer raptada por los indígenas Yanomami*, Caracas 1984, S. 282f.
134 Cocco, *Iyewei-teri*, S. 348.
135 Tonspule 5, Patanowa-teri, 21. Februar 1968, Timothy Asch Collection, NAA.

136 Neel, Asch und Chagnon, *A Multidisciplinary Study.*
137 Ebenda.
138 Ebenda.
139 Übersetzt von Alfredo Aherowe und Asiawe, Platanal-Mission, 3. September 1996.
140 Michael Dawson, Interview, Padamo-Mission, 4. Juni 1996.
141 Jacques Lizot, *Tales of the Yanomami: Daily Life in the Venezuelan Forest,* übers. von Ernest Simon, Cambridge 1985, S. 180ff.
142 Ebenda, S. 180. Siehe auch: Ebenda, S. 157–185; Cocco, *Iyewei-teri,* S. 339–364; Valero, *Yo soy Napeyoma,* S. 147ff.
143 Neel, Asch und Chagnon. *A Multidisciplinary Study.*
144 Tonspule 25, Patanowa-teri, 4. März 1968, Timothy Asch Collection, NAA.
145 Asiawe, Interview, Platanal, übersetzt von Jodie Dawson, 11. Juni 1996.
146 Chagnon, *Last Days of Eden,* S. 286.
147 Atkins und Asch, *A Multidisciplinary Study, Field Notes,* S. 14.
148 David E. Stannard, *American Holocaust: Columbus and the Conquest of the New World,* New York 1992, S. 237.
149 Tonspule 14, Patanowa-teri, 27. Februar 1968, Timothy Asch Collection, NAA.
150 Chagnon, »Filming the Ax Fight«.
151 Tonspule 14, Patanowa-teri, 27. Februar 1968, Timothy Asch Collection, NAA.
152 Tonspule 13, Patanowa-teri, 27. Februar 1968, Timothy Asch Collection, NAA.
153 Tonspule 8, Patanowa-teri, 23. Februar 1968, Timothy Asch Collection, NAA.
154 Neel, Asch und Chagnon, *A Multidisciplinary Study.*
155 Chagnon, *Studying the Yanomamo,* S. 172.
156 Schwester Felicia, Interview, Puerto Ayacucho, 4. Oktober 1996.

KAPITEL 7: Ein mythisches Dorf

1 Napoleon Chagnon, *Yanomamo,* 5. Aufl., Fort Worth 1997, S. 226.
2 Napoleon Chagnon, *Yanomamo: The Fierce People,* 3. Aufl., New York 1983, S. 200.
3 Napoleon Chagnon, *Studying the Yanomamo*, New York 1974, S. 48.
4 Theodora Kroeber, *Ishi in Two Worlds: A Biography of the Last Wild Indian in North America*, Berkeley 1961, S. 116–146, 232, 234.
5 Chagnon, *Studying the Yanomamo,* S. 196.
6 Ebenda, S. 125.
7 Ebenda, S. 5.
8 Napoleon Chagnon, *Yanomamo: The Fierce People,* 2. Aufl., New York 1977, S. 79.

9 Chagnon, *Studying the Yanomamo,* S. 16.
10 Chagnon, »Yanomamo Warfare, Social Organization and Marriage Alliances« (Dissertation, University of Michigan, 1966), S. 173. Siehe auch: Ebenda, S. 174f.
11 Kaobawa, Videointerview mit Mark Ritchie, Padamo, Januar 1995.
12 Chagnon, *Studying the Yanomamo,* S. 18.
13 Ebenda, S. 15, 20, 40–43.
14 Ebenda, S. 51.
15 Joseph Grelier, *To the Source of the Orinoco,* übers. von H. Schmuckler, London: Herbert Jenkins, 1957, S. 108. Dt.: *Zu den Quellen des Orinoko,* Leipzig 1956.
16 Pablo Reyes, Leiter der Malariología, Interview, Puerto Ayacucho, 17. Juni 1996.
17 Helena Valero, *Yo soy Napeyoma: Relato de una mujer raptada por los indígenas Yanomami,* Caracas 1984, S. 81–95.
18 Juan González, Interview, Padamo-Mission, 13. Juni 1996.
19 Chagnon, *Studying the Yanomamo,* S. 31.
20 Pater José Berno, »Crónica de la casa de Mavaca«, 28. Juni 1972 und 26. Juni 1970.
21 Pater José Berno, »Crónica de la casa de Mavaca«, 28. Juni 1972.
22 Napoleon Chagnon und Thomas Melancon, »Epidemics in a Tribal Population«, in: *The Impact of Survival: Two Yanomamo Case Studies,* hg. K. Kensinger, Cambridge, Mass., 1983, S. 58f.
23 Chagnon, *Yanomamo,* 5. Aufl., S. 226.
24 Ebenda, S. 222. Siehe auch: Valero, *Yo soy Napeyoma,* S. 241–245; Chagnon, »Yanomamo Warfare«, S. 153f., 172.
25 Brian Ferguson, *Yanomami Warfare: A Political History,* Santa Fe 1995, S. 215–307; Chagnon, »Yanomamo Warfare«, S. 158.
26 Chagnon, »Yanomamo Warfare«, S. 173f.
27 Ebenda, S. 173.
28 Napoleon Chagnon, *Yanomamo,* 4. Aufl., Fort Worth 1992, S. 83.
29 Ebenda, S. 89.
30 Ebenda, S. 86.
31 Chagnon, *Studying the Yanomamo,* S. 157.
32 Chagnon, *Yanomamo,* 4. Aufl., S. 223; ebenda, S. 87; María Eguillor García, *Yopo, shamanismo y hekura,* Caracas: Editorial/Librería Salesiana, 1984, S. 54.
33 Valero, *Yo soy Napeyoma,* S. 240–245; Chagnon, »Yanomamo Warfare«, S. 173.
34 Chagnon, *Yanomamo,* 5. Aufl., S. 216–219
35 Napoleon Chagnon, *Magical Death,* 28 Min., Watertown, Mass., 1973.
36 Chagnon, *Yanomamo,* 5. Aufl., S. 223.
37 Ebenda, S. 216.
38 Napoleon Chagnon, *Yanomamo: Last Days of Eden,* San Diego 1992, S. 286.

39 Chagnon, »Filming the Feast«, *Yanomamo Interactive CD.*
40 Linda Rabben, *Unnatural Selection: The Yanomami, the Kayapó and the Onslaught of Civilization*, London 1998, S. 108.
41 Siehe Kapitel 6.
42 Chagnon, *Yanomamo,* 4. Aufl., S. 223.
43 Pater José Berno, »Crónica de la casa de Mavaca«, 28. Juni 1970.
44 Chagnon, *Yanomamo,* 5. Aufl., S. 224.
45 Chagnon, *Yanomamo,* 4. Aufl., S. 223.
46 Bildmaterial von der Aufstellung dieses Kriegstrupps findet sich auch in *Magical Death.* Ebenda.
47 http://www.sscf.ucsb.edu/anth/projects/axfight/index.
48 Chagnon, *Yanomamo,* 4. Aufl., S. 204.
49 Ebenda, S. 190f.
50 John Peters, »The Effect of Western Material Goods upon the Social Structure of the Family among the Shirishiana« (Dissertation, Western Michigan University, 1973), S. 125.
51 Misioneros del Alto Orinoco, »Consideraciones a un documento de Charles Brewer Carías«, Puerto Ayacucho 1991, S. 28–32.
52 Timothy Asch und Napoleon Chagnon, *The Ax Fight,* 30 Min., Somerville, Mass., 1975.
53 Ebenda.
54 Peter Biella, »Introduction to the Ax Fight«, *Yanomamo Interactive CD.*
55 Ebenda.
56 Chagnon, *Studying the Yanomamo,* S. 168.
57 Jay Ruby, »Out of Sync: The Cinema of Tim Asch«, *Visual Anthropology Review* 11, Nr. 1 (Frühjahr 1995), S. 28.
58 Gustavo Konoko, Interview, Mishimishimabowei-teri, 2. September 1996, vor Ort übersetzt von Pablo Mejía, transkribiert von Marco Jimenez.
59 Leda Martins, Interview, Pittsburgh, 15. September 1995.
60 Gustavo Konoko, Interview, Mavakita, übersetzt von Pablo Mejía, 2. September 1996.
61 Asch und Chagnon, *The Ax Fight.*
62 Gary Seaman, »First Comments« und »Second Comments«, *Yanomamo Interactive CD.*
63 Chagnon, »Yanomamo Warfare«, S. 81.
64 Ebenda, S. 91.
65 Napoleon Chagnon und Paul Bugos, »Kin Selection and Conflict: An Analysis of a Yanomamo Ax Fight«, in: *Evolutionary Biology and Human Social Behavior: An Anthropological Perspective,* hg. Napoleon Chagnon und William Irons, North Scituate, Mass., 1979, S. 213–238.
66 Gary Seaman, »Blow-by-Blow«, *Yanomamo Interactive CD.*
67 Gary Seaman, »First Comments«, *Yanomamo Interactive CD.*
68 Ruby, »Out of Sync«, S. 28.

69 »Unbearbeitetes Filmmaterial«, *The Ax Fight, Yanomamo Interactive CD.*
70 Wilton Martínez, »The Challenges of a Pioneer: Tim Asch, Otherness und Film Reception«, *Visual Anthropology Review* 11, Nr. 1 (Frühjahr 1995), S. 53–82.
71 Chagnon, *Studying the Yanomamo,* S. 166.
72 José Berno, »Crónica de la casa de Mavaca«, 1971.
73 Chagnon, *Studying the Yanomamo,* S. 172ff.
74 Chagnon, »Filming the Ax Fight«.
75 Chagnon, *Studying the Yanomamo,* S. 172–177.
76 Chagnon, »Filming the Ax Fight«.
77 Jacques Lizot, *The Yanomami in the Face of Ethnocide*, Kopenhagen 1976, S. 26.
78 Chagnon, »Filming the Ax Fight«.
79 Juan Finkers, Telefoninterview, 11. Januar 1995.
80 Chagnon, *Die Yanomamö: Leben und Sterben der Indianer am Orinoko,* S. 340.
81 Chagnon und Melancon, »Epidemics in a Tribal Population«, S. 58f.
82 Chagnon, *Studying the Yanomamo,* S. 211.
83 Chagnon und Melancon, »Epidemics in a Tribal Population«, S. 59; Chagnon, *Yanomamo,* 3. Aufl., S. 200.
84 Misioneros del Alto Orinoco, »Consideraciones a un documento de Charles Brewer Carías«, S. 21.
85 José Berno »Crónica de la casa de Mavaca«, Juli/August 1971.
86 »Crónica de Ocamo«, 10. August 1973.
87 Chagnon und Melancon, »Epidemics in a Tribal Population«, S. 71.
88 Chagnon, *Yanomamo,* 5. Aufl., S. 216–226.
89 Ebenda, S. 217.
90 Kim Hill und Hillard Kaplan, »Population and Dry-Season Subsistence Strategies of the Recently Contacted Yora of Peru«, *National Geographic Research* 5 (1989), S. 317–334.
91 Chagnon und Melancon, »Epidemics in a Tribal Population«, S. 59.
92 Chagnon, *Die Yanomamö: Leben und Sterben der Indianer am Orinoko,* S. 340.
93 Die Zahl hier gibt nur die Sterblichkeit unter Erwachsenen in Patanowa-teri an; auch wenn die Gesamtsterblichkeit nicht mehr rekonstruiert werden kann, lag sie zweifelsohne höher.

KAPITEL 8: Die erotischen Indianer

1 Jacques Lizot, *Tales of the Yanomami: Daily Life in the Venezuelan Forest,* übersetzt von Ernest Simon, Cambridge 1985, S. xiv.
2 E. S., »Inventario de supervivencia«, *ExcesO,* April 1990, S. 66.
3 Napoleon Chagnon, Interview, University of California in Santa Barbara, 3. Oktober 1995.

4 Ebenda.
5 Ritchie, *Spirit of the Rainforest: A Yanomamo Shaman's Story*, Chicago 1995, S. 235; Kenneth Good, Telefoninterview, 5. August 1999.
6 Claude Lévi-Strauss, *Tristes Tropiques*, übersetzt von John und Doreen Wightman, New York 1974, S. 264. Dt.: *Traurige Tropen*, Frankfurt am Main 1978.
7 Ebenda, S. 182.
8 Ebenda, S. 189.
9 Ebenda, S. 184.
10 Ebenda, S. 375.
11 Ebenda, S. 384.
12 Linda Rabben, *Unnatural Selection: The Yanomami, the Kayopó and the Onslaught of Civilization*, London 1998, S. 34.
13 Jacques Lizot, *The Yanomami in the Face of Ethnocide*, Kopenhagen: IWGIA, 1976, Biographie des Autors.
14 Timothy Asch, »Ethnographic Filming and the Yanomamo Indians«, *Sightlines*, Januar/Februar 1972, S. 9.
15 Marie Dawson, Interview, Padamo-Mission, 5. Juni 1996.
16 Ritchie, *Spirit of the Rainforest*, S. 141, 150.
17 *Yanomami Homecoming, National Geographic Explorer,* 48 Min. (Washington, D.C.: National Geographic Society, 1994).
18 Gary Dawson, Interview, Padamo-Mission, 4. Juni 1996.
19 Napoleon Chagnon, *Studying the Yanomamo*, New York 1974, S. 18.
20 Ritchie, *Spirit of the Rainforest,* S. 146.
21 Ebenda, S. 146.
22 Ebenda, S. 147.
23 Ebenda, S. 148; Kenneth Good, Telefoninterview, 5. August 1999.
24 Frank Salamone, Telefoninterview, 22. Dezember 1994.
25 Luis Cocco, *Iyewei-teri: Quince años entre los Yanomamos*, Caracas 1972, S. 463.
26 Napoleon Chagnon, Interview, University of California in Santa Barbara, 3. Oktober 1995.
27 Napoleon Chagnon, *Yanomamo: The Fierce People,* 3. Aufl., New York 1983, S. 201 f.
28 Fran L. Paver, Rechtsberater, National Science Foundation, FOIA Nr. 95–004, 13. Juli 1995.
29 Kenneth Good, Telefoninterview, 10. January 1995.
30 Kenneth Good, *Into the Heart: One Man's Pursuit of Love and Knowledge among the Yanomama*, New York 1991, S. 33.
31 Ebenda, S. 19.
32 Ebenda.
33 Chagnon, *Studying the Yanomamo,* S. xiv.
34 Good, *Into the Heart,* S. 22.
35 Ebenda, S. 23.
36 Kenneth Good, »A Race against Time«, *Américas* April 1998, S. 31.
37 Kenneth Good, Telefoninterview, 10. Januar 1995.

38 Saffirio, »Ideal and Actual Kinship Terminology among the Yanomama Indians of the Catrimani River Basin (Brazil)«, (Dissertation, University of Pittsburgh, 1985), S. 95–100; Erik Fredlund, »Shitari Yanomami Incestuous Marriage: A Study of the Use of Structural, Lineal and Biological Criteria When Classifying Marriages« (Dissertation, Pennsylvania State University, 1982), S. 37; Raymond Hames und W. Vickers, »The Settlement Pattern of a Yanomamo Population Block: A Behavioral Ecological Interpretation«, in *Adaptive Responses of Native Amazonians,* hg. Hames und Vickers, New York 1983, S. 393–427.
39 Kenneth Good, Telefoninterview, 8. August 1995.
40 Kenneth Good, Telefoninterview, 10. Januar 1995.
41 Jesús Cardozo, Telefoninterview, 1. September 1995.
42 Kenneth Good, Telefoninterview, 8. August 1995.
43 Good, *Into the Heart,* S. 116–119.
44 Kenneth Good und Jacques Lizot, Brief an *Science,* abgedruckt im Anhang zu Marvin Harris, »Culture Materialist Theory of Band and Village Warfare«, in: *Warfare, Culture, and Environment,* hg. R. B. Ferguson, Orlando 1984, S. 111–140.
45 Kenneth Good, Telefoninterview, 27. Februar 1998.
46 Lizot, *Tales of the Yanomami,* S. 31.
47 Ebenda, S. 31–36.
48 Clayton Robarchek und Carole Robarchek, *Waorani: The Contexts of Violence and War,* New York 1998, S. 56.
49 Brian Ferguson, *Yanomami Warfare: A Political History,* Santa Fe 1995, S. 393f.
50 Cocco, *Iyewei-teri,* S. 211.
51 Ebenda, S. 468f.
52 Alcida Rita Ramos, »Reflecting on the Yanomami: Ethnographic Images and the Pursuit of the Exotic«, *Cultural Anthropology* 2 (1987), S. 284–304.
53 Ebenda, S. 290.
54 Chagnon, »Yanomamo Warfare, Social Organization and Marriage Alliances« (Dissertation, University of Michigan, 1966) S. 61ff.; Napoleon Chagnon, *Yanomamo: The Fierce People,* 2. Aufl., New York 1977, S. 76; Chagnon, Interview, 3. Oktober 1995.
55 Kenneth Good, Telefoninterview, 25. März 1998.
56 Kenneth Good, Telefoninterview, 8. August 1995.
57 Garry Dawson, Interview, Padamo-Mission, 4. Juni 1996.
58 Good, Telefoninterview, 5. August 1999.
59 Kenneth Good, Telefoninterview, 1. Februar 1995.
60 Kenneth Good, Telefoninterview, 5. August 1999.
61 Mark Ritchie, Videointerviews, Padamo, 21. Januar 1995.
62 Ritchie, *Spirit of the Rainforest,* S. 248.
63 Ebenda, S. 211.
64 Ebenda, S. 142.

65 Ebenda, S. 149.
66 Ebenda.
67 Kaobawa, Interview, Shakita, Oberer Orinoko, 12. Juni 1996.
68 Nelly Arvelo Jiménez, »The Repudiation of Brewer-Carías and Chagnon Is Due to Their Intimate Association with Goldmining«, (Caracas: IVIC, Oktober 1994), S. 6.
69 Ebenda, S. 3.
70 Kenneth Good, Telefoninterview, 10. Januar 1995.
71 Leslie Sponsel, University of Hawaii, Telefoninterview, 12. Januar 1995.
72 Napoleon Chagnon, »Notes on Chronology of Recent Attacks on Members of the Venezuelan Presidential Commission by Salesian Missionars, French, Brazilian and Venezuelan Anthropologists« (Manuskript; 18. Mai 1994), S. 1.
73 Ebenda, S. 2.
74 Chagnon, *Yanomamo,* 2. Aufl., S. 74.
75 María Eguillor García, *Yopo, shamanes y hekura*, Caracas 1984, S. 56.
76 Ferguson, *Yanomami Warfare,* S. 318 f.
77 Napoleon Chagnon, »L'ethnologie du déshonneur: Brief Response to Lizot«, *American Ethnologist* 22 (1995), S. 187 ff.
78 John D. Early und John F. Peters, *Population Dynamics of the Mucajaí Yanomama*, San Diego 1990, S. 67.
79 Eguillor García, *Yopo, shamanes y hekura,* S. 84.
80 Chagnon, *Yanomamo,* 2. Aufl., S. 80; Ferguson, *Yanomami Warfare,* S. 319.
81 Mark Ritchie, Videointerviews, Padamo, 21. Januar 1995; Lizot, *Tales of the Yanomami,* S. 38, 51.
82 Chagnon, »Yanomamo Warfare«, S. 59 f.
83 Chagnon, *Yanomamo,* 2. Aufl., S. 11 f.
84 Jacques Lizot, »Aspects économiques et sociaux du changement culturel chez les Yanómami«, *L'Homme* 11, Nr. 1 (1971), S. 45; Eguillor García, *Yopo, shamanes y hekura,* S. 236.
85 Lizot, *Tales of the Yanomami,* S. 37–50.
86 Ebenda, S. 36.
87 William Smole, *The Yanoama Indians: A Cultural Geography,* Austin 1976, S. 72.
88 Lizot, *Tales of the Yanomami,* S. 38 f.
89 Chagnon, »Yanomamo Warfare«, S. 37.
90 Lizot, *Tales of the Yanomami,* S. 39.
91 Ebenda, S. 42 ff.
92 Ebenda, S. 51.
93 Ramos, »Reflecting on the Yanomamo«, S. 292.
94 Jesús Cardozo, Telefoninterview, 31. August 1995.
95 Lizot, *The Yanomami in the Face of Ethnocide,* S. 23.
96 Kenneth Good, Telefoninterview, 8. August 1995.
97 Napoleon Chagnon, »Reproductive and Somatic Conflicts of Inter-

est in the Genesis of Violence and Warfare among Tribesmen«, in: *The Anthropology of War,* hg. J. Haas, Cambridge 1990, S. 99.

98 Eguillor García, *Yopo, shamanes y hekura,* S. 25.

99 Ebenda, S. 26.

100 Ebenda.

101 Brian Ferguson, Telefoninterview, 4. März 2000; Ritchie, *Spirit of the Rainforest,* S. 149.

102 Jesús Cardozo, Telefoninterview, 1. September 1995.

103 Patricia Asch, Telefoninterview, 16. Mai 1997.

104 Jesús Cardozo, Telefoninterview, 31. August 1995.

105 Jesús Cardozo, Telefoninterview, 1. September 1995.

106 Jesús Cardozo, Telefoninterview, 31. August 1995.

107 Kenneth Good, Telefoninterview, 3. August 2000.

108 Catherine Alés, Interview, Caracas, 21. August 1996.

109 Jesús Cardozo, Telefoninterview, 31. August 1995.

110 Jesús Cardozo, Telefoninterview, 1. September 1995.

111 Davi Kopenawa, Interview, Büro des Committee for the Creation of the Yanomami Park, Boa Vista, Brasilien, 3. November 1990.

112 Walden, Telefoninterview, 3. Januar 1995; Charles Brewer Carías, Telefoninterview, 3. Januar 1995; Kim Hill, Telefoninterview, 17. Januar 1995; Terence Turner, Telefoninterview, 21. September 1995.

113 Jesús Cardozo, Telefoninterview, 31. August 1995.

114 Ebenda.

115 Giovanni Saffirio, Interview, Pittsburgh, 25. Juni 1994.

116 José Bórtoli, Interview, Platanal-Mission, 26. September 1996.

117 Timothy Asch, Vorwort, *Tales of the Yanomami,* S. xi.

118 Lizot, *Tales of the Yanomami,* S. xiv.

KAPITEL 9: Dieser Charlie

1 E. S., »Inventario de supervivencia«, *ExcesO,* April 1990, S. 66.

2 James V. Neel, *Physician to the Gene Pool: Genetic Lessons and Other Stories,* New York 1994, S. 408, Anm. 8.

3 Charles Brewer Carías, *Roraima: Montaña de cristal,* Caracas 1975, unpaginiertes Vorwort.

4 Redmond O'Hanlon, *In Trouble Again,* London 1988, S. 39.

5 Venezuelan magazine advertisement, o. J.

6 Ebenda.

7 Charles Brewer-Carías, Curriculum en antropología, 3. September 1993, S. 24.

8 O'Hanlon, *In Trouble Again,* S. 15.

9 John Walden, Telefoninterview, 4. März 1994.

10 Rafael und Teresa Salazar, Pittsburgh, 30. April 1996.

11 O'Hanlon, *In Trouble Again,* S. 39; E. S., »Inventario de supervivencia«, S. 71.

12 Ana Ponte, »Charles Brewer Carías: Informe para el Comité del Medio Ambiente del Senado« (Caracas, Januar 1997), S. 1–4.
13 E. S., »Inventario de supervivencia«, S. 68.
14 Ebenda, S. 71.
15 Charles Brewer Carías, »Una futura zona en reclamación«, *El Nacional,* 10. Mai 1987.
16 Terence Turner, Interview, Cornell University, 27. Januar 1996.
17 E. S., »Inventario de supervivencia«, S. 71.
18 Ebenda, S. 66.
19 Walter Raleigh, *The Discoverie of the Large, Rich, and Bewtiful Empire of Guiana*, hg. V. T. Harlow, London 1928, S. 5. Auf deutsch erschienen unter dem Titel: *Gold aus Guyana: Die Suche nach El Dorado 1595*, Stuttgart 1998.
20 Tania Vegas, »Brewer Carías ha devastado zonas protectoras en Guayana«, *El Universal,* 13. April 1992.
21 Ebenda.
22 Ebenda.
23 Permiso Provisional para Transportar y Usar Combustibles y Aceite de Motor en Sitio. Direccion General Sectorial de Hidrocarburos Dirección de Mercado Interno, 22. September 1988.
24 Saidia Alvarez Silvera, Juez, »Subcontrato con Tawinco« (Tumeremo: República de Venezuela, 1992), Nr. 2010237, 11. November 1992.
25 Marcus Colchester und Fiona Watson, *Venezuela: Violations of Indigenous Rights: Report to the International Labour Office on the Observation of ILO Convention 107*, Oxford 1995, S. 19–28.
26 Nelly Arvelo Jiménez, »The Repudiation of Brewer Carías and Chagnon Is Due to Their Intimate Association with Goldmining« (Caracas: IVIC, 1994), S. 3.
27 Orlando Utrera, »Brewer denuncia el ›Plan Gadhafi‹«, *El Diario de Caracas,* 15. August 1984.
28 Brewer Carías, »Una futura zona en reclamación«.
29 Olgalinda Pimentel, »Denunciaron ante el Fiscal al ex-ministro Brewer Carías«, *El Diario de Caracas,* 4. August 1984.
30 Sergio Milano, Telefoninterview, 12. Dezember 1994.
31 Mayor Sergio Rafael Milano (Jefe), Teniente Luis Alberto Godoy y Geraldi Antonio Villaroel (Secretario), Expediente de la Comisión de la Guardia Nacional, Fuerzas Armadas de Cooperación, Comando Regional 6, Destacamento de Frontera Nr. 61. Puerto Ayacucho, 18. April 1984.
32 Utrera, »Brewer denuncia el ›Plan Gadhafi‹«.
33 David Ayala, »Informe de Comisión de Diputados ratifica denuncias contra Charles Brewer Carías«, *Ultimas Noticias* (Caracas), 5. Oktober 1993.
34 O'Hanlon, *In Trouble Again,* S. 14, 19.
35 Charles Brewer Carías, Telefoninterview, 3. Januar 1995.

36 Charles Brewer Carías, Brief an Andrés Caldera Pietri, Ministerio de la Secretaría de la Presidencia, 18. November 1994.
37 Ebenda.
38 V. S. Naipaul, *The Loss of El Dorado*, New York, 1987, S. 69.

KAPITEL 10: Mord und Fortpflanzungserfolg

1 Richard Wrangham und Dale Peterson, *Demonic Males: Apes and the Origins of Human Violence*, Boston 1996, S. 68.
2 Napoleon Chagnon, »Life Histories, Blood Revenge and Warfare in a Tribal Population«, *Science* 239 (1988), S. 985–992.
3 Richard Dawkins, *Das egoistische Gen*, Reinbek bei Hamburg 1996.
4 John Horgan, »The Violent Yanomamo«, *Scientific American*, März 1988, S. 18.
5 Napoleon Chagnon, »Notes on Chronology of Recent Attacks«, 18. Mai 1994, S. 2.
6 William Booth, »Warfare over Yanomamo Indians«, *Science* 243 (1989), S. 1138ff; Maria Manuela Carneiro da Cunha, Brief an den Herausgeber, *Anthropology Newsletter*, Jan. 1989, S. 3; Brian Ferguson, »Do Yanomamo Killers Have More Kids?«, *American Ethnologist* 16/1989, S. 564f.; Jacques Lizot, »On Warfare: An Answer to N. A. Chagnon«, übersetzt von Sarah Dart, *American Ethnologist* 21/1994, S. 845–862; Napoleon Chagnon, »L' ethnologie du déshonneur: Brief Response to Lizot«, *American Ethnologist* 22/1995, S. 187ff. Jeffrey Rifkin, »Ethnography and Enthnocide«, *Dialectical Anthropology* 19/1994, S. 295–327; Bruce Albert, »On Yanomami Warfare: Rejoinder«, *Current Anthropology* 31/1990, S. 558–563; Jacques Lizot, »Sobre la guerra: Una respuesta a N. A. Chagnon (*Science* 1988)«, *La Iglesia en Amazonas* 44/1989, S. 23–34; Chris J. Van Vuner, »To Fight for Women and Lose Your Lands: Violence in Anthropological Writings and the Yanomami of Amazonia«, *Unisa Largen* 10, Juli 1994, S. 10–20; Bruce Albert und Alcida Rita Ramos, »O exterminio academico dos Yanomami«, *Humanidades* (Brasília), 18 (1988), S. 85–89.
7 Boyce Rensberger, »Sexual Competition and Violence«, *Washington Post*, 29. Feb. 1989; William Allman, »A Laboratory for Human Conflict«, *U.S. News & World Report*, 11. April 1988, S. 57f.
8 James V. Neel, »On Being Headman«, *Perspectives in Biology and Medicine* 23/1980, S. 277–294.
9 Tom Reiss, »The Man from the East«, *New Yorker*, 4. Okt. 1999, S. 73.
10 Lizot, »On Warfare«, S. 564.
11 Napoleon Chagnon, »The View from the President's Window«, *Human Behavior and Evolution Society Newsletter* 2, Nr. 3 (Okt. 1993), S. 2.
12 Chagnon, »Life Histories«, S. 989.

13 Brian Ferguson, Telefoninterview, 13. Juli 1995.
14 Thomas Maugh II., »Homicidal Streak in S. American Tribe Studied by Anthropologist«, *Los Angeles Times*, 26. Feb. 1988.
15 Allman, »A Laboratory for Human Conflict«, S. 57f.
16 Rensberger, »Sexual Competition and Violence«.
17 »Antropologo aponta violencia entre indios«, *O Globo*, 1. März 1988.
18 »Violência, marca dos Yanomami«, *O Estado de São Paulo*, 1. März 1988.
19 Carneiro da Cunha, Brief an den Herausgeber, *Anthropology Newsletter.*
20 Kenneth Taylor, Telefoninterview, 27. Jan. 1995.
21 Booth, »Warfare over Yanomamo Indians«, S. 1140.
22 Telefoninterviews von Okt. 1988.
23 Die Interviews mit Pedro von den Opik-teri und Mario aus Pacu fanden am 21. und 22. Juni 1989 in der Catrimani-Missionsstation statt. Dolmetscher war Pater Guillerme Damiolli.
24 Jacques Lizot, *Tales of the Yanomami: Daily Life in the Venezuelan Forest,* übersetzt von Ernest Simon, New York 1985, S. 183.
25 Patrick Tierney, The Story of Human Sacrifice, New York 1989, S. 310f., Dt.: *Zu Ehren der Götter – Menschenopfer in den Anden*, München 1989.
26 Bruce Albert, Interview, Toototobi, Demini-Fluß, Brasilien, 5. Dez. 1990.
27 Pater Guillerme Damiolli, Catrimani-Missionsstation, 19. Juni 1989.
28 Giovanni Saffirio und Raymond Hames, »The Forest and the Highway«, in: *The Impact of Contact: Two Yanomamo Case Studies,* hg. K. Kensinger, Cambridge, Mass., (Cultural Survival) 1983, S. 12.
29 Ebenda, S. 15f.
30 Ebenda, S. 27.
31 Im Juni 1992 verbrachte ich zwei Wochen in der Nähe von Zecas Lager am Río Branco unterhalb von Caracarai. Beide Außenbordmotoren meines Bootes hatten versagt. Eines Abends wollten die Opik-teri einen Zweikampf im Brustschlagen veranstalten, um die Ehre eines jungen Mannes wiederherzustellen, dessen Frau erbost war, weil sie von Zeca einen Schlüpfer in der falschen Größe bekommen hatte.
32 Christopher Boehm, Telefoninterview, 9. April 1996.
33 Paul Henley, *Yanomami: Masters of the Spirit World,* San Francisco 1995, S. 51; Chagnon, »Life Histories«, S. 987.
34 Chagnon, »Life Histories«, S. 987.
35 Ebenda, S. 991, Anm. 15.
36 Ebenda, S. 986, Abb. 1, und S. 987.
37 Napoleon Chagnon, »On Yanomamo Violence: Reply to Albert«, *Current Anthropology* 31/1990, S. 50, Abb. 1.
38 Ebenda, S. 51.

39 Lizot, »On Warfare«, S. 854.
40 Charles Brewer Carías zusammen mit Napoleon Chagnon, »The Massacre at Lechoza, September 1992: Brewer's account, 12/92« (Manuskript), S. 13.
41 Helena Valero, *Yo soy Napeyoma: Relato de una mujer raptada por los indígenas Yanomami,* Caracas 1984, S. 80.
42 Napoleon Chagnon, *Die Yanomamö – Leben und Sterben der Indianer am Orinoko*, Berlin 1994, S. 292.
43 John D. Early und John F. Peters, *The Population Dynamics of the Mucajaí Yanomama,* San Diego, 1990, S. 41; Nancy Howell, Telefoninterview, 1. Feb. 1995.
44 Lizot, »On Warfare«; S. 853.
45 Biella, Chagnon und Seaman, *Yanomamo Interactive,* Garden Locations, Nr. 4; Chagnon, *Die Yanomamö,* Berlin 1994, S. 318 ff.; Napoleon Chagnon und Thomas Melancon, »Epidemics in a Tribal Population«, in: *The Impact of Contact,* S. 58; Chagnon, *Yanomamo,* 5. Aufl., Fort Worth 1997, S. 82; Biella, Chagnon und Seaman, Garden Locations, Nr. 11; Napoleon Chagnon, »Yanomamo Warfare, Social Organization and Marriage Alliances«, (Dissertation, University of Michigan) 1966, S. 182–187; Chagnon, *Yanomamo,* 5. Aufl., S. 73.
46 Biella, Chagnon und Seaman, Garden Locations, Nr. 19.
47 Ebenda, Nr. 21.
48 Ebenda, Nr. 22.
49 Biella, Chagnon und Seaman, Garden Locations, Nr. 23.
50 Ebenda, Nr. 24; Charles Brewer Carías, Napoleon Chagnon und Brian Boom, »Forest and Man«, Manuskript, Caracas (Fundación Explora) 1993, S. 12; Chagnon, *Die Yanomamö,* Berlin 1994, S. 318 f.
51 María Eguillor García, *Yopo, shamanismo y hekura,* Caracas 1984, S. 45, 56.
52 Chagnon, »Life Histories«, S. 991, Nr. 21; Brewer Carías, Napoleon Chagnon und Brian Boom, »Forest and Man«, S. 15; FUNDAFACI-Zensus (ebenda, S. 9); Chagnon, *Die Yanomamö,* Berlin 1994, S. 319.
53 Chagnon, »Life Histories«, S. 986.
54 Ebenda.
55 Ebenda, S. 987.
56 Brian Ferguson, *Yanomami Warfare: A Political History,* Santa Fe 1995, S. 243–343.
57 Bruce Albert, »Yanomami ›Violence‹: Inclusive Fitness or Ethnographer's Representation?« *Current Anthropology* 30/1989, S. 637.
58 Chagnon, »Life Histories«, S. 986.
59 Napoleon Chagnon, *Yanomamo: The Fierce People,* 3. Aufl., New York 1983, S. 203. Siehe auch Chagnon, »The Guns of Mucajaí: The Immorality of Self-deception«, Manuskript, Sept. 1992, S. 3.
60 Chagnon, »Life Histories«, S. 991, Nr. 24.
61 Chagnon, »The Guns of Mucajaí«, S. 4.

62 Chagnon, »Life Histories«, S. 991, Nr. 25.
63 Chagnon, »The Guns of Mucajaí«, S. 2.
64 Chagnon, *Yanomamo,* 3. Aufl., S. 203.
65 Eguillor García, *Yopo, shamanismo y hekura,* S. 53.
66 Chagnon, *Yanomamo,* 5. Aufl., S. 226.
67 Ebenda, S. 245 f.
68 Lizot, »On Warfare«, S. 853.
69 Napoleon Chagnon, *Studying the Yanomamo,* New York 1974, S. 125–132; Chagnon, »Yanomamo Warfare«, S. 167; Albert, »On Yanomami Warfare«, S. 558.
70 Valero, *Yo soy Napeyoma,* S. 69–81.
71 Ebenda, S. 229–245.
72 Hector Acebes, *Orinoco Adventure,* New York 1954, S. 242.
73 Chagnon, »Yanomamo Warfare«, S. 158.
74 Napoleon Chagnon, *Yanomamo: The Fierce People,* 2. Aufl., New York 1977, S. 103. Dt. in: Chagnon, *Die Yanomamö,* Berlin 1994, S. 233 f.
75 Chagnon, *Yanomamo,* 5. Aufl., S. 214.
76 Chagnon, »The Guns of Mucajaí«, S. 4.
77 Eguillor García, *Yopo, shamanismo y hekura,* S. 26.
78 Lizot, »On Warfare«, S. 852.
79 Ferguson, *Yanomami Warfare,* S. 240.
80 Chagnon, *Yanomamo,* 4. Aufl., S. 167. Dt. in: Chagnon, *Die Yanomamö*, Berlin 1994, S. 233.
81 Chagnon, *Studying the Yanomamo,* S. 195 ff.
82 Chagnon, »Life Histories«, S. 987.
83 Chagnon, *Studying the Yanomamo,* S. 1.
84 Valero, *Yo soy Napeyoma,* S. 347.
85 Kenneth Good, Telefoninterview, 1. Feb. 1995.
86 Chagnon, *Studying the Yanomamo,* Anhang A und B.
87 Chagnon, *Yanomamo,* 5. Aufl., S. 213.
88 Chagnon, »Life Histories«, S. 989.
89 Brian Ferguson, Telefoninterview, 14. Juni 1997.
90 Napoleon Chagnon, »Response to Ferguson«, *American Ethnologist* 16/1989, S. 566.
91 Chagnon, »Life Histories«, Tabelle 3.
92 Ebenda, S. 988.
93 Chagnon, »About the Yanomamo«, Benutzerhandbuch für *Yanomamo Interactive,* S. 22.
94 Chagnon, *Die Yanomamö,* Berlin 1994, S. 136.
95 Kenneth Good, Telefoninterview, 17. April 1997; Lizot, »Sobre la guerra«, S. 31.
96 Eguillor García, *Yopo, shamanismo y hekura,* S. 84.
97 Ferguson, *Yanomami Warfare,* S. 304; Chagnon, *Yanomamo,* 2. Aufl., S. 151.
98 Das Interview mit Asiawe fand am 11. Juni 1996 in der Platanal-Mission am Oberen Orinoko statt.

99 Valero, Abschrift der Aufzeichnungen in: Luis Cocco, *Iyewei-teri: Quince años entre los Yanomamos,* Caracas: Editorial Salesiana 1973, S. 205, 385.
100 Pablo Anduze, *Shaílili-Ko: Relato de un naturalista que también llegó a las fuentes del río Orinoco,* Caracas 1960, S. 246.
101 Eguillor García, *Yopo, shamanismo y hekura,* S. 84.
102 Biella, Chagnon und Seaman, »Genealogies«, *Yanomamo Interactive.*
103 Chagnon, *Studying the Yanomamo,* S. 147.
104 Clayton Robarchek und Carole Robarchek, *Waorani: The Contexts of Violence and War,* New York 1998, S. 132.
105 Chagnon, *Studying the Yanomamo,* S. 198–218.
106 Chagnon, *Yanomamo,* 5. Aufl., S. 246.
107 Chagnon, *Studying the Yanomamo,* Anhang B, Nr. 340.
108 Ebenda, Nr. 1929.
109 Ebenda, Nr. 1335.
110 Ebenda, Nr. 777.
111 Ebenda, Nr. 178.
112 Ebenda, Nr. 651.
113 Ebenda, Nr. 1240.
114 Nr. 340, Dedeheiwa, sechzig Jahre, sechzehn Kinder; Nr. 777, Ishiweiwa, siebzig Jahre, dreizehn Kinder; Nr. 1929, Wadoshewa, sechsundvierzig Jahre, neun; Nr. 256, Borosoteri, zweiundvierzig Jahre, acht; Nr. 2248, Yoinakuwa, zweiundvierzig Jahre, neun; Nr. 1335, Nanokawa, fünfunddreißig Jahre, neun Kinder.
115 William Smole, *The Yanoama Indians: A Cultural Geography,* Austin 1976, S. 75.
116 Ferguson, *Yanomami Warfare,* S. 360.
117 Chagnon, *Studying the Yanomamo,* gegenüber S. 1.
118 Kenneth Good, *Into the Heart: One Man's Pursuit of Love and Knowledge among the Yanomama,* New York 1991, S. 66, 79. Siehe auch Lizot, »Sobre la guerra«, S. 31; Elsa Redmond, »In War and Peace«, in: *Chiefdoms and Chieftaincy in the Americas,* hg. Redmond, Gainesville 1998, S. 96f.
119 Saffirio und Hames, »The Forest and the Highway«, S. 25.
120 Ebenda. Siehe auch Chagnon, *Studying the Yanomamo,* S. 10, Abb. 1.8.
121 Chagnon, *Studying the Yanomamo,* S. 193.
122 Ebenda, S. 192, Abbildung 5.11; S. 197.
123 Ebenda.
124 James Neel, Timothy Asch und Napoleon Chagnon, *Yanomama: A Multidisciplinary Study,* 43 Min., DOE, 1971.
125 Napoleon Chagnon, M. Flinn und Thomas Melancon, »Sex-Ratio Variation among the Yanomamo Indians«, in: *Evolutionary Biology and Human Social Behavior: An Anthropological Perspective,* hg. Napoleon Chagnon und William Irons, North Scituate, Mass., 1979, S. 308.

126 Chagnon, *Studying the Yanomamo,* Anhang A, Nr. 1240 und 1335; S. 25 ff.; Chagnon, »Yanomamo Warfare«, S. 212; Chagnon, *Studying the Yanomamo*, S. 25 ff.; Cocco, *Iyewei-teri,* S. 134, 205.
127 Saffirio und Hames, »The Forest and the Highway«, S. 25; Cocco, *Iyewei-teri,* S. 430.
128 Chagnon, »Life Histories«, S. 989.
129 Ferguson, »Do Yanomamo Killers Have More Kids?«, S. 564.
130 Chagnon, »Life Histories«, S. 986.
131 Eguillor García, *Yopo, shamanismo y hekura,* S. 84.
132 Ebenda, S. 87.
133 Chagnon, *Studying the Yanomamo,* Anhang A und B.
134 Gary Seaman, »Blow by Blow«, Zugriff unter »Ruwamowa: People Screen«, *Yanomamo Interactive.*
135 Chagnon, *Studying the Yanomamo,* S. 204, Anhang A; S. 205.
136 Chagnon, »Life Histories«, S. 989, Tabelle 2.
137 Chagnon, »On Yanomamo Violence«, S. 50, Anm. 5.
138 William F. Allman, *Stone Age Present*, New York 1994, S. 148. Dt.: *Mammutjäger in der Metro: Wie das Erbe der Evolution unser Denken und Verhalten prägt,* Heidelberg/Berlin 1999.
139 Martin Daly und Margot Wilson, *Homicide,* Hawthorne, N.Y., 1988, S. 170.
140 Margot Wilson, Telefoninterview, 10. April 1996.
141 Chagnon, »Life Histories«, S. 990.
142 Ebenda.
143 Ebenda. S. 989, Kleingedrucktes über Tabelle 2.
144 Ferguson, *Yanomami Warfare,* S. 367.
145 Chagnon, »Response to Ferguson«, S. 566.
146 Chagnon, »Life Histories«, S. 986, Abbildung 1.
147 Valero, *Yo soy Napeyoma,* S. 237.
148 John H. Moore, »The Reproductive Success of the Cheyenne War Chiefs: A Contrary Case to Chagnons Yanomamo«, *Current Anthropology* 31/1990, S. 322–330.
149 Robarchek und Robarchek, *Waorani,* S. 131–137.
150 Elsa Redmond, *Tribal and Chiefly Warfare in South America,* Ann Arbour 1994.
151 Kenneth Good, Telefoninterview, 17. April 1997.
152 Frans de Waal, *Good Natured: The Origins of Right and Wrong in Humans and Other Animals,* Cambridge 1996, S. 154–162.
153 Chagnon, »Reply to Albert«.
154 Chagnon, »Response to Ferguson«, S. 567.
155 Ebenda, S. 569.
156 Ferguson, *Yanomami Warfare,* S. 407, Nr. 12.
157 Clark McCauley, »Conference Overview«, in: *The Anthropology of War,* hg. J. Haas, Cambridge 1990, S. 2–6.

KAPITEL 11: Ein Reich im Dschungel

1 María Yolanda García, »Cecilia Matos no iba a proteger indígenas sino a sacar oro del Amazonas«, *El Nacional,* 15. Januar 1993.
2 Nelly Arvelo Jiménez and Andrew L. Cousins, »False Promises: Venezuela Appears to Have Protected the Yanomami, But Appearances Can Be Deceiving«, *Cultural Survival Quarterly,* Winter 1992, S. 10–14; James Brooke, »In an Almost Untouched Jungle, Gold Miners Threaten Indian Ways«, *New York Times,* 19. Sept. 1990.
3 Edgar López, *El Diario de Caracas,* 2. Sept. 1993.
4 Chagnon, *Yanomamo,* 4. Aufl., Fort Worth 1992, S. xv.
5 James Neel, Telefoninterview, 18. März 1997.
6 Napoleon Chagnon, *Yanomamo: The Fierce People,* 3. Aufl., New York 1983, S. 202, Bild 7.1.
7 Chagnon, »Genealogy, Solidarity and Relatedness: Limits to Local Group Size and Patterns of Fissioning in an Expanding Population«, *Yearbook of Physical Anthropology* 19/1975, S. 95–110; Napoleon Chagnon, *Yanomamo,* 5. Aufl., Fort Worth 1997, S. 264–266.
8 Napoleon Chagnon, Privatkorrespondenz, 24. Januar 1990.
9 Chagnon, *Yanomamo,* 4. Aufl., S. 218 f. Dt. in: Napoleon Chagnon, *Die Yanomamö – Leben und Sterben der Indianer am Orinoko*, Berlin 1994, S. 308.
10 N. Chagnon, zitiert und übersetzt von Pater E. J. Cappelletti, Leiter der Salesianermissionen, New Rochelle, N.Y., Leserbrief, *New York Times*, 18. Jan. 1994.
11 Napoleon Chagnon, Brief an Padre José Bórtoli, 19. Juli 1988.
12 Während Dez. 1994 und Sept. 1995 führte ich insgesamt fünf Telefoninterviews mit Jesús Cardozo. Die Äußerungen in diesem ersten Absatz machte er am 20. Dez. 1994. Geringfügige Veränderungen, die Jésus in einem Gespräch vom 8. August 1995 vornahm, bezogen sich in erster Linie auf Schreibweise und Namen von Yanomami-Gruppen.
13 Jesús Cardozo, Telefoninterview, 21. Juni 1995.
14 Jesús Cardozo, Telefoninterview, 8. August 1995.
15 Ebenda, 20. Dez. 1995.
16 Napoleon Chagnon, *Studying the Yanomamo,* New York 1974, S. 30.
17 Tonspule 9, Patanowa-teri, 23. Februar 1968, Timothy Asch Collection, NAA.
18 Juan Finkers, Telefoninterview, 24. Jan. 1995.
19 Ebenda.
20 César Dimanawa, »Carta abierta a Napoleon Chagnon«, *La Iglesia en Amazonas,* März 1990, S. 20.
21 César Dimanawa, Interview, Mavakita, 2. Sept. 1996; Etilio Guarapana, Boca Mavaca, 9. Juni 1996.
22 Ramon Bokorame, Kedebabowei-teri, Mrakapiwei, 8. Juni 1996.
23 Napoleon Chagnon, Brief an Padre José Bórtoli, 19. Juli 1988.

24 Napoleon Chagnon, Brief an Padre José Bórtoli, 16. April 1990.
25 Charles Brewer Carías, Curriculum en antropología, 3. Sept. 1993, S. 3.
26 Brooke, »In an Almost Untouched Jungle«.
27 Brian Ferguson, Telefoninterview, 3. Feb. 1995.
28 John Quiñones, »A Window on the Past«, *Prime Time Life,* 26. Juli 1991; James Brooke, »Venezuela Befriends Tribe, But What's Venezuela?«, *New York Times,* 11. Sept. 1991.
29 Napoleon Chagnon, José Bórtoli und María Eguillor García, »Una aplicación antropológica práctica entre los yanomami: Colaboración entre misioneros y antroplógos«, *La Iglesia en Amazonas,* 1988, S. 75–83.
30 Issam Madi, *Conspiración al sur del Orinoco,* Caracas (Selbstverlag, Faltblatt) 1998.
31 Los yanomami venezolanos: Propuesta para la creación de la Reserva Indígena Yanomami, Caracas, Fundación La Salle, 1983; Nelly Arvelo Jiménez, »La Reserva de Biósfera Yanomami: Una auténtica estrategia para el ecodesarrollo nacional«: (Caracas IVIC 1994); Marcus Colchester, *Sustainability and Decision-making in the Venezuelan Amazon: The Yanomami in the Upper Orinoco-Casiquiare Biosphere Reserve,* World Rainforest Movement, Oxford 1995, S. 16–17.
32 Napoleon Chagnon, Brief an Timothy Asch, 10. Feb. 1994, Timothy Asch Collection NAA.
33 Napoleon Chagnon, Brief an Timothy Asch, 22. März 1991, Timothy Asch Collection, NAA.
34 Timothy Asch, Brief an Napoleon Chagnon, 18. Juni 1991, Timothy Asch Collection, NAA.
35 Chagnon, *Yanomamo,* 4. Aufl., S. 243. Dt. in: Chagnon, *Die Yanomamö,* Berlin 1994, S. 341.
36 Timothy Asch, Brief an Jesús Cardozo und Hortensia Caballero, 20. Juni 1991, Timothy Asch Collection, NAA.
37 Ebenda.
38 Jesús Cardozo, Telefoninterview, 20. Dezember 1994.
39 Ebenda.
40 Kim Hill, Telefoninterview, 17. Jan. 1995.
41 Charles Brewer Carías, Napoleon Chagnon und Brian Boom, »Forest and Man« (Manuskript; Caracas: Fundación Explora 1993), S. 10–20.
42 Kim Hill und Hillard Kaplan, »Population and Dry-Season Subsistence Strategies of the Recently Contacted Yora of Peru«, *National Geographic Research* 5/1989, S. 317–334.
43 Bruce Albert, Interview, Toototobi, Demini-Fluß, Brasilien, 5. Dez. 1990.
44 Josefa Camargo, Telefoninterview, 19. Dez. 1994.
45 Raymond Hames, Telefoninterview, 29. Dez. 1994.
46 Kim Hill, Telefoninterview, 17. Jan. 1995.
47 Brewer, Chagnon und Boom, »Forest and Man«, S. 11.

48 Ebenda, S. 12f.
49 García, »Cecilia Matos no iba a proteger indígenas sino a sacar oro del Amazonas«.
50 Brewer, Chagnon und Boom, »Forest and Man«, S. 12.
51 Carlos Botto, Interview, CAICET, Puerto Ayacucho, 6. Oktober 1996.
52 García, »Cecilia Matos no iba a proteger indígenas sino a sacar oro del Amazonas«.
53 Leslie Illiman, »Intrigues Hinder Yanomami Massacre Probe«, *Daily Journal*, Caracas, 20. Sept. 1993.
54 Jota Rodriguez Flores, »Yo acuso a Charles Brewer Carías y a Cecilia Matos«, *El Mundo*, 14. Sept. 1993.
55 Edgar López, *El Diario de Caracas*, 2. Sept. 1993.
56 Misioneros del Atto Orinoco, *Consideraciones a un documento de Charles Brewer Carías*, Salesianermission, Mavaca 1991, S. 12.
57 Patrick J. O'Donoghue, »Cecilia Matos' Lawyer Accuses Venezuelan Foreign Minister of Harassing His Client«, Vheadline.com, 25. März 1998.
58 Siehe Einleitung, Nr. 21. Patrick J. O'Donoghue, »Disgraced Ex-President Carlos Andrés Pérez Angered over CSJ Ruling Ratifying His House Arrest«, Vheadline.com, 12. Aug. 1998.

KAPITEL 12: Das Massaker von Haximu

1 Napoleon Chagnon, »Covering up the Yanomamo Massacre«, Leitartikel, *New York Times*, 23. Okt. 1993.
2 Bruce Albert, »The Massacre of the Yanomami at Hashimu«, Manuskript nach einem Artikel in: *Fôlha de São Paulo*, 10. Okt. 1993, S. 5f.
3 »Amazon Murder Mystery«, *Los Angeles Times*, 30. Aug. 1993.
4 James Brooke, »Attack on Brasilian Indians Is Worst since 1910«, *New York Times*, 29. Aug. 1993.
5 James Brooke, »Raids on Miners Follow Killings in Amazon«, *New York Times*, 9. Sept. 1993; »Un grito do fundo da selva«, *Veja*, 25. Aug. 1993, S. 24.
6 Leda Martins, Interview, University of Pittsburgh, 7. März 1995.
7 Decreto No. 1635, *Gaceta Oficial de la República de Venezuela*, 1. Aug. 1991.
8 Napoleon Chagnon, *Die Yanomamö – Leben und Sterben der Indianer am Orinoko*, Berlin 1994, S. 302.
9 Decreto No. 3127, *Gaceta Oficial de la República de Venezuela*, Nr. 35.292, 8. Sept. 1993.
10 »Indígenas del Amazonas rechazan presencia de Brewer Carías y Chagnon«, *El Nacional*, 14. Sept. 1993.
11 Ebenda.
12 Ebenda.

13 Juan Ignacio Cortinas, »Las nuevas tribus sí han hecho daño al yanomami«, *El Diario de Caracas,* 23. Okt. 1993.
14 José Visconti, »Los salesianos vetan a Brewer Carías y Chagnon«, *El Diario de Caracas,* 18. Sept. 1993.
15 Nelly Arvelo Jiménez, Brief an Dr. Gale Goodwin-Gómez, 29. Sept. 1994.
16 Anabel Flores, »Sociólogos y antropólogos objetan presencia de Brewer Carías en comisión presidencial«, *Ultimas Noticias,* 5. Okt. 1993, S. 41.
17 Napoleon Chagnon, »Killed by Kindness? – The Dubious Influence of the Salesian Mission in Amazonas«, *TLS,* 24. Dez. 1993, S. 11.
18 David Ayala, »Informe de Comisión de Diputados ratifica denuncias contra Charles Brewer Carías«, *Ultimas Noticias,* 5. Okt. 1993, S. 22.
19 Exequíades Chirinos Q., »El presidente Velásquez revocó designación de Charles Brewer Carías«, *El Universal,* 14. Sept. 1993.
20 Adela Leal, »Deja Comisión Yanomami Charles Brewer Carías: Reestructurán el decreto presidencial«, *El Nacional,* 14. Sept. 1993.
21 Cardenal José A. Lebrún, monseñores Ovidio Pérez Morales, Baltasar Porras y Mario Moronta, »Documento Oficial de la Conferencia Episcopal Venezolana« (Universidad Católica Andrés Bello), 11. Sept. 1993.
22 »No es confiable comisión que investigará caso de yanomamis: Monseñor Ovidio Pérez Morales«, *Ultimas Noticias,* 5. Okt. 1993, S. 41.
23 Orlando Utrera, »Brewer denuncia el ›Plan Gadhafi‹«, *El Diario de Caracas,* 15. Aug. 1984.
24 Victor Manuel Reinoso, »›Me rechazan por envidia‹ asegura Charles Brewer Carías«, *El Nacional,* 16. Sept. 1993.
25 Comisión Investigadora Venezolana, »Supuesto asesinato de ciudadanos venezolanos de la etnia yanomami por ciudadanos brasileños«, Caracas 1993, S. 12.
26 Napoleon Chagnon, »Notes on the Chronology of the Recent Attacks on Members of the Venezuelan Presidential Commission« (Manuskript, 18. Mai 1994) S. 4.
27 Napoleon Chagnon, »The View from the President's Window«, *Human Behavior and Evolution Society Newsletter* 2, Nr. 3 (Okt. 1993), S. 1.
28 Reinoso, »›Me rechazan por envidia‹ asegura Charles Brewer Carías«.
29 Ebenda.
30 Minas Guariche C.A., »Modificación de estatutos«, Registrador Mercantíl de la Circunscripción Judicial del Distrito Federal y Estado Miranda, 12. Mai 1993.
31 »Public Lands, Private Profits«, *Frontline,* WGBH, Boston 1994.
32 Kenneth Gooding, »Race to Move Mountain of Waste in the Rokkies«, *Financial Times* (London), 8. Nov. 1993, S. 8.

33 Vivian Danielson, »Friedland Strong Supporter of Guiana Shield Gold Rush«, *Northern Miner,* 29. März 1993. Siehe auch: »Cyanid Spill Poisons River«, *Latin American Press,* 13. Juli 1995; »Gold Mine Loses Its Luster«, ebenda, 31. Aug. 1995.
34 Diana Jean Schemo, »Legally Now, Venezuelans to Mine Fragile Lands«, *New York Times,* 8. Dez. 1995.
35 Elizabeth Kline, *Mining Abuses Tarnish Venezuela's Environmental Image,* Caracas 1994, S. 4.
36 Ana Ponte, »Charles Brewer Carías: Informe para el Comité del Medio Ambiente« (Manuskript; Caracas Januar 1997), S. 4.
37 Napoleon Chagnon, Brief an Verteidigungsminister Ramades Muñoz León, 2. Okt. 1993.
38 Pedro José Romero Farias, General de División Comandante de la Guardia Nacional, nota informativa al vicealmirante ministro de la Defensa, 7. Okt. 1993, S. 1 f.
39 Ebenda, S. 2.
40 Napoleon Chagnon, Brief an Ramades Muñoz León, 2. Okt. 1993.
41 Josefa Camargo, Telefoninterview, 19. Dez. 1994.
42 Ebenda.
43 Chagnon, »Covering Up the Yanomamo Massacre«.
44 »Holy War in the Amazon«, *Newsweek* (Internationale Ausgabe), 11. Okt. 1993, S. 3.
45 Chagnon, »Notes on the Chronology of the Recent Attacks on Members of the Venezuelan Presidential Commission«, Manuskript, S. 5.
46 Spencer Reiss, »The Last Days of Eden«, *Newsweek,* 3. Dez. 1990, S. 40 ff.
47 Chagnon, »Killed by Kindness?«, S. 11 f.
48 Ebenda, S. 11.
49 Napoleon Chagnon, Brief an Robin Hanbury-Tennison, 29. Okt. 1993.
50 Terence Turner, »The Yanomami: Truth and Consequences«, *Anthropology Newsletter,* Mai 1994, S. 48.
51 *Gaceta Oficial de la República de Venezuela,* Nr. 36.123, 10. Januar 1997.
52 E. J. Cappelletti, »Venezuela Mine Scheme Targets Salesians«, Leserbrief an die *New York Times,* 18. Jan. 1994.
53 Bruce Albert, Privatkorrespondenz, Paris, 15. Dez. 1994.
54 Irenäus Eibl-Eibesfeldt und Gabriele Herzog-Schröder, »In Defense of the Mission« (Redemanuskript, Forschungsstelle für Humanethologie der Max-Planck-Gesellschaft, 28. Feb. 1994), S. 4 f.
55 Jacques Lizot, »N. A. Chagnon, o sea: Un presidente falsificador«, Brief, Caracas, 13. Dez. 1993, S. 4.
56 Kim Hill, »Response to Cardozo and Lizot« (Manuskript, März 1994), S. 4.
57 Eric R. Wolf, »Demonization of Anthropologists in the Amazon«, *Anthropology Newsletter,* März 1994, S. 2.

58 Chagnon, »The View from the President's Window«, S. 3.
59 Zitiert in: Eurípides Alcántara, »Indio também é gente«, *Veja*, 6. Dez. 1995, S. 7; Robin Fox, »Evil Wrought in the Name of God«, *Anthropology Newsletter,* März 1994, S. 2.
60 Matt Ridley, Fax an Napoleon Chagnon, 16. August 1994.
61 Napoleon Chagnon, »Notes on the Chronology of the Recent Attacks on Members of the Venezuelan Presidential Commission« (Manuskript), S. 11.
62 Lizot, »N. A. Chagnon, o sea«, S. 4.
63 Konrad Lorenz, *On Aggression,* 11. Auflage, New York 1971, S. 123, 152, 156.
64 Irenäus Eibl-Eibesfeldt und Gabriele Herzog-Schröder, Brief an Bischof Ignacio Velasco, 28. Feb. 1994.
65 Eibl-Eibesfeldt und Herzog-Schröder, »In Defense of the Mission«, S. 3.
66 Chagnon, »Covering Up the Yanomamo Massacre«.
67 Napoleon Chagnon, »Yanomamo Warfare, Social Organization and Marriage Alliances«, (Dissertation, University of Michigan 1966), S. 198; Napoleon Chagnon, *Yanomamo: The Fierce People,* 2. Aufl., New York 1977, S. 122 Anm.; Napoleon Chagnon, »Life Histories, Blood Revenge, and Warfare in a Tribal Population«, *Science* 239/1988, S. 986.
68 Napoleon Chagnon, *Yanomamo,* 4. Aufl., Fort Worth 1992, S. 220. Dt. in: Chagnon, *Die Yanomamö*, Berlin 1994, S. 310.
69 Napoleon Chagnon, *Studying the Yanomamo,* New York 1974, S. xiv.
70 Napoleon Chagnon, *Yanomamo: The Fierce People,* 3. Aufl., New York 1983, S. 154.
71 Kim Hill, Telefoninterview, 3. Feb. 1995.
72 Interview mit José Bórtoli, Mission Mavaca, 11. Juni 1996.
73 Frank Salamone, *The Yanomami and Their Interpreters: Fierce People or Fierce Interpreters,* Lanham, Md., 1997, S. 1–8.
74 Frank Salamone, Telefoninterview, 22. Dez, 1994.
75 Salamone, *The Yanomami and Their Interpreters,* S. 84.
76 Ebenda, Fußnote 8.
77 Chagnon, »Covering Up the Yanomamo Massacre«.
78 Michael D'Antonio, »Napoleon Chagnon's War of Discovery«, *Los Angeles Times Sunday Magazine,* 30. Jan. 2000.
79 Brian Ferguson, *Yanomami Warfare: A Political History,* Santa Fe 1995, S. 146; Jacques Lizot, »N. A. Chagnon, o sea: Un presidente falsificador«, Brief, Caracas, 13. Dez. 1993, S. 4.
80 Napoleon Chagnon, *Yanomamo,* 5. Auflage, Fort Worth 1997, S. 246.
81 Chagnon, *Yanomamo,* 4. Aufl., S. 239. Dt. in: Chagnon, *Die Yanomamö*, Berlin 1994, S. 337.
82 Siehe Kapitel 1. Siehe hierzu auch: Napoleon Chagnon, *Yanomamo,* 5. Aufl., S. 235–239.

83 Chagnon, *Yanomamo*, 4. Aufl., S. 224. Juan Finkers, Telefoninterview, 24. Jan. 1995.
84 Raymond Hames, Kim Hill und Ana Magdalena Hurtado, »Defamation Campaign against Napoleon A. Chagnon«, rhames@unlinfo.unl.edu, Mai 1994.
85 Napoleon Chagnon, E-Mail an Liz McMillen, *Chronicle of Higher Education*, 18. Aug. 1994.
86 Ebenda, 23. Aug. 1994.
87 Ebenda, 18. Aug. 1994.
88 Peter Monaghan, »Bitter Warfare in Anthropology«, *Chronicle of Higher Education*, 26. Okt. 1994, A19.
89 »Parties in Bitter Dispute over Amazonian Indians Reach a Fragile Truce«, *Chronicle of Higher Education*, 14. Dez. 1994, A18.
90 Chagnon, »Covering Up the Yanomamo Massacre«.
91 Chagnon, »Killed by Kindness?«, S. 11.
92 Bruce Albert, Privatkorrespondenz, 14. Dez. 1994.
93 Chagnon, »Covering Up the Yanomamo Massacre«.
94 Chagnon, »View from the President's Window«, S. 1.
95 Chagnon, »Killed by Kindness?«, S. 11.
96 Issam Madi, *Conspiración al sur del Orinoco*, Caracas (Selbstverlag), 1998, S. 63.
97 Leda Martins, Interview, Pittsburgh, 7. März 1995.
98 Bruce Albert, »La fumée du métal: Histoire et représentations du contact chez les Yanomami (Brésil)«, *L'Homme* 28, Nr. 2–3/1988, S. 87–119.
99 Janer Cristaldo, »Uma teocrazia na Amazonia«, *A Fôlha de São Paulo*, 12. Feb. 1995.
100 Janer Cristaldo, »Os bastidores do ianoblefe«, *A Fôlha de São Paulo*, 24. April 1994.
101 Bruce Albert, Privatkorrespondenz, 15. Dez. 1994, S. 3.
102 Chagnon, *Die Yanomamö*, Berlin 1994, S. 310f.
103 Ferguson, *Yanomami Warfare*, S. 352; Warren M. Hern in: *Population Studies* 45/1991, S. 359–371; siehe Nancy Howell in: *Canadian Review of Sociology and Anthropology* 28/1991, S. 151f.
104 John D. Early und John F. Peters, *The Population Dynamics of the Mucajaí Yanomama*, San Diego 1990, S. 64–68.
105 Aurora Anderson, Interview, Mucajaí-Mission, Mai 1990.
106 John Peters, Telefoninterview, 3. Jan. 1995.
107 Bob Cable, Telefoninterview, 3. Jan. 1995.
108 Gay Cable, Telefoninterview, 3. Jan. 1995.
109 Kenneth Taylor, Telefoninterview, 27. Jan. 1995.
110 Milton Camargo, Telefoninterview, 14. Feb. 1996.

KAPITEL 13: Krieger des Amazonas

1 *Warriors of the Amazon, Nova,* WGBH, Boston 1996.
2 Leslie E. Sponsel, »Yanomami: An Arena of Conflict and Aggression in the Amazon«, *Aggressive Behaviour* 24/1998, S. 99.
3 *Warriors of the Amazon,* Sprecher im Film.
4 Brian Ferguson, Telefoninterview, 19. April 1996.
5 Wilma Dawson, Interview, Puerto Ayacucho, 3. Juni 1996.
6 Michael Dawson, Interview, Padamo-Mission, 4. Juni 1996.
7 Jacques Lizot, *Tales of the Yanomami: Daily Life in the Venezuelan Forest,* übersetzt von Ernest Simon, New York 1985, S.xiv.
8 Napoleon Chagnon, »Life Histories, Blood Revenge, and Warfare in a Tribal Population«, *Science* 239/1988, S. 991, Nr. 24.
9 María Eguillor García, *Yopo, shamanismo y hekura,* Caracas 1984, S. 25.
10 Jacques Lizot, »On Warfare: An Answer to N. A. Chagnon«, übersetzt von Sarah Dart, *American Ethnologist* 21/1994, S. 853.
11 *Warriors of the Amazon,* übersetzt von Familie Dawson.
12 Michael Dawson, Interview, Padamo-Mission, 4. Juni 1996.
13 Paul Griffith, Interview, Puerto Ayacucho, 3. Juni 1996.
14 Michael Dawson, Interview, Padamo-Mission, 4. Juni 1996.
15 Pablo Mejilla, Interview, Padamo-Mission, 4. Juni 1996.
16 Renaldo, Interview, Manaviche-Fluß, 7. Juni 1996.
17 Kenneth Good, Telefoninterview, 31. Jan. 1997.
18 José Bórtoli, Interview, Mavaca-Mission, 6. Juni 1996.
19 *Survivors of the Amazon,* BBC 4, 1996.
20 Andy Jillings, Telefoninterview, 18. Feb. 1997.
21 Ebenda.
22 Andy Jillings, Brief an Patrick Tierney, 20. Feb. 1997.
23 Brian Ferguson, Telefoninterview, 26. Mai 1996.
24 Timoteo, Interview, Padamo-Mission, 4. Juni 1996.
25 Marinho de Souza, Interview, Karohi-teri, 1. Sept. 1996.
26 Renaldo, Interview, Manaviche-Fluß, 7. Juni 1996.
27 Brian Ferguson, Telefoninterview, 19. Apr. 1996.

KAPITEL 14: Im Sog des Strudels

1 Juan Finkers, »Aclaraciones al Sr. Chagnon«, *La Iglesia en Amazonas,* Dez. 1994, S. 7–10.
2 James Brooke, »Venezuela Befriends Tribe, But What's Venezuela?«, *New York Times*, 11. Sept. 1991; Napoleon Chagnon, »The Guns of Mucajaí: The Immorality of Self-deception«, Manuskript, Sept. 1992, S. 5.
3 Charles Brewer Carías zusammen mit Napoleon Chagnon, »The Massacre at Lechoza, September 1992: Brewer's account, 12/92«.

4 Napoleon Chagnon, »Life Histories, Blood Revenge, and Warfare in a Tribal Population«, *Science* 239/1988, S. 987; Napoleon Chagnon, *Yanomamo,* 5. Aufl., Fort Worth 1997, S. 226; Jacques Lizot, »Sobre la guerra: Una respuesta a N. A. Chagnon (*Science* 1988)«, *La Iglesia en Amazonas* 44/1989, S. 23–34; María Eguillor García, *Yopo, shamanismo y hekura,* Caracas (Editorial Salesiana) 1984, S. 24 ff., 53; Chagnon, »The Guns of Mucajaí«, S. 3 f.
5 James Brooke, »In an Almost Untouched Jungle, Gold Miners Threaten Indian Ways«, *New York Times,* 19. Sept. 1990.
6 Brian Ferguson, Telefoninterview, 13. Juli 1995.
7 Napoleon Chagnon, *Die Yanomamö – Leben und Sterben der Indianer am Orinoko*, Berlin 1994, S. 12.
8 Napoleon Chagnon, *Yanomamo,* 4. Aufl., Fort Worth 1992, S. 238. Dt. in: Chagnon, *Die Yanomamö – Leben und Sterben der Indianer am Orinoko*, Berlin 1994, S. 336.
9 Napoleon Chagnon, »Gespräch mit Jesús Cardozo«, (abgeheftet in seiner Pressemappe), 24. März 1994, S. 6.
10 Jesús Cardozo, Telefoninterview, 8. August 1995.
11 José Bórtoli, Telefoninterview, 6. Dezember 1994.
12 Jodie Dawson, Interview, Padamo-Mission, 6. Juni 1996.
13 Juan Finkers, *Los Yanomami y su sistema alimenticio: Yanomami ni i pe,* Puerto Ayacucho 1986.
14 Brewer Carías zusammen mit Chagnon, »The Massacre at Lechoza«.
15 Jacques Lizot, persönliche Korrespondenz, 20. Jan. 1995.
16 Inga Steinvorth-Goetz, *Uriji jami!: Life and Belief of the Forest Waika in the Upper Orinoco,* übersetzt von Peter Furst, Caracas 1969, S. 145. Dt.: *Uriji jami! – Die Waika-Indianer in den Urwäldern des oberen Orinoko,* Caracas 1970.
17 César Dimanawa, Interview, Mavakita, 8. Juni 1996.
18 Bokoramo, Interview, Mrakapiwei, Oberer Mavaca, 8. Juni 1996.
19 Chagnon, *Die Yanomamö – Leben und Sterben der Indianer am Orinoko*, Berlin 1994, S. 326 f.
20 César Dimanawa, Interview, Mavakita, 8. Juni 1996.
21 Ebenda, 2. Sept. 1996.
22 Juan Finkers, Interview, Mavaca-Mission, 12. Juni 1996.
23 Bokoramo, Interview, Mrakapiwei, 8. Juni 1996.
24 Chagnon, »Life Histories«, S. 987.
25 Bokoramo, Interview, Mrakapiwei, 8. Juni 1996.
26 Jesús Cardozo, Telefoninterview, 20. Dez. 1994.
27 Chagnon, »The Guns of Mucajaí«, S. 5.
28 Bokoramo, Interview, Mrakapiwei, 8. Juni 1996.
29 Chagnon, »The Guns of Mucajaí«, S. 5.
30 Chagnon, *Yanomamo*, 4. Aufl., S. 225. Dt. in: *Die Yanomamö*, Berlin 1994, S. 317.
31 Frank Salamone, Telefoninterview, 22. Dez. 1994.

32 César Dimanawa, Interview, Mavakita, 2. Sept. 1996.
33 Raymond Hames, Telefoninterview, 29. Dez. 1994.
34 Jesús Cardozo, Telefoninterview, 20. Dez. 1994. Siehe Kapitel 12.
35 César Dimanawa, Interview, Mavakita, 8. Juni 1996.
36 Brooke, »Venezuela Befriends Tribe«.
37 Kenneth Good, Telefoninterview, 22. Februar 1995.
38 Chagnon, *Die Yanomamö*, Berlin 1994, S. 313.
39 Ebenda.
40 Decreto No. 3127, *Gazeta Oficial de la República de Venezuela*, No. 35. 292, 8. Sept. 1993.
41 Marta Miranda Rodríguez, Venevisión, Caracas, Fundación Cultural Venevisión, 24. Juli 1991.
42 Napoleon Chagnon, »Killed by Kindness? – The Dubious Influence of the Salesian Mission in Amazonas«, *TLS*, 24. Dez. 1993, S. 12.
43 Brewer Carías zusammen mit Chagnon, »The Massacre at Lechoza«.
44 Ebenda, S. 11 und Anm. 19.
45 Alberto Karakawe, Interview, Ocamo-Mission, 31. August 1996.
46 Chagnon, »Killed by Kindness?«, S. 12.
47 Ebenda.
48 César Dimanawa, »Carta enviada por un Yanomami a N. A. Chagnon«, *La Iglesia en Amazonas*, Feb. 1994, S. 19.
49 Brewer Carías zusammen mit Chagnon, »The Massacre at Lechoza«.
50 Ebenda, S. 15.
51 Juan Finkers, Telefoninterview, 24. Jan. 1995.
52 Bokoramo, Interview, Mrakapiwei, 8. Juni 1996.
53 Napoleon Chagnon, *Die Yanomamö*, Berlin 1994, S. 327.
54 Juan Finkers, Interview, Mavaca-Mission, 12. Juni 1996.
55 Ebenda.
56 Bokoramo, Interview, Mrakapiwei, 8. Juni 1996.
57 Bokoramo, Interview, Mavakita, 2. Sept. 1996.
58 Isabelita, Interview, Mavakita, 2. Sept. 1996.
59 Pablo Mejía, Interview, Mavakita, 8. Juni 1996.
60 Brian Ferguson, Telefoninterview, 13. Juli 1995.

KAPITEL 15: In Helenas Fußstapfen

1 Helena Valero, *Yo soy Napeyoma: Relato de una mujer raptada por los indígenas Yanomami*, Caracas, Fundación La Salle de Ciencias Naturales, 1984, S. 300.
2 Luis Cocco, *Iyewei-teri: Quince años entre los Yanomamos*, Caracas, 1973, S. 105.
3 Helena Valero, Interview, Oberer Orinoko, 31. August 1996.
4 Ebenda.
5 James Neel, *Physician to the Gene Pool: Genetic Lessons and Other Stories*, New York 1994, S. 407, Anm. 1.

6 Ettore Biocca, *yanomama,* New York 1996, S. xii.
7 Helena Valero, Interview, Oberer Orinoko, 31. August 1996.
8 Ebenda.
9 Ebenda.
10 Napoleon Chagnon, »Filming the Ax Fight«, *Yanomamo Interactive CD,* New York 1997.
11 Napoleon Chagnon, *Yanomamo: The Fierce People,* 3. Aufl., New York 1983, S. 18f.
12 Napoleon Chagnon, *Yanomamo,* 5. Aufl., Fort Worth 1997, S. 90.
13 Biocca, *Yanoama,* S. 23–37.
14 Valero, *Yo soy Napeyoma,* S. 31–69.
15 Biocca, *Yanoama,* S. 52–66.
16 Chagnon, *Yanomamo,* 5. Aufl., S. 2f.
17 Chagnon, »Filming the Ax Fight.«
18 Napoleon Chagnon, *Studying the Yanomamo,* New York 1974, S. 95.
19 Napoleon Chagnon, »Yanomamo Warfare, Social Organization and Marriage Alliances« (Dissertation, University of Michigan 1966), S. 22.
20 Valero, *Yo soy Napeyoma,* S. 21–30.
21 Chagnon, »Yanomamo Warfare«, S. 4f.
22 Napoleon Chagnon, *Yanomamo,* 4. Aufl., Fort Worth 1992, S. 3. Dt. in: Napoleon Chagnon, *Die Yanomamö – Leben und Sterben der Indianer am Orinoko*, Berlin 1994, S. 18ff.
23 Brian Ferguson, *Yanomami Warfare: A Political History,* Santa Fe 1995, S. 393ff.
24 Chagnon, »Yanomamo Warfare«, S. 24f.
25 Napoleon Chagnon, »Life Histories, Blood Revenge, and Warfare in a Tribal Population«, *Science* 239/1988, S. 991, Anm. 15.
26 Chagnon, *Yanomamo,* 4. Aufl., S. 3. Dt. in: *Die Yanomamö,* Berlin 1994, S. 19.
27 Valero, *Yo soy Napeyoma,* S. 234ff.
28 Biocca, *Yanoama,* S. 197.
29 Valero, *Yo soy Napeyoma,* S. 352–355.
30 Chagnon, »Yanomamo Warfare«, S. 155.
31 Valero, *Yo soy Napeyoma,* S. 352–355.
32 Jacques Lizot, »El río de los Periquitos«, *Antropológica* 37/1974, S. 3–23.
33 Napoleon Chagnon, »Yanomamo«, in: *Primitive Worlds,* Washington, D.C. (National Geographic Society), 1974, S. 141–183.
34 Hamilton Rice, »The Rio Negro, the Casiquiare Canal, and the Upper Orinoco, September 1919–April 1921«, *Geographical Journal* 58 (1921), S. 321–344.
35 Pablo Mejía, Interview, Patahama-teri, 5. Sept. 1996.
36 Yarima, Interview, Irokai-teri, 7. Sept. 1996.
37 Ebenda.
38 Kenneth Good, Telefoninterview, 30. Jan. 1997.

39 Ebenda, 10. Jan. 1995.
40 Kenneth Good, *Into the Heart: One Man's Pursuit of Love and Knowledge among the Yanomama,* New York 1991, S. 102–105.
41 Ebenda, S. 202.
42 Yarima, zitiert ebenda, S. 308 f.
43 Kenneth Good, Telefoninterview, 30. Jan. 1997.
44 Ebenda, 14. Mai 1997.
45 Timothy Asch, Brief an José Bórtoli, 17. Jan. 1991, Timothy Asch Collection, NAA.
46 Jesús Cardozo, Brief an Timothy Asch, 9. April 1992, Timothy Asch Collection, NAA.
47 Amy Wray, Telefoninterview, 10. Mai 1996.
48 Kim Hill und Hillard Kaplan, »Population and Dry-Season Subsistence Strategies of the Recently Contacted Yora of Peru«, *National Geographic Research* 5/1989, S. 317–334.
49 *Yanomamo Homecoming, National Geographic Explorer,* 48 Min., (Washington, D.C.: National Geographic Society), 1994.
50 Yarima, Interview, Irokai-teri, 7. Sept. 1996.
51 Ulisses Capozoli, »Yarima, cinderela rebelde«, *O Estado de São Paulo,* 3. März 1997.
52 Gabriela Gamini und Quentin Letts, »American Plans Jungle Trip to Win Back Wife«, *Times* (London), 31. Jan. 1997; Maritza Nelson in Quentin Letts, »Spurning the Good Life for Call of the Wild«, ebenda; Gabriela Gamini, »Search for Jungle Wife Condemned by Amazon Experts«, ebenda, 1. Feb. 1997; Quentin Letts, »Tribal Wife Is Home for Good«, ebenda, 17. Feb. 1997.

KAPITEL 16: Gärten des Hungers, Hunde des Krieges

1 Helena Valero, *Yo soy Napeyoma: Relato de una mujer raptada por los indígenas Yanomami,* Caracas 1984, S. 395.
2 Marcus Colchester, »Rethinking Stone Age Economics: Some Speculations regarding the Pre-Columbian yanomama Economy«, *Human Ecology* 12/1984, S. 301; Jacques Lizot, »El río de los Periquitos«, *Antropológica* 37/1974, S. 7.
3 Carlos Botto, »Impactos ambientales en Salud: La experiencia de CAICET«, Belém (Brasilien) 6. Juni 1996, S. 10; G. Rodríguez Ochoa, »Situacíon de salud en el Territorio Federal Amazonas, Venezuela«, *Enfoque Integral de la Salud Humana en la Amazonia,* Bd. 10, Montevideo (Uruguay) 1992, S. 407–426.
4 Valero, *Yo soy Napeyoma,* S. 282 f.
5 Interview, Mokarita-teri, 9. Sept. 1996, Dolmetscher Marco Jimenez.
6 Darna L. Dufour, »Diet and Nutritional Status of Amazonian People«, in: *Amazonian Indians,* hg. Anna Roosevelt, Tuscon 1994, S. 157.

7 William J. Smole, *The Yanoama Indians: A Cultural Geography*, Austin 1976, S. 151.
8 Edward O. Wilson, Vorwort zu Napoleon Chagnon, *Die Yanomamö – Leben und Sterben der Indianer am Orinoko*, Berlin 1994, S. 8.
9 L. Keely, *War before Civilization*, Oxford 1995.
10 Napoleon Chagnon, »Chronic Problems in Understanding Tribal Violence and Warfare«, in: *Genetics of Criminal and Antisocial Behaviour*, Chichester 1996, S. 213.
11 Napoleon Chagnon, *Yanomamo*, 5. Aufl., Fort Worth 1997, S. 93.
12 James Neel, »Lessons from a Primitive People«, *Science* 170/1970, S. 815–822.
13 James Neel, *Physician to the Gene Pool: Genetic Lessons and Other Stories*, New York 1994, S. 150.
14 Anna C. Roosevelt, »Strategy for a New Synthesis«, in: *Amazonian Indians*, S. 14.
15 Tonspule 6, Patanowa-teri, 21. Feb. 1968, Timothy Asch Collection, NAA.
16 Dufour, »Diet and Nutritional Status of Amazonian People«, S. 168.
17 Alexander von Humboldt, zitiert in: Luis Cocco, *Iyewei-teri: Quince años entre los Yanomamos*, Caracas (Editorial Salesiana) 1973, S. 47f.
18 R. Holmes, »Nutritional Status and Cultural Change in Venezuela's Amazon Territory«, in: *Change in the Amazon Basin*, hg. John Hemming, Manchester 1985, S. 251.
19 »Use and Interpretation of Anthropometric Indicators of Nutritional Status«, *BWHO* 64/1986, S. 929–941.
20 Neel, *Physician to the Gene Pool*, S. 205.
21 Dufour, »Diet and Nutritional Status of Amazonian People«, S. 156.
22 Alain Gheerbrant, *Journey to the Far Amazon*, New York 1954. Dt.: *Welt ohne Weiße – im Urwald zwischen Orinoko und Amazonas*, übersetzt aus dem Französischen von Fritz Montfort, 2. Aufl. Wiesbaden 1955 (im Original *La expedición Orinoco-Amazonas (1948–1950)*, Caracas 1997, S. 305 f.
23 Colchester, »Rethinking Stone Age Economics«, S. 291–314.
24 Hamilton Rice, »The Rio Branco, Uraricoera, and Parima, Part 3«, *Geographical Journal* 71/1928, S. 354.
25 Pablo Anduze, *Shailili-Ko: Relato de un naturalista que también llegó a las fuentes del río Orinoco*, Caracas 1960, S. 203.
26 Dufour, »Diet and Nutritional Status of Amazonian People«, S. 156.
27 Napoleon Chagnon, *Studying the Yanomamo*, New York 1974, Anhang E.
28 Kim Hill, Telefoninterview, 3. Januar 1995.
29 Thomas Dale Stewart, *The People of America*, London 1973, S. 111, 123; Francisco M. Salzano und Sidia M. Callegari-Jacques, *South American Indians: A Case Study in Evolution*, Oxford 1988, S. 116.
30 Juan Comas, *¿Pigmeos en América?*, Mexico City 1960, S. 6–34.

31 Luigi Luca Cavalli-Sforza, »Anthropometric Data«, in: *African Pygmies,* hg. Luigi Luca Cavalli-Sforza, Orlando 1986, S. 83 ff.
32 Stewart, *The People of America,* S. 48–51; Salzano und Callegari-Jacques, *South American Indians,* S. 120, Tabelle 6.1 und S. 123.
33 Cocco, *Iyewei-teri,* S. 123.
34 Dufour, »Diet and Nutritional Status of Amazonian People«, S. 155, Tab. 7.2.
35 Roosevelt, »Strategy for a New Synthesis«, S. 4–15.
36 Napoleon Chagnon, *Yanomamo,* 5. Aufl., S. 91 ff.
37 Napoleon Chagnon, »Yanomamo Warfare, Social Organization and Marriage Alliances« (Dissertation, Univesity of Michigan 1966), S. 53–79.
38 Ebenda, S. 167.
39 Marvin Harris, Rezension zu Brian Ferguson, *Yanomami Warfare: A Political History,* in: *Human Ecology* 24/1996, S. 413.
40 Chagnon, »Yanomamo Warfare«, S. 53.
41 Martin Daly und Margot Wilson, *Homicide,* Hawthorne, N.Y., 1988, S. 58.
42 Ebenda, S. 56.
43 Charles Darwin, *The Descent of Man and Selection in Relation to Sex,* Detroit 1974, S. 586. Dt.: *Die Abstammung des Menschen und die geschlechtliche Zuchtwahl,* Stuttgart 1883; Wiesbaden 1992.
44 Napoleon Chagnon, M. Flinn und Thomas Melancon, »Sex-Ratio Variation among the Yanomamo Indians«, in: *Evolutionary Biology and Human Social Behavior: An Anthropological Perspective,* hg. Napoleon Chagnon und William Irons, North Scituate, Mass., 1979, S. 290–320.
45 Neel, *Physician to the Gene Pool,* S. 176.
46 María Eguillor García, *Yopo, shamanismo y hekura,* Caracas 1984, S. 50f.
47 John D. Early und John F. Peters, *The Population Dynamics of the Mucajaí Yanomama,* San Diego 1990, S. 19–23, 136f.
48 Napoleon Chagnon, *Yanomamo,* 4. Aufl. Fort Worth 1992, S. 93. Dt. in: *Die Yanomamö – Leben und Sterben der Indianer am Orinoko,* Berlin 1994, S. 144f.; Brian Ferguson, *Yanomami Warfare: A Political History,* Santa Fe 1995, S. 352.
49 Edward O. Wilson, *Consilience: The Unity of Knowledge,* New York 1998, S. 170.
50 Randy Bird und Garland Allen, »Charles Darwin«, *Encarta Encyclopedia* (Microsoft) 1999.
51 Matt Ridley, *The Red Queen,* New York 1993, S. 203 f.
52 Chagnon, *Studying the Yanomamo,* S. 123.
53 Johannes Wilbert, *Survivors of El Dorado: Four Indian Cultures of South America,* New York 1972, S. 15 f.
54 Eugene Hammel, »Demographic Constraints on Population Growth in Early Humans«, *Human Nature* 7/1996, S. 217–255.

55 Joseph Birdsell, »Some Predictions for the Pleistocene Based on Equilibrium Systems among Recent Hunter-gatherers«, in: *Man the Hunter,* hg. Richard B. Lee und Irv DeVore,Chicago 1968, S. 229–249.
56 Susan Blaffer Hrdy, *Mother Nature: A History of Mothers, Infants and Natural Selection,* New York 1999, S. 187, Tabelle 8.2.
57 Herbert Spencer, *Principles of Biology,* Band 2, London 1867, S. 486.
58 Hrdy, *Mother Nature,* S. 9.
59 Early und Peters, *The Population Dynamics of the Mucajaí Yanomama,* S. 138.
60 Wilbert, *Survivors of El Dorado.*
61 John Hemming, *The Search for El Dorado,* New York 1978, S. 441.
62 Kenneth Good, *Into the Heart: One Man's Pursuit of Love and Knowledge among the Yanomama,* New York 1991, S. 98; Chagnon, *Studying the Yanomamo,* S. 29.
63 Michelle Rodríguez Costa, Interview, Armeeposten Surucucu, Nov. 1990.
64 Cocco, *Iyewei-teri,* S. 34.
65 Napoleon Chagnon, James Neel, Lowel Weitkamp, Henry Gershowitz und Manuel Ayres, »The Influence of Cultural Factors on the Demography and Pattern of Gene Flow from the Makiritare to the Yanomama Indians«, *American Journal of Physical Anthropology* 32/1970, S. 343.
66 Alfonso Vinci, *Red Cloth and Green Forest,* übersetzt von James Cadell, London 1959, S. 123 f.
67 Daniel de Barandarian und Aushi Walalam, *Hijos de la luna: Monografia antropológica sobre los indios sanemá yanomama,* Caracas 1983, S. 103.
68 Good, *Into the Heart,* S. 97.
69 Napoleon Chagnon, *Yanomamo: The Fierce People,* 3. Aufl., New York 1983, S. 85.
70 Kenneth Good, Telefoninterview, 10. Feb. 1997.
71 Good, *Into the Heart,* S. 115.
72 Napoleon Chagnon und Raymond Hames, »Protein Deficiency and Tribal Warfare in Amazonia: New Data«, *Science* 203/1979, S. 910–913.
73 Chagnon, *Yanomamo,* 3. Aufl., S. 84, 86.
74 Cocco, *Iyewei-teri,* S. 38–50.
75 Raymond Hames, »Behavioral Account of the Division of Labor among the Yekwana Indians«, (Dissertation, University of California in Santa Barbara 1978), S. 19–23.
76 Chagnon und Hames, »Protein Deficiency and Tribal Warfare in Amazonia«, S. 910–913.
77 Kenneth Good, Telefoninterview, 10. Januar 1995.
78 Valero, *Yo soy Napeyoma,* S. 319 ff.
79 Napoleon Chagnon, »Reproductive and Somatic Conflicts of Inter-

est in the Genesis of Violence and Warfare among Tribesmen«, in: *The Anthropology of War,* hg. J. Haas, Cambridge 1990, S. 99.
80 Timothy Asch, »Ethnographic Filming and the Yanomamo Indians«, *Sightlines,* Jan./Feb. 1972, S. 11.
81 James Neel, Timothy Asch und Napoleon Chagnon, *Yanomama: A Multidisciplinary Study,* 43 Min., DOE, 1971.
82 Timothy Asch und Napoleon Chagnon, »*Kaobawa Trades with Reyabobowei-teri,* 8 Min., DOE, Somerville, Mass., 1971.
83 Tonspule 8, Faianowa-teri, 23. Feb. 1968, Timothy Asch Collection, NAA.
84 Kenneth Good, »Yanomami Hunting Patterns: Trekking and Garden Relocation as an Adaption to Game Availability in Amazonia« (Dissertation, University of Florida 1989), S. 95.
85 Napoleon Chagnon, *Yanomamo,* 5. Aufl., S. 96.
86 Good, »Yanomami Hunting Patterns«, S. 162.
87 Dufour, »Diet and Nutritional Status of Amazonian People«, S. 167.
88 Napoleon Chagnon, »Yanomamo Warfare«, S. 71 f.
89 Ebenda, S. 72,154.
90 Chagnon, *Die Yanomamö – Leben und Sterben der Indianer am Orinoko*, S. 135.
91 Frank A. Salamone, »Chagnon's Response to His Critics«, in: *The Yanomami and Their Interpreters: Fierce People or Fierce Interpreters?*, Lanham, Md., 1977, S. 111.
92 Ebenda, Fußnote 6.
93 Redmond O'Hanlon, *In Trouble Again,* London 1988, S. 18.
94 Chagnon, »Chronic Problems in Understanding Tribal Violence and Warfare«, S. 224.
95 Early und Peters, *The Population Dynamics of the Mucajaí Yanomama,* S. 134f. (Zitat) und 98ff. (Geschlechterverhältnis bei Erstkontakt).
96 Smole, *The Yanoama Indians,* S. 72.
97 Napoleon Chagnon, *Yanomamo,* 4. Aufl., S.85. Dt. in: *Die Yanomamö – Leben und Sterben der Indianer am Orinoko*, Berlin 1994, S. 135.
98 Chagnon, »Chronic Problems in Understanding Tribal Violence and Warfare«, S. 224, Tab. 1.
99 Ebenda, S. 86.
100 Smole, *The Yanoama Indians,* S. 32, Anm. 36, und S. 233, Anm. 94.
101 Ettore Biocca, *Yanoama,* New York 1996, S. 218.
102 Harris, Rezension zu *Yanomami Warfare,* S. 416.
103 Jacques Lizot, »El río de los Periquitos«, *Antropológica* 37/1974, S. 5.
104 Marco, Interview, Weg nach Hokomapiwe-teri, 9. Sept. 1996.
105 Kenneth Good, »Demography and Land Use among the Yanomamo of the Orinoco-Siapa Block in Amazon Territory, Venezuela« (Manuskript) 1984, S. 6f.
106 Napoleon Chagnon, »The Guns of Mucajaí: The Immorality of Selfdeception« (Manuskript), Sept. 1992, S. 5.

107 Charles Brewer Carías, Napoleon Chagnon und Brian Boom, »Forest and Man« (Manuskript, Caracas: Fundación Explora), 1993, S. 11; Napoleon Chagnon, »To Save the Fierce People«, *Santa Barbara Magazine*, Jan./Feb. 1991, S. 37, 40; Wauparuwe, Interview, Narimobowei-teri, Dolmetscher Marco Jimenez, 11.–12. Sept. 1996.
108 Helena Valero, Interview, Oberer Orinoko, 31. August 1996.
109 Lizot, »El río de los Periquitos«, S. 5.
110 Good, *Into the Heart*, S. 91–98; Kenneth Good, Leserbrief an die *New York Times*, 29. Sept. 1990.
111 Marinho de Souza, Interview, Weg nach Hokomapiwe-teri, 9. Sept. 1996.
112 Narimobowei-teri, 11. Sept. 1996.

KAPITEL 17: Maschinen mit magischen Kräften

1 Zitiert nach: Jeffrey Riffkin, »Ethnography und Ethnocide«, *Dialectical Anthropology*, 19/1994, S. 295.
2 Luis Cocco, *Iyewei-teri: Quince años entre los Yanomamos*, Caracas 1973, S. 78.
3 Helena Valero, *Yo soy Napeyoma: Relato de una mujer raptada por los indígenas Yanomami*, Caracas 1984, S. 53.
4 David E. Stannard, *American Holocaust: Columbus and the Conquest of the New World*, New York 1992, S. 53.
5 Ettore Biocca, *Yanoama*, New York 1996, S. 213.
6 Bruce Albert, »La fumée du métal: Histoire et représentations du contact chez les Yanomami (Brésil)«, *L'Homme* 28, Nr. 2–3/1988, S. 87–119.
7 Bruce Albert, Interview, Toototobi, Demini-Fluß, Brasilien, 5. Dez. 1990.
8 Narimobowei-teri, Ashidowa-teri, Shanishani-teri und Hiomita-teri.
9 Napoleon Chagnon, »To Save the Fierce People«, *Santa Barbara Magazine*, Jan./Feb. 1991, S. 36.
10 Waupuruwe. Übersetzung vor Ort durch Marco Jimenez, Narimobowei-teri, 12. Sept. 1996.
11 Hetoyaw, Interview, Ashidowa-teri, 16. Sept. 1996.
12 Yanowe, Interview, Ashidowa-teri, 16. Sept. 1996.
13 Charles Brewer Carías, Napoleon Chagnon und Brian Boom, »Forest and Man« (Manuskript, Caracas: Fundación Explora, 1993), S. 15.
14 Javier Carrera, Telefoninterview, Feb. 1998.
15 Waupuruwe, Narimobowei-teri, 13. Sept. 1996.
16 Marco, Interview, Toobatotoi-teri, erstes *shabono*, 13. Sept. 1996.
17 Brewer, Chagnon und Boom, »Forest and Man«, S. 6.
18 G. W. Trompf, Einleitung, *Cargo Cults and Millenarian Movements:*

Transoceanic Comparisons of New Religious Movements, hg. G. W. Trompf, New York 1990, S. 10f.

19 Yanowe, Interview, Dorita-teri, 21. Sept. 1996.

20 Napoleon Chagnon, »The Guns of Mucajaí: The Immorality of Self-deception« (Manuskript), Sept. 1992, S. 5.

21 Ebenda, S. 4f.

22 Toobatotoi-teri, zweites *shabono,* 14. Sept. 1996.

23 Brewer, Chagnon und Boom, »Forest and Man«, S. 14.

24 Frank A. Salamone, *The Yanomami and Their Interpreters: Fierce People or Fierce Interpreters?*, Lanham, Md., 1977, S. 78.

25 Ebenda, S. 12ff.

26 Toobatotoi-teri, zweites *shabono,* 15. Sept. 1996.

27 Brewer, Chagnon und Boom, »Forest and Man«, S. 11.

28 Brewer, Chagnon und Boom, »Forest and Man«, S. 16.

29 Marco, Interview, Ashidowa-teri, 17. Sept. 1997.

30 Übersetzt von Javier Carrera.

31 James Brooke, »Venezuela Befriends Tribe, But What's Venezuela?«, *New York Times,* 11. Sept. 1991.

32 Valero, *Yo soy Napeyoma,* S. 284, 322f., 353f.

33 Kenneth Good, Leserbrief an die *New York Times,* 13. Sept. 1991.

34 Kenneth Good, Leserbrief an die *New York Times,* 29. Sept. 1990.

35 Kenneth Good, Telefoninterview, 3. Jan. 1995.

36 Carlos Botto, Interview, CAICET, Puerto Ayacucho, 6. Okt. 1996.

37 Ebenda.

38 Mirapewe, Interview, Ashidowa-teri, 17. Sept. 1996.

39 Brewer, Chagnon und Boom, »Forest and Man«, S. 18.

40 America Perdamo, Interview, CAICET, Puerto Ayacucho, 17. Juni 1996.

41 Brewer, Chagnon und Boom, »Forest and Man«, S. 17.

42 Brooke, »Venezuela Befriends Tribe«.

43 Theodora Kroeber, *Ishi in Two Worlds: A Biography of the Last Wild Indian in North America,* Berkeley 1961.

44 Carlos Botto, Interview, CAICET, Puerto Ayacucho, 6. Okt. 1996.

45 Napoleon Chagnon, *Studying the Yanomamo,* New York 1974, S. 125.

46 Napoleon Chagnon, *Yanomamo*, 4. Aufl., Fort Worth 1992, S. 236. Dt. in: *Die Yanomamö – Leben und Sterben der Indianer am Orinoko*, Berlin 1994, S. 292.

47 Isaam Madi, *Conspiración al sur del Orinoco,* Caracas (Selbstverlag) 1998, S. 71.

48 Charles Brewer Carías, Napoleon Chagnon, Brian Boom, »Forest and Man«, S. 10–20.

49 Chagnon, *Studying the Yanomamo,* S. 181.

50 Chagnon, »The View from the President's Window«, *Human Behavior and Evolution Society Newsletter* 2, Nr. 3 (Okt. 1993), S. 4.

51 Irenäus Eibl-Eibesfeldt und Gabriele Herzog-Schröder, »In Defense of the Mission« (28. Feb. 1994), S. 6.
52 Alfredo Aherowe, Interview, Mahekoto-teri, 24. Sept. 1996.
53 Kayopewe, Interview, Mahekoto-teri, 11. Juni 1996.
54 Enrique Lucho, Interview, Kosh, Padamo-Fluß, 14. Juni 1996.
55 Napoleon Chagnon, Brief, abgedruckt in: *Brown Gold* 24, Nr. 7, Nov. 1989, S. 10.
56 César Dimanawa, Interview, Mavakita, 8. Juni 1996.
57 Rifkin, »Ethnography und Ethnocide«, S. 325.

KAPITEL 18: Menschenversuche und Isotopen-Menschen

1 Roger Bacon, *The Mirror of Alchemy.*
2 John Hemming, *The Search for El Dorado,* New York 1978, S. 1–20.
3 David Weatherall, »The Mutation Man«, *New Scientist,* 9. Juli 1994, S. 42.
4 James Neel, *Physician to the Gene Pool: Genetic Lessons and Other Stories,* New York 1994, S. 227.
5 *To Each His Farthest Star: University of Rochester Medical Center,* Rochester 1975, S. 507.
6 Stephane Groueff, *Manhattan Project: The Untold Story of the Making of the Atomic Bomb,* London 1963, S. 152. Dt.: *Projekt ohne Gnade – die Abenteuer der amerikanischen Atomindustrie,* Gütersloh 1968.
7 »The Rochester Story« (o. J., ohne Autor), in: DOE (Hg.), Dok.-Nr. 707326; siehe auch den Überblick zu Rochester im Übersichtsplan des Human Radiation Experiments Information Management Systems (DOE): http://hrex.dis.anl.gov.
8 Eileen Welsome, *The Plutonium Files: America's Secret Medical Experiments in the Cold War,* New York 1999, S. 324.
9 Wright Langham, »Revised Plan of ›Product‹ of Rochester Experiment« (DOE, Nr. 0719208, HREX), S. 6.
10 Welsome, *The Plutonium Files,* S. 126, 131.
11 Langham, »Revised Plan of ›Product‹«, S. 2.
12 Bassett, zitiert in: Welsome, *The Plutonium Files,* S. 129.
13 »Comments on Meeting with Dr. Hempelmann on April 17, 1974«, FOIA, S. 1, zitiert ebenda, S. 127, 510.
14 Samuel Bassett, »Excretion of Plutonium Administered Intravenously to Man« (Beratungsausschuß zu Strahlenversuchen an Menschen, DOE, Nr. 121294-D-19), S. 2.
15 Langham, »Revised Plan of ›Product‹«, S. 6.
16 Neel, *Physician to the Gene Pool,* S. 39; James Neel und William Valentine, »Hematologic and Genetic Study of the Transmission of Thalassemia (Cooley's Anemia, Mediterranean Anemia)«, *Archives of Internal Medicine* 74 1944, S. 185–196; »The Frequency of Tha-

lassemia«, *American Journal of Medical Science* 209/1945, S. 568–572.

17 »Elected to NAS: 1977. Scientific Field: Medical Genetics, Hematology and Oncology«. National Academy of Science – Mitglieder.
18 Corydon Ireland, »Radiation Records Ashidowa-teri UR Missing«, *Rochester Democrat & Chronicle,* 1. Jan. 1995.
19 Corydon Ireland, Telefoninterview, 4. Feb. 2000.
20 Corydon Ireland, »›No Bad Guys‹ in Study: Doctor Defends Good Intentions«, *Rochester Democrat & Chronicle,* 16. Dez. 1994.
21 Welsome, *The Plutonium Files,* S. 125.
22 Ireland, »›No Bad Guys‹ in Study.«
23 Welsome, *The Plutonium Files,* S. 127, 445.
24 Ebenda, S. 131.
25 Neel, *Physician to the Gene Pool,* S. 22.
26 Ebenda, S. 27.
27 Ebenda, S. 27.
28 Welsome, *The Plutonium Files,* S. 85.
29 Thomas Powers, »Die Hard«, *Los Angeles Times,* latimes.com, 2. Jan. 2000, S. 4.
30 Welsome, *The Plutonium Files,* S. 165.
31 Ebenda, S. 389.
32 Eileen Welsome, Telefoninterview, 3. Feb. 2000.
33 John Dower, *Embracing Defeat: Japan in the Wake of World War II,* New York 1999, S. 205.
34 Neel, *Physician to the Gene Pool,* S. 88.
35 Minutes of the Division of Biology and Medicine, ABCC, 1954 (DOE, Nr. 1 073 291), S. 5.
36 Neel, *Physician to the Gene Pool,* S. 243.
37 »ERDA to Fund Monitoring Program«, Washington, D.C. (Energy Research and Development Foundation), 16. Feb. 1976.
38 Karl Z. Morgan und Ken M. Peterson, *The Angry Genie: One Man's Walk through the Nuclear Age,* Norman 1999, S. 112 f.
39 Dower, *Embracing Defeat,* S. 493.
40 Powers, »Die Hard«.
41 Eileen Welsome, Telefoninterview, 3. Feb. 2000.
42 »Research Projects Approved during December 1949«, Biology and Medicine Divison, AEC (DOE-Archive, freigegeben, Nr. 4 005 484), S. 5.
43 Welsome, *The Plutonium Files,* S. 248.
44 Van Middlesworth, zitiert ebenda, S. 303.
45 Libby, zitiert ebenda, S. 302, 489.
46 Merril Eisenbud, 26. Jan. 1995 (DOE/EH–0456).
47 Cortés Fla, Leiter der Abteilung Wissenschaft und Technologie bei der Organisation Amerikanischer Staaten, »Proposed Itinerary for P. C. Aebersold's Trip to South America. June 2, 1954« (DOE, Nr. 0716 665, HREX.dis.anl.gov.), S. 1.

48 *Operation Tumbler-Snapper,* 47 Min., Las Vegas (Coordination and Information Center, DOE. 1952).
49 »Ninth Annual Report of the Oak Ridge Institute of Nuclear Studies, June 30, 1955« (DOE, Nr. 0712495, HREX.dis.anl.gov.), S. 22–61.
50 Welsome, *The Plutonium Files,* S. 217.
51 Ohne Titel in Human Radiation Index. Die Seitenüberschrift lautet: »Section 9C: Radioactive Isotopes and Nuclear Radiations in Medicine: Diagnosis and Studies of Disease, by Marshall Brucer« (DOE, Nr. 0720486).
52 R. Rivière, D. Comar, M. Colonomos, J. Desenne und M. Roche, »Iodine Deficiency without Goiter in Isolated Yanomama Indians, Preliminary Note«, *Biomedical Challenges Presented by the American Indian,* Washington (Pan American Health Organization) 1968; Neel, *Physician to the Gene Pool,* S. 156.
53 Jay Stannard, Telefoninterview, 4. Feb. 2000.
54 Terence Collins, Telefoninterview, 13. Feb. 2000.
55 »Biology and Medicine Semiannual Report for October 1959 through March 1960« (DOE, Nr. 0724963, HREX), S. 111–114; W. Green et al., »Body Iron Excretion in Man: A Collaborative Study«, *American Journal of Medicine* 45/1968, S. 336f.
56 Brief von John H. Lawrence an Edward R. Gardner, 29. Sept. 1960 (DOE, Nr. 0724853, HREX).
57 Edward R. Gardner, AEC, Office of Special Projects, an John H. Lawrence, Leiter des Donner-Labors, University of California in Berkeley, 12. Sept. 1960 (DOE, Nr. 0715342, HREX).
58 »Interview mit Robert G. Thomas«, 22. Sept. 1981 (DOE, Nr. 0702930, HREX), S. 22. Siehe auch »Oral History of Cell Biologist Don Francis Petersen, Ph.D.«, 29. Nov. 1994 (DOE, Nr. 0727845, HREX).
59 »Quarterly Progress Report to the Joint Committee on Atomic Energy, July–September 1957, Part VII« (DOE, Nr. 0719025, HREX), S. 33f.
60 »Project Sunshine: Annual Report, March 31, 1955–April 1, 1956« (DOE, Nr. 0710270, HREX), S. 50.
61 »Quarterly Progress Report to the Joint Committee on Atomic Energy, July–September 1957, Part VII« (DOE, Nr. 0719025, HREX), S. 33.
62 Kulp, zitiert in: Welsome, *The Plutonium Files,* S. 302.
63 »Radioisotopes in Science and Industry: Shipment of Radioisotopes to Foreign Countries« (DOE, Nr. 0716934), S. 122.
64 Eduardo Galeano, *Die offenen Adern Lateinamerikas: Die Geschichte eines Kontinents von der Entdeckung bis zur Gegenwart,* Wuppertal 1992.
65 Stafford Warren, »Radioactivity, Health and Safety«, 1. April 1947 (Yale University Library, George Darling Collection, MSS 770), S. 29, zitiert in: Welsome, *The Plutonium Files,* S. 209, 520.

66 Matthew L. Wald, »U.S. Acknowledges Radiation Killed Weapons Workers«, *New York Times,* 29. Jan. 2000.
67 Eileen Welsome, Telefoninterview, 3. Feb. 2000.
68 Welsome, *The Plutonium Files,* S. 5.
69 Walter Burkert, *Homo necans: Interpretationen altgriechischer Opferriten und Mythen,* Berlin/New York 1972.
70 Joseph Howland, »An Experience in Nuclear Medicine« (University of Rochester, Edward C. Miner Library, Joseph Howland Collection), S. 3, zitiert in: Welsome, *The Plutonium Files,* S. 85.
71 Luis Cocco, *Iyewei-teri: Quince años entre los Yanomamos,* Caracas 1972, S. 418.
72 J. Enders, K. McCarthy, A. Mitus und W. J. Cheatham, »Isolation of Measles Virus Ashidowa-teri Autopsy in Cases of Giant-Cell Pneumonia without Rash«, *New England Journal of Medicine* 261, 29. Okt. 1959, S. 875–881.
73 Marcel Roche, Interview, *Interciencia,* Caracas, 20. Juni 1996.
74 Marcel Roche, Interview, *Interciencia,* Caracas, 20. Juni 1996; Neel, *Physician to the Gene Pool,* S. 155 f.
75 Marcel Roche, Interview, *Interciencia,* Caracas, 20. Juni 1996.
76 Alle vorhergehenden Zitate bis zu den Regieanweisungen, die Neel Asch gab, stammen von derselben Tonspule. Tonspule 3, 18. Feb. 1968, Timothy Asch Non-film Collection, NAA.
77 Tonspule 9, Patanowa-teri, 23. Feb. 1968, Timothy Asch Collection, NAA.
78 Juan González, Interview, Kosharowa-teri, Padamo-Fluß, 14. Juni 1996.
79 George und Louise Spindler, Vorwort zu *Yanomamo: The Fierce People,* 2. Aufl., New York 1977, S. vii–viii.
80 Neel, *Physician to the Gene Pool,* S. 346.
81 »Report of the Visiting Committee: Brookhaven National Laboratory, May 3 and 4, 1977« (DOE, Nr. 718 287, HREX), S. 5 f.

Nachwort

1 Charles C. Mann, »Preemptive Strike Sought to Discredit Book Before It Was Published«, *Science,* 19. Jan. 2001, S. 417 f.
2 Zitiert in: D. W. Miller, »Academic Scandal in the Internet Age«, *The Chronicle of Higher Education,* 12. Jan. 2001, S. 14.
3 Charles L. Briggs und Clara E. Mantini-Briggs, in: »Current Anthropology Forum: Perspectives on Tierney's *Darkness in El Dorado*«, *Current Anthropology,* April 2001, S. 269 ff.
4 Napoleon Chagnon, *Studying the Yanomamo,* New York 1974.
5 Thomas Maugh II., »Homicidal Streak in S. American Tribe Studied by Anthropologist«, *Los Angeles Times,* 26. Feb. 1988.
6 Erklärung des Brasilianischen Ethnologenverbands, veröffentlicht

bei einem Symposium zu *Darkness in El Dorado* auf der Jahresversammlung der American Anthropological Association am 17. Nov. 2000 in San Francisco.

7 Alcida Rita Ramos in: »Current Anthropology Forum: Perspectives on Tierney's *Darkness in El Dorado«, Current Anthropology*, April 2001, S. 274ff.

8 Napoleon Chagnon, zitiert in: William Allman, »A Laboratory for Human Conflict«, *U.S. News & World Report*, 11. April 1988, S. 57f.

9 Napoleon Chagnon, »The View from the President's Window«, *Human Behavior and Evolution Society Newsletter* 2, Nr. 3 (Okt. 1993), S. 2.

10 Mann, a. a. O.

11 Juno Gregory, »Macho Anthropology«, *Salon*, 28. Sept. 2000.

12 John Tooby, ein Kollege Chagnons an der University of California in Santa Barbara, verschickte aus der »Befehlszentrale« Sendschreiben, in denen er betonte, Chagnon habe in seiner berühmten Untersuchung die Dörfer bereits selber identifiziert. Statt jedoch die Namen der Dörfer zu nennen, verwies Tooby lediglich auf dieselbe Fußnote, die mit der vagen Anspielung auf »etwa ein Dutzend Dörfer« ohne Namen und Standort schon mich (und andere Forscher vor mir) genarrt hatte.

13 Geoffrey Sea, »Atomic Cowboys and Indians in the Amazon: Human Radiation Experiment Redux«, Manuskript für das *Bulletin of the Atomic Scientists*, Jan./Feb. 2001.

14 »Ureinwohner erhalten 7 Millionen Dollar Entschädigung für Experiment während des Kalten Krieges«, Associated Press Newswires, 16. Juli 2000.

15 »Bezirk North Slope beschließt Entschädigung für Opfer von radioaktiven Versuchen«, Associated Press Newswires, 31. Jan. 1997.

16 David Atkins und Timothy Ash, *Yanomama: A Multidisciplinary Study*, S. 26.

17 James Neel, *Physician to the Gene Pool*, S. 310.

18 James Neel, »On Being Headman«, *Perspectives in Biology and Medicine* 23/1980 S. 285–290.

19 Ebenda, S. 290.

20 James Neel, *Physician to the Gene Pool*, S. 394.

21 Margot Roosevelt, »Yanomami: What Have We Done to Them?«, *Time Magazine*, 2. Okt. 2000, S. 78.

22 Black, Woodhall und Pinheiro, Measles Vaccine Reactions in a Virgin Population«, *AJE* 3/1989, S. 169.

23 Marcel Roche, Telegramm an James Neel, 19. April 1968 (James Neel Collection, American Philosophical Society).

24 José Ramón Hernández und Helen Casey, *Investigación con una Vacuna Diluida Contra el Sarampión Segundo Informe*, Caracas, 31. Okt. 67.

25 Napoleon Chagnon, Brief an James Neel und Marcel Roche, 2. Dez. 1996.

26 Angesichts der äußerst heftigen Reaktionen auf den Impfstoff in Ocamo – und drei bis jetzt ungeklärten Todesfällen – könnte es sein, daß die Wissenschaftler aus Angst vor negativen Nebenwirkungen der Vakzine die restlichen Impfungen verschoben. Wie ich kürzlich von Bernard Centerwall, dem Sohn des an der Expedition teilnehmenden Oberarztes Willard Centerwall, der selbst auch Arzt ist, erfuhr, hatten sein Vater und Neel eine heftige Auseinandersetzung über die Ratsamkeit weiterer Impfungen, wobei sich Neel wegen der schweren Nebenwirkungen und weil er mehr an der Beobachtung der Auswirkungen eines natürlichen Masernausbruchs interessiert war, gegen die Impfungen ausgesprochen habe.

27 Napoleon Chagnon u. a., »Notes on the Effect of Measles and Measles Vaccine in a Virgin Soil Population of South American Indians«. *American Journal of Epidemiology* 91/1970, S. 420.

28 Ebenda, S. 425.

29 James Neel, Forschungsnotizen 1968 (James Neel Collection, American Philosophical Society).

30 Mann, a. a. O.

31 Hätte der Junge tatsächlich schon vorher Masern gehabt, hätte er innerhalb von zehn bis zwölf Tagen auch die anderen Brasilianer und die Yanomami angesteckt. Das geschah jedoch nicht. Der Missionar James Barker schrieb: »Als Dr. Neal [sic] am Orinoko eintraf [am 4. Februar], war bereits festgestellt worden, daß es sich bei der Krankheit nicht, wie befürchtet, um Masern handelte. Auch hatten sich entgegen allen Befürchtungen die Masern aus Tototobi [ein mehr als 160 Kilometer entferntes brasilianisches Yanomami-Dorf] nicht nach Venezuela ausgebreitet.

32 Marcel Roche, Brief an James Neel, 23. April 1968 (James Neel Collection, American Philosophical Society).

34 Napoleon Chagnon u. a., »Notes on the Effect of Measles and Measles Vaccine in a Virgin Soil Population of South American Indians«, *American Journal of Epidemiology* 91/1970; Karte »Das Übergreifen der Masern auf das Gebiet der Yanomami in Südamerika«.

35 Inga Steinvorth-Goetz, *Uriji jami!*, S. 56.

36 John Tooby, »Vorbericht zu den Anschuldigungen gegen Neel/Chagnon«, 12. Nov. 2000, S. 31; Mrs. Joe Dawson, »Measles Among the Indians«, *Brown Gold*, 25, Nr. 11, März 1968.

37 Inga-Steinvorth Goetz, *Uriji jami!*, S. 158.

Bibliographie

Bücher, Dissertationen und Zeitschriftenartikel

Acebes, Hector, *Orinoco Adventure.* New York 1954.

Albert, Bruce, »La fumée du métal: Histoire et représentations du contact chez les Yanomami (Brésil)«, *L'Homme* 28, Nr. 2–3 (1988), S. 87–119.

– »Yanomami ›Violence‹: Inclusive Fitness or Ethnographer's Representation?«, *Current Anthropology* 30 (1989), S. 637–640.

– »On Yanomami Warfare: Rejoinder«, *Current Anthropology* 31 (1990), S. 558–563.

– »The Massacre of the Yanomami at Hashimu«, Ms. nach einem Artikel in: *Fôlha de São Paulo,* 10. Okt. 1993.

Albert, Bruce und Alcida Rita Ramos, »O exterminio academico dos Yanomami«, *Humanidades* (Brasília), 18 (1988), S. 85–89.

Alcántara, Eurípides, »Indio tembém é gente«, *Veja,* 6. Dez. 1995, S. 7–10.

Allman, William, »A Laboratory for Human Conflict«, *U.S. News & World Report,* 11. April 1988, S. 57f.

– *Stone Age Present*, New York 1994. Dt.: *Mammutjäger in der Metro: Wie das Erbe der Evolution unser Denken und Verhalten prägt,* Heidelberg/Berlin 1999.

Anduze, Pablo, *Shailili-Ko: Relato de un naturalista que también llegó a las fuentes del río Orinoco,* Caracas (Talleres Gráficos Ilustrados) 1960.

Arango, E. Lugo, A. Ouaissi, I. des Moutis, A. Capron und L. Yarzabal, »Asociación de antigenemia con depresión de la hipersensibilidad cutanea retardada en la onconcercosis«. *Proicet Amazonas,* Nr. 2 (1983), S. 101–108.

Arvelo Jiménez, Nelly und Andrew L. Cousins, »False Promises: Venezuela Appears to Have Protect the Yanomami, But Appearances Can Be Deceiving«, *Cultural Survival Quarterly,* Winter 1992, S. 10–14.

Asch, Timothy, »Ethnographic Filming and the Yanomamo Indians«, *Sightlines,* Jan.–Feb. 1972, S. 11.

– Vorwort zu Jacques Lizot, *Tales of the Yanomami: Daily Life in the Venezuelan Forest,* New York 1985.

Asch, Timothy und David Atkins, *Yanomamo: A Multidisciplinary Study, Praktische Betrachtungen,* Somerville, Mass., 1975.
Ayala, David, »Informe de Comisión de Diputados ratifica denuncias contra Charles Brewer Carías«, *Ultimas Noticias,* 5. Okt. 1993.
Barandarian, Daniel de und Aushi Walalam, *Hijos de la luna: Monografia antropológica sobre los indios sanemá yanomama,* Caracas 1983.
Biocca, Ettore, *Yanoama,* New York 1996.
Bird, Randy und Garland Allen, »Charles Darwin«, *Encarta Encyclopedia* (Microsoft) 1999.
Birdsell, Joseph, »Some Predictions for the Pleistocene Based on Equilibrium Systems among Recent Hunter-gatherers«, in: Richard B. Lee und Irv DeVore (Hg.), *Man the Hunter,* Chicago 1968.
Black, Francis, »Infecção, mortalidade e populações indígenas: Homogeneidade biológica como possível razão para tantas mortes«, in: Ricardo V. Santos und Carlos E. A. Coimbra jr. (Hg.), *Saúde e Povos Indígenas,* Rio de Janeiro 1994, S. 63–87.
Black, Francis, J. P. Woodall und P. Pinheiro, »Measles Reaction in a Virgin Population«. *American Journal of Epidemiology* 89 (1969), S. 168–175.
Booth, William, »Warfare over Yanomamo Indians«, *Science* 243 (1989), S. 1138 ff.
Bortnick, Barry, »From Amazon Jungle to Ivory Tower«, *Santa Barbara News-Press,* 19. April 1999.
Botto, Carlos, »La situación de salud de la población Yanomami«, *La Iglesia en Amazonas,* Puerto Ayacucho 1991.
– »Impactos ambientales en salud: La experiencia de CAICET«, Belém (Brasilien) 6. Juni 1996.
Brewer Carías, Charles, *Roraima: montaña de cristal.* Caracas (Oficina Central de Información) 1975.
– »Una futura zona en reclamación«, *El Nacional,* 10. Mai 1987.
– »Teocracia y soberanía de Amazonas«, *El Nacional,* 25. Nov. 1995.
Brody, Jacob A., R. McAlister, I. Emanuel und E. R. Alexander, »Measles Vaccine Field Trials in Alaska«, *Journal of the American Medical Association* 189 (1964), S. 339–342.
Brooke, James, »In an Almost Untouched Jungle, Gold Miners Threaten Indian Ways«, *New York Times,* 19. Sept. 1990.
– »Reserve for Primitive Tribe Promised in 6 Months«, *New York Times,* 25. Sept. 1990.
– »Stone Age Village Found: Venezuela to Protect Yanomami Indians«, *Gazette* (Kanada), 19. Sept. 1990.
– »Venezuela Befriends Tribe, But What's Venezuela?«, *New York Times,* 11. Sept. 1991.
– »Attack on Brasilian Indians Is Worst since 1910«, *New York Times,* 29. Aug. 1993.
– »Raids on Miners Follow Killings in Amazon«, *New York Times,* 9. Sept. 1993.
Burke, Barbara, »Infanticide«, *Science* 84, Mai 1984, S. 31.

Burkert, Walter, *Homo necans: Interpretationen altgriechischer Opferriten und Mythen,* Berlin/New York 1972.
Capozoli, Ulisses, »Yarima, cinderela rebelde«, *O Estado de São Paulo,* 3. März 1997.
Cappelletti, E. J., »Venezuela Mine Scheme Targets Salesians«, Leserbrief an die *New York Times,* 18. Jan. 1994.
Carneiro da Cunha, Maria Manuela, Brief an den Herausgeber, *Anthropology Newsletter,* Jan. 1989, S. 3.
Cavalli-Sforza, Luigi Luca, »Anthropometric Data«, in: Luigi Luca Cavalli-Sforza (Hg.), *African Pygmies,* Orlando 1986.
Chagnon, Napoleon, »Yanomamo Warfare, Social Organization and Marriage Alliances«, Diss. (Univ. of Michigan), 1966.
– *Yanomamo: The Fierce People,* 1. Aufl., New York 1968.
– Letter from the Field. In: Wolf, E. und Hansen, E. (Hg.), *The Human Condition in Latin America,* New York 1972, S. 65–69.
– *Studying the Yanomamo,* New York 1974.
– »Yanomamo«, in: *Primitive Worlds,* Washington, D.C. (National Geographic Society), 1974.
– »Genealogy, Solidarity and Relatedness: Limits to Local Group Size and Patterns of Fissioning in an Expanding Population«, *Yearbook of Physical Anthropology* 19 (1975) S. 95–110.
– *Yanomamo: The Fierce People,* 2. Aufl., New York 1977.
– *Yanomamo: The Fierce People,* 3. Aufl., New York 1983.
– »Life Histories, Blood Revenge, and Warfare in a Tribal Population«, *Science* 239 (1988), S. 985–992.
– Leserbrief, *Anthropology Newsletter,* Jan. 1989, S. 3, 24.
– »Response to Ferguson«, *American Ethnologist* 16 (1989), S. 565–570.
– »Reproductive and Somatic Conflicts of Interest in the Genesis of Violence and Warfare among Tribesmen«, in: J. Haas (Hg.), *The Anthropology of War,* Cambridge 1990, S. 77–104.
– »On Yanomamo Violence: Reply to Albert«, *Current Anthropology* 31 (1990), S. 49–53.
– »To Save the Fierce People«, *Santa Barbara,* Jan.–Feb. 1991, S. 36–43, 70f.
– *Yanomamo,* 4. Aufl., Fort Worth 1992.
– *Yanomamo. The Last Days of Eden,* San Diego 1992. Dt.: *Die Yanomamö – Leben und Sterben der Indianer am Orinoko,* Berlin 1994.
– »The View from the President's Window«, *Human Behavior and Evolution Society Newsletter* 2, Nr. 3 (Okt. 1993).
– »Covering up the Yanomamo Massacre«, Leitartikel, *New York Times,* 23. Okt. 1993.
– »Killed by Kindness? – The Dubious Influence of the Salesian Mission in Amazonas«, *Times Literary Supplement,* 24. Dez. 1993, S. 11f.
– »L' ethnologie du déshonneur: Brief Response to Lizot«, *American Ethnologist* 22 (1995), S. 187ff.
– »Chronic Problems in Understanding Tribal Violence and Warfare«, in:

G. R. Bock und J. A. Goode (Hg.), *Genetics of Criminal and Antisocial Behaviour,* New York 1996, S. 202–236.
– *Yanomamo,* 5. Aufl., Fort Worth 1997.
– »Filming the Ax Fight«, *Yanomamo Interactive CD: The Ax Fight,* by Peter Biella, Napoleon Chagnon und Gary Seaman, New York 1997.
Chagnon, Napoleon, James Neel, Lowel Weitkamp, Henry Gershowitz und Manuel Ayres, »The Influence of Cultural Factors on the Demography and Pattern of Gene Flow from the Makiritare to the Yanomama Indians«, *American Journal of Physical Anthropology* 32 (1970), S. 339–349.
Chagnon, Napoleon und Raymond Hames, »Protein Deficiency and Tribal Warfare in Amazonia: New Data«, *Science* 203 (1979), S. 910–913.
Chagnon, Napoleon und Paul Bugos, »Kin Selection and Conflict: An Analysis of a Yanomamo Ax Fight«, in: Napoleon Chagnon und William Irons (Hg.), *Evolutionary Biology and Human Social Behavior: An Anthropological Perspective,* North Scituate, Mass., 1979, S. 213–238.
Chagnon, Napoleon und Thomas Melancon, »Epidemics in a Tribal Population«, in: K. Kensinger (Hg.), *The Impact of Contact: Two Yanomamo Case Studies,* Cambridge, Mass., 1983, S. 53–78.
Cleary, David, *The Anatomy of the Amazon Gold Rush,* Oxford 1990.
Cliff, Andrew David. *Measles: An Historical Geography of a Major Human Viral Disease from Global Expansion to Local Retreat, 1840–1990.* Oxford 1993.
Cocco, Luis, *Iyewei-teri: Quince años entre los Yanomamos,* Caracas (Editorial Salesiana) 1973.
Cockburn, Charles, Joseph Pecenka und T. Sundaresan, »WHO-Supported Comparative Studies of Attenuated Live Measles Virus Vaccines« *Bulletin of the World Health Organization* 34 (1966), S. 223–233.
Colchester, Marcus, »Rethinking Stone Age Economics: Some Speculations regarding the Pre-Columbian yanomama Economy«, *Human Ecology* 12 (1984), S. 291–314.
Colchester, Marcus und Fiona Watson, *Venezuela: Violations of Indigenous Rights: Report to the International Labour Office on the Observation of ILO Convention 107,* Oxford (World Rainforest Movement and Survival International) 1995.
Comas, Juan, *¿Pigmeos en América?,* Mexico City 1960.
Cortinas, Juan Ignacio, »Las nuevas tribus sí han hecho daño al yanomami«, *El Diario de Caracas,* 23. Okt. 1993.
Cristaldo, Janer, »Os bastidores do ianoblefe«, *A Fôlha de São Paulo,* 24. April 1994.
– »Uma teocrazia na Amazonia«, *A Fôlha de São Paulo,* 12. Feb. 1995.
Daly, Martin und Margot Wilson, *Homicide,* Hawthorne, N.Y., 1988.
Danielson, Vivian, »Friedland Strong Supporter of Guiana Shield Gold Rush«, *Northern Miner,* 29. März 1993.
D'Antonio, Michael, »Napoleon Chagnon's War of Discovery«, *Los Angeles Times Sunday Magazine,* 30. Jan. 2000, S. 16–19, 36f.

Darwin, Charles, *The Descent of Man and Selection in Relation to Sex*, Detroit 1974. Dt.: *Die Abstammung des Menschen und die geschlechtliche Zuchtwahl*, Stuttgart 1883; Wiesbaden 1992.
Dawkins, Richard, *The Selfish Geme*, Cambridge 1975. Dt.: *Das egoistische Gen*, Reinbek bei Hamburg, 1996.
de Abreu, Oneron Pithan, »A situação de Saúde dos Yanomami de Roraima«, Boa Vista, Okt. 1990.
Dennett, Daniel C., *Darwins gefährliches Erbe – die Evolution und der Sinn des Lebens*, Hamburg 1997.
de Waal, Frans, *Der gute Affe – der Ursprung von Recht und Unrecht bei Menschen und anderen Tieren*, München 2000.
Diamond, Jared, *Guns, Germs and Steel. The Fates of Human Societies*. New York 1997. Dt.: *Arm und Reich – die Schicksale menschlicher Gesellschaften*, Frankfurt 2000.
Dimanawa, César, »Carta abierta a Napoleon Chagnon«, *La Iglesia en Amazonas*, März 1990, S. 20.
– »Carta enviada por un Yanomami a N. A. Chagnon«, *La Iglesia en Amazonas*, Feb. 1994, S. 19.
Dower, John, *Embracing Defeat: Japan in the Wake of World War II*, New York 1999.
Dudgeon, J. Alaistair und William A. M. Cutting, *Immunization: Principles and Practice*, London und New York 1991.
Dufour, Darna L., »Diet and Nutritional Status of Amazonian People«, in: Anna Roosevelt (Hg.), *Amazonian Indians*, Tuscon 1994, S. 151–176.
E.S., »Charles Brewer Carías: Inventario de supervivencia«, *ExcesO*, April 1990, S. 65–71.
Early, John D. und John F. Peters, *The Population Dynamics of the Mucajaí Yanomama*, San Diego 1990.
Eguillor García, María, *Yopo, shamanismo y hekura*, Caracas (Editorial Salesiana) 1984.
Eibl-Eibesfeldt, Irenäus und Gabriele Herzog-Schröder, »In Defense of the Mission«, Redemanuskript, Forschungsstelle für Humanethologie der Max-Planck-Gesellschaft, 28. Feb. 1994.
Enders, J., K. McCarthy, A. Mitus und W. J. Cheatham, »Isolation of Measles Virus at Autopsy in Cases of Giant-Cell Pneumonia without Rash«, *New England Journal of Medicine* 261, 29. Okt. 1959, S. 875–881.
Esposito, Rubens, *Yanomami: Un povo ameacado de extinção*, Rio de Janeiro 1998.
Ferguson, Brian, »Do Yanomamo Killers Have More Kids?«, *American Ethnologist* 16 (1989), S. 564f.
– *Yanomami Warfare: A Political History*, Santa Fe 1995.
Finkers, Juan, *Los Yanomami y su sistema alimenticio: Yanomami ni i pe*, Puerto Ayacucho (Vicariato Apostólico) 1986.
– »Aclaraciones al Sr. Chagnon«, *La Iglesia en Amazonas*, Dez. 1994, S. 7–10.

Flores, Anabel, »Sociólogos y antropólogos objetan presencia de Brewer Carías en comisión presidencial«, *Ultimas Noticias,* 5. Okt. 1993.

Fox, Robin, »Evil Wrought in the Name of God«, *Anthropology Newsletter,* März 1994, S. 2.

Fredlund, Erik, »Shitari Yanomami Incestuous Marriage: A Study of the Use of Structural, Lineal and Biological Criteria When Classifying Marriages«, Diss. (Pennsylvania State Univ.), 1982.

Galeano, Eduardo, *Open Veins of Latin America. Five Centuries of the Pillage of a Continent,* New York 1973. Dt.: *Die offenen Adern Lateinamerikas: Die Geschichte eines Kontinents von der Entdeckung bis zur Gegenwart,* Wuppertal 1992.

Gamini, Gabriela, »Search for Jungle Wife Condemned by Amazon Experts«, *Times* (London), 1. Feb. 1997.

Gamini, Gabriela und Quentin Letts, »American Plans Jungle Trip to Win Back Wife«, *Times* (London), 31. Jan. 1997.

García, María Yolanda, »Cecilia Matos no iba a proteger indígenas sino a sacar oro del Amazonas«, *El Nacional,* 15. Jan. 1993.

Gheerbrant, Alain, *Journey to the Far Amazon,* New York 1954.

– *The Amazon: Past, Present and Future,* London 1992.

– *Welt ohne Weisse – im Urwald zwischen Orinoko und Amazonas,* übers. aus d. Franz. von Fritz Montfort, 2. Aufl. Wiesbaden 1955.

Gilij, Felipe Salvador, *Ensayo de historia americano.* Bd. 2, Caracas (Biblioteca de la Academia Nacional de Historia) 1965.

Golden, Frederic, »Scientist a Fierce Advocate for a Fierce People«, *Los Angeles Times,* 15. Mai 1997.

Good, Kenneth, »Yanomami Hunting Patterns: Trekking and Garden Relocation as an Adaptation to Game Availability in Amazonia«, Diss. (Univ. of Florida), 1989.

– *Into the Heart: One Man's Pursuit of Love and Knowledge among the Yanomama,* New York 1991. Dt.: *Yarima: Ich brach auf, um ein Volk im Urwald von Orinoko zu erforschen; was ich fand, war eine ungewöhnliche Liebe,* Bergisch Gladbach 1993.

– »A Race against Time«, *Américas,* Okt. 1998, S. 28–37.

Good, Kenneth und Jacques Lizot, Leserbrief an *Science,* beigefügt für Marvin Harris, »Culture Materialist Theory of Band and Village Warfare«, in: R. B. Ferguson (Hg.), *Warfare, Culture, and Environment,* Orlando 1984, S. 111–140.

Green, W. und R. Charlton, H. Beftel, T. Bothwell, P. Mayer, R. Adams, C. Finch und M. Layrisse, »Body Iron Excretion in Man: A Collaborative Study«, *American Journal of Medicine* 45 (1968), S. 336–353.

Grelier, Joseph, *Zu den Quellen des Orinoko,* Leipzig 1956.

Groueff, Stephane, *Manhattan Project: The Untold Story of the Making of the Atomic Bomb,* London 1963. Dt.: *Projekt ohne Gnade – die Abenteuer der amerikanischen Atomindustrie,* Gütersloh 1968.

Hames, Raymond, »Behavioral Account of the Division of Labor among the Yekwana Indians«, Diss. (Univ. of California in Santa Barbara), 1978.

Hames, Raymond und W. Vickers, »The Settlement Pattern of a Yanomamo Population Block: A Behavioral Ecological Interpretation«, in: Hames und Vickers (Hg.), *Adaptive Responses of Native Amazonians,* New York 1983, S. 393–427.
Hammel, Eugene, »Demographic Constraints on Population Growth in Early Humans«, *Human Nature* 7 (1996), S. 217–255.
Hanson, Earl, »Social Regression in the Orinoco and Amazon Basins: Notes on a Journey in 1931 and 1932«, *Geographical Review* 23 (1933), S. 578–598.
Harner, Michael, *The Jivaro: People of the Sacred Waterfall,* Berkeley 1984.
Harris, Marvin, Rezension zu Brian Ferguson, *Yanomami Warfare: A Political History,* in: *Human Ecology* 24 (1996), S. 413.
Hayden, G. F., »Measles Vaccine Failure: A Survey of Causes and Means of Prevention«. *Clinical Pediatrics* 18 (1979), S. 155–167.
Heider, Karl, *Grand Valley Dani: Peaceful Warriors,* New York 1979.
Hemming, John, *The Conquest of the Incas,* New York 1970.
– *The Search for El Dorado,* New York 1978.
– *Amazon Frontier: The Defeat of the Brazilian Indians,* Cambridge 1987.
Hendrickse, R. G. D. Montefiore, G. Sherman und G. O. Sofoluwe, »A Further Study on Measles Vaccination in Nigerian Children«, *Bulletin of the World Health Organization* 32 (1965), S. 803–808.
Henley, Paul, *Yanomami: Masters of the Spirit World,* San Franciso 1995.
Hill, Kim und Hillard Kaplan, »Population and Dry-Season Subsistence Strategies of the Recently Contacted Yora of Peru«, *National Geographic Research* 5 (1989), S. 317–334.
Hilleman, Maurice, Eugene Buynak, Robert Weibel, Joseph Stokes, James Whitman und M. Bernice Leagus, »Development and Evaluation of the Moraten Measles Virus Vaccine«. *Journal of the American Medical Association* 206 (1968), S. 587–590.
Hilts, Philip J., »Secret Radioactive Experiments to Bring Compensation by U.S.«, *New York Times,* 20. Nov. 1996.
Hitchcock, Charles, *La región Orinoco-Ventuari: Relato de la expedición Phelps al Cerro Yavi,* Caracas 1948.
Hoekenga, M., A. Schwartz, H. Carrizo-Palma und P. Boyer, »Experimental Vaccination against Measles II: Test of Live Measles and Live Distemper Vaccine in Human Volunteers during a Measles Epidemic in Panama«. *Journal of the American Medical Association* 173 (1960), S. 862–868.
Holmes, R., »Nutritional Status and Cultural Change in Venezuela's Amazon Territory«, in: John Hemming (Hg.), *Change in the Amazon Basin,* Manchester 1985, S. 237–255.
Horgan, John, »The Violent Yanomamo«, *Scientific American,* März 1988, S. 18.
Hornick, Richard, Ann Schluederberg und Fred McCrumb, »Vaccination with Live Attenuated Measles Virus«, *American Journal of Diseases of Children* 103 (1962), S. 344–347.

Howell, Nancy, Rezension zu John D. Early und John F. Peters, »The Population Dynamics of the Mucajaí Yanomama«, in: *Canadian Review of Sociology and Anthropology* 28 (1991), S. 151 f.

Hrdy, Susan Blaffer, *Mother Nature: A History of Mothers, Infants and Natural Selection,* New York 1999.

Hurtado, Albert L., *Indian Survival on the Californian Frontier,* New Haven 1988.

Ibarra, Carlos Alamo, *Río Negro,* Caracas 1950.

Ireland, Corydon, »Radiation Records Ashidowa-teri UR Missing«, *Rochester Democrat & Chronicle,* 1. Jan. 1995.

– »›No Bad Guys‹ in Study: Doctor Defends Good Intentions«, *Rochester Democrat & Chronicle,* 16. Dez. 1994.

Keely, L., *War before Civilization,* Oxford 1995.

Kline, Elizabeth, *Mining Abuses Tarnish Venezuela's Environmental Image,* Caracas 1994.

Kroeber, Theodora, *Ishi in Two Worlds: A Biography of the Last Wild Indian in North America,* Berkeley 1961.

Krugman, Saul, Joan Giles und Milton Jacobs, »Studies on an Attenuated Measles Vaccine-Virus«, *New England Journal of Medicine* 263 (28. Juli 1960), S. 174.

– »Studies with Live Attenuated Measles-Virus Vaccine«, *Pediatrics* 31 (1963), S. 919–928.

Larrick, J., J. A. Yost, J. Kaplan, G. King und J. Mayhall, »Patterns of Health and Disease among Waorani Indians of Eastern Ecuador«, *Medical Anthropology* 3, S. 147–189.

Leal, Adela, »Deja Comisión Yanomami Charles Brewer Carías: Reestructurán el decreto presidencial«, *El Nacional,* 14. Sept. 1993.

Letts, Quentin, »Spurning the Good Life for Call of the Wild«, *Times* (London), 31. Jan. 1997.

Lévi-Strauss, Claude, *Traurige Tropen,* 2. Aufl., Frankfurt 1979.

– *Saudades do Brasil,* Paris 1994.

Lizot, Jacques, »Aspects économiques et sociaux du changement culturel chez les Yanómami«, *L'Homme* 1, Nr. 1 (1971), S. 32–51.

– »El río de los Periquitos«, *Antropológica* 37 (1974), S. 3–23.

– *The Yanomami in the Face of Ethnocide,* Kopenhagen 1976.

– »Population, Resources, and Warfare among the Yanomami«, *Man* 12 (1977), S. 497–517.

– *Tales of the Yanomami: Daily Life in the Venezuelan Forest,* New York 1985.

– »Sobre la guerra: Una respuesta a N. A. Chagnon (*Science* 1988)«, *La Iglesia en Amazonas* 44 (1989), S. 23–34.

– »On Warfare: An Answer to N. A. Chagnon«, übers. von Sarah Dart, *American Ethnologist* 21 (1994), S. 845–862.

– »N. A. Chagnon, o sea: Un presidente falsificador«, *La Iglesia en Amazonas,* März 1994, S. 14.

López, Edgar, in: *El Diario de Caracas,* 2. Sept. 1993.

Lorenz, Konrad, *Das sogenannte Böse – zur Naturgeschichte der Aggression,* 2. Aufl., Wien 1964.
Madi, Isaam, *Conspiración al sur del Orinoco,* Caracas (Selbstverlag) 1998.
Martínez, Nahir, »Health Problems in Isolated Yanomami Communities: Viral Hepatitis in the Upper Orinoquito River«, CAICET: Puerto Ayacucho 1996.
Martínez, Wilton, »The Challenges of a Pioneer: Tim Asch, Otherness and Film Reception«, *Visual Anthropology Review* 11, Nr. 1 (Frühjahr 1995), S. 53–82.
Martins, Leda, »Ciúme na floresta«, *A Gazeta de Roraima,* 18.–24. März 1996, S. 5–8.
Martins, Leda und Patrick Tierney, »El Dorado: Lost Again?«, *New York Times,* 7. April 1995.
Maugh II., Thomas, »Homicidal Streak in: S. American Tribe Studied by Anthropologist«, *Los Angeles Times,* 26. Feb. 1988.
Mayorca, Javier Ignacio, in: *El Nacional,* 19. Aug. 1998.
McCauley, Clark, »Conference Overview«, in J. Haas (Hg.), *The Anthropology of War,* Cambridge 1990, S. 2–6.
McCrumb, Fred, Sheldon Kress, Elijah Saunders, Meril Snyder und Ann Schluederberg, »Studies with Live Attenuated Measles-Virus Vaccine«, *American Journal of Diseases of Children* 101 (1969), S. 45.
Misioneros del Atto Orinoco, *Consideraciones a un documento de Charles Brewer Carías,* Salesianermission, Mavaca 1991.
Mitus, Anna, Ann Holoway, Audrey Evans and John Enders, »Attenuated Measles Vaccine in Children with Acute Leukemia«, *American Journal of Diseases of Children* 103 (1962), S. 413–418.
Monaghan, Peter, »Bitter Warfare in Anthropology«, *Chronicle of Higher Education,* 26. Okt. 1994, A10.
Moore, John H., »The Reproductive Success of the Cheyenne War Chiefs: A Contrary Case to Chagnons Yanomamo«, *Current Anthropology* 31 (1990), S. 322–330.
Morgan, Karl Z. und Ken M. Peterson, *The Angry Genie: One Man's Walk through the Nuclear Age,* Norman 1999.
Nagler, P., A. R. Foley, J. Furesz und G. Martineau, »Studies on Attenuated Measles-Virus Vaccine in Canada«, *Bulletin of the World Health Organization* 32 (1965), S. 791–801.
Naipaul, V. S., *The Loss of El Dorado,* New York 1987.
Neel, James V., »Lessons from a Primitive People«, *Science* 170 (1970), S. 815–822.
– »On Being Headman«, *Perspectives in Biology and Medicine* 23 (1980), S. 277–294.
– *Physician to the Gene Pool: Genetic Lessons and Other Stories,* New York 1994.
Neel, James V. und William Valentine, »Hematologic and Genetic Study of the Transmission of Thalassemia (Cooley's Anemia, Mediterranean Anemia)«, *Archives of Internal Medicine* 74 (1944), S. 185–196.

– »The Frequency of Thalassemia«, *American Journal of Medical Science* 209 (1945), S. 568–572.

Neel, James V. und W. J. Schull, *The Effect of the Exposure to the Atomic Bombs on Pregnancy Termination in Hiroshima and Nagasaki,* Washington, D.C., 1956.

Neel, James V., Willard Centerwall, Napoleon Chagnon und Helen Casey, »Notes on the Effect of Measles and Measles Vaccine in a Virgin Soil Population of South American Indians«. *In Trouble Again,* London 1988. Dt.: *American Journal of Epidemiology* 91/1970, S. 418–429.

O'Hanlon, Redmond, *Redmonds Dschungelbuch,* Berlin 1992.

Ochoa, G. Rodríguez, »Situacíon de salud en el Territorio Federal Amazonas, Venezuela«, *Enfoque integral de la salud humana en la Amazonia,* Bd. 10, Montevideo (Uruguay) 1992, S. 407–426.

Peters, John, »The Effects of Western Material Goods upon the Social Structure of the Family among the Shirishiana«, Diss. (Western Michigan Univ.), 1973.

Pimentel, Olgalinda, »Denunciaron ante el Fiscal al ex-Ministro Brewer Carías«. *El Diario de Caracas,* 4. Aug. 1984.

Plotkin, Stanley A. und Edward A. Mortimer, *Vaccines,* Philadelphia und London 1994.

Posey, Darrel Addison, »Environmental and Social Implications of Pre- and Postcontact Situations on Brazilian Indians«, in: Anna Roosevelt (Hg.), *Amazonian Indians,* Tuscon 1994, S. 271–286.

Powers, Thomas, »Die Hard«, *Los Angeles Times,* http://latimes.com, 2. Jan. 2000.

Rabben, Linda. *Unnatural Selection: The Yanomami, the Kayapó and the Onslaught of Civilization,* London 1998.

Raleigh, Walter, *The Discovery of the Large, Rich and Bewtiful Empire of Guiana,* London 1982. Dt.: *Gold aus Guyana – Die Suche nach El Dorado,* (1595), Stuttgart 1988.

Ramos, Alcida, »Reflecting on the Yanomami: Ethnographic Images and the Pursuit of the Exotic«. *Cultural Anthropology* 2 (1987), S. 290f.

Reiss, Spencer, »The Last Days of Eden: The Yanomamo Indians Will Have to Adapt to the 20th Century – or Die«, *Newsweek,* 3. Dez. 1990, S. 40ff.

Reiss, Tom, »The Man from the East«, *New Yorker,* 4. Okt. 1999.

Rensberger, Boyce, »Sexual Competition and Violence«, *Washington Post,* 29. Feb. 1989.

Rice, Hamilton, »The Rio Negro, the Casiquiare Canal, and the Upper Orinoco, September 1919–April 1921«, *Geographical Journal* 58 (1921), S. 321–344.

– »The Rio Branco, Uraricoera, and Parima, Part 3«, *Geographical Journal* 71 (1928), S. 345–356.

Ridley, Matt, *The Red Queen,* New York 1993.

Rifkin, Jeffrey, »Ethnography and Enthnocide«, *Dialectical Anthropology* 19, (1994), S. 295–327.

Ritchie, Mark, *Spirit of the Rainforest: A Yanomamo Shaman's Story,* Chicago 1995.

Rivière, R., D. Comar, M. Colonomos, J. Desenne und M. Roche, »Iodine Deficiency without Goiter in Isolated Yanomama Indians, Preliminary Note«, *Biomedical Challenges Presented by the American Indian,* Washington 1968.

Robarchek, Clayton und Carole Robarchek, *Waorani: The Contexts of Violence and War,* New York 1998.

Roosevelt, Anna C., »Strategy for a New Synthesis«, in: Anna C. Roosevelt (Hg.), *Amazonian Indians,* Tuscon 1994, S. 1–29.

Ruby, Jay, »Out of Sync: The Cinema of Tim Asch«, *Visual Anthropology Review* 11, Nr. 1 (Frühjahr 1995), S. 19–35.

Saffirio, Giovanni, »Ideal and Actual Kinship Terminology among the Yanomama Indians of the Catrimani River Basin (Brazil)«, Diss. (Univ. of Pittsburgh), 1985.

Salamone, Frank A., *The Yanomami and Their Interpreters: Fierce People or Fierce Interpreters?,* Lanham, Md., 1977.

Salopek, Paul, »Basically We Are All the Same«, *Chicago Tribune,* 27. April 1997.

Salzano, Francisco M. und Sidia M. Callegari-Jacques, *South American Indians: A Case Study in Evolution,* Oxford 1988.

Sanford, Greg, »Who Speaks for the Yanomami? – A New Tribes Perspective«, in: Frank Salamone, *The Yanomami and Their Interpreters: Fierce People or Fierce Interpreters,* Lanham, Md., 1997, S. 57–66.

Schemo, Diana Jean, »In Brazil, Indians Call on Spirits to Save Land«, *New York Times,* 21. Juli 1996.

– »Legally Now, Venezuelans to Mine Fragile Lands«, *New York Times,* 8. Dez. 1995.

Seaman, Gary, »First Comments« and »Second Comments«, *Yanomamo Interactive CD,* New York 1997.

– »Blow by Blow«, *Yanomamo Interactive CD.*

Smole, William J, *The Yanoama Indians: A Cultural Geography,* Austin 1976.

Spencer, Herbert, *Priciples of Biology,* Bd. 2, London 1867. Dt.: *Die Principien der Biologie,* Bd. 2, 2. Aufl., 1906.

Sponsel, Leslie E., »Yanomami: An Arena of Conflict and Aggression in the Amazon«, *Aggressive Behaviour* 24 (1998), S. 97–122.

Stannard, David E., *American Holocaust: Columbus and the Conquest of the New World,* New York 1992.

Steinvorth-Goetz, Inga, *Uriji jami!: Life and Belief of the Forest Waika in the Upper Orinoco,* übers. von Peter Furst, Caracas: Asociación Cultural Humboldt, 1969. Dt.: *Uriji jami!: Die Waika-Indianer in den Urwäldern des oberen Orinoko,* Caracas 1970.

Stewart, Thomas Dale, *The People of America,* London 1973.

Tierney, Patrick, *The Highest Altar: The Story of Human Sacrifice,* New York 1989. Dt.: *Zu Ehren der Götter – Menschenopfer in den Anden,* München 1989.

Trompf, G. W., Einleitung, in: G. W. Trompf (Hg.), *Cargo Cults and Millenarian Movements: Transoceanic Comparisons of New Religious Movements,* New York 1990.

Turner, Terence, Interview mit Davi Kopenawa, Boa Vista, Brasilien 1991. In Auszügen veröffentlicht in: *Cultural Survival Quarterly* 15, S. 59–64 und *Anthropology Newsletter,* S. 52.

– »The Yanomami: Truth and Consequences«, *Anthropology Newsletter,* Mai 1994, S. 48.

Utrera, Orlando, »Brewer denuncia el ›Plan Gadhafi‹«, *El Diario de Caracas,* 15. Aug. 1984.

Valero, Helena, *Yo soy Napeyoma: Relato de una mujer raptada por los indígenas Yanomami,* Caracas (Fundación La Salle de Ciencias Naturales) 1984.

Van Vuner, Chris J., »To Fight for Women and Lose Your Lands: Violence in Anthropological Writings and the Yanomami of Amazonia«, *Unisa Largen* 10, 2 (Juli 1994), S. 2.

Vegas, Tania, »Brewer Carías ha devastado zonas protectoras en Guayana«, *El Universal,* 13. April 1992.

Vinci, Alfonso, *Red Cloth and Green Forest,* übers. von James Cadell, London 1959.

Visconti, José, »Los salesianos vetan a Brewer Carías y Chagnon«, *El Diario de Caracas,* 18. Sept. 1993.

Wald, Matthew L., »U.S. Acknowledges Radiation Killed Weapons Workers«, *New York Times,* 29. Jan. 2000.

Weatherall, David, »The Mutation Man«, *New Scientist,* 9. Juli 1994, S. 42.

Webster, Donovan, »The Orinoco«, *National Geographic,* April 1988.

Welsome, Eileen, *The Plutonium Files: America's Secret Medical Experiments in the Cold War,* New York 1999.

Wilbert, Johannes, *Survivors of El Dorado: Four Indian Cultures of South America,* New York 1972.

Wilson, Edward O., *Consilience: The Unity of Knowledge,* New York 1998. Dt.: *Die Einheit des Wissens,* 2. Aufl., Berlin 1998.

Wilson, G. S., »Measles as a Universal Disease«, *American Journal of Diseases of Children* 53 (1962), S. 219–223.

Wolf, Eric R., »Demonization of Anthropologists in the Amazon«, *Anthropology Newsletter,* März 1994, S. 2.

Wrangham, Richard und Paul Peterson, *Demonic Males: Apes and the Origins of Human Violence,* Boston 1996.

Wyden, P., *Day One: Before Hiroshima and After,* New York 1984.

Amtliche Dokumente

Comisión Investigadora Venezolana, »Supuesto asesinato de ciudadanos venezolanos de la etnia yanomami por ciudadanos brasileños«, Caracas 1993.

Gaceta Oficial de la República de Venezuela, 1991, 1993, 1997.

Milano (Jefe), Mayor Sergio Rafael, Teniente Luis Alberto Godoy y Geraldi Antonio Villaroel (Secretario). *Expediente de la Comisión de la Guardia Nacional.* Fuerzas Armadas de Cooperación, Comando Regional 6, Destacamento de Frontera Nr. 61, Puerto Ayacucho, 18. April 1984.

Ministerio da Justicia de Brasil, Fundação Nacional do Indio, Autorização para ingreso em área indígena Nr. 059/CGED/95. 1. September 1995. Memo Nr. 239/240/CGEP/95. Otília María C. E. Nogueira, Coordenadora Geral de Estudos e Pesquisas.

Paver, Fran L., Rechtsberater, National Science Foundation. FOIA Nr. 95–004, 13. Juli 1995.

Ponte, Ana, »Charles Brewer Carías: Informe para el Comité del Medio Ambiente«, Manuskript, Caracas, Jan. 1997.

Thomassen, David, DOE, Office of Energy Research, Persönliches Antwortschreiben auf FOIA-Gesuch Nr. 9501 260003, 13. März 1994.

U.S. Energieministerium, Human Radiation Experiments. http://hrex.-dis.anl.gov.

Filme und Dokumentationen

Asch, Timothy und Napoleon Chagnon, *The Feast,* 29 Min., DOE, Washington, D.C., 1970.

– *Kaobawa Trades with Reyabobowei-teri,* 8 Min., DOE, Somerville, Mass., 1971.

Briceño, Nelson, Camcorder-Interview mit Marta Rodríguez Miranda, Ocamo, 13. Mai 1991.

Chagnon, Napoleon, *Magical Death,* 28 Min., DER, Watertown, Mass., 1973.

Neel, James, Timothy Asch und Napoleon Chagnon, *Yanomama: A Multidisciplinary Study,* 43 Min., DOE, Washington, D.C., 1971.

Public Lands, Private Profits, 45 Min., *Frontline,* WGBH, Boston 1994.

Ritchie, Mark, Video of Kaobawa, Padamo-Fluß, Jan. 1995.

– Video-Interviews, Padamo-Fluß, 21. Jan. 1995.

Rodríguez, Marta Miranda, Venevisión, Caracas, Fundación Cultural Venevisión, 24. Juli 1991.

Survivors of the Amazon, 50 Min., Regie Andy Jillings. BBC4, London 1996.

Warriors of the Amazon, 45 Min., Regie Andy Jillings. *Nova,* WGBH, Boston 1996.

Window on the Past, 12 Min., ABC *Prime Time Live.* 26. Juli 1991.

Yanomamo Homecoming, National Geographic Explorer, 48 Min., Washington, D.C. (National Geographic Society), 1994.

Unveröffentlichte Quellen

Albert, Bruce, Brief an Patrick Tierney, 15. Dez. 1994.
Arvelo Jiménez, Nelly, »The Repudiation of Brewer Carías and Chagnon is Due to Their Intimate Association with Goldmining«, IVIC, Caracas 1994.
– Brief an Dr. Gale Goodwin-Gómez, 29. Sept. 1994.
Asch, Timothy, »Bias in Ethnographic Reporting«.
Asch, Timothy, Collection, Smithsonian National Anthropological Archives, Washington, D.C.
Berno, José, »Crónica della casa de Mavaca«, 1968–1972.
Bórtoli, José, »Sumario de la Crónica della casa de Mavaca para julio/agosto 1971«.
Brewer Carías, Charles, Curriculum en Antropología, 3. Sept. 1993.
– Korrespondenz mit dem Amtszimmer des Präsidenten.
Brewer Carías, Charles, Napoleon Chagnon und Brian Boom, »Forest and Man«, Manuskript, Caracas (Fundación Explora) 1993.
Chagnon, Napoleon. Brief an Padre José Bórtoli, 19. Juli 1988.
– »The Guns of Mucajaí: The Immorality of Self-deception«, Manuskript, Sept. 1992.
– Brief an Ramades Muñoz León, 2. Okt. 1993.
– Brief an Robin Hanbury-Tennison, 29. Okt. 1993.
– »Gespräch mit Jesús Cardozo« (Nr. 9A, Pressemappe), 23. März 1994.
– »Notes on the Chronology of the Recent Attacks on Members of the Venezuelan Presidential Commission by Salesian Missionaries, French, Brazilian and Venezuelan Anthropologists« (Übersicht Pressemappe), 18. Mai 1994.
– E-Mails an Liz McMillen, 18. und 23. Aug. 1994.
De Souza, Marinho, Malariazensus, CAICET, Sept. 1996.
Eibl-Eibesfeldt, Irenäus und Gabriele Herzog-Schröder, Brief an Bischof Ignacio Velasco, 28. Feb. 1994.
Galé, Nelson, Brief an den Präsidenten der FUNAI, Márcio Santilli, 27. Sept. 1995.
González, Nora, »Crónica de Mavaca«, 1968.
González, Maria Wachtler, »Crónica de Mavaca«, 1968.
Good, Kenneth, »Demography and Land Use among the Yanomamo of the Orinoco-Siapa Block in Amazon Territory, Venezuela«, 1984.
– Leserbrief an die *New York Times,* 29. Sept. 1990.
– Leserbrief an die *New York Times,* 13. Sept. 1991.
Hames, Raymond, Kim Hill und Ana Magdalena Hurtado, »Defamation Campaign against Napoleon A. Chagnon«, rhames@unlinfo.unl.edu, Mai 1994.

Hill, Kim, »Response to Cardozo and Lizot«, März 1994.
Lebrún, Cardenal José A. monseñores Ovidio Pérez Morales, Baltasar Porras y Mario Moronta, »Documento Oficial de la Conferencia Episcopal Venezolana«, Caracas (Universidad Católica Andrés Bello) 11. Sept. 1993.
Lizot, Jacques, Brief an Patrick Tierney, 20. Jan. 1995.
– »N. A. Chagnon, o Sea: Un presidente falsificador«, Brief, Caracas, 13. Dez. 1993.
Mari, Antonio, Briefe an Patrick Tierney, 10. und 12. Mai 2000.
Misioneros del Atto Orinoco. *Consideraciones a un documento de Charles Brewer Carías*, Puerto Ayacucho 1991.
Ridley, Matt, Fax an Napoleon Chagnon (Nr. 18 in Chagnons Pressemappe), 16. Aug. 1994.
Smith, Gare, Brief an Patrick Tierney, 16. Nov. 1998.
Tierney, Patrick, Brief an Gare Smith, stellvertretender Unterstaatssekretär im Außenministerium, Abteilung für Demokratie, Menschenrechte und Arbeit, 24. Aug. 1998.
University of California in Santa Barbara, http://www.sscf.uscb.edu/anth/projects/axfight/index.

Interviews

Aherowe, Alfredo. Platanal, Oberer Orinoko, 11. Juni, 3., 24. und 26. Sept. 1996.
Albert, Bruce. Toototobi, Brasilien, 5. Dez. 1990.
Alès, Catherine. Caracas, 21. Aug. 1996.
Anderson, Aurora. Mucajaí-Mission, Brasilien, Mai 1990.
Arenas, Alejandro. M.D. Bisaasi-teri, Oberer Orinoko, 7. Juni 1997.
Ash, Patricia. Telefon, 16. Mai 1997.
Balthasar, Vitalino. Puerto Ayacucho, 1. Okt. 1996.
Berno, José. Puerto Ayacucho, 5. Okt. 1996.
Betancourt, Adelfa. Telefon, 6. April 2000.
Black, Francis. Telefon, 17. März 1997.
Boehm, Christopher. Telefon, 9. April 1996.
Bokorame, Ramon. Kedebabowei-teri, Mrakapiwei, 8. Juni 1996.
Bórtoli, José. Mavaca-Mission, 6. und 11. Juni 1996, Platanal-Mission, 26. Sept. 1996.
Botto, Carlos. CAICET, Puerto Ayacucho, 6. Oktober 1996.
Brewer Carías, Charles. Telefon, 3. Jan. 1995.
Cable, Bob und Gay. Telefon, 3. Jan. 1995.
Camargo, Josefa. Telefon, 19. Dez. 1994.
Camargo, Milton. Telefon, 14. Feb. 1996.
Cardozo, Jesús. Telefon, 20. Dez. 1994, 21. Juni, 8. und 31. Aug. und 1. Sept. 1995.
Carrera, Javier. Telefon, 12. Feb. 1997.

Chagnon, Napoleon. Univ. of California in Santa Barbara, 2. und 3. Okt. 1995.
Collins, Terence. Telefon, 13. Feb. 2000.
Costa, Michelle Rodríguez. Armeeposten Surucucu, Nov. 1990.
Damiolli, Guillerme. Catrimani-Missionsstation, 19. Juni 1989.
Dawson, Gary. Padamo-Mission, 4. Juni und 29. Aug. 1996.
Dawson, Jody. Platanal, mit den Dorfältesten von Mahekoto-teri und Patanowa-teri, 11. Juni 1996.
Dawson, Joe. Padamo-Mission, 14. Juni 1996.
Dawson, Marie. Padamo-Mission, 5. Juni 1996.
Dawson, Michael. Padamo-Mission, 4. Juni 1996.
Dawson, Wilma. Puerto Ayacucho, 3. Juni 1996.
De Souza, Marinho. Karohiteri, 1. Sept. 1996; Hokomapiwe-teri, 9. Sept. 1996.
Dimanawa, César. Mavakita, 8. Juni und 2. Sept. 1996.
Earle, John. Pittsburgh, 7. März 1997.
Etilio, Guarapana. Boca Mavaca, 9. Juni 1996.
Felicia, Schwester. Puerto Ayacucho, 4. Okt. 1996.
Ferguson, Brian. Telefon, 3. Jan. und 13. Juli 1995, 19. April und 26. Mai 1996, 14. Juni 1997, 4. März 2000.
Finkers, Juan. Telefon, 11. und 24. Jan. 1995; Mavaca-Mission, 12. Juni 1996.
Juan González, Padamo-Mission, 14. Juni 1996.
Good, Kenneth. Telefon, 10. Jan., 1. und 22. Feb. und 8. Aug. 1995, 30.–31. Jan, 4. Feb., 17. April und 14. Mai 1997, 27. Feb. und 25. März 1998, 5. Aug. 1999.
Griffith, Paul. Puerto Ayacucho, 3. Juni 1996.
Hames, Raymond, Telefon, 29. Dez. 1994.
Hetoyaw. Zwischen Narimobowei-teri und Ashidowa-teri, 16. Sept. 1996.
Hill, Kim. Telefon, 17. Jan. 1995.
Howell, Nancy. Telefon, 1. Feb. 1995.
Ireland, Corydon. Telefon, 4. Feb. 2000.
Isabela, Mavakita. 2. Sept. 1996.
Jepewe. Karohi-teri, Manaviche-Fluß, 7. Juni 1996. Dolmetscher Jodie Dawson.
Jillings, Andy. Telefon, 18. Feb. 1997.
Jimenez, Marco. Bei Hokomapiwe-teri, 9. Sept. 1996; Toobatotoi-teri, 13. Sept. 1996; Ashidowa-teri, 17. Sept. 1997.
Kaobawa. Shakita, Oberer Orinoko, 12. Juni 1996.
Karakawe, Alberto. Ocamo-Mission, 31. August 1996.
Katz, Samuel. Telefon, 19. März 1997.
Kayopewe. Platanal, 11. Juni 1996. Dolmetscher Jodie Dawson.
Konoko, Gustavo. Mavakita, 2. Sept. 1996.
Kopenawa, Davi. Boa Vista, Brasilien, 3. Nov. 1990.
Lucho, Enrique. Kosh, Padamo-Fluß, 14. Juni 1996.

Maier, John. Macuxi-Dorf, Cajú, 1. Juli 1996.
Martins, Leda. Pittsburgh, 7. März und 15. Sept. 1995.
Mejilla, Pablo. Padamo-Mission, 4. Juni 1996; Mavakita, 8. Juni 1996; Toki, 28. Aug. 1996; Shakita, 1. Sept. 1996; Patahama-teri, 5. Sept. 1996.
Milano, Colonel Sergio. Telefon, 12. Dez. 1994.
Mirapewe. Ashidowa-teri, 17. Sept. 1996.
Neel, James. Telefon, 18. März 1996.
Papania, Mark. Telefon, 22. Mai 1996.
Pedro von den Opik-teri und Mario aus Pacu. Catrimani-Missionsstation, Brasilien, 21. und 22. Juni 1989. Dolmetscher Guillerme Damiolli.
Perdamo, America. Puerto Ayacucho, 17. Juni 1996.
Peters, John. Telefon, 3. Jan. 1995.
Poortman, Ysbran. Río Negro bei Manaus, Brasilien, 21. Aug. 1996.
Renaldo. Splittergruppe von Karohi-teri, Manaviche-Fluß, 7. Juni 1996.
Reyes, Pablo. Puerto Ayacucho, 17. Juni 1996.
Ritchie, Mark. Telefon, 6. Feb. 1995.
Roche, Marcel. Caracas, 20. Juni 1996.
Saffirio, Giovanni. Pittsburgh, 25. Juni 1994; Riverside, California, 1. Jan. 2000.
Salamone, Frank. Telefon, 22. Dez. 1994.
Salazar, Rafael und Teresa. Pittsburgh, 30. April 1996.
Shaler, Danny. Tama Tama, Oberer Orinoko, 26. Sept. 1996.
Sponsel, Leslie. Telefon, 12. Jan. und 15. Sept. 1995.
Stannard, Jay. Telefon, 4. Feb. 2000.
Taylor, Kenneth. Telefon, 27. Jan. 1995.
Timoteo. Padamo-Mission, 4. Juni 1996.
Turner, Terence. Pittsburgh, 29. März 1995; Univ. of Chicago, 21. Sept. 1995.
Valero, Helena. Oberer Orinoko, 31. Aug. 1996.
Wachtler, Maria. Telefon, 20. Juni 1996.
Walden, John. Telefon, 3. Jan. 1995 und 4. März 1997.
Waloiwa. Shakita, Oberer Orinoko, 9. Juni 1996, Dolmetscher Jodie Dawson.
Waupuruwe. Narimobowei-teri, 11.–12. Sept. 1996.
Welsome, Eileen. Telefon, 3. Feb. 2000.
Wilson, Margot. Telefon, 10. April 1996.
Yanowe. Ashidowa-teri, 16. Sept. 1996; Dorita-teri, 21. Sept. 1996.
Yarima. Irokai-teri, 7. Sept. 1996.

Personenregister

MALIK

Jason Elliot

Unerwartetes Licht

Reisen durch Afghanistan. Aus dem Englischen von Anja Hansen-Schmidt. 489 Seiten mit 8 Seiten Farbbildteil. Geb.

Afghanistan: seit Jahren ein umkämpftes, gemartertes Land. Osama bin Laden, reaktionäre Taliban, verschleierte, unterdrückte Frauen – die Terrorzelle des Orients. Aber wie ist dieses Land wirklich? Was ist mit seinen wunderbaren Kulturschätzen, seiner ehrwürdigen Geschichte, seinen Menschen?
Jason Elliot bereist Afghanistan Mitte der neunziger Jahre, in einer Zeit des Umbruchs, als die Sowjets sich zurückgezogen haben und die Taliban vor den Toren Kabuls stehen. Äußerst spannend und stimmungsvoll erzählt er von atemberaubenden Landschaften, von Begegnungen mit stolzen Mudschaheddin, von hochgebildeten Sufis, von der legendären Gastfreundschaft der Afghanen und dem Leid eines Volkes mit einer großen Vergangenheit und einer unsicheren Zukunft. Und Afghanistan erscheint plötzlich in einem ganz anderen Licht ...

MALIK

Victoria Bruce

Vulkan des Todes

Die wahre Geschichte der Katastrophen von Galeras und Nevado del Ruiz. Aus dem Amerikanischen von Renate Weitbrecht und Helmut Dierlamm. 315 Seiten mit 8 Seiten Bildteil. Geb.

Am 14. Januar 1993, acht Jahre nach dem verheerenden Ausbruch des kolumbianischen Vulkans Nevado del Ruiz im November 1985, dem 23000 Menschen zum Opfer fielen, führt der renommierte amerikanische Vulkanologe Stanley Williams eine Expedition in den Krater des Vulkans Galeras, deren Ziel es ist, einer weiteren Katastrophe vorzubeugen. Stunden später sind 9 Menschen tot; ein plötzlicher Ausbruch des Vulkans wird ihnen zum Verhängnis. Ausgerechnet der Leiter der Expedition kann sich retten – und behauptet, das Unglück sei unabwendbar und nicht vorhersehbar gewesen. Victoria Bruce, Wissenschaftsautorin und Journalistin, hält diese Darstellung für falsch. Minutiös hat sie das Schicksal der Expedition recherchiert, mit Augenzeugen gesprochen und kann so die ganze Geschichte erzählen: Eine atemberaubende Geschichte von wissenschaftlicher Selbstüberschätzung und menschlicher Tragik, wie sie seit Krakauers »In eisige Höhen« nicht mehr geschrieben wurde.

PIPER

Rüdiger Nehberg
Yanonámi

Überleben im Urwald. 219 Seiten mit einem farbigen Bildteil. Serie Piper 2716

Seit Jahrzehnten kennen ihn die Deutschen: den Konditormeister Rüdiger Nehberg – doch er ist mehr als ein exotischer Abenteurer. 1982 nahm sein Leben eine entscheidende Wendung. Der Marsch durch den Urwald zu den letzten freien Indianern machte ihn auf die lebensbedrohliche Situation der Yanonámi-Indianer aufmerksam. Er lebte mit ihnen und lernte ihre unberührte, steinzeitähnliche Kultur kennen. Seitdem kämpft er unermüdlich für ihre Freiheit, die von der Zivilisation in Form von Goldsuchern, Politikern und Gaunern täglich bedroht wird. Ein packender Bericht von den letzten Indianern im südamerikanischen Regenwald.

MALIK

Rüdiger Nehberg
Überleben ums Verrecken

Das Survival Handbuch. Ca. 416 Seiten mit 16 Seiten Farbbildteil und ca. 200 s/w-Illustrationen von Yo Rühmer. Geb.

Feuermachen, Nahrung suchen, Trinkwassergewinnung, Erstversorgung bei Schlangenbissen, Bedrohung durch Haie oder Insekten – Survival klingt nach Extremsituationen in fernen Ländern, nach lebensmüden Abenteurern. Aber dieses Buch ist mehr. Es zeigt, daß Gefahren kalkulierbar und zu meistern sind, und leitet konkret an, wie man aus Alltagssituationen schnell und unkompliziert das Beste machen kann: Fitness im Straßenverkehr und auf Reisen, Selbstverteidigung für Mann und Frau – Rüdiger Nehberg, der als erster »Survival« in Europa zum Thema machte und zur Kultfigur einer ganzen Bewegung wurde, legt die Summe seiner über 30jährigen Erfahrung vor. Beispiele aus Praxis und Training, spannende Episoden aus Nehbergs faszinierendem Leben und 200 anschauliche Illustrationen runden diesen unentbehrlichen Leitfaden ab.

PIPER

Key Hielscher / Renate Hücking
Pflanzenjäger

In fernen Welten auf der Suche nach dem Paradies.
268 Seiten. Geb.

Hortensien, Mohn und Frauenschuh, Lilien und Pelargonien, Orchideen und Kakteen – die reiche Beute von Pflanzenjägern verwandelte europäische Gärten in blühende Paradiese, brachte Exoten in Gewächshäuser und Wintergärten. Wer waren die Männer und Frauen, die unter Lebensgefahr und großen Strapazen unerforschte Regionen jenseits der Ozeane durchkämmten, um neue Pflanzen zu entdecken? Die beiden Autorinnen zeichnen in diesem Buch lebendige und farbige Porträts acht großer deutscher Pflanzenjäger, die aufbrachen, um »grünes Gold« zu erbeuten. Sie erzählen zum Beispiel von Paul Hermann, der in Südafrika die Pelargonie fand. Oder von Alexander von Humboldt, der mehr als 6000 Pflanzen von seiner Lateinamerika-Reise nach Hause schickte. Und davon, daß Adelbert von Chamisso, der Dichter des »Peter Schlemihl«, vor allem Naturforscher war und zum Beispiel in Kalifornien den gelben Mohn entdeckte. Der Augenarzt Philipp Franz von Siebold schmuggelte Pflanzen wie die Fetthenne oder den Blauregen aus Japan heraus; schließlich wurde er als Spion ausgewiesen. Amalie Dietrich erforschte zwischen 1863 und 1873 als erste die Flora im australischen Queensland.

PIPER

Kurt Langbein/Bert Ehgartner

Das Medizinkartell

Die sieben Todsünden der Gesundheitsindustrie.
390 Seiten. Geb.

Täglich gibt es neue beunruhigende Meldungen aus dem Gesundheitssystem. Die Pharmaindustrie, die medizinische Forschung und die Ärzte selbst werden immer häufiger zur Zielscheibe heftiger Kritik.
Vor diesem Hintergrund haben Kurt Langbein (»Bittere Pillen«) und Bert Ehgartner die »Menschenfalle Medizin« zum Thema gemacht. Ihre harte Diagnose ist überfällig: die sinnlose Jagd auf Keime ohne Rücksicht auf das Immunsystem und ganzheitliche Ansätze, die Medizin als chemischer Krieg, der Sieg der Impflobby, die Versklavung der Medizin durch die Industrie, die Abkehr vom Patienten. Dies sind nur einige Aspekte dieser umfassenden Innenansicht des Medizinkartells, die am Bild der selbstlosen Heiler und des gesamten Systems erhebliche Kratzer hinterläßt, zugleich aber Chancen für Veränderungen aufzeigt. Mit aufregenden historischen und aktuellen Beispielen werden die Todsünden der Gesundheitsindustrie erklärt und die Ursachen der Fehlentwicklung verständlich gemacht.